Richard Oberländer

Australien

Geschichte der Entdeckung und Kolonisation

Richard Oberländer

Australien
Geschichte der Entdeckung und Kolonisation

ISBN/EAN: 9783743319332

Hergestellt in Europa, USA, Kanada, Australien, Japan

Cover: Foto ©ninafisch / pixelio.de

Manufactured and distributed by brebook publishing software
(www.brebook.com)

Richard Oberländer

Australien

Australien.

Geschichte der Entdeckung und Kolonisation.

Bilder aus dem
Leben der Ansiedler in Busch und Stadt.

Ursprünglich herausgegeben
von
Fr. Christmann.

In zweiter völlig umgestalteter Auflage
und
unter Berücksichtigung der neuesten Gewerbe= und Verkehrsverhältnisse bearbeitet
von
Richard Oberländer.

Mit 125 Text-Abbildungen, vier Tonbildern und einer Karte

Leipzig.
Verlag von Otto Spamer.
1880.

Leipzig, Druck von Giesecke & Devrient.

Vorwort.

Es war gegen Ende des Jahres 1849, als ich, nach 99tägiger Fahrt auf dem guten Hamburger Schiffe „Emmy", zu Liardit's Beach, dem Hafen von Melbourne, an's Land gesetzt ward. Liardit's Beach, das spätere Sandridge sah damals nicht viel besser aus, als es auf Seite 383 des vorliegenden Buches abgebildet ist, und das erst vierzehn Jahre vor meiner Hinkunft gegründete Melbourne war eine nur ruhige, langweilige Stadt. In dem, wenige Tagereisen entfernten Sydney, war nur erst 60 Jahre vorher eine Verbrecherkolonie aufgethan worden, die nach ungeahnten Schwierigkeiten sich, Dank dem nimmer rastenden Fleiße der Viehzüchter und Ackerbauer des Landes, zu entfalten begann, aber eigentlich immerhin noch recht wenig Aussichten für die Zukunft versprach). Nur war ich erst wenige Monate im Lande, da trennte sich der Port-Philip-Distrikt, dessen Hauptstadt Melbourne war, von der Mutterkolonie Neusüdwales ab, um, auf den Namen von Großbritanniens Königin getauft, fortan eine Kolonie für sich zu bilden, und auf eigenen Füßen stehend, ihr Heil zu versuchen. Bald darauf wurden die reichen Goldfelder des Landes erschlossen, und damit begann für die Mutter- und für die Tochterkolonie eine neue Aera. Es war eine tolle Zeit rastlosen Strebens, eine Wettjagd, um die Palme des Fortschritts zu erringen; es war eine herrliche Zeit für mich, den jungen Einwanderer, dem es vergönnt war, alle diese Wandlungen zu schauen. Ich preise mich in der Erinnerung glücklich, daß ich fast an allen Phasen australischen Lebens meinen bescheidenen Antheil haben konnte. Das Australien, das ich nach vierzehn Jahren als ein gereifter, an Erfahrungen reicherer Mann verließ, war ein anderes, als das, was ich als Jüngling betreten, und das Australien von heute bietet ein fast noch interessanteres Bild, als das vom Jahre 1863.

Es darf hiernach nicht Wunder nehmen, daß ich seit meinem Jünglings-alter das Land meiner Wahl, in welchem ich so viel gesehen, erlebt, gearbeitet und — gelitten, dem ich aber auch soviel Gutes verdanke, gewissermaßen als meine zweite Heimat betrachte, und darnach ist es erklärlich, wie ich seit

Langem bestrebt gewesen bin, das, was ich dort selbst erfahren und beobachtet, und was ich aus natürlicher Vorliebe für Land und Leute seit meiner Rück= kehr an Notizen sorgfältig gesammelt und nach besten Quellenwerken eifrig studirt habe, einem größeren Leserkreise zugänglich zu machen, und so meine Erfahrungen zu verwerthen.

Herrschen doch, selbst in gebildeten Kreisen, wie ich vielfach gefunden trotz der durch ihre Großartigkeit überraschenden Verhältnisse in Australien, noch vielfach irrige Vorstellungen über das Klima und über die Boden= beschaffenheit, über die Naturprodukte und über die gegenwärtigen Zustände, Handels= und Verkehrsverhältnisse der dort blühenden Kolonien.

Solche Irrthümer zu beseitigen und richtigere Vorstellungen über den fünften Welttheil nicht nur bei der reiferen Jugend, sondern auch bei denen zu verbreiten, welche nur in wenigen Mußestunden sich mit dem Studium der Geographie beschäftigen können, ist der Zweck des vorliegenden Buches.

Es ist keineswegs uninteressant zu verfolgen, welche großartigen An= strengungen die Engländer, insbesondere aber die Australier selbst gemacht haben, um ihr unbekanntes Land zum Besten der Wissenschaft und der praktischen Bedürfnisse zu erforschen — Anstrengungen, welche von un= geahnten Erfolgen gekrönt wurden. Nicht minder lehrreich ist es, zu beobachten, wie segensreich hier die Freiheit der Entwickelung unter dem Selfgovernment gewirkt hat.

Meine Lieblingsidee hat sich lange nicht verwirklichen wollen. Familien= verhältnisse und geschäftliche Rücksichten verhinderten mich lange Jahre an der Ausführung meines Planes. Inzwischen entstand wenigstens ein Anfang: es war mir vergönnt, ein Werk über die dem australischen Festlande nahe liegenden Inseln, unter dem Titel „Ozeanien, die Inseln der Südsee" (Leipzig 1873) erscheinen zu lassen, eine Arbeit, die sich eines guten Rufes erfreut und sich selbst in Fachkreisen eingebürgert und Anerkennung ge= funden hat.

Vor Jahr und Tag endlich ward mir von der Verlagsbuchhandlung der willkommene Auftrag zu Theil, mich bei der Neubearbeitung des früher über Australien bei Otto Spamer in Leipzig erschienenen Werkes von Fr. Christmann zu betheiligen, eine Gelegenheit, meine vorbereitenden Notizen passend zu verwerthen, die ich mit Freuden aufnahm. Leider ver= starb bald darauf der verdienstvolle Herausgeber der ersten Bearbeitung, so daß von ihm nur die ersten Abschnitte der vorliegenden Auflage, welche die Entdeckungsgeschichte behandeln, herrühren.

In meinem Bestreben, das Neueste, Beste und Zuverlässigste über die australischen Kolonien zu liefern, bin ich, was ich hier dankend erwähnen will, vielfach unterstützt worden. Ich habe mich direkt an die besten Quellen, an das Ministerium für Kolonien in London, an hohe Beamte desselben, an mir bekannte Buchhändlerfirmen in England und in den Kolonien gewandt, und ich bin von allen Seiten mit reichlichem, werthvollem Material bedacht worden. Ich darf hiernach wol sagen, daß alle Angaben zuverlässig und mit der größten Gewissenhaftigkeit geprüft worden sind. Dessenungeachtet ist es immerhin möglich, daß hier oder da eine Notiz nicht ganz richtig ist. Aber welcher geographische Schriftsteller wollte sich erkühnen, zu behaupten, daß alle seine Angaben richtig wären! Ist es ja doch geradezu unmöglich, daß z. B. statistische Notizen über Bevölkerung u. dergl. mathematisch genau bleiben. Denn bis ein Buch gedruckt wird, haben sich die Zahlen selbstver= ständlich bereits verändert und, wie man sich überzeugen wird, in Australien schreitet gleichsam die Zeit schneller als anderswo und die Verhältnisse ändern sich binnen kürzester Frist.

Einen besonderen Quellennachweis habe ich nicht beigefügt; eine solche Mittheilung würde wol den wenigsten Lesern von besonderem Nutzen sein, da sie möglicherweise doch genöthigt wären, vielleicht ein dickes Buch durch= zusuchen, um sich von der Richtigkeit irgend einer kleinen Zahlenangabe zu überzeugen; ich habe aber, wie schon erwähnt, alles Material, was ich mir zu verschaffen im Stande war, gewissenhaft benutzt, und es wird mir, wie ich glaube, keine wesentliche Erscheinung der englischen, deutschen und französischen Literatur über Australien entgangen sein.

Ich hoffe, daß meine Mittheilungen über Australien namentlich auch denen von Nutzen sein werden, welche die vor wenigen Tagen in Sydney eröffnete Weltausstellung beschickt haben, und welche auf Grund ihrer dort ausgestellten Industrieerzeugnisse Verbindungen mit den australischen Kolonien anzuknüpfen bestrebt sind. Vielleicht kommt es noch rechtzeitig denjenigen in die Hände und in noch höherem Grade zu Gute, welche die für nächstes Jahr angesetzte Internationale Weltausstellung in Melbourne zu demselben Zwecke zu beschicken geneigt sind.

Leipzig, den 24. September 1879.

Richard Oberländer.

Inhaltsverzeichniß.

IX. Die Kolonie Viktoria.

X. Südaustralien und Nordaustralien.

XI. Westaustralien.

XII. Queensland.

XIII. Vandiemensland — Tasmanien.

Die Tonbilder sind einzuheften:

Australien.

Sydney um das Jahr 1800.

I.

Die Entdeckungsgeschichte des fünften Welttheils.

Die ältesten Nachrichten über Australien. — Nebenbuhlerschaft der Spanier und Portugiesen — Theilung der Welt durch Alexander VI. — Entdeckungen in Amerika und Indien. — Alte Karten. — Erste Entdeckung Australiens durch die Franzosen (16. Jahrh.). — Ansichten über das Südland. — Zweite Entdeckung Australiens durch die Portugiesen 1601) de Quiros u. Torres. — Die Terra australis incognita im 16. u. 17. Jahrh. — Die Holländer in den australischen Gewässern. — Empörung gegen die spanische Weltmacht. — Expeditionen nach Indien und den australischen Küsten. — Spätere Entdeckungen. — Kapitän Pelsart. — Abel Tasman's erste Reise. — Tasman's zweite Reise. — Schiffbruch des „Vergulde Draed". — Vlamingh. — Englische und französische Seefahrer im Großen Ozean. — Dampier. — Dirt Hartog's Bai. — Expedition zur Beobachtung des Venusdurchganges. — Cook's erste Reise. — Botanybai. — Das große Barriere-Riff. — Marion du Fresne. — Furneaux. — Cook's zweite und dritte Reise. — Cook's Tod. — Spätere Expeditionen.

Die ältesten Nachrichten über Australien. Im Jahre 1415 hatte zum ersten Male ein portugiesisches Schiff das Wagniß unternommen, längs der Westküste von Afrika nach den heißen Ländern desselben Welttheils zu fahren. Jenes Schiff erreichte Kap Non (plus ultra), und es war diese Probefahrt der eigentliche Anfang zu allen jenen großartigen Entdeckungsreisen, welche bis zum heutigen Tage in selten unterbrochener Reihe sich folgten. Langsam, Schritt für Schritt, suchten sich die Portugiesen den Weg nach dem Ziel aller Wünsche, dem Wunderland Indien. Volle siebzig Jahre verstrichen, bis sie zu dem Südende von Afrika gelangten und das Vorgebirge der Stürme entdeckten, das von dem König Johann II. mit prophetischem Blick in ein Kap der guten Hoffnung umgetauft wurde, weil mit dieser Entdeckung auch die Auffindung des Seeweges nach Indien gesichert schien.

Indessen hatte sich auch im Westen eine neue Welt geöffnet. Christof Columbus war ausgezogen, um — nach Westen segelnd — gleichfalls Indien zu erreichen. Am 12. Oktober 1492 stieg er an einer fremden Insel ans Land, und im Februar des folgenden Jahres war er glücklich in Spanien eingetroffen. Daß auf dieser Reise ein neuer Welttheil gefunden worden, ahnte Columbus nicht; er starb in dem glorreichen Wahne, daß Cuba eine Provinz des Chinesischen Reiches und Hispaniola die Insel Zipangu (Japan) sei. Die sehr natürliche Folge dieser Anschauung, die von den Zeitgenossen des großen Mannes getheilt wurde, war, daß beide Nachbarvölker, Spanier wie Portugiesen, die äußersten Anstrengungen zur Verfolgung ihrer Entdeckungen machten, um wo möglich die Herrschaft über Indien zu erlangen. Damit nun aber durch diese Bestrebungen nicht der Friede zwischen ihnen selbst gestört werden möge, wendeten sich beide Theile vertrauensvoll an das Haupt der Kirche, den Statthalter Christi auf Erden, und im Mai 1493 erschien die Bulle, in welcher Papst Alexander VI. mit einem Federstrich auf der Karte die Erde in zwei Hälften theilte. Die östliche Seite sollte den Portugiesen gehören, die westliche den Spaniern. Der Theilungsstrich war „hundert spanische Meilen westlich von den Azoren" gezogen, so daß die Ostseite von Südamerika (Brasilien) in der Folge von den Portugiesen in Anspruch genommen werden durfte.

Es war jetzt Sache der Betheiligten, die ihnen zugefallene Erdhälfte in Besitz zu nehmen. Jedes neu entdeckte Land ward als Eigenthum einer der beiden Kronen erklärt, und die Rechte der Eingeborenen waren damit erloschen; denn die Güter der Erde gehörten — nach den Anschauungen jener Zeit — eigentlich nur den rechtgläubigen Kindern der christlichen Kirche, welche dafür die Verpflichtung übernahmen, die Heidenvölker zum Christenthum zu bekehren, oder sie zu vernichten, in dem Falle, daß sie etwa den neuen Glauben nicht annehmen wollten.

Die Spanier fanden bis zum Jahre 1510 Cuba, Haiti, Porto=Rico und die kleinen Antillen, Jamaika, die Ostküste von Nordamerika und Neufundland, das Festland von Südamerika und die Ostküste von Centralamerika (Honduras, Costa=Rica, Yucatan).

Die Portugiesen ihrerseits drangen im Jahre 1498 bis Calicut auf Malabar vor und im folgenden Jahre bis zu den Lakkadiven; 1506 gelangte Lorenzo de Almeida nach Ceylon, zwei Jahre später Siqueira nach Sumatra und 1511 fand Antonio Abreu die Molukken. Während der folgenden zwei Jahre fuhren die Portugiesen bis nach Celebes und Java und erhielten — offenbar durch malayische Schiffer, die längst schon in jenen Meeren bekannt waren — Nachrichten über die ostwärts gelegene große Insel Neu=Guinea, die sie im

Jahre 1526 erreichten, als Jorge de Manefes vom Sturmwind in einen Hafen dieser Insel getrieben wurde.

Um dieselbe Zeit ist aber auch die erstmalige Entdeckung der nordwestlichen Gestade Australiens selber erfolgt. Dieselbe ist in mehreren Weltkarten nieder= gelegt, die jedoch höchst merkwürdiger Weise nicht auf portugiesischen, sondern auf französischen Ursprung hinweisen.

Die älteste dieser Karten ist erst vor etlichen Jahren in Besitz des Britischen Museums gekommen und trägt die Jahrzahl 1531; sie ist verfertigt von Oronce Finé aus Briançon in der Dauphiné. Auf dieser Karte ist an der Stelle, wohin die Nordwestküste Australiens gehört, ein Reich gesetzt, das Regio Patalis ge= nannt wird, und eine Küste gezeichnet, welche es unsicher läßt, ob eine Insel oder ein größeres Festland dargestellt werden sollte.

Eine andere, jetzt im Dépôt de la guerre zu Paris befindliche Weltkarte, welche 1555 dem Admiral Coligny gewidmet wurde, ist von dem provençalischen Piloten Guillaume le Testu aus Grasse gezeichnet, der von dem königl. Topo= graphen Thevet als ausgezeichneter Seefahrer gerühmt wird. Diese Karte ent= hält in der Gegend der nordwestlichen Gestade Australiens ein Land, das Jave la Grande genannt wird und Vorgebirge, Baien und Buchten mit Namens= bezeichnungen zeigt, die mit provençalischen Benennungen aus jener Zeit auf= fallend gut übereinstimmen. So kommt z. B. ein Kap de Grace vor, ein Name, der nicht etwa als Gnadenkap aufgefaßt werden darf, sondern sich vielmehr auf den Geburtsort des Seefahrers bezieht, der sich selbst auf der Karte als aus der ville francoyse de Grace stammend bezeichnet.

Das schon erwähnte Zeugniß Thevet's kann sogar auf die Vermuthung führen, daß le Testu selbst bei irgend einer Entdeckungsfahrt in die australischen Gewässer betheiligt gewesen sei; denn Thevet sagt ausdrücklich, daß er große und weitausgedehnte Seereisen mit Testu unternommen habe.

Fünf andere Karten endlich, von welchen drei ohne Datum, eine mit der Jahrzahl 1542, eine mit 1547, und wovon sich nochmals drei im Britischen Museum befinden, stimmen so vollständig mit der oben erwähnten Testu'schen Karte überein, daß man deutlich ersieht, daß diese sechs Karten ein gemeinsames Original haben mußten.

Nun hat sich freilich keine Kunde davon erhalten, daß zu jener Zeit fran= zösische Schiffahrer in den ostindischen Gewässern verkehrt hätten, allein nichts= destoweniger muß man den Schluß ziehen, daß Diejenigen, welche in jener frühen Zeit allein im Stande waren, ein Land auf Karten niederzulegen, das nach unserer jetzigen Kenntniß Australien sein muß, auch die Entdecker dieses Landes gewesen seien. Danach gebührt also die Ehre der ersten Entdeckung des australischen Kontinentes den Franzosen, und zwar ist es dabei gleich= giltig, ob sie selbständig jene Gestade aufgefunden, oder ob sie vielleicht ihre Bekanntschaft mit denselben malayischen Schiffahrern verdankten, welche, wie schon erwähnt, seit Jahrhunderten bereits Kunde von dem Vorhandensein des Austral=Kontinentes besaßen und sogar regelmäßige Fahrten nach jenem Lande unternahmen. Zweck dieser Reisen war die Gewinnung eines Leckerbissens für die Chinesen, des Trepang (Holothurie), von dem noch jetzt jährlich über 10,000 Centner von den verschiedenen Plätzen Australiens und der Südsee in die Häfen China's eingeführt werden.

Bereits in der zweiten Hälfte des 16. Jahrhunderts vermehrt sich die Zahl der Karten von dem neuen südlichen Lande, und sie enthalten allmählich auch richtigere Angaben. Eine davon, 1575 in Thevenot's „Cosmographie universelle" erschienen, giebt die Darstellung von Groß= und Kleinjava als Theile von Australien, und in dem Werke selbst wird Australien ausdrücklich als ein Land erwähnt, das bereits, wenn auch unvollkommen, entdeckt war, jedoch nach der Meinung des Verfassers eine Ausdehnung wie Afrika oder Asien haben müsse. Auf einer andern Karte, betitelt „Typus orbis terrarum", vom Jahre 1587, ist Neuguinea schon als Insel eingezeichnet, wenngleich durch beigefügte Worte er= läutert wird, daß noch nicht ganz sicher sei, ob dieses Land nicht ein Theil Australiens sei.

Wenig Jahre später erschienen auch holländische Karten von Australien. Unter ihnen ist eine von Jodocus Hondins besonders bemerkenswerth, weil darauf Neuguinea als Insel dargestellt und von Australien, welches einen Golf von der Gestalt des Meerbusens von Carpentaria hat, durch eine Meerenge ge= trennt ist. Und in einem zu Löwen 1598 gedruckten Werke: „Descriptionis Ptolemaicae Augmentum", von Cornelius Wytfliet, kommt folgende Stelle vor: „Die Terra australis ist das südlichste von allen Ländern und ist von Neuguinea durch eine enge Straße getrennt. Seine Küsten sind bis jetzt nur wenig bekannt, und selten wird das Land besucht, außer wenn Schiffer durch Stürme dahin verschlagen werden. Die Terra australis fängt am zweiten oder dritten Grad vom Aequator an und wird von Einigen für so groß gehalten, daß sie, wenn sie vollständig erforscht wäre, als ein fünfter Welttheil betrachtet werden müßte."

— Das war also bereits sieben Jahre früher festgestellt, als die Reise von Torres und de Quiros angetreten wurde.

Ob die angeführten Nachrichten überhaupt die frühesten sind, welche von Australien nach Europa gelangten, muß immer dahingestellt bleiben; — scheint es doch, als ob schon bei den Alten eine Ahnung von einem südlichen Lande existirt hätte. Es kommen nämlich in den Werken von Theopompus, Manilius und Seneca Stellen vor, die bei aller Unbestimmtheit dennoch bemerkenswerth bleiben. Theopompus, der im 4. Jahrhundert vor Christus lebte, erzählt ein Gespräch zwischen einem Halbgott und einem Sterblichen. Da redet der Erstere von Ländern, die außerhalb des Oceans lägen, welcher Europa, Asien und Libyen umgiebt, und die bevölkert wären mit riesenhaften Menschen und ge= waltigen Thieren. Seneca, um das Jahr 50 nach Christus, spricht von zu= künftigen Tagen, an welchen der Ocean die Grenzen des Weltalls erweitern wird und eine neue Erde und neue Länder auferstehen werden. Manilius aber, ein Zeitgenosse des Kaisers Augustus, spricht ganz bestimmt von einem bewohnbaren Erdtheil in der südlichen Hemisphäre, welche, wie er sich ausdrückt, unter unseren

Füßen liegt. Was diese Stelle noch merkwürdiger macht, ist, daß darin auch von der sphärischen Gestalt der Erde gesprochen wird. — Wer will entscheiden, ob man diese Sätze aus längst vergangenen Zeiten für dichterische Ausschmückung, glückliche Vermuthung oder Ahnung der Wahrheit halten soll?!

Der erste völlig verbürgte Besuch des Austral-Kontinentes und demnach die zweitmalige Entdeckung des fünften Welttheils datirt aus dem Jahr 1601 und ist von einem Portugiesen, Manoel Godinha de Eredia, unter dem Befehl des Vizekönigs Ayres de Saldanha ausgeführt worden. Der originale autographische Bericht dieses Reisenden (begleitet von Karten und Ansichten) an den König Philipp II. ist erst vor wenig Jahren in der königl. burgundischen Bibliothek zu Brüssel aufgefunden worden und bestätigt vollständig die knappe bezügliche Nachricht, welche auf einer uns Jahr 1620 bekannt gewordenen Karte enthalten war. Diese Karte enthält nämlich wiederum eine Darstellung des nordwestlichen Theils von Australien und eine Inschrift des Inhalts: Nuca antara ward entdeckt im Jahr 1601 von Manoel Godinha de Eredia, unter dem Befehl des Vizekönigs Ayres de Saldanha. Außerdem giebt die Karte Nachricht von der Entdeckung des Eintrachtlandes, welche im Jahr 1616 durch die Holländer stattfand. Man ersieht schon hieraus, daß diese Karte keine Originalkarte des Entdeckers sein kann; eine solche ist wol nie erschienen, und eben so wenig ist jener in hohem Grade interessante Bericht je in die Oeffentlichkeit gelangt. Es lag eben nicht im Geiste der Portugiesen zu damaliger Zeit, Nachrichten über ihre Seefahrten bekannt werden zu lassen, und so blieb denn auch diese zweite Entdeckung Australiens durch die Portugiesen für die gesammte übrige Welt ein Geheimniß. —

Nicht minder eigensüchtig handelten die Spanier. Auch sie schickten, nachdem einmal das große Weltmeer im Westen Amerika's durch Balboa im Jahre 1513 entdeckt war, verschiedene Seefahrer auf Entdeckungsreisen aus, suchten aber die Resultate so viel als möglich zu verheimlichen und thaten dies selbst noch in der Zeit, da sie durch die in den Niederlanden ausgebrochenen Unruhen gar nicht mehr in der Lage waren, selbst noch einen Nutzen aus den gemachten Entdeckungen zu ziehen.

Dies wird recht anschaulich an dem Beispiel von Quiros und Torres. — Pedro Fernandez de Quiros und Luis Vaz de Torres waren am 21. Dezember 1605 von Callao auf Entdeckungen in die Südsee ausgezogen. Quiros hatte mehrere Inseln, zuletzt den nördlichen Theil der Neuen Hebriden, gefunden, und war plötzlich in der Nacht vom 11. Juni 1606 vom Ankerplatz aufgebrochen und nach Callao zurückgekehrt, von wo er dem König eine ausführliche Denkschrift übersandte, in welcher er die Entdeckung der großen Terra australis meldete, und um Schiffe und Mannschaften bat, das neue Land genauer zu erkunden und zu kolonisiren. Er vermochte jedoch nicht, den spanischen Monarchen für seinen Plan zu gewinnen und vertrauerte ungekannt den Rest seines Lebens in Panama, wo er nach verbürgten Nachrichten im Jahre 1614 gestorben sein soll.

Torres, der sich so plötzlich von seinem Gefährten verlassen sah, segelte weiter. Zuerst versicherte er sich, daß er nicht Australien endeckt habe, sondern eine Insel; er ging westlich und sah unter 11½° südl. Breite Land, wel= ches er für die Südspitze Neuguinea's hielt. Später stellte sich heraus, daß es eine der zur Louisiadegruppe gehörigen Inseln war. Die Fahrt geht längs der Küste, mehr und mehr wächst die Zahl der Klippen, die das Fahr= wasser stören. Nicht lange dauert es, so geräth das Schiff in einen der Kanäle, die, auf beiden Seiten mit schwarzen Korallenklippen eingefaßt, dem Schiffer jeden Augenblick Verderben drohen. Glücklich geht es hindurch; da liegt vor dem kühnen Seemann ein Meer, geradezu übersäet mit Inseln, Felsen und Sandbänken. Die Brandung rauscht von allen Seiten. Meilenweit ist nichts Anderes zu sehen, als diese schwarzen Felsen und der weiße Schaum der tosenden Wogen. Und als ob es nicht schon genug wäre mit all den sicht= baren Gefahren, so wechselt auch noch ganz plötzlich die Tiefe des Wassers von 12 m auf 4 m. Das Schiff schwimmt über einer Sandbank, — es schwimmt noch, aber zitternd erwartet die Mannschaft den Augenblick, in dem es aufläuft, und Jeder weiß, daß dann Alles verloren ist! — Alle Segel bis auf eines der kleinsten werden eingezogen; mit dem Senkblei in der Hand sucht der Kapitän den Weg über die Bank und durch dieses furchtbare Felsenlabyrinth! Tag um Tag, Woche um Woche vergeht; zwei lange Monate fährt das Schiff in diesem schrecklichen Felsenmeer, 480 Leguas sind schon zurückgelegt; endlich ge= langt man an größere Inseln (die Prinz=Walesgruppe), noch größere scheinen sich südwärts zu ziehen, und nachdem noch ein schmaler Kanal mit reißender Strömung passirt ist, schwimmt das Schiff im freien, offenen Meere! Das war die Fahrt durch die Torresstraße, auf welcher der kühne Seefahrer die Berge der Nordspitze Australiens (Kap York) erblickt hatte.

Torres richtete seinen Lauf nach den Philippinen. Was aus ihm wurde, ist unbekannt; sein Tagebuch blieb in den Archiven von Manila, bis es 1762 von Dalrymple nach der Eroberung der Stadt gefunden und veröffentlicht wurde. Wenn auch die Straße zwischen Australien und Neuguinea schon vor Torres befahren worden, so wird doch dadurch das Verdienst dieses unerschrockenen Mannes keineswegs geschmälert.

Die Torresstraße ist seitdem, besonders durch Cook und Flinders, genau untersucht und die für die Durchfahrt wichtigsten Gegenden sind aufgenommen worden, so daß die Reise durch dieselbe unter günstigen Verhältnissen jetzt in 24 Stunden gemacht werden kann, während im Jahre 1793 die Schiffskapitäne Bampton und Alt 72 Tage lang unter steten Gefahren in den Riffen zubrachten. Immerhin macht sich auch heute noch die Nothwendigkeit geltend, bei einbrechen= der Dunkelheit den Anker zu werfen, damit die nächste Morgensonne das Fahr= wasser beleuchte. Wegen der starken dort herrschenden Strömung von Ost nach West wurde die Straße früher ausschließlich in dieser Richtung befahren, bis — erst in neuester Zeit — einzelne unternehmende Schiffskapitäne auch auf dem entgegengesetzten Wege hindurchkamen.

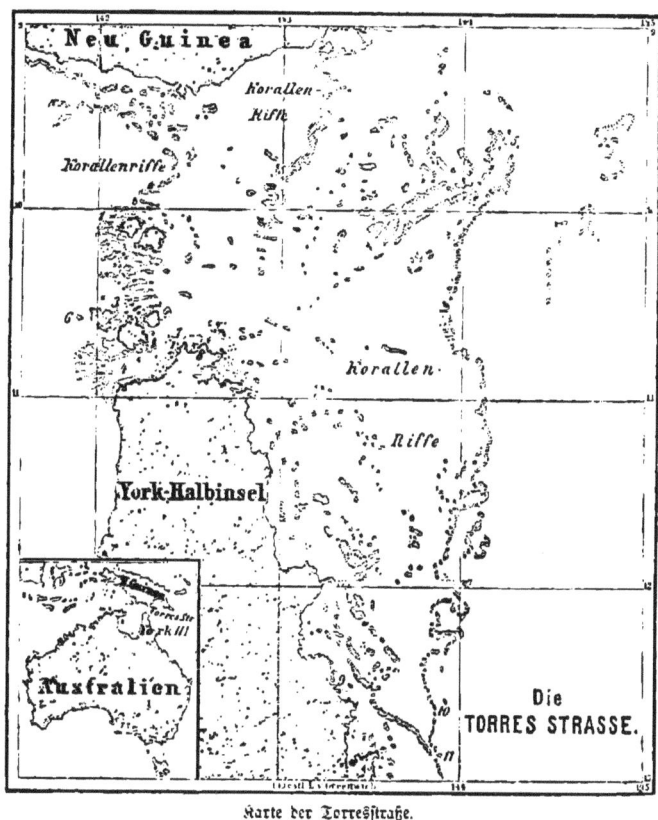

Karte der Torresstraße.

1 Bligh=Straße.	5 Flinders Paß.	9 Weymuth=Bai.
2 Bligh=Kanal.	6 Booby=Island.	10 Providential=Channel
3 Prinz=Wales=Straße.	7 Possession=Island.	(Cook 1770).
4 Endeavour=Straße.	8 Kap York.	11 Bligh's Einfahrt.

Im Vorstehenden war bereits mehrmals des großen Australlandes Er=
wähnung gethan. Dasselbe verdankt seinen Ursprung einer höchst merkwürdigen
Hypothese, die im Beginn des 16. Jahrhunderts auftauchte. Man sagte näm=
lich, da die Erde doch hauptsächlich der Menschen wegen geschaffen sei, so würde
es der Weisheit des Schöpfers widersprechen, wenn die ganze südliche Hälfte
unbewohnbar bleiben sollte, und da außerdem auch ein Gleichgewicht auf der
Erde herrschen müsse, so könne es gar nicht anders sein, auf der Südhälfte der
Erde müsse nothwendig eben so viel Land als auf der Nordhälfte liegen. Von
dieser Theorie geleitet, verfertigte ein deutscher Astronom, August Schöner in
Nürnberg, seit 1515 Erdkugeln, auf welchen südlich von Brasilien, von diesem
durch eine Meerenge getrennt, ein großes Südpolarland zu erblicken war, das
bis Java und bis nahe an die Südspitze Afrika's reichte. Als nun im Jahr 1522
das einzige Schiff, welches von der 1519 unter Magelhaens begonnenen Reise

um die Erde noch übrig blieb, nach Spanien zurückkam mit der Meldung von einer südlich vom amerikanischen Festland befindlichen Meeresstraße und einem südlich von dieser Straße liegenden Lande (dem Feuerlande), so schien die Meinung von dem Vorhandensein jenes Südpolarlandes völlig gerechtfertigt zu sein und fand allgemeine Billigung. Gerhard Kremer (Mercator), der größte Geograph des 16. Jahrhunderts, machte diese Ansicht zu der seinigen; er zeichnete auf seine Karten ein ungeheueres, den Südpol umschließendes Land, von welchem Feuerland nur einen kleinen Theil ausmachte, und Ortelius u. A. folgten ihm. Obgleich nun jenes Land das „unbekannte" genannt wurde, so sind doch auf allen Karten bis zum Anfang des 17. Jahrhunderts sämmtliche Küsten desselben angegeben, mit Buchten, Vorgebirgen, selbst Flüssen und vorliegenden Inseln; auch Namen stehen da, wie „Region der Papageien" u. s. w. Kein Wunder also, wenn Quiros, befangen in dem allgemeinen Vorurtheile seiner Zeit, glaubte, in den Neuen Hebriden einen Theil des Australlandes gefunden zu haben, und daß, als die Portugiesen und später die Holländer Theile des jetzigen australischen Kontinentes kennen gelernt hatten, auch diese als zu dem großen Südland gehörend betrachtet wurden.

Allerdings trennte sich infolge späterer Entdeckungsfahrten ein Theil nach dem andern von diesem fabelhaften Lande ab; so zuerst das Feuerland, dessen Inselnatur im Jahr 1616 durch die Holländer le Maire und Schouten festgestellt wurde, sodann das von le Maire gefundene Staatenland, das 1643 von dem Holländer Brouwer rings umfahren ward u. s. w. Wie tief aber der Glaube an ein solches Land in dem Sinne auch bedeutender Geographen bis weit in das 18. Jahrhundert hinein wurzelte, ergiebt sich daraus, daß die nun 1740 entdeckte kleine Insel Bouvet südöstlich vom Kap der guten Hoffnung und die, 1756 aufgefundenen, jetzt Südgeorgien genannte Inselgruppe sofort als „Landspitzen des Kontinents" gelten mußten.

Erst Cook hat das Irrige aller dieser Ansichten nachgewiesen und die Illusionen von dem großen Australlande gründlich zerstört.

Die Holländer in den australischen Gewässern. In demselben Maße, wie die spanische Macht durch Despotismus und Inquisition geschwächt wurde, hob sich diejenige Hollands aus unscheinbaren Anfängen empor und erlangte im Verlauf weniger Jahrzehnte eine weltgeschichtliche Bedeutung.

Im Jahre 1565 bereits hatten sich die Holländer gegen Philipp II., den finstern Beherrscher Spaniens, aufgelehnt. Es galt der Freiheit des Glaubens, und die Geschichte lehrt, daß keine Kriege mit größerer Erbitterung und Ausdauer geführt werden, als die Religionskriege. So ward auch im Fortgang dieses Befreiungskrieges ganz Holland in seinem Innersten aufgerüttelt. Durch die Utrechter Union 1579 hatten sich die sieben nördlichen Provinzen unter dem Titel der Generalstaaten zur Erhaltung der alten Freiheiten verbunden, und

nun war es den Protestanten in den südlicheren Provinzen, wo die spanische Ge=
waltherrschaft noch ungebrochen fort bestand, leichter möglich gemacht, einen Zu=
fluchtsort zu finden, ohne daß sie ihrem Vaterlande den Rücken kehren mußten.

Nicht weniger als hunderttausend protestantische Familien zogen aus Flandern,
Geldern und Brabant nach den freien Generalstaaten und brachten nicht nur
ihr bewegliches Hab und Gut mit, sondern auch eine Fülle von Kenntnissen und
Gewerbfleiß sowie einen den heringfischenden Holländern bis dahin fremd ge=
bliebenen Unternehmungsgeist.

Die ehemaligen Kaufherren von Antwerpen führten ihre Schiffe jetzt von
Utrecht aus in die spanischen Gewässer, und Philipp II. durfte ihnen den Handel
an den spanischen Küsten nicht verbieten, wenn er nicht Gefahr laufen wollte,'
daß derselbe sich nach Portugal hinüberziehe.

Im Jahre 1580 wurde aber auch dieses Land durch Herzog Alba unter
das spanische Joch gebeugt, und wie Philipp II. von nun an jedes Mittel an=
wandte, um die portugiesische Seemacht zu zerstören, so verfuhr er nicht minder
barbarisch gegen die Holländer. Alle Schiffe in den portugiesischen und spani=
schen Häfen wurden mit Beschlag belegt, die Mannschaften eingekerkert und den
Unterthanen jeder Verkehr mit den aufrührerischen Niederländern verboten. So
hoffte man, in Kurzem nicht nur den aufblühenden Handel Hollands zu Grunde
zu richten, sondern auch die Rebellion zu ersticken.

Keines von beiden gelang.

Die Holländer (oder vielmehr die dort eingewanderten Antwerpener) kann=
ten wohl die schwachen Stellen des „Reichs, in welchem die Sonne nicht unter=
ging"; sie wußten auch sehr gut, daß es außer Spanien auch noch andere Länder
gäbe, mit welchen man Handel treiben und in welchen man Reichthümer
erwerben könne, und gerade Einer der Vertriebenen, Wilhelm Ujselincx, war
es, der 1592 den ersten Plan zu den großartigen überseeischen Unternehmungen
entwarf, welche seitdem die Hauptquelle des holländischen Reichthums geworden
und bis auf den heutigen Tag geblieben sind.

Im Jahre 1595 zog die erste Expedition von vier Schiffen unter dem
Befehl des Cornelius Houtman nach Indien aus; zwei Jahre später kehrte sie
zurück. Sie hatte allerdings zwei Schiffe und zwei Drittel der Mannschaft
eingebüßt, aber man hatte die Ueberzeugung von der Möglichkeit einer Nieder=
lassung in Indien gewonnen. Bereits im folgenden Jahre wurden acht Schiffe
von einer Gesellschaft von Kaufleuten aus Amsterdam, Rotterdam und Ent=
huizen unter dem Kommando des Jakob Cornelius van Nek nach Indien geschickt.

Wenn damals ein Ostindienfahrer ausgerüstet wurde, so war das eine ganz
andere Sache als heutzutage, wo alle vier Wochen ein leichtes, schnellsegelndes
Klipperschiff von England nach Australien und in umgekehrter Richtung fährt,
und man nur in den Zeitungen die Abfahrt oder die Ankunft meldet; — da=
mals war so Etwas ein großes Ereigniß für Amsterdam und eine Sache
monatelanger Ueberlegung. Am Tage der Abreise aber waren die Dämme
des Ij mit Tausenden von Menschen bedeckt, die das großartige Schauspiel

genießen wollten, wie die Theilnehmer an der Expedition und die Schiffsmann=
schaft von ihren Verwandten und vom vaterländischen Boden — vielleicht für
immer — Abschied nahmen, wie die schweren Anker heraufgeholt wurden und
wie dann das mächtige Schiff mit schwellenden Segeln und flatternden Wimpeln
unter dem Ahoi! der Matrosen und den Zurufen der schauenden Menge lang=
sam hinausfuhr in das endlose Meer — auf schaukelnden Wellen fernen, zum
Theil unbekannten Gestaden entgegen!

Und welcher Jubel herrschte erst bei der glücklichen Wiederkehr eines dieser
schwimmenden Kastelle! Denn in der That, das wäre der passendste Name für
diese ungeheueren Fahrzeuge gewesen mit haushohem Hinterdeck und dem breiten,
geräumigen Vordertheil, mit den schweren Masten und Raaen und den riesigen
Segeln, auf dem Quarterdeck die in Reihen aufgehängten Feuereimer und dar=
über die dicken, runden, im Winde schaukelnden Laternen, Alles solid und schwer=
fällig — nach holländischer Art.

Die zweite ostindische Expedition glückte über alle Erwartung; kein Schiff
wurde verloren, alle kehrten mit reicher Ladung an Spezereien und Gewürzen
zurück, und angelockt durch den außerordentlich großen Gewinn, der den Unter=
nehmern zufiel, beeiferten sich die holländischen Kaufleute, noch mehr Ostindien=
fahrer auszurüsten. Im Jahre 1601 segelten 40 holländische Fahrzeuge nach
den javanischen Gewässern, und — was von noch größerer Bedeutung für die
spätere Zeit geworden — am 20. März 1602 wurden die verschiedenen hol=
ländischen Handelsgesellschaften, um mehr Einheit und größere Sicherheit in
alle Unternehmungen zu bringen, durch Vermittlung der Generalstaaten in eine
einzige, die berühmte Holländisch=Ostindische Handelsgesellschaft (Ostindische Handelsmaatschappij) umgewandelt. Damit war der indische Handel
zur Nationalsache geworden, an der Volk und Regierung Antheil hatten. Die
Gesellschaft aber erhielt Befugnisse, die nur der Gesammtnation zustanden. Sie
hatte nämlich nicht nur das Handelsmonopol, sondern auch das Recht, im Namen
der Generalstaaten Beamte in Indien anzustellen, Krieg zu führen, Frieden zu
schließen, Münzen zu schlagen, Städte und Festungen zu bauen und Kolonien
anzulegen. Dabei verfügte dieselbe über ein für jene Zeit ungeheueres Kapital,
denn während im Jahre 1600 die Englisch=Ostindische Compagnie ihre
Geschäfte mit 72,000 Pfund Sterling = 1,440,000 Mark begann, betrug das
Gründungsvermögen der Holländisch=Ostindischen Gesellschaft 11,286,000 M.

Aus den hier mitgetheilten Einzelheiten läßt sich ein Schluß ziehen, mit
welch rastlosem Eifer die holländischen Unternehmungen in Indien betrieben wur=
den; indessen würde es zu weit führen, die ganze Geschichte der holländischen
Kolonien im Einzelnen zu verfolgen. Es möge deshalb nur bemerkt werden, daß
die Holländer durch schlaue Benutzung der sich darbietenden Verhältnisse sehr
bald festen Fuß auf Java gefaßt hatten und schon nach drei Jahren mit der
Untersuchung der australischen Gewässer beginnen konnten.

Am 18. November 1605 verließ nämlich die holländische Jacht „Duyfhen"
(Täubchen) die Rhede von Bantam, um die Küste Neuguinea's zu untersuchen.

Das Ziel der Reise wurde glücklich erreicht, und nun fuhr man der Küste entlang dem Süden zu. Meilenweit ins Meer hinaus streckten sich die Sandbänke und Korallenriffe, umgeben von schäumender Brandung; erst nach einigen Tagereisen hörten dieselben auf und das Meer wurde ruhiger. Langsam steuerte das Fahrzeug dem flachen Strande zu. Doch welch ein Anblick! Im glühenden Sonnenschein glitzernder Sand bedeckt den Boden, keine Quelle ist zu erspähen, keine Blume, kein Kraut, kein Grashalm sprießt aus diesem öden, wüsten Lande, auf dem die schwerfällige Schildkröte langsam dem Wasser zukriecht. In der Ferne gewahrt man einzelne Waldstrecken, die Wälder sehen aber hier so düster aus, daß man gern vorüberfährt. — Die Scene ändert sich. Das Meer wird so ruhig, wie ein Teich und gerade eben so trüb und schlammig, Ebbe und Flut scheint aufgehört zu haben, so unmerklich ist sie. Sie wechselt in 24 Stunden ein einziges Mal, und zur Ebbezeit wird die Luft verpestet durch die mephitischen Dünste, die dem halbtrocknen, mit verwesenden Seethieren angefüllten Schlamm entsteigen. Das sumpfige Ufer ist dicht verwachsen mit undurchdringlichem Mangrovegestrüpp, oder es dehnen sich flache, schlammige Lagunen, so weit das Auge reicht, meist brakisches oder salziges, sehr selten trinkbares Wasser enthaltend, die nur den gefräßigen Alligatoren willkommene Plätze, sich zu sonnen, darbieten mögen. So das Land und das Meer. Der Himmel ist klar und die Sonne sendet so glühende Strahlen herab, wie vielleicht an keinem andern Orte in der ganzen Welt. Nach wenigen Stunden kann aber Alles mit Wolken dicht verhängt sein, und dann brausen furchtbare Stürme daher, und unter unaufhörlichem Blitz und Donner stürzen Regengüsse hernieder, als wollte die Sintflut die Welt noch einmal überschwemmen.

An dieser Küste steuerten die Holländer hin, — sie dachten freilich noch an der Westküste Neuguinea's zu sein; während sie aber an den Korallenriffen vorübersegelten, hatten sie, ohne es zu ahnen, die Torresstraße passirt und befanden sich an der innern Seite des Golfs von Carpentaria. Einigemal waren sie mit wilden, grausamen, schwarzen Menschen zusammengetroffen und hatten mehrere Matrosen verloren, welche von den Eingeborenen ermordet wurden. Es sind schreckliche Beschreibungen, die die Holländer von jenen australischen Wilden entworfen haben. Das struppige Haar, die Rußfarbe des Leibes und die häßlichen Bemalungen, die erbärmlichen Behausungen und die ekelhafte Nahrungsweise jener Menschen, das wurde schon damals erwähnt und diente nur dazu, Australien weit entsetzlicher erscheinen zu lassen, als es in der That war. — Die Lebensmittel auf dem Schiffe gingen zu Ende und in diesem Lande waren sicherlich keine zu erwarten; daher beschlossen die Holländer unter 13° 45′ südl. Breite am Kap Keer Weer („die Wiederkehr") umzuwenden. Im Monat Juni des Jahres 1606 war das erste holländische Schiff, welches die Küsten des großen südlichen Kontinents berührt hatte, wieder in Bantam.

Sollte die Holländische Compagnie nach dem Bericht, den der Kapitän der „Duyfhen" erstattete, neue Schiffe auf Entdeckungsreisen in jene Wüsteneien schicken? Gewiß nicht. Dennoch wollte man in Batavia nicht gleich alle Hoffnung aufgeben, und nach einigen Jahren wurden neue Expeditionen unternommen. Inzwischen waren auch mehrere Ostindienfahrer ohne ihre Absicht an die australischen Gestade gerathen. So war es der Fall mit dem Schiff „Eendragt", das 1616 an die Westküste Australiens kam und in einer Bai ankerte, welche nach dem Kapitän Dirk Hartogsbai genannt wurde. Es war kein sehr reizender Ort. Bevor das Schiff glücklich in die Bucht einlaufen konnte, mußte es an einem großen Archipel von Koralleninseln, Riffen und Felsklippen vorübersegeln. Man nannte diesen Archipel Houtman's Abrolhos, d. h. „Holzmann (Name des holländischen Schiffskapitäns), thu' die Augen auf", und spätere Schiffer machten eine unglücklichere Bekanntschaft mit diesen Klippen. Mehr als einmal wurde Australien unter dem Kiel des Fahrzeuges entdeckt, wenn man es am wenigsten vermuthete.

Dirk Hartog hatte eine Zinnschüssel mit der Nachricht von seinem Aufenthalt zurückgelassen. Dieselbe wurde 80 Jahre später von Vlamingh aufgefunden und durch eine neue ersetzt, welche den Bericht von der Anwesenheit der beiden Reisenden enthielt; diese endlich ist im Anfang des 19. Jahrhunderts von den Offizieren der großen französischen Expedition unter Baudin weggenommen und nach Frankreich gebracht worden.

Von 1616 an jagen sich die Entdeckungen: 1618 findet das Schiff „Mauritius" einen andern Theil der Westküste Neuhollands, wie nunmehr der Continent heißt; im folgenden Jahre entdeckt Jan Edel die nach ihm benannte Küste Edelland, südlich vom Eintrachtsland, und 1622 kommen noch andere Schiffer, deren Namen unbekannt sind, an die südwestliche Ecke des Festlandes. Sie nennen das Land Leeuwin, nicht etwa, weil sie dort Löwen angetroffen hätten, sondern weil ihr Schiff so hieß. Ein Jahr später rüstete die Holländisch-Ostindische Compagnie eine neue Expedition von zwei Jachten, „Pera" und „Arnhem", unter dem Kommando von Jan Carstens aus, besonders um Land und Volk von Neuguinea zu studiren. Die Untersuchungen dort kosteten Carstens und acht seiner Leute das Leben; sie wurden von den Eingeborenen ermordet. Die Schiffe verfolgten indessen ihren Lauf, bis sie zwei große Inseln, Arnheim und Spuilt, gefunden hatten (das spätere Arnheim's Land). Von hier kehrte das eine zurück, das andere, „Pera", segelte noch an der Ostseite des Carpentariagolfes bis zum Staten-River, 17° südl. Breite, von wo das Ufer sich dann mehr nach Westen wendete.

Im Jahre 1627 wurde Nuyts' Land und 1628 de Witt's Land zum ersten Mal gesehen. Wahrscheinlich geschah die erste dieser Entdeckungen auf dem Schiffe „Gulde Zeepaard", die andere auf dem Schiff „Vianen"; von diesen sind wenigstens Reisen aus der fraglichen Zeit bekannt. Auch die Südküste wurde im Jahre 1627 von Pieter Nuyts besucht und am 26. Januar von ihm der fernste Punkt erreicht in der Gegend der heutigen Streaky-Bai.

Und die Berichte über diese Reisen? Sie lassen sich in wenig Worte zusammenfassen: In die See hinaus strecken sich, Verderben drohend, die Korallenklippen. Das Land ist — wenige Stellen an den Flußmündungen ausgenommen

— öde und arm, mit sandigen Hügeln, weiter einwärts mit dürftigem Graswuchs und düster belaubten Wäldern oder auch mit den entsetzlichen Salzlagunen
überdeckt. Die Menschen endlich, im Zustande äußerster Armuth und Ver-
kommenheit lebend, sind wild und grausam gegen die Fremden. Und so war es
an allen Küsten, die man bis jetzt gesehen.

Es war noch im Jahre 1628, am 28. Oktober, als eine nach Ostindien
bestimmte Flotte von elf Fahrzeugen aus Texel in Holland abging; am Kap der
guten Hoffnung wurden die Schiffe durch Stürme zerstreut, und eines davon,
„Batavia", Kapitän Francis Pelsart, von den übrigen vollständig getrennt,
segelte, nachdem der Sturm ausgetobt hatte, ostwärts weiter und gerieth auf ein
Korallenriff. Dem Muth und der Umsicht des Kapitäns gelang es, die gesammte
Bemannung des Schiffes, weit über zweihundert Personen, auf eine wüste Insel
zu retten, auf der man erst nach vielem Suchen einige Löcher voll Regenwasser,
gemischt mit salzigem Wasser, fand. Darauf kehrte Pelsart in einem offenen
Boote nach Batavia zurück, um ein Schiff zu holen. Bei seiner Rückkunft fand
er, daß eine Meuterei unter dem Schiffsvolk ausgebrochen war, 125 Männer,
Weiber und Kinder waren schon ermordet, der Rest der vom Tode Bedrohten
hatte sich auf eine benachbarte Insel geflüchtet, wo sie täglich den Angriffen der
Meuterer ausgesetzt waren, welche sich des neu angekommenen Schiffes bemächtigen und ein Piratenleben führen wollten. Pelsart war vorsichtig; es gelang
ihm, die Mörder zu greifen; ihnen wurde der Prozeß gemacht und Alle der
Reihe nach aufgehängt. Die Ueberlebenden kamen später glücklich nach Java.
Das Schiff „Batavia" aber war das erste, welches mit den Houtman's Abrolhos
so unglückliche Bekanntschaft gemacht hatte. Der Schiffbruch, welcher am 4. Juni
1629 stattfand, hatte für die Kenntniß Australiens eine gute Folge: die Lücke,
welche zwischen dem Edels- und Eendragts-Lande bestand, wurde ausgefüllt.

Unbeirrt durch das Mißgeschick, welches Pelsart und sein Schiff betroffen,
ließ die Holländisch-Ostindische Compagnie die Untersuchungsreisen an den Küsten
Neuguinea's und Neuhollands fortsetzen. Zwei Schiffe, „Amsterdam" und
„Wezel", unter den Befehlen des Kapitäns Ger. Th. Pool, verließen im April
1636 zu diesem Zweck die Rhede von Batavia. Nach wenig Wochen schon kamen
sie zurück — der Kapitän war, wiederum auf Neuguinea, von den Wilden
ermordet worden. Entdeckungen wurden nicht gemacht. Dennoch wurde sechs
Jahre später nochmals eine Expedition von zwei Schiffen, „Heemsfirk" und
„Zeehaan", ausgerüstet, welche am 14. August 1642 unter dem Kommando des
berühmten Abel Tasman Batavia verließ und fast ganz Neuholland umschiffte,
allerdings in zu weiter Entfernung und mit zu großer Eile, als daß die Küste
genau hätte erforscht werden können.

Am 15. November (1642) glaubte Tasman die äußersten südlichen
Grenzen des großen Südlandes passirt zu haben; einige Tage später jedoch, am
24. November, sahen sie Land von Ost bei Nord. Sie näherten sich, und gegen
Abend konnte etwas mehr als die bloße Außenlinie gesehen werden. Es war
nicht das gewöhnliche sandige Ufer und das niedrige, hügelige Land. Hohe Berge

erhoben sich, einer über dem andern in endloser Verwirrung, alle mit dichten, dunklen Wäldern bedeckt. Man suchte einen Landungsplatz, fand jedoch erst am 1. Dezember eine passende Bucht, die Frederik-Hendriks-Bai, und nun erhielt der muthmaßliche Kontinent den Namen Vandiemensland (nach dem damaligen Generalstatthalter in Batavia). Die Landschaft war über alle Beschreibung wild und malerisch.

Eingeborener selbst wurde man nicht ansichtig, wol aber fanden die Holländer deren Spuren, nämlich Einschnitte in die Baumstämme, mit Flinten-stein gemacht, offenbar, um dieselben leichter erklettern zu können, und diese Einschnitte waren fast zwei Meter weit auseinander! Welch Riesenvolk·mochte hier hausen! Dann bemerkte man Abdrücke im Sande, wie von den Klauen eines Tigers, und noch andere Zeichen von dem Vorhandensein eines großen vierfüßigen Thieres. Alles dies zusammengenommen bewog die biederen Helden, auf die Schiffe zurückzukehren, — wie es scheint, schneller als sie gekommen waren, und da erzählten sie, während sie mit scheuen Blicken das Ufer beobachteten, sie hätten, als sie landeten, die lärmenden Stimmen der — un-zweifelhaft riesengroßen — Eingeborenen gehört. Andern Tages aber nahm sich der Zimmermann ein Herz, schwamm hinüber und errichtete nahe bei vier großen Bäumen eine Stange, an der er die Nationalflagge aufhissen ließ. Darauf verließen sie das Land.

Es scheint, daß Tasman in einer gegebenen Zeit seine Fahrt vollendet haben sollte, und so geschah es, daß er immer nahe an den merkwürdigsten Punkten vorbeifuhr, ohne die dicht daneben liegende große Entdeckung gemacht zu haben. So bei Vandiemensland; wäre er nur zwei Grade weiter nördlich gefahren, so wäre es ihm beschieden gewesen, die Meerenge und die Ostküste Neuhollands auf-zufinden. Und ebenso erging es ihm später bei Neuseeland, wo er ganz in die Nähe der von Cook entdeckten Straße kam.

Im Jahre 1644 unternahm Tasman eine zweite Reise, ausdrücklich zu dem Zweck, endgiltig festzustellen, ob Neuguinea von Australien getrennt sei oder nicht, sowie zur genauen Untersuchung des Carpentariagolfes, von dem man damals (nach der Tasman mitgegebenen Instruktion) wirklich glaubte, daß er sich quer durch Australien hindurch bis nach Nuyts' Land erstrecke. Unzweifelhaft hat der große Seefahrer, über dessen fernere Schicksale nichts bekannt ist, ausführliche Berichte von seinen Reisen mit zurückgebracht, sie ruhen aber in den Archiven der Holländisch-Ostindischen Compagnie, und was von denselben veröffentlicht worden, sind nur äußerst dürftige Auszüge. Indessen veranschaulichen einige Karten die Resultate der beiden Reisen Tasman's, so namentlich eine bald nach der Rückkehr desselben angefertigte handschriftliche Karte, welche sich im Britischen Museum befindet; ferner die 1648 in den Fußboden des Rathhaussaales zu Amsterdam eingelegte große Erdkarte; die in demselben Jahre in Paris erschie-nene Mappe-monde von Turquet u. a. m.

Mit dem im Jahre 1645 erfolgten Tode des Generalstatthalters Van Diemen, welcher die Unternehmungen Tasman's und seines Vorgängers angeordnet hatte, hörten die Forschungen in den australischen Gewässern vorläufig auf; nicht so die zufälligen Fahrten nach Neuholland.

Am 4. Oktober 1655 hatte der große Ostindienfahrer „Vergulde Draeck" mit einer reichen Ladung und 78,600 Gulden in der Kasse Texel verlassen und litt Schiffbruch in der Nacht des 25. April 1656 an einem Riff der Westküste von Neuholland, das sechs (englische) Meilen in die See hinausreichte, unter 30²₁/₃° südl. Breite — d. h. an Houtman's Abrolhos. Von 190 Personen erreichten nur 75 das Ufer. Ein Boot, bemannt mit sechs Matrosen und dem Untersteuermann, brachte einen Monat später die Unglücksnachricht nach Batavia.

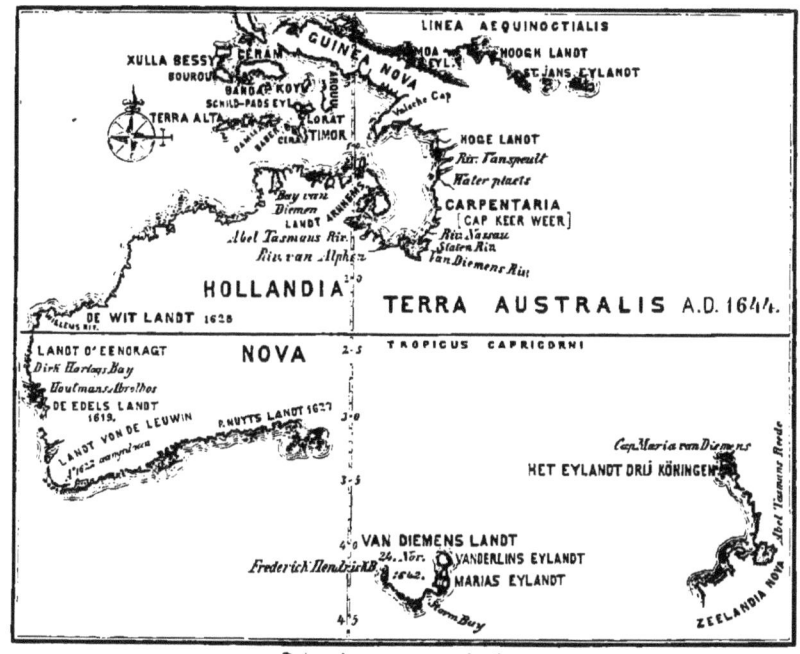

Tasman's Karte von Australien.

Gouverneur und Rath sandten die Jacht „Gute Hoffnung" und das Flyboot „Witte Valck" zur Rettung der 68 Personen ab, die an der australischen Küste geblieben waren. Diese Schiffe kehrten unverrichteter Dinge zurück; sie hatten elf Personen verloren, die sich beim Suchen nach den Schiffbrüchigen in die Wälder verirrt. So wurde nun das Flyboot „Vinck" beauftragt, bei seiner Reise nach dem Kap der guten Hoffnung den Platz, an dem das Wrack lag, zu berühren und, wenn dort am Lande noch ein Verunglückter zu finden sei, ihn mitzunehmen. Der „Vinck" kam zur Winterszeit, im Juni, an, fand es unmöglich, sich dem Ufer zu nähern, sah indessen auch keine Zeichen von weißen Menschen am Lande. Trotz der geringen Wahrscheinlichkeit, daß noch Jemand von der Mannschaft am Leben sei, schickte die Compagnie am 1. Januar 1658 zwei Gallioten, den „Waeckende Boey" und „Emeloort", ab, um Leute oder Geld zu retten; am 19. April kamen beide nach Batavia zurück. Sie waren auf der Reise von einander getrennt worden, und obwol ihnen die Jahreszeit jetzt keine Schwierigkeiten bereitete, so waren sie doch so weit entfernt, Etwas retten zu können, daß der „Waeckende Boey" sogar vierzehn seiner eigenen Leute einbüßte, die sorglos ans Ufer gegangen waren und sich in dem einförmigen Walde ver= loren hatten. Vier davon erreichten später Java in einem selbstgezimmerten Boot, nachdem sie furchtbare Leiden ausgestanden hatten: der Rest kam um. Die Schiffe hatten übrigens das Wrack vom „Vergulde Draeck" gesehen, d. h. ein Stück Mastbaum, eines oder zwei Fässer, Kisten, Planken 2c. Sehr natürlich wurde diese Küste zum Gegenstand des Schreckens für die Holländer!

Im Jahre 1685 war die „Ridderschapp van Hollandt" vom Kap abge= fahren und zehn Jahre lang hatte man nichts von ihr gehört. Was war wahr= scheinlicher, als daß sie an Houtman's Abrolhos gescheitert war! — Nach dieser langen Zeit wurde der Kommodore William de Vlamingh (Flaming oder Vin= ning, wie er auf allen Karten heißt) auf seiner Reise nach Indien mit den Schiffen „Geelvinck", „Nyptang" und „Wezel" beauftragt, dort nachzusehen, ob vielleicht ein Ueberlebender anzutreffen wäre. Vlamingh begann seine Untersuchungen am Schwanenfluß und steuerte von da an nordwärts. Von Schiff oder Mann= schaft sah er freilich nichts; aber am Schwanenfluß sah er zum ersten Male den schwarzen Schwan, den er in seiner Reisebeschreibung als „seltenen Vogel" (rara avis) anführt; an Dirk Hartog's Bai fand er, wie erwähnt, die alte In= schrift von 1616, und nach seiner Ankunft in Java hat er eine Beschreibung des Landes geliefert, die ein glänzendes Zeugniß für seine genauen Beobachtungen ablegt. Der Skrub, die Sandflächen, die Schlangen, die eingeborenen Hunde, Alles ist zutreffend, gerade wie wenn sie ihm an demselben Platze heute erst be= gegnet wären. Aus Vlamingh's Bericht ist ferner zu ersehen, daß er dafür hielt, sie hätten nichts entdeckt als eine öde Region, wenigstens längs der Küste und so weit sie hatten vordringen können. Eine Kiste mit Muscheln, Früchten, Pflan= zen 2c. wurde an die Compagnie nach Holland geschickt, aber man legte allen diesen Dingen keinen Handelswerth bei, nicht einmal dem Sandelholz.

Um die Wahrheit zu sagen, war die Küste nicht ganz so schlecht, als sie die Holländer ansahen. Diese verglichen sie aber mit den herrlichen tropischen Gegenden Java's, und einen solchen Vergleich hielt sie freilich nicht aus.

An den Ufern des Flusses, an dem Vlamingh die schwarzen Schwäne sah, ist jetzt die Stadt Perth erbaut, und Hunderttausende von Schafen weiden auf den Triften, die bei Vlamingh und seinen Genossen so im Verruf waren.

Von der Holländisch=Ostindischen Handelsgesellschaft wurde übrigens kein Schiff mehr ausgesandt zur Untersuchung der Gestade Australiens, und die Houtman's Abrolhos haben seitdem noch manchem guten Fahrzeug den Unter= gang bereitet und ihre Schrecken behalten bis auf den heutigen Tag.

Englische und französische Seefahrer im Großen Ozean. In dieselbe Zeit, in welcher die letzten Entdeckungsfahrten der Holländer ausgerüstet wurden, fällt auch die erste englische Unternehmung in den australischen Meeren. Es war diejenige des Kapitäns William Dampier. Der Name dieses Mannes hat einen ehrenvollen Platz in der Geschichte jener fernen Gegenden erhalten; um so mehr mögen einige Worte über seine, den australischen Reisen vorausgegangene Laufbahn am Platze sein. Dampier war aus Somersetshire und geboren im Jahre 1652. Nachdem er verschiedene kleinere Reisen in kaufmännischen Diensten gemacht hatte und auch kurze Zeit in der Marine war, ging er 1674 als Pflanzer nach Jamaica und verbrachte die nächsten fünf Jahre auf Meerfahrten zwischen dieser Insel, Campeche-Bai und London. Bei diesen Reisen war er mit den Buccaniren bekannt geworden, denen er sich im Jahre 1679 anschloß. Buccanir ist aber nur ein höflicher Ausdruck für das, was im Deutschen etwas derber Seeräuber heißt. Der Name soll sich davon ableiten, daß jene Leute nach Art der Indianer das Fleisch der erlegten Thiere auf hölzernen Rosten oder Buccanen an der Sonne zu trocknen pflegen. Von einem Manne nun, der unter jene halb wild lebenden Gesellen gerathen war, wird es nicht besonders Wunder nehmen, zu erfahren, daß die Abenteuer, welche er mit seinen Genossen zu bestehen hatte, die wildesten Erzählungen eines Romans überschreiten. In Panama und in Peru plünderten sie die spanischen Besitzungen, aber ebenso suchten sie die anderen Küsten von Südamerika, Mexiko und Kalifornien heim; sie fuhren hinüber an die Philippinen und jagten den spanischen Silbergallionen nach, an den Küsten von China, Siam und Indien, auf den Molukken, auf Celebes, auf Timor und in Australien landeten sie. Dampier hatte bereits eine vollständige Reise um die Welt gemacht, als er im Jahre 1688 auf seinen Kreuz- und Querzügen unter Kapitän Swan an die Küsten Australiens gelangte. Am 4. Januar sah man das Land in der Gegend der Roebuck-Bai (an der Westküste unter $17\frac{1}{2}^0$ südl. Breite), und nachdem man sechs Tagereisen von diesem Punkt entfernt einen passenden Ankerplatz gefunden hatte, wurde das Schiff aufs Trockene geschafft und — was sich als sehr nothwendig herausstellte — ausgebessert.

Zunächst schildert Dampier die grenzenlose Armuth der Eingeborenen. Sie haben, wie er sagt, weder Häuser noch irgend einen andern genügenden Schutz vor Wind und Wetter, ja nicht einmal die geringste Bedeckung außer einem Stück Baumrinde, das sie, wie einen Gürtel, um ihre Hüften binden. Sie haben kein Fleisch und kein Geflügel zur Nahrung, eben so wenig kennen sie Korn oder irgend eine andere mehlartige Speise. Sie besitzen weder Hunde noch Katzen und hätten auch keine Verwendung für solche Geschöpfe, außer sie zu essen. — Känguruh sah Dampier nicht. — Dann erzählt er, wie die Fische im Hafen mit Speeren gefangen wurden, und beschreibt sehr genau die Waffen der Eingeborenen, namentlich vergleicht er die Steinäxte, welche er bei ihnen fand, mit den von ihm in Westindien gesehenen.

Einige Zeit, nachdem das Schiff die Küste wieder verlassen hatte, war Dampier schon nahe daran, in Australien seinen letzten Ruheplatz zu finden.

Er erzählt, daß er dem Kapitän den Vorschlag gemacht hätte, das Schiff nach irgend einer englischen Ansiedelung zu führen, damit sie Lebensmittel erhalten könnten, an denen es ihnen gebrach, und daß ihm zum Dank dafür mit der Aussetzung an der australischen Küste gedroht wurde. Natürlicherweise war es ihm darum zu thun, diese Drohung nicht zur Ausführung kommen zu lassen, und so floh er bei einer der Nikobarischen Inseln vom Schiff und erreichte glücklich in einem Kanoe Sumatra. Seine Abenteuer von da an waren ganz außerordentlicher Natur und wurden von den Zeitgenossen wie der Nachwelt mit Erstaunen gelesen. Drei Jahre lang trieb er sich noch in der Welt umher, endlich — 1691 — kam er wieder nach London. Er hatte irgendwo auf diesen Fahrten einen Sklaven gekauft, half der Gesichtsfarbe desselben noch etwas nach und ließ ihn dann für vieles Geld als einen indischen Fürsten sehen.

Dampier wurde später in England berühmt. Einer seiner Gefährten, Lionel Wafer, hatte ein Buch veröffentlicht, in dem ihre gemeinschaftlichen Reisen und Abenteuer erzählt wurden, und dieses Buch war die nächste Veranlassung, daß es Dampier gelang, mit dem Grafen von Pembroke, dem damaligen ersten Lord der Admiralität, eine Verbindung anzuknüpfen. Durch dessen Vermittlung erhielt Dampier von der englischen Regierung ein Schiff mit 12 Kanonen, 50 Mann und Provisionen für 20 Monate, um damit eine Entdeckungsreise nach Australien zu unternehmen. Am 14. Januar 1699 ging er unter Segel.

Am 1. August erreichte Dampier die Westküste von Australien, aber erst fünf Tagereisen weiter konnte man es wagen, die Anker auszuwerfen, so gefährlich schien überall die Küste. Kein Wunder, war es doch in der Dirk Hartog's Bai, zuletzt besucht von Vlamingh, und von Dampier Shark's Bai genannt, wegen der ungeheuren Zahl von Haifischen, die er da sah. Die Schiffsleute suchten Wasser; sie fanden es gerade eben so wie 150 Jahre vorher die unglücklichen Holländer; aber eben so wenig entdeckten sie irgend etwas Anderes, das brauchbar gewesen wäre, außer Holz. Dampier giebt eine lange Beschreibung von den Bäumen, Vögeln und Reptilien, welche er antraf, und beweist dabei sowol seine Neigung zu naturwissenschaftlichen Studien, wie nicht minder seine seine Beobachtungsgabe. Das Land schien — vom Schiffe aus gesehen — im Allgemeinen und bis zu einer gewissen Entfernung eben zu sein; aber wenn man näher kam, bot es manche hübsche Abwechselung von Hügeln und Thälern. Nahe dem Ufer war der Boden weißer Sand, weiter einwärts wurde er jedoch roth, und dort wuchs Gras in großen Büscheln, mit Heidekräutern und Sträuchern dazwischen, die bis zu 3 Meter hoch wurden und nur an der Spitze mit Blättern bedeckt waren. Was Dampier hier beschreibt, ist der wahre Charakter des Skrub und würde auf alle Skrubgegenden am ganzen westlichen und südlichen Gestade des Kontinents passen.

Dampier besuchte und beschrieb sodann den Inselarchipel unter $20\frac{1}{2}°$ südl. Breite und 136° östl. Länge von Ferro, der seitdem seinen Namen trägt (Dampier-Gruppe). Die Inseln waren ziemlich hoch), aber Alles erschien trocken und sehr felsig, das Gestein war rostgelb gefärbt. Auf einem dieser Eilande landete er und hatte ein Zusammentreffen mit den Eingeborenen, das mit dem Erschießen eines der letzteren endigte. Das Festland war auch hier ähnlich wie die früher beschriebene Küste. Gegen die See war es mit einer langen Kette von Sandhügeln verbarrikadirt, welche vom Schiff aus keinen Blick ins Innere gestatteten. Zur Ebbezeit war das Ufer felsig, so daß eine Landung mit einem Boote unmöglich war; aber bei Hochwasser stieg die Flut so weit, daß man über die Felsen hinwegfahren und in einer der sandigen Buchten anlegen konnte, welche sich längs der ganzen Küste dahinzogen. Von einer der Dünen am Meere betrachtet, ist weit und breit nichts als trockener, sandiger Boden zu sehen, hier und da bedeckt mit ebenso trocken aussehendem, düster belaubtem Gebüsch. Zur Zeit, als Dampier hier war, bot sich ihm aller= dings ein etwas freundlicherer Anblick dar, denn alle Sträucher prangten mit lebhaft gefärbten gelben, blauen oder weißen Blüten, manche trugen auch schon erbsen= oder bohnenähnliche Früchte, in längliche Hülsen eingeschlossen. Es war kurze Zeit darauf Ueberfluß an solchen Früchten vorhanden, theils grün, theils reif am Boden liegend; aber Dampier konnte nie beobachten, daß sie die Einge= borenen gesammelt hätten, auch meint er, sie möchten wol ungesund sein.

Weiter landeinwärts wurde die Gegend flach und bot eine dürftige Ab= wechselung zwischen Gras= und Waldboden dar. Das Merkwürdigste aber waren die Felsen, die bis an 2 Meter hoch, roth oder weiß, in großer Zahl auf der Ebene zerstreut dastanden und genau so geformt waren wie unsere Heuschober, so daß Dampier sie auf den ersten Blick für menschliche Wohnungen hielt. Es ist ziemlich wahrscheinlich, daß diese angeblichen Felsblöcke die künstlich gebauten Wohnungen von Ameisen waren, die im westlichen und im tropischen Australien überhaupt weit verbreitet sind. Allerdings können es aber auch wirkliche Fels= bildungen gewesen sein, die sich gleichfalls außerordentlich häufig in Westaustralien finden. Mit der Schilderung jener Felsen endigt des kühnen Seemannes Bericht über Australien. Im September ging er unter Segel nach der Küste Neuguinea's, fuhr an Neubritannien hin und später über Batavia nach England zurück.

Siebzig Jahre lang blieben von da an die australischen Küsten ungestört; kein europäisches Schiff kam ihnen nahe, wenn schon verschiedene Reisen — von Engländern und Franzosen — in die Südsee unternommen wurden. So kam das Jahr 1767. In diesem Jahre beschloß die Königliche Geographische Gesellschaft in London, die Regierung zu bitten, daß sie ein Schiff ausrüste und in die Süd= see sende, um dort den Vorübergang des Planeten Venus vor der Sonne zu be= obachten. Und merkwürdigerweise, diese Expedition, die ohne alle Nebenabsicht, nur zum Zweck der Lösung eines astronomischen Problems unternommen werden sollte, — diese Expedition sollte gleichzeitig das Mittel bieten, Australien in den Besitz Großbritanniens zu bringen. Die Bitte wurde gewährt, und James Cook, der sich — obgleich noch ein junger Mann — bereits vortheilhaft wegen seiner wissenschaftlichen Bestrebungen ausgezeichnet hatte, zum Befehlshaber ernannt. Im Juli 1768 verließ Cook mit seinem Schiff „Endeavour" („die Strebende") von 350 Tonnen Gehalt und mit 85 Mann an Bord den Hafen von London.

In des Seefahrers Cook Begleitung befanden sich die berühmten Naturforscher Josef Banks und Dr. Solander.

Es würde zu weit führen, auf die Erzählung der ganzen Reise einzugehen.

Es genüge also, zu bemerken, daß der Hauptzweck der Reise, die Beobachtung des Venusdurchganges auf Tahiti glänzend ausgeführt und die folgende Zeit zu Erforschungen verwendet wurde.

Im April 1770 erreichte das Schiff, von Neuseeland in nordwestlicher Richtung segelnd, die Küste Australiens unter 38° südl. Breite und 166⅓° östlich Ferro. Nach Süden hin war freies Meer; doch vermuthete Cook die Nähe von Land in dieser Richtung (Tasmanien), denn er sagt, daß die See plötzlich nach dem Winde abfiel, als ob das Schiff dem Lande nahe wäre. Der Lauf des Fahrzeuges wurde Ostnordost gerichtet, so daß es der Küste entlang fuhr. Es war der Theil der jetzt englischen Kolonie Victoria, welcher unter dem Namen Gippsland bekannt ist, ein Gebiet von beträchtlicher Ausdehnung und über= raschender Fruchtbarkeit. Aber die Küstenlinie ist niedrig und sandig, oft unter= brochen durch große Salzwasserlagunen und flache, schlammige Flußmündungen. Landeinwärts steigt der Boden langsam in die Höhe, in weiter Ferne zeigen sich hohe Berge, die Australischen Alpen, und lange, ehe diese erreicht werden, ist das Land mit reichen Weidegründen und fruchtbarem Ackerboden bedeckt. Jetzt sind überall Ansiedelungen angelegt, aber Cook fand nur das niedrige, sandige Gestade; — selten entdeckte man die landeinwärts stehenden Wälder. Welcher Unterschied zwischen damals und heute! Gerade jene Gegenden südlich von den Australischen Alpen sind von besonderer Wichtigkeit für die englischen Kolonien in diesem Welttheil geworden, da hier die eigentliche Kornkammer des Landes ist. Aber nicht nur goldene Weizenfelder bedecken jetzt die Fluren, auch im Boden liegt Gold begraben, denn in Gippsland sind ebenfalls reiche Goldfelder aufgefunden worden. An den Hügeln gedeiht köstlicher Wein, große Herden weiden auf den Triften und die Zahl der Städte wie ihre Bedeutung wächst mit jedem Jahre. Cook sah ein ödes Gestade, jetzt finden sich überall Städte und Dörfer über das Land vertheilt, die eben so wie Flüsse und Berge in buntem Gemisch bald euro= päische, bald australische Benennungen führen.

Als die Reisenden weiter kamen, zeigte sich die Aussicht erfreulicher. Das Land wurde wellenförmig und dicht bewaldet, zwischen den Höhen zogen sich Thalgründe mit grünem und üppigem Gras dahin. Aber es fand sich kein Hafen, unbedeutende Baien ausgenommen, die vor den Ostwinden keinen Schutz ge= währen konnten. So segelten sie mehrere Tage der Küste entlang, ängstlich aus= spähend nach einem Platz, an dem sie landen könnten. Wie ein Berg nach dem andern vor ihren Augen emporstieg, mühte sich die Mannschaft ab, ihn mit irgend Etwas zu vergleichen, und so entstanden die Namen Dromedarberg, Tau= benhausberg, Lange Nase u. a.

Die Küste wurde felsiger, kühn und steil abstürzend zur See, die ihre bäumenden Wogen auf die schwarzen Klippen warf, einen Schauer von weißem Schaum in die Luft spritzend. Weiter ging die Fahrt, hier und da breitete sich zwischen den steilen Uferklippen grüner Rasen aus, und Wälder fingen an, das Gestade zu bedecken. Welch finstere Wälder das sind! Wie die schwer rollende See, so wogt es in den Wipfeln mit ihrem dunklen, mehr braunen als grünen, manchmal fast schwarzen Laubwerk, und hinter ihnen thürmen sich die Berge, in wahrhaft wunderbar blauer Färbung prangend.

Landschaft in der Umgebung von Botany Bai. Nach dem Atlas der „Thetis" (Bougainville fils).

Endlich zeigte sich — zur großen Freude der ganzen Mannschaft — ein guter Hafen. Während der Eingang sondirt wurde, lag das Schiff ruhig und man bemerkte einige Eingeborene, welche aufmerksam den Bewegungen des Bootes folgten und mancherlei drohende Bewegungen machten. Ihr Aussehen war schrecklich; Jeder von ihnen glich vollkommen einem Skelet, so waren sie über das ganze Gesicht, die Arme und die Rippen mit weißer Pfeifenerde bemalt.

Die „Endeavour" verfolgte indessen ihren Weg die Bai aufwärts, und früh am Nachmittag ankerte sie unter dem südlichen Ufer. Auf beiden Seiten der Bai standen einige Hütten von der gewöhnlichen schlechten Bauart der australischen Wohnungen, bei welchen verschiedene Eingeborene saßen. Unter dem südlichen Eingang in die Bai lagen vier kleine Kanoes und in jedem stand ein Mann; diese Männer spießten Fische. Sie gingen der Brandung sehr nahe in ihren zerbrechlichen Barken und waren so vertieft in ihre Beschäftigung, daß sie das Schiff gar nicht bemerkten, obgleich es keine 500 Meter entfernt von ihnen vorüberfuhr.

Während das Boot hinabgelassen wurde, sah man ein altes Weib und drei Kin=
der, Alle mit Feuerbränden in den Händen, aus dem Walde herauskommen. Sie
betrachteten das Schiff, doch nur kurze Zeit, und schienen nicht ängstlich zu sein,
denn sie zündeten bald ein Feuer an, worauf die vier Fischer ans Land ruderten,
ihre Boote heraufzogen und anfingen, von den Fischen, welche sie gefangen hatten,
sich ihre Mahlzeit zuzubereiten.

Unterdessen war an Bord der „Endeavour" Alles geschäftig, die Landung
zu bewerkstelligen. Man wollte dies an der Stelle thun, an der die Hütten stan=
den, in der Voraussicht, daß die Eingeborenen, die sich so wenig um das Schiff
gekümmert hatten, bleiben würden. Doch hatte man sich getäuscht, denn als das
Boot sich näherte, kamen zwei von den Männern an den Strand herab — die
anderen sowie die Weiber und Kinder waren fortgelaufen — jeder bewaffnet
mit einem Bündel etwa 2½ Meter langer Speere sowie mit einem Wurfholz
(Bumerang) und schwangen diese Waffen in höchst drohender Weise. Dabei
riefen sie fortwährend Etwas, was offenbar eine Warnung vor dem Landen sein
sollte. Cook versuchte, sie zu beruhigen; er zeigte ihnen Glasperlen und andere
kleine Schmucksachen, welche sie begierig ergriffen und worüber sie erfreut zu sein
schienen. Aber jeder Versuch der Bootsleute, am Lande anzulegen, wurde ver=
wehrt. Die Engländer schickten sich nun an, den Wilden begreiflich zu machen,
daß sie nur Wasser suchen wollten, aber Alles war umsonst; die zwei wackeren
Männer schienen fest entschlossen, ihre Hütten und ihr Land vor diesen fremden
Eindringlingen beschützen zu wollen. — Arme Schwarze! Vor euch stehen
40 Mann und Jeder von ihnen hat eine geladene Flinte in der Hand. Was
wollt ihr mit euren hölzernen Speeren gegen diese furchtbaren Waffen! Mit
zwei Ladungen Schrot war denn auch der Kampf entschieden; die Wilden er=
griffen die Flucht und die Europäer landeten.

An einem der folgenden Tage machten Cook, Dr. Solander und Banks
einen Ausflug in die Umgegend. Auf Schritt und Tritt begegnete ihnen da
Merkwürdiges und Staunenswerthes. Wie in der Bai bereits ein ungeheurer
Reichthum an Fischen und anderen Seethieren gefunden worden war und man
mitunter auf ganz riesige Formen traf — hatte man doch Rochen gespießt, die
über 200 Pfund wogen — so waren die Reisenden jetzt durch Scharen von
Vögeln aller Art überrascht. Im Gras und Gebüsch wimmelte es von
Wachteln und anderen kleineren Vögeln, und auf den Zweigen der Bäume
wiegten sich nicht Hunderte, sondern Tausende von Papageien und Kakadu, die
meisten mit prachtvoll gefärbtem Gefieder. — Das Merkwürdigste aber waren
die Entdeckungen, welche im Pflanzenreich gemacht wurden. Glücklicherweise traf
es sich, daß ein großer Theil der Pflanzen in Blüte stand. Da gab es unter
Akazien und Eukalypten von kolossaler Höhe zierliche neue Heidekräuter und
Fuchsien, Immortellen und blaue Glockenblumen, neue Gräser und Binsen so=
wie neue Moose und Flechten, Alles prangend in schimmernden Farben und doppelt
reizend, weil es eben neu war. Darum wurde die Bai Botany=Bai genannt
und von Cook und seinen Gefährten als ein wahres Paradies angesehen.

Am 6. Mai 1770, nachdem des Schiffes Name und das Datum in die Rinde eines Baumes geschnitten worden, segelte die „Endeavour“ ab. Sicherlich ahnte damals Niemand von der Mannschaft, daß nach 18 Jahren eine englische Flotte von 11 Schiffen mit mehr als 1000 Mann an Bord hier landen würde, um eine einst mächtig werdende Kolonie zu gründen! Cook steuerte nordwärts. Ein paar Stunden, nachdem die Reisenden die Botany-Bai verlassen hatten, sahen sie sich hohen, steilen Wällen von Sandstein-fels gegenüber, welche die Aussicht nach dem ganzen Innern mit Ausnahme der Blauen Berge verschlossen. Eine Zeit lang setzten sich diese Klippen, an denen sich unaufhörlich die Wogen brachen, ununterbrochen fort, aber plötzlich fielen sie in einem jähen Absturz ab und ließen eine Schlucht zwischen den hohen felsigen Höhen, welche zu beiden Seiten emporragten. Diese Oeffnung, welche der aus-sehende Mann, Namens Jackson, bemerkte, erhielt in der Folge dessen Namen: Port Jackson. Cook dachte wahrlich nicht, daß er, hinter diesem unscheinbaren Eingang verborgen, einen der prachtvollsten Häfen der Welt (da, wo das heutige Sydney steht) finden würde, und segelte vorbei.

Einige Tage später umfuhr das Schiff eine weit vorspringende flache Land-spitze, Sandy Point genannt. Als diese passirt war, veränderte sich das Land auffallend; man näherte sich den Tropen und so gewann auch die Vegetation ein mehr tropisches Aussehen. Die Bäume waren nicht sehr dicht beisammen, aber hochstämmig, und schon gewahrte man hier die Palmen, die edlen Repräsentanten der warmen Gegenden.

In der Bustard-Bai, einem kleinen Hafen nahe bei Port Curtis, wurde geankert, und die Mannschaft ging ans Land. Allerdings wurde nichts gesehen, das irgend einer Bemerkung werth gewesen wäre, der Anblick des Landes fing vielmehr an, den Forschern eine recht geringe Meinung von dem großen Süd-lande zu geben. Sie fanden verschiedene Baien und Sümpfe mit Salzwasser und mit undurchdringlichen Mangroven bewachsen, die einigermaßen denjenigen ähnlich waren, welche in den Salzmarschen Westindiens angetroffen werden. Und in diesen Mangrovedickichten machten die Reisenden noch zwei Entdeckungen, welche sie interessanter als angenehm fanden. Zuerst trafen sie nämlich auf un-zählige grüne Ameisen, welche bei der geringsten Beunruhigung ihnen einen sehr schmerzhaften Stich versetzten; — dann auf grüne, ganz mit Haaren bedeckte Raupen, die gleichfalls — wenn sie die Haut berührten — einen brennenden Schmerz, gleich demjenigen der Brennnesseln, hervorbrachten. Außerhalb der Marschen war der Boden sehr trocken und sandig und trug kein Unterholz.

Am nächsten Tage passirte die „Endeavour“ den Wendekreis des Steinbocks und segelte nach einander an den weiter nördlich gelegenen Vorgebirgen und Meeresbuchten vorüber. Es würde indessen zu weit führen, alle diese Landspitzen hier aufzuzählen, zumal da in Cook's Bericht kaum dann und wann eine dürftige Notiz über die Beschaffenheit des Landes beigefügt ist.

Cook landete erst wieder, als er Trinity-Bai passirt hatte, aber unter sehr unglücklichen Umständen. Bis hierher war er gekommen ohne irgend einen Unfall;

man hatte die ganz besondere Gefährlichkeit der Küste gesehen und deshalb die „Endeavour" immer hübsch vorsichtig geführt. Gerade vor der erwähnten Bai, unter 16° südl. Breite etwa, wurden viele Inseln sichtbar, welchen auszuweichen das Schiff am Abend hinaus in die See ging, in der Absicht, in diesem Kurs die Nacht hindurch zu bleiben. Der Abend war schön und ruhig, es blies ein frischer Wind, gerade hinreichend, um das Fahrzeug vorwärts zu bringen; dabei war voller Mondschein, und es war hell genug, um der Mann=schaft ganz deutlich ein Korallenriff zu zeigen, an dessen Rande das Schiff vor=sichtig hingeführt wurde. Da mit einem Male erlitt das Fahrzeug einen furcht=baren Stoß; noch ein Krach und es saß fest auf einem Felsen. Cook befahl alsbald, die Segel einzunehmen und die Boote hinabzulassen, um in der Nach=barschaft zu sondiren. Da fand sich denn an einigen Stellen in der Nähe des Schiffes kaum noch ein Meter tiefes Wasser, an anderen höchstens 2 bis 3 Faden. Das durch den Wogengang verursachte Aufstoßen des Schiffes hatte unendliches Mißgeschick im Gefolge. Zuerst kamen nämlich einzelne Stücke Holz an die Ober=fläche geschwommen, dann folgten ganze Planken aus der Fütterung des Schiffes, und nicht lange, so lag ein großes Stück des Kieles bloß. Es war kein Augen=blick zu verlieren. Kanonen, Trinkwasser, Lebensmittel und Vorräthe aller Art, — Alles ging über Bord, um das Schiff zu erleichtern; allein erst bei der zweiten Flut konnte es von dem Felsen losgebracht werden, und nachdem auf den Rath eines alten Seemanns ein mit Wolle und Mist bedecktes Segeltuch unter dem Schiffsboden her befestigt worden war, hörte das Wasser auf zu steigen, und nun steuerte Cook dem Lande zu. Es war unbedingt nothwendig, das Leck zu untersuchen, und dieses konnte nur geschehen, wenn das Schiff in einem passenden Hafen lag. Glücklicherweise fand sich ein solcher nahe dabei, und bald lag das gebrechliche Fahrzeug hoch und trocken auf dem Strand. Jetzt wurde auch die Ursache seiner Rettung entdeckt. In den Boden des Schiffes war ein großes Loch durch die Planken in den Kielraum gestoßen, und dieses Loch war beinahe vollständig ausgefüllt durch ein großes Stück desselben Korallenriffes, auf dem sie aufgesessen hatten. Wenn dieses Stück, nachdem es das Loch gemacht, es nicht gleich=zeitig wieder verstopft hätte, so wäre das Leck gewiß groß genug gewesen, um das Schiff sinken zu lassen, wenn sie auch acht Pumpen gehabt hätten statt vier.

Während das Schiff ausgebessert wurde, sollte das Land rundum einer ge=nauen Besichtigung unterzogen werden; — war es doch zum ersten Male, daß Europäer an der Nordostküste des tropischen Australiens landeten. Auch gab es in der That genug Neues zu bewundern. Gleich in den ersten Tagen kam ein Matrose, welcher fortgegangen war, um Bauholz zu suchen, mit allen Zeichen der äußersten Bestürzung zur übrigen Gesellschaft gelaufen und berichtete, er habe den Teufel gesehen. Er habe ihm zwar nur so groß als ein Hund geschienen, sei aber schrecklich genug anzusehen mit seinen mächtigen Flügeln, Hörnern und Klauen. Man schritt alsbald zur Untersuchung der Sache, und da fand es sich denn, daß der gute Mann sich von einer großen Fledermaus den argen Schreck hatte einjagen lassen, die heutzutage unter dem Namen „fliegender

Fuchs" den Kolonisten wohlbekannt ist und häufig in den Wäldern Australiens vorkommt. — Sodann wurden die Naturforscher wie die Matrosen durch die enorme Größe, welche die Schalthiere auf den Korallenriffen erreichten, mit Staunen und Verwunderung erfüllt, und nicht mit Unrecht — denn die Tridacna (Chama) gigas, eine Seemuschel, wird so groß, daß zwei Mann kaum im Stande sind, eine zu tragen. Das Thier dieser Muschel, welches eine wohl= schmeckende gesunde Nahrung giebt, erreicht ein Gewicht von über 20 Pfund und war bei Cook und seinen Leuten sehr beliebt.

Die „Endeavour" im Endeavourflusse zum Ausbessern umgelegt. Nach Cook.

Endlich wurde hier zum ersten Male von Europäern das Känguru gesehen. Die Naturforscher befanden sich in keiner geringen Verlegenheit, als sie sagen sollten, was für eine Art von Thier das wäre mit seinem so gänzlich von allem Bekannten abweichenden Aussehen. Und ihr Erstaunen wuchs ansehnlich, als ein flinker Windhund ausgeschickt wurde, um es zu fangen, und sie nun zusahen, wie das Känguru auf den Hinterbeinen und mit Zuhülfenahme des dicken Schwanzes so lustig und in so gewaltigen Sätzen über das hohe Gras hinweghüpfte, daß der Hund sehr bald zurückblieb. Zuletzt wurde aber doch eins erlegt, untersucht, ge= kocht und gefunden, daß es ein gutes Essen war.

Was das Land selbst betrifft, so zog sich zunächst dem Meere ein ziemlich breiter Gürtel von Mangrovesümpfen und Morästen hin; nachher wurde es ähnlich dem, welches man in Botany=Bai gesehen hatte. Der Boden schien außer= ordentlich fruchtbar zu sein; er war mit dichtem und üppigem Graswuchs be= deckt, welches fast die Männer vor einander verbarg, wenn sie hindurchschritten.

Sie konnten Anfangs keine Eingeborenen sehen, obwol sie viele ihrer Lagerstätten antrafen, welche augenscheinlich erst vor Kurzem verlassen worden waren. Die Wilden schienen ängstlich zu sein und Verbindungen mit den Fremden vermeiden zu wollen. Nach einigen Tagen kamen sie jedoch in die Nähe und beobachteten das Schiffsvolk, und da man sie ruhig gewähren ließ, so wagten es Einige, zum Lager selbst heranzuschleichen. Man gab ihnen Nahrungsmittel und kleine Geschenke. Dies brachte Scharen von Wilden herbei, die zuerst das Lager umschwärmten, dann zutraulich wurden, regelmäßige, fast tägliche Besuche machten und die Geschenke der Europäer gern annahmen. So war Alles für eine Zeit lang recht gut, aber die Wilden wurden beschwerlich. Sie verlangten Dinge zu Geschenken, die nicht gut gewährt werden konnten, und da man ihren Wünschen nicht nachkam, so nahmen sie zum Stehlen ihre Zuflucht. Es war klar, daß ein offener Bruch nicht lange ausbleiben konnte. Eines Tages kamen etwa zwölf Eingeborene an Bord und verlangten eine Schildkröte, welche auf dem Deck lag. Dieses Verlangen ward abgeschlagen. Sie wiederholten — jedoch ohne besseren Erfolg — ihre Forderung, diesmal in einer ganz gebieterischen Art, und versuchten, den begehrten Gegenstand mit Gewalt zu nehmen. Da sie sich bald überwältigt sahen, glitten sie an den Seiten des Schiffes hinab und wateten durch das seichte Wasser mit dem Ausdruck der größten Entrüstung dem Ufer zu. Kaum hatten sie aber die Gegend erreicht, in welcher eine Anzahl von Leuten mit verschiedenen Arbeiten beschäftigt war, so holten sie einige Feuerbrände unter einem Pechkessel hervor und zündeten das dürre Gras an. Ehe Hülfe herbeikommen konnte, brannte das lange, trockene Krautwerk am ganzen Strand, die Schmiedehütte, ein Zelt und eine große Menge von Gegenständen, die am Ufer lagen, wurden ein Raub der Flammen. Eine solche durch nichts gerechtfertigte Bosheit verdiente Bestrafung; demnach wurde, während die Eingeborenen über die gelungene Zerstörung in der größten Ausgelassenheit jubelnd und heulend herumtanzten, ihren Gedanken durch einige nach ihren Beinen gezielte Schrotschüsse plötzlich eine andere Richtung gegeben, auch ihrem Tanzen und Springen bedeutend nachgeholfen. — Cook sagt, daß, wenn das Feuer ein paar Tage früher entstanden wäre, es das Pulver auf dem Ufer gefunden hätte und die Folgen sicherlich verhängnißvoll für die ganze Expedition geworden wären. Am Abend bot sich vom Schiff aus ein prachtvolles Schauspiel dar. Meilenweit hatte sich die Feuersbrunst ausgebreitet, glühendroth zeichnete sie sich am nächtlichen Himmel ab. Einzeln stehende Bäume auf den Höhen sahen aus wie riesige Fackeln oder Feuerkugeln, und der heftig wehende Wind trieb das entfesselte Element immer weiter. Die brennenden Wälder erhellten noch durch mehrere Nächte die Umgegend und malten den Himmel tiefroth, bis endlich ein furchtbarer Regenguß den weiteren Verheerungen des Feuers Grenzen setzte.

Inzwischen war das Schiff ausgebessert worden, und es drängte sich die Frage auf, wie an die Außenseite der Riffe zu gelangen sei. Die angestellte Untersuchung ergab, daß längs der ganzen Küste auf viele Meilen sich ein Riff hinziehe, das nirgends einen Ausweg zu haben scheine. So blieb nichts übrig, als nordwärts zu gehen, um einen solchen Durchgang in größerer Entfernung von dem Ankerplatz zu suchen. Indessen war man vorsichtiger geworden, ein vorausgeschicktes Boot mußte erst sondiren, ehe man das Schiff folgen ließ. Der Strand war niedrig und bot eine bunte Abwechselung von weißen Sandstrecken, grünem Grasland und dunkel belaubten Gebüschen; dahinter schien das Land beträchtlich anzusteigen und war überall mit dichten Wäldern bedeckt. Nahe bei einer, Eagle Island genannten, Insel glaubte man eine Oeffnung zu erblicken. Der Bootsmann ging voraus, sie zu untersuchen, und kam mit der Nachricht zum Schiffe zurück, daß ein Durchgang durch das Riff aufgefunden sei. Die Passage war nur erkennbar durch eine Lücke in der langen Linie von Schaum, welche das Riff umsäumte, aber selbst in dieser Lücke waren einige brandende Stellen und viel Schaum. Das Schiff steuerte übrigens kühn durch die Passage, und sobald man die Brandung hinter sich hatte und in den offenen Ozean kam, wurde bei 150 Faden kein Grund mehr gefunden. Eine schwere See, die sich in einer langen Woge von Südosten daherwälzte, war ein sicheres Zeichen, daß weiter draußen wenig Felsen oder Riffe mehr zu finden sein würden.

So waren die Entdecker endlich aus diesen Klippen und Riffen erlöst, die sie drei Monate lang gefangen gehalten und so oft genöthigt hatten, die Anker zu werfen, wenn sie die Brandung hörten, die donnernd über die Felsen schlug. Zum ersten Male wieder seit so langer Zeit durften sie die Segel frei im Winde sich blähen lassen und frisch vorwärts steuern, ohne daß ein Mann mit dem Senkblei in der Hand ängstlich den Grund zu sondiren brauchte. Alles war fröhlich und guter Dinge; der Befehlshaber und die Offiziere beglückwünschten sich, wieder einmal in offener See zu sein, aber der Jubel dauerte nur sehr kurze Zeit. Sie waren kaum einige Stunden vorwärts gekommen, als Windstille eintrat, und die lange runde Welle begann, sie langsam zum Riff zurückzutragen. Der Abend kam, aber sie konnten nicht ankern. Die ganze lange Nacht waren sie verurtheilt, das furchtbare Toben der Brandung zu hören, das näher und näher ertönte, und als der Tag anbrach, da sahen sie vor sich den Gischt der Wogen furchtbar hoch aufspritzen. Hülflos trieben sie dem sicheren Untergange zu; — nicht der leiseste Windhauch war zu spüren, und die Anker zu werfen, wäre gewiß nutzlos gewesen, denn hier, in unmittelbarer Nähe des Riffes, war gewiß kein Grund zu finden. In der Aufregung der Verzweiflung wurde der Versuch gemacht, das Schiff von den Booten aus ins Tau zu nehmen, um es auf diese Weise fortzuschleppen, und das Unglaubliche gelang: das Schiff folgte dem Zuge der Taue, und als in einiger Entfernung eine Lücke in der Brandung sichtbar wurde, kehrte ein Schimmer von Hoffnung in die Gemüther der geängsteten Mannschaft zurück. Mit übermenschlicher Anstrengung arbeitete Alles, was Hände hatte, jene Lücke zu erreichen und das Fahrzeug in den da mündenden Kanal zu ziehen — aber es trieb halsstarrig vorbei. — Eine andere Oeffnung im Riffe wurde gesehen, und kaum war von dem Mann in dem vorangeschickten Boot ein Zeichen gegeben, daß die Einfahrt sicher sei, so bemerkte man, wie eine Strömung das Schiff erfaßte und es — Anfangs ganz langsam — auf die Oeffnung zutrieb. Näher und näher kamen die hohen weißen Mauern von Schaum und Gischt, mehr und mehr wuchs die Gewalt der Strömung, furchtbar donnerte die Brandung auf beiden Seiten, und mit Blitzesschnelle flog das Schiff durch den engen Kanal, dessen verderbendrohende Ränder es fast berührte. Nur wenige Minuten dauerte die tolle Fahrt — dann glitt das Schiff über eine spiegelklare Fläche von grünem Wasser, die Ankerkette rollte, und sicher geborgen lag es da im inneren Meere. Die Oeffnung, durch die es hereingekommen war, erhielt den Namen Kanal der Vorsehung (Providential Channel, vergl. die Karte der Torresstraße, S. 7); eine nahe gelegene Bai am Festlande ward Weymuths=Bai genannt. Im An= gesichte dieser Bai und dieses Kanals war es, daß 80 Jahre später die Mehr= zahl der Theilnehmer an der Expedition des armen Kennedy vor Entbehrungen und Mißgeschick aller Art zu Grunde ging.

Cook beschloß nun, das Festland nicht zu verlassen, bis er endgiltig fest= gestellt hätte, ob Australien mit Neuguinea verbunden wäre oder nicht. Er fuhr deshalb nahe an der Küste weiter. Forbes Island und Kap Grenville, Temple=Bai und die große Inselgruppe rund um Kap York wurden der Reihe nach passirt und benannt, und endlich erreichte er die nördliche Spitze des Fest= landes selbst. So wurde denn von Neuem festgestellt, daß Australien nicht mit Neuguinea verbunden war, und die Torresstraße von Neuem entdeckt, nachdem die erste Entdeckung seit fast 170 Jahren in Vergessenheit gerathen war.

Die ganze Küstenstrecke von Australien, welche Cook bejahren hatte, besitzt eine Ausdehnung von mehr als 400 geographischen Meilen, und über wenigstens der Hälfte dieser Strecke lagert das unter dem Namen des Großen Barrière= Riffs bekannte Labyrinth von Felsen, Klippen und Korallenbänken. Nirgends auf der ganzen Erde findet sich nur annähernd etwas Aehnliches. Eine Meeres= fläche, reichlich so groß wie das ganze Königreich Bayern, ist nach allen Rich= tungen hin buchstäblich überdeckt mit Riffen aller Art, sodaß sie mit den benach= barten Gegenden ihren Namen Korallenmeer mit vollem Rechte trägt. Nur einzelne Partien im nördlichen sowie im südlichsten Theil sind genauer bekannt. Da wie dort durchziehen tiefe Kanäle mit reißenden Strömungen die durch hohe weiße Mauern von Schaum kenntlichen Klippenreihen; an anderen Stellen be= droht unter trügerisch glatter Fläche eine mit spitzen Felsen besäete Sandbank den arglosen Schiffer mit Tod und Verderben, oder die abgestorbenen, von der Sonne und den salzigen Fluten geschwärzten Korallenfelsen ragen, überall regellos zer= streut, aus dem Wasser hervor. — Wehe dem Schiff, das in dieser furchtbaren See sich einen Weg suchen soll und von einem der in den anstralischen Meeren so überaus häufig vorkommenden plötzlichen Windstöße überfallen wird! Sicherer Untergang ist sein Loos! Am Festlande hin zieht allerdings, wie bereits be= kannt, eine Art Kanal von sehr ungleicher Breite, in den Cook, ohne daß er es wußte, gerathen war; derselbe ist indeß, wie gleichfalls berichtet, auch keines= wegs gefahrlos.

Korallenbänke und Felsenriffe von der Küste Australiens.

Bevor Cook den australischen Kontinent verließ, nahm er auf einer der Inseln in der Torresstraße — die deshalb auch den Namen Possession=Island (vergl. Karte der Torresstraße, S. 7) erhielt — mit folgenden Worten Besitz von Australien: „Da ich jetzt im Begriff stehe, die Ostküste Australiens, an der ich vom 38. Breitengrade bis hierher entlang gefahren bin und die sicherlich kein Europäer je zuvor gesehen hat, zu verlassen, so hisse ich noch einmal die englische Flagge auf und nehme hiermit, obwol ich bereits von verschiedenen Theilen Besitz ergriffen habe, Besitz von der ganzen östlichen Küste Neusüdwales — so benannt wegen ihrer großen Aehnlichkeit mit jenem Theil des Britischen Reiches. — Im Namen meines Herrn, Georg's III., Königs von Großbritannien!"

Nach diesen Worten gab die Schiffsmannschaft drei Gewehrsalven, welche von den Schiffskanonen beantwortet wurden; darauf schifften sich die Engländer ein. Als das Boot nach dem Schiff zurückkehrte, sah man an verschiedenen Theilen der Insel Rauchsäulen aufsteigen; vermuthlich waren es Signalfeuer, welche von den Ein= geborenen angezündet worden waren, da sie den Donner der Geschütze gehört hatten.

Im Jahre 1771 kehrte der kühne Seefahrer über Batavia nach Europa zurück, und man kann sich wol vorstellen, von welchem gewaltigen Eindruck die Geschichte dieser großartigen Entdeckungsreise überall war. Besonders bemäch= tigte sich der Franzosen das Verlangen, weitere Entdeckungen zu machen, und be= reits im folgenden Jahre wurde Kapitän Marion du Fresne ausgeschickt, den Südkontinent genauer zu erforschen. Derselbe besuchte Tasmanien; er sah dort an vielen Stellen die Spuren der Buschfeuer, die — wie er sich's erklärte — von den Eingeborenen angezündet worden waren, um wilde Thiere zu vertreiben; im Uebrigen sind seine Beobachtungen nicht von besonderem Werth.

Den nächsten Besuch stattete Kapitän Furneaux im Jahre 1773 Australien ab. Furneaux hatte Cook auf seiner zweiten Reise, die am 13. Juli 1772 unter= nommen wurde und bis zum Jahre 1775 dauerte, begleitet und war auf der Fahrt nach dem Südpol zu von ihm getrennt worden. Während der Letztere auf Neuseeland zusteuerte, richtete der Erstere seinen Lauf nach Tasmanien und erreichte diese Insel am 9. März. — Schwer schlugen die Wogen des südlichen Meeres an die felsigen Küsten, die bis zu 100 Meter Höhe senkrecht aus dem Wasser aufstiegen, und über welche wild schäumende Gießbäche in prachtvollen Kaskaden herabstürzten. Mehrere Tage lang fuhr das Schiff an diesen wild malerischen Küsten hin, bis sich ein Hafen fand; — es war die große Bai nördlich von Tasman's Head, am Eingang zu der berüchtigten Sturm=Bai. Während sie da ankerten, stiegen Rauchwolken im Innern des Landes auf; offenbar waren Eingeborene da, doch zeigten sie sich nicht. Am Ufer fand man ihre Hütten und die Plätze, an denen sie Feuer angezündet hatten, umgeben von Haufen von Austernschalen und Muscheln anderer Schalthiere — augenscheinliche Ueberreste der Mahlzeiten, welche die Wilden hier gehalten.

Furneaux fuhr längs der Küste bis 39° 50', also, wie Tasman, bis ganz in die Nähe der Meerenge, welche Tasmanien von Australien trennt, ohne sie indessen zu entdecken. Darauf kehrte er, um das verabredete Zusammentreffen mit Coot auf Neuseeland nicht zu versäumen, zurück. — Cook selbst hat auf seiner zweiten Reise Australien nicht besucht. Er durchsegelte aber die Süd=see bis zu 60° südl. Breite und leistete damit der Geographie einen äußerst wichtigen Dienst, indem er das Märchen von dem südlichen Festland vernichtete, das man bis dahin in jenen Gegenden vorausgesetzt hatte, um den nördlichen Ländern des Erdballs das Gleichgewicht zu halten. — Cook's zweite Reise hat noch ein ganz besonderes Interesse insofern, als die Naturforscher auf dieser Ex=pedition zwei berühmte deutsche Landsleute — Vater und Sohn Forster — waren. So groß auch die Begeisterung war, die Cook's Schilderungen nach seiner Heimkehr überall hervorriefen, so war doch England zu sehr mit seinen amerika=nischen Kolonien beschäftigt, als daß man die neuen Entdeckungen hätte nutzbar machen können, und in Frankreich bereiteten sich schon die Ereignisse vor, welche einige Jahre später zu der weltgeschichtlichen Katastrophe der französischen Re=volution führten.

Dennoch wurde Cook im folgenden Jahre von seiner Regierung zum dritten Male mit zwei Schiffen zum Zweck einer Weltumsegelung ausgesandt, nachdem er von seinem König zum Kapitän ernannt worden war. Im Januar 1777 landete er in der von Furneaux entdeckten Adventure=Bai auf Tasmanien, und hier entwickelte sich zum ersten Male zwischen den Europäern und den Bewohnern des Landes ein freundschaftlicher Verkehr. — Sodann besuchte Cook Neuseeland und die Gesellschaftsinseln und brachte den Tahitiern verschiedene europäische Thiere sowie Muskatbäume von den Molukken. Der Hauptzweck seiner Reise war aber, die Beringstraße und die Nordwestküste Amerika's zu untersuchen und womöglich eine nördliche Durchfahrt in das Atlantische Meer zu finden. Auf der Rückfahrt von dieser Nordreise entdeckte er unter 22° nördl. Breite die Sandwichs=inseln, wo er am 14. Februar 1779 von den Eingeborenen erschlagen wurde.

Achtzehn Jahre lang blieben wiederum die australischen Küsten von jedem europäischen Besuch verschont, und die Expedition, welche nach Verlauf dieser Zeit in England ausgerüstet wurde, hatte die Bestimmung, eine dauernde Niederlassung im fünften Welttheil zu gründen. Diese Expedition ist von solch hervorragender Bedeutung, daß ihre Geschichte einen kurzen Rückblick auf die vorausgegangenen Ereignisse als gerechtfertigt erscheinen läßt.

Indem daher die Erzählung der Gründung einer Kolonie in Neusüdwales in einen besonderen Abschnitt verwiesen wird, soll hier — der Vollständigkeit wegen — nur noch einiger Australienfahrten Erwähnung gethan werden, wenn sie gleich ihrer Zeitfolge nach erst späteren Jahrzehnten angehören.

Es sind dies die französischen Expeditionen, welche durch diejenige des un=glücklichen La Peyrouse veranlaßt wurden. Die erste zur Aufsuchung desselben ausgesandte Expedition unter den Befehlen von d'Entrecasteaux in den Jahren 1792 und 1793 hat Tasmanien besucht und genaue Aufnahmen einiger der prachtvollen Häfen dieser Insel ausführen lassen; von der zweiten unter Baudin wird im folgenden Abschnitt noch besonders die Rede sein.

Ameisenbauten. Nach Grey.

II.

Reisen zur Erforschung der Küsten.

Baß und Flinders. Am 25. Januar des Jahres 1788 war im Port Jackson an dem Gestade, auf welchem sich jetzt Sydney, die stolze Metropole des fünften Welttheils, erhebt, unter dem Befehl des Marinekapitäns und Gouverneurs Arthur Philip eine englische Flotte gelandet mit 775 Sträflingen und ihren Wächtern, zusammen 1026 Personen an Bord, um ein Zuchthaus im buchstäblichsten Sinne des Wortes mitten im Urwald zu gründen.

Der großen Umsicht und bewunderungswürdigen Geschicklichkeit des ersten Gouverneurs war es, wenn auch unter ganz außerordentlichen Anstrengungen und persönlichen Entbehrungen, gelungen, der fast von Anbeginn in der Kolonie herrschenden Hungersnoth zu steuern. Allein er hatte es nicht gewagt, das Land nach Nord und Süd weiter untersuchen zu lassen, obschon man hätte denken sollen, daß gerade diese Noth die Kolonisten hätte auffordern müssen, Expeditionen zu unternehmen, um vielleicht fruchtbare Landstriche zu entdecken, wie solche in der That später in gar nicht großer Entfernung am Hawkesbury gefunden wurden. Philip mußte befürchten, daß seine Sträflinge bei größerer Vertheilung über das Land und minder strenger Aufsicht noch weniger als bisher, d. h. gar nichts mehr arbeiten oder am Ende gar mit den Aufsehern in die Wildniß entfliehen würden.

So waren bis zum Jahre 1795 nur die Jervis-Bai und der Port Stephens näher untersucht worden; der Rest der Küste nach Norden wie nach Süden war wenig weiter bekannt, als aus den Berichten, die Kapitän Cook über sie gegeben hatte.

Da kamen in dem genannten Jahre mit dem neuen Gouverneur Hunter zwei Männer in Sydney an, die vor Begierde brannten, an den fremden Gestaden Australiens auf Entdeckungen auszuziehen. Diese beiden Männer waren der Midshipman Matthew Flinders und der Arzt George Baß. Freilich entbehrten sie aller Mittel zur Ausführung ihrer weit aussehenden Pläne, und die Regierung um Unterstützung anzugehen, erschien bei der bedrängten Lage der Kolonie ganz aussichtslos. So beschlossen die Beiden, sich selbst ein Boot zimmern zu lassen. Es kostete viel Arbeitslohn und war doch sehr klein — nur $2\frac{1}{2}$ Meter lang! Die Mannschaft bestand aus den Eigenthümern und einem kleinen Knaben, der das Wasser ausschöpfen sollte. Flinders handhabte das Segel, Baß das Steuerruder. Nachdem einige Uebungsfahrten im Hafen von Sydney gemacht worden waren, um die Segelfertigkeit zu erproben, senkten die zwei Männer ihr Schiffchen zum ersten Male hinaus ins offene Meer. Der „Tom Thumb" (Däumling), wie sie ihr Fahrzeug nannten, tanzte wie eine Feder auf den Wogen; dennoch steuerten die Schiffer muthig vorwärts, und bald war Botany-Bai erreicht. Das erste Unternehmen war, den George River, der in diese Bai mündet, zu untersuchen. Baß und Flinders gingen eine ziemliche Strecke in diesem Flüßchen aufwärts und brachten verschiedene Einzelheiten über die benachbarte Gegend mit zurück nach Sydney, welches sie glücklich erreichten.

Daß dieser Erfolg nichts Anderes als ein glücklicher Zufall war, sollte sich bei der zweiten, mit der Nußschale von Schiff unternommenen Reise sehr deutlich herausstellen. Es galt, den „Großen Fluß" zu untersuchen, der, wie die Sage ging, südlich von der Botany-Bai münden sollte. Früh am 25. März 1796 segelte der „Tom Thumb" mit derselben Mannschaft wie bei der ersten Reise aus dem Hafen von Sydney und suchte die Seebrise zu gewinnen. Diese führte das Boot weit fort, und als es gegen Abend sich der Küste wieder näherte, fand sich, daß es von einem Strome im Meere weiter südlich getrieben worden war, als die Seefahrer gewollt hatten, und daß sie an der steilen Küste, welche sich vor ihnen befand, nicht landen konnten, also die ganze Nacht auf der See bleiben mußten.

Des andern Tages erwartete sie ein neues Mißgeschick. Das Boot ward von einer hohen Welle auf das Ufer geworfen, wobei der Mundvorrath und der Schießbedarf gründlich durchnäßt wurden, und erst am Nachmittag konnten die Bootsleute wieder die offene See gewinnen, wo sie eine zweite kalte Nacht im Boot zubringen mußten, da sie aus Furcht vor den Wilden nicht am Lande zu bleiben wagen durften. Am dritten Tag endlich erreichten sie den „Großen Fluß", der aber nichts als ein erbärmliches Bächlein war.

Etwa ein Dutzend Eingeborene hatte die Reisenden schon eine Strecke weit am Ufer hin begleitet, so gern auch diese ihre Gesellschaft vermißt hätten. Denn wenn die Wilden jetzt eine feindliche Haltung gegen die Engländer annehmen wollten, so waren diese so gut wie verloren, da ihre Gewehre wie das Pulver noch unbrauchbar waren. Schlechterdings mußte aber Wasser geschafft werden; so wurde Rath gehalten und beschlossen, keine Unruhe zu zeigen, sondern mitten unter den Wilden zu landen. Während dann der Eine sich mit den Eingeborenen zu thun machen sollte, hatten die beiden Anderen die Flinten zu reinigen und das Pulver zu trocknen. Baß landete also, er ließ sich von den Wilden Beistand leisten, ein zerbrochenes Ruder auszubessern, und belustigte sie danach damit, daß er ihnen die Bärte stutzte. Unterdessen breitete Flinders das Pulver in der Sonne aus; die Eingeborenen kümmerten sich nicht darum, sie mochten wol nicht wissen, wie Schießpulver aussieht. Als aber Flinders und der Junge daran gingen, die Musketen zu putzen, wurden die Wilden so lärmend, daß die Engländer ihr Vorhaben aufgeben mußten. Nach mancherlei Verhandlungen zeigten jedoch die Eingeborenen einen ihrer Brunnen, d. h. ein Wasserloch; das Fäßchen wurde gefüllt und der „Tom Thumb" ging wieder in See, ohne daß die Reisenden von ihren schwarzen Freunden noch belästigt worden wären.

Der Wind war jetzt günstig und trieb das Schiffchen rasch dem Norden zu. Ein gutes Stück war zurückgelegt, als die Seeleute an einer geschützten Stelle am Ufer den schweren Steinanker fallen ließen, um sich endlich der lang ersehnten Ruhe zu überlassen. Um zehn Uhr Abends verstärkte sich jedoch der Wind, eine schwarze Wand von Wolken thürmte sich am südlichen Himmel auf, Blitze zuckten durch die Nacht, und nicht lange, so erhob sich ein Orkan. Unerschrocken nahmen die Männer den Anker herein und jausten vor dem Sturme dahin. Bergauf, thalein, so ging es mit rasender Geschwindigkeit, furchtbar heulte der Wind und mit donnerähnlichem Getöse brachen sich die Wogen an den Klippen des Ufers. Baß hielt die Segelleine, die er gelegentlich etliche Centimeter anzog, wenn er eine besonders hohe Welle vor sich sah. Flinders steuerte mit dem Ruder, und es erforderte die äußerste Sorgfalt, um der Gefahr, ans Ufer geschleudert zu werden, zu entgehen; eine einzige falsche Bewegung hätte Alle im Nu in die Tiefe geschickt. Der Junge konnte kaum alles Wasser ausschöpfen, das mit jedem Wellensturze über sie hereinbrach. Mitten im Sturme gewannen sie die Einfahrt in den Port Jackson und ankerten gerettet vor Sydney.

Welche Fülle von Muth und Ausdauer mußte diese Männer beseelen, daß sie nach solchen Gefahren nicht vor weiteren Unternehmungen zurückschreckten!

3*

Während nunmehr Flinders in seiner Eigenschaft als Midshipman eine Reise nach der Norfolkinsel unternahm, erhielt Baß endlich die ersehnte Unterstützung der Regierung, nämlich ein Walfischboot, mit acht Seeleuten bemannt und mit Vorräthen für sechs Wochen versehen. So ausgerüstet, ging er am 3. Dezember 1797 unter Segel, entdeckte und benannte verschiedene Meeresbuchten südlich von Botany-Bai und verfolgte die Küste, bis sie sich südwestlich wendete. Das Wetter war außerordentlich rauh, aber der muthige Seemann steuerte vorwärts, Wind und Wellen zum Trotz. Weit rechts von ihm lag die Küste und die Wellen rollten ihm in schwerem und gewaltigem Zuge entgegen, ein sicherer Beweis, daß nach dieser Seite hin offenes Meer sein mußte und daß das viel weiter südlich gelegene Tasmanien schwerlich mit Australien verbunden sein konnte. Entzücken erfüllte die Mannschaft, als sie endlich südwärts Land entdeckten; es waren die Inseln, die später nach Furneaux benannt wurden.

Durch kluge Eintheilung der Rationen sowie durch den Ertrag der Jagd auf Seevögel und durch den Fischfang war es Baß gelungen, seine Abwesenheit auf elf Wochen auszudehnen und die Küste bis zum Western-Port zu erforschen. Am 24. März 1798 langte er glücklich wieder in Sydney an.

Es handelte sich jetzt zunächst darum, festzustellen, ob Tasmanien eine gesonderte Insel sei oder nicht, und zu diesem Zwecke wurde im September 1798 Flinders mit Baß ausgesandt. Der Erstere führte das Kommando des kleinen Fahrzeuges (von 25 Tonnen Gehalt), „Norfolk" genannt, das in der Kolonie erbaut worden war. Die Reisenden besuchten zuerst wieder die Furneaux-Inseln, landeten auf einer derselben, auf der sie ein neues Thier, den Wombat, zum ersten Male antrafen, und sahen am 4. November früh Morgens die Nordküste von Tasmanien. Am Abend desselben Tages landeten sie in einem tief ins Land einschneidenden Hafen, dem sie den Namen Port Dalrymple gaben. Im weiteren Verlaufe der Reise kamen Baß und Flinders rund um Tasmanien herum, erforschten verschiedene Gegenden genauer und waren nach zwei Monaten wieder in Port Jackson eingetroffen. Die weitere Erforschung von Tasmanien ist während der Kolonisirung der Insel in den ersten Jahrzehnten des 19. Jahrhunderts nach und nach erfolgt; — die Resultate derselben werden in einem späteren Abschnitte am geeigneten Orte zusammengefaßt werden.

Die Reise um Tasmanien herum sollte die letzte sein, welche Baß und Flinders gemeinschaftlich machten. Baß war — im Jahre 1802 — an Bord eines Kauffahrers gegangen, um sich nach Europa zu begeben; von China aus ließ er seine Verwandten noch wissen, daß er in drei Monaten zu Hause zu sein hoffe, aber seitdem wurde nie mehr etwas von ihm gehört.

Flinders unternahm zunächst eine kleine Reise an der Küste nordwärts von Port Jackson, darauf kehrte er nach England zurück und veröffentlichte die Karten von den gemachten Entdeckungen. Das lenkte die Aufmerksamkeit des Grafen Spencer, damaligen ersten Lords der Admiralität, auf ihn und ebnete ihm den Weg zu ferneren Unternehmungen. Im Februar 1801 wurde Flinders, der unterdessen Leutnant geworden war, zum Kommandant der Schaluppe

„Investigator" ernannt, und nachdem die Vorbereitungen zur Reise beendigt waren, ging das Schiff am 18. Juli 1801 in Spithead unter Segel. Es war ein altes, erbärmliches Fahrzeug; schon an der ersten Landungsstelle in Australien, am König-Georgs-Sund, mußten starke Reparaturen daran unternommen werden. Dennoch setzte Flinders seinen Weg fort und fuhr längs der ganzen Südküste Australiens hin, indem er eine Menge von Baien und Buchten mit den davor liegenden Inseln und Inselchen untersuchte, Vorgebirge und Uferansichten zeichnen ließ, kurz Alles that, was eine genaue und gewissenhafte Kenntniß des Landes ermöglichte.

An der Känguru-Insel begegnete Flinders der französischen Expedition unter Baudin, über welchen er sich später bitter beklagte, weil derselbe einen großen Theil der von Flinders gemachten Entdeckungen für sich in Anspruch nahm. Nachdem noch die Encounter-Bai und die einige Wochen vorher aufgefundene Bai Port Philip — heute der Hafen von Melbourne — untersucht worden waren, eilte Flinders nach Sydney, wo er am 9. Mai 1802 ankam.

Es mußten nochmals bedeutende Reparaturen an dem alten Schiffe gemacht werden. Endlich, am 22. Juli, ging der „Investigator" wieder in See, begleitet von einem zweiten Schiffe, der „Lady Nelson", unter dem Kommando von Leutnant Murray, desselben, der kurz zuvor den Port Philip entdeckt hatte.

Die Reise ging jetzt nach Norden. Eine lange Kette von Baien, Inseln und Vorgebirgen wurde nach einander aufgefunden, benannt und gezeichnet, neue Pflanzen wurden beschrieben, an Port Bowen die Araucaria Cunninghami, ein prachtvoller sichtenartiger Baum von 40 Meter Höhe, zum ersten Male gesehen, aber im Allgemeinen war Flinders von dem Anblicke des Ufers eben so wenig erbaut, wie früher Cook. Ueberall bildeten Moräste von Salzwasser und Mangrovegestrüpp die Grenze zwischen Land und Meer, so daß die Landung stets mit großen Beschwerden verknüpft war, zu denen sich in der Regel noch andere Unannehmlichkeiten gesellten. So hatten die Schiffer oftmals mit den Fliegen ihre Noth. Millionen einer schwarzen Art dieser Thiere überfielen die Mannschaft, die ans Land gegangen war, und bedeckten ihre Kleider und Gesichter, eben so wie die Ruder und das Boot selbst, so vollständig, daß die ursprüngliche Farbe dieser Gegenstände nicht mehr zu erkennen war. Es war unmöglich, ein Ruder oder irgend etwas sonst in die Hand zu nehmen, ohne Hunderte von Fliegen zu zerquetschen, und wenn die Seeleute zum Schiffe zurückkehrten, führten sie solche Massen dieser Insekten mit sich, daß die Fliegenplage auch auf dem Schiffe zu wüthen begann. Es war schwer für einen Mann, den Mund zu öffnen, um zu sprechen oder um zu essen, ohne daß er ihn alsbald voll Ungeziefer bekommen hätte. Der größte Theil des Tagewerkes der ganzen Mannschaft bestand darin, Fliegen todtzuschlagen; doch dauerte es in der Regel mehrere Tage, bis die Männer so viele Thiere getödtet hatten, daß sie von ihren Leiden erlöst waren; möglicherweise konnte sich aber schon am folgenden Morgen — bei einer wiederholten Landung — die Plage erneuern. — Diese Fliegenplage ist übrigens allen Gestaden Australiens noch heute gemein.

Am 6. November ward nach mehrwöchentlicher schwerer Arbeit die Fahrt durch die Torresstraße und die Aufnahme eines Theils derselben glücklich beendet, nachdem schon vorher das zweite Schiff, das sich zur Reise in diesem gefährlichen Meere ganz untauglich erwies, zurückgeschickt worden war.

Die Reise ging jetzt dem Strande des flachen Carpentariagolfes entlang; die alten holländischen Karten wurden hervorgeholt und Punkt für Punkt auf denselben richtig gefunden, wie denn auch die alten Schilderungen von den trost= losen Einöden an diesem Gestade noch sehr gut paßten.

Bei den kleinen Inseln Bentinck und Sweers im innersten Grunde des großen Golfes stellte sich die Nothwendigkeit einer wiederholten Reparatur des Fahrzeuges als unumgänglich nothwendig heraus; es war fast kein gesundes Stück Holz mehr an dem gebrechlichen Fahrzeug. Dennoch wurde nach kurzer Unter= brechung die Reise mit demselben wieder aufgenommen und zunächst die Wellesley= Inseln sowie die Insel Bountyful untersucht, welch letztere wegen der dort vor= gefundenen großen Menge von Schildkröten und Schildkröteneiern merkwürdig war.

Flinders landete noch mehrmals, unter Anderem auf einer kleinen Insel nahe bei Groote=Eiland, auf welcher an den Wänden der vom Wasser ausge= waschenen Felsenhöhlen rohe Zeichnungen entdeckt wurden, mit Kohle oder rother Farbe ausgeführt, welche allerlei Thiere, als Delphine, Schildkröten, Kän= guru ꝛc., vorstellten. Solche Zeichnungen und Malereien, bei welchen auch oft= mals menschliche Hände vorkamen, sind später in großer Zahl auf der Nord= und Ostküste Australiens angetroffen worden, so namentlich von King bei seiner vierten Reise (oder vielmehr von seinem Begleiter Cunningham) auf der Clarks= insel unter 14° südl. Breite nahe bei Princeß=Charlotte=Bai, wo sich ganze Galerien des weichen, schieferigen Gesteins, die früher vom Wasser ausgewaschen worden, mit Zeichnungen bedeckt fanden. Es sind in buntem Durcheinander Hai= fische, Schildkröten, Delphine, Eidechsen, Holothurien, Seesterne, Kanoes, Wasser= melonen und einige vierfüßige Thiere, die vermuthlich für Känguru und Hunde angesehen werden sollen. Eine dieser Galerien führte zu einer Höhle, geräumig genug für etwa zwanzig Eingeborene, deren verlassene Feuerplätze deutlich zu sehen waren. Hier fanden sich in den Höhlungen oder Nischen des Felsens Schild= krötenköpfe aufgestellt und die Decke und Seitenwände waren mit ähnlichen un= geschlachten Figuren bedeckt, wie sie in den anderen Galerien vorkamen.

Endlich war, nach 105 Tagen, die Untersuchung des Carpentariagolfes be= endigt, in der nordwestlichen Ecke desselben, in der Arnheim=Bai, traf Flinders noch mit einer Flotte malayischer Trepangfischer zusammen, mit welchen er eine kurze freundschaftliche Unterhaltung pflog; danach mußte er sich zur Heimfahrt entschließen. Abgesehen von dem schlechten Zustande seines Schiffes, hatte auch die Gesundheit seiner Mannschaft Noth gelitten. Der Skorbut wüthete unter seinen Leuten, und so durfte Flinders die Rückkehr nicht einmal wagen, ohne vor= her frische Vorräthe eingenommen zu haben. Er segelte also nach Timor. Hier wurden Provisionen aller Art in Ueberfluß eingenommen, und es schien alle Wahrscheinlichkeit vorhanden, daß jetzt die Reise nach Port Jackson der Westküste entlang glücklich ausgeführt werden könne. Vergebliche Hoffnung! Die frischen Vorräthe reichten nicht weit und die Krankheit kehrte schrecklicher als vorher wieder. In aller Hast wurde die Reise gemacht. Ein einziges Mal legte Flinders an, um möglicherweise für die Kranken einige Vögel am Strande zu erlegen. Man fand keine, aber die kleine Verzögerung kostete mehreren Leuten das Leben. Endlich, am 9. Juni 1803, nach fast zwölfmonatlicher Abwesenheit, kam das Schiff mit seiner kranken Mannschaft im Hafen von Sydney an.

Flinders wollte seine Forschungsreise fortsetzen; der „Investigator" wurde jedoch als durchaus unbrauchbar für den Seedienst erklärt, und der Gouverneur hatte kein anderes Schiff zur Verfügung. So blieb dem unermüdlichen Seemann nichts Anderes übrig, als nach England zurückzugehen und den Versuch zu machen, ob ihm die Admiralität ein anderes Schiff ausrüsten werde. Am 12. Juni 1804 verließ er auf dem „Porpoise" den Port Jackson, und in der Nacht vom 17. August litt das Fahrzeug auf einem Korallenriffe unter 22° südl. Breite und 155° östl. Länge von Greenwich vollständig Schiffbruch. Zwei andere Schiffe, der „Cato" und der „Bridgewater", begleiteten den „Porpoise". Der „Cato" se= gelte dicht hinter dem zuletzt genannten Schiffe, gerieth gleichfalls auf den Fels und ging augenblicklich in Stücke. Das dritte Schiff kam glücklich und ohne Schaden davon und befand sich am Morgen nach dem Unglück ganz in der Nähe der Schiffbrüchigen. Der Kapitän dieses Schiffes aber, Palmer mit Namen, setzte — zu seiner ewigen Schande sei es gesagt — seine Reise fort, ohne sich um die Unglücklichen und deren Hülferufe weiter zu kümmern. Weder von Palmer noch von seinem Schiffe hat man, nachdem er in Tellichery den Untergang der beiden anderen Fahrzeuge berichtet hatte, jemals etwas gehört.

Die Schiffbrüchigen vom „Porpoise" und „Cato" wurden indessen doch alle auf eine Sandbank gerettet, welche bei der Flut vom Wasser frei blieb, der Rest der Lebensmittel wurde gesammelt, Zelte aufgeschlagen und danach das Langboot des „Porpoise" ausgerüstet, um unter Flinders' Befehl nach Port Jackson zu gehen und Hülfe zu holen. Am 6. September wurde dieser Hafen erreicht, und am 6. Oktober kehrte der unerschrockene Mann mit einem kleinen Schuner und einem Kauffahrteischiffe zu der Sandbank zurück. In jenem Schuner von 29 Ton= nen Gehalt, wenig größer als ein Flußboot, beschloß Flinders, die Reise nach England zu machen. Das Unternehmen war aber zu groß für das schwache Schiffchen, und es war noch nicht über die Insel Mauritius hinaus, als sich die dringende Nothwendigkeit einer Reparatur zeigte. Im Vertrauen auf seinen im Jahre 1801 von der französischen Regierung ausgestellten Paß landete Flinders auf der Insel; aber der Gouverneur — de Caen — ein boshafter Mensch, der sich das Unglück zu Nutze machte, bemächtigte sich des Schiffes, nahm die Karten, Journale und Logbücher in Beschlag und hielt Flinders sechs Jahre gefangen. — Während dieser Zeit erschien das große Werk Baudin's über seine Reisen, und in dem diesem Werke beigegebenen Atlas werden alle oder doch die meisten Ent= deckungen von Flinders und Baß von dem kaiserlich französischen Weltumsegler für sich in Anspruch genommen!

Endlich schlug die Stunde der Erlösung. Im Jahre 1810 kam der arme Mann — mit zerrütteter Gesundheit — in England an. Sein Name war vergessen worden und die Zeit seiner Gefangenschaft konnte ihm nicht im Dienste angerechnet werden; seine Bitte um Beförderung wurde abgeschlagen, und mit gesunkenem Muthe machte er sich an die Herausgabe seines Reiseberichtes, von dem Flinders hoffte, daß er seinen verdunkelten Ruhm wieder ans Tageslicht bringen würde. Aber auch das sollte der schwer gekränkte Mann nicht mehr erleben; an demselben Tage, 14. Juli 1814, an welchem sein Werk ausgegeben wurde, starb er. Die einzige Belohnung, die er oder seine Angehörigen empfingen, ist die, daß sein Name für alle Zeiten unter denjenigen der großen Männer seines Volkes glänzen wird.

Reisen des Kapitän King. Was Flinders über das Aussehen der australischen Küsten zu berichten wußte, war allerdings nicht sehr erbaulich, es schien aber auf der andern Seite nicht gut denkbar, daß die ganze ungeheure Küste eines Welttheiles, so groß wie Europa, nichts Anderes als ein Wüstenrand sein sollte. Oder sollte sich wirklich nur ein verhältnißmäßig kleines Stück der Ostseite dieses Kontinentes bewohnbar erweisen und nirgends sonst breite Flußmündungen, geräumige Häfen, blumige Wiesen und hochstämmige Wälder anzutreffen sein? Die Antwort auf diese Frage sollte gesucht werden, indem man eine Expedition zur Aufnahme aller noch nicht besuchten Gestade Australiens ausrüstete.

Kapitän Philip Parker King, ein geborener Australier — er war der Sohn des mit Gouverneur Philip nach Sydney gekommenen Vizegouverneurs der Norfolk-Insel — wurde an die Spitze dieser Expedition gestellt. King unternahm vom Jahre 1817 bis zum Jahre 1822 vier Reisen, und das Resultat derselben war die Untersuchung und Aufnahme der Gestade Australiens vom westlichen Ende des Carpentariagolfes bis zum Nordwestkap — allerdings mit einigen Unterbrechungen und mit Auslassung mehrerer tiefer Meeresbuchten, in welchen er nicht wagen durfte, weit vorwärts zu gehen, da er auf jeder seiner Reisen das merkwürdige Mißgeschick hatte, einen oder mehrere Anker zu verlieren.

Anfangs versuchte es King, um die Westküste des Kontinentes herum allmählich in die tropischen Gegenden vorzudringen. Er hatte im König-Georgs-Sund gelandet, um Wasser und Holz einzunehmen, und sah darauf die Küste wieder in der Nähe des Nordwestkaps. Niedrige Klippen von rothem Gestein reichten hier fast eine geographische Meile weit in die See hinaus und verursachten die furchtbarste Brandung. Hinter jenen Klippen breitete sich ein ödes, sandiges, mit Felsstücken übersäetes Land aus, das nur hier und da mit magerem Gesträpp, dem einzigen Zeichen von Vegetation, bewachsen war. Die Hitze nahm mehr und mehr zu und stieg fast täglich bis zu 29° Réaumur im Schatten, dabei war die Luft von versengender Dürre und die Männer empfanden außer einem unlöslichen Durst ein stechendes Gefühl auf der Haut, verursacht durch die feinen Salztheilchen, welche mit dem Schaume des Wassers fortwährend aus der Brandung in die Luft gehoben wurden. Täglich färbte sich der Himmel Anfangs bleich, dann gelb und zuletzt kupferfarbig vor Hitze, kein Lüftchen regte sich, und bewegungslos lag das Schiff auf einem Fleck. Unten im Wasser aber tummelte sich eine unheimliche Welt von Schlangen, Alligatoren, Haifischen, Schildkröten und Delphinen. Namentlich zogen die Haifische manchmal in ganzen Herden um das Schiff herum, und der Anblick dieser grimmigen Fresser war für die Mannschaft peinlich genug, auch wenn die Thiere im Einzelnen nicht sehr groß aussahen. Ein Hai, der gefangen und an Bord gezogen wurde, maß übrigens über 3 1/2 Meter.

Philip Parker King.

Auch Walfische erschienen dann und wann, wie denn die australischen Gewässer Ueberfluß an walfischartigen Thieren zeigen. Auf der Nordküste zwischen den Riffen wimmelt das Meer von Walen, namentlich von Finnfischen (Balaenoptera longimana), welchen die Walfischfänger gern ausweichen, weil jene Fische wilde Gesellen sind, die, verwundet, in tobende Wuth gerathen und durch ihre furchtbaren Schwanzschläge die Fahrzeuge zertrümmern. King's Boote waren öfter durch diese riesigen Thiere in kritische Lagen gebracht worden, denn dieselben stiegen manchmal plötzlich aus der Tiefe herauf und peitschten das Wasser mit ihrem Schwanze derart, daß ein Wellenschlag entstand, wie bei einem heftigen Winde, oder sie schnellten sich gelegentlich mit ihrer Schwanzflosse aus den Fluten heraus, um sich hernach mit dem zermalmenden Gewicht ihres Körpers wieder niederfallen zu lassen. Einmal war King's Schiff eine ganze Nacht hindurch umringt von diesen Ungeheuern, und das Schiffsvolk war in großer Furcht, daß eines davon an Bord fallen möchte, was sicherlich sehr unheilvolle Folgen gehabt hätte. Der Schlag, den ihr Fall in das Wasser in einer ruhigen Nacht verursachte, war vollständig einem Kanonenschuß ähnlich, eine Versicherung, die nur durchaus glaubwürdig erscheint, denn diese Thiere erreichen eine Länge von mehr als 28 Meter und das Gewicht ihres Körpers rechnet sich nach Hundert= tausenden von Pfunden.

Die Windstille und die Hitze hielten wochenlang an. Während der Nächte erhob sich wol dann und wann eine leichte Brise, aber das Schiff kam nur sehr langsam vorwärts. Doch wurde zuletzt ein Landungsplatz erreicht. Die Gegend, eine vollkommene Wüste von rothem Sande, der wie Backsteinstaub aufwirbelte und an der keine Spur von Vegetation außer dem unvermeidlichen Mangrove= gestrüpp sich zeigte, bot dennoch ein besonderes Interesse. Riesige Ameisenhügel bildeten nämlich den Vordergrund von drei und mehr Meter Höhe und von über acht Meter Umfang. In einiger Entfernung betrachtet, konnte man sie sehr gut für menschliche Wohnungen halten. Eine dieser Bauten wurde geöffnet, aber von den Thieren, welche sie aufgeführt hatten, verlassen gefunden. Schlangen und anderes Gethier hauste darin, und weitere Untersuchungen in anderen Hügeln wurden nicht angestellt, weil der Aufenthalt am Rande der großen Hitze und Trockenheit wegen äußerst erschöpfend war. Hinter den Ameisenkolonien lagen wild durch einander geworfene Felsmassen, und die Ferne verschwand in Dunst und Rauchwolken, welche von den durch die Wilden in Brand gesteckten Steppen aufstiegen.

Felseninseln und Sanddünen, Korallenriffe und niedrige Mangrove=Ufer, wilde, schaurige Einöden und von der Alles versengenden Hitze ausgedörrte Gegenden, das ist der Inhalt der Reiseschilderungen King's für viele Tage, so lange als das Schiff an der „Rothen Küste" hinfuhr, ein Name, den dieselbe wegen der auffallend rothen Färbung des Gesteines erhalten hat. Einmal (in der Nickol=Bai) wurden ganze Wolken Staub und Sand über das Schiff hinweggeführt, obwol es eine volle Stunde Weges vom Ufer entfernt lag; ein andermal (an der Adolphus=Insel im Cambridge=Golf) flogen so große Schwärme von Fledermäusen um das Schiff herum, daß die Luft von ihnen verfinstert wurde.

Indessen boten sich den Reisenden auch andere Sceuerien dar. An der Nordküste, westlich von Kap Arnheim, war, als King dort landete, das Gras zwei Meter hoch, so daß die Männer vor einander verborgen waren, wenn sie hindurchschritten. Alles prangte hier in tropischer Fülle; über den dicht mit Eukalyptus= und Mimosenarten bewaldeten Hügeln wiegten die glattstämmigen Palmen (Ptychosperma Cunninghamiana) ihre zierlichen Blätterkronen, und zahllose blühende und duftende Gewächse drängten sich am Boden über und neben einander; — aber nur eine einzige eßbare Frucht war anzutreffen, eine kleine schwarze Traube von mittelmäßiger Güte. Andere Uferstellen waren so dicht bewaldet, daß — wie in den brasilianischen Urwäldern — das Sonnenlicht Mühe hatte, seinen Weg durch das dunkle Blätterdach zu finden. Auch an den weiter westlich gelegenen Küsten, namentlich im Port Essington und in der Raffles=Bai, wurde eine üppige tropische Vegetation angetroffen, und es ist sehr wohl erklärlich, daß diese Gegenden im Vergleich mit den früher gesehenen

Gestaden einen bezaubernden Eindruck auf King und seine Reisegefährten machen mußten. Hier herrschte auch nicht jene grabähnliche Stille, wie in den Wildnissen des Nordwestkaps und in anderen Gegenden, überall zeigte sich vielmehr das Leben in vielhundertfältigen Gestalten. Känguru von verschiedenen Arten hüpften truppweise im hohen Gras umher, und prächtig gefiederte Vögel — vorzugsweise Papageien — bevölkerten die Wälder und erfüllten die Luft mit ihrem tausendstimmigen Geschrei.

Die drei ersten Fahrten machte King auf dem Schiffe „Mermaid". Dasselbe gerieth indessen auf der dritten Reise im Juni 1820, bald nach der Abfahrt von Sydney, beim Kap Bowen, auf eine Sandbank, und wenn auch der Schaden, den es dabei nahm, Anfangs unbedeutend erschienen war, so zeigte sich derselbe doch später so umfangreich, daß das Schiff unterwegs in der kleinen, Careening-Bai genannten Meeresbucht, in der Nähe des Porksundes, ausgebessert und einige Wochen später die Reise abgebrochen werden mußte. In jener Bai wurde zum ersten Male der höchst eigenthümliche, von den Australiern „Gouty-Stem-Tree" (Baum mit dem gichtkranken Stamm) genannte Baum (Adansonia Gregorii, F. Mull.) gesehen und beschrieben. Das Auffallende an demselben ist der im Vergleich mit der Astbildung ganz unnatürlich große Umfang des Stammes, welcher von den Reisenden Anfangs als das Resultat einer Krankheit oder Mißbildung gehalten wurde, bis sie sich überzeugten, daß die ganz jungen Pflanzen eben so wie die ältesten Bäume dasselbe unförmige Aussehen hatten. Gelegentlich der Beschreibung der australischen Pflanzenwelt wird von diesem Baume weiter die Rede sein und eine Abbildung desselben beigefügt werden. An der Careening-Bai fanden sich Bäume von zehn Meter Umfang, die bis zu Anfang der Verästelung nicht viel höher waren, aber F. Gregory traf später auf Bäume von zwanzig und mehr Meter Umfang an dem unteren Stammtheile. Alle diese Bäume haben statt des Holzes ein fast fleischartiges, schwammiges, äußerst saftiges Zellgewebe, welches von King und seinen Leuten allerdings nur vorsichtig untersucht wurde — sie wagten es namentlich nicht, dasselbe zu genießen — von dem sich aber seitdem herausgestellt hat, daß es in jenen sonnenverbrannten Einöden für Menschen und Thiere ein vortreffliches durststillendes Mittel abgiebt. Besonders gern wird der säuerliche Saft aus den lockeren Holzspänen, die mit leichter Mühe vom Stamme herausgeschlagen werden können, von den Schafen ausgesogen.

King's vierte Reise wurde in einem neuen Schiffe, dem „Bathurst", unternommen. Zu den ersten Entdeckungen, welche gemacht wurden, gehörten die Zeichnungen in den Höhlen der Clarks-Insel, welche Insel besucht worden war, um der Mannschaft eines kurz zuvor dort gestrandeten Schiffes Hülfe zu bringen. Von da an wurde die Fahrt ununterbrochen bis zur Hannover-Bai fortgesetzt, einer kleinen Bucht nicht weit von Colliers-Bai, in welcher King seine Küstenaufnahmen von Neuem begann. Sonderbare, gewaltige Felsenbildungen zeigten sich hier, wie schon früher im Cambridge-Golf: das Ufer war nämlich an einzelnen Stellen tief ausgewaschen und das härtere Gestein stehen geblieben.

Dadurch bekamen diese Felsengebilde manchmal die täuschendste Aehnlichkeit mit den ausgedehnten Werken einer Festung; in anderen Fällen sah die ganze Küste wie eine einzige unübersteigliche Mauer aus, von den Wellen des Meeres unter= wühlt und ausgewaschen, während die herabgestürzten Felsentrümmer in chao= tischer Verwirrung am Fuße jener Mauer umherlagen.

Nachdem sich King von der trostlosen Beschaffenheit des Landes südwestlich vom Kap Levêque überzeugt und, um der grenzenlosen Hitze zu entgehen, einen Abstecher nach Mauritius gemacht hatte, steuerte er nach König=Georgs= Sund und besuchte noch den Schwanenfluß und die Sharks=Bai, von wo er nach Sydney zurückkehrte.

Auf jeder Fahrt war King mit den Eingeborenen zusammengetroffen. Die Schwarzen hatten gegen ihn fast jedesmal eine drohende Haltung gezeigt, meist wurden sie jedoch mit bloßen Schreckschüssen zurückgetrieben, und nur in zwei Fällen gewann die Sache ein ernsthaftes Aussehen. Der erste Fall trat in einem der schmalen Kanäle an der Halbinsel Koburg ein. Das zur sorgfältigeren Unter= suchung der Küste ausgesandte Boot hatte sich in dem netzartig verschlungenen Wurzelwerke eines Mangrovebusches festgefahren, und während die Männer damit beschäftigt waren, dasselbe wieder frei zu machen, wurden sie plötzlich er= schreckt durch einen gellenden Schrei, der in ihrer nächsten Nähe ausgestoßen wurde, ohne daß übrigens Jemand zu sehen gewesen wäre. Unmittelbar nach diesem Signalrufe — denn ein solcher war es — stürzten sich die Eingeborenen von allen Seiten her ins Wasser. Sie machten den größtmöglichen Lärm, indem sie ihre Waffen und Schilde aneinander schlugen und unter abscheulichen Gri= massen ein höllenmäßiges Geheul ausstießen. Die Lage der Bootsleute war ziemlich bedrohlich, denn sie sahen sich vollkommen von den schwarzen Teufeln umringt, und der Fluß war zu eng, als daß die Ruder hätten gebraucht werden können. Zwei Musketen, mit Kugel und Schrot geladen, wurden über die Köpfe der Wilden abgefeuert. Das half — vorerst wenigstens! Die Eingeborenen wen= deten sich plötzlich um und flohen in das Gebüsch, eben so schnell, wie sie gekommen waren, so daß der Platz nach wenig Minuten wieder eben so ruhig war, als ob nichts vorgefallen wäre. Doch waren die Engländer ihre Begleitung noch nicht los. Es wurde vielmehr vom Boote aus bemerkt, wie die Schwarzen zwischen dem Dickicht nach einer flachen Stelle eilten, welche das Boot passiren mußte, ehe es in die Bai hinausfahren konnte. Diesmal konnten aber Vorbereitungen getroffen werden, und als der Angriff der Wilden mit einem Hagel von Steinen und Speeren aus dem Gebüsche begann, antworteten die Bootsleute mit einem Hagel von Flintenkugeln. Danach wurde nichts mehr von den Eingeborenen gesehen oder gehört.

Einige Zeit darauf fand auf der Melville=Insel eine andere Begegnung mit den Wilden statt, bei welcher die Engländer dermaßen von ihnen überrascht wurden, daß Alle in der größten Hast in die Boote entflohen und das Stativ für ein Meßinstrument zurückließen, welches von den Wilden als Kriegstrophäe im Triumphe fortgeschleppt wurde und nicht wieder zum Vorschein kam.

King's spätere Schicksale waren friedlicherer Natur als die seines Vor=
gängers. Er war bei seinen australischen Landsleuten hoch angesehen als Ex=
plorer und gewiß mit Recht. Zum Contreadmiral befördert und lange Zeit
Mitglied des Gesetzgebenden Rathes von Neusüdwales, starb er vor etwa
zehn Jahren.

Ein Theil der von King untersuchten Gestade, insbesondere die Inseln und
Buchten von Arnheimsland, wurde in den Jahren 1837 bis 1843 durch Lord
Stokes, Kommandant des „Beagle", von Neuem vermessen. Stokes bestätigte
im Allgemeinen die Beobachtungen King's hinsichtlich der Beschaffenheit des Landes
und mit den Eingeborenen machte er gleichfalls ähnliche Erfahrungen wie King.

Zur Bestimmung der Polhöhe und der Abweichung der Magnetnadel ließ
der Lord mehrmals einzelne seiner Offiziere mit den Instrumenten aus Land
gehen. So befand sich eines Nachmittags der Obersteuermann (Maat) Fitz=
maurice mit einem andern Mitglied der Expedition, Namens Keys, an einer
vorspringenden Stelle der Küste südlich von der Melville-Insel, die seitdem den
Namen Escape Cliffs führt (von escape: entwischen). Beide Männer hatten
mehrere Stunden mit einander gearbeitet, und es war Zeit, an die Rückfahrt
nach dem Schiffe zu denken; sie waren auch im Begriff, ihre Instrumente ein=
zupacken, als sie plötzlich in unmittelbarster Nähe auf den Felsen eine ganze
Schar bewaffneter Australier gewahrten, die sich herbeigeschlichen hatten, jetzt
aber ein schauerliches Kriegsgeheul anstimmten und drohend ihre Speere erhoben,
während die beiden Engländer sich vergeblich nach ihren Flinten umsahen, die
zu weit weg lagen, als daß sie dieselben rasch hätten holen können.

Keys war bestürzt, Fitzmaurice aber verlor seinen Gleichmuth keinen
Augenblick, fing vielmehr an, laut zu lachen und die tollsten Sprünge englischer
Matrosentänze aufzuführen, indem er seinen Gefährten aufforderte, dasselbe zu
thun. Keys mochte denken, sein Genosse sei verrückt geworden; dennoch folgte
er seiner Einladung und tanzte, so gut es gehen wollte; lachen und singen aber
konnte er nicht. Die Wilden wurden stutzig. Sie wußten sich offenbar diese
Sprünge und das Geschrei des Einen der Tanzenden nicht zu erklären, und
komisch genug haben gewiß auch die beiden Engländer sich ausgenommen: die
Wilden brachen auf einmal in ein schallendes Gelächter aus und vergaßen fast
den Zweck ihres Hierseins; sie setzten sich auf die Felsen nieder, legten ihre Speere
beiseite und betrachteten die tanzenden Engländer. Diese suchten sich nach und nach
ihren Waffen zu nähern; kaum jedoch erriethen die Wilden diese Absicht, als sie
aufsprangen und die Männer von Neuem bedrohten. In diesem Augenblicke fiel
ein Schuß, den ein in der Nähe jagender englischer Offizier abgefeuert hatte.
Die Eingeborenen wurden dadurch einen Augenblick eingeschüchtert, Fitzmaurice
und Keys ergriffen im Nu die Flucht und eilten mit den geretteten Waffen in
das Boot. Ein Hagel von Speeren flog ihnen nach, merkwürdigerweise, ohne
Einen zu verwunden. Glücklich erreichten sie sodann das Schiff und erzählten
da, wie sie eben vor den schwarzen Herren des Landes hätten tanzen müssen.

Die Mannschaft war Anfangs durchaus nicht geneigt, diese sonderbare Geschichte zu glauben, bis sie erfuhr, daß der gewissenhafte Obersteuermann sämmtliche Papiere, Bücher und die kostbaren Instrumente den Wilden zur Beute habe zurücklassen müssen, ein Umstand, der allerdings nur dadurch zu erklären war, daß die beiden Männer in augenscheinlichster Lebensgefahr geschwebt haben mußten.

Fitzmaurice und Keys aber erinnerten sich später noch oft des Tages, da sie vor den Wilden um ihr Leben getanzt hatten und ihnen dann glücklich entwischt waren.

Kapitän Grey (1836).

Im Jahre 1836 richteten Kapitän Grey und Leutnant Lushington eine Adresse an den damaligen Kolonialsekretär Lord Glenelg, in welcher sie den Wunsch aussprachen, eine Expedition vom Schwanenfluß nordwärts führen zu dürfen, um zu untersuchen, ob nicht irgend ein großer Fluß auf der West- oder Nordwestküste münde. Die Regierung ging auf die gemachten Vorschläge ein, Grey und Lushington fuhren auf dem „Beagle", der damals unter dem Kommando Wikham's auf der Rückreise nach England begriffen war, nach der Kapstadt, mietheten dort ein Schiff, „Lynher", und anferten am 2. Dezember 1837 in dem damals nach Georg IV. benannten Hafen, der jetzigen Colliers-Bai, wo sie in einem weiten schluchtenartigen Thale ein Lager errichteten.

Die Küste war überall von tief einschneidenden Fjorden zerrissen, gefährliche Klippen ragten aus dem Wasser, und das Innere bildete ein trockenes, steiniges, unfruchtbares Tafelland — gerade so, wie King es bereits beschrieben hatte. Dennoch wollte Grey von hier aus zu Land nach dem Schwanenfluß ziehen. Er ließ zu dem Ende das Schiff zunächst nach Timor hinüberfahren, um von dort Ponies zu holen, welche das Gepäck tragen sollten. Als diese aber nach mehreren Wochen anlangten, zeigte es sich, daß es ihnen nicht besser erging, als es unterdessen den mitgebrachten Schafen ergangen war. Beide konnten das Futter, welches in dem Thale wuchs, nicht vertragen und viele von ihnen erkrankten und starben.

Auch war es inzwischen unmöglich geworden, diese Gegend zu verlassen, denn die Regenzeit war — früher als man erwartet hatte — hereingebrochen und sintflutartige Regengüsse stürzten täglich unter Blitz und Donner vom Himmel. Die Schlucht füllte sich mit Wasser und der Wildbach schwoll von Tag zu Tag mehr an. Zuerst diente ein umgefallener Baumstamm als Brücke, aber bald wurde derselbe weggeschwemmt, und nun war die ganze Gesellschaft, Menschen und Vieh, auf die eine schmale Seite des Fjords beschränkt. Freilich bekam man jetzt die ganze Pracht der Wasserfälle zu sehen, welche durch die Schluchten, Höhlen und Galerien der Sandsteinfelsen in das Thal herniederdonnerten, wie sie zuerst das leichte Unterholz mitschwemmten, dann Baumstämme und zuletzt gewaltige Steinmassen herbeiwälzten, und wie solche dann mit furchtbarem Gekrach herniederstürzten in die 130 Meter tiefe Schlucht.

Nach etlichen Wochen hatte endlich das Wetter ausgetobt: es kam zum Aufbruch, allein damit begann eine ununterbrochene Kette von Mißgeschick. Die Thiere konnten die ihnen zugetheilten Ladungen nicht fortbringen, und viele erlagen, bis man sich entschloß, einen großen Theil des Gepäckes zurückzulassen.

Höhle mit Zeichnungen der Eingeborenen. Nach Grey.

Grey selbst wurde bei einer Begegnung mit den Wilden schwer verwundet, ein Speer war ihm nämlich tief in die Hüfte gedrungen, und wenn auch der Führer der Expedition nach einiger Zeit wieder so weit hergestellt wurde, daß er gehen konnte, so war es doch von dieser Zeit an ganz außer Frage, daß es ein hoffnungsloses Unternehmen gewesen wäre, die Expedition zu Lande an den Schwanenfluß zu bringen. Dafür war die Zahl der Lastthiere sowie die Menge der noch mitgeführten Vorräthe zu gering und der Gesundheitszustand der meisten Theilnehmer — namentlich infolge der großen Hitze — ein zu schlechter geworden. Alles, was sich voraussichtlich noch thun ließ, war, die Untersuchung der Umgebungen so weit fortzusetzen, als es die Kräfte der Männer und die vorhandenen Vorräthe erlauben würden. — Dies geschah. Nach einigen Tagen befand sich die Expedition am Rande eines tiefen Abgrundes, in dem sich ein breites, fruchtbares Thal ausbreitete, das auf der gegenüberstehenden Seite von eben so hohen und steilen Felswänden begrenzt wurde. Es war schwierig, hinunter zu kommen; indessen es gelang, nachdem Bäume umgehauen und Felsblöcke ins Thal hinabgestürzt worden waren, um einen Pfad für die Thiere herzustellen. Nun ging es im Thale weiter, aus allen Schluchten stürzten Gießbäche, oft mußten diese durchwatet werden; dabei blieben manchmal die armen Thiere im Schlamme stecken, so daß sie zu versinken drohten. Endlich wurde ein großer, wasserreicher Strom erreicht und eine Strecke aufwärts verfolgt und untersucht. Der Fluß erhielt den Namen Glenelg=River. In seiner Nähe wurden zwei bemalte Höhlen aufgefunden, welche noch merkwürdiger erschienen als jene, deren bereits früher Erwähnung geschah. Die umstehende Abbildung zeigt den Eingang der einen Höhle mit einigen der von außen erkennbaren Figuren. Diese sind viel besser ausgeführt, als daß sie von den jetzt lebenden Eingeborenen angefertigt worden sein könnten, und ihr Alter ist deshalb ganz außer Frage gestellt. Einige der abgebildeten menschlichen Figuren sind mit langen Kleidern angethan, welche bis zu den Füßen hinabreichen; bei allen sind die Augen mit besonderer Sorgfalt ausgemalt und der Kopf mit einem breiten rothen oder blauen Kranze, wie mit einem Heiligenscheine, umgeben. Auch sind Schriftzeichen oder etwas Derartiges neben mehreren Figuren angebracht. Was diese Zeichnungen auch darstellen mögen, so viel scheint sicher, daß sie aus einer Zeit herrühren, in welcher die Einwohner Kleider trugen und civilisirter waren als sie jetzt sind. Nahe bei einer der Höhlen fand Grey auch noch ein sehr gut in einen frei liegenden Felsblock gehauenes Reliefbild eines Kopfes, dessen Typus offenbar nicht australisch ist, dessen Ursprung aber eben so in undurchdringliches Dunkel gehüllt scheint wie derjenige der übrigen Bildwerke.

Die mitgenommenen Vorräthe gingen allmählich zu Ende, und die Weiterreise über die Berghänge, bei welchen viele Nebenflüsse des Glenelg zu überschreiten waren, stellte sich als äußerst schwierig heraus, so daß sich Grey zur Umkehr entschließen mußte. Am 16. April kam er wieder am Meeresufer an. Alle Theilnehmer waren halb verhungert und erschöpft bis zum Aeußersten, so daß es als ein wahres Glück angesehen werden muß, daß der „Beagle" unter dem Kommando des Lord Stokes, welcher die Nordküste Australiens vermessen wollte, gerade in der Nähe vor Anker lag und Grey's Leute nicht länger auf Erlösung aus ihrer peinlichen Lage zu warten hatten. Damit war Grey's erste Reise zu Ende; — im Mai 1838 erreichte er mit dem genannten Schiffe die Kolonie am Schwanenfluß.

Allem Ungemach zum Trotz litt es den Mann nicht zu Hause. Grey entwarf einen neuen Plan zu einer Erforschungsreise an den westaustralischen Küsten, über alle Maßen kühn und abenteuerlich. Mit drei Walfischbooten und Vorräthen auf sechs Monate für eine Gesellschaft von dreizehn Personen ausgerüstet, wollte er nämlich mit einem Walfischfahrer in die Sharks=Bai segeln, auf einer der passend scheinenden Inseln sich ein Hauptdepot anlegen, d. h. seine Vorräthe vergraben, und von da zu Lande oder zu Wasser, wie die Umstände es gebieten würden, nach Perth zurückkehren. Am 25. Februar 1839 landete die Gesellschaft auf der Bernier=Insel, dem nördlichsten Theile der Halbinsel, welche die Sharks=Bai einschließt, und mit der Landung begannen auch die Leiden. Denn kaum war das Schiff, welches die Mannschaft hierher gebracht hatte, am Horizont verschwunden, als man entdeckte, daß auf der ganzen Insel gar keine Spur von Trinkwasser aufzufinden war. So wurde die benachbarte Dorre=Insel besucht, aber während eines der Boote verschiedene Vorräthe hinüber bringen wollte, gerieth es in die Brandung und ging in Stücke; die Ladung war verloren. Die Dorre=Insel war ebenso wüst und trocken wie die Bernier=Insel. Grey wäre gern hinüber an die Küste gefahren, aber das Wetter war zu schlecht. So war also ein Faß Wasser, das den Reisenden vom Walfischfahrer mitgegeben worden war, Alles, worüber sie beim Beginn ihrer Reise zu verfügen hatten, und sie sahen sich also gleich zu Anfange vom bittersten Mangel bedroht. Während sie nun auf besseres Wetter warteten, stellte sich statt dessen ein furchtbarer Sturm ein, welcher beide Boote wie Spielzeug ans Ufer warf und ihren Inhalt im Sande und Wasser umher= streute. Die Boote wurden dabei vollständig zum Wrack, und die Vorräthe, Mehl ꝛc., litten natürlicherweise durch das Salzwasser großen Schaden. Während der Nacht aber, in welcher der Orkan fortwüthete, mußten die Männer bei den Booten umherschwimmen, um ihre Sachen vor vollständigem Untergange zu retten. Durch diese furchtbare Anstrengung wurden ihre Kräfte in der einen Nacht so gebrochen, als ob ihre Reise schon monatelang gedauert hätte.

Zunächst wurden nun die Boote ausgebessert, dann auf der Bernier=Insel die Vorräthe vergraben und endlich am 6. März — so lange Zeit hatten alle diese Dinge in Anspruch genommen — ging es an die eigentliche Entdeckungs= reise. Gleich in den ersten Tagen wurde eine Flußmündung aufgefunden und der breite, schöne Strom (Gascoyne=River genannt) eine Strecke weit aufwärts verfolgt; darauf steuerte die Gesellschaft nordwärts, der Küste entlang. Der Wind war Anfangs günstig, er nahm aber mehr und mehr an Stärke zu, und es zeigte sich kein Hafen, in dem man vor ihm hätte Schutz finden können. Zuletzt blieb nichts übrig, als das gefährliche Experiment zu machen und die Boote, eines nach dem andern, vom Winde über die Brandung weg auf die dahinter befindliche Sandbank heben zu lassen, wo sie dann in Sicherheit liegen konnten. Das geschah gegen Abend und glückte. Andern Tages aber hatte sich die Stärke des Windes noch vergrößert, und es wäre im höchsten Grade thöricht gewesen, wenn man den Versuch hätte machen wollen, durch die aufspritzenden Wogen hindurch in freies Meer zu gelangen. So blieb nichts übrig als in Geduld besseres Wetter abzuwarten.

Während dieser unfreiwilligen Muße machte Grey einen Gang über die Sandhügel dem Inlande zu. Er war noch gar nicht weit gegangen, als sich seinen erstaunten Blicken ein reizendes und entzückendes Landschaftsbild darbot.

Ein wunderbar schöner See lag vor ihm, spiegelglatt und tiefblau wie der Himmel, mit bewaldeten Ufern und grünen Inseln, und so groß, daß er nicht im Stande war, das Ende desselben zu entdecken, so sehr er sich auch anstrengte, die etwas im Nebel verschwommene Ferne mit seinen Blicken zu durchdringen. Grey eilte zur übrigen Gesellschaft, die wichtige Neuigkeit zu überbringen, und alsbald machten sich die Männer nach dem See auf. Er war nicht leicht zu erreichen. Meilenweit waren sie schon gewandert, über ein sumpfiges Land, das mit See= muscheln und Korallenstücken übersäet war, der See jedoch schien noch eben so weit von ihnen entfernt zu sein wie vorher. Da aber Niemand zweifelte, daß sie bald am Rande desselben ankommen müßten, so gingen sie immer voran. Die Inseln auf dem See waren ganz deutlich sichtbar, aber das Wasser schien vor ihnen zurückzuweichen. Da drehten sich einige der Männer um, den zurück= gelegten Weg zu überschauen, und damit war ihnen auf einmal die Wahrheit klar geworden. Hinter ihnen schien eben so wie vor ihnen ein See zu liegen, und die trockenen Sandhügel, über die sie hinweggeschritten waren, glichen eben so vielen prächtig bewaldeten Inseln. Das Ganze war eine Luftspiegelung und nichts weiter, wie solche an den heißen Küsten und im Innern Australiens ganz außerordentlich häufig vorkommen, und betrübt und niedergeschlagen infolge der Enttäuschung kehrte die Gesellschaft an den Meeresstrand zurück.

Tag um Tag verstrich, ohne daß es die Reisenden hätten wagen dürfen, ihre beiden Fahrzeuge über die Brandung zu heben; der Wind war zu heftig. Die mitgenommenen Lebensmittel gingen aber auf die Neige, und es gab nur noch sehr kleine Rationen verdorbenen Mehls, als sie am 18. März endlich wie= der in See gehen konnten. Zwei Tage später landeten sie auf der Bernier= Insel; doch welch trostloser Anblick erwartete sie da. Während ihrer Abwesen= heit mußten die Wilden da gewesen sein, denn die Grube mit den Vorräthen war erbrochen, ein großer Theil der Lebensmittel weggeschleppt, andere Sachen, deren Gebrauch ihnen nicht klar gewesen sein mochte, verdorben oder — wie der größte Theil des Mehls — umhergestreut; kurz, von all den reichlichen Vor= räthen war nichts mehr übrig als 100 Pfund Fleisch und 60 Pfund Mehl, und dabei befanden sich die Reisenden auf einer öden Insel, mehr als 100 geo= graphische Meilen vom Schwanenfluß, der nächsten bewohnten Gegend, entfernt!

Grey's fester Sinn erhielt die Mannschaft ihrer Pflicht getreu; er machte ihnen das — unter den obwaltenden Umständen allerdings äußerst kühne — Versprechen, daß er sie Alle glücklich nach Perth bringen werde, wenn sie ge= horsam wären. Am 24. März begann er die Heimreise, es ging sehr langsam vorwärts; die Männer mußten fortwährend gegen den heftigen Wind ankämpfen und hatten mehrere Nächte nicht schlafen können. Deßhalb faßte Grey am 31. März den, wie die Folge zeigte, verhängnißvollen Entschluß, zu landen, um seine Leute einige Stunden der Ruhe genießen zu lassen. Die ganze Küste war zwar eingesäumt mit dem weißen Schaume der Brandung und die Wogen gingen so hoch, daß sie manchmal Alles verbargen; dennoch ließ Grey das erste Boot auf die Küste zusteuern. Es lief gegen die Brandung, aber plötzlich wurde dasselbe von einer Welle gefaßt und mit Blitzesschnelle eine Strecke weit fortgerissen. Der die Schiffer umgebende Schaum und Gischt ließ gar nichts mehr erkennen, die Mannschaft fühlte sich nur im Kreise gedreht, und im nächsten Augenblicke fand man sich mit einem schrecklichen Krach auf den Fels geschleudert. Das Boot war zu Grunde gerichtet. Nicht besser ging es dem zweiten, das dicht hinter dem ersten drein fuhr, und nun blieb den Reisenden keine andere Wahl, als die Reise zu Lande fortzusetzen.

Man kann sich nur schwer eine Vorstellung von den namenlosen Leiden machen, welche Grey und seine Gefährten von nun an auszustehen hatten. Grey erzählt, daß, als alles Mehl aufgezehrt war, einer der Männer sich noch ein Stück alten verdorbenen Damper (in der Asche gebackener Brotteig) von der Größe einer Walnuß aufgespart hatte und mit ihm theilte, und wie er seine Dankbarkeit am folgenden Abende dadurch bezeugte, daß er seinem Wohlthäter die Hälfte der Eingeweide eines Habichts gab, den er geschossen hatte. Später gesellte sich zu all dem Mißgeschick noch der Mangel an Wasser; zwei oder drei Tage wurden vollständig ohne Nahrung zugebracht. Aber zuletzt — am 21. April — erreichte Grey mit zwei Gefährten die Stadt Perth, in einem solchen Grade abgezehrt und entkräftet, daß ihn kein Mensch erkannte. Alsbald wurde den zurückgebliebenen Unglücksgenossen Hülfe entgegengeschickt, und Alle bis auf Einen, der seinen Leiden erlegen war, konnten gerettet werden. Der Unglückliche war von den Uebrigen verlassen worden, als er im Sterben lag; man fand ihn ausgestreckt am Boden liegend, mehr einem bloßen Skelet als einem Menschen ähnlich, so sehr war er abgezehrt und ausgedorrt.

Während der Landreise wurden allerdings mehrere Flüsse und Weide-distrikte gefunden, indessen scheint es nach später stattgehabten Untersuchungen, als wenn Grey in seinem halbverhungerten Zustande die nur einigermaßen grün erscheinenden Landstrecken in viel zu günstigem Lichte betrachtet hätte. Insbesondere erwies sich eine zur Anlage einer Ansiedelung empfohlene Stelle an der Champion-Bai (oder Port of Grey) als durchaus nicht in dem Grade geeignet, wie man es nach Grey's Schilderungen hätte vermuthen sollen. — Später hatte Grey in seiner Eigenschaft als Gouverneur von Südaustralien, sowie im Kapland und auf Neuseeland noch öfter Gelegenheit, Reisen in der australischen Wildniß zu unternehmen, und es scheint, daß er seine Vorliebe für dieselben nie verloren hat, nur daß er sich nicht mehr solchen Gefahren aussetzte, wie auf den beiden ersten Unternehmungen.

Eyre's Entdeckungsreisen. Bei weitem der größte Theil der australischen Gestade war nunmehr untersucht; kleinere Strecken, einzelne Buchten oder ver-muthliche Flußmündungen blieben freilich noch zu erforschen, aber alle diese Gegenden waren nicht von großer Ausdehnung. Das einzige zusammenhängende größere Gebiet, von welchem man so gut wie nichts wußte, bildeten die Ufer der großen australischen Bucht an der Südküste des Kontinents.

Die Erforschung dieses Landstriches wurde im Jahre 1840 von Eyre ausgeführt, einem Manne, dem unter den muthigen und entschlossenen Erforschern Australiens ein Ehrenplatz gebührt. — Eyre hatte früher bereits mehrere größere Reisen in Australien unternommen; er war unter Anderem von Sydney nach Port Philip und von da nach Adelaide gewandert, hatte den Weg vom König-Georgs-Sund bis zum Schwanenfluß zurückgelegt und zuletzt — im Jahre 1839 — die Gegend um den Torrenssee und die nördlichen Abhänge der Flinders-Kette in Südaustralien sowie die später nach ihm benannte Halbinsel westlich vom Spencergolf nach verschiedenen Richtungen durchschnitten und sich auf diesen Reisen leichterklärlicher Weise nicht nur große Erfahrungen im Buschleben gesammelt, sondern sich selbst auch für die Ertragung von schweren Strapazen geschickt gemacht. Jetzt hatte er nichts Geringeres vor, als einen Landweg von Adelaide nach Perth ausfindig zu machen. Seine Absicht war, nordwärts zu gehen, womöglich in dem Thale eines in den Torrenssee mündenden Stromes eine Strecke weit vorzudringen und auf solche Art die Wasserscheide zwischen dem See und der westlichen Küste zu erreichen.

Am 18. Juni 1840 brach Eyre mit einer Gesellschaft von sieben Personen, worunter zwei eingeborene Bursche, und den erforderlichen Vorräthen auf; als er aber den Torrenssee erreichte, war dieser zu einem halbvertrockneten Salzsumpfe zusammengeschrumpft, dessen weiße Salzkruste weithin im Sonnenschein glitzerte. Beim Betreten des sumpfigen Bodens quoll ein breiiger, schwarzer Schlamm zwischen den Rissen der Kruste hervor, so daß ein Ueberschreiten des Morastes nicht ausführbar erschien. Unter allen Umständen war klar, daß kein bedeutender Fluß in dieses Becken münden konnte. Um aber nichts unversucht zu lassen, wendete sich Eyre nordwärts, fand indessen erst, nachdem er 25 geographische Meilen Weges, vom Berg Arden aus gerechnet, zurückgelegt hatte, wieder trinkbares Wasser, und der Salzsumpf neben ihm blieb unverändert, obschon er ihn bis fast zu 30° südl. Breite verfolgte. Zwei Bäche wurden gefunden, beide nach Norden gerichtet, aber der eine war überhaupt sehr wasserarm und der andere wurde nach einem Laufe von mehreren Meilen so salzig wie Meerwasser. So entschloß sich Eyre umzukehren. Vom Mt. Brown an ließ er seine Begleiter auf einem früher von ihm eingeschlagenen Wege westwärts gehen bis zur Meeresküste, während er selbst sich in Port Lincoln frische Vorräthe verschaffen wollte, um nachher den Anderen zu folgen. In Port Lincoln, einem sehr unbedeutenden Städtchen, war nichts für Eyre Brauchbares zu finden; einer der Begleiter Eyre's, Scott mit Namen, mußte vielmehr in einem offenen Boote nach Adelaide fahren, um von dort Lebensmittel zu holen. Am 3. November kamen diese endlich an dem verabredeten Orte, in der Streaky-Bai, an, und die ganze Reisegesellschaft fand sich dort wieder zusammen.

Das Schiff „Waterwitch", welches die Lebensmittel mitgebracht und den Befehl erhalten hatte, Eyre so weit zu begleiten, als dieser für rathsam finden würde, ward vorausgeschickt, um an einigen geeignet scheinenden Plätzen Fässer mit Wasser ans Land zu schaffen und daselbst zu vergraben, und so lange diese

Einrichtung ausführbar erschien, ging auch die Reise gut und rasch von statten, trotzdem daß die Gegend dermaßen mit Strub bewachsen war, daß man mit der Axt den Weg hindurchhauen mußte.

Eyre wußte, daß sich weiter nordwärts das bereits von Flinders erwähnte steile und klippige Ufer finden werde, und da es ihm äußerst gewagt schien, das Schiff nahe dieser Küste hinsteuern zu lassen, so beschloß er die Rücksendung desselben. Vorher wollte er jedoch noch ein möglichst großes Stück Land sehen, um im Stande zu sein, den Heimkehrenden Nachrichten über seinen Reiseplan mitgeben zu können. Bei dem ersten Ausfluge, den Eyre in Begleitung von nur wenig Leuten unternahm, war er mit ihnen drei Tage lang durch furchtbar heißen Sand gewatet, ohne Wasser zu finden; — sie mußten umkehren. Es wurde nun Wasser vorausgeschickt, und Eyre kam beim zweiten Versuche, die nördlichste Ecke der großen australischen Bucht zu erreichen, ein ansehnliches Stück weiter. Allein wieder stellte sich Wassermangel ein und, was noch schlimmer schien, die kleine Karawane sah sich mit einem Male von den Wilden umringt. Die Pferde waren so abgetrieben, daß der Versuch, die Vorräthe noch weiter tragen zu lassen, ganz vergebliche Mühe gewesen wäre. Das einzige Mittel, die letzteren zu retten, war, sie zu vergraben. Wenn dies jedoch in Gegenwart der Wilden, welche jede Bewegung der Reisenden aufs Schärfste bewachten, geschah, so hieß dies nichts weiter, als dieselben der sicheren Zerstörung preisgeben. So setzten sich die Reisenden hin, um die Entfernung der Schwarzen abzuwarten. Diese ihrerseits wollten indessen augenscheinlich sehen, was wol die Weißen thun würden, und blieben am Platze. Stunde um Stunde verstrich, die Pferde schmachteten zusehends dahin, aber die Wilden rührten sich nicht, bis sie endlich der Hunger arg genug quälte und zum Davonschleichen veranlaßte. Sobald der Letzte von ihnen außer Sicht gekommen war, wurden mit der größten Eile die Vorräthe vergraben, ein Feuer über der Stelle angezündet, um die frischen Spuren im Sande zu verbergen, und danach die Pferde zurückgetrieben, so gut es gehen wollte. Es war schon zu spät, drei davon fielen unterwegs um und waren verloren, ehe ihnen Hülfe gebracht werden konnte.

Vierundzwanzig Tage waren bereits geopfert, um den innersten Punkt der australischen Bucht zu erreichen, und trotz alles erduldeten Ungemachs war es nicht möglich gewesen, die letzten zwei Meilen, welche die Reisenden noch davon entfernt waren, zurückzulegen. Das ganze Land, welches man bis jetzt gesehen hatte, bestand aus nacktem Muschelkalkstein oder aus Sandhügeln, die sich reihenweise hinter einander erhoben und dicht mit Strub bewachsen waren, der hier vorzugsweise aus einem zwergartigen Eukalyptus und dem „Theebaume" (Eucalyptus dumosa und Melaleuca lineariifolia) gebildet wurde. Nur hier und da zeigte sich ein Fleckchen offenes Grasland.

Nach den gemachten Erfahrungen, und nachdem bereits vier Pferde verloren waren, wodurch der Transport der Lebensmittel für Alle unmöglich geworden, stellte sich die gebieterische Nothwendigkeit heraus, einen Theil der Partie zurückzulassen. Demnach wurden Alle mit dem Schiffe zurückgeschickt bis auf Scott, einen Aufseher, einen andern Mann und die zwei Eingeborenen. Indessen wollte Eyre noch sechs Wochen im Lager an der Fowlers=Bai bleiben, um von Adelaide aus noch eine Sendung Hafer und Kleie für die Pferde in Empfang nehmen zu können.

Als das Schiff abgesegelt war, machte Eyre einen neuen Versuch, die nörd= liche Ecke der Bucht zu erreichen, und diesmal gelang es, sogar noch 10 geo= graphische Meilen über jenen Punkt hinaus zurückzulegen. Nirgends jedoch war nur ein Tropfen Wasser anzutreffen, und die ihm begegnenden Wilden versuchten begreiflich zu machen, daß auch auf eine Entfernung von mindestens 40 geo= graphischen Meilen westwärts keines zu finden wäre.

Die Küste auf der zuletzt erreichten Strecke erhob sich bis zu einer Höhe von 95 bis 125 Meter über dem Meere und bestand der Hauptsache nach aus Kalk= stein von anscheinend verschiedener Zusammensetzung. Die unteren Theile der Felswände waren von den Fluten des anstürmenden Ozeans unterwühlt und bildeten mächtige Höhlen, und gewaltige Massen losgebrochenen Gesteines lagen am Meeresstrande. Landeinwärts waren wol hier und da einzelne Grasplätze, meistens aber nur die wohlbekannten Skrubbüsche zu sehen. Dabei war die Ober= fläche des Bodens mit den Schalen von Süßwassermuscheln und mit unzähligen Stücken Feuerstein bedeckt.

Am 17. Januar 1841 langte die Expedition wieder in Fowlers=Bai an. Die Entfernung des innersten Punktes der Bucht betrug eigentlich nur 27 geographische Meilen, es waren aber bis jetzt hin und zurück mehr als 120 geographische Meilen Weg gemacht und 40 Tage Zeit verbraucht worden.

Als am 26. Januar das Schiff von Adelaide zurückkehrte, beschloß Eyre, seine Reisegesellschaft noch mehr zu verringern. Er behielt nur noch seinen Auf= seher, Baxter mit Namen, und die zwei Eingeborenen, zu welchen jetzt noch ein dritter, Namens Wylie, kam, welcher vom König=Georgs=Sund stammte und früher zu Schiffe nach Adelaide mitgenommen worden war. Die Reisenden blieben noch mehrere Wochen im Lager, um den Pferden Zeit zu lassen, sich an dem von Adelaide angekommenen Futter gehörig zu erholen, und in dieser Zeit wurden nur verschiedene kleinere Expeditionen zur Erforschung der Umgegend unternommen. Am 23. Februar begannen die Vorbereitungen zur Abreise, die überflüssigen Vorräthe*) wurden vergraben und die noch übrigen Raketen (die als Signale für das Schiff benutzt werden sollten) abgebrannt, letzteres zur großen Belustigung der Eingeborenen, welche sich allmählich um das Lager gesammelt hatten. Als die Gesellschaft im Begriff stand, abzureisen, wurde das drei Wochen vorher nach Adelaide geschickte Schiff wieder gesehen. Eyre's Gefährte, Scott, landete in großer Eile und war hoch erfreut, Eyre noch zu treffen. Er brachte Briefe vom Gouverneur und von Eyre's Freunden, worin dieser zum Aufgeben seines Reiseplanes und zur Rückkehr nach Adelaide aufgefordert wurde. Eyre verweigerte Beides. Er hatte gefühlt, daß sein erstes Unternehmen, nordwärts zu gehen,

---

*) Dieselben wurden 20 Jahre später aufgefunden und erwiesen sich noch brauchbar.

ein verfehltes gewesen, und nun wollte er unter allen Umständen die Landreise westwärts unternehmen, möchte daraus werden was wolle. Scott kehrte unverrichteter Sache um.

Anfangs ging es der kleinen Karawane ganz erträglich. An verschiedenen Plätzen waren im voraus Fässer mit Wasser vergraben und dergestalt für die Hauptsache gesorgt worden. Daß bei einer sengenden Hitze der vom Winde aufgewirbelte Staub manchmal die Luft verfinsterte und die Reisenden blind zu machen drohte, oder daß große Stechfliegen Menschen und Thiere bis aufs Aeußerste plagten, das waren Dinge, die nur unter die kleinen Unannehmlichkeiten der Reise gerechnet werden durften.

Das letzte vergrabene Faß Wasser wurde am 3. März erreicht; es lag an dem mehrerwähnten innersten Punkte der australischen Bucht, und hier wurde für einige Tage Halt gemacht. Am 7. März ging es weiter, und nun fängt die Leidensgeschichte Eyre's und seiner Genossen an.

Am ersten Tage wurden 24 und am zweiten 26 englische, zusammen also 10 geographische Meilen Weges zurückgelegt, ohne daß Gras oder Wasser gefunden worden wäre. Das Land war eben und vollständig von aller Vegetation entblößt, selten nur waren einzelne Büsche zu sehen. Die Luftspiegelung war ganz überraschend in ihren Wirkungen. Mehr als einmal wurden ein paar kleine Büsche für mächtige Bäume angesehen, und was alle Mitglieder der Gesellschaft mit Sicherheit für zwei Eingeborene gehalten hatten, waren in Wirklichkeit nichts als zwei Krähen. Am zweiten Tage eilte Eyre mit dem jüngsten Schwarzen und den Schafen voraus, der Aufseher mit den Pferden und Vorräthen sollte folgen. Am dritten Tage wurden wieder 25 englische Meilen Weg zurückgelegt; die Schafe fielen; — bei Mondschein ging die Reise weiter. Nachdem man noch 10 englische Meilen gemacht hatte, sah man Fußspuren der Wilden, Freude erfüllte die Herzen der Armen, aber die Spuren führten nicht zu dem ersehnten Wasser, sondern zu einer vertrockneten Pfütze, denn es waren, wie Major Warburton später nachgewiesen hat, Spuren von Thieren. In dieser Gegend halten sich keine Eingeborenen auf. Noch acht englische Meilen ging es in der Nacht, bis die äußerste Erschöpfung zur Rast zwang. Des Morgens fünf Uhr wurde die Reise fortgesetzt. Aengstlich überblickten die Männer die mauerartigen Klippen am Meeresrande, aber mit der angestrengtesten Aufmerksamkeit war nirgends eine Unterbrechung in denselben zu entdecken, in welcher sich möglicherweise eine Quelle hätte finden können. Um neun Uhr waren die Reisenden 110 englische (= 22 geographische) Meilen Weges von dem letzten Wasserplatze entfernt und die Schafe konnten nicht mehr fort. Sie wurden in einer Umzäunung zurückgelassen, mit der Anweisung für den Aufseher, daß er so rasch als möglich mit den Pferden folgen solle, während Eyre voraneilen wolle. Zehn englische Meilen weiter begegnete Eyre wieder den vermeintlichen Fußspuren der Wilden, wieder hoffte er an dem heiß ersehnten Ziele aller Wünsche zu sein, und wieder erlebte er dieselbe Enttäuschung wie Tages zuvor. Vorwärts ging's, aber langsamer. Es mußte gerastet werden. Eyre versuchte zu schlafen, es war ihm aber unmöglich. Der fünfte Tag ohne Wasser brach an. Landeinwärts waren Sandhügel zu sehen, vielleicht war dort das Wasser zu finden, von welchem die Eingeborenen gesprochen hatten, vielleicht! Eyre zog es vor, seinen Weg fortzusetzen. Noch sieben englische Meilen, da kam eine Lücke, sie war zum großen Theil mit Triebsand gefüllt; es wurde gescharrt und gegraben und — süßes, klares, kostbares Wasser rieselte hervor! — Der Aufseher kam kurze Zeit darauf mit den Schafen und Pferden an demselben Platze an, wo sich Alle bald erholten. Er hatte freilich verschiedene Dinge vergraben müssen, um die Pferde zu erleichtern; aber er hatte sie doch glücklich bis hierher gebracht. 135 englische (= 27 geographische) Meilen Weges waren in fünf Tagen durch die wasserlose Wüste gemacht worden!

Es war sicherlich ein schweres Stück Arbeit gewesen, aber es sollte nur der Anfang sein. Nach einer sechstägigen Ruhe am Wasserplatze setzten die Reisenden ihren Weg fort. Sie hatten noch 142 Pfund Mehl und drei Schafe; es war also ganz undenkbar, daß sie mit diesem geringen Vorrath von Lebensmitteln bis zu einem bewohnten Platze in Westaustralien gelangen würden, weil sie nicht mehr reiten konnten. Die Pferde waren zu schwach geworden. Nach zwei Tagen mußte der Aufseher umkehren, um von dem verlassenen Lagerplatze nochmals Wasser zu bringen. Alles, was irgend entbehrlich schien, wurde weggeworfen, eines der drei Schafe geschlachtet und verzehrt und am 23. März die Weiterreise angetreten. Wieder vergingen zwei Tage ohne Wasser; der dritte Tag brachte neues Ungemach: zwei Pferde fielen und mußten aufgegeben werden. — Der Aufseher drang in Eyre, er möge umkehren; umsonst. Tag um Tag verstrich, bis sie endlich, von den furchtbarsten Qualen des Durstes gepeinigt und der Verzweiflung nahe, am siebenten Tage eine Sandhöhle antrafen, in welcher sie in fünf Fuß Tiefe Wasser fanden.

Am 16. April wurde ein Pferd geschlachtet, um Fleisch zu erhalten. Es sollte ein Theil davon getrocknet werden, da aber die Luft nebelig wurde, so mißrieth der Versuch. Zwei von den Eingeborenen, welche eine unglaubliche Masse von Fleisch verzehren konnten, stahlen sich davon, und als ihnen deshalb Vorwürfe gemacht wurden, verließen sie die Partie. Es wäre gut gewesen, wenn sie nie wiedergekommen wären. Aber so kehrten sie schon am Abend zurück, und Eyre nahm sie auch wieder auf.

In der Nacht vom 27. April hatte Eyre die erste Wache; er war weggegangen, um nach den unruhig gewordenen Pferden zu sehen, und während er seinen Weg zwischen den Büschen hindurch suchte, wurde er durch einen Schuß erschreckt, der im Lager gefallen war. Er eilte zurück, da kam ihm Wylie (der Eingeborene vom König-Georgs-Sund) entgegen und schrie: „O Massa, o Massa, come look here!" — Eyre erreichte das Lager, da lag der Aufseher blutend am Boden, die mörderische Kugel war ihm durch die Brust gegangen und nach wenig Minuten verschied er. Der Zusammenhang der Geschichte war schnell übersehen. Die zwei schwarzen Schurken wollten mit den Vorräthen und den Flinten davongehen, der Aufseher war aber durch das von ihnen verursachte Geräusch erwacht, und so erschossen sie ihn. Eyre hat oft seitdem erzählt, daß diese Nacht für ihn die furchtbarste während seines ganzen Lebens gewesen sei. Mitten in einer schaurigen Wüste, 100 Meilen von jeder menschlichen Wohnung, hatte er hier seinen alten, bewährten Gefährten verloren durch Mörderhand, und die Ehrlich= keit des einzigen menschlichen Wesens, welches noch bei ihm blieb, war zweifelhaft. Indessen erwies sich Eyre's Verdacht in dieser Hinsicht später grundlos. Nach= dem am andern Morgen die Leiche des Unglücklichen in ein Tuch geschlagen worden war — ein Grab konnte wegen des harten Gesteins nicht gegraben wer= den — verließ Eyre mit Wylie diesen Ort des Schreckens so rasch als möglich, nicht nur, um die ihnen in einiger Entfernung folgenden Mörder los zu werden, sondern auch, um irgendwo Wasser zu erreichen, denn die Thiere hatten schon wieder mehrere Tage, ohne zu trinken, zugebracht.

Am 3. Mai endlich wurde Wasser angetroffen und bis zum 10. Mai aus= geruht. — Die schwersten Leiden waren jetzt überstanden. Eyre fühlte sich zwar krank und äußerst abgemattet, so daß die Reisenden nach einer eintägigen Reise nochmals eine längere Rast halten mußten, aber sie befanden sich in einer besseren Gegend. Am 18. Mai erlegte Wylie mit Eyre's Flinte ein junges Känguru, und Wasserplätze wurden jetzt öfter angetroffen.

Eyre berichtet bei mehreren Gelegenheiten von der unvergleichlichen Ge= fräßigkeit, welche Wylie bewies, insbesondere seitdem sie Beide allein waren und sich ihnen öfter Gelegenheit bot, Känguru, Vögel u. dergl. zu erlegen. Wylie pflegte in solchen Fällen zu Eyre zu sagen: „By and by, Massa, you will see me pta (eat) all night", und in der That, der Kauprozeß kostete ihn eine be= trächtliche Zeit. Eines Abends aß er 1½ Pfund Pferdefleisch mit etwas Brot, darauf Herz, Leber, Lungen, Magen ꝛc. sowie den Schwanz und die zwei Hinter= beine eines jungen Känguru, nachher kam ein Pinguin an die Reihe, den er todt am Ufer gefunden hatte, und nachdem er das Fell des Känguru, an dem er die Haare versengt hatte, hinuntergearbeitet, schloß er die Mahlzeit mit der zähen Haut des Pinguin. Plötzlich machte er die Entdeckung, daß sein Bauch voll sei; er zündete ein kleines Feuer an und legte sich schlafen, um von dem Vergnügen, das im Essen besteht, zu träumen. Ein anderes Mal hatte er zwischen dem Nacht= essen und dem Frühstück 6½ Pfund gekochtes Fleisch vertilgt, und von einem geschlachteten Pferde briet er sich eines Abends ein Stück von etwa 20 Pfund, um während der Nacht etwas zu essen zu haben. Im Allgemeinen durfte man aber 9 Pfund Fleisch täglich auf ihn allein rechnen. Allerdings bekamen ihm seine Mahlzeiten nicht immer gut, oft wälzte er sich auf der Erde, stöhnte ganz entsetzlich und behauptete, sehr krank zu sein.

Zu Ende des Monats Mai waren die beiden Reisenden von Neuem der Gefahr des Verhungerns ausgesetzt. Sie waren nicht glücklich im Erlegen von Wild, und die Lebensmittel gingen rasch zu Ende. Am 2. Juni mußten sie ihre Reise wirklich ohne Frühstück antreten. Bisher waren sie in einiger Entfernung von der See gereist, an diesem Tage erreichten sie wieder die Küste; aber wer beschreibt ihre Freude und ihr Entzücken, als sie auf den dunkelblauen Wogen in geringer Entfernung vom Lande zwei Boote schwimmen sahen und dicht unter sich am Strande ein Schiff vor Anker liegend entdeckten? Hinunter ging's an die Bai, und nicht lange, so befanden sich Beide an Bord des französischen Walfisch= fahrers „Mississippi", der von dem englischen Kapitän Rositer befehligt wurde. Es ist durchaus nicht wahrscheinlich, daß Eyre ohne diesen glücklichen Zufall je das Ziel seiner Reise erreicht haben würde. Er blieb auf dem Schiffe bis zum 14. Juni und machte sich erst, nachdem Beide sich vollständig erholt hatten, wieder auf den Weg. Der Kapitän hatte ihm einen genügenden Vorrath von Lebens= mitteln mitgegeben und Eyre mit warmen Kleidern versehen, so daß die kalten Nächte ihm wenig Kummer mehr verursachten. Am 30. Juni endlich erkannten die Wanderer die Hügel hinter König=Georgs=Sund, und Wylie's Freude beim Anblick seiner heimatlichen Berge überstieg alle Grenzen. Dennoch dauerte es noch vier Tage, bis sie ihren Einzug in dem Städtchen Albany halten konnten.

Im darauf folgenden Monate ging Eyre an Bord des Schiffes „Truelove" unter Segel und erreichte Adelaide am 26. Juli, nach einer Abwesenheit von einem Jahre und sechsundzwanzig Tagen. Hier hätte die Verwunderung über sein Erscheinen nicht größer sein können, wenn er direkt aus dem Grabe wieder= gekommen wäre, so sicher war man darüber, daß Eyre zu den verlorenen Männern gerechnet werden müsse. —

So war denn diese im höchsten Grade verwegene und schwierige Reise durch eine der ödesten und unwirthbarsten Regionen des australischen Kontinents — mit Verlust eines Menschenlebens — zu Ende geführt und der Beweis geliefert, daß jeder Versuch, längs der Küste einen Landweg zwischen Adelaide und König= Georgs=Sund anzulegen, vollständig nutzlos sein werde. ·

Eyre's spätere Schicksale lassen sich kurz zusammenfassen. Er wurde zu= nächst Vizegouverneur in Tasmanien, danach auf verschiedenen Kolonialposten verwendet und später zum Gouverneur von Jamaica ernannt.

In den Blauen Bergen Apsley's Wasserfall Nach dem Atlas der Thetis

III.

Reisen zur Erforschung des Innern.

Oxley und Evans (1817 und 1818). — Gouverneur Macquarie. — Dürre von 1813. — Straße über die Blauen Berge. — Die Flüsse nach dem Innern. — Arbuthnotsberge. — New-Castle. — Kapitän Sturt. — Erste Reise (1828 und 1829). — Die Macquariesümpfe. — Der salzige Fluß. — Zweite Reise (1829 u. 1830). — Am Murrumbidschi. — Zu Schiff den Murray hinab. — Eingeborene. — Der Alexandrinasee. — Die Rückreise. — Kapitän Barker. — Thomas Mitchell's vier große Reisen. — Cunningham's Entdeckungen. — Hume und Hovell. — Mitchell's drei Reisen (1831, 1835, 1836). — „Australia felix". — Vierte Reise (1845). — Ein deutscher Forscher (Leichhardt). — Mitchell's große Expedition. — Leichhardt's Reise nach der Nordküste. — Ankunft in Port Victoria. — Neue Reise. — Die Aufsuchungs-Expeditionen. — Leichhardt's muthmaßliche Reiseroute. — Die neueren Entdeckungen im Nordgebiete. — Victoria aufgegeben. — Gregory am Victoriafluß und am Carpentaria-Golf. — Kolonisationsprojekt. — Landverkauf. — Die Nord-Territorium-Expedition unter Finniß. — Mr. Kinlay. — Manton's Exkursionen. — Cadell's Reise. — Goyder's Landvermessung. — Bischof Bugnion und die südrussischen Mennoniten. — Wiltshire's und Mr. Mian's Reisen am Daly- und Katherinenfluß. — Nach dem Carpentaria-Golf und der York-Halbinsel. — Eine verunglückte Expedition (Kennedy 1848). — Kennedy. — Jacky. — Die neueren Reisen auf der York-Halbinsel. — Somerset. — Jardine's Expedition. — Hann's Reise. — Macmillan und Dalrymple.

Der Charakter der australischen Forschungen ist von dem der afrikanischen wesentlich verschieden. Wie mühe- und gefahrvoll auch die Reisen in afrikanischer Wildniß sein mögen, sie haben doch das vor den australischen voraus, daß sie immer zu Völkern führen, die, wie räuberisch und gewaltthätig auch ihr Charakter sei, doch Aecker oder Herden besitzen, von denen man durch Tauschhandel die nothdürftigsten Mittel zum Weiterkommen, Lebensmittel, Lastthiere, Wegweiser, erhalten kann. Der australische Reisende kommt nur zu besitz= und kulturlosen Wilden, die, gleich den Thieren des Waldes, ihn bald freundlich anstaunen, bald hinterlistig überfallen. Mit allen seinen Bedürfnissen ist er auf sich selbst und die öde Natur angewiesen. Seine Lebensmittel muß er mit sich führen, am besten in Gestalt lebenden Fleisches. Als weidender Hirt muß er die Länder durchziehen, die er erforschen will. Wehe ihm, wenn im Laufe der Monate, der Jahre, die seine Reise erfordert, der Wüstenboden seiner Herde die Nahrung, das Wasser versagt, wenn Mangel oder Krankheit oder Anstrengung die Thiere hinrafft — ein entsetzlicher Untergang ist sein Loos.

Der Mensch Australiens hat selten ein tieferes Interesse erregt. Statt der vordringenden Kultur entgegen zu kommen, starb er unter ihren Einflüssen dahin. Nicht dem Menschen, sondern dem Boden Australiens gilt daher der erobernde Zug der Forschung, und neben dem Drange der Wissenschaft ist es hier vorzugs= weise das Verlangen des Kolonisten nach Weideland für seine Herden gewesen, was die Schritte der Entdecker und Forscher geleitet hat.

———————

Orley und Evans. Mit dem Neujahrstage des Jahres 1810 war in der Sträflingskolonie am Port Jackson ein neuer Gouverneur, Lachlan Macquarie, ins Amt getreten, welcher sich während seiner elfjährigen Verwaltung das unbe= strittene Verdienst erwarb, die Kolonie aus einem Zustand hülfloser Kindheit, in dem sie bis dahin steckte, herausgearbeitet und ihr zu Blüte und Wohlstand verholfen zu haben.

Als Macquarie nach Sydney kam, hatte wol der insbesondere von frei= gelassenen oder begnadigten Sträflingen betriebene Anbau des Landes an den Ufern des Hawkesbury=Flusses, am Rosehill (dem heutigen Paramatta) und an anderen Orten eine recht ansehnliche Bedeutung gewonnen, und zahlreiche Herden von Rindvieh und Schafen tummelten sich auf den Weideplätzen umher. Allein die ganze Kolonie war auf den im Allgemeinen nur 10 geographische Meilen breiten Küstenstrich beschränkt, welcher vom Meer bis zu den westlich von Sydney sich erhebenden Blauen Bergen reichte, und diese enge Begrenzung mußte im Falle einer Mißernte schon bei der großen Entfernung Sydney's von anderen Nieder= lassungen als eine Gefahr für den Bestand dieser Kolonie angesehen werden. Zudem hatten die Kolonisten schon recht bittere Erfahrungen mit dem tückischen, regellos schwankenden Klima dieser Gegenden machen müssen. Entweder kamen furchtbare Regenfluten, die alles Land überschwemmten und die Ernte mit dem Vieh fortführten ins Meer, oder es traten sogenannte Dürren ein, bei welchen die Flußläufe vollständig austrockneten, und die ebenso der Vegetation wie dem animalischen Leben Verderben und Untergang drohten.

Der Gedanke mußte nahe liegen, daß man wahrscheinlich diese Gefahren ganz umgehen oder sie mindestens abschwächen könnte, wenn man jenseit der

Blauen Berge im Binnenlande dem Ackerbau wie der Viehzucht größere Aus=
dehnung zu verschaffen im Stande wäre, und so wurden verschiedene Versuche in
dieser Richtung unternommen. Sie blieben jedoch sämmtlich erfolglos. Jedes
Thal, das man aufwärts verfolgte in der natürlichen Erwartung, daß es all=
mählich auf die Höhe, auf die Wasserscheide des Gebirges führen werde, endete in
einer jäh abstürzenden Schlucht mit 300 bis 400 Meter hohen Felswänden, so
daß man den Vorsatz, das Binnenland zu erreichen, entmuthigt ganz aufgab.

Im dritten Jahre von Macquarie's Verwaltung stellte sich aber eine Dürre
ein, wie man eine solche noch nie in der Kolonie erlebt hatte. Das Gras ver=
brannte zu Staub, das Wasser war verschwunden, Tausende von Schafen ver=
schmachteten und kamen jämmerlich um, und mehr und mehr drängte sich den
Ansiedlern die Ueberzeugung auf, daß ein Weg über die Blauen Berge gefunden
werden müsse, wenn anders nicht die Möglichkeit des Fortbestandes der Kolonie
aufs Ernstlichste in Frage gestellt werden solle.

Der Gouverneur setzte einen Preis aus für die Auffindung eines solchen
Weges, und die Noth ließ die Anstrengungen verdoppeln und verdreifachen. Noch
vor Schluß des erwähnten Jahres (1813) gelang es drei Männern, Went=
worth, Lawson und Blaxland, allerdings unter furchtbaren Strapazen und
Entbehrungen, durch Wälder und Schluchten sich den Weg auf das Hochland zu
bahnen und die ungeheuren Ebenen jenseit der Wasserscheide zu erreichen. Im
folgenden Jahre, 1814, entdeckte der zweite Landvermesser, Evans, auf diesen
westlichen Ebenen einen in nordwestlicher Richtung fließenden fischreichen Fluß,
den Fish=River, welcher in einen zweiten größeren Fluß, Macquarie=River
genannt, mündete. Nun ward alsbald der Bau einer Straße nach diesen Gegen=
den in Angriff genommen, und bereits im Jahre 1815 war dieselbe so weit
hergestellt, daß die Viehzüchter ihre Herden auf die westlichen Weideplätze
führen konnten.

In demselben Jahre begab sich der Gouverneur selbst in die neuentdeckten
Gegenden, legte unter Anderem den Grund zur nachmaligen Stadt Bathurst und
schickte den Entdecker des Macquarie=River, den zweiten Landvermesser Evans,
auf eine neue Erforschungsreise aus, deren Hauptresultat die Auffindung eines
dritten, gleichfalls nach Nordwesten gerichteten Flusses, des Lachlan=River, war.

Die Neuigkeit, daß zwei bedeutende Flüsse nach dem Innern des Kon=
tinents gerichtet wären, hatte zur Folge, daß bald nach Evans' Rückkehr, im
April 1817, eine neue Expedition zur weiteren Untersuchung jenes räthsel=
haften Verhältnisses ausgeschickt wurde. Dieselbe stand unter der Führung des
ersten Landvermessers John Oxley; Evans war der zweite im Kommando.
Man wendete sich zunächst zum Lachlan=River, obwol derselbe ein flaches, un=
fruchtbares Land durchfloß. An dem Platze, an welchem Oxley den Fluß am
26. April 1817 erreichte, war derselbe 20 bis 30 m breit, von hohen Ufern
und großen Bäumen eingefaßt. Die Boote, welche Oxley mit sich führte und
welche zur Fahrt auf dem Flusse benutzt werden sollten, wurden oft aufgehalten
durch umgestürzte Bäume, und ringsum war die Gegend so dicht bewaldet, daß

man nur von den Anhöhen aus, die nicht sehr zahlreich waren, eine beschränkte Aussicht hatte. Auffallend war, daß der Platz, auf welchem sich die Reisenden damals befanden, nicht höher als 110 m über dem Meeresspiegel lag, und da man annahm, daß der Fluß bis zur Erreichung der See mindestens einen Weg von 600 englischen Meilen haben müsse, so folgerte man daraus und nicht mit Unrecht, daß das ganze Gebiet des Flusses ein Flachland von ganz ungeheurer Ausdehnung sein müsse.

Eine zweite, eben so auffallende Beobachtung war die, daß, nach den an den Bäumen wahrnehmbaren Zeichen zu schließen, der Fluß die ganze Gegend zu Zeiten bis zu der enormen Höhe von 10 m, vom Uferrande an gerechnet, überschwemmen mußte. Das Gebiet dieser Ueberschwemmungen mußte aber ein ganz ungeheuer großes sein, denn erst in beträchtlicher Entfernung waren Berg= reihen zu sehen. Während man so den Fluß abwärts verfolgte, verflachten sich die Ufer mehr und mehr, und mit einem Male endete derselbe in einem ausge= gehnten Sumpfe, welcher alles Vorwärtsgehen in der bisher eingehaltenen Richtung unmöglich machte. Auch stieg das Wasser in kurzer Zeit in ganz auf= fallender Weise — in einer Nacht um 30 cm — und bedeckte nach wenig Tagen eine große Strecke Landes, so daß Oxley, um höher gelegenes Land zu gewinnen, sich genöthigt sah, südwärts zu gehen. Dabei gerieth er aber in eine durchaus trostlose Gegend, ganz wasserlos und entsetzlich schwierig zu passiren, da der Boden aus ganz feinem Sande bestand, auf dem nichts als Gestrüpp (in Australien Skrub genannt; oftmals aus Eucalyptus dumosa bestehend) und das furchtbare Stachelschweingras (Spinifex, Triodia irritans) wuchs. Wo immer ein Hügel erklommen wurde, zeigte sich den ermüdeten Blicken der Reisenden bis zum entferntesten Horizont dieselbe trostlose Landschaft, und die Fortsetzung der Reise in südöstlicher Richtung schien deßhalb äußerst gefährlich. Oxley wendete sich also wieder nordwärts und erreichte abermals einen Fluß (der sich, als man ihn später aufwärts verfolgte, als der Lachlan erwies).

Zunächst wollte Oxley die Mündung dieses Stromes kennen lernen; er ging demnach thalwärts, aber nach einigen Tagereisen wurden die bis dahin steilen, hohen Ufer wiederum flach und verschwanden zuletzt ganz; meilenweit dehnten sich die Gewässer auf beiden Seiten; kurz, der Fluß verlor sich zum zweiten Male in einem großen Moraste. Nun ging es stromaufwärts bis dahin, wo der Lachlan aus dem ersten Sumpfe herausfließt, und von da an wurde nach vielen Beschwerden der weiter östlich gelegene Macquarie=River aufgefunden und die Rückkehr nach Bathurst bewerkstelligt.

Bereits am 20. Mai 1818 verließ Oxley von Neuem und wieder in Be= gleitung von Evans die besiedelten Distrikte, diesmal, um den Lauf des Macquarie= River weiter zu untersuchen. In Bathurst waren zu diesem Zweck schon vorher zwei Boote gebaut worden, und während diese den Strom abwärts fuhren, folgten die Pferde mit einem Theile des Gepäckes längs den Ufern desselben. Der Mac= quarie war 60 bis 90 m breit, ansehnlich tief und — im eigentlichen Sinne des Wortes — bedeckt mit wilden Enten und anderem Geflügel; ausgedehntes Weideland lag zu beiden Seiten und bis jetzt wenigstens waren nirgends Spuren von stattfindenden Ueberschwemmungen zu sehen, dagegen Känguru in Menge. Nach und nach wurden aber die Ufer flacher, und nicht lange, so trat der Fluß aus, meilenweit das Land überschwemmend. Am 30. Juni wurde die schreckliche Entdeckung gemacht, daß das Wasser stieg und bereits angefangen hatte, dieselbe Ebene zu überfluten, auf welcher die Reisenden gekommen waren; schleunige Rückkehr war also das Nächste, was zu geschehen hatte. Zwei Mann, die den in einiger Entfernung rudernden Bootsleuten den Befehl zur Umkehr bringen sollten, geriethen bereits bis an den Gürtel in die Flut.

Mit gesunkenem Muthe trat die Gesellschaft den Rückweg an zu einem am Flusse gelegenen Hügel, der den Namen Mount Harris erhalten hatte, und hier trennte sich die Expedition in drei Theile. Während nämlich Oxley mit vier Mann in dem größeren Boote den Fluß so weit abwärts als möglich fahren wollte, sollte Evans mit einer andern Abtheilung 20 bis 25 geographische Meilen nordöstlich wandern, um zu erforschen, welche Aussichten sich ihnen darbieten würden, im Falle sie in dieser Richtung die Küste zu erreichen beabsichtigten. Eine kleine Abtheilung endlich blieb in dem am Mount Harris errichteten Depot zurück.

Oxley's Reise erreichte bereits am 3. Juli ihr Ende. Schon vorher war, wie erwähnt, das Land zu beiden Seiten überschwemmt: an diesem Tage aber verloren sie die Bäume aus dem Gesicht, rund um die Reisenden her war nichts als Wasser zu sehen, hier und da mit ausgedehnten Strecken grünen Schilfes be-deckt. Da indessen das Flußbett zwischen dem Röhricht deutlich wahrnehmbar war, so hoffte Oxley zuversichtlich, in Kurzem die Einfahrt zu dem großen Binnensee zu entdecken, in welchen nach seiner Meinung der Macquarie münden müsse. Unerwartet änderte sich die Scene. Der Kanal hörte ganz auf, und Oxley befand sich in einem Meere von Schilf. Da alles Suchen nach dem Flusse sich als unnütz erwies, so kehrte der Reisende nach Mount Harris zurück.

Evans war erst kurz zuvor aufgebrochen, und Oxley hatte demnach nichts Anderes zu thun, als dessen Rückkehr zu erwarten, die erst am 18. erfolgte. Während dieser Zeit stieg das Wasser des Flusses mehr und mehr, bis der Lager-platz beinahe vollständig von den Fluten umringt war, welche fast das Zelt Oxley's erreichten. Die Nachrichten, welche Evans brachte, waren nicht sehr ermuthigend. Er hatte außer verschiedenen Wasserläufen, die alle von hohem Schilf umgeben waren, in einer Entfernung von etwa 20 geographischen Meilen vom Lager einen großen Fluß überschritten, den er Castlereagh nannte und welcher nicht so tief war, wie der Macquarie. Das ganze Land war sumpfig, flach und mit der Weeping-Myall (Acacia pendula Cun.), einem der Trauerweide sehr ähnlichen Baume, bedeckt. Die australische Trauerweide erreicht eine Höhe von 6 bis 10 m, und bestimmt in vielen Gegenden im Innern von Neusüdwales und Queensland sehr wesentlich das Aussehen der Landschaft, da die Flußränder manchmal meilen-weit mit diesem Baume eingefaßt sind, dessen Holz übrigens wegen seiner Dauerhaftigkeit und satten dunklen Färbung als Wertholz sehr gesucht ist.

Oestlich von Castlereagh wurde der Boden so schlecht, daß Evans sich zur Umkehr entschloß, obwol die Bergreihe (Arbuthnotskette), welche vom Mount Harris aus sichtbar war, sich ganz in der Nähe befand. Dennoch mußte sich Oxley sagen, daß ihm nichts übrig bleibe, als die von Evans eingeschlagene Richtung zu verfolgen, wenn er nicht auf demselben Wege zurückkehren wolle, den er gekommen war, und so brach am 20. Juli die ganze Gesellschaft nach den Arbuthnotsbergen auf. Die Reisenden hielten sich etwas nördlicher als Evans auf seiner ersten Route, und so wurden die schlimmsten Sumpfstellen vermieden, dennoch kamen die Pferde öfter in Gefahr, stecken zu bleiben, bis am 7. August die Vorberge glücklich erreicht wurden. Am folgenden Tage wurde schon die höchste Spitze des Bergzuges, Mount Exmouth genannt, erstiegen. Von hier aus, einem Punkte, der etwa 950 m über dem Meere lag, war nach Nord=osten zu ein anderes Gebirge zu sehen, welches den Namen Hardwick=Kette erhielt; zwischen beiden lag ein bergiges, häufig von tiefen Thälern durchschnittenes Land. Nach Westen zu waren nur zwei Hügel sichtbar, der schon erwähnte Mount Harris (eine Höhe von etwa 95 m) und ein anderer, Mount Foster, der kaum höher sein mochte. Alles übrige Land nach Westen und Süden war, so weit das Auge reichte, eine einzige vollständige Ebene.

Von den Arbuthnotsbergen herab wanderte Oxley mit seinen Reisegefährten wieder etwa 20 geographische Meilen weit durch Moräste, theilweise mit Trieb=sand überdeckt, oder durch dichte Wälder und über rauhe, felsige Höhen, auf welchen die nächtlichen Fröste recht empfindlich waren. Am gefährlichsten waren die mit Triebsand überdeckten Stellen, die sehr häufig angetroffen wurden und fast jedesmal in großen Bogen umgangen werden mußten. So waren an einem Tage unter schrecklichen Strapazen mehr als vier Stunden Weges zurückgelegt worden, und am Abend befand sich die Gesellschaft trotzdem erst etwa 60 m von dem letzten Lagerplatze, so sehr waren sie durch das fortwährende Umkreisen der Moore und Triebsandstellen verwirrt worden.

Dieser Triebsand, ein feinkörniger weißer Sand, scheint einen festen Boden zu bilden; sobald man aber den Fuß darauf setzt, quillt das Wasser heraus und der Grund giebt nach wie ein Sumpf, der Fuß sinkt immer tiefer und tiefer und das Herausziehen wird außerordentlich erschwert, weil der nasse Sand sich sehr fest von allen Seiten her an den Fuß anlegt. An manchen Stellen wurde die Tiefe des Triebsandes gemessen und 45 bis 60 cm gefunden. Ein Versinken der Pferde wäre also hier nicht zu fürchten gewesen, an anderen Plätzen aber bedeckte der Triebsand wirkliche Moore, und da blieb natürlich nichts Anderes übrig, als die Verderben drohenden Stellen zu umgehen.

Am 2. September traf man in einem prachtvollen Thale auf einen neuen tiefen und reißenden Strom, Peels=River genannt, der, wie alle bisher gefundenen, nach dem Innern floß. Von da an wurde das Land besser und bot eine hübsche Abwechselung von grünen Thälern und herrlichen, von hochstämmigen Pfeffer=minz= und „Gummibäumen" (Eucalyptus piperita *Smith*) gebildeten Wäldern. Känguru gab es im Ueberfluß. Wie sich die Reisenden der Wasserscheide näherten, wurden die Berge höher und rauher, am 7. September endlich erkletterten sie den letzten steilen Abhang und befanden sich auf einem breiten Bergrücken mit herrlichem, offenem Waldlande.

Die Entfernung der Reisegesellschaft von der Küste konnte nur noch etwa 20 geographische Meilen betragen. Die Gegend wurde äußerst romantisch: felsige Bergkämme und Schluchten gab es sogar mehr als den Reisenden lieb war. So lange dieselben überschritten werden konnten, hatte es freilich keine Noth: am 11. September erreichten sie aber eine von Süden nach Norden streichende Schlucht, die an ihrem Fuß etwa 30 bis 60 m, an ihren oberen Rändern hingegen gewiß über 3000 m (d. h. also eine halbe Meile) breit, vielleicht an 1000 m tief war und dabei an vielen Stellen so steile Felswände zeigte, daß an ein Ueberschreiten gar nicht gedacht werden durfte. Es blieb nichts zu thun, als die Schlucht nach einer Seite hin zu umgehen: man wählte die Richtung nach Süden und gelangte am 15. September zu einer Stelle, an welcher der Versuch zur Erreichung des Abgrundes gemacht werden konnte. Als jedoch die Pferde etwa ein Drittheil der Höhe hinunter geschafft waren, sah man, daß sie keinen Schritt weiter kommen würden, und brachte sie nur mit der äußersten Noth wieder herauf. Drei von ihnen überstürzten sich und wären sicher in den Abgrund gerollt, wenn sie nicht von den dicht stehenden Bäumen aufgehalten worden wären. Schon mehrere Male waren auch Seitenschluchten umgangen worden, die zu tief und steil einschnitten, und in einigen derselben wurden prächtige Gießbäche angetroffen, welche sich über die senkrechten Klippen hinabstürzten in den grünbewachsenen Abgrund. Nach mehreren Tagen gelangten die Reisenden dann auch zum Anfang der Hauptschlucht. Ein ziemlich breiter Fluß durchströmte in dem oberhalb derselben gelegenen Tafellande eine offene Waldgegend bis zu einer Stelle, an welcher die Berge bis zu ihrem Grunde entzwei gerissen schienen, so daß das Wasser des Stromes, in einem einzigen Sturz über einen senkrechten Fels von 70 m — also Thurmeshöhe! — herabfallend, einen großartigen Katarakt bildete. In einer Entfernung von 200 m wurden die Reisenden durchnäßt von dem Staubregen, welcher sich aus der Tiefe erhob und im Sonnenscheine in den prachtvollsten Regenbogenfarben erglänzte. Der Lärm war betäubend, obschon der Fluß nicht seine volle Wassermasse mehr hatte. — Oxley und seine Gefährten schauten aber noch auf eine ganze Reihe von Wasserfällen und Stromschnellen herab, welche die Windungen des Stromes bald wie Eis und bald wie glänzendes Silber erscheinen ließen. Nach dem ersten Falle wand sich nämlich der Fluß etwa eine Viertelstunde weit durch die zerklüfteten Felsen und fiel darauf wieder in einem Sturz an 30 m hinab. Eine Reihe kleinerer Fälle folgte, und noch eine Viertelstunde weiter unten, wo die Klippen auf beiden Seiten über 300 m hoch sind und nur etwa 120 m weit aus einander stehen, stürzte der Fluß in den dunklen Abgrund und wurde aus dem Gesichte verloren wegen der Enge und Tiefe der Schlucht, durch welche er läuft. Die Wasserfälle erhielten den Namen der Bathurstfälle, der Fluß wurde Aspley-River genannt. (Vgl. S. 59.)

Nachdem dieser Fluß oberhalb seiner Katarakte überschritten war, hielten die Reisenden wieder eine östliche Richtung ein und erreichten am 23. September eine Berghöhe, Sea=View genannt, von welcher aus das Meer und die ganze Küstenlinie in einer Entfernung von vielleicht zehn geographischen Meilen zu sehen war. Noch befand man sich aber auf einer Höhe von 1830 m über dem Meere. Unter großen Mühseligkeiten ging es an den Felsen und Abhängen des Hochlandes hinab in ein nach Osten gerichtetes Flußthal, welches nunmehr bis zum Meere verfolgt wurde. Es fand sich, daß der Fluß, Hastings=River genannt, in den Macquariehafen mündete. Bevor dieser jedoch erreicht werden konnte, waren noch mannichfache Hindernisse zu überwinden. Viele Bäche, die immer schwierig zu überschreiten waren, vereinigten sich mit dem Hastings, und ganz nahe an der Mündung mußten die müden und abgerissenen Männer sogar noch eine Brücke bauen, um über einen solchen Zufluß hinweg zu kommen; aber sie erreichten das Meer und nach vielen Leiden, verursacht durch den Mangel an Lebensmitteln, da die Vorräthe fast verbraucht waren, am 5. November die erste Ansiedelung, New=Castle am Hunter=River.

Kapitän Sturt. Man darf sich nicht darüber wundern, daß nach der Rück= kunft der zweiten großen Expedition zur Erforschung der räthselhaften, in Sümpfe mündenden Flußläufe im Innern des Kontinentes sich bei der großen Mehrzahl der Kolonisten die Meinung von der Nutzlosigkeit jeder weiteren Unternehmung in dieser Richtung ausbildete und lange Zeit erhielt. Alle Reisenden, welche an den australischen Küsten hingesegelt waren, hatten dieselben beinahe durchweg als felsig und hoch, wild und zerklüftet beschrieben. Auf der andern Seite war aber erwiesen, daß ein sehr großer Theil des Innern eine äußerst geringe Erhebung über dem Meere besaß und durchaus flach war, und der Schluß aus diesen beiden Sätzen schien vollständig gerechtfertigt: Es muß sich irgendwo im Innern des Landes ein wenigstens zu gewissen Zeiten des Jahres gefülltes Wasserbecken befinden. Daß dasselbe einen Abfluß haben könne, schien wegen der hohen Küstenränder durchaus unwahrscheinlich. Wol war an den südlichen Ge= staden niedriger und flacher Strand gefunden worden, aber diejenigen Theile desselben, welche man genauer untersucht hatte, waren weiter landeinwärts von Bergen und Gebirgsketten eingeschlossen, und das einzige Stück zwischen dem Kurong und der Encounter=Bai, welches die Auflösung des ganzen Räthsels ergeben hätte, war nicht untersucht worden. In jener Niederung hatte man näm= lich die Mündung des Murrayflusses, des gemeinsamen Abzugskanales aller nach dem Innern Australiens gerichteten Gewässer, entdeckt.

Im Jahre 1823 waren zu den bereits bekannten Flüssen noch mehrere ge= funden worden, von welchen der Murrumbidschi am meisten Interesse erregte, da er nach derselben Gegend, wie die übrigen, abzufließen schien, obwol er viel weiter südlich im Lande entsprang. Dieser Fluß war zuerst von Kapitän Currie und Brigadegeneral Ovens gesehen worden, welche die Gegend des kurz vorher ent= deckten Georgesees untersuchen wollten und auch gern noch den Murrumbidschi weiter verfolgt hätten, wenn nicht ihre Lebensmittel zu arg zusammengeschmolzen gewesen wären. Was diese Männer aber von dem neuen Flusse zu erzählen wußten, schien einen Grund mehr für die Annahme eines gemeinschaftlichen großen Wasserbeckens im Innern des Landes abzugeben. Auch Kapitän Sturt war ein Anhänger dieser Theorie. Indessen hielt er dafür, daß sich die Angelegenheit erst dann endgiltig entscheiden lasse, wenn in einem besonders trockenen Jahre die von Oxley ausgeführte Reise noch einmal unternommen würde, da die Jahre, in welchen Oxley seine Untersuchungen angestellt hatte, durch häufige und schwere Regengüsse ausgezeichnet waren. Es stand zu hoffen, daß man in einem trockenen Jahre über einen großen Theil der schilfbewachsenen Sümpfe würde hinweggehen können und dem vermutheten See also viel näher kommen müßte.

In den Jahren 1826 bis 1828 war nun die Kolonie von einer ganz außerordentlichen Dürre heimgesucht worden, und so schien gerade damals eine besonders günstige Zeit für die endliche Beantwortung der großen Frage gekommen. Die Regierung ging auf die Ansichten Sturt's ein, und im September 1828 wurde die Expedition unter den Befehlen dieses Mannes angeordnet. Im November brach dieselbe bereits auf. Zu Ende des Monats erreichte die Gesellschaft, zusammen 10 Mann stark, das Wellingtonthal, und vom 7. Dezember an ging es den Macquarie abwärts. Damals nur von wenig Squattern bewohnt, bildet diese Gegend jetzt einen der fruchtbarsten Ackerbaudistrikte von Neusüdwales und ist außerdem auch als der Platz berühmt geworden, an welchem im Jahre 1851 das erste Gold gefunden wurde.

Die Reise verlief ohne besondere Unfälle, am 22. Dezember wurden Mount Harris und Mount Foster erreicht. Da, wo Oxley (welcher in der Woche, bevor Sturt Sydney verließ, begraben worden war) 10 Jahre zuvor einen ungeheuern See ringsum fand, dehnte sich jetzt ein unübersehbares und undurchdringliches Dickicht von Schilf und Röhricht auf beiden Seiten aus. Während Sturt die schmale Wasserstraße, welche zwischen dem Schilfe frei war, in einem Boote untersuchen wollte, wendete sich sein Gefährte Hume nordwärts, um das Ende der Schilfregion zu erforschen. Sturt's Bootreise ging bald in dem Dickicht zu Ende, der Fluß vertheilte sich und nur zwei unbedeutende Bäche bezeichneten seinen weiteren Lauf; aber Hume berichtete, daß er einige Stunden weiter einen nach Norden ziehenden Wasserstreifen gesehen habe. Unzweifelhaft war dies der aus dem Sumpfe abfließende Macquarie-River. Die Reise dahin wurde demnach unternommen, aber wiederum wurde der Fluß nach kurzem Lauf durch einen trockenen, schilfigen Sumpf aufgehalten.

Nachdem solchergestalt sicher festgestellt schien, daß dieser Fluß in einem sehr großen Sumpfe ende, und Sturt in dem trockenen, öden Lande nach verschiedenen Richtungen hin versucht hatte, einen andern Wasserlauf zu erreichen, wurde endlich im Januar 1829, westlich vom Macquarie, ein schmaler Bach mit gutem Wasser gefunden, dessen Lauf nach Norden gerichtet war. Eine benachbarte Hügelkette wurde untersucht; als aber die Expedition etwas weiter nördlich das Wasser wieder zu erreichen hoffte, fand sich das Flußbett bis auf einzelne zerstreut liegende Teiche ausgetrocknet. Dennoch ging es vorwärts; der Wassermangel

5*

wurde immer empfindlicher, und Alles jubelte laut auf vor Freude, als das schmale Flußthal einem schönen, breiten Strome zuführte, der sich vor den erstaunten Blicken der Reisenden ausbreitete. Man eilte natürlich, ihn zu er= reichen. Das Vieh konnte wegen der steilen Uferränder nicht hinunter ans Wasser getrieben werden, aber die Männer eilten hinab, um sich an einem köstlichen Trunk zu laben; — da — o Schrecken und Verzweiflung, das war kein Trink= wasser, sondern ungenießbares, abscheuliches Salzwasser, ärger als See= wasser, eine wahre Salzlake! — Trotz der bitter getäuschten Erwartung wurde beschlossen, den Fluß abwärts zu verfolgen, und da glücklicherweise ein Teich mit süßem Wasser in der Nähe entdeckt wurde, so konnte eine längere Wanderung an dem salzigen Darling=River, so nannte Sturt den neuen Fluß, gewagt wer= den. Am zweiten Tage dieser Wanderung wurde mitten im Fluß eine sprudelnde Quelle bemerkt, und man überzeugte sich, daß diese eben so salzig war wie das sie umgebende Wasser des Flusses. Der Ursprung des Salzwassers war hier= durch genügend erklärt, und jede Hoffnung, süßes Wasser im Darling zu finden, schien damit abgeschnitten.

Nachdem die Reisenden den Salzwasserfluß eine Strecke von 12 geogra= phischen Meilen abwärts verfolgt hatten, mußten sie umkehren, da auf dem ganzen Wege kein süßes Wasser mehr zu finden gewesen. Die ersten Ausläufe des Macquarie=River, die sie erreichten und die bei der Hinreise noch Wasser enthielten, waren zum Theil ausgetrocknet, an anderen Stellen war noch Wasser, es stand aber so niedrig, daß der Rücken der Fische nicht mehr davon bedeckt wurde. Nachdem Sturt auf einer zweiten, vom Macquarie aus unternommenen Reise wiederum den Darling erreicht und sich überzeugt hatte, daß derselbe auch an diesem weiter nördlich gelegenen Punkte, 18 geographische Meilen näher an seinen Quellen, noch eben so salzig war wie weiter unterhalb, entschloß er sich zur Rückkehr in die Kolonie. Die Ebenen, welche er zuletzt gesehen hatte, waren so kahl wie eine Scheuertenne, und wo auch Gras auf denselben gestanden haben mochte, es war verdorrt und in eine Art Staub verwandelt, der in mächtigen Wolken vom Winde umhergejagt wurde. Die einzige kräftige Vegetation war noch in den sumpfigen Stellen der ausgetrockneten Wasserläufe anzutreffen, aber selbst hier waren nur die Bäume grün, das Krautwerk und Gras jedoch war längst abgestorben und verdorrt.

Hätte man gefunden, daß das Innere Australiens aus einem Sumpfe be= stünde, so wäre das recht traurig gewesen, aber die Entdeckung, daß es eine Wüste sei, nur von Salzwasserflüssen durchzogen, das schien noch weit trauriger; von einer ähnlichen Wildniß hatte man ja in der ganzen Welt kein Beispiel gefunden.

Am 21. April 1829 war Sturt wieder im Wellingtonthale nach einer Abwesenheit von 4½ Monaten eingetroffen.

Jede Reise nach dem Innern Australiens vermehrte die Räthsel dieses Landes: jetzt war es von dem allergrößten Interesse geworden, zu erfahren, wohin sich die Gewässer des Darling ergössen. Daß man seinen Lauf nicht verfolgen konnte, war genugsam erwiesen; es blieb also nichts Anderes übrig, als ihn mit Hülfe eines seiner Nebenflüsse an irgend einem Punkte seines Unterlaufes zu erreichen. Der Lachlan eignete sich freilich nicht zu einer solchen Unternehmung, denn er endigte, so viel man wußte, in einem Sumpfe, und der Murrumbidschi schien viel zu weit südlich zu fließen. Dennoch wurde der letztere zum Ausgangspunkte der neuen Expedition gewählt, welche im September 1829, wiederum unter Sturt's Befehl, ausgeschickt ward. Am 25. September erreichten die Reisenden den Murrumbidschi. Dieser Fluß war von den übrigen australischen Gewässern ganz verschieden. Während diese zum Theil aus flachen Bächen und zum Theil aus tiefen Löchern oder aus Seen und Teichen mit feststehendem Wasser bestanden, war der Murrumbidschi überall tief mit gleichbleibender Strömung, und als der Fluß mit der Zeit auch an Breite und Tiefe gewann, war kein Zweifel, daß man hier endlich einen regelmäßigen Flußlauf vor sich habe.

Die Eingeborenen, welche unterwegs angetroffen wurden, sagten übereinstimmend, daß der Murrumbidschi der Nebenfluß eines größeren Stromes sei, welchen die Reisenden späterhin finden würden. Es läßt sich denken, mit welchem Eifer die Fortsetzung der Reise betrieben wurde, obschon sie ziemlich beschwerlich war, da man fortwährend an den Ufern nach einem für den Karren brauchbaren Wege suchen mußte. Der Boden war fruchtbar, das Land wurde allmählich flach, im Norden wurden die von Oxley besuchten Hügel sichtbar, Alles schien vortrefflich zu gehen, als mit einem Male die beunruhigende Wahrnehmung gemacht wurde, daß auch der Murrumbidschi sich immer mehr verbreitete, ganz flache Ufer bekam und die übel berüchtigten Schilfwälder anfingen. Die gehegten Befürchtungen erwiesen sich aber grundlos, der Strom ging weiter, aber er durchfloß eine vollständige Wüstenei von Schilf und Rohr; Cypressen und hängende Akazien fanden sich noch manchmal, von Gras war aber weit und breit kein Hälmchen zu sehen, und die Thiere versanken bei jedem Schritte bis fast an die Knie im Sande. Mitten in dieser Wüste mündete ein Seitenfluß, der von den Eingeborenen Kalare genannt und von Sturt, wie sich später zeigte, ganz richtig für den Lachlan gehalten wurde.

Sturt sah ein, daß die bisher befolgte Art zu reisen, d. h. zu Lande den Windungen des Flusses zu folgen, einen viel zu großen Zeitaufwand erforderte. Er faßte deshalb den Plan, einen bedeutenden Theil der Lebensmittel in einen kleinen Nachen zu laden, der allerdings erst gebaut werden mußte, diesen Nachen alsdann an das mitgeführte (in Stücke zerlegte und zum Zusammensetzen eingerichtete) Walfischboot zu hängen und in diesem Boote mit nur sechs Mann als Begleitung die Reise zu Wasser fortzusetzen, den Rest der Mannschaft aber mit dem übrigen Gepäck und den Zugochsen eine Strecke stromaufwärts zurück zu schicken, mit dem Auftrage, an einem bestimmten Platze die Rückkunft der andern Abtheilung zu erwarten. Acht Tage nach gefaßtem Entschluß waren alle

Vorbereitungen zur Ausführung desselben getroffen und die kühnen Reisenden schifften sich ein. Gleich in den ersten Tagen erlebten sie den Unfall, daß das Schiffchen mit den Lebensmitteln und Geräthschaften an einen im Wasser verborgenen Baumstamm anstieß und in 4 m Wasser auf den schlammigen Grund gerieth. Es wurde aber wieder herausgebracht, auch der größte Theil der Gegenstände wieder gefunden, so daß die Reise nach einem Aufenthalte von einem Tage fortgesetzt werden konnte. Dieselbe ging im Ganzen recht gut von statten trotz der starken Strömung und der vielen Baumstämme, welche im Flusse lagen und den Weg versperrten.

Am 14. Januar 1830 um 3 Uhr rief der Mann, welcher die Ausschau hielt, daß sie sich der Mündung eines Flusses näherten, und fast unmittelbar schoß das Boot hinaus und schwamm auf dem durchsichtigen Wasser eines majestätischen Stromes. Auf beiden Seiten erhoben sich die Ufer bis zu einer Höhe von etwa 7 m, die Tiefe des Wassers betrug eben so viel und die Breite des Flusses mehr als 100 m. Das war der Strom, von dem die Eingeborenen lange zuvor erzählt und den sie Gulwa genannt hatten, dem Sturt jedoch den Namen Murray gab.

Das Aussehen des Flusses machte die Reisenden immer zuversichtlicher. Die Breite desselben nahm ansehnlich zu, und nur an einem Platze, wo ein Eisensteingang von der linken Seite her einfiel, wurde das Wasser dicht an der rechten Seite zusammengedrängt und dadurch eine beträchtliche Stromschnelle veranlaßt, welche voraussichtlich ein beachtenswerthes Hinderniß auf der Rückreise werden mußte. Die Reisenden beobachteten bald, daß der Fluß zwei Ufer auf jeder Seite hatte, eines direkt am Wasser, das andere in einer abwechselnd größeren oder geringeren Entfernung. Die zum Theil sehr ausgedehnten Flächen bis zu diesen äußeren Uferrändern waren überall mit schönem Grase bewachsen und von großen Bäumen (Blue gum-tree, Eucalyptus globulus *Labillard*) beschattet und trugen deutlich die Zeichen der Ueberflutung zu gewissen Jahreszeiten an sich. Sie sind offenbar auch nur durch die Niederschläge dieser Fluten entstanden und allmählich für den größeren Theil des Jahres aus dem Wasser gehoben.

Unzweifelhaft mußte nun in kurzer Zeit auch die Mündung des Darling gefunden werden, denn das Wasser des Murray floß, kleine Abweichungen abgerechnet, immer nordwestlich, der Lauf des Darling aber, so weit man ihn früher verfolgt hatte, war nach Südwesten gerichtet. Während die Reisenden so voller Hoffnung dahinfuhren, sahen sie sich mit einem Male von einer großen Schar Wilder umlagert und ernstlich bedroht. Die Eingeborenen hatten die Ufer des Flusses besetzt; sie waren alle über und über bemalt, theils weiß, theils gelb, und machten einen betäubenden Lärm durch Schreien und Zusammenschlagen ihrer Waffen. Das Boot näherte sich zu allem Unglück einer Sandbank, welche sehr weit in den Fluß hinein reichte, und kaum hatten die Wilden dies bemerkt, als sie zu Hausen ins Wasser sprangen, auf die Sandbank zuschwammen und sich dem Boote entgegen bis an die Hüften ins Wasser stellten. Ein Zusammenstoß schien ganz unvermeidlich, alle Anordnungen im Boote waren schon dafür getroffen, als plötzlich vier Schwarze an der andern Seite am Ufer erschienen und durch Drohungen und Thätlichkeiten ihre Landsleute zum Aufgeben ihrer feindlichen Absichten bewogen. Diese vier Eingeborenen erwiesen sich als die= selben, welche einige Tage zuvor mit den Engländern zusammengekommen waren und sich damals schon besonders freundlich gegen sie gezeigt hatten. Während der Bedrohung durch die Wilden war aber auch die Entdeckung gemacht worden, daß die Sandbank ihre Entstehung dem Einfluß eines zweiten großen Stromes verdankte, und dieser Strom war sicherlich der Darling. Zwar war sein Wasser jetzt süß, es hatte eine grünliche Farbe und erinnerte im Geschmack an verwesende Pflanzenstoffe, aber das bewies nur, daß der Fluß seinen Lauf durch ausge= dehnte, mit Schilf, Rohr und Binsen bewachsene Sümpfe genommen haben müsse.

Angesichts der Scharen von Eingeborenen, welche die kühnen Schiffer von allen Seiten umringten, fuhren diese eine kleine Strecke den neuen Strom aufwärts, hißten die englische Flagge auf und überließen sich lautem Jubel über die ge= machte Entdeckung. Darauf wendeten sie das Boot: der Wind füllte die Segel, und fort gings mit Strom und Wind — in wenig Minuten waren die Schwar= zen weit hinter dem kleinen Schiffe zurück. — Von hier an wurden übrigens die Reisenden oftmals von Eingeborenen an den Küsten begleitet oder an ihrem Schiffsbord besucht: häufig war das Wasser mit schwarzen Köpfen geradezu überdeckt, und manchmal mußten die Engländer der Zudringlichkeit der Wilden wehren, aber nie kam es zu Feindseligkeiten zwischen beiden Theilen.

Der Darling war fast eben so wasserreich wie der Murray und nach der Vereinigung beider durchschnitten die Reisenden ein niedriges, dicht bewaldetes Land voller Lagunen. Obwol der Wasserspiegel des Flusses hier im höchsten Falle noch 30 m über dem Meere liegen konnte, so mußten die Reisenden doch zu wiederholten Malen Stromschnellen passiren. Nach und nach erhoben sich, abwechselnd auf der rechten und dann wieder auf der linken Seite des Flusses, steile Klippen von 50 bis 150 m Höhe, weiß wie Kreide und von Wind und Wetter in wunderbare Formen umgebildet, die, von der untergehenden Sonne beschienen, manchmal einen zauberhaft schönen Anblick gewährten, bis ganz un= erwartet diese Klippen aufhörten und der Strom, der bis dahin einen westlichen Lauf hatte, eine scharfe Biegung nach Süden machte.

Hier war der Strom fast zehn Minuten breit; die Wogen, welche in der Mitte desselben heraufkamen, hielten die Fahrt des kleinen Schiffes auf, doch wurden sie freudig begrüßt als die Vorboten der Meeresfluten. Die Zeichen von der Nähe der See mehrten sich mit jedem Tage, Schwärme von Kakadu und Krähen bevölkerten die Bäume, hoch oben in den Lüften zog ein Adler seine Kreise und schwerfällige Pelikane saßen steif und regungslos am Rande des Wassers, das jedoch unbegreiflicherweise noch ganz süß war. Auch dieses Räthsel fand bald seine Lösung. Der Murray mündet nicht ins offene Meer, sondern in einen großen See. Hier trieb die Strömung nach Südwesten und aus derselben Gegend blies der Wind; dort mußte die Verbindung mit dem Meere bestehen. Alles traf zu, das Wasser des Sees wurde salzig, und bald war der Kanal ins offene Meer gefunden; aber wie man schon bei der Einfahrt in den See vermuthet hatte, so wurde das Wasser unter dem Boote flacher und flacher; ein großer Theil des Sees, der den Namen Alexandrinasee erhielt, schien nicht tiefer als 2 m zu sein, und der Ausfluß ins Meer lag hinter einer furchtbaren Barrière von schäumender Brandung und war nicht schiffbar.

Die große Frage, wohin die westlichen Wasser fließen, war beantwortet. Offenbar war der Murray der Abzugskanal für alle Gewässer von den austra- lischen Alpen bis weit nördlich zu den Darling=Downs. Die andere Frage für die Reisenden war jetzt die, wie sie wieder glücklich zurückkommen sollten. Wol war ein Schiff beordert worden, sie im Golf von St. Vincent zu erwarten, im Fall ihr Weg sie dahin führen würde; aber es wäre thöricht gewesen, die Ausfahrt aus dem Alexandrinasee ins Meer zu erzwingen, da es doch unmöglich gewesen wäre, in dem schwachen Boote die gefährliche Reise längs der klippen- vollen Küste um Kap Jervis herum zu machen, wie es eben so unmöglich schien, Vandiemensland oder Sydney zur See zu erreichen. Auch war es nicht zu wagen, das Bergland, welches sie vom St.=Vincent=Golf trennte, zu überschreiten, da die Mannschaft bereits zu schwach für eine Landreise schien, bei der sie ihre Vor- räthe selbst hätte tragen müssen und wobei möglicherweise doch das Schiff hätte verfehlt werden können. Endlich, nachdem Alles sorgfältig erwogen worden, beschloß Sturt, auf demselben Wege zurückzukehren, auf dem er gekommen war, so gefährlich dieses Unternehmen auch unzweifelhaft war. Durch den Unfall mit dem Nachen zu Anfange der Reise war das gesalzene Fleisch großentheils ver- dorben und der Proviant dadurch sehr zusammengeschmolzen für die lange Fahrt, die den Reisenden bevorstand, und Wild, selbst in dem ausgedehnten Sinne, wie halb verhungerte Männer in Australien dieses Wort zu nehmen pflegen, fand sich nur in der Nähe des Meeres.

So war es kein Wunder, daß die ganze Rückreise wiederum, wie so manche andere Reise in jenem Lande, zu einer zusammenhängenden Kette von Leiden wurde. Ein Monat war nöthig, um den Murrumbidschi zu erreichen, und während der ganzen Zeit sahen sich die Reisenden von den Eingeborenen um- ringt und bedroht. Nach 77 Tagen gelangten sie an den Platz, an welchem die Boote gezimmert worden waren, mit denen sie unterdessen einen Weg von min- destens 200 geographischen Meilen zurückgelegt hatten. Aber von jetzt an wur- den die Tagereisen kürzer und kürzer. Siebzehn Tage lang ruderten sie noch den Fluß aufwärts, da wollte es nicht weiter gehen. Sie waren nur noch 18 geographische Meilen von dem Lagerplatze der zurückgebliebenen Gesellschaft entfernt, aber die Kräfte verließen sie. Das Boot wurde ans Ufer gezogen, und zwei der stärksten Männer gingen voran, das Depot zu Lande zu erreichen. Sechs Tage verstrichen in hoffnungsvoller Erwartung ihrer Rückkehr, aber unter stetiger Abnahme der Kräfte aller Harrenden. Einer von den Männern war ganz schwachsinnig geworden und zeigte den Anderen das schreckliche Schicksal, dem sie zweifellos entgegen gingen, wenn nicht bald Hülfe kam. Das letzte Loth Mehl war vertheilt, die Papiere waren verborgen und vergraben in Kisten,

welche man aus den Planken des Bootes zimmerte, und Alle aufs Aeußerſte er-
ſchöpft, da drang durch die tiefe Stille der Wildniß ein unbeſtimmter kurzer Ton,
faſt wie der Knall einer Flinte — horch! ein zweiter! Das war ein Schuß und
das Zeichen, daß Hülfe nahte! Nach wenig Stunden war aller Gefahr und
Noth ein Ende gemacht. Die zwei Männer hatten den Anführer der Depotpartie
und die langerſehnten Vorräthe mitgebracht. —

Sechs Monate, nachdem Sturt Sydney verlaſſen hatte, kehrte er dahin
zurück. Sein Einzug glich einem Triumphzuge, denn die Kunde von dem Haupt-
ergebniß ſeiner Reiſe ſowie von dem kühnen Wagniß, mit ſechs Männern in
einem offenen Boote Hunderte von Meilen weit durch ein von feindlichen Wilden
bevölkertes Land gereiſt zu ſein, hatte ſchon vor ihm die Hauptſtadt erreicht. —
Sturt's Reiſe war weitaus die größte, die bis jetzt auf auſtraliſchem Boden
unternommen worden war; aber die Sorgen und Strapazen derſelben hatten die
Geſundheit des Mannes untergraben, und er litt noch lange an den Folgen der
mangelhaften Ernährung und der ſchweren Arbeit, der er ſich unterzogen hatte.

Sturt konnte nicht beſtimmt behaupten, daß der von ihm geſehene Ausfluß
des Murray in den Alexandrinaſee die einzige Mündung dieſes gewaltigen Fluſſes
ſei. Deshalb wurde im April 1831 ein Schiff unter Kapitän Collet Barker
ausgeſchickt, um jenen See und ſeine Nachbarſchaft genau zu unterſuchen. Das
Reſultat dieſer Erforſchungsreiſe änderte an der von Sturt gemachten Entdeckung nicht das Geringſte, aber der Kapitän des Schiffes wurde von den Wilden erſchlagen und allem Vermuthen nach verzehrt, als er ohne Begleitung nach
einem gegenüberliegenden Sandhügel geſchwommen war.

Thomas Mitchell's vier große Reiſen. War es jetzt auch gelungen, die
Mündung der großen auſtraliſchen Gewäſſer aufzufinden, ſo konnte es doch nicht
als über allen Zweifel erhaben erſcheinen, ob der große Fluß, der von Norden
her in den Murray mündete, wirklich der Darling war, und da außerdem die
übrigen Flußläufe, aus welchen das ganze Stromſyſtem des Murray ſich wahr-
ſcheinlicherweiſe zuſammenſetzte, erſt ſehr mangelhaft unterſucht worden waren,
ſo ſchienen neue Expeditionen zu dieſem Zwecke durchaus nützlich und zeitgemäß.

Allerdings waren, ganz abgeſehen von den Entdeckungen, welche die An-
ſiedler gelegentlich machten, wenn ſie für ihre Herden neue Weideplätze ſuchten,
im Laufe der Zeit auch verſchiedene kleinere Forſchungsreiſen unternommen worden. Im Norden des großen Stromgebietes des Murray hatte namentlich Allan
Cunningham, der berühmte Botaniker, mehrere Reiſen glücklich durchgeführt.
So eine im Jahre 1823, auf welcher derſelbe die Gegend nördlich vom Cund-
dſchigongfluß (einem Nebenfluß des Macquarie) bereiſte und den Pandorapaß
entdeckte, welcher den einzigen Zugang zu den reichen Liverpool-Downs von Süden her bildet. Sodann eine zweite im Jahre 1827, die zu dem Zwecke unternommen worden, die Gegend zwiſchen der Moreton-Bai und dem Pandorapaß zu
unterſuchen, bei welcher Gelegenheit Cunningham eine ganze Anzahl der oberen
Flußläufe des Barwan- und des Condamine-Fluſſes auffand oder beſſer
beſtimmte. Im Süden war die Kenntniß vom Innern Auſtraliens bedeutend

erweitert worden durch Hume und Hovell, die im Jahre 1824 vom Georgsee aus in südwestlicher Richtung vordrangen, unter furchtbaren Strapazen die Australischen Alpen überschritten und am 18. Dezember das Meer erreichten. Weitaus die größten Forschungsreisen wurden aber von dem Major, später Sir Thomas Mitchell durchgeführt. Dieser Mann, der sich durch eine seltene Umsicht und Sorgfalt in der Ausrüstung, Gewandtheit in der Führung und Klugheit in der Verwendung der ihm zu Gebote stehenden Kräfte auszeichnete, hat vier große Expeditionen in das Innere des Kontinentes geleitet, bei einer einzigen derselben einen Weg von mindestens 500 geographischen Meilen zurückgelegt und das Land von der Portland- und Discovery-Bai an der Südküste bis weit nördlich über die Wasserscheide des Murraystromgebietes hinaus in den verschiedensten Richtungen durchkreuzt. Auf die eingehende Beschreibung aller Erlebnisse während dieser weiten Reisen kann übrigens verzichtet werden, da dieselbe in vielen Stücken eine Wiederholung früher geschilderter Scenen darbieten würde. Es genüge deshalb, die hauptsächlichsten Resultate derselben und einige Episoden anzuführen.

Mitchell's erste Reise wurde im Jahre 1831 unternommen; es galt damals, einen angeblich in den Meerbusen von Carpentaria mündenden Fluß aufzusuchen, von welchem ein entsprungener Sträfling bei seiner unfreiwilligen Rückkehr viel zu erzählen gewußt hatte, der sich aber leider nicht auffinden ließ. Die gelegentlich dieser Expedition gemachten Entdeckungen beschränken sich auf den brennenden Berg Wingen — eine Anhöhe von etwa 200 m, deren bituminöse Schieferlager durch irgend eine unbekannte Ursache in Brand gerathen sind — sowie auf die Untersuchung des Oberlaufes des Darling und einiger seiner Nebenflüsse. Mitchell wurde zur schleunigen Umkehr gezwungen, nachdem zwei seiner Leute, welche frische Vorräthe hatten herbeiführen sollen, von den Eingeborenen ermordet und jene Vorräthe von diesen geraubt worden waren.

Auf der zweiten Reise vom Jahre 1835 erreichte Mitchell den Darling an einer Stelle nicht weit von dem Platze, an dem ihn Sturt gesehen, und wo dieser das Wasser des Flusses salzig gefunden hatte. Aber merkwürdigerweise war es jetzt frisch, man konnte sich kein besseres und reineres Trinkwasser wünschen. Das Flußbett lag nur 76 m über dem Meere. Es wurde beschlossen, ein festes Lager (Fort Bourke genannt) zu bauen und von diesem aus die Untersuchung des Flusses so weit stromabwärts auszuführen, als es sich möglich zeigen würde. Es ging auch Alles nach Wunsch, bis die Reisenden am 11. Juli in einer Entfernung von etwa 20 geographischen Meilen von der von Sturt angegebenen Mündung des Darling in den Murray mit den Wilden einen blutigen Zusammenstoß hatten, der Mitchell zur Rückkehr nöthigte.

Bei dieser zweiten Expedition verlor sich Richard Cunningham, der jüngere Bruder des oben erwähnten Botanikers Allan Cunningham. Am 17. April 1835, während sich die Reisenden in der Nähe des oberen Boganflusses befanden, wurde seine Abwesenheit bemerkt; aber da er schon öfter für mehrere Stunden weggeblieben war, so fiel es auch diesmal nicht sehr auf.

Auffindung der Leiche eines im Busche verirrten Reisenden.

Als er jedoch spät Abends nicht zurückkam, wurde seine Aufsuchung begonnen. Cunningham's Spur wurde 12 geographische Meilen weit verfolgt; dann traf man auf sein Pferd, es war todt, offenbar verdurstet, kurz vorher hatte man schon die Handschuhe und die Peitsche gefunden. Jedenfalls war der Unglückliche, um in der

Sprache der Kolonisten zu reden, got bushed, d. h. durchaus verwirrt, so daß er jede Idee von der Richtung, die er hätte einhalten müssen, verlor. Die ängstlichen Nachforschungen, die vom 17. April bis zum 6. Mai, 18 Tage lang, angestellt wurden, hatten durchaus kein Resultat. Erst auf dem Rückwege wurde Mitchell mit dem traurigen Schicksale Cunningham's bekannt. Demnach scheint es, daß der Verirrte nach fünftägiger Wanderung mit den Eingeborenen zusammentraf. An= fangs gaben diese ihm Nahrung und behandelten ihn freundlich, aber die furcht= bare Lage, in welcher er sich befand, mußte seine Geisteskraft überwältigt und ihn wahnsinnig gemacht haben. Das entschied sein Schicksal. Die Wilden wur= den erschreckt von seinem tobenden Wesen und erschlugen ihn. Es gelang auch, mehrere Eingeborene einzufangen, die des an Cunningham begangenen Todt= schlages dringend verdächtig waren, doch entsprang einer derselben in der Nacht und die anderen waren zu keinem Geständniß zu bringen.

Die dritte Reise Mitchell's, bereits im folgenden Jahre, 1836, unter= nommen, führte zur Entdeckung des „Glücklichen Australien" (Australia felix), jener herrlichen Landstriche südlich vom Murray, die Mitchell, vom Norden her kommend und dem reizenden Flußthale des Glenelg folgend, bis zum Meere durchreiste, wo er in der Portland=Bai mit den bereits von Tasmanien her= übergekommenen Walfischfängern zusammentraf. Der Rückweg ging durch wild= malerische Bergländer mit prachtvollen Wäldern. Vom Mount Macedon aus wurde nochmals das Meer und Port Philip gesehen und am nördlichen Ufer desselben etwas wie Zelte entdeckt. Möglich, daß dies die Zelte der ersten An= siedler gewesen sind, welche im Jahre 1835 bereits von Tasmanien herüber= gekommen waren und sich in der bezeichneten Gegend — da, wo jetzt Melbourne steht — Weideplätze für ihre Herden gesichert hatten.

Zuletzt führte Mitchell's Weg auf die im Jahre 1824 von Hume und Hovell betretene Spur, auf welcher die Heimreise glücklich vollendet wurde.

Mitchell hatte des Lobes nicht genug für die von ihm entdeckten Gegenden, die er mit Recht die fruchtbarsten nannte, welche je in irgend einem Theile Au= straliens aufgefunden worden waren. Grasbewachsene Triften wechselten ab mit hohen, lichten Wäldern. Zwischen wildromantischen Gebirgszügen strömten wasserreiche Flüsse durch die reizendsten Thäler und verbreiteten Fruchtbarkeit rings umher, oder schwellender Rasen bedeckte die Hügelreihen bis in unab= sehbare Fernen und umsäumte die klaren Teiche, die von den kostbarsten Fischen wimmelten. Die gebirgigen Theile des Landes waren überaus reich an landschaftlichen Schönheiten. Hier wurden ganze Gruppen jener baumartigen Farrnkräuter (Fern-tree der Kolonisten, Alsophila Australis und Dicksonia antarctica) gesehen, welche einer großen Zahl der engen, schluchtenartigen Thäler Victoria's einen so außerordentlichen Reiz gewähren. Palmenähnlich breiten diese prachtvollen Pflanzen ihr grünes Blätterdach in jenen feuchten Schluchten aus, überschattet von thurmhohen Wattlebäumen (Acacia decurrens) und riesen= großen immergrünen Buchen. Die Acacia decurrens erreicht in den Farrn= baumschluchten oftmals eine Höhe von 45 m und die Fagus Cunninghami, welche noch in den innersten Winkeln der Thalschluchten Victoria's wächst und in anderen Gegenden, wie am Berge Baw-Baw (Quellengebiet des Latrobeflusses), meilenweite Wälder bildet, wird bis über 60 m hoch und 7 m dick. In dem ver= worrenen Dickicht jener schattigen Thäler wird gleichzeitig auch einer der pracht= vollsten Vögel Australiens, der Leierschwanz (Menura superba), angetroffen.

Wie Mitchell schon am Meere den Vorläufern fester Ansiedelungen begegnete, so waren bei seiner Rückkehr auch am Murrumbidschi bereits Stationen angelegt, und große Schaf= und Rindviehherden tummelten sich auf den herrlichen Weiden.

Auf der vierten Reise endlich, im Jahre 1845, drang Mitchell, die oberen Zuflüsse des Balonne= (oder Condamine=) Flusses untersuchend und nach Ueberschreitung eines hohen Bergzuges, durch ein wunderliebliches Thal bis weit in die Tropenzone vor und kehrte erst um, als er sich sagen mußte, daß der in diesem Thale entdeckte Fluß ihn an die Ostküste des Landes führen würde. Er ging deshalb über die Wasserscheide zurück und wendete sich westlicher, bis er einen Fluß antraf, der über ein weitgedehntes Flachland nach Nordwesten abfloß. Da die Vorräthe zu Ende gingen, so mußte Mitchell hier umwenden; er war übrigens sicher, die Wasserscheide zwischen dem Gebiete des Murray und der Nordküste erreicht zu haben. Kennedy wies jedoch im nächsten Jahre unzweifelhaft nach, daß diese Annahme auf einem Irrthume beruhte, denn der fragliche Fluß war der Barku, der sich nicht weit von dem von Mitchell erreichten äußersten Punkte plötzlich nach Südwesten dem Binnenseengebiete Australiens zuwendet.

Etwas weiter nordwestlich, auf der Wasserscheide zwischen dem Barku und dem Belyando, traf Mitchell in einer Höhe von 460 m über dem Meere „das Land dicht übersäet mit Bruchstücken von fossilem Holze, Achat und Chal= cedon, und an einem Platze lagen die versteinerten Ueberbleibsel eines ganzen Baumastes in einem Haufen von Ruinen beisammen."

Die Begegnungen mit den Wilden waren bei den ausgedehnten Reisen Mitchell's, wie sich leicht denken läßt, äußerst häufig; oft führten sie, wie erwähnt, zu Blutvergießen, manchmal aber nahmen sie auch einen scherzhaften Ausgang.

In anderen Gegenden zeigten sich die Eingeborenen den Engländern sehr freundlich gesinnt. Auf der zweiten Reise Mitchell's, in den Niederungen des Macquarie, waren die Schwarzen nicht nur die freiwilligen Begleiter und Wegweiser, sondern versorgten die Weißen auch mit erstaunlichen Massen von köstlichem Honig, den sie — manchmal centnerweise — aus den hohlen Bäumen herbeibrachten und fast überall zu finden schienen. Für die ungeschickten und ungeübten Engländer waren die Fundgruben dieses in der australischen Wildniß doppelt kostbaren Leckerbissens nicht nur unersindlich, sondern auch unsichtbar, und lange Zeit war es ein Geheimniß, auf welche Art die Eingeborenen die= selben ausspürten. Endlich gelang es, einen Bienenjäger zu beobachten. Der Schwarze hatte bemerkt, wie eine Biene sich an den Blumen, welche dicht über einem Bächlein blühten, herumtrieb, und sich flach auf die Erde gelegt, den Kopf ganz nahe dem Wasser, und wartete nun regungslos den Augenblick ab, in wel= chem die Biene der Oberfläche desselben nahe genug kommen würde. Vorher hatte er schon den Mund mit Wasser gefüllt, und als nun das Thierchen dicht über dem Bache dahinsummte, spritzte er es so naß, daß es vor Schreck in das Wasser fiel. In diesem Augenblicke griff der Schwarze zu und hatte es gefangen. Nun befestigte er mit einem Stückchen Gummi eine ziemlich große Flaumfeder an den Körper des Insektes und ließ es wieder fliegen. Die Biene tritt, mit der ungewohnten Bürde beladen, jedesmal den Weg nach ihrem Stocke an, und der Bienenjäger hat jetzt nur Acht zu geben, daß er ihr folgt. Den scharfsichtigen Schwarzen macht dies keine besondere Schwierigkeit, und in hurtigen Sprüngen über Busch und Stein geht es nach dem Baume, in dessen Zweigen die Biene verschwindet. Regelmäßig kehrt der Wilde mit Honigscheiben beladen zurück. Es bedarf keiner besonderen Versicherung, daß eine solche Bienenjagd jedesmal eine recht ergötzliche Scene darbietet.

Ein deutscher Forscher (Leichhardt). Zu Beginn des neunzehnten Jahrhunderts beschäftigte man sich in England lebhaft mit den Angelegenheiten des ostindischen Archipels. Java mit seinen Dependenzen mußte, nachdem es nur wenige Jahre in englischem Besitz gewesen, an die Holländer zurückgegeben werden und die Handelsinteressen Großbritanniens in Ostasien hatten dadurch eine empfindliche Schädigung erlitten. Der Erfolg der im Jahre 1819 begründeten Ansiedelung auf der Insel Singapore zeigte indessen, in welcher Weise ein Ersatz zu schaffen sei, und so war es als eine natürliche Folge anzusehen, daß man in England beschloß, auch auf der Nordküste Australiens neue Niederlassungen, d. h. zunächst Militärposten, zu gründen, welche den britischen Handel in den ostindischen Gewässern zu schirmen im Stande sein sollten.

Die Gegenden, auf welche man es abgesehen hatte, waren (wie bereits gemeldet) von Kapitän King in den Jahren 1818 bis 1822 aufgenommen und benannt worden, und so sandte die britische Regierung zwei Jahre nach King's Rückkehr den Kapitän Gordon Bremer ab, um Besitz von Arnheimsland zu nehmen und an dem zu einem Handelsdepot geeignetsten Punkte eine Niederlassung zu gründen.

Kapitän Bremer nahm in Sydney 45 Deportirte und eine Abtheilung Soldaten mit und landete zuerst im Port Essington auf der Halbinsel Coburg. Da er aber dort nicht Trinkwasser in genügender Menge fand, so begab er sich nach der Apsley-Straße, welche die Inseln Melville und Bathurst trennt, und begann am 2. Oktober 1824 an der Westküste der ersteren dieser beiden Inseln die Errichtung des Forts Dunda. Die Besatzung gerieth — nicht ohne eigene Schuld — in blutigen Konflikt mit den Eingeborenen, und befand sich in einem kläglichen Zustande, als zwei Schiffe, die Nahrungsmittel hatten bringen sollen, ausblieben: am 31. März 1829 gab man die Niederlassung auf. Unterdessen hatte Kapitän Stirling im Juni 1827 an der Raffles-Bai auf der Halbinsel Coburg eine andere Kolonie, Fort Wellington, angelegt. Hier schien Anfangs Alles gut zu gehen; bald jedoch nahm der Skorbut trotz der in den Gärten gezogenen Gemüse überhand, höchst gefährliche Fieber traten auf, und nachdem die Kolonisten zwei volle Jahre gegen dieses Ungemach wie gegen die entsetzliche

Hitze angekämpft hatten und die Niederlassung schon mehr einem Begräbnißplatze glich als einer Kolonie, verlegte die Regierung die Garnison des Postens Ende August 1829 an den Schwanenfluß, wo nun die Kolonisation Westaustraliens ihren Anfang nahm.

Das Interesse für die Besiedelung Nordaustraliens schlummerte übrigens nicht lange. Der Handelsverkehr in den ostindischen Meeren nahm immer größere Verhältnisse an, und als im Jahr 1837 die Franzosen unter Dumont d'Urville in Toulon eine Expedition ausrüsteten, um u. A., wie es hieß, auch Nordaustralien zu besuchen und daselbst einen Hafen in Besitz zu nehmen, galt es, diesen zuvor zu kommen.

Wiederum ward Gordon Bremer ausgeschickt und gründete am 27. Oktober 1838 am Essington-Hafen von Neuem einen Marine- und Militär-Posten, welcher den unvermeidlichen Namen Victoria erhielt trotzdem daß im südlichen Australien bereits eine gleichnamige Besiedelung bestand. Diesmal übertraf der Versuch alle gehegten Erwartungen; man glaubte wirklich, es werde mit dem lang geplanten Stapelplatz für den indischen Handel Ernst werden, und es schien eigentlich nur noch erforderlich zu sein, daß ein bequemer Ueberlandweg von dem neuen Hafen nach der Moreton-Bai oder nach Sydney hergestellt werde, um den gesammten australisch-ostindischen Handel in ganz neue Bahnen zu leiten. Wie sich von selbst versteht, war Sydney besonders stark dabei interessirt, daß dieser Plan zur Ausführung komme, und die Ausrüstung einer Expedition zum Zweck der Auffindung eines solchen Landwegs ward eine durch und durch populäre Sache. Tausend Pfund Sterling bewilligte die Gesetzgebende Versammlung, die Kauf- herren und die Viehzüchter zeichneten große Beiträge, und hinsichtlich der Führer- schaft hatte man sicherlich eine gute Wahl getroffen, da Sir Thomas Mitchell sich bereit erklärte, das Kommando zu übernehmen; Dr. Leichhardt sollte sich als Naturforscher anschließen. Diesem dauerten jedoch die von Mitchell für noth- wendig befundenen Vorbereitungen zu lange, und wie sich Leichhardt mehr und mehr mit dem Gedanken an die große Reise nach dem Norden vertraut machte, wuchs in ihm das Verlangen, dieselbe unter seinem eignen Kommando durchzu- führen. Durch die Unterstützung zahlreicher Freunde, die er sich in der Kolonie erworben hatte, sollte dieser Wunsch in Erfüllung gehen, und Leichhardt war in der That so glücklich, den weiten Weg nach Port Victoria zurückzulegen und zu Schiff wieder in Sydney anzulangen, als Mitchell — bei seiner vierten großen Reise — die besiedelten Distrikte erst wenige Wochen verlassen hatte.

Bei dem großen Interesse, welches sich an den deutschen Landsmann knüpft, der hier als Erforscher in Australien auftritt, dürften einige Notizen über seine diesem Unternehmen vorhergegangenen Erlebnisse wol am Platze sein. Ludwig Leichhardt war zu Trebatsch bei Beeskow in der Mark Brandenburg am 21. Ok- tober 1813 geboren. Auf der Hochschule in Göttingen hatte er einen Engländer, John Nicholson, kennen gelernt und denselben später auf einer Reise durch Frank- reich und Italien nach England begleitet. Da sich für Leichhardt, wie es scheint, in England kein passendes Arbeitsfeld fand, so schiffte er sich im Oktober 1841 nach Sydney ein, und mit seiner Ankunft in Australien beginnt für ihn die schwierige, aber ruhmvolle Laufbahn des Erforschers.

Um sich mit der Natur des fremden Welttheiles vertraut zu machen und an das Leben in der Wildniß zu gewöhnen, begann Leichhardt mit kleinen Ausflügen, die er allmählich zu einem Aufenthalte von längerer Dauer im Busche ausdehnte. Schon auf den ersten Exkursionen hatte er Gelegenheit, die Mühseligkeiten des Wanderlebens in Australien genugsam kennen zu lernen. So war er einmal 36 Stunden ohne Nahrungsmittel und brauchte vier Tage Zeit, um, mit gänzlicher Erschöpfung aller Kräfte, den Weg zurückzulegen, den er in zwei Tagen zu machen gedacht hatte. Ein andermal griff ihn auf seiner Wanderung ein wilder Ochse an, und Leichhardt entkam, er weiß selbst kaum wie, nachdem ihn das Thier schon zwischen den Hörnern gefaßt hatte. Mehrmals ging ihm sein Pferd über Nacht durch, und am andern Morgen mußte es der Reisende erst meilenweit in der Umgegend suchen und wieder einfangen.

Anfangs 1843 hatte sich Leichhardt am Mount Royal, etwa 15 geographische Meilen nordwestlich von New-Castle, eine Station in der Wildniß eingerichtet und von diesem Platze aus durch mehrere Wochen tägliche Ausflüge „in den Busch" gemacht, um Pflanzen zu sammeln. Ein hohler Baum war seine Wohnung, und der Naturforscher war gleichzeitig auch sein eigener Koch, Diener und Sattelknecht. Wenn er des Abends zu seiner Baumhöhle kam, die er mit den drei Meter langen Farrnbaumwedeln so gut austapeziert und gepolstert hatte als es gehen wollte, bereitete er sich seinen Thee und genoß sein Abendbrot, aus Damper und rohem Speck bestehend, dann hüllte er sich in seine wollene Decke und blickte in die dichter werdende Dunkelheit hinaus. Kein Laut, auch nicht das leiseste Geräusch, durchdrang die großartige Einsamkeit, und ungestört zogen die Bilder vergangener Tage an dem Geiste des Wanderers vorüber, bis der Schlaf sich auf seine müden Augen senkte. Während einer Nacht wehte der Wind heftiger, ein Farrnblatt aus der Baumhöhle fiel ins Feuer, das Leichhardt am Abend jedesmal so nachschürte, daß es den größten Theil der Nacht hindurch anhielt; das Feuer lief dem Blatte entlang in die Höhle und setzte dieses in Flammen. Leichhardt erwachte gerade noch zeitig genug, um herauszuspringen und die brennenden Blätter von sich schütteln zu können. An einem andern Tage verbrannten ihm mehrere Bücher und sein Hemd, während er mit Pflanzentrocknen beschäftigt war. Dann verlor er seinen Bleistift und konnte von da keine Bemerkungen mehr niederschreiben, und was der kleinen Leiden des australischen Buschlebens noch mehr waren.

Nachdem Leichhardt einmal den Gedanken gefaßt hatte, die große Landreise nach der Nordküste selbständig zu unternehmen, ließ ihm derselbe keine Ruhe mehr, und kaum war er mit den allernothwendigsten Mitteln versehen, so brach er bereits am 14. August 1844 mit einer kleinen Gesellschaft von Sydney aus nach der Moreton-Bai auf; — sechzehn Monate später erreichte er glücklich die Kolonie an Port Essington. Die erlittenen Strapazen waren ungeheuer. Sieben Monate lang war Leichhardt mit seinen sieben Gefährten ohne Mehl, viel länger ohne Zucker, mehrere Monate ohne Salz und ohne Thee, so daß den armen Leuten ein ganzes Vierteljahr nichts als getrocknetes Rindfleisch zur Nahrung übrig blieb! Es muß hier erklärt werden, was man sich unter getrocknetem Rindfleisch vorzustellen hat. Am Abend wurde eine Ochse geschlachtet, d. h. in der Regel einer, der so abgetrieben war, daß er auf dem Wege liegen geblieben wäre, die Haut abgezogen und das Thier geviertheilt. Die Nacht hindurch kühlte das Fleisch hinreichend ab, und am nächsten Morgen wurden die Messer geschärft und das Fleisch entweder in dünne, 20 bis 50 cm lange und 8 bis 10 cm breite Scheiben oder in 3 cm dicke (oder auch dünnere), 1, 2 und bis 4 m lange Stränge geschnitten. Diese Scheiben und Stränge wurden auf Baumzweige und Baumstämme gehängt oder ge= legt und öfter gewendet, sowie sie unter der Einwirkung der heißen Sonne trockneten. Nach 2 bis 3 Tagen konnte man das Fleisch in Säcke verpacken, ohne daß es verdarb. So lange die Thiere noch fett waren, war das getrocknete Fleisch ganz gut und wurde mit jedem Tage besser und milder, als aber die Thiere mager wurden, war auch das Fleisch hart und sehnig: es machte die Zähne locker und schmerzte am Gaumen. Solches Fleisch mußte 8 bis 12 Stun= den (die Nacht hindurch!) kochen,

Ludwig Leichhardt.

bis es weich wurde. Gutes getrocknetes Fleisch schmeckte am besten roh, und Leichhardt sagt, daß es besser gewesen sei als geräuchertes Fleisch, obschon er hinzufügt, daß ihr Urtheil getäuscht gewesen sein möge, da ihre Mägen während der Reise Alles, was irgend genießbar war, für gut befunden haben würden. So aßen die halb verhungerten Männer z. B. die Haut der Ochsen, nachdem sie die Nacht hindurch gekocht hatte, und zogen dieses Gericht dem mageren Fleische vor. Aber auch Pelikane, kleine Raubvögel, Krähen, Fledermäuse, flie= gende Füchse genannt, und Eidechsen verschmähten sie nicht, und mit nicht mißzu= verstehender Naivetät schrieb Leichhardt in sein Tagebuch, als sie eine Mahlzeit von Fledermäusen hatten: „Wir hatten sie schon früher ohne Schwierigkeit ge= gessen, aber sonderbar, obgleich wir viel zu sehr ausgehungert waren, um wäh= lerisch zu sein, so fanden wir sie doch etwas streng von Geschmack. Freilich war es bei unseren nächtlichen Mahlzeiten ziemlich schwer, die Ursache eines beson= deren Geschmackes zu finden, und der Koch war in der Eile auch nicht wählerisch im Ausputzen des Wildes." —

Die Reise ging anfänglich nahe der Ostküste am Dawsonfluß abwärts, den Mackenzie aufwärts, am Isaacs, Suttor und Burdekin entlang. Der letztere wurde unter 18° 30′ verlassen und mehr westwärts gezogen. Nachdem das breite Hochland, das die Wasserscheide zwischen den ost= und westwärts fließenden Gewässern bildete, überschritten war, ging es den Lynd= später den Mitchellfluß abwärts und nachher westlich dem Meere zu. Dieser Theil der Nordküste war merkwürdig wegen der großen Menge von Weihen (Milvus isiurus), welche sich durch ihre Kühnheit und Raubsucht auszeichneten. Sie um= schwärmten zu Hunderten das Lager, und es war nichts Außergewöhnliches, daß einer von ihnen herniederschoß und das Fleisch von der Gabel des Mannes weg= nahm, das er eben im Begriff war zum Munde zu führen.

Zwischen dem Mitchellflusse und dem Meere wurde Leichhardt eines Abends, als sich Alle zur Ruhe begeben, von den Schwarzen überfallen, einer seiner Be= gleiter, Gilbert, welcher zum Zweck des Sammelns von Vögeln mitgezogen war, durch einen Speer fast augenblicklich getödtet und zwei andere gefährlich verwun= det. Glücklicherweise waren die Zelte nicht dicht beisammen, sondern im Gebüsch zerstreut, und so wurden die Angreifer durch die ersten Schüsse, welche gegen sie fielen, verjagt. Nachdem Gilbert begraben war, wurde die Reise fortgesetzt, der Nassau=, Staaten= und Vandiemensfluß und einige andere gekreuzt und die Spitze des Golfes erreicht. Nun wendete sich Leichhardt westnordwestlich und ge= langte zu einer Menge unbekannter Flüsse von bedeutender Größe (Albert= und Flinders=River und deren Zuflüsse). Dieselben waren meist an beiden Seiten von offenem Walde mit reichlichem Graswuchs bekleidet und tief und breit, so weit das Meerwasser reichte, seicht aber, wo das Süßwasser begann. — In der Gegend der Limmenbucht wurde die Reise ungemein beschwerlich. Die breiten, tiefen Salzwasserflüsse mit ihren steilen Uferrändern nöthigten die Reisenden, landeinwärts zu gehen, um Furten zu finden; dort war das Gras kümmerlich, die Tagesmärsche wurden oft sehr lang und ermüdend, und mehrere Male muß= ten sie übernachten, ohne Wasser gefunden zu haben. In solchen Nächten mußten die Pferde und Ochsen bewacht werden, damit sie sich nicht verloren.

Die Thiere wurden mit jedem Tage magerer und schlechter; die Pferde waren oft so matt, daß sie fast umfielen, und von den Ochsen hielt einer nach dem andern im Marsche an, legte sich nieder und erklärte damit, „daß“, wie Leichhardt sich aus= drückte, „keine Macht der Erde ihn zum Vorwärtsgehen bewegen könne.“ In solchen Fällen wurde das Thier zurückgelassen und die Reise bis zum nächsten Wasserplatze fortgesetzt. Von dort gingen die Schwarzen am andern Tage zu= rück, um es langsam ins Lager zu treiben, wo es geschlachtet wurde, da kaum ein Monat hingereicht haben würde, das Thier die zur Vollendung der Reise nöthigen Kräfte sammeln zu lassen.

Einen sehr fühlbaren Mangel litten die Reisenden an Kleidern. Längst schon hatte Keiner von ihnen einen ganzen Stiefel mehr, aber auch die übrigen Kleidungsstücke waren so zerlumpt, daß es zum Bedauern war, und sie sich manchmal unterhielten, wer von ihnen wol noch im Stande sein werde, bei ihrer

Ankunft in Port Victoria hineinzugehen und zu melden, daß eine Bande von fast nackten Reisenden draußen vor der Stadt liege.

So wurde bei einer unsäglichen Hitze die westliche Ecke der Carpentaria= Bucht erreicht. Hier ging es einen Süßwasserfluß, Roper genannt, aufwärts, bis zu der Hochebene des Arnheimlandes. Auf der Westseite desselben kam Leich= hardt zu den Quellflüssen des südlichen Alligatorflusses, zu welchem er auf ungemein beschwerlichem Wege herabsteigen mußte. Der Fluß wurde verfolgt bis zum Salzwasser, dann wandten sich die Reisenden ostwärts. Auf großen Um= wegen mußte das tiefe Thal des östlichen Alligators umgangen werden, und end= lich fand Leichhardt mit Hülfe freundlicher Schwarzen die schmale Landbrücke zur Halbinsel Coburg und langte am 17. Dezember 1845 in Port Victoria an.

Die Schwarzen waren immer freundlich, mit einziger Ausnahme jenes nächtlichen Ueberfalles. Ihre Furcht vor den Pferden und Ochsen war so groß, daß nichts sie zum Stehen bringen konnte und sie heulend wegliefen, wenn sie von den Reisenden überrascht wurden. Blieb die Partie aber längere Zeit an einem Orte, um ihr Fleisch zu trocknen, und sahen die Eingeborenen dann die Weißen auf zwei Beinen herumgehen, so gewannen die Neugierde und das Zu= trauen die Oberhand. Sie sahen, in Scharen zusammengedrängt, um sich mehr Muth zu machen, von den Bäumen herab oder aus der Ferne dem Treiben der Weißen zu und beobachteten alle ihre Bewegungen, bis sich endlich die muthigsten Krieger näher wagten und durch Zeichen ihre freundlichen Gesinnungen zu er= kennen gaben. Leichhardt ging ihnen entgegen und machte ihnen mit Eisenstückchen, eisernen Ringen u. dergl. Geschenke, welche in der Regel alsbald durch Gegen= geschenke erwiedert wurden. Streitkolben, Spieße ꝛc. waren ihre Gaben.

Die Eingeborenen am innersten Winkel des Golfes von Carpentaria hatten schon entweder Weiße oder Malayen gesehen, denn sie kannten die Feuerwaffen und Messer und gaben sich alle erdenkliche Mühe, letztere zu erhalten. Am Süd= alligator wurden die ersten Schwarzen getroffen, welche von dem Wohnplatze der Weißen gegen Nordwesten etwas wußten und Gegenstände besaßen, die sie von den Ansiedlern dort erhalten hatten. Am Ostalligator kannten die Eingeborenen eng= lische Wörter, und hier wurden die Reisenden zum ersten Male nach ihren Namen gefragt. Danach zeigte die thönerne Tabakspfeife, die Kenntniß des Tabaks, später die des Reises, Mehles und Brotes, daß das Reiseziel nahe sein müsse. Die Eingeborenen in der Nähe der Halbinsel waren auch mitleidig. Als sie sahen, daß die Weißen nichts als trocknes, hartes Fleisch zu essen hatten, brachten sie ihnen die mehligen Wurzeln einer Pflanze (Dioscorea punctata oder hastifolia), welche einen sehr angenehmen süßen Geschmack hatten. Beim Ein= tritt in die Halbinsel wurde ein wilder Büffel erlegt, welcher die Europäer noch mit Fleisch versah und dem letzten ihrer Ochsen das Leben rettete.

Nach einem Aufenthalte von einem Monat kehrte die ganze Gesellschaft zu Schiffe nach Sydney zurück. Dort war es als gewiß angesehen worden, daß alle Theilnehmer der Expedition verunglückt wären; um so größer war die all= gemeine Freude bei ihrem Wiedererscheinen. Belohnungen von der Regierung

6*

und durch öffentliche Subskription sowie Ehrenbezeigungen der großen wissen=
schaftlichen Körperschaften in London und Paris zeigten Leichhardt, welchen
Werth die Bevölkerung Australiens sowol wie die ganze wissenschaftliche Welt
auf die gemachten Entdeckungen legte und wie sehr der Muth und die Ausdauer
des Mannes und seiner Begleiter geschätzt wurden.

Leichhardt trug sich indessen mit größeren Plänen; er hatte nichts Ge=
ringeres vor, als den Schleier zu lüften, der damals noch über dem größten
Theile des australischen Festlandes lag. Was erst im Jahre 1873 und unter
weit günstigeren Verhältnissen Warburton geglückt ist, das wollte Leichhardt,
aber in mehr als der doppelten Ausdehnung des Weges, unternehmen, denn
für ihn handelte es sich darum, den ganzen Kontinent von Ost nach West
zu durchziehen; erst am Schwanenfluß konnte er Ansiedelungen von Europäern
finden. Wenn schon Viele die Ausführung dieses Planes für unmöglich hielten,
so steuerten sie doch mit bei, und die Ausrüstung war in der That der Größe der
Reise angemessen. Für volle zwei Jahre wurde Leichhardt mit Lebensmitteln
reichlich versehen; außer 15 Pferden und 30 Maulthieren nahm er nämlich noch
40 Ochsen, 170 Ziegen und 108 Schafe mit. Am 12. Dezember 1846 erfolgte
die Abreise; allein diesmal war das Glück dem unternehmenden Manne nicht
günstig. Am oberen Condaminefluß rannten ihm die Ochsen fort, und es
vergingen Wochen, bis sie wieder eingefangen waren, die Männer aber litten in=
folge der heftigen Regengüsse am Fieber; dennoch setzte Leichhardt die Reise
fort bis zum Mackenziefluß. Hier zerstreuten sich seine Thiere, da die kranken
und hülflosen Wächter sie nicht mehr beisammen halten konnten, und Leichhardt
mußte umkehren.

Alsbald versuchte er die Ausrüstung einer neuen Expedition, und bei seinem
großen Eifer und dem Vertrauen, welches er in der Kolonie genoß, brachte er
dieselbe zu Stande, wenn auch nicht so vollständig wie die vorige. Früh im
Jahre 1848 brach er auf. Er wendete sich von der Moreton=Bai nach den
äußersten Ansiedelungen in den Fitzroy=Downs, und wollte für einen Theil
seines Wegs der früheren Route Mitchell's folgen. Die letzte Nachricht von ihm
enthält ein Brief aus M'Pherson's=Station am Cogunfluß, vom 3. April 1848,
in welchem er mittheilte, daß er und seine Begleiter sich bei bester Gesund=
heit befänden.

Anfangs war man unbesorgt um Leichhardt's Schicksal. Hatte er ja doch
selbst am Vorabende seiner Abreise aus Sydney noch zwei und ein halbes Jahr
als muthmaßliche Zeit der freiwilligen Verbannung seiner kleinen Partie aus der
Gesellschaft der civilisirten Welt angegeben. Im Jahre 1851 erhoben sich jedoch
mahnende Stimmen, insbesondere brachte Dr. Ferdinand v. Müller in Melbourne
(der verdienstvolle Vorstand des Botanischen Gartens daselbst) schon damals eine
Aufsuchungsexpedition in Anregung, allerdings ohne Erfolg.

Als aber kurze Zeit darauf sich das Gerücht verbreitete, die Reisenden seien
nicht sehr weit von den Ansiedelungen ermordet worden, da schickte die Regierung

von Neusüdwales zu Anfang des Jahres 1852 einen im Verkehr mit den Schwarzen erfahrenen Mann, Hovenden Hely, mit dem Auftrage ab, alle Nachrichten über die Leichhardt'sche Expedition zu sammeln und ihren Spuren zu folgen. Hely kehrte bald zurück, ohne viel ausgerichtet zu haben. Er hatte das Userland des Manaroa bis zu 25° 30' s. Br. und 165° östl. Länge v. F. durchsucht, und die Eingeborenen hatten ihm mit großer Uebereinstimmung erzählt, die Weißen seien Alle in einem großen Kampfe ermordet worden. Nur verlegten sie den Schauplatz dieses Kampfes bald in die unmittelbarste Nähe, bald Hunderte von Stunden landeinwärts; und so waren die einzigen Spuren, welche sich mit Wahrscheinlichkeit auf Leichhardt beziehen ließen, zwei alte Lagerplätze, in deren Nähe jedesmal ein Baum mit einem L gezeichnet war.

Nun ist es vor Allem schon deshalb unwahrscheinlich, daß die Expedition so bald ihr Ende gefunden haben solle, weil keines der vielen Thiere (20 Maulesel, 7 Pferde und 50 Ochsen), die Leichhardt bei sich hatte, in die besiedelten Distrikte zurückgekommen ist, während bekanntlich solche Thiere auch auf sehr bedeutende Entfernungen ihren Rückweg finden. Die Kolonisten begnügten sich damals leider mit dem ungenügenden Erfolge der Hely'schen Reise; erst im Jahre 1857 kam in Sydney eine Leichhardt-Assoziation zusammen, welche zu Anfang des folgenden Jahres den um die Erforschung Australiens hochverdienten A. C. Gregory nach dem Barku abschickte. Auch diese Reise hellte das Dunkel, das über Leichhardt's Schicksal schwebt, nicht auf, und eine andere große, im Jahre 1865 unter dem Befehl Mc Jntyre's mit einem Aufwande von 3000 Pfund Sterling nach dem Norden ausgeschickte Expedition hatte keinen besseren Erfolg. Als nach unsäglichen Mühseligkeiten ein festes Lager am Cloncurry in der Nähe des Carpentaria-Golfes aufgeschlagen war und die eigentlichen Nachforschungen beginnen sollten, raffte ein bösartiges Fieber die beiden Führer, Mc Jntyre und Sloman hinweg und zwang die Uebrigen zur Umkehr.

Mit dieser verunglückten Expedition Mc Jntyre's sind jedoch die Nachforschungen nach dem Verbleib Leichhardt's nicht abgeschlossen. Im Jahre 1864 war in Westaustralien eine größere Expedition unter Hunt zur Aufsuchung von Weideland ausgerüstet worden. Unter 31° s. Br. und 139° östl. L. angekommen, wendete sich Hunt mit seinen eingeborenen Dienern gegen Süden, während seine beiden Begleiter Rowe und Monger mit einem Eingeborenen noch etwa 10 geograph. Meilen weiter nordwärts gingen. In jener Gegend erfuhren sie von Eingeborenen, daß sich 13 Tagereisen (also etwa 60 geograph. Meilen) weiter nordöstlich ein trockenes Seebett Namens Nittlebin befinde, bei welchem vor etlichen Jahren zwei Männer mit drei Pferden aus Nordosten, also aus dem inneren Australien, angekommen und ermordet worden seien.

Als die Gebrüder Monger sodann im September 1868 eine andere Reise zur Aufsuchung von Weideland in einen etwa 2 bis 3° weiter nordwärts gelegenen Landstrich unternahmen, hörten sie dieselbe Erzählung wieder, und nun gelang es den Bemühungen Ferdinand v. Müller's in Melbourne, bei der westaustralischen Regierung die Absendung einer Expedition in der Richtung des bezeichneten

Seebeckens durchzusetzen. Dieselbe ward unter John Forrest's Leitung gestellt und von April bis August 1869 ausgeführt; über Leichhardt's Schicksale brachte sie aber keine Aufklärung. Das Gerücht, welches sie veranlaßt, war vielmehr dadurch entstanden, daß etliche Pferde, welche Austin während seiner Reise im Jahre 1854 verloren hatte, in jene Gegend geriethen und von den Eingeborenen getödtet wurden.

Zwei Jahre nach Forrest's Reise gelangte ein anderes Gerücht in die be= siedelten Distrikte Queenslands. Ein weißer Mann, hieß es, solle von den Ein= geborenen am Eyre Creek gefangen gehalten werden, und man vermuthete, daß derselbe zu Leichhardt's Partie gehören möge. Infolge dessen reiste der Polizei= Inspektor J. M. Gilmore im Januar und Februar 1871 und ein zweites Mal im September und Oktober von Bullu=Creek in der südwestlichen Ecke Queenslands über den Cooper=River nach dem Burke und Eyre=Creek. Von einem Weißen unter den Wilden war nichts zu entdecken, aber Gilmore machte dennoch verschiedene Funde, die als wichtig angesehen werden dürfen, und über welche im weiteren Verlaufe unserer Erzählung berichtet werden soll.

Auch Gilmore's Expedition war nicht die letzte zur Aufsuchung von Leich= hardt's Spuren. Im Jahre 1874 ward nochmals eine solche ausgerüstet, und zwar wiederum in Queensland. Sie bestand aus Lewis Thompson, Hume und Ottea, welche acht Pferde mit sich führten. Die Männer verließen den Barwan oder oberen Darling bei Mayendie, überschritten die verschiedenen Zuflüsse dieses Stromes, als Muni, Warrego, Parrn und Bullu, ge= riethen aber zwischen diesem und dem Wilson Creek durch Wassermangel in die größte Noth, mußten umkehren, und nur Thompson gelang es, sich nach einer Polizeistation zu retten, während Hume und Ottea umkamen.

Seit Leichhardt's Abreise im Jahre 1848 sind nun volle dreißig Jahre ver= flossen, und während dieser langen Zeit wurden theils durch die im Vorstehenden erwähnten Reisen, meistentheils aber auch durch Zufall viele Zeichen und Merk= male entdeckt und gefunden, welche sich sehr wohl mit der verschollenen Expedition in Zusammenhang bringen lassen und es sogar ermöglichen, mit ziemlicher Sicherheit die Reiseroute selbst, wenigstens bis in die Nähe des Carpentaria= Golfes, zu verfolgen.

Leichhardt zog nämlich allem Vermuthen nach den Manaroafluß aufwärts bis zu seinen Quellbächen, kreuzte hiernach die Quellgebiete des Warrego und des Parrn und ging den Barku abwärts bis in die Nähe des Alice=River. So weit geben die von Hely und von Gregory aufgefundenen, mit L gezeichneten Bäume genügende Anhaltspunkte.

Vom Barku aus könnte Leichhardt recht wohl eine Anstrengung gemacht haben, weiter ins Innere des Landes vorzudringen. Wenn er von der Ver= einigung des Barku mit dem Thomson=River, also etwa unter 25° s. Br. westwärts ging, so durfte er jedenfalls hoffen, die große steinige Wüste Sturts nördlich zu umgehen, und er mußte in diesem Fall in jene Gegend

gelangen, in welcher Gilmore seine bereits erwähnten Nachforschungen angestellt hat. Gilmore fand nämlich bei dieser Gelegenheit in der Nähe einer
Lagune, Wantata genannt, unter 26° südl. Br. und 157° östl. L., die
spärlichen Ueberreste dreier Gerippe, die anscheinend nie begraben waren, ein
Umstand, welcher die Vermuthung bekräftigt, daß man es hier mit den Resten
weißer Männer zu thun habe. Auch besaßen die nicht weit davon am Cyre-
Creek in einem großen Lager wohnenden Eingeborenen verschiedene Gegenstände
europäischen Ursprungs, namentlich Reste eines Zeltes und Kleidungsstücke. Bei
seinem zweiten Besuch entdeckte Gilmore nochmals Bruchstücke eines Schädels und
andere Knochen, die für Theile eines europäischen Skeletts gehalten worden sind.

Die Eingeborenen erzählten aber noch dazu, vor langer Zeit, da die jetzigen
Männer noch Knaben waren, seien jene Weißen in ihren Zelten überfallen und
ermordet worden.

Obschon nun die Aussagen von australischen Wilden manchmal verdächtig
sind, da dieselben eine erstaunliche Virtuosität im Erfinden von Geschichten entwickeln, an denen kein wahres Wort ist, so scheint doch in dem vorliegenden Falle
die Uebereinstimmung hinsichtlich der Zeitrechnung für die Zuverlässigkeit der
Erzählung eine bedeutende Gewähr zu bieten. Auch ist es gewiß nicht zu viel gewagt,
wenn man weiter annimmt, Leichhardt habe nach einer so feindseligen Begegnung mit
den Wilden eine nördliche Richtung eingeschlagen, um jene zu umgehen, und den
Flinders-River zu erreichen gesucht. Diese Annahme wird wesentlich unterstützt
durch die bereits im Jahre 1864 von McIntyre unter 22° s. Br. (nördlich
vom Müllers-Creek) aufgefundenen Ochsenspuren. Der Ort dieser Entdeckung
paßt eben so zu dem Platze, den Gilmore besucht hatte, wie zu den am Flinders-
fluß aufgefundenen, mit L bezeichneten Bäumen*). Leichhardt folgte dem Laufe
dieses Flusses wenigstens für vierzig Stunden Weges, ehe er wiederum westlich ging und den Albert-River überschritt, an einer Stelle, wo gleichfalls
schon vor längerer Zeit ein mit L gezeichneter Baum und ein Schädel gefunden
worden ist. Hier befand sich Leichhardt auf seiner früheren Route nach Port
Essington. Vermuthlich verfolgte er den Fluß eine Strecke weit aufwärts und
erreichte später jene Gegend unter 20° s. Br. und 152° östl. L. von F., an welcher
Stuart am 6. Juni 1860 zahlreiche nach Westen gerichtete Fußspuren von
Menschen, Pferden und anderen Thieren in den Sand abgedrückt gefunden hatte.

---

*) Bei den ersten im Jahre 1861 von Walter und 1862 von Mackay gemachten
Funden von Bäumen, die mit L gezeichnet waren, hatte Landsborough behauptet, die
Einschnitte, L und LL, rührten von ihm her; im Jahre 1864 fand aber McIntyre
ähnliche Zeichen an Bäumen längs des westlichen Ufers des Flinders-River, während
durch die Reiseroute Landsborough's bestimmt nachgewiesen ist, daß dieser auf der
östlichen Seite des Flusses reiste, und außerdem nach seiner eigenen Angabe seinem
Zeichen stets eine Nummer beifügte. Hier möge auch noch erwähnt sein, daß im Frühjahr
1867 gleichfalls am Flinders-River, in der Nähe des 20.° südl. Br., eine Flinte gefunden
worden ist, von der zu vermuthen steht, daß sie Dr. Leichhardt und Genossen gehört
habe. Der Schaft war von weißen Ameisen fast zerstört, und dem Aussehen nach muß das
Gewehr viele Jahre der Witterung ausgesetzt gewesen sein.

Ausdrücklich muß hier betont werden, daß weder diese, noch die vorhin erwähnte Gegend am Müllers=Creek jemals von einem in die Kolonien zurückgekehrten Reisenden berührt worden waren.

Endlich sind noch weiter westlich im Jahre 1875 andere bedeutsame Spuren gefunden worden, die wenigstens mit einiger Wahrscheinlichkeit auf die Leich= hardt'sche Expedition hinweisen.

Ein Viehzüchter, Namens Jane, war zur Aufsuchung neuer Weideplätze ausgezogen und bis über den Austin=See hinaus vorgedrungen. Dort traf er mit einem Stamm Eingeborener zusammen, von denen er Folgendes hörte: Vor langer Zeit seien aus dem Innern vier Reisende mit Pferden bei ihnen einge= troffen, die sehr erschöpft gewesen wären, da es damals weit und breit im Lande an Wasser gefehlt habe. Sie, die Eingeborenen, hätten sich aus Furcht verborgen gehalten, aber die Fremden aus ihren Verstecken beobachtet. Die Weißen hätten viel mit einander gesprochen, dann sei ihr Häuptling dazu geschritten, die Lebens= mittel zu vertheilen und dabei in eine so große Aufregung gerathen, daß er den kleinen Rest Mehl, den sie noch hatten, in den Sand geworfen habe. Infolge davon sei ein blutiger Kampf unter den Vieren entbrannt, bei welchem zwei, dar= unter der Häuptling, ihren Tod gefunden hätten. Die beiden Zurückgebliebenen hätten weiter nach Wasser gesucht; da dies jedoch nirgends zu finden gewesen sei, so hätten auch sie bald darauf ihren Tod gefunden.

Die westaustralische Regierung veranlaßte darauf eine Untersuchung jener Gegend durch Polizisten, und diese fanden einige Stunden nördlich von den Hütten jenes Stammes von Wilden ein Lager, welches offenbar einst Weißen angehört hatte, und in dessen unmittelbarer Nähe Knochenreste von menschlichen Gerippen und von Pferden. Davon, daß irgendwo in jener Gegend Tagebücher oder der= gleichen gefunden worden seien, ward nichts berichtet.

Soll also hier — nach der vorstehenden Erzählung — der letzte Rest der Leichhardt'schen Expedition sein schreckliches Ende gefunden haben? Wer kann es wissen?! Unmöglich wäre es nicht!

Leichhardt hatte beim Verlassen der Ansiedelungen sieben Leute mit sich. Wenn vier davon in den Ebenen des Cooperflusses von den Wilden bei Wan= tata erschlagen wurden, so konnten immerhin die vier Anderen — allerdings unter den entsetzlichsten Entbehrungen, da es ihnen auf einer großen Strecke Wegs an Wasser fehlen mußte — bis in die zuletzt erwähnte Gegend gelangen.

Auf der andern Seite wird aber auch behauptet, Leichhardt und seine Ge= nossen hätten ihr Leben nicht westlich, sondern östlich vom Ueberland=Tele= graphen eingebüßt. Als Grund für diese Vermuthung wird freilich nur geltend gemacht, daß „weder Warburton, noch Giles irgend welche Spuren von den Verschollenen entdeckt hätten."

Dem sei, wie ihm wolle; das Einzige, was mit einem hohen Grade von Wahrscheinlichkeit angenommen werden darf, ist, daß Leichhardt und seine Gefährten längst ausgelitten haben; dennoch fehlt auch hierfür bis heute jeder sichere Beweis, und wenn man bedenkt, daß vom Jahre 1802 bis zum

Jahre 1835, also 32 Jahre lang, ein entlaufener Matrose, Namens William Buckley unter den Eingeborenen am Port Philip lebte, und daß erst noch im Jahre 1863 ein Engländer Namens James Murrell, nach einer fernen An= siedlung in Queensland gelangte, nachdem er 1846 an der Küste jenes Landes Schiffbruch gelitten, so läßt sich heute noch nicht ganz die Möglichkeit absprechen, daß Einer oder der Andere von den unglücklichen Männern noch am Leben sein könne und das schreckliche Los eines von den Wilden bewachten Gefangenen ertrage.

Die neueren Entdeckungen im Nordgebiete.

Die Kolonie Victoria auf der Halbinsel Coburg in Nordaustralien schien besser zu gedeihen als die voraus= gegangenen Versuchsstationen in jener Gegend. Als jedoch nach der außer= ordentlich langen Regenzeit von 1842 auf 1843 die alten gefährlichen Fieber= anfälle bei den Kolonisten*) wieder erschienen und die Sterblichkeit mehr und mehr zunahm, außerdem auch die Erwartungen von dem Nutzen der Nieder= lassung für den Handel zwischen Australien und Ostasien nicht in Erfüllung gingen, wurde am 1. Dezember 1849 die ganze Besatzung nach Sydney ein= geschifft, nachdem die wenigen Gebäude zerstört waren.

Das Scheitern dieses dritten Versuchs wirkte — wenigstens für die nächste Zeit — lähmend auf das Projekt einer Kolonisation Nordaustraliens ein. Nach Verlauf einiger Jahre aber nahm die Königliche Geographische Gesellschaft in London und an ihrer Spitze Sir Roderick Murchison die Angelegenheit auf, und suchte das englische Kolonialministerium zu neuen dahin zielenden Unter= nehmungen zu bewegen. Darauf ward im Jahre 1855 die große Gregory'sche Expedition ausgerüstet, welcher der seitdem nicht bloß um die Förderung der Pflanzenkunde Australiens hochverdiente Deutsche, der mehrfach schon erwähnte Dr. Ferdinand v. Müller als Botaniker beigegeben war. Es handelte sich darum, vom Victoriafluß aus das Innere zu erforschen und insbesondere einen besseren Weg als den von Leichhardt gefundenen aufzusuchen.

Die Expedition war mit Allem aufs Beste versehen, ihre Dauer auf volle drei Jahre berechnet. Die Reisenden verließen Brisbane in der für ein solches Unternehmen günstigsten Jahreszeit; am 21. September 1855 landeten sie an der Mündung des Victoriaflusses, schlugen daselbst ein Lager auf und unternahmen

---

*) Mehrfach ist damals und auch später hervorgehoben worden, daß in den Ge= wässern des indischen Archipelagus und im tropischen Theile von Australien die gesun= desten Punkte an offenen Häfen lägen, oder am Ufer schiffbarer Flüsse oberhalb des Salzwassers, während landumschlossene Häfen stets der Gesundheit und dem Leben der Ansiedler verderblich würden. Namentlich wurde auf die Erfahrungen hinge= wiesen, welche die Holländer in dieser Hinsicht auf Amboina, Lombok und Neu=Guinea gemacht haben, wo sie jedesmal die vom Lande umgebenen Hafenplätze verlassen mußten, selbst wenn sie an und für sich noch so vortrefflich gewesen sind.

Auch auf der Halbinsel Coburg ist das Klima keineswegs ungesund: nur die tief ins Land einschneidenden Häfen taugen nicht für den ständigen Auf= enthalt von Europäern.

zunächst Exkursionen im Stromgebiet des Victoriaflusses selbst. Der Fluß ward bis zu seiner Quelle verfolgt und das südlich derselben gelegene Land untersucht. Von 18° südl. Breite an versperrte eine nach Süden hin streichende Sandwüste ohne Wasser jedes weitere Vordringen; die Reisenden folgten deshalb dem Wüstenrand, allein unter 20° 16′ südl. Breite verlor sich der Bach, dem sie ge= folgt waren, in Salzseen, die rings von wüsten, wasserlosen Landstrichen einge= schlossen waren, so daß nichts übrig blieb als umzukehren.

Das ganze Gebiet des Victoriaflusses bildet übrigens ein Sandsteinplateau, welches steil von der Küste an bis zu etwa 500 m aufsteigt und in den Thälern sowie am Meeresstrand ein reiches Ackerbauland darbietet. Am 21. Juni 1856 verließ A. C. Gregory den Victoriafluß und wendete sich nach Nordosten, um auf dem Wege nach dem Albertfluß, der nächsten Station, den öden und wüsten Theil im Süden von Arnheimsland zu vermeiden. Nörd= lich von 15° südl. Breite erreichten die Reisenden einen Arm des Roperflusses, der sie bis in die Nähe der Küste geleitete. Gregory versuchte, so weit als mög= lich von der Küste entfernt zu bleiben, aber er konnte, wie vor ihm Leichhardt, die vielen kleinen sich in den Golf ergießenden Gewässer nicht verlassen und ent= fernte sich daher an keinem Punkt weiter als 20 geographische Meilen vom Meeresufer. So kam es, daß Gregory ziemlich dieselbe Route einschlug wie Leichhardt und der Erfolg der ganzen Expedition in der Hauptsache eigentlich hinter den gehegten Erwartungen zurückblieb.

Immerhin ist es das Verdienst Gregory's, daß der Lauf der verschiedenen in dem inneren Winkel des Carpentaria=Golfs mündenden Flüsse eingehender erforscht und überhaupt die Natur des australischen Tropengebiets in seinen Ein= zelheiten besser bekannt wurde.

––––––––

Gregory's Aufenthalt am Victoriaflusse hatte volle neun Monate gewährt, und da in dieser ganzen Zeit der Gesundheitszustand der Mitglieder seiner Ex= pedition trotz der herrschenden Hitze ausgezeichnet war, so schloß man daraus, daß das Klima jener Gegend gesund sein müsse. Die Lust zur Okkupation und Besiedelung Nordaustraliens erwachte in den Kolonien, und nachdem Stuart im Jahre 1861 so glücklich war, die Nordküste zu Lande zu erreichen, entwickelte sich in Südaustralien eine förmliche Agitation; man stellte die Okkupation der Nordküste als eine gebieterische Nothwendigkeit hin, und die englische Regierung gab schließlich dem Drängen insofern nach, als sie der Kolonialregierung von Südaustralien das Nord=Territorium zu dem Zwecke überließ, für dessen Be= siedelung die geeigneten Schritte zu thun — eine Maßregel, die offenbar der Herstellung einer freien Kolonie am besten entgegen kommt.

Die Kolonialregierung ging alsbald ans Werk, freilich in einer etwas eigenthümlichen Weise.

Man sagte sich nämlich ganz richtig, daß eine Expedition zur Aufsuchung eines geeigneten Platzes für die Ansiedelung nicht nur durchaus zweckmäßig sei, sondern allem Andern vorausgehen müsse; um jedoch eine solche Expedition

ausrüsten zu können, begann man damit, 125,000 Acres Land der zukünftigen
Ansiedelung in Adelaide im voraus zum Kauf auszubieten. Merkwürdiger=
weise fanden auch diese 125,000 Acres wilden, unbekannt wo gelegenen Landes
in ganz kurzer Zeit Käufer, die sich glücklich priesen und bereits genau aus=
rechneten, wie viel baares Geld sie an ihrem Land in zehn Jahren verdienen
würden. Die Kauflust war so groß, daß damals die Landscheine mit bedeuten=
dem Nutzen wieder verkauft wurden.

Mit einem Theil des so erhaltenen Geldes ward nun eine großartige
Nordterritorium=Expedition ausgerüstet: am 26. April 1864 ging die=
selbe, 41 Mann stark, in Adelaide zu Schiff ab, und im Juni landete sie an der
Adams=Bai an der Mündung des Adelaideflusses, um den Grund zu der
neuen Kolonie zu legen. Der Chef des Unternehmens, Colonel Boyle Travers
Finniß, war angewiesen worden, zunächst die Adams=Bai, im Falle sie sich
jedoch nicht eignen sollte, auch andere Häfen jenes Küstenstrichs zu untersuchen.
Sein Begleiter und Stellvertreter, Geometer John Thomas Manton, hatte
ein ganzes Corps von Feldmessern bei sich, und ein vorher bereits abgesandtes
Schiff unter dem Kommando des Kapitän Hutchison sollte eine sorgfältige Auf=
nahme der in Betracht kommenden Küstenstrecke vornehmen. Im Dezember
desselben Jahres 1864 kamen nochmals 40 Arbeiter an, und nun durfte man
zuversichtlich erwarten, Finniß werde, nachdem die Regenzeit zu Ende gegangen
(im März oder April), die Aufnahme des Landes ernstlich in Angriff nehmen
und rasch zu Ende führen.

Aber Finniß war seiner Aufgabe nicht gewachsen.

Im Oktober 1864 hatte er zu Schiff die Häfen Darwin und Bynoe be=
sucht, und im November, ebenfalls zu Schiffe, eine fünftägige Exkursion nach der
Chambers=Bai und der Mündung des Süd=Alligatorflusses ausgeführt.
Eine Abtheilung seiner Leute war von der Mündung des Adelaideflusses zu
Lande nach der Chambers=Bai und von dort noch zwölf geographische Meilen
weit in südöstlicher Richtung gegangen, wo gutes Weideland angetroffen wurde,
und eine andere Abtheilung hatte die Taly=Hügel am Adelaidefluß besucht.
Der Kapitän Hutchison endlich hat die verschiedenen Baien und Einlässe in
der Nachbarschaft der Adams=Bai gründlich vermessen und kartographirt.

Das war aber Alles, was für die Erforschung der Umgebungen einer in
einem gänzlich unbekannten Theil der australischen Wildniß neu anzulegenden
Kolonie geschah.

Für die eigentliche, der Expedition aufgetragene Aufgabe, nämlich die Ver=
messung des Landes, dagegen ward so gut wie nichts gethan, kaum daß die
Wahl des Ortes für die zu erbauende Stadt Palmerston bestimmt wurde.
Diese sollte auf die Escape=Cliffs zu stehen kommen, auf denselben Platz, wo
1839 die Gefährten Stokes' um ihr Leben getanzt hatten (vergl. S. 45).
Nur war auch hierbei etwas schlimm. Finniß und Hutchison waren näm=
lich die Einzigen von der ganzen Expedition, welche die gewählte Stelle zur An=
lage einer Stadt für passend hielten: diese ihre Wahl ward auch von den übrigen

Mitgliedern in den australischen Zeitungen auf's Stärkste kritisirt, und außerdem gelangten andere starke Anklagen über die Unthätigkeit des Befehlshabers und die Verkehrtheit seiner Anordnungen nach Adelaide. Die Kolonialregierung vertraute Anfangs auf den Colonel; als aber auch in der zweiten Hälfte des Jahres 1865 keine Nachrichten von dem Fortschreiten der Arbeiten eintrafen, dagegen die Klagen gegen Finniß, den man vollständiger Unfähigkeit zieh, immer heftiger wurden, entschloß man sich in Adelaide, den Führer der Nordterritorium= Expedition zurückzurufen und statt seiner den berühmten Reisenden M'Kinlay, der bereits im Jahre 1861 den australischen Kontinent durchkreuzt hatte, nach dem Norden abzusenden, mit der Instruktion, zu untersuchen, ob Escape=Cliffs ein ge= eigneter Platz für den Bau einer Stadt sei, und wenn nicht, einen solchen aufzusuchen.

M'Kinlay kam zu Ende des Jahres 1865 in der Adams=Bai an; er er= kannte sofort die Unbrauchbarkeit des ausgewählten Platzes, und erhielt auch von dem Geometer Manton ausführlichen Bericht hinsichtlich der Vortheile, welche andere in der Nähe gelegene, von Manton und von Finniß besuchte Häfen, ins= besondere die Darwin=Bai, für den beabsichtigten Zweck darboten. Eine noch= malige Untersuchung dieser Häfen anzuordnen, hätte eigentlich ziemlich nahe ge= legen; M'Kinlay zog jedoch vor, eine größere Entdeckungsreise zu unternehmen. Am 15. Januar 1866 machte er sich mit 15 Mann, 45 Pferden und 80 Schafen auf den Weg; er wollte die Reise auf die Dauer eines Jahres ausdehnen; sie fand indessen ihren unfreiwilligen Abschluß, nachdem die Reisegesellschaft sich kaum 15 geographische Meilen von Escape=Cliffs entfernt hatte.

M'Kinlay war zu Beginn der tropischen Regenzeit aufgebrochen, der Adelaidefluß ward eine Strecke weit aufwärts verfolgt; dann wendeten sich die Reisenden nordostwärts. Der Fortschritt war gleich Anfangs auf dem stark durchweichten Boden gering, namentlich die Packpferde wurden durch die Schwierigkeiten des Weges arg mitgenommen, und Flüsse und Bäche fingen in bedenklicher Weise an, das Land zu überschwemmen. Sicherlich wäre es viel besser gewesen, in den ersten Tagen umzukehren; statt dessen aber ging es unter unsäglichen Mühseligkeiten und starken Verlusten an Vieh vorwärts, bis mit einem Male die Fluten von allen Seiten hereinbrachen und die Reisegesellschaft zwangen, sich auf einen etwas höher gelegenen Strich Landes zu retten, wo sie volle 42 Tage festgehalten wurde.

Endlich verlief sich das Wasser und die Reise ward fortgesetzt in der Ab= sicht, den Liverpoolfluß zu erreichen, an dessen Mündung man hoffen durfte, den Kapitän Howard mit dem Schiff „Beatrice" und Lebensmittel 2c. zu finden. Mehrere Wochen verstrichen wiederum unter vergeblichen Versuchen, die steilen Sandsteinfelsen, die den Rand des Hochlandes bildeten, zu erklimmen, bis die Expedition sich von Neuem eingeschlossen fand; — vor sich von den unpassir= baren, zerklüfteten Felswänden und hinter sich von ausgedehnten Ueber= schwemmungen und Morästen. Von den Pferden waren bereits 21 verunglückt, Schafe nur noch 8 Stück übrig geblieben, und die Männer waren Alle auf's Aeußerste erschöpft.

Zu Anfang Juni ward ein großer Fluß erreicht, und da ein weiteres Vor=
dringen in östlicher Richtung ganz unmöglich schien, so faßte M'Kinlay den ver=
zweifelten Entschluß, eine Art Floß zu bauen, um, wenn möglich, mit dessen Hülfe
das Meer und das Schiff „Beatrice" zu erreichen. Nachdem dieser Entschluß
feststand, wurden sämmtliche übrig gebliebenen 24 Pferde erschossen, ihr Fleisch
getrocknet und die Häute in Verbindung mit der Leinwand eines Zeltes zum Bau
des Fahrzeugs verwendet, das aus einem Rahmenwerk von Pfählen und jungen
Bäumen bestand, nicht ganz 8 m lang, etwa 3 m breit und 1 m hoch war.

Noch ehe das Floß fertig geworden, kam es zu einem Zusammenstoß mit
den immer zudringlicheren Wilden; am 29. Juni aber schiffte sich die ganze
Mannschaft ein und fort ging's den unbekannten Fluß hinab. Am dritten Tage
der Fahrt erreichten die Reisenden das offene Meer, aber nicht in der Nähe des
Liverpoolflusses, wie M'Kinlay gehofft hatte, sondern im Vandiemens=Golf; sie
waren, wie sich nun deutlich herausstellte, den Ost=Alligator hinabgefahren und
es glückte ihnen, unterstützt durch einen außerordentlich günstigen Wind, am
siebenten Tage, also am 6. Juli, in Adams=Bai einzutreffen, durchaus erschöpft
von allen ausgestandenen Strapazen und mit Verlust der ganzen herrlichen Aus=
rüstung, während der Zweck der Reise völlig unerfüllt geblieben war.

Die „Beatrice" hatte den Liverpoolfluß, nachdem sie an dessen Mündung
70 Tage lang vergeblich gewartet hatte und auf Befehl des Kapitäns Howard
zwei Säcke Mehl vergraben worden waren, verlassen und traf am 19. Juni in
Adams=Bai ein, nahm frischen Proviant und kehrte bereits am folgenden Tage, den
20. Juni, nach dem Liverpool zurück. Auf dieser Fahrt erfuhr der Kapitän von
einem Schwarzen, daß eine Gesellschaft weißer Männer den Alligator herunter=
gefahren sei; er ging auf diese Nachricht den Fluß hinauf und stellte eifrige Nach=
forschungen an, jedoch vergeblich. M'Kinlay mit seinen Leuten hatte zur Zeit
der Untersuchung des Alligatorflusses durch Howard offenbar bereits das Meer
erreicht, wo er vom Schiff aus nicht gesehen werden konnte, da er sich dort
dicht am Lande halten mußte. Howard traf am 31. Juli 1866 wieder in der
Adams=Bai ein.

Unzweifelhaft war M'Kinlay und seine Gefährten nach den vielen und
schweren Entbehrungen und Mühseligkeiten der Ruhe und Pflege bedürftig; auch
konnte eine Landreise unter keinen Umständen wieder unternommen werden; dazu
fehlte es schon an einer hinreichenden Zahl von Pferden und sonstigem Vieh, und
so blieb nur noch die Erforschung der Küste zu Schiffe übrig. M'Kinlay verließ
also am 27. Juli mit zwei Booten und 16 Mann die Escape=Cliffs und fuhr
in die Anson=Bai, die ihm für die Anlage einer dauernden Niederlassung am ge=
eignetsten schien. Danach schiffte er sich ohne längeres Zögern am 14. August
auf der „Beatrice" ein und kam am 26. September 1866 in Adelaide an.

Von der Nordterritorium=Expedition war jetzt noch der Geometer Man=
ton als Government=Resident in der Adams=Bai zurückgeblieben. Die geringe
Zahl seiner Leute (es waren nur noch 24 Mann), erlaubte ihm nicht, weitaus=
sehende Unternehmungen zu machen: in der Adams=Bai aber gab es, wie er

selbst der Regierung berichtet hatte, „auf hundert Meilen kein Land, das der Vermessung werth gewesen wäre." So unternahm er nur einige kleine Exkurstionen. Am 10. September ging Manton in einem großen Boote mit neun Mann den Adelaidefluß hinauf. Der Boden ward am oberen Lauf des Flusses von recht guter Beschaffenheit, das Gras schien von vorzüglicher Qualität zu sein, auch fehlten die Spuren zeitweiliger Ueberflutungen; allein ein Platz, der sich zur Anlage einer ersten Ansiedelung geeignet hätte, war nicht zu finden, und Manton bezweifelt außerdem, daß die dortige Gegend eine gesunde sei.

Einige Wochen später, am 3. Oktober, machte der stellvertretende Gouverneur mit zehn Personen einen Ausflug nach den Alligatorflüssen, und an einem derselben, dem Süd=Alligator, wurde die Reise durch ein gefährliches Abenteuer unterbrochen. Das Boot war eine Strecke weit den Fluß aufwärts gefahren, als plötzlich an sechzig mit Keulen und Speeren bewaffnete Wilde am Ufer erschienen. Etwa die Hälfte von ihnen sprang ins Wasser und versuchte, das Boot ans Land zu schieben. Dieser Anschlag ward vereitelt, ebenso wie ein zweiter, bei dem die Schwarzen anscheinend unbewaffnet bis ans Boot herankamen und nun plötzlich ihre Waffen hervorholten, welche sie zwischen den Zehen gehalten hatten. Unter lautem Kriegsgeheul warfen sie ihre Speere, und fast wäre Manton von einem derselben getroffen worden. Da nun die Schläge mit den Gewehrkolben wenig Eindruck auf die Wüthenden machten, so blieb nichts übrig, als einen eindringlicheren Gebrauch von den Schießwaffen zu versuchen. Auch jetzt genirten sie die ersten Schüsse nicht viel, als sie jedoch die zunehmende Gefährlichkeit der Flinten und Revolver erkannten, zogen sie sich zurück. Auch Manton hielt es für gerathen, das Boot zu wenden und Escape=Cliffs wieder zu gewinnen.

Einen dritten Abstecher machte Manton nach dem Port Darwin, den er bereits von früher kannte und den er auch diesmal wieder als einen vortrefflichen Platz für eine erste Niederlassung in jener Gegend erklärte.

Im Uebrigen beschränkte er sich darauf, den Rest der Vorräthe gegen die Wilden zu vertheidigen. Diese Vorräthe waren noch etwa fünfhundert Pfund Sterling werth; die Wächter derselben hatten dagegen nahezu fünftausend Pfund Sterling jährlichen Gehalt zu beziehen.

Die Nachricht von dem traurigen Ausgang von M'Kinlay's Reise hatte in Adelaide ein peinliches Erstaunen hervorgerufen. Ein solches Ende der großen Nord=Territorium=Expedition hatte man am allerwenigsten erwartet, es war indessen nichts daran zu ändern, und da ferner aus M'Kinlay's wie aus Manton's Berichten die gegenseitige Nebenbuhlerschaft beider Kommandanten deutlich genug zu merken war, so beschloß die Regierung Südaustraliens zunächst die Zurückberufung der ganzen Nordterritorium=Expedition unter Manton's Befehl: am 11. Januar 1867 verließ dieselbe auf einem zu diesem Zweck eigens von Sydney abgeschickten Dampfer nach fast dreijährigem Aufenthalt die Adams=Bai und langte am 5. Februar wieder in Adelaide an.

In demselben Monate (Februar 1867) noch ward der um die Beschiffung des Murrayflusses verdiente Kapitän Cadell nach der Nordküste abgeschickt; doch

brachte auch dieser nur einen neuen Vorschlag zurück, da er die Ufer des Liver=
poolflusses für den passendsten Ort zur Anlegung der Kolonie hielt. Uebrigens
untersuchte Cadell noch die Arnheim=Bai mit ihrem Insellabyrinth sowie etliche
Häfen und Baien am westlichen Ufer des Carpentaria=Golfes, und fuhr eine
Strecke den Roperfluß hinauf. Dort erzählten ihm die Wilden von einem weißen
Mann mit langem Bart, der sich in der Gegend aufhalte. Nachdem Cadell jedoch
im November Kupang auf der Insel Timor besucht hatte und nach dem Carpen=
taria=Golf zurückgekehrt war, fand er keine Eingeborenen mehr am Roper und
mithin keine ferneren Spuren jenes weißen Mannes. Im Januar 1868 kehrte
Cadell an die Ostküste vor Queensland zurück.

So war also die Angelegenheit mit der Besiedelung Nordaustraliens zu
Anfang des Jahres 1868 noch fast auf demselben Fleck als vier Jahre zuvor,
da Finniß ausgesandt worden war. Daß die gewonnenen Resultate der ver=
schiedenen Reisen beinahe in jeder Hinsicht so geringfügig ausfielen, war an sich
traurig genug; viel schlimmer aber als dies, stand die Sache für die Regierung
und die Landkäufer. Die Letzteren hatten zusammengenommen für 99,227 Pfund
Sterling etwa 300,000 Acker Land gekauft, und die Regierung hatte sich ver=
pflichtet, binnen vier Jahren die vermessenen Ländereien zu liefern. Diese vier
Jahre waren jetzt um, ohne daß man nur wußte, wo oder ob man überhaupt
das gesuchte Land je finden werde. Die Landkäufer begehrten demgemäß ihr
Geld zurück, und man hätte auch diese Rückgabe gern bewerkstelligt, wenn solches
nur möglich gewesen wäre. Dem stand jedoch der fatale Umstand im Wege, daß
die kolossale Summe, welche der Erlös aus den Ländereien repräsentirte, durch
die ganz enormen Kosten der ausgerüsteten Expeditionen fast vollständig aufge=
zehrt war, und die Regierung absolut keine anderweitigen Geldmittel für diesen
Zweck flüssig machen konnte. Von den vorhin erwähnten nahezu 100,000 Pfund
Sterling waren nämlich nur noch 10,700 übrig geblieben: mehr als 88,000
Pfund Sterling (beinahe 1,800,000 Mark) hatten die drei Expeditionen von
Finniß, M'Kinlay und Cadell sowie der Aufenthalt Manton's in der Adams=
Bai verschlungen.

Es konnte keinen Augenblick zweifelhaft sein, daß jede Art, aus der schlim=
men Lage herauszukommen, der Kolonie Opfer auferlegen würden, aber eben so
klar war es auch, daß ein Ausweg gefunden werden müsse. Nach heftigen Er=
örterungen im Kolonialparlament ward zuletzt beschlossen, zu dem vorhandenen
Restbetrag noch ein neues Anlehen von 40,000 Pfund Sterling aufzunehmen,
und mit der dadurch gewonnenen Summe von 50,700 Pfund Sterling die
Kosten einer neuen Vermessungsexpedition zu bestreiten, welche endlich auch am
27. Dezember 1868 unter der Leitung des in der australischen Entdeckungs=
geschichte wohlbekannt gewordenen Chef=Geometers G. W. Goyder von Adelaide
nach dem Norden abging. Die Käufer suchte man damit zu beruhigen, daß man
ihnen mehr Land zu geben versprach, als ihnen ursprünglich gebührt hätte.

Am 5. Februar 1869 war Goyder in Port Darwin gelandet, der nach
den vorausgegangenen Untersuchungen Manton's als der beste unter allen Häfen

der Nordwestküste erkannt wurde, und nun begann ohne Zögern das Ausstecken einiger Ortschaften an dazu geeigneten Punkten und das Vermessen der übrigen zu Kulturzwecken brauchbaren Ländereien. Nach siebenmonatlicher angestrengter Arbeit hatte Goyder seine Aufgabe gelöst und war am 15. November 1869 mit einem Theil seiner Mannschaft in Adelaide wiederum eingetroffen. Goyder hatte sich als ein in jeder Beziehung praktischer Mann bewährt; 665,866 Acker Land (beinahe fünfzig deutsche Quadratmeilen!) waren in der Umgegend des Hafens vermessen, die künftigen Ortschaften, Wege u. s. w. abgesteckt und etwa hundert Mann zu den nothwendigen Arbeiten bei der Ankunft und dem Unterkommen der erwarteten Ansiedler sowie zum Schutze der Letzteren gegen die allezeit ge=fährlichen Eingeborenen zurückgelassen.

Endlich konnte nun die Regierung ihren Verpflichtungen gegen die Land=käufer nachkommen, und dies geschah auch alsbald. Ob die Letzteren in gleicher Weise zufrieden waren, mag dahingestellt bleiben; Vielen würde es wol lieber gewesen sein, wenn sie die eingezahlte Kaufsumme in Baar zurück erhalten hätten, denn durch den mehrjährigen Aufenthalt der Expeditionsmitglieder hatte man zur Genüge in Erfahrung gebracht, daß die Hitze und die starken Ausdünstungen des Bodens nach der nassen Jahreszeit den Aufenthalt in jenen tropischen Gegenden bei aller Pracht der Vegetation durchaus nicht zu einem ange=nehmen machen.

In der That blieben auch die Ansiedler im Port Darwin aus, und die wenigen, welche es wagten, hinzugehen, bekamen es bald herzlich satt und verließen wieder die Gegend, so daß die Stadt Palmerston am Port Darwin, deren Name schon seit Jahren in den geographischen Karten eingetragen ist, sich kaum erst in den Anfangsstadien ihrer Gründung befindet. Selbst die im Jahre 1872 aufgetauchte Nachricht von der Entdeckung von Goldlagern am Yam=Creek, 30 geographische Meilen von Palmerston entfernt, konnte die Goldsucher nicht verlocken, dahin zu ziehen, da gleichzeitig mit bekannt geworden war, daß das neue Goldland in einer wasserarmen Gegend liege.

Vor etwa zwei Jahren gewann es endlich den Anschein, als wolle eine Wen=dung zum Besseren eintreten. Damals machte eine Zeitungsnotiz die Runde, wo=nach François Louis Bugnion, der Bischof einer Mennonitensekte in Südruß=land, mit der Regierung von Südaustralien in Unterhandlung getreten sei, um binnen drei Jahren 40,000 Erwachsene mit ihren Familien am Port Darwin an=zusiedeln. Die Freiheit vom Militärdienste, welche die Sekte bis dahin in Ruß=land genossen hatte, sollte ihr nämlich für die Zukunft entzogen werden, und aus diesem Grunde ist schon eine große Zahl ihrer Mitglieder theils nach Indien, theils nach Mauritius und theils nach Canada ausgewandert. Das Klima des letzt=genannten Landes ist jedoch den an einen wärmeren Landstrich gewöhnten Leuten zu kalt, und so ist nun ihr Bischof auf das Nordterritorium aufmerksam gewor=den, das er selbst besucht hat und dessen Klima nach seinem Dafürhalten dem=jenigen in Südrußland nicht unähnlich sei. Eigenthümlicher Weise lehnte aber die Regierung Südaustraliens die Anerbietungen Bugnion's ab, und man wird sich also auch für die Zukunft keinen allzu sanguinischen Hoffnungen hinsichtlich der Besiedelung des Nordterritoriums hingeben dürfen. Es scheint in der That, daß die bisherigen Anstrengungen zur Kolonisation Nordaustraliens etwas ver= früht waren. Wenn die Ansiedelungen im allmählichen Vorrücken von Südost und Südwest einmal Arnheimsland erreicht haben, werden einfache Kolonisten auch in jenen Gegenden ihre Heimat gründen, so wie sie ganz langsam sich bereits im Süden des Carpentaria=Golfs und an den nördlichen Grenzbezirken West= australiens angesiedelt haben.

Port Darwin.

Auf der andern Seite ist nicht außer Acht zu lassen, daß die Stadt Palmerston seit dem Jahre 1872 den nördlichen Endpunkt des australischen Ueberland=Telegraphen bildet und ein Hauptstapelplatz für den seit dem Jahre 1877 eingerichteten regelmäßigen Dampfschiffverkehr mit Holländisch= Indien geworden ist, zwei Umstände, die für einen rascheren Aufschwung un= verkennbar von bedeutender Tragweite sind. —

Trotz der ungünstigen Erfahrungen, die bereits in Nordaustralien ge= sammelt wurden, bieten diese Gegenden doch immer von Neuem einen Gegenstand der Forschung; in der Regel handelt es sich für den Reisenden, der in die tro= pischen Regionen des fünften Welttheils einzudringen sucht, darum, Weideland für seine sich mehr und mehr ausdehnenden Herden oder Gold zu entdecken.

Zuweilen kommt es vor, daß derartige Unternehmungen sich auf die Dauer von Monaten ausdehnen und dabei Wegstrecken zurückgelegt werden, welche nach Hunderten von geographischen Meilen zählen, wie solches z. B. bei der Reise von Budson's Gesellschaft der Fall war, welche im Jahre 1876 von Port Darwin bis Burketown am inneren westlichen Winkel des Carpentaria-Golfes wanderte, und es auf Entdeckung von Weideland abgesehen hatte.

Eine andere, nur aus sechs Personen bestehende Gesellschaft, unter der Führung von J. D. Wiltshire, fuhr vom Port Darwin aus längs der Meeres-küste bis in die Anson-Bai und von da im Dalyfluß aufwärts. Die Reise dauerte vom 8. Mai 1876 bis 10. Juni, und die Reisenden kamen bis etwa 15 geo-graphische Meilen landeinwärts. Gold fanden sie nicht, jedoch wie sie berichteten, eine Gegend, die viel Gold vermuthen ließ. Die sehr zahlreich erschienenen und äußerst feindselig sich geberdenden Wilden verhinderten jede Untersuchung zu Lande. Uebrigens versicherten die Reisenden, das Land am Dalyfluß biete überall einen ausgezeichnet fruchtbaren Boden, so „daß man es nicht genug loben könne".

Neben derartigen Privatunternehmungen wurden aber auch wirkliche Forschungsreisen von der Regierung angeordnet, und eine solche ist gleichfalls in dem eben genannten Jahre von dem Ober-Landvermesser G. R. M'Minn im Gebiet des Daly- (oder Katherinen-) Flusses ausgeführt worden. Auf dieser Reise, die am 26. September 1876 am Port Darwin begann, war zunächst die Linie des Ueberlandtelegraphen verfolgt worden; dann wendete sich M'Minn südwestlich und südlich, und erreichte, nachdem er sich durch eine mit dem furchtbaren Stachelschweingras bewachsene Sandwüste hindurchgearbeitet hatte, den Katherinenfluß etwa im mittleren Theile seines Laufes.

Der Katherinenfluß bog an der Stelle, wo ihn M'Minn erreichte, stark nach Nordwesten; er ist etwa 10 m breit, dagegen kaum $\frac{1}{4}$ m tief; dennoch schoß das Wasser reißend dahin. Der Reisende verfolgte den Flußlauf sechs Tage lang bis zu einer zweiten starken, nach Südwesten gerichteten Biegung; und es war kein Zweifel mehr, daß der Katherinenfluß der Oberlauf des Daly-flusses ist. Nachdem dies festgestellt war, zog M'Minn westwärts bis zu einer fast senkrecht aufsteigenden Bergkette, welche der Strom durchbricht und sodann in seinem nunmehr nordwärts gerichteten Laufe begleitet. Hier hatte der Fluß eine Breite von etwa 50 m bei einer Tiefe von 4 m und starker Strömung.

Noch sollte der Versuch gemacht werden, die den Ueberschwemmungen aus-gesetzten Landschaften westlich von jener Bergkette zu begehen; allein nach wenig Tagen zwang der Mangel an Futter zur Umkehr, die ohne besondere Fährlich-keiten vollzogen wurde, obgleich der Weg eine Strecke weit durch eine außer-ordentlich rauhe Gegend führte, die fast ausschließlich von hohen, scharf geformten Schieferbergen gebildet wurde, mit zahlreichen Spalten im Boden und mit breiten und tiefen Flutrinnen, welche das Reisen in hohem Grade erschwerten. Am 5. November 1876 traf M'Minn wieder in der Stadt Palmerston ein.

Nach dem Carpentaria - Golf und der York - Halbinsel.

Sydney war mehrere Jahrzehnte hindurch die Hauptstadt der einzigen Kolonie in Australien geblieben. Mit der Zeit waren aber andere große Städte in anderen Gegenden des Welttheils entstanden, und die Mitbewerbung dieser Rivalinnen wurde der älteren Metropole ernstlich fühlbar. Um aber die ohnehin schon trüben Aussichten für Sydney und die Zukunft der Kolonie Neusüdwales noch zu vermehren, ver= langte auch der Port=Philip=Distrikt (die heutige Kolonie Victoria) laut die Trennung von der alten Stammniederlassung.

Die einzige Möglichkeit für die Handelswelt in Sydney, ihre Superiorität den anderen Niederlassungen gegenüber auch für die Zukunft aufrecht zu erhalten, schien darin zu bestehen, den ausgedehntesten Nutzen aus der geographischen Lage der Stadt zu ziehen, d. h. die Herstellung einer möglichst bequemen und sicheren Verbindung Sydney's mit den ostindischen Häfen mit dem Aufwand aller zu Ge= bote stehenden Kräfte zu betreiben. Und wie die erste Leichhardt'sche Expedition ähnlichen Ueberlegungen ihren Ursprung verdankte, so veranlaßte derselbe leitende Gedanke wenig Jahre später (1848) die Ausrüstung einer neuen Expedition, welche gleichfalls eine Ueberlandsroute nach Indien aufsuchen sollte. Nur beab= sichtigte man diesmal, diesen Weg auf der York=Halbinsel (im Norden — nicht zu verwechseln mit der kleinen Halbinsel gleichen Namens zwischen St. Vincent= und Spencer=Golf) aufzusuchen und schmeichelte sich, es werde ohne große Schwierigkeiten gelingen, das Nordende des Kontinents zu erreichen.

Kennedy, der Unerschrockene, der kurz vorher — im Jahre 1847 — bis zum Cooper=Creek im Innern der großen Ebene Australiens vorgedrungen war, wurde zum Führer dieser Expedition ausersehen. Seine Begleiter waren W. Carron, T. Wall und zehn Mann, worunter ein Schwarzer, Namens Jackey=Jackey, der zu einer sehr hervorragenden Rolle bei dieser traurigen Reise bestimmt war. Die Vorräthe waren ziemlich knapp zugemessen: eine Tonne Mehl (2000 Pfund), 90 Pfund Thee und 600 Pfund Zucker. Diese Lebensmittel hätten allerdings hingereicht, wenn man den einzuschlagenden Weg im voraus gekannt hätte. Da dies aber nicht der Fall war und das Einzige, was man sicher wußte, darin be= stand, daß die Berge sehr hoch waren, die überschritten werden sollten, so muß es ein schreiendes Unrecht genannt werden, daß man die 13 Männer mit so schwachen Hülfsmitteln ziehen ließ. Allerdings hatten sie auch noch 100 Schafe, deren Ver= lust aber ziemlich sicher vorhergesagt werden konnte, und 28 Pferde bei sich.

Am 29. April 1848 verließ die Gesellschaft zu Schiff die Hauptstadt Sydney, um bis Rockingham=Bai zu fahren; erst am 30. Mai hatte sie ihre Effekten re. in jenem Hafen gelandet, nicht ohne dabei ein Pferd zu verlieren. Kennedy machte eine vorläufige Untersuchung der Gegend und überzeugte sich bald, daß ein großer Theil des Landes sumpfig war. Kaum hatte er eine kurze Strecke Weges zurückgelegt, so befand er sich schon am Rande eines ausgedehnten und dicht bewachsenen Sumpfes, der, wie sich später herausstellte, nicht mit Mangrovegesträpp, sondern mit einem Dickicht ausgefüllt war, das aus dem Sumpftheebaum (Melaleuca ericifolia, *Smith*) und einer Palmenart, der

7*

Calamus australis, gebildet wurde, einer Pflanze, die Kennedy hier zum ersten Male sah und deren kurze Beschreibung die Hindernisse, welche sie den Reisenden in den Weg stellen mußte, deutlich wird erkennen lassen. Die australische Calamus gleicht im Allgemeinen ihren Verwandten auf den Sunda-Inseln und dem asiatischen Festlande. Aus den Wurzeln einer Pflanze treiben Schößlinge, manchmal zu Hunderten, und diese, nicht dicker als ein Finger, kriechen auf dem Boden umher und verschlingen sich hier zu einem ganz unzerreißbaren Netzwerke, in welchem der Reisende sich mit den Füßen verwickelt. Die langen Blätter sind mit starken und sehr scharfen Stacheln bewaffnet, was aber die Pflanze zum Schrecken der Entdecker machte, das waren die Ranken, welche abwechselnd mit den Blättern standen, manchmal 6 m lang wurden und mit starken, rückwärts gebogenen Stacheln besetzt waren. Sie dienen dazu, der Pflanze auf den umherstehenden Gebüschen und Bäumen passende Stützpunkte zu verschaffen, und da sie sich nach allen Richtungen wenden, so wird das Ganze zu einem Dickicht gleich einer Mauer, das selbst kaum zu durchbrechen war; denn die Zweige fingen sich beim Herabfallen an den Kleidern der Leute, und es dauerte manchmal stundenlang, bis sich diese von den überall hängen gebliebenen Stacheln wieder befreien konnten.

Kennedy, der am 3. Juni ins Lager zurückkehrte, mußte sich überzeugen, daß die Einhaltung einer nordwestlichen Richtung (zur Erreichung des Carpentaria-Golfes) unmöglich war, und daß nichts übrig blieb, als sich längs der Küste nach einer nördlicheren Gegend hindurch zu arbeiten, von der aus die Durchschneidung der Sümpfe vielleicht eher möglich sein würde. Sehr langsam ging es vorwärts, breite Flußmündungen mußten umgangen werden, einer der Männer hatte sich verloren, und es dauerte zwei Tage, bis er wieder aufgefunden wurde, und was des Aufenthaltes noch mehr war. Dann erkrankten zwei Leute am Fieber, worüber man sich in einem so feuchten und dichten Walde gewiß nicht verwundern darf.

Darüber kam der 1. Juli 1848 herbei. Die Reisenden hatten wol höher gelegenes Land erreicht, aber die Calamusdickichte blieben ihre beständigen Begleiter, und oft mußte der größere Theil der Gesellschaft den Weg aushauen, den der Nachtrab mit den Vorräthen nehmen sollte. Mitte Juli wurden die zwei mitgenommenen Karren mit vielen werthvollen Gegenständen zurückgelassen; es war der Anfang zum Aufgeben der Partie.

Das Land wurde gebirgig; die Calamusdickichte hörten endlich auf; aber nun thürmten sich die Felsen zu unübersteiglichen Massen; mehrere Pferde waren schon verloren worden, am 16. August fiel wieder eines, und es ist sehr bezeichnend für den Stand der Provisionen, daß die Männer froh waren, dasselbe als Nahrungsmittel gebrauchen zu können.

Wieder verstrich ein Monat; die Lage der Reisenden war nur schlimmer geworden. Mit Hunger und Entbehrungen aller Art kämpfend, befanden sie sich in einem schrecklichen Lande, dessen Einwohner immer zudringlicher wurden, bis sie zuletzt Speere in das Lager warfen und das Gras anzündeten. Das machte der Geduld der Engländer ein Ende, sie feuerten auf die Schwarzen, und wenn sie auch die Wirkung der Geschosse nicht sehen konnten, so muß es doch mehr als der Knall gewesen sein, der die Wilden von nun an ferner von ihnen hielt.

Die Hitze wurde mit jedem Tage drückender, sengend heiß wurde der Sand und glühend roth der Himmel, und bei der äußersten Mattigkeit, von der Alle befallen wurden, konnten nur ganz kleine Tagemärsche gemacht werden. Endlich erreichte die kleine Karawane wieder die See, aber die Zwischenfälle erhielten nur eine Abwechselung durch die erneuerte Feindseligkeit der Wilden, welche ein= mal beinahe das ganze Lager verbrannt hätten, oder durch den Tod eines ihrer armen abgetriebenen Thiere. Wie elend diese schon gewesen sein mußten, ist am besten aus der Angabe ersichtlich, daß ein getödtetes Pferd nicht mehr als 65 Pfund wog! —

Während des Monats August hatte ein Schiff in der Princeß=Charlotte= Bai auf die Ankunft der Reisenden gewartet; es war aber Oktober, als diese in jener Gegend ankamen, und so sehr sie sich auch damit getröstet hatten, daß sie das Fahrzeug noch antreffen würden, so änderte dies doch die traurige Wirk= lichkeit nicht; es war nicht mehr da! Jetzt blieb nur noch eine Hoffnung auf Rettung und die war, Port Albany zu erreichen. Zweihundert Pfund Mehl war noch Alles, was die armen Männer von Vorräthen besaßen, und als sie wieder anfingen, die Höhen zu ersteigen, fiel ein Pferd nach dem andern und kam um, so daß Kennedy endlich einsehen mußte, daß die Mehrzahl seiner Leute verloren sein würde, wenn er in der bisherigen Art fortzöge. Der einzig mög= lich scheinende Ausweg war, einen Theil voraus zu schicken, welcher den Zurück= gebliebenen vom Kap York aus Hülfe senden sollte. So wurde denn in der Nähe der Weymouth=Bai ein Lager eingerichtet und unter Carron's Befehl gestellt. Es waren acht Mann, die hier bleiben sollten; sie hatten zwei abgemagerte Pferde und 28 Pfund Mehl. Wenn Carron ein Schiff sehen würde, sollte er eine Flagge aufziehen und Alles thun, die Aufmerksamkeit der Mannschaft zu erregen. Kennedy mit drei Mann und Jackey= Jackey machten sich am 13. Oktober 1848 auf den Weg nach Kap York. Er hatte für sich und seine Gefährten 75 Pfund Pferdefleisch und 18 Pfund Mehl mitgenommen. Kennedy erreichte aber Kap York eben so wenig, als einer seiner europäischen Genossen; der einzige Ueber= lebende unter den Fünf war der Schwarze Jackey=Jackey, der im Zustande äußerster Abspannung das Schiff (den „Ariel", Kapitän Dobson) am 23. De= zember 1848 erreichte und eine grauenvolle Schilderung von all dem Unglück entwarf, das sie betroffen hatte. Zuerst war das Mehl verbraucht worden, und vom dritten Tage an lebten sie nur noch von Pferdefleisch. Dann hatte sich einer der drei Männer unvorsichtigerweise geschossen und konnte nicht weiter, wurde also mit seinen zwei Gefährten zurückgelassen. Kennedy und Jackey setzten jetzt ihren Weg allein fort, sahen sich aber bald von Schwarzen verfolgt, und Kennedy versuchte umsonst, dieselben durch Geschenke zu gewinnen. Die Wilden bedrängten die schwachen Reisenden mehr und mehr, griffen sie endlich mit großem Ungestüm an und verwundeten Kennedy so gefährlich mit ihren Speeren, daß

er kurze Zeit danach verschied. Jackey entging seinen Verfolgern nur dadurch,
daß er während der Nacht in einem Bache bis an den Hals im Wasser eine große
Strecke weit marschirte; er war aber so entkräftet, daß er mehrmals einen oder
zwei Tage auf demselben Platze liegen bleiben mußte, bis er endlich Kap York,
den Hafen (Port Albany) und das Schiff sah.

Alsbald nach Jackey's Ankunft wurde das Schiff segelfertig gemacht und
in der Frühe des folgenden Tages fuhr es bereits der Küste entlang, während
sorgfältige Ausschau nach den drei Männern Costigan, Dunn und Luff oder
nach irgend einem Zeichen von ihnen gehalten wurde. In Shelburn=Bai wurde
geankert, um von da aus den Platz am Pudding=Pan=hill zu erreichen, an
welchem jene zurückgelassen worden waren. Unglücklicherweise war das Wasser so
niedrig, daß das Schiff mehr als eine Stunde Weges vom Ufer entfernt bleiben
mußte. Zwei Expeditionen wurden in verschiedenen Richtungen ausgeschickt,
keine von ihnen war jedoch im Stande, den Lagerplatz zu finden, und da das
Wetter schlimm zu werden drohte und die Mannschaft deshalb nach dem Schiffe
(auf welchem nur eine Wache geblieben war) zurückkehren mußte, so war Kapitän
Dobson zu seinem Leidwesen genöthigt, die Nachforschungen aufzugeben und nur
noch auf die Rettung der Männer in der Weymouth=Bai bedacht zu sein.

Am 30. Dezember kam das Schiff dort an. Jackey fand sich rasch am
Lande zurecht, er war auf einem ihm wohlbekannten Boden, und es dauerte nicht
lange, so rief er, daß er das Lager sehe. — Aber ach! — Statt acht waren nur
noch zwei Männer da, und diese befanden sich in einem so bedenklichen Zustande
von Schwäche, daß es sehr unwahrscheinlich schien, ob sie noch gelebt hätten,
wenn das Schiff nur noch einen einzigen Tag später angekommen wäre. Die
Ueberlebenden waren Carron und Goddard. Nur mit der größten Schwierig=
keit konnten sie auf das Schiff transportirt werden, und hier schien es noch eine
Zeit lang zweifelhaft, ob sie nicht in den Armen ihrer Retter sterben würden.

Bald nach Ankunft des „Ariel" in Sydney wurde der „Freak", abgeschickt,
um noch einmal die Gegend um die Shelburn=Bai zu untersuchen. Jackey machte
die Reise mit, um die Oertlichkeiten zu zeigen. In der Weymouth=Bai wurden die
sechs Opfer des unglücklichen Unternehmens begraben und danach ohne irgend
welchen Erfolg Nachforschungen gehalten. In dem Besitze der Wilden wurden
verschiedene Gegenstände gesehen, welche den drei Männern gehört hatten, das war
Alles, was man noch in Erfahrung brachte. — Die Stelle, an welcher Kennedy von
seinem tragischen Schicksal ereilt ward, konnte von Jackey genau angegeben werden,
eben so zeigte er das Grab, dasselbe war jedoch zerstört und der Leichnam nicht
zu entdecken. Die Papiere wurden alle in ihrem Versteck gefunden, freilich waren
sie fast unleserlich. Jackey's Ortsgedächtniß erwies sich als äußerst genau und
jedesmal durchaus sicher. Wo er auch, selbst im dichtesten Walde, eine Stelle an=
gab, an der er etwas weggeworfen hatte, wurden die Sachen jedesmal aufgefunden.

Das Schicksal der drei Männer, die an der Shelburn=Bai zurückgelassen
wurden, ist ein Geheimniß geblieben.

Die neueren Reisen auf der York-Halbinsel. Es ist recht gut erklärlich, wenn der Eifer für die Erforschung des Innern der York-Halbinsel durch den unglücklichen Ausgang der Expedition Kennedy's bedeutend abgekühlt wurde, zumal in jener Zeit die am nächsten gelegenen besiedelten Distrikte sich auf die Ufer der Moreton-Bai und ihre unmittelbare Nachbarschaft be= schränkten. Seit jedoch im Jahre 1859 der Moreton-Distrikt und der ganze nordöstliche Theil Australiens von Neusüdwales abgetrennt und daraus eine besondere Kolonie Queensland geschaffen wurde, wuchs die Bevöl= kerung in steigendem Verhältniß und die Niederlassungen schritten alljährlich weiter nach dem Innern und nach dem Norden vor. Nach wenig Jahren hatten sie den Golf von Carpentaria erreicht und auf den südlichen Uferländern dieses großen Meerbusens, die Kapitän Stokes schon im Jahre 1841 in prophetischem Geiste die „Ebenen der Verheißung" (Plains of Promise) genannt hatte, ent= wickelte sich rasch ein kräftig aufblühendes Hirtenleben. Heute reichen die Stationen bis zu der Linie, welche man sich von Cardwell an der Rockingham-Bai nach der im Jahre 1867 von Landsborough am Albertfluß unter 15½° s. Br. ge= gründeten Stadt Burketown gezogen denken kann. Allerdings sind auch hier nicht alle Verhältnisse in gleichem Maße günstig. Namentlich wird befürchtet, daß die eben genannte Stadt ihrer ungesunden Lage wegen wieder aufgegeben werden müsse, und ein Kaufmann in Sydney, ein Herr Towns, hat im Jahre 1867 auf seine eigenen Kosten einen Dampfer, den „Pioneer", von Sydney abge= schickt, um die Küste vom Kap York an der Nordspitze Australiens bis zum Albertfluß zu untersuchen, also jene Strecke, welche seit den Fahrten der Hol= länder nicht wieder besucht worden war, um — wenn möglich — einen günstig gelegenen und gesunden Hafen als Hauptstadt des Distrikts zu entdecken. Einst= weilen hat sich eine Anzahl der Einwohner Burketowns nach der Insel Sweers begeben und dort einen neuen Ort, Carnavon, gegründet, den man gern zum Haupthafenplatz für die Gegend machen möchte.

Auch der unter 158½° östl. L. v. F. mündende Normanfluß wurde schon zum Zwecke der Gründung einer neuen Stadt (Normantown) unter= sucht, und bereits im März 1868 waren die Anfänge einer solchen entstanden.

Begreiflicherweise suchen die bei solchen Projekten interessirten Personen je nach den Umständen eine oder die andere Gegend zu loben oder zu tadeln, so daß sich selbst heute — nach zehnjährigem Bestehen dieser rivalisirenden Unter= nehmungen — noch nicht sagen läßt, welcher Ort die zum Gedeihen einer Kolonie erforderlichen mannichfachen Voraussetzungen in sich vereinigt.

Während des Fortschreitens der Ansiedelungen in Queensland nach der großen nördlichen York-Halbinsel hin war auch im Jahre 1862 auf der Nord= spitze dieser Halbinsel selbst eine kleine Niederlassung, das Städtchen Somerset, gegründet worden, deren Anlage an diesem Platze dringlich geboten schien wegen der großen Zahl von Schiffen, welche die — wenn auch jetzt wohl bekannte, aber immer noch gefährliche — Meerenge der Torresstraße zu passiren hatten und oftmals in die Lage geriethen, Unterstützung oder Schutz suchen zu müssen.

Die Regierung der Kolonie Queensland unter Gouverneur Bowen hatte es alsbald nach Gründung der Niederlassung selbst für nothwendig gehalten, die Besiedler in Somerset mit frischen Lebensmitteln, insbesondere mit einem entsprechenden Vorrath von Rindvieh zu versehen. Der Transport von lebendem Vieh zur See ist bekanntlich mit großen Schwierigkeiten verbunden; allein nach dem, was man von Kennedy's Reise erfahren hatte, mußte man stark bezweifeln, ob es möglich sein würde, den Transport zu Lande auszuführen. Als daher die beiden Brüder Frank und Alexander Jardine sich bereit erklärten, das Wagestück der Landreise zu unternehmen, ging die Regierung sehr gern darauf ein, und um mit der Reise zugleich eine Exploration der noch fast ganz uner= forschten Halbinsel zu verbinden, wurde von der Regierung ein Geometer, Namens Richardson, beigegeben. Mit Pferden und den nöthigen Instrumenten zu Posi= tionsbestimmungen und Aufnahme der Reiseroute versehen, hatte derselbe ein vollständiges „Feldbuch" zu führen, während die eigentliche Führung der Expe= dition dem wohlerfahrenen F. Jardine übertragen war.

Die ganze Reisegesellschaft, bestehend aus zehn Personen, wovon die Hälfte eingeborene Knechte waren, und 31 Pferden, ging von Rockhampton aus nach den Burdekin=Downs (oder Valley of Lagoons), wo die aus 250 Stück Rindvieh bestehende Herde zusammengetrieben wurde. Von dort führte die Reiseroute sechs Tage lang (vom 25. bis 30. August 1864) durchschnittlich westlich durch Gegenden, welche schon gut besiedelt waren. Bei der letzten Station, derjenigen von J. J. Macdonald, wurde sechs Wochen gerastet, um den Eintritt der besseren (nassen) Jahreszeit abzuwarten; erst am 11. Oktober brach Jardine auf, und von nun an galt es, gänzlich unbekannte Gebiete zu durchziehen.

Der Anführer hatte die Zeit der Rast wacker ausgenutzt und eine große Strecke Wegs in nordwestlicher Richtung untersucht. Dabei hatte er ein Fluß= bett gefunden, welches allerdings kein fließendes Wasser, aber doch eine Kette von Lachen enthielt, genügend, um die Herde zu erhalten, so lange sie längs desselben hinzog. Auch boten die Ufer einigen Schatten, denn sie waren mit lichten Wäldern von Gummibäumen und Melaleuca bestanden. Dieser Fluß, Einnasleigh genannt, hat sich seitdem als ein Zweig des Gilbertflusses er= wiesen, da er sich jedoch nach einer Strecke seines Laufes zu viel westwärts wendete und auch seine Ufer schwieriger wurden, indem der Weg über Basalttrümmer und über einzelne Terrassenabsätze führte, deren Abstürze einmal auf 20 bis 25 m Höhe geschätzt wurden, so verließ Jardine diesen Fluß und schlug eine nördliche Richtung ein in der Absicht, den Lyndfluß Leichhardt's zu erreichen.

In kurzer Entfernung war durch eine vorausgegangene Rekognoscirung ein zweiter Flußlauf in günstiger Richtung entdeckt und alsbald beschlossen worden, die Herde dahin zu führen. Vom 29. Oktbr. bis 4. Novbr. dauerte die Ueber= schreitung der Landenge zwischen den beiden Wasserläufen. Hier gab es trockene Sandrücken und sehr spärlichen Graswuchs, immerhin aber auch noch einige Lagunen und selbst eine Quelle mit gutem Wasser. Auch das neue Flußbett, das übrigens nicht der Lyndfluß war, enthielt kein fließendes Wasser, sondern nur

Teiche und Weiher, obschon aus den deutlich sichtbaren Flutspuren in 2 bis 3 m
Höhe über dem oberen Rande des Bettes auf die Größe der Ueberschwemmungen
geschlossen werden konnte. Etwa vierzehn Tage später ward noch weiter nord=
wärts ein dritter Flußlauf entdeckt. Diesmal war es ein in mehrere Arme ge=
theilter wirklicher Fluß, den Jardine Anfangs (und irrthümlicherweise) für den
Mitchellfluß hielt, der sich jedoch später als der von den Holländern entdeckte
Staaten=River erwies. Da auch sein Lauf gegen Nordwesten gerichtet war, so
folgte ihm die Gesellschaft so weit, daß man (am 4. Dezember) den Eintritt der
Flut an dem Steigen des Wassers im Fluß bemerken konnte.

Am 19. Novbr. war der erste Regenschauer eingetreten; die Wolken zogen
von Westen, also vom Carpentaria=Golf herüber, und am folgenden Tage kam
es zum ersten Zusammenstoß mit den Wilden, der, wie es im nördlichen Austra=
lien fast ausnahmslos der Fall ist, ein feindseliger war, aber mit zwei Schuß
Pulver abgeschlagen wurde. Auch die späteren Angriffe der Wilden, die sich in
verschiedenen Gegenden noch viermal wiederholten, wurden in ähnlicher Weise
zurückgewiesen, ohne daß es zu schlimmen Verwundungen kam.

Bisher waren die Reisenden über kein eigentliches Weideland gezogen;
nur mageres Gras hatte hier und da den Boden bedeckt, gerade nur hinreichend,
um der mitgeführten Herde die zum Durchzug nothwendigste Fütterung zu ge=
währen. Von jetzt an besserte sich die Gegend; das Gras ward gut, Wasser war
in Menge vorhanden und die lichte Bewaldung mit hohem Blutholz, Akazien, Box
und Theebäumen linderte die Glut der Sonnenstrahlen wenigstens einigermaßen.

Am 5. Septbr. wendete sich Jardine nordwärts längs der Küste, um den
Mitchellfluß zu erreichen. Auf dieser Strecke traf man Anfangs das gefürchtete
Stachelschweingras, dazwischen allerdings noch einige Lagunen mit frischem
Wasser, die von Enten und Kranichen bevölkert waren. Später ward das Aus=
sehen der Gegend wieder gut, und als die Reisenden am 16. Dezember glücklich
die ausgedehnte Ebene des an 500 m breiten Mitchellflusses erreicht hatten,
waren sie so entzückt von der Pracht und Fülle der Vegetation, daß sie die Land=
schaft mit „einem verwilderten Garten" verglichen. Und wol nicht ganz mit
Unrecht; gab es doch Palmen mit riesigen Fächerwedeln, Feigenbäume mit
reifenden Früchten, Bauhinien, Cedern und viele andere. Auch war das Wasser
bedeckt mit Enten und große Flüge Tauben schwirrten durch die Lüfte; von
Säugethieren zeigte sich freilich nur das Wallaby.

Fünf Tage lang — auf eine Strecke von 7½ deutsche Meilen — konnten
die Reisenden dem Laufe des Mitchellflusses folgen; als sie seiner Mündung*)

---

*) Die unterste Strecke des Mitchellflusses ist im Jahre 1873 durch den Zolleinnehmer
Fahey von der Sweers=Insel nochmals untersucht worden. Derselbe fand die Anfangs
niedrigen Flußufer weiter landeinwärts höher werden: auf beiden Seiten wuchsen hübsche
Wälder mit wiesenartigen Lichtungen und hohen Palmen. An Trinkwasser fehlte es
nirgends, und je weiter nach dem Innern, je höher ward der Baumwuchs. Wallabies
waren nicht selten, Papageien und Kakadu gab es in unglaublichen Scharen, ebenso wilde
Enten und — Krokodile.

nahe waren, zogen sie in geringer Entfernung von der Küste nordwärts weiter und nun geriethen sie (in der Woche vom 21. bis 28. Dezbr.) in ein schlimmes Land. Dasselbe war zwar durch zahlreiche Bäche bewässert; auf dem dürren sandigen Boden wuchs aber nur wenig Gras, dafür um so mehr Skrub und Spinifex, und um das Mißgeschick voll zu machen, so bedeckten ausgedehnte und dichte Wälder alles Land, das nicht mit Skrub bewachsen war, wodurch das Zu= sammenhalten der Herde außerordentlich erschwert wurde. Jardine wendete sich mehr nach der Mitte der Halbinsel. Hier war das Land dichter bevölkert und zeigte guten Graswuchs, auch reichliche Bewässerung, die sich freilich durch die fast täglich niederstürzenden Regengüsse genügend erklären ließ. Das Gras fuhr fort, besser zu werden, Banksien und Farrnbäume erschienen in den Wäl= dern; Alles wäre vortrefflich gegangen, aber nun machten sich die schlimmen Folgen der Regenzeit bemerklich. Die vielen Flußläufe, welche gekreuzt werden mußten, machten die Reise schon sehr beschwerlich, denn alle Gewässer waren bis zum Rande gefüllt, und am 9. Januar betrat man zum ersten Mal über= schwemmte Landstrecken. Das Wasser stand nur knöcheltief, aber das Erdreich war durchaus erweicht und dadurch das Vorwärtskommen für· die ganze Kara= wane außerordentlich mühsam gemacht. Der Anführer suchte höher gelegenes Land zu gewinnen; nach acht Tagen sah man die Ostküste in einer Entfernung von etwa zwei deutschen Meilen, und am 26. Januar erreichten die Reisenden einen, seitdem Jardine=River genannten Fluß, dem sie zu folgen beschlossen, da er so stark angeschwollen war, daß sie es nicht wagten, ihn zu kreuzen. Zuletzt fand sich aber, daß der Fluß an der Westküste mündete; es blieb also nichts übrig, als eine große Strecke rückwärts zu gehen und eine zum Ueberschreiten günstige Stelle zu erspähen. Endlich fand sich eine solche; Jardine und ein Schwarzer durchschwammen den Fluß und gelangten glücklich nach der nur noch acht deutsche Meilen entfernten Niederlassung. Von hier wurden der Karawane Führer entgegen geschickt, aber erst am 7. März gelang es diesen, über den Fluß zu kommen und am 12. März rückte die ganze Expedition unter dem freu= digen Willkomm der ganzen Einwohnerschaft in Somerset ein.

So war also die zweite Reise durch die York=Halbinsel der Hauptsache nach unter außerordentlich glücklichen Umständen ausgeführt worden. Die ganze Reisegesellschaft war wohlbehalten am Reiseziel angekommen, ebenso war die Viehherde gesund geblieben, nur mit den Pferden hatte sich ein Unfall ereignet. Diese hatten nämlich an einem der Lagerplätze Giftpflanzen genossen und gingen zum großen Theil zu Grunde, während die Rinder bei dieser Gelegenheit nicht das Mindeste gelitten hatten.

In dem Bericht über Jardine's Reise werden noch die Umgebungen Somersets*) geschildert. Danach bietet die Vegetation alle Reize und den Schmuck

---

*) Die Ansiedelung Somerset ist unterdessen — am 1. Januar 1878 — von Kap York nach dem 6 geographische Meilen nordwestlich davon gelegenen, zur Gruppe der Prinz of Wales=Inseln gehörigen Thursday=Island verlegt worden, und zwar ein= mal, weil diese Insel den die Torresstraße passirenden Schiffen viel bequemer liegt, als Kap

der Tropennatur. Die Wälder bestehen aus ungezählten Arten von Sträuchern und Bäumen, und wenn es darunter auch nur zwei Palmenarten, eine Seaforthia und eine Caryota, giebt, so sind dafür Kletterpflanzen und Reben in Fülle vorhanden. Den Boden bedeckt der üppigste Blumenflor. Vögel sind so zahlreich, daß Jardine mehr als hundert Arten zusammenbrachte, unter welchen einige als große Seltenheiten gelten. Auch das Dschungelhuhn (Megapodius Tumulus) gehört zu den Bewohnern der York-Halbinsel. Diese Vögel scharen sich in kleine Gesellschaften zusammen (obschon sie paarweise leben) und errichten ansehnliche Hügel, von etwa 8 m Durchmesser und 5 m Höhe, welche aus Erde, Gras, Reisern und anderen verwesungsfähigen Stoffen bestehen. In diese Hügel vergraben die Weibchen ihre Eier manchmal metertief, um sie durch die sich bei der Verwesung entwickelnde Wärme ausbrüten zu lassen, denn die Temperatur des Innern ist so hoch, daß auf die Dauer Niemand die Hand darein zu halten vermag. Das Fleisch des Vogels ist übrigens schwarz und zäh, nur aus harten Muskeln und Sehnen bestehend, und, wie leicht zu begreifen, unschmackhaft.

Die dritte Expedition nach der York-Halbinsel ward im Jahre 1872, gleichfalls auf Veranlassung der Regierung von Queensland, unternommen. An der Spitze derselben stand William Hann; beigegeben waren ihm Norman Taylor als Geolog, Dr. Tate als Botaniker und Arzt, Warner als Geometer und noch einige Andere. Die Gesellschaft ging von der Kirchner-Range am Flusse Lynd nordwärts zwischen den Routen von Leichhardt und Kennedy, überschritt verschiedene Zuflüsse des Lynd- und Mitchellflusses, verfolgte letzteren bis zur Mündung des Lynd, setzte darauf die Reise fort über einen, Palmer genannten Fluß, der gleichfalls in den Mitchell mündet, und ging nördlich bis an die Küste, welche unter 14° s. Br. erreicht wurde. Von hier ging es südlich nach der Endeavour-Bai; der in diese Bai mündende Endeavourfluß wie der in die Weary-Bai fließende Bloomfield wurden erforscht und darauf kehrten die Reisenden über das Quellgebiet des Kennedyflusses zurück nach dem Palmer-, Mitchell- und Lyndfluß.

Am Palmerfluß war Gold entdeckt worden, und seitdem wimmelte jene Gegend von Tausenden von Goldgräbern; die Erforschung des Landes machte aber um so bedeutendere Fortschritte. Bald handelte es sich darum, eine Fahrstraße nach dem Palmerfluß herzustellen, oder vielmehr zunächst, einen geeigneten Ort an der Ostküste als Ausgangspunkt derselben auszusuchen. Dabei wollte man den Endeavourfluß besonders ins Auge fassen. Die Regierung in Brisbane schickte zu diesem Zweck auf dem Dampfschiffe „Leichhardt", Kapitän Saunders, eine Expediton ab unter der Leitung des Straßenbaumeisters Macmillan und des Goldkommissars St. George, denen sich Marineleutnant

York, sodann aber, weil die genannte Insel einen Mittelpunkt der Perlmutterfischerei bildet, die in der Torresstraße einen Export von jährlich 60,000 Pfd. Sterling (= 1,200,000 Mark) ausmacht und ein dauernder Industriezweig zu werden verspricht.

Connor und etliche Freiwillige anschlossen. Die Endeavour-Bai ward glück-lich erreicht; sie ist innerhalb der Barre eine volle geographische Meile breit und an den Ufern mit 10 bis 15 m hohen Mangrovebäumen eingefaßt. Etwa zwei geographische Meilen von der Mündung wird der Fluß schmäler, die Ufer nahmen an Höhe zu und trugen einen üppigen Pflanzenwuchs. Die Tiefe des Wassers war durchschnittlich 1½ m. Der Boden des Uferlandes wird zu-dem als trocken geschildert, so daß er sich recht wohl zu Ackerbauzwecken eignen würde, weiter im Innern tritt allerdings Schiefer zu Tage. Merkwürdiger-weise fand man hier keine Krokodile, aber ein in die Rinde eines gewaltigen Eucalyptusstammes eingeschnittenes großes C. Soll dieses C wol ein Andenken an Cook sein, der bekanntlich hier sein Schiff ausgebessert hatte?

Im Endeavourfluß traf die Partie Macmillan's noch eine andere von der Kolonialregierung ausgesandte Expedition unter G. E. Dalrymple, Walter Hill (Direktor des botanischen Gartens in Brisbane), und den Polizei-In-spektoren Johnstone und Thompson, welche zunächst die Aufgabe hatten, einen kurz vorher von Johnstone nordwärts von Cardwell aufgefundenen Fluß genauer zu untersuchen. In der Zeit vom Oktober bis Dezember 1873 ward diese Mission beendet und dabei die Küsten, Häfen, Baien und schiffbaren Flüsse auf eine Ausdehnung von drei Breitegraden (gleich 45 geographischen Meilen — von 18° 15′ bis 15° 15′ s. Br.) erforscht. Die Bergkette der Bellenden Kerr wurde erstiegen und gefunden, daß ihr Scheitel eine fast messerscharf zulaufende Schneide von Granit bildet. Bis an die Gipfel hinauf reichen die Palmen. Ebenso wurde ein anderer, mehrere Meilen (5—6) langer Bergzug, die Arthur Palmer-Range, untersucht und im Einzelnen durchforscht. In 19 schiffbaren Flüssen wurden Tiefenmessungen vorgenommen, und überaus reiche Sammlungen von Thierhäuten und Vogelbälgen, Reptilien, Insekten und Muscheln, von Pflanzen aller Art, Wurzeln, Hölzern und Gesteinsproben angelegt.

Im Laufe des Jahres 1874 entstand in der Endeavour-Bai bereits eine neue Stadt, Cooktown, und ein lebhafter Verkehr entwickelte sich daselbst dank der großen Ergiebigkeit der Goldfelder am Palmerfluß in erstaunlich kurzer Zeit. Auch die Untersuchung der Küstenflüsse ist seitdem noch fortgesetzt worden; namentlich begab sich 1874 ein Dampfer nach dem Bloomfieldfluß und befuhr denselben auf einer Strecke von 5 deutschen Meilen von der Mündung. Freilich: Gold ward noch nicht gefunden, und die umgebende Landschaft war auch nicht so anmuthig, wie andere auf der York-Halbinsel. Hier versperrte vielmehr das Calamusgestrüpp gerade so den Weg, wie es denselben früher dem unglücklichen Kennedy versperrt hatte.

Reisende überschreiten einen Sumpf.

IV.

Reisen in Central-Australien.

Die australische Wüste. — Sturt am Darling. — Stanley- und Grey-Range. — Schreckliche Hitze. — Poole's Tod. — Metrosideros speciosa. — Die Steinige Wüste. — Der Strzelecki-Creek. — Rückreise nach dem Cawndillasee am Darling und nach Adelaide. — Gilmore in Sturt's Wüste. — Der Torrenssee und das Flußdelta mitten im Lande. — Frühere Entdeckungsreisen (Eyre, Frome). — Babbage. — Goyder's reizende Schilderungen. — Die Enttäuschung. — Babbage und die große Vermessungsexpedition am Gairdnersee. — Die Emerald-Springs. — Warburton ruft Babbage ab. — Süßwasserquellen. — Warburton's Entdeckungen im Jahre 1866. — Die Missionäre. — Lavis am Eyresee. — Das Delta mitten im Lande. — Entdeckungen von Hodgkinson vom Jahre 1876. — Hebung des Kontinents.

Die australische Wüste. Im Jahre 1839 war der Torrenssee entdeckt worden, als Eyre vor Antritt seiner großen Reise nach Westaustralien während der Monate Mai und Juni die Gegenden am Spencer-Golf bereiste und nördlich bis zu dem Gipfel der Flinderskette vordrang, welcher seinen Namen trägt (und unter 32° südl. Br. gelegen ist). Von diesem Berggipfel aus gesehen, schien sich der See nach Norden bis in endlose Fernen auszudehnen.

Die Kunde von dem Vorhandensein einer so großen Wasserfläche bot natürlicherweise Anlaß zu vielerlei Kombinationen; auch Sturt, der nach seiner Reise auf dem Murray zum General-Landvermesser von Südaustralien ernannt worden war, begann sich von Neuem mit Spekulationen über das Innere des Kontinents, besonders über die Gegenden nördlich vom Torrenssee, zu beschäftigen. Er schrieb im Jahre 1843 an Lord Stanley, den damaligen Kolonialsekretär, daß er überzeugt sei, nördlich vom Berge Arden unter 29 1/2° südl. Br. große Strecken guten Weidelandes anzutreffen. Auf welche Gründe er diesen Glauben stützte, gab er nicht an, aber — mag er nun seine Schlüsse aus der Beobachtung des Fluges der Vögel gezogen haben, oder mögen ihm in seiner amtlichen Stellung mancherlei Andeutungen von da- oder dorther zugekommen sein — spätere Entdeckungen haben erwiesen, daß seine Konjektur nicht weit von der Wahrheit war. Heutigen Tags dehnen sich die Stationen der Viehzüchter nicht nur über die ganze Gegend aus, welche Sturt damals zu besuchen die Absicht hatte, sondern reichen sogar noch viel weiter.

Bei dem großen Ansehen, welches Sturt in der Kolonie genoß, konnte es ihm nicht fehlen, bei der Regierung die Ausrüstung einer Expedition zum Zweck der Erforschung des Innern Australiens durchzusetzen, und am 24. September 1844 war die ganze Reisegesellschaft an der Vereinigung des Murray und Darling beisammen. Man hatte nämlich diese so weit ostwärts gelegene Route gewählt, weil man den Torrenssee umgehen wollte, von welchem man damals noch allgemein glaubte, daß er die ganze Flinderskette auf der West-, Nord- und Ostseite umlagere, und wollte also erst, wenn man vom Murray aus genügend weit nordwärts gegangen wäre, nach den fruchtbaren westlichen Landstrichen vordringen.

Zunächst ging es also vom Sammelplatze aus den Darling aufwärts, um das noch unbekannte Stück dieses Flusses zu erforschen. Das Flußbett schien selten recht gefüllt zu sein, dennoch erlebten die Reisenden, daß ein Regenguß in einer einzigen Nacht das Wasser um circa 3 m steigen ließ. Am 8. Oktober wurde der von Mitchell im Jahre 1835 zuletzt gesehene Punkt des Flusses, die Laidley's Ponds, erreicht, armselige Moräste, die nur wasserreich waren, wenn der Darling über seine Ufer schritt, und ein Land betreten, das, obgleich ganz in der Nähe eines großen Stromes, doch ungastlich in hohem Grade war und nicht einmal für die kleine mitgeführte Schafherde hinreichendes Futter bot. — Neun Tage später verließ Sturt den Fluß, um sich dem jetzt von den Flutwassern gefüllten Cawndillasee nahe bei den Laidley's Ponds zuzuwenden. Von hier aus war in nordwestlicher Richtung eine Hügelreihe zu sehen, und Sturt ging auf dieselbe los. Ein hübscher, geschlängelter Flußlauf wurde gefunden, welchem die Reisenden aufwärts bis zu den Hügeln folgen konnten. Diese waren aber von sehr trostlosem Aussehen; sie standen einzeln neben einander da, durch steile Thäler getrennt, und die Felsen, welche ohne irgend eine Decke von Erde, Moos oder dergleichen in die Luft hinausstarrten, schienen so trocken, als ob sie noch niemals nur von einem Thautropfen benetzt worden wären. Nachdem der westliche Abhang der Hügelreihe erreicht war, wurde Poole in nordwestlicher Richtung zur Untersuchung des Landes ausgeschickt. Er kam durch eine trockene Gegend, bis er den Mount Serle in der Flinderskette zu sehen bekam und das Land eine bloße Aufeinanderfolge von unfruchtbaren Sandhügeln wurde, hinter welchen sich, anscheinend unbegrenzt, weit nach Norden wie nach Süden sumpfige Seen ausdehnten.

Unterdessen war einige Meilen nördlich von der ersten Station in den Hügeln, welche den Namen Stanley=Range erhielten, 600 m über dem Meere, ein bedeutendes Wasser, der Flood=Creek, gefunden und die ganze Gesellschaft dahin geführt worden, obwol die Gegend ringsum trostlos unfruchtbar und wild aussah. Einige wenige Eingeborene hatte man unterwegs angetroffen, aber auch diese litten augenscheinlich Noth und sahen elend und abgemagert aus. Poole und Brown gingen weiter nordwestlich, um andere Wasserplätze aufzusuchen, da infolge der unerträglichen Hitze das Wasser im Bache sichtlich abnahm; dieselben kehrten nach drei Wochen mit der Nachricht zurück, sie hätten wol einen anscheinend permanenten Wasserlauf gefunden, derselbe sei aber volle acht geographische Meilen entfernt, und so mußte es allerdings sehr zweifelhaft erscheinen, ob das Vieh bei einer täglich bis auf 40° R. steigenden Temperatur eine so lange Reise in einer von Bäumen oder sonstigen Schatten werfenden Gegenständen fast voll= ständig entblößten Gegend werde ausführen können.

Sturt zögerte auch Anfangs, noch weiter nordwärts zu gehen, weil ihm möglicherweise das für die Rückreise erforderliche Wasser vertrocknen könnte; doch entschloß er sich endlich dazu. Am 28. Dezember brach die ganze Karawane auf und gelangte am 2. Januar 1845 an den, von den zwei Männern zuvor ent= deckten Bach in einer andern Hügelreihe, welche Grey=Range genannt wurde. Die Hitze, welche Menschen und Thiere während ihres Marsches über die zwischen beiden Höhenzügen sich ausbreitende Ebene auszuhalten hatten, war fast un= glaublich. Der Boden war so heiß, daß das Leder an den Schuhen runzelig wurde, wie am Feuer, und die Haut der rauhen Männer Blasen bekam. Während der Nächte kühlte es auch nicht ab, weil landeinwärts die Steppe brannte und der glühende Wind unaufhörlich aus jener Gegend herüberwehte.

Sturt unternahm einen Ausflug, der ihn nach vier Tagen auf eine weite Ebene hinausführte, die Anfangs noch mit Skrub bewachsen war, später aber sich in eine vollständige Sandwüste verwandelte, welche merkwürdigerweise nicht mehr als 170 m über dem Meere lag. Die Hitze war geradezu erdrückend, 44° R.! — und nach einer Abwesenheit von nur elf Tagen kehrte Sturt ins Lager zurück. Auch spätere Ausflüge nach verschiedenen Richtungen waren nicht minder erfolglos; jedesmal gerieth Sturt in schreckliche Skrublandschaften und zuletzt an Sandhügel, die genau eben so aussahen wie diejenigen am Torrenssee westlich von der Flinderskette.

Poole war unterdessen so glücklich gewesen, einige felsige Bassins mit äußerst reichen Wasservorräthen zu finden, und es wurde keine Zeit verloren, das Lager in die Nähe derselben zu verlegen.

Daß die Partie hier eine Zeit lang bleiben müsse, war wol vorauszusehen, daß sie aber volle sechs Monate lang an diesem, am Rocky=Creek gelegenen Platze festgehalten würde, davon hatte Niemand eine Ahnung. Die Hitze steigerte sich jedoch derart, daß nicht nur jede Wanderung oder jede schwerere Arbeit, sondern selbst die leichteste Beschäftigung unmöglich geworden war. Der Boden war bis auf mehr als einen Meter tief gleichmäßig durchhitzt und die entsetzliche Sonnenglut hatte jegliche Vegetation versengt und zu Staub verbrannt. Der einzige Platz im Lager, an welchem man es noch einigermaßen aushalten konnte, war eine kellerartige Höhle, die Sturt hatte ausgraben und mit Erde bedecken lassen. Im Freien war es ganz unerträglich. Das Vieh lag wie betäubt am Boden und rührte sich nicht. Die Schrauben an den Instrumenten waren alle locker geworden oder fielen ganz heraus; die Horngriffe an denselben sowie die Kämme waren in feine Plättchen zersplittert; das Haar der Menschen, wie die Wolle der Schafe hörte auf zu wachsen und die Nägel an den Fingern wurden so spröde wie Glas. Das Mehl verlor mehr als 8 Prozent seines Gewichtes; die Kleie hingegen, in welche der Speck verpackt war, war so von Fett durch=zogen, daß sie fast so schwer wog, wie der Speck selbst; die Wachskerzen mußten in die Erde vergraben werden und Schreiben und Zeichnen endlich war zur Un=möglichkeit geworden, weil die Tinte in demselben Augenblicke trocknete, in welchem sie in die Feder gefüllt wurde.

Drei ganze Monate lang zeigte sich auch nicht das kleinste Wölkchen am Himmel!

Aber nicht nur während der heißen Monate, Januar, Februar und März, regnete es nicht; auch den ganzen April, Mai und Juni hindurch und bis in den Juli hinein fiel kein Tropfen Regen, obwol es bereits am 20. April einmal ge=thaut hatte, Regenwolken unter Blitz und Donner über die Gegend hinzogen und es während dieser Zeit allmählich so kalt geworden war, daß in der Nacht vom 6. Juli das Thermometer auf — 4° R. herabging. Das Wasser in den Höhlen war nur noch zwei Fuß tief, und wenn nicht bald eine Aenderung im Wetter eintrat, so war das Schlimmste für das Leben der Reisenden zu befürchten. Poole lag schon lange schwer am Skorbut erkrankt danieder und alle Anderen litten mehr oder weniger daran. Da fing es endlich am 12. Juli an zu regnen, und nach einigen Tagen waren nicht nur die Wasserlöcher, sondern auch die sie verbindenden Kanäle bis zu den Rändern gefüllt. — Viele Wochen vorher war eine Partie ausgewählt worden, welche mit Poole, dessen Gesundheitszustand gebieterisch das Verlassen dieser Gegend verlangte, in die besiedelten Distrikte zurückkehren sollte; die mitzu=nehmenden Vorräthe waren im voraus abgewogen und verpackt worden, und nun wurde kein Augenblick mehr verloren. Für den armen Poole war es zu spät. Die Partie war kaum einige Stunden weg, als einer der Männer mit der Nach=richt zurückkehrte, daß derselbe seinen Leiden erlegen sei. Die Zurückgebliebenen wendeten sich am 18. Juli 1845 nach Nordwesten und errichteten ein neues Lager, das Fort Grey genannt wurde, am Frome=Creek. Von hier aus suchte Sturt den nach Westen hin vermutheten Torrenssee zu erreichen; er ging west=südwestlich und kam bald über eine Gegend, die genau wie eine niedrige und trockene Seeküste aussah. Später überschritt er einen kleinen Bach und dann eine vertrocknete Lagune, deren Oberfläche er mit weißem Salze inkrustirt fand.

Metrosideros speciosa.

Jenſeit dieſer Lagune war ein niedriges, flaches Baſſin mit Waſſer ſo
blau wie Indigo und ſo ſcharf wie Salzlafe. Das Ueberſchreiten dieſes Sees
(wol eine der periodiſch gefüllten Salzlagunen ſüblich oder weſtlich vom Lafe

Blanche) war unmöglich wegen des ihn einfassenden sumpfigen Ufers. Die ganze Gegend mußte übrigens sehr tief gelegen sein, Sturt vermuthete sogar, unter dem Niveau des Meeres. Am 14. August wurde eine neue Reise von Fort Grey aus unternommen; die kleine Partie (Sturt, Brown und drei Mann) hatte Lebensmittel für fünfzehn Wochen mitgenommen. Nach vier Tagen wurde ein hübsches Wasser mit vielen Hütten von Eingeborenen erreicht, und aus dem Vorhandensein der zahlreichen großen Süßwassermuscheln durfte darauf geschlossen werden, daß dieses Wasser, welches Sturt Strzelecki-Creek nannte, beständig sei. Es war, wie sich später herausstellte, der Unterlauf des Barku. Hier wuchs unter Anderem die Metrosideros speciosa, ein zierlicher Baum von 15 bis 17 m Höhe, der, wie die Eukalypten, zu den Myrtaceen gehört und sich durch seine reiche Verästelung, wie im Frühjahre durch seine Blütenpracht auszeichnet. — Auch für die folgenden Tage ging Alles gut; das Land wurde sichtlich besser, große Grasflächen dehnten sich zu beiden Seiten, und es schien wirklich, als ob man sich den von Sturt vermutheten fruchtbaren Gefilden näherte, als auf einmal am 24. August ein rother Sandhügel sichtbar wurde, hinter diesem ein zweiter und dritter und nachher eine ganze Reihe, dazwischen Lagunen mit Salzwasser und Sandsteinstücken von allen Größen. Einer der Hügel wurde erstiegen; eine unendliche Ebene, die den halben Horizont einnahm, starrte den Reisenden entgegen, dunkel purpurroth, ohne einen Baum oder einen Grashalm — eine vollkommene Steinwüste, hier und da von Reihen von Sandhügeln, die ihrer rothen Farbe wegen in der Ferne wie Backsteinmauern aussahen, durchzogen. Der Anblick war entsetzlich trostlos; dennoch wurde der Versuch gemacht, die Wüste zu durchkreuzen. Der Weg war schlecht, wie sich leicht denken läßt, denn der Boden war überall dicht mit Geröll von Quarz und Sandstein bedeckt, und die Hügel folgten manchmal so rasch auf einander, daß es den Reisenden vorkam, als überstiegen sie die Dächer einer Häuserreihe. Mitten in dieser Steinwüste mußte die Nacht zugebracht werden, ohne einen Tropfen Wasser oder einen Grashalm für die Thiere. Am folgenden Tage wurde eine Strecke Land erreicht, welche etwas nach Norden abfiel und mit Polygonum (Mühlenbeckia Cunninghami) und Samphirbüschen bewachsen war. Darauf gelangte man auf eine bald sandige, bald erdige Ebene ohne jegliche Vegetation und mit einer so sonderbar gewellten Oberfläche, als ob erst in allerjüngster Zeit gewaltige Sturmfluten darüber weggegangen und dann plötzlich vertrocknet wären. Auf dieser Ebene wurde übrigens etwas Wasser gefunden, nur die armen Pferde mußten eine zweite Nacht ohne Futter zubringen. Auch an den folgenden Tagen ging es abwechselnd bald über Sand und Steine, bald über morastiges und breiiges Land, und bald wieder über einen von der Hitze so vollständig ausgedörrten und infolge davon zerrissenen Boden, daß die Pferde kaum darauf gehen konnten, denn einzelne der Spalten waren mehr als $\frac{1}{3}$ m breit und bis zu 5 m tief — bis endlich am 1. September sich das Aussehen der Gegend wieder verbesserte. Es wuchs wieder Gras, und am 4. September erreichten die Reisenden einen recht beträchtlichen Wasserlauf, welchem sie den Namen Eyre-Creek beilegten, der aber schon zwei Tagereisen weiter in einer Salzlagune endigte. Das ganze Gebiet rundum war, obschon jetzt mit Gras bewachsen, doch offenbar Ueberschwemmungen ausgesetzt, denn der Erdboden war überall mit Salz inkrustirt und nach Norden und Nordosten zu war nichts zu sehen als dunkelgrüne, mit Samphir (Meer= fenchel) und Polygonumbüschen bewachsene Ebenen, zwischen welchen die glänzend weißen Streifen von Salzkruste, die Ueberbleibsel der aufgetrockneten Lagunen, glitzerten. Nachdem die Reisenden noch zwei Tage lang marschirt waren, trieb ihnen der Wind ganze Wolken von feinem rothen Staube entgegen, und wenn Sturt auch in einer großen Entfernung deutlich Rauch aufsteigen sah, dort also besseres Land sein mußte, so war doch ein weiteres Vordringen unmöglich. Sturt kehrte um und erreichte nach ungeheuren Leiden Fort Grey. Zuletzt hatten die Männer von fünf Pfund Mehl jeder für eine Woche leben müssen! Das Wasser fehlte, und hätten sie nicht vorsichtigerweise bei der Hinreise einige Wasserlöcher vertieft, so wären weder sie noch ihre Pferde je zurückgekommen.

Sturt konnte sich immer noch nicht entschließen, seine Anstrengungen, bessere Landstriche zu erreichen, aufzugeben. Ein neuer Versuch wurde gemacht, am 11. Oktober der Strzelecki-Creek erreicht und aufwärts verfolgt, dann in nord= westlicher Richtung ein gut bewachsenes und mit schönen Bäumen besetztes Land durchzogen und am andern Tage — in einer Gegend, in der es seit Jahren nicht geregnet zu haben schien — ein großer und wasserreicher Fluß gefunden, den Sturt Cooper-Creek nannte und der, wie sich später zeigte, ein nördlicherer Arm des Barku war. Der Fluß wurde überschritten und ein reiches Grasland durchwandert, bis mit einem Male sich wieder die rothen Sandhügel erst einzeln, dann in Reihen zeigten und die Steinwüste richtig wieder ihren Anfang nahm. Mit der äußersten Anstrengung drang Sturt nochmals in dieselbe vor, und am 25. Oktober gelangte er auf eine Höhe, von der aus der Blick über die weite ebene Wüste streifen konnte. Sie lag da, wie eine ausgedehnte Meeresbucht zur Zeit der Ebbe, die Oberfläche, wie von den Wellen des Meeres gefurcht und überall mit großen Felsenstücken überstreut, die nicht anders aussahen, als wären sie von gewaltigen Sturmfluten hierher getrieben worden. — Es war ganz natürlich, daß sich bei Sturt die Meinung ausbildete, das Innere Australiens sei eine zusammenhängende Wüste.

Die Rückreise wurde angetreten und nach großen Mühseligkeiten der Barku erreicht. Nachdem Sturt diesen Fluß noch eine Strecke aufwärts verfolgt hatte, ging es wieder zu dem Lagerplatze Fort Grey, wo die Reisenden am 17. No= vember 1845 anlangten. Ein glühend heißer Wind hatte ihnen auf der weiten Ebene entgegengeweht; ein Thermometer, das bis 42° R. (127° F.) getheilt war, zersprang vor Hitze, und der Boden war so heiß, daß die Zündhölzer zu brennen anfingen, sobald man sie in Berührung damit brachte. — Sturt war so krank, daß er sich kaum im Sattel halten konnte. Es war aber keine Zeit mehr zu verlieren. Gras und Wasser im Lager waren spärlich geworden, und es stand sicher zu erwarten, daß der bevorstehende Sommer seinem Vorgänger an Hitze

und Trockenheit nicht nachstehen würde; so mußte also irgend ein Versuch ge=
macht werden, diesem Platze zu entrinnen. Der Weg wurde untersucht, und was
man lange befürchtet hatte, bestätigt gefunden; bis zum Flood=Creek war kein
Tropfen Wasser mehr, und das wenige, was da noch stand, war schwarz wie
Tinte und sicherlich in wenig Tagen vertrocknet. Sturt hatte seit seiner Ankunft
im Lager das Bett nicht verlassen, dennoch ließ er ungesäumt die Anstalten zum
Beginn der Rückreise treffen. Drei Ochsen wurden erschossen und ihre Häute, mit
Wasser gefüllt, zu Wagen halbwegs Flood=Creek geschafft. Es glückte der Partie,
den alten Lagerplatz an jenem Wasserlaufe zu erreichen, und so rasch als möglich
ging es vorwärts nach dem Cawndillasee, wo die Reisenden die Erfrischungen
und Vorräthe antrafen, welche die früher zurückgekehrte Partie dahin hatte
bringen lassen. Sturt's Leiden auf dem letzten Theile der Reise waren außer=
ordentlich. Er mußte in und aus dem Karren gehoben werden und am Darling
eine Zeit lang rasten, ehe er seinen Weg nach Adelaide fortsetzen konnte, und
wurde nie wieder gesund. Kurze Zeit, nachdem er die Hauptstadt der Kolonie
erreicht hatte, erblindete er vollständig. Die Kolonie Südaustralien votirte
ihm eine lebenslängliche Pension von 500 Pfund Sterling, eine Freigebigkeit, die
wol eine Nachahmung von Seiten der älteren Kolonien verdient hätte. Fast ein
Vierteljahrhundert — bis zu seinem am 16. Juni 1869 in England erfolgten
Tode — hat er diese wohlverdiente Unterstützung genossen.

Die von Sturt durchzogene Wüste und die benachbarten Regionen wurden
später noch von vielen Reisenden berührt oder durchwandert; Alle stimmen darin
überein, daß diese Gegend trostlos über alle Maßen sei; einer der Forscher, der
Polizei=Inspektor J. M. Gilmore, sah aber dieselben Landschaften in einem
Jahre in zwei verschiedenen Jahreszeiten; seine Schilderung beansprucht deshalb
ein ganz besonderes Interesse.

Gilmore's erste Reise dauerte vom 16. Januar bis 6. März 1871.
Während dieser Zeit hatte er den Unterlauf des Barku (Cooper=Creek) besucht
und war nach Nordwesten bis zum Burke=Creek bis zu 25° südl. Breite, also
in eine Gegend vorgedrungen, die nur wenig Meilen nordöstlich von der eigent=
lichen Sturt'schen Wüste entfernt ist. Er schildert das von ihm durchzogene
Land als das armseligste, das er je gesehen; überflutet gewesene, zerklüftete Flächen
wechselten mit steinigen Ebenen und Hügelreihen und unzähligen dachförmigen, _
rothen, sterilen Sandhügeln. Gras war fast nicht zu entdecken, obschon einige
gute Wasserlöcher angetroffen wurden.

Auf der zweiten Reise, vom 11. September bis 13. November 1871, ge=
langte Gilmore, der von Norley, einer Polizeistation am Bullu (Parru) auf=
brach, über weite steinige Ebenen unter 26° 30′ zum Rand der nunmehr vom
Cooper=Creek weit und breit überschwemmten Region, welche erst nach vier=
tägigen großen Anstrengungen durchritten werden konnte. Nachher führte der
Weg wiederum über steinige Ebenen oder steile rothe Sandhügel, ganz ebenso
wie Sturt das weiter südwestlich gelegene Land beschrieben hatte.

Auch Gilmore führt ein Beispiel der oft plötzlich hereinbrechenden Ueber=
schwemmungen an. In einer Nacht stieg nämlich das Wasser in einem dem Lager
benachbarten Flußarm um beinahe 2 m, so daß beim Uebergang am andern
Morgen zwei Pferde im Morast stecken blieben.

Der Torrenssee und das Flußdelta mitten im Lande. Wie schon erwähnt
war der Torrenssee im Jahre 1839 entdeckt worden. Der Landvermesser
Eyre hatte sich damals mit dem Gedanken geschmeichelt, ein gewaltiges, tief
in das Land hineinreichendes, den Fuß der ganzen Flindersktette bespülendes
Wasser gefunden zu haben, obschon die wüste und sandige Gegend ringsum eine
Warnung sein und das niedrige Niveau des Sees — anscheinend in gleicher
Höhe mit dem Spencer=Golf — eigentlich jede Hoffnung benehmen mußte,
süßes Wasser in ihm zu finden.

Ein Jahr später hatte Eyre dieselbe Gegend wieder besucht, und das durch=
aus veränderte Aussehen, welches sie darbot, ist bereits früher geschildert worden
(S. 73). Eyre war bekanntlich so sehr in seinen Erwartungen getäuscht worden,
daß er damals die ganze festgeplante Reiseroute aufgab und einen ganz andern
als den ursprünglich beabsichtigten Weg einschlug, um seine große Reise nach
Westaustralien auszuführen.

Im Jahre 1843 durchzog Frome die Ebene östlich von der Flindersktette.
Es hatte vorher geregnet und ein großer Theil des Landes war gut bewässert.
Dennoch waren alle nach Osten führenden Wasserläufe schon wieder halb aus=
getrocknet, und nur das 5 bis 8 m hoch über dem Boden in den Bäumen
hängen gebliebene Treibholz, das zum Theil noch die verwelkten Blätter trug,
ließ erkennen, wie hoch erst kurz zuvor das Wasser hier gestanden haben müsse.
Frome schlug, in der Hoffnung, mehr Wasser zu finden, eine mehr nördliche
Richtung ein; dabei kam er dann über die trockene salzige Steppe nördlich von
der Flindersktette an Stellen, welche nach Eyre von den Gewässern des Torrens=
sees hätten bedeckt sein müssen.

Es war somit bereits im Jahre 1843 klar erwiesen, daß die ursprünglich
von Eyre angegebene hufeisenförmige Gestalt des Sees durchaus nicht mit der
Wirklichkeit übereinstimmte; dennoch erhielt sich dieselbe fast zwanzig Jahre lang
auf beinahe allen Karten, um so mehr, als nach den von Eyre und Frome ent=
worfenen Schilderungen Niemand mehr recht Lust hatte, in jene trostlosen Ein=
öden vorzudringen, bis endlich vom Jahre 1856 an einer jener periodischen
Impulse zu Erforschungsreisen die Südaustralier ergriff. Freilich handelte es
sich dabei eigentlich nicht so sehr um die Förderung der geographischen Wissen=
schaft als vielmehr um die Entdeckung von Gold. Die Auffindung dieses edlen
Metalles in den übrigen Kolonien, besonders in dem angrenzenden Victoria, hatte
zur Folge gehabt, daß die arbeitende Bevölkerung Südaustraliens dieser Kolonie
den Rücken kehrte und ihr Heil in den Goldgruben suchte, und man sagte sich
nicht mit Unrecht, daß diese Auswanderung aufhören würde, wenn man im Lande
selbst auch Gold aufzufinden im Stande wäre. Demgemäß wurde B. H. Bab=
bage, Ingenieur und Geolog zu gleicher Zeit, auf die Goldsuche ausgeschickt.

Seine Bemühungen in den angesiedelten Distrikten erwiesen sich sehr bald fruchtlos, und so dehnte er seine Untersuchungen weiter nordwärts in die unbesiedelten
Gegenden aus. Auch hier war er nicht glücklicher in der Hauptsache, aber er
entdeckte dafür etwas, was den Vieh- und Schafzüchtern noch werthvoller war
als Gold, nämlich Wasser. Einige Meilen nordöstlich vom Mount Serle traf er
im Oktober 1856 auf einen schönen, breiten Wasserlauf, welchem er etwa zwölf
geographische Meilen weit folgte, bis er in einen See mündete, dem er den Namen
Blanchewater gab. In Verbindung mit diesem Bache standen große wasserreiche Lagunen, die von Scharen wilden Geflügels bevölkert waren, sichere Zeichen,
daß diese Wasser während der heißen Jahreszeit nicht vertrocknen, und zu beiden
Seiten dehnten sich grasreiche Weiden aus.

Im April des folgenden Jahres wurde der damalige Landvermesser
Goyder mit dem Auftrage ausgeschickt, die von Babbage gesehenen Gegenden
trigonometrisch aufzunehmen. Er kehrte schon im Juni zurück und brachte Nach-
richten mit, welche die überraschte Bevölkerung der Kolonie mit dem angenehmsten
Erstaunen erfüllten. Er erzählte, daß in jenen Gegenden, in welchen frühere
Reisende nichts als unfruchtbare Wüsten und Salzseen angetroffen hätten, er den
Torrenssee*) als einen Süßwassersee und das Land rings umher in üppigster
Fülle prangend gefunden habe, mit reichen Grasebenen, hübschen Anhöhen,
reizenden Thälern mit Süßwasserbächen und bevölkert von zahllosen Scharen von
Vögeln. Der See zeigte nirgends eine Flutmarke, aber tiefe, steile Ufer, ein Be-
weis, daß er eine konstante Höhe hatte, und man konnte deutlich die felsigen Ufer
auf der andern Seite des Sees erkennen, ebenso wie die schönen bewaldeten
Inseln, nirgends aber waren Salzinkrustationen zu entdecken. Wol kamen unfruchtbare Strecken Landes vor, aber diese schienen Goyder viel zu unbedeutend
zu sein im Vergleich mit dem prachtvollen Lande rund um dieselben.

Bei der leicht erregbaren Natur der Südaustralier war es sehr natürlich,
daß die Regierung um die Ertheilung von Erlaubnißscheinen (Squatting leases)
alsbald derart bestürmt wurde, daß nach wenig Wochen bereits Gesuche auf fünf
Millionen Äcker Land eingelaufen waren, und daß ein paar Dutzend Viehzüchter,
heißblütiger als die Uebrigen, sofort mit ihren Herden nach diesem neuen Lande
Gosen aufbrachen. Die Regierung wollte indessen keine voreiligen Schritte thun,
sondern schickte erst noch den General-Landvermesser Col. Freeling ab, dessen
Bericht mit der größten Spannung erwartet wurde. Endlich kam derselbe; aber
wo waren die schönen Träume von Seen, Klippen, Weiden und üppigen Thälern
auf einmal hingekommen? Die ausgedehnten Seebuchten, von denen Goyder
erzählt hatte, die jäh abstürzenden Vorgebirge, die verschiedenen Inseln zwischen
dem Nord- und Südufer, die Vegetation, welche sie bedeckte, und ihre senkrechten
Uferhänge — Alles war das Werk der Luftspiegelung und existirte in der That
nicht. Der Schluß, daß der See keine Flutmarke zeigte, war dadurch veranlaßt

---

*) Es möge hier hervorgehoben werden, daß das unter dem Namen „Torrenssee"
hier gemeinte Wasser einzelne Theile des Gregorysees waren, wie sich später herausstellte.

worden, daß kurz zuvor schwere Regengüsse gefallen waren und den See so an=
gefüllt hatten, daß alle niedrigeren Flutzeichen vom Wasser bedeckt wurden. Zahl=
reiches Treibholz lag jetzt, nachdem das Wasser wieder gefallen war, meilenweit
über die Ebene zerstreut, und diese hatte von der Sonnenhitze bereits wieder Risse
und Spalten bekommen. Indessen war das Wasser noch trinkbar, wennschon
sich an den Rändern die Salzkruste wieder ansetzte. — Am 4. September wurde
das kleinere der zwei mitgeschleppten Boote in das Wasser gelassen. Der See war
aber so flach, daß man kaum einen Schuh daranf zum Schwimmen bringen
konnte, obwol die Männer, die das Boot ein Stück in den See hineindrückten,
fast bis an die Knie in den Schlamm sanken.

Die Emeraldquellen. Nach Babbage.

Die gegenüberliegenden steilen Inseln wurden wol gesehen, als aber die
Reisenden zurückblickten, spiegelten sich eben so reizende Landschaftsbilder mit
blauen Wasserfluten, riesigen Bäumen und smaragdgrünen Weideflächen über
den trostlosen Ebenen, über welche sie hergeritten waren.

Freeling versuchte, um alle Zweifel zu beseitigen, mit seinem Begleiter
Hawker und drei Mann den „See" zu durchwaten. Nirgends trafen sie
mehr als 15 cm Wasser, darunter freilich fußtiefen Schlamm; ein paar öde
Inseln, die einen Fuß aus dem allgemeinen Schlamme hervorstanden, boten
ihnen Ruheplätze, und die reizenden Ufer an der andern Seite schienen noch eben
so entfernt zu sein wie vorher. Freeling und seine Leute hätten ihre Kühnheit
fast mit dem Leben gebüßt, denn nur mit genauer Noth und gänzlich erschöpft
erreichten sie das Ufer wieder.

Trotz dieses entmuthigenden Berichtes machte sich eine Anzahl Schafzüchter
auf und siedelte sich in jenen kaum erst entdeckten Gegenden wirklich an.

Was Goyder's Schilderung betrifft, so muß man sich nur wundern, daß dieser Mann nicht alsbald selbst die Ursache seiner Täuschung erkannt hatte, da er mit den Wirkungen der Luftspiegelung wohlvertraut war und kurz vorher in seinem Berichte sogar die Bemerkung gemacht hatte, daß es unmöglich sei, Höhenwinkel zu messen, weil die Strahlenbrechung ungeheure Fehler veranlassen würde. — Eine Probe seiner Thatkraft in späterer Zeit ist übrigens schon früher berichtet worden; es erging ihm am Torrenssee, wie z. B. dem Gouverneur Grey an der Nordwestküste: der Jugendeifer ließ Beide sich einmal überstürzen.

Im Jahre 1858 bewilligte das südaustralische Parlament eine bedeutende Summe, um die kurz vorher von Stephen Hack westlich vom Torrenssee begonnenen Untersuchungen weiterzuführen, namentlich den ungeheuren, von jenem Reisenden gesehenen Salzsee (Gairdnersee) und seine Nachbarschaft genauer zu erforschen, dessen Ufer im Juni 1857 auch schon von Major Warburton erreicht worden waren. Die neue Expedition unter dem Befehle von Babbage und Harris als Zweitem im Kommando wurde mit allem Erforderlichen reichlich ausgestattet und mit Vorräthen für 18 Monate versehen. Die Instruktionen des Kommissärs der Kronländereien, Dutton, gingen dahin, daß Babbage die möglichst vollständige Exploration des Landes zwischen dem Torrens- und Gairdnersee, sowie weiter nordwärts zum Gegenstande seiner Untersuchungen machen und die westlichen Ufer des ersteren wie die östlichen Gestade des letzteren vermessen und kartiren solle, um alle Zweifel über Ausdehnung, Richtung und Grenzlinien beider Seen zu beseitigen.

Man ersieht aus diesen Instruktionen deutlich, daß es sich eigentlich um eine Vermessungsarbeit und nicht um eine Erforschungsreise handelte. Unglücklicherweise beachtete aber weder Babbage noch das Publikum dieselben so, wie sie gesollt hätten, und als das Unternehmen etwas langsam vorschritt, begannen die Südaustralier, welche neue Entdeckungen erwarteten, zu murren und sich laut über den Verlust von Zeit und Geld zu beklagen, die augenscheinlich dadurch veranlaßt wurden. Derselbe Kommissär aber, der die Instruktionen für Babbage geschrieben hatte, schenkte diesen Klagen Gehör und tadelte den Reisenden streng wegen seines Zögerns. Nun ist allerdings wahr, daß Babbage seine Route so sonderbar eingerichtet hatte, daß er plötzlich wieder in den besiedelten Distrikten erschien, was mit seiner Instruktion sicherlich nicht in Uebereinstimmung zu bringen war; aber er hatte auch vom 1. April bis Ende August eine ganze Reihe von Seen, die sich westlich vom Torrenssee hinziehen, untersucht und aufgenommen und die merkwürdige Thatsache festgestellt, daß sie in demselben Maße, wie sie weiter vom Torrenssee entfernt waren, auch höher über dem Meeresspiegel lagen, sowie daß der Unterschied der verschiedenen Niveaus volle 60 m — eine recht ansehnliche Thurmhöhe — beträgt. Der noch weiter westlich gelegene Gairdnersee entspricht etwa dem höchstgelegenen in der Reihe, während der Torrens- und der später zu erwähnende Eyresee viel tiefer als der niedrigste in der Reihe liegen.

Die von Babbage vermessenen Seen waren alle salzig, und wenn auch das sie umgebende Land recht gut aussah, so fehlte ihm doch das nothwendigste Er= forderniß seiner Tauglichkeit, gutes Trinkwasser, vollständig. Dagegen konnten die Reisenden fast täglich das wunderbare Schauspiel der Luftspiegelung genießen, ein Umstand, der nicht wenig zur Verzögerung der Aufnahme beitrug.

Babbage befand sich zu Anfang September in Port Augusta, als er zu seinem Erstaunen in einer Zeitung von seiner wahrscheinlich bevorstehenden Ab= berufung las und erfuhr, daß Harris mit einer großen Zahl Pferde und Karren sich bereits auf dem Wege nach Adelaide befinde. Er eilte seinem zweiten Be= fehlshaber alsbald nach und hörte von ihm zu seiner größten Ueberraschung, daß die Regierung an Harris' Stelle Charles Gregory ernannt habe, der kurz vorher vom Barku zurückgekehrt war und sich jetzt im Lager am Elisabethfluß (westlich vom Nordende des Torrenssees) befand, um die Rückkehr der Karren anzuordnen, weil die Regierung fand, daß es besser sei, wenn Babbage, ebenso wie Gregory bei seiner letzten Reise gethan, das Gepäck von Pferden tragen lasse. Im Lager selbst angekommen, fand Babbage einen strengen schriftlichen Verweis, den er jedoch theilweise für gerechtfertigt angesehen haben mußte, denn er be= schränkte sich darauf, eine Remonstration nach Adelaide zu schicken, und machte sich schleunigst zum Zwecke neuer Erforschungen auf den Weg nach Norden.

Auf dieser Reise fand Babbage in einer ausgedehnten, nur 20 m über dem Meere gelegenen Ebene den großen Salzsee, der später den Namen Eyresee erhielt, sowie dessen südliche und westliche Zuflüsse, und etwa zwei Stunden west= wärts von den Ufern desselben eine Merkwürdigkeit für Australien: — eine heiße Quelle. Ein Hügel von etwa 6 m Höhe, rundum mit Schilf be= wachsen, faßte oben einen kleinen Teich von Binsen ein, in dem das Wasser auf= sprudelte und von welchem es in verschiedenen Kanälen über den Rand der Quelle abfloß. Die Kanäle vereinigten sich zu einem Bache, und dieser mündete in einen kleinen Salzsee. Die Temperatur des Wassers wurde auf 90° F. (= 26° R.) bestimmt; Babbage fügt jedoch hinzu, daß diese Messung sehr unsicher sei, und giebt weiter an, das Wasser sei zu heiß gewesen, als daß man die Hand nur eine Minute hätte darin lassen können, aber vollkommen süß. Dabei lieferte die Quelle die ungeheure Quantität von 175,000 Gallonen oder 5000 Ohm täglich. Eine solche Entdeckung in einer Gegend, die der Hauptsache nach aus Sand und Salz= seen bestand, mußte um so wichtiger erscheinen, als es von diesem Augenblicke an keinem Zweifel mehr unterliegen konnte, daß man eine große Expedition getrost in diese Gegend führen dürfe, ohne Wassermangel fürchten zu müssen. Die Quelle erhielt den Namen Emerald=Springs.

Unterdessen hatte die Regierung in Adelaide erfahren, daß Babbage in Port Augusta und in der Gegend vom Mount Remarkable gesehen worden war, und war darüber so ungehalten, daß sie beschloß, ihn durch Oberst Warburton ersetzen zu lassen. Warburton machte sich auf den Weg, traf Babbage am 5. No= vember am Westrande des Eyresees und schickte ihn wirklich mit einem einzigen Manne als Begleitung fort nach Adelaide. Erklärlicherweise mußte diese rasche

Art später zu allerlei sehr unliebsamen Erörterungen über die Priorität gewisser Entdeckungen zwischen den beiden Männern führen, wie sich denn im Allgemeinen nicht anders sagen läßt, als daß der Auftrag, dessen Ausführung sich Warburton unterzog, sicherlich besser für einen Bediensteten der Sicherheitspolizei als für einen Forschungsreisenden gepaßt hätte. Das Sonderbarste geschah aber, nachdem Babbage fort war. Warburton wendete sich nämlich gleichfalls nach Süden, ohne die Gelegenheit zu benutzen, des Nordende des Sees zu umgehen und ostwärts davon sich nach Weidegründen umzusehen. Freilich war der Anblick, den der See darbot, nicht von der Art, daß man leicht hätte Lust zu weiteren Forschungen in jener Gegend bekommen können. Das Wasser des Sees zu erreichen, war schon eine Unmöglichkeit, denn das Ufer hatte bis auf große Entfernungen eine so weiche und breiige Beschaffenheit, daß man es nicht betreten durfte, wenn man nicht Gefahr laufen wollte, in einem Sumpfe von unbekannter Tiefe zu versinken.

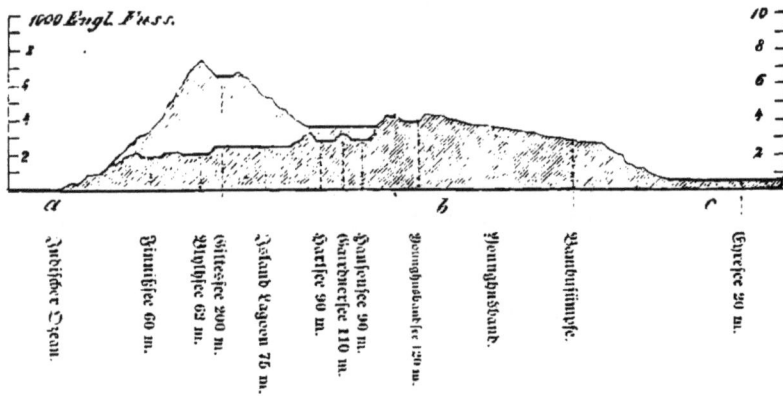

Profil der von Babbage entdeckten Seen südwestlich vom Eyresee

Dabei fiel der Strand so flach ab, daß Warburton die Tiefe des Wassers 30 bis 35 m vom Uferrande auf höchstens einen Meter schätzte, und endlich war die ganze Gegend von Bäumen fast entblößt, dagegen aber mit krystallinischem Salze bedeckt, welches den Rand des Wassers so glänzend weiß färbte, daß man es für Wellenschaum hätte halten können, wenn nicht die grabähnliche Stille dieser Wüsteneinsamkeit die Reisenden eines Andern belehrt hätte.

Warburton hatte vorher, während er weiter westlich gereist war, gleichfalls Süßwasserquellen entdeckt, „mehr, als er zu untersuchen oder nur zu zählen im Stande war", und jetzt weiß man, daß solche Quellen in großer Zahl — zu Hunderten — längs des ganzen östlichen Abhanges eines das südaustralische Seengebiet auf der Westseite begleitenden steinigen Hochlandes vorkommen, und daß man durch Bohrungen in verhältnißmäßig geringer Tiefe überall gute und reichlich fließende Brunnen herstellen kann. Die bedeutendsten der von Warburton aufgefundenen Quellen sind die am Mount Hamilton. Dort erhebt sich ein Kalksteinhügel von 35 m Umfang an der Basis und 10 an der Spitze, 10 m hoch aus einem Salzsumpfe empor, ringsum mit 2 bis 3 m hohem Schilfe bewachsen, wie an der Emeraldquelle. Dieses Schilf schließt ein Wasserbassin ein, etwa 15 m im Durchmesser und 3 bis 4 m tief, und das über den Rand des Felsens in starken Bächen abfließende Wasser gelangt in den vorher erwähnten Salzsumpf.

Wie die Emerald= und die Hamiltonquellen, so sind noch viele andere von Kalksteinwällen von verschiedener Höhe umgeben und oben mit Schilf und Binsen bewachsen. Die im November 1859 von Sturt entdeckten, unter 29° südl. Breite gelegenen Williamquellen z. B. entspringen auf einem Hügel von mehr als 30 m Höhe.

Die Süßwasserquellen am Mount Hamilton.

Andere dieser natürlichen Brunnen brechen am Fuße einzelnstehender Hügel hervor, noch andere sind in großer Zahl auf verhältnißmäßig ebenem Boden gruppirt und bilden ausgedehnte Sumpfwasser, welche mit Röhricht, oder auch mit einer verwirrten Masse von Moos und Gras, oder endlich mit torfartigen, verwesenden Substanzen angefüllt sind. In Bezug auf die Temperatur des Wassers müssen die Quellen sehr verschieden sein; einige werden nämlich kühl genannt, andere warm, noch andere heiß, und am Primrosehill, unter 28° südl. Breite, nahe am Nealefluß, sind von Sturt warme und kalte Quellen dicht beisammen nachgewiesen worden. Die ersteren sollen heißer sein als die Emeraldquellen. In der Nachbarschaft der Brunnen finden sich stets gute Grasplätze, manchmal sehr ausgedehnte Weiden, im Uebrigen jedoch ist die ganze Landschaft zwischen dem Abhange des steinigen Plateaus und dem Eyresee sehr dürftig zu nennen. Die Anhöhen namentlich sehen aus, als ob es hier noch niemals geregnet habe, und sind dabei von so sonderbarer Bildung, daß man sich auf den ersten Blick sagen muß, daß diese Hügel nur durch eine lang andauernde Thätigkeit des Wassers diese Formen bekommen haben können, welche sie thatsächlich zeigen.

Von allen Eigenthümlichkeiten dieſer Brunnen ſind zwei beſonders merk=
würdig. Die erſte iſt ſicherlich die Bildung der Kalkſteinwälle, welche offenbar
durch die Brunnen ſelbſt geſchaffen worden ſind, dadurch, daß das mit Kalk ge=
ſättigte Waſſer fremde Körper, wie abgeſtorbene Wurzeln und Stengel von Schilf,
welche ſich am Rande deſſelben vorfanden, mit einem Anfangs äußerſt dünnen,
allmählich dicker werdenden Kalkmantel überzog, aus welchem mit der Zeit, unter
dem Einfluſſe der ſtarken Verdunſtung, recht gut ſo umfangreiche Kalkſteinmauern
entſtehen können, wie ſolche vorhin erwähnt wurden. Die zweite Eigenthümlich=
keit muß aber wol in der ſehr verſchiedenen Temperatur des Waſſers gefunden
werden, welche jedenfalls darauf hinweiſt, daß der eigentliche Urſprung dieſer
Brunnen in ſehr ungleichen Tiefen geſucht werden muß. Die wärmeren unter
ihnen mögen immerhin, nach der Analogie europäiſcher warmer Quellen zu
ſchließen, einige tauſend Meter aus der Erde heraufzuſteigen haben.

Es iſt unnöthig, hervorzuheben, von welch großer Bedeutung das Vorkom=
men ſo vieler und zum Theil ſo außerordentlich ſtarker Quellen ſüßen Waſſers
in unmittelbarer Nähe der Salzwüſte des Torrensbeckens in jeder Hinſicht iſt.
Keine zweite Gegend von ähnlicher Beſchaffenheit findet ſich in den bisher er=
forſchten Theilen von Auſtralien, und man kann ſich gewiß nicht wundern, daß
die nutzbaren Weideländereien in der Umgebung der Quellen kurz nach deren
Entdeckung angekauft wurden und jetzt zum größten Theil beſiedelt ſind.

Mit den Entdeckungen von Warbuton und Babbage war übrigens ein
außerordentlich großer Schritt zur beſſeren Kenntniß des Innern von Auſtralien
geſchehen. Man hatte nämlich die Ueberzeugung gewonnen, daß die Wüſte,
welche Sturt angetroffen, ſich nicht durch ganz Auſtralien erſtrecken könne, oder
daß zum wenigſten ſich eine Lücke darin finde, durch welche man ein Vorwärts=
dringen ins Innere hoffen durfte.

Eine ganze Reihe von Reiſen zur beſſeren Unterſuchung des erwähnten
Quellengebietes, wie überhaupt zur Erforſchung der Gegenden nördlich und öſt=
lich von der Flinderskette wurde während der nächſten Jahre unternommen und
durchgeführt; ſo zunächſt von Parry 1858 ſowie von Stuckey und Hack in
den Jahren 1859 und 1860, welche nördlich vom Torrens= und öſtlich vom
Eyreſee eine Anzahl kleinerer Seen auffanden, deren gegenſeitige Lage und Ge=
ſtalt jetzt ziemlich gut beſtimmt iſt und an welchen zum Theil ſchon Viehzüchtereien
angelegt ſind.

———

Während der zur Erforſchung des Torrensbeckens unternommenen Expe=
ditionen wurden auch die öſtlich und nördlich davon gelegenen Gegenden aufs
Eifrigſte unterſucht. Dieſelben waren, wie ſchon berichtet wurde, zuerſt von
Sturt durchzogen worden, welcher am 18. Auguſt 1845 den Strzelecki=
Creek und am 12. Oktober jenes Jahres den Hauptſtrom des Cooper=
Creek wenige Meilen unterhalb der Abzweigung des Strzelecki entdeckte, und
welcher ferner auch am 16. Oktober die Hope=Plains und den Lipſonſee
(unter 27° ſ. Br.) fand. — Kennedy hatte zwei Jahre ſpäter den Irrthum

Mitchell's hinsichtlich des Laufes des Barku zur Genüge nachgewiesen und war diesem Flusse bis etwas südlich vom 26.º f. Breite gefolgt, ohne jedoch den Zusammenhang desselben mit dem Cooper=Creek entdeckt zu haben. Dies war A. C. Gregory vorbehalten, welcher im Jahre 1858 von der Moreton=Bai auszog und den ganzen Flußlauf des Barku oder Cooper abwärts verfolgte, auch die Einmündung des Sturt'schen Strzelecki=Creek in den jetzigen Gregorysee, damals Blanche=Water genannt, nachwies. Der Strzelecki trennte sich fast unter einem rechten Winkel von dem Hauptarm und führte fast den dritten Theil der Wassermasse des Cooper=Creek nach Süden, obwol auch er kein per= manentes Wasser hatte. Von dem nördlichen nach Westen gerichteten Arme zweigten sich viele größere und kleinere Kanäle nach Süden hin ab, bis sich der Fluß in den trockenen Schlammebenen und sandigen Hügelreihen zu verlieren schien. Von Zeit zu Zeit erschien das Flußbett wieder, auch zeigte sich Wasser darin, aber plötzlich verschwand es von Neuem in dem kahlen Sande, der den Boden ganz gleichmäßig bedeckte und keinen Grashalm emporsprießen ließ. — Selwyn machte im darauf folgenden Jahre (1859) ganz dieselben Wahr= nehmungen.

Auch Burke und Wills verloren in derselben Gegend wie Gregory den Nordarm des Cooper aus den Augen. Sie folgten dem Flußarme am 18. De= zember 1860 in westnordwestlicher und später in nordwestlicher Richtung, bald jedoch schien er sich auf einer mit Polygonumbüschen (Polygonum oder Mühlen- beckia Cunninghami) bewachsenen Ebene zu verlieren. Am 19. trafen die Reisen= den eine große Zahl kleiner Kanäle über die Ebene zerstreut und hielten es für wahrscheinlich, daß sie mit dem Cooper in Verbindung ständen.

Zu derselben Ansicht kam im nächsten Jahre Mc Kinlay, der diese Gegend vom 23. Oktober 1861 bis zum 7. Januar 1862 in den verschiedensten Richtungen durchstreifte und recht anschauliche Schilderungen des trostlos einförmigen Landes entwirft, „das nur aus Sandhügeln, Niederungen mit Gras oder Polygonum, Bachbetten und Seebecken mit oder ohne Wasser, je nach der Jahreszeit, besteht."

A. Howitt, der im April 1862 die Gegend bereiste, erkannte mit richtigem geographischem Blicke, daß der Nordarm des Cooper sein Ende im Blanchesee (oder Lipsonsee) auf den Hope=Plains erreiche. Der Südarm, Sturt's Strze= lecki=Creek, wurde von Howitt auf dem größten Theil seines Laufes untersucht und definitiv festgestellt, daß derselbe in den Gregorysee (auch Blanche=Water genannt) münde, von welchem man seit den Untersuchungen der deutschen Missionäre im Jahre 1867 weiß, daß er in drei einzelne Wasserbecken zerfällt.

Nachdem Howitt's wichtige Entdeckungen bekannt geworden waren, entschloß sich Oberst Warburton im Jahre 1866 zu einer neuen Reise, auf welcher er eigentlich seine im Jahre 1858 in so sonderbarer Weise abgebrochenen Unter= suchungen von Neuem aufnahm. Mit knapper Noth gelang ihm die Durchkreu= zung der furchtbaren Wüste am westlichen Ufer des Torrenssees, und er gelangte an den Mount Margaret in der Denisonkette westlich vom Eyresee, von wo aus dann am 17. Juli 1866 die Entdeckungsreise selbst angetreten wurde.

Warburton's Weg führte gegen Nordosten, an den Parry- und Primrosequellen vorüber und sodann auf eine ausgedehnte Grasebene mit Wasserlachen und Sand-hügeln. Hier fand der Reisende, daß er das Nordende des Sees bereits über-schritten haben müsse und ritt deshalb am 21. Juli eine Strecke südwärts, um den See selbst zu sehen. Einige Tage später traf er ein trockenes Flußbett an, das er — freilich irrthümlicherweise — für einen dritten Arm des Cooper hielt, das er aber nicht weit genug verfolgen konnte, da er des Wassermangels wegen bald umkehren mußte.

Im folgenden Jahre, 1867, wurden zwei Missionsstationen, diejenige der Brüdergemeinde und diejenige der Hermannsburger Mission, hoch im Norden der Kolonie Südaustralien, in einer bis dahin noch von keinem Weißen betretenen Wildniß westlich vom Hopesee, gegründet, und die Missionäre der Brüderge-meinde Walder, Kramer und Meißel erwarben sich durch genaue Durch-forschung des ihrer Niederlassung benachbarten Gebietes ein bedeutendes Verdienst. Sie stellten insbesondere fest, daß der Barku oder Cooper-Creek unter 28° 22′ mit einem seiner Arme nach einem vielfach gewundenen Lauf in den Eyresee mündet. Freilich fügen die Entdecker hinzu, führt das Flußbett nur gelegentlich und streckenweise Wasser und ist deshalb nicht überall deutlich ausgeprägt, bis-weilen sogar nur an der dichteren Bewaldung flacher Bodenstrecken erkennbar.

Ferner machte in den Jahren 1874 und 1875 der Geometer J. W. Lewis Aufnahmen an den bis dahin unbekannten nordwestlichen, nördlichen und östlichen Ufern des Eyresees und seiner Zuflüsse. Dabei untersuchte er auch den von Warburton aufgefundenen, im Nordosten des Sees mündenden Fluß, und stellte fest, daß derselbe den Abfluß der verschiedenen Wasserlöcher und Salzseeen in der steinigen Wüste bildet; Lewis nannte ihn Warburtonfluß.

Im folgenden Jahre (1876) rüstete die Regierung von Queensland eine unter die Führung von W. O. Hodgkinson gestellte Expedition aus, welcher die Aufgabe zufiel, die westlichen und nordwestlichen Grenzgebiete des Landes zu erforschen. Die Reisegesellschaft ging vom Flinders- und Cloncurryfluß, an dessen Ufern neuerdings ein unbedeutendes Goldfeld und sehr beträchtliche Kupferlager entdeckt wurden, südwärts, und verfolgte zunächst den von Mc Kinlay in seinem oberen Laufe entdeckten Müller-Creek (dem jedoch der Name Dia-mantina beigelegt wurde), bis zu seinem Einfluß in den Eyresee (unter 17° 20′ südl. Breite und 154½° ö. L.). Außerdem fand aber Hodgkinson, daß der von Landsborough 1861 (in 17° südl. Breite und 155½° ö. L.) entdeckte Herbertfluß einen recht ansehnlichen Nebenfluß eines zweiten großen Flusses ausmacht, welcher den Namen Mulliganfluß erhielt und sich gleichfalls nach Süden wendet, während viele Seen über das Land zerstreut sich vorfinden. Die Expedition war im Dezember 1876 wieder glücklich zurückgekehrt.

Schon vorher, im Jahre 1871 (während des Baues des Ueberland-Tele-graphen), hatte man den Zusammenhang des Hughflusses mit dem Finke-fluß kennen gelernt, sowie zwei ganz neue Flüsse, den Waite und Todd, auf-gefunden, welche zweifellos ihr Flutwasser gleichfalls dem Eyresee zusenden.

Faßt man die Reſultate aller dieſer Entdeckungen zuſammen, ſo ergiebt ſich zunächſt, daß der ganze Seendiſtrikt, einſchließlich des Eyreſees, des Gregory= ſees und vielleicht noch anderer Theile des vormaligen Hufeiſens, als das ge= waltige Mündungsdelta des Barku erkannt werden muß. Dieſes Delta hat bei einer Breite von 37 eine Länge von 40 geographiſchen Meilen und iſt demnach viel größer als dasjenige des Nil, welches gleichwol 23 Meilen in der Länge und 28 in der Breite mißt. Freilich ſieht es mit der Waſſermenge deſſelben äußerſt dürftig aus. Hat ſchon der Barku vor ſeiner Theilung ſelten fließendes Waſſer, ſo erfüllen die Betten ſeiner ausgedehnten Mündungsarme nur bei den im Innern Auſtraliens ſo ungewöhnlichen ſtärkeren Regenfällen ihre Beſtimmung als Ableitungskanäle, und daher kommt es, daß dieſe Mündungs= arme nicht überall ſcharf begrenzte Rinnen darſtellen, ſondern öfters in unſtete Kanäle auslaufen und ſtreckenweiſe auf der Ebene vollſtändig verſchwinden.

Eine Waſſerflut, die den Barku herabkommt, muß die verſchiedenen Rinnen des breiten Fluſſes ausfüllen, den trockenen Boden weithin tränken und die zahl= reichen, unterwegs gelegenen Seebecken mit Waſſer verſorgen, ſo daß nur ein geringer Bruchtheil der Flut ſelten und überraſchend ſpät, oft erſt nach Wochen, in die einzelnen, an den tiefſten Stellen der weit ausgedehnten Niederung gelegenen Sammelbecken, den Eyre=, Gregory= und Blancheſee, gelangen kann.

Aber nicht der Barku allein fließt nach dieſem merkwürdigen Delta mitten im Lande hin; die Ausdehnung dieſes ganzen Flußgebietes im Ein= zelnen feſtzuſtellen, muß vielmehr künftigen Forſchungen vorbehalten bleiben, obwol ſich daſſelbe jetzt ſchon in ſeinen Hauptumriſſen deutlich überſehen läßt.

Seine Oſtgrenze wird nämlich unzweifelhaft durch die Quellgebiete des Barku und des Thomſonfluſſes gebildet; die Nordgrenze durch diejenigen des Müllerfluſſes (oder Diamantina), nebſt Herbert=Creek, und die Weſtgrenze endlich durch die dem Waite= und Toddfluß zugehörigen Quellbäche. Ein Länder= gebiet, reichlich ſo groß, wie das Deutſche Reich, muß man ſich demnach als eine einzige gewaltige Niederung denken, in welcher ſich die Regenfluten des Innern, bald größere, bald kleinere Flußſyſteme darſtellend, ſammeln und zwiſchen öden Geröll=, Sand= und Grasflächen zahlreiche, aber unbeſtändige Seen bilden.

Aehnlich wie der Murray mit ſeinen Nebenflüſſen im Innern des Konti= nentes einen langen Weg durch Ebenen von ſehr geringer Meereshöhe zurücklegt, ſo durchlaufen auch der Barku, Müller, Waite u. ſ. w. weit ausgedehnte Tief= ebenen, nur mit dem Unterſchiede, daß der Murray das Meer erreicht, während das Mündungsgebiet des Barku und der übrigen Steppenflüſſe vom Spencer= Golf, der einſtmals die Gewäſſer dieſes Flußgebietes ins Meer geleitete, nach und nach zurückgedrängt worden iſt. Dieſer Satz läßt ſich allerdings nur als Hypotheſe hinſtellen, dieſelbe läßt ſich jedoch wohl begründen.

Sturt hatte nämlich ſchon bei ſeiner Reiſe auf dem Murray an deſſen unterem Laufe ein ungeheures Foſſilienlager entdeckt, und als er im Jahre 1838 von Murundi am Murray weſtwärts nach Adelaide ging, kam er von dem Foſſi= lienlager auf Sandſtein und an den Hügeln auf Schiefer; dann fand er auf der

Kette des Mount Barker und Mount Lofty plutonische Gesteine und endlich auf dem Westabhange des Gebirges bei Adelaide wieder Sandstein und ein Fossilienlager, welches dem am Murray vollkommen ähnlich war. Hierdurch wurde er zuerst auf die Hypothese geführt, daß der australische Kontinent einst eine große Inselgruppe gebildet habe und die jetzigen ungeheuren Tiefebenen damals Meeresboden gewesen seien.

Nachdem nun der genannte Reisende im Jahre 1845 die Wüstenregion im Norden des Torrensbeckens gesehen hatte, die er, wie andere Besucher derselben Gegend, mit aller Bestimmtheit für ehemaligen Meeresboden erklärte, sprach er schon die Ansicht aus, daß der ganze australische Kontinent eine Hebung bis zu seinem heutigen Niveau erfahren haben müsse.

Da aber die nördlichen und nordöstlichen Theile desselben beim Beginn der Hebung schon höher waren, als die südlichen und südwestlichen, so mußte das Wasser nach dieser Seite ablaufen, und die Wasserfluten wurden durch die dazwischen gelegenen Hügelketten (Stokes-, Grey- und Stanley-Ranges) in zwei Ströme getheilt, deren einer der Linie des Darling folgte und sich in die Encounter-Bai ergoß, während der andere eine mehr westliche Richtung nahm und in den Spencer-Golf abfloß. Zu dem Maße nun, wie die Hebung der Küste fortschritt, und wie gleichzeitig durch das von den Fluten herbeigeschleppte Geröll die Flußmündung sich verengte und zuletzt verstopfte, bildete dieser Flutstrom, von dem der Barku bis jetzt am besten bekannt geworden ist, die Seen des Torrensbeckens um die West-, Nord- und Ostseite der Flinderskette herum und das merkwürdige Flußdelta mitten im Kontinent. Den Weg, den diese Fluten nahmen, bezeichnen die zuerst von Sturt und seitdem oftmals von Anderen durchschnittenen Wüstenstriche. Es liegt in der That nahe, die seichten Salzseen des Torrensbeckens für Ueberbleibsel eines ehemaligen Meeresarmes oder solcher Meerfluten anzusehen; allen Beobachtern fiel die große Aehnlichkeit ihrer salzigen, von regelmäßigen Sanddünen eingefaßten und von Steingerölle bedeckten Ufergegenden mit dem Meeresstrande auf; aber die angedeutete Veränderung kann trotz der noch gegenwärtig beobachteten, nicht unbeträchtlichen Hebung großer Küstenstriche Südaustraliens und Victoria's nur in längst vergangenen Zeiten stattgefunden haben, und der ehemalige Meeresboden würde sich hier, wie in anderen Gegenden der Erde, durch Einwirkung der Atmosphäre, Zersetzung und Verwitterung des Gesteines und Entwicklung einer Vegetation allmählich zu fruchtbarem Ackerbauboden umgewandelt haben, wenn die Regenverhältnisse günstigere wären. Nach jedem leichten Regenschauer bedeckt sich das Land mit Gras und Kräutern; die lang andauernden Pausen zwischen solchen Niederschlägen verhindern aber das Emporwachsen einer kräftigen Vegetation und einer Dauer versprechenden Veränderung seines Charakters.

Ob die an verschiedenen Punkten in Angriff genommene Kultivirung des Bodens in Zukunft eine solche Veränderung herbeizuführen im Stande sein wird, ist eine im Allgemeinen schwierig zu beantwortende Frage.

Die Eingeborenen greifen Stuart's Lager an.

V.

Die endliche Durchkreuzung des Kontinentes von Süd nach Nord.

Stuart's Reisen. — Stuart am Eyresee. — Zwei Reisen im Jahre 1859. — Erste große Reise 1860. — Zusammentreffen mit den Wilden. — Gräber von Eingeborenen. — Der Grasbaum. — Neue Expedition 1861. — Lager am New-Castle-Water. — Dritte Reise 1862. — Stuart am Indischen Meere. — Burke und Wills. — Großartige Ausrüstung. — Aufbruch von Melbourne. — Mißhelligkeiten. — Trennung bei Menindi. — Das Lager Fort Wills am Barku. — Burke und Wills nach dem Carpentaria-Golf. — Rückreise. — Gray todt. — Fort Wills ist verlassen. — Hunger und Elend. — Wills und Burke todt. — King unter den Wilden. — Der Rest der Expedition. — Howitt's Expedition und vier andere. — King gerettet. — Untersuchungskommission. — M'Kinlay's große Reise. — Landsborough's Route. — Walker. — Der Ueberland-Telegraph durch Australien. — Charles Todd. — Der nord- und südamerikanische und der sibirische Telegraph. — Der australische Telegraph 1870—1872. — Die Rentabilität. — Mancherlei Schwierigkeiten. — Termiten. — Grasfeuer. — Angriffe der Wilden. — Ausbau des Telegraphennetzes in Australien. — Transkontinentale Eisenbahn, Greeley Lukin's Expedition.

Stuart's Reisen. Thomas Mitchell hatte bereits geglaubt, die Wasserscheide zwischen den nach Süden und nach Norden abfließenden Gewässern Australiens gefunden zu haben. Seine Vermuthung bestätigte sich bekanntlich nicht, aber der Gedanke, einen Weg durch den Kontinent von Süden nach Norden zu finden, gewann in dem Maße eine festere Gestalt, als die von Adelaide aus unternommenen

Reisen sich mehr dem Mittelpunkte des Landes näherten. Der Wüstengürtel namentlich, dieses Hinderniß für jede größere Unternehmung, schien am Eyresee eine Lücke zu haben, und daher kam es, daß auf dieser Seite die ersten Versuche, weiter nordwärts zu gehen, unternommen wurden.

John M'Douall Stuart, einer der Begleiter Sturt's bei seiner gefahr= vollen Wüstenreise, war der Mann, der vom Jahre 1858 an mit ganz unermüd= lichem Eifer eine Anstrengung um die andere in dieser Richtung machte. Bei seiner ersten Reise in dem genannten Jahre hatte er nur zwei Männer bei sich, von denen einer ein Schwarzer war, sowie fünf Pferde. Seine nächste Absicht war eigent= lich, einen Weidegrund aufzusuchen, der von den Schwarzen Wingilpin genannt wurde und „murray murray" (sehr weit) nach Norden liegen sollte. Als die kleine Gesellschaft indessen den Eyresee zu Gesicht bekam, war ihr schwarzer Führer schon in einer ihm gänzlich fremden Gegend und wußte keine Auskunft mehr zu geben. Stuart wendete sich nach Nordwesten und gelangte, nachdem in großem Bogen die seitdem Stuart=Range genannte Hügelreihe umgangen war, von welcher die Bäche nordostwärts nach dem Eyresee abflossen, sowie nach vielen Kreuz= und Querzügen an die von Babbage untersuchte Seenreihe. Von hier aus wollte er das Meer gewinnen, und dies glückte ihm auch in der That, aber unter unsäglichen Anstrengungen. Die mitgenommenen Lebensmittel hatten durch kluge Eintheilung und Sparsamkeit viel weiter gereicht, als vorgesehen war; am Gairdnersee verzehrten aber die Leute ihr letztes Mahl und konnten ihren Weg von da westwärts nur im Vertrauen auf das Erträgniß der Jagd verfolgen. Allerdings war diese Hoffnung eine sehr trügerische; ein Opossum oder eine Krähe, in sehr seltenen Fällen ein Wallaby, war die ganze Jagdbeute, und zuletzt bestand die Hauptnahrung der armen hungernden Männer aus Beutelmäusen (Antechinus), die allerdings im ganzen südlichen Australien sehr zahlreich vor= handen sind und von denen man 12 bis 15 Arten kennt, durchschnittlich in der Größe von 16 cm. Als die Reisenden bei Bilimah ans Meer ge= langten, lebten sie von Muschelthieren, und erst an der Streaky=Bai, wo sie eine Ansiedelung antrafen, konnten sie sich einigermaßen erholen. Vom 3. bis 11. September 1858 wurde sodann die Rückreise nach Mount Arden gemacht und so im Ganzen innerhalb dreier Monate ein Weg zurückgelegt, größer als irgend ein vorhergehender Reisender in Australien jemals in der doppelten Zeit und mit den doppelten Mitteln ausgeführt hatte.

Als das hauptsächlichste Resultat dieser Reise muß der Nachweis angesehen werden, daß jenseit des Torrenssees und der Australischen Bucht sich — anstatt einer Wüste — Weidegrund und Wasser finde und grasreiches Land weit nord= wärts erstrecke. Diese Gegenden genauer zu untersuchen und die Entdeckungen von Babbage und Warburton zu verfolgen, machte sich Stuart nach kurzer Rast wiederum mit nur zwei Begleitern im April 1859 von Neuem auf. Seine Aus= rüstung verdankte er diesmal, wie bei allen seinen späteren Reisen, zwei ihm be= freundeten Ansiedlern, Chambers und Finke. Er gelangte bis in das über eine halbe Stunde breite Flußthal des Neale, das von vielen Rinnsalen durchzogen und dicht mit Eukalypten bewachsen war, aber nur in seinem unteren Theile noch einzelne Wasserlöcher enthielt, obwol man deutlich an den in den Bäumen hängenden Gegenständen (Holz, Gras u. dergl.) sehen konnte, daß das Wasser einst an den breitesten Thalstellen 4 bis 5 m hoch gestanden haben mußte. Außerdem fand er viele Quellen und „wundervolles" Grasland und kam am 26. Juni wieder zurück.

Im November 1859 ist Stuart in Begleitung von vier Männern bereits zum dritten Male nördlich von den Emeraldquellen. Zuerst untersuchte er die sehr bald als durchaus unzugänglich erkannten Ufergegenden des Eyresees und danach den quarzreichen Boden in verschiedenen Gegenden des westlich vom See sich hinziehenden Berglandes, von dem es Stuart wahrscheinlich schien, daß er Gold berge. Diese Vermuthung ist wol die Veranlassung gewesen, daß das Tagebuch über die Reise mehrere Jahre lang unveröffentlicht blieb; indessen scheint bis jetzt kein Gold in jener Gegend gefunden worden zu sein. Erst als alle Werkzeuge, wie Meißel u. dergl., ruinirt waren und der Proviant zu Ende ging, entschloß man sich zur Umkehr, und am 21. Januar erreichten die Reisenden den Chambers=Creek, den Zufluß des Eyresees von Süden her, wo neue Vor= räthe für sie angekommen waren und wo sie sich bis zum 2. März 1860 ausruhten.

Unterdessen war vom südaustralischen Parlament eine Prämie von 2000 Pfund Sterling für Denjenigen ausgesetzt worden, welcher zuerst, auf seine Kosten, den Kontinent von See zu See von Südaustralien aus durchkreuzen würde, und Stuart wollte neben dem Ruhme auch diese Prämie gewinnen. An dem genannten Tage trat er, neu ausgerüstet, seine erste große Reise in das Innere an. Keckwick und Head, die schon früher mit ihm gewesen, waren seine Begleiter, und sie hatten 13 Pferde mit sich. Im Oktober war Stuart schon wieder in Adelaide und überraschte alle Welt mit der Nachricht, daß er bis zu 18° 47′ südl. Breite vorgedrungen sei und an der vollständigen Ausführung seines Planes nur durch feindlich auftretende Eingeborene verhindert worden wäre.

Stuart hatte zunächst den Neale eine Strecke aufwärts verfolgt, dann wendete er sich mehr nördlich und überschritt eine ganze Reihe von kleineren und größeren Gewässern, die alle ostwärts flossen, also offenbar von dem westlicher ge= legenen Tafellande den Niederungen des Seengebietes zueilten. Dieses Tafelland war zum großen Theil aus Gips, Quarz und Eisenstein zusammengesetzt, ganz ähnlich wie die Hügel der Grey=Range. Der nächste Fluß, der Finke=River, war mehr nach Süden als nach Osten gerichtet, ein Zeichen, daß die Reisenden in der Nähe der Nordgrenze jener großen Niederung angekommen sein mußten. Der Oberlauf des Finke ging zwischen den hochrothen Sandhügeln hindurch mit sehr dichtem Spinifex, aber Stuart war an den Anblick der Wüste durch viel= jährige Erfahrung gewöhnt, so daß er nichts Besonderes darin fand. Nur ein etwa 30 m hoher Hügel erregte seine Aufmerksamkeit. Auf demselben stand ein Pfeiler aus Sandstein, der selbst 31 m hoch, 6 m breit, 3 m dick und mit zwei Spitzen versehen war. Rings um die Erhöhung war eine Anzahl bemerkens= werther Höhen, welche das Aussehen alter zerfallener Schlösser hatten.

Es erinnert dies unter Anderem an King's Beschreibungen von der felsigen „Rothen Küste" oder an den Tower=Almond und die Hügel rundum, welche Mitchell am oberen Ende des Belyando antraf.

Nachdem die Wasserscheide des Seengebietes bereits überschritten war, ge= langte Stuart, wie er richtig vermuthet hatte, an ein zweites, nach Südosten ge= richtetes Flußthal, damals jedoch ohne Wasser, das des Hugh=River, und da= nach erst an einen wirklichen Gebirgszug, der von West nach Ost strich, aus Granit und Gneis bestand und mit schönem grünen Walde bewachsen war, in welchem eine hübsche Palme mit ihrem grünen Blätterstrauße ihm zeigte, daß er jetzt mehr und mehr ins Herz der unbekannten Regionen eindringe. Nach zweitägiger schwerer Arbeit war die Gebirgskette überschritten, und Stuart befand sich in einem quellenreichen Lande, in welchem alle Bäche nordwärts flossen. Indessen wurde das Land bald trocken, mit Skrub bewachsen, und das Wasser ging aus, bis am zweiten Tage eine andere Hügelreihe, von Granit gebildet, die Reynold= Range, mit Ueberfluß an Gras und Wasser erreicht wurde. Die Besserung hielt mehrere Tage an, dann kam aber ein Skrubland, so trostlos, wie es nur eines in Australien geben kann, und nachdem die Reisenden einen mühsamen, sieben geographische Meilen langen Weg zurückgelegt hatten, mußten sie froh sein, eine kleine Pfütze mit Regenwasser anzutreffen. Am 22. Mai wurde der Wende= kreis des Steinbocks (unter $23\frac{1}{2}°$ südl. Breite) überschritten und auf einem be= nachbarten, Central Mount Stuart genannten Berge von 600 m Höhe die englische Flagge entfaltet.

Stuart dachte, der beste Weg, den er jetzt einschlagen könne, sei, das Quell= gebiet des Viktoria=River im Nordwesten zu erreichen. Er ging also in dieser Richtung durch ein recht gut bewässertes Land, bis hinter dem Mount Denison eine Spinifexebene anfing und das Land sich allmählich in eine Einöde verwan= delte, welche zur Umkehr nöthigte. Vom Centralberge ging es nordwärts weiter. Stuart war aber unterdessen schwer am Skorbut erkrankt, auch Keckwick litt daran, wenngleich nicht in demselben Maße, und so waren die Fortschritte lang= sam. Dabei bestand das Land aus rothem Sande, mit Skrub und Spinifex be= deckt, die sich überall gleich sind, und selten nur wurde gutes Wasser gefunden. — Am 6. Juni, nachdem die Reisenden sich wieder durch ein entsetzliches Feld von Spinifex hindurchgearbeitet hatten, kamen sie an einen von mächtigen Gummi= bäumen beschatteten Bach mit guten Gras und Wasser, und hier trafen sie die bereits oben erwähnten Zeichen, die ganz auffallend sehr alten Pferdespuren glichen. Sollten dies Leichhardt's Spuren gewesen sein? Das war der Gedanke, von dem Stuart unwillkürlich erfaßt werden mußte, und vorausgesetzt, daß Leichhardt den Flinders abwärts gegangen, die von M'Kinlay dort gefundene Wasserscheide erreicht hatte und sich nachher westwärts wendete, konnte er aller= dings in dieser Breite durchgekommen sein.

Einige Tage später wurden die Bäche zahlreicher, allerdings auch der Skrub dichter, aber dennoch ging es gut vorwärts bis zu einer Hügelreihe, welche Short=Range genannt wurde. Da ein neuer, von hier aus gemachter Versuch, nach dem Viktoria=River hinüber zu gelangen, erfolglos war, so wurde probirt, einen Weg nach dem Carpentaria=Golf zu finden: aber hier wie dort versperrte der Skrub den Weg, und wenngleich man in der Entfernung Grasplätze und Granit= felsen erblickte, bei welchen sicher auch Wasser gefunden werden mußte, so waren doch die Pferde zu schwach, um den weiten Weg dahin noch machen zu können, und so blieb auch hier nichts übrig, als umzukehren.

Grasbaum (Xantorrhoea).

Bei dem dritten Versuche wollte man die Wasserscheide im Norden erreichen; das Land war gut, in den Teichen längs des Weges waren große Fische, lauter Zeichen, daß man sich an einem permanenten Wasserlaufe befinde; — kurzum, Alles schien gut zu gehen, da kam ein unerwartetes Hinderniß. Am Abende des 26. Juni machten nämlich die Eingeborenen, welche die Reisenden schon eine Zeit lang be= obachtet hatten und ihnen an diesem Tage gefolgt waren, einen allgemeinen Angriff.

Erst nachdem die Wilden ihre Speere und Bumerang geworfen und das Gras an= gezündet hatten, das Pferd des Anführers verwundet worden war und Stuart sah, daß alle seine Zeichen der Freundschaft ihm nichts halfen, ließ er feuern. Dadurch brachte er allerdings einige Unordnung unter seine Packpferde, welche scheuten und durchzugehen drohten, aber er verjagte die Wilden. Indessen wäre es jetzt nichts Anderes als Tollkühnheit gewesen, mit einer so kleinen und durch unge= nügende Nahrung sowie durch Anstrengungen aller Art bereits geschwächten Ge= sellschaft den Wilden einen dauernden Widerstand entgegenzusetzen. Von den sechsmonatlichen Rationen waren zwei Drittel verzehrt, und die Pferde befanden sich in einem trostlosen Zustande. Stuart selbst war augenleidend, und der Skor= but war bei ihm mit erneuter Heftigkeit zurückgekehrt. So wurde mit äußerstem Widerstreben die Heimkehr beschlossen. Die Wilden bewachten und verfolgten die Reisenden, und Stuart versichert ausdrücklich, daß er und seine Begleiter mit ihren abgetriebenen Pferden verloren gewesen wären, wenn die Schwarzen die Feindseligkeiten wieder begonnen hätten. Nach einigen Tagen jedoch blieben diese zurück, und nun konnte die Rückreise, so sehr die armen Thiere es vertrugen, be= schleunigt werden. Am 2. September wurden die besiedelten Distrikte erreicht.

Gleich im Anfange ihres Rückzuges hatten sie am Barker=Creek in einer dicht bewaldeten Gegend einige Gräber von Eingeborenen entdeckt. Sie waren denjenigen ähnlich, welche Mitchell seiner Zeit in der Nähe des Darling angetroffen hatte. Diese bildeten eine Gruppe kleiner Rasenhügel, ziemlich regel= mäßig in Reihen geordnet, mit gut gepflegten Fußwegen dazwischen. Eukalypten und Grasbäume überschatteten den Ruheplatz dieser Stelle des Friedens. Es geschieht übrigens ziemlich selten, daß man solche Grabstätten der Eingeborenen antrifft, und dies wol deshalb, weil die Eingeborenen nicht überall im Lande dieselben Gebräuche bei ihren Leichenfeierlichkeiten beobachten, wie dies später sich des Näheren finden wird.

Die vorhin erwähnten Grasbäume (Xantorrhoea) kommen in sehr mannich= faltigen Arten vor, welche jedoch alle von weitem schon an dem merkwürdigen Büschel langer gras= oder schilfartiger Blätter kenntlich sind, aus deren Mitte ein manchmal viele Fuß langer Blütenschaft treibt, der von den Eingeborenen zu leichten Speeren verwendet zu werden pflegt. Wie die Aloe und der neuseelän= dische Flachs, so gehören auch die Grasbäume zu den eigentlichen Liliengewächsen, nur sind sie in ihren einzelnen Arten von sehr ungleicher Größe. Während die X. hastile (Br.) eine Höhe von wol sechs und mehr Meter erreicht und zu einer fast palmenartigen Erscheinung wird, wozu die narbigen Ringe der Rinde nicht wenig beitragen, bleiben andere Arten niedrig und eine, die X. minor (Br.), ist ganz stammlos. Die letztere wächst am liebsten auf zeitweise überschwemmtem, heideartigem Boden und bedeckt in manchen Gegenden Australiens Flächen von mehreren Quadratmeilen Ausdehnung. Die starken Blätter, welche unter solchen Umständen an einzelnen Plätzen in ganz unbegrenzten Massen gewonnen werden können, lassen sich durch passende Behandlung in ein ausgezeichnet schönes und dauerhaftes Schreib= und Druckpapier verwandeln. Proben von solchem aus den

Blättern jener Pflanze gewonnenen Papier, wie auch Papiersorten, welche aus den Blättern des neuseeländischen Flachses, aus der Rinde verschiedener Akazien und Eukalyptusarten und aus noch anderen Pflanzenstoffen fabrizirt worden waren, befanden sich bereits im Jahre 1867 auf der Pariser Ausstellung. Außerdem wird aus dem stark zuckerhaltigen Mark der Grasbäume Spiritus und aus der Rinde ein Harz gewonnen, welches zu einem sehr schönen, mahagoni= farbigen und dauerhaften Firniß verarbeitet werden kann. Auch Leuchtgas haben erfinderische Köpfe mit mehr oder weniger Glück aus diesem Harze bereitet. Es verdienen demnach die Grasbäume, welche auf einem fast unbrauchbaren Boden wachsen, als eine äußerst nützliche Pflanzengattung angesehen zu werden. —

Nach Stuart's Rückkehr nahm sich die südaustralische Regierung seiner Sache an und ermöglichte binnen wenigen Wochen die Ausrüstung einer neuen Ex= pedition. Außer Keckwick und Head sollte Stuart diesmal von einer Eskorte von zehn Mann begleitet werden, Alle wohl bewaffnet mit Revolvern, Säbeln ꝛc., um sich nöthigenfalls den Durchzug durch das Gebiet der feindlichen Stämme er= zwingen zu können. Der Vortrab ging bereits am 20. Oktober 1860 von Ade= laide ab, um am Chambers=Creek die letzten Vorbereitungen zu der langen Reise zu machen, aus frischem Rindfleisch Gelatine und dergleichen zu fabriziren und die Ankunft der Uebrigen zu erwarten. Die Rationen für die Mannschaft waren nach dem Satze von 7 Pfund Mehl, 1½ Pfund Zucker, 4 Loth Thee und 2 Pfund getrocknetem Rindfleisch pro Woche für jeden Mann zu 30 Wochen be= rechnet und mit noch anderen Utensilien, als Hufeisen für die Pferde (deren in Centralaustralien auf dem rauhen Boden sehr viele verbraucht werden), Leder= zeug, wollene Decken ꝛc., von Chambers=Station in der Nähe des Mount Serle mitgenommen. Die Pferde endlich wurden unbeladen mitgeschickt, um sie für den eigentlichen Marsch um so frischer zu erhalten.

Nachdem Alles so wohl vorbereitet war, brach Stuart am 1. Januar 1861 auf. Leider wurde er wieder krank, und diesem Umstande, sowie der anfäng= lich so schrecklich großen Hitze ist es zuzuschreiben, daß die Gesellschaft erst am 24. April den Platz erreichte, an welchem sie bei der vorigen Reise hatte umwenden müssen. Von hier aus wurden mehrere vergebliche Versuche unter= nommen, einen Weg nach dem Viktoria=River zu entdecken; die Reisenden gingen deshalb nordwärts über grasiges Land und überstiegen eine rauhe, mit Spinifex bewachsene Hügelreihe, jenseits welcher sie einen wasserreichen Strom antrafen. Offenbar waren sie jetzt in einer ganz andern Gegend, die Pflanzen und Blumen wurden neu und prachtvoll, die Bäume groß, mit üppigem Blätterwerk, und unter vielerlei fremdartigen Früchten befand sich auch eine neue Getreideart mit auffallend großen Körnern. Es scheint, daß dieses Getreide eine Art Hirsengras (Panicum laevinode) gewesen, welches den Eingebornen im tropischen Australien wohl= bekannt, von ihnen sehr geschätzt ist und auf den Liverpool=Ebenen Coolagras genannt wird. Die Schwarzen sammeln die Körner dieser Pflanze in derselben

Weise, wie die Europäer den Roggen oder Weizen ernten. Das Gras wird ge= schnitten, getrocknet und gedroschen. Nachdem die Körner durch Schwingen von der Spreu gereinigt sind, werden sie zerquetscht, mit Zusatz von Wasser zu einem Teig bereitet und dieser zwischen heißen Steinen gebacken. — Der Strom, welchen Stuart verfolgte, hatte einen westlichen Lauf, aber nach einigen Meilen vertrocknete er. Mehrere andere, gleichfalls nach Westen gerichtete Wasserläufe wurden angetroffen, aber alle verloren sich bald in der Grasebene, und Stuart sah sich genöthigt, weiter nordwärts zu gehen. Der Weg ging durch Skrub, und Menschen und Thiere mußten wiederholt ohne Wasser übernachten. Nochmals wurde ein westlicher Weg versucht, jedoch wiederum erfolglos; er führte in eine wasserlose Ebene. So ging es also am 3. Mai wieder nordwärts. Die Ashburton=Range, der man seither gefolgt war, wurde niedriger, und die Reisenden sahen sich bald an ihrem Nordende. Von einer kleinen Anhöhe hatte man eine weite Fernsicht. Während der Fuß der Berge mit Gummi= wald bestanden war, zeigte sich weiter draußen nichts als eine Grasebene. Am folgenden Tage erreichte Stuart die Ufer eines ehemaligen Süßwassersees. Das Bett war deutlich kennbar an dem feinen Sandmergel, der den Boden be= deckte, und an der großen Menge von Süßwassermuscheln, die durch den Einfluß der Sonne und Atmosphäre so dünn geworden waren wie Papier und deutlich zeigten, daß das Wasser schon viele Jahre fehlte, obwol Zeichen da waren, daß es einst 4 m hoch gestanden haben mußte. Jetzt war der Boden mit Zwerg= Eukalyptus und dickem, hartem Grase bedeckt, welches die sumpfigen Löcher wie die weiten Risse und Sprünge verdeckte, die den Boden durchzogen, und für die Pferde wie für die Reiter gleich verhängnißvoll waren. Scharen von Weihen (Milvus) und Myriaden von Heuschrecken (die auch an Port Essington vor= kommende Wanderheuschrecke, Petasida ephippigera?) bevölkerten das Land. Als schließlich gar kein Wasser zu finden war, mußten die Reisenden wieder um= kehren. — Stuart war weit entfernt, die Hoffnung aufzugeben. Es schien in weiter Ferne ein Gebirge sichtbar zu sein, und so unternahm er am 9. Mai mit zwei Männern, sieben Pferden und Lebensmitteln für eine Woche einen Ritt west= wärts. Es war umsonst. Nachdem sie eine Strecke weit durch gutes Grasland ge= kommen waren, erreichten sie eine verzweifelt öde Region, in welcher der Skrub immer dichter und dichter wurde. Sie übernachteten ohne Wasser, aber auch am andern Tage war nicht die geringste Aussicht, welches zu bekommen. Hätte Stuart nur noch 12 geographische Meilen weiter vordringen können, so hätte er sicher den Viktoria=River erreicht. So blieb nichts übrig, als wieder umzu= kehren. — Nach mancherlei Zwischenfällen wurde am 22. Mai ein prachtvolles Wasserreservoir entdeckt, an welchem die Partie sechs Tage vorher in einer Ent= fernung von einer Viertelstunde vorbeigeritten war, ohne von seiner Existenz auch nur eine Spur bemerkt zu haben. Am 25. war die ganze Gesellschaft an dem neuen Lagerplatze, den New=Castle=Waters, wie derselbe genannt wurde, angelangt. Stuart ging wieder voran, mußte jedoch im dichten Skrub umwenden, obwol er nur noch 20 geogr. Meilen von Gregory's Lager am Campfield=Creek entfernt war.

Landschaft am Rever=River.

Erst am 10. Juni konnte der nächste Versuch gemacht werden, vorzudringen; er endete wie alle bisherigen. Nachdem der dichteste Skrub, dem die Reisenden je begegneten, durchschnitten war, gelangten sie zwar auf eine Grasebene, aber sie hielt nur eine Stunde lang an, und kein Tropfen Wasser war zu erlangen, obwol die Pferde bis über die Hufe in dem feuchten Grunde einsanken.

Bei dem langsamen Vorwärtsschreiten der Expedition hatte es schon vor einiger Zeit nothwendig geschienen, die Rationen kleiner zu machen. Für 30 Wochen waren die Vorräthe berechnet, 26 waren herum und wenigstens 10 Wochen brauchte man für die Rückreise. So erhielt also von jetzt an der Mann nur vier Pfund Mehl und ein Pfund getrocknetes Fleisch pro Woche, obschon der Mangel bereits anfing, sich auf den hageren Gesichtern der Mannschaft abzumalen. Noch zwei Versuche, einer am 23. Juni, über den Tomckinjon=Creek hinaus nordwestlich zu gehen, und ein anderer am 4. Juli, über den Burke=River hinaus westwärts den Viktoria=River zu erreichen, wurden unternommen, aber beide erwiesen sich eben so erfolglos wie alle vorhergegangenen. Es war überall ein entsetzlich unwirthbares Land. Wo Wasser war, war Skrub, und wo kein Skrub war, war auch kein Wasser, ausgenommen auf dem rothen Sande, wo manchmal weder Skrub noch Wasser gefunden wurde.

Die Zeit bis zum 11. Juli war nöthig zum Ausbessern des Sattelzeuges, der Säcke c. Die Leute selbst waren auch ganz abgerissen. Ihre Kleider waren fast alle dahin und sie gingen schon längst barfuß. Dies würde nichts weiter zu sagen gehabt haben, aber sie waren auch Alle mehr oder weniger krank, namentlich litten sie viel vom Skorbut. So traten sie denn niedergeschlagen am 12. Juli die Rückreise an. Ein Theil der Flüsse war unterdessen vertrocknet und einmal konnten sie nur mit großer Anstrengung durch Graben Wasser erhalten; — am 15. September, also 37 Wochen nach der Abreise, erreichten sie endlich die be= siedelten Distrikte.

Daß sich weder Stuart noch die Kolonialregierung mit dem bisherigen Er= folge begnügen würde, war vorauszusehen, und unverweilt wurde eine dritte Reise nach dem Norden beschlossen. Zweitausend Pfund Sterling (= 40,000 Mark) wurden einstimmig vom Parlament bewilligt; Stuart's alte Freunde, Cham= bers und Finke, stellten wieder eine Anzahl Pferde, und im Januar 1862 ver= ließ Stuart wiederum die Kolonie. Am 7. April erreichte er seinen nördlichsten Punkt, von dem er im Mai vorigen Jahres zurückgekehrt war, und nach mehr= fachen Anstrengungen glückte es endlich, durch den Skrub hindurchzukommen und einen kleinen Wasserlauf zu gewinnen, der nordwärts ging. Er wand sich viel= mals und verschwand, erschien dann wieder und verwandelte sich endlich in eine zusammenhängende Kette von langgestreckten, schönen Teichen, die zwischen steilen, felsigen Uferrändern in ein tiefes Thal hinabführte. Der Bach mündete in den Roper=River, ein breites Wasser in einer niedrigen, sumpfigen Ebene, rings umgeben von der üppigsten tropischen Vegetation, Palmen, Bambus c. Dabei floß das Wasser rasch, und große Quantitäten Treibholz, bis hoch über die Ufer hinaus aufgehäuft, ließen deutlich erkennen, welche Wirkungen Regenfluten hier hervorzubringen im Stande sind.

Dem Roper-River abwärts zu folgen, ging nicht wegen des sumpfigen Charakters der Landschaft; so mußte er also aufwärts verfolgt werden bis zur einer passenden Stelle, an der sich die Furt bewerkstelligen ließ. Beim Uebergange ertrank ein Pferd, das in dem sumpfigen Uferlande versank.

Die größten Schwierigkeiten waren überstanden. Das Land, in welchem Stuart jetzt reiste, war nicht mehr ganz unbekannt. Leichhardt und Gregory waren hier durchgekommen, und man besaß Karten und mancherlei Notizen darüber. Die Höhe des Tafellandes war bald erreicht, und wenn die Reisenden auch noch genöthigt waren, sich durch Spinifex hindurchzuarbeiten oder an steilen, kahlen Felswänden in glühendem Sonnenbrande hinauf und hinab zu klettern, oder Risse und Klüfte im Boden zu vermeiden hatten, die manchmal so breit waren, daß Roß und Reiter darin hätten verschwinden können, so vermehrten sich doch mit jedem Tage die Zeichen von der Nähe des Meeres. Mit erneutem Muthe ging es voran. Endlich erschienen die Basaltfelsen, die überall an der West- und Nordwestküste am Rande des Tafellandes vorkommen. Wie Grey es beschrieben hatte am Glenelg, so war auch hier der letzte Theil des Tafellandes eine Aufeinanderfolge von schluchtenartigen Thälern, getrennt durch Wälle von Sandsteinfelsen. Die Abhänge der Schluchten trugen stets den Charakter der Wüste. Doch hatten sie ihre besondere Schönheit. Die Sonne glänzte auf den rothen und gelben Wänden und kontrastirte lebhaft gegen das frische Grün der Thäler und die zierlichen Palmenhaine auf den Höhen. Die Reise über diese Felsenwände und durch die tiefen Thäler war aber beschwerlich und sie dauerte mehrere Tage, bis mit einem Male ein plötzlicher Absturz ein weites, ebenes Land erblicken ließ mit einem prachtvollen, silberglänzenden Flusse, der sich zwischen anmuthigen Wäldern von Kohlpalmen, Pinien, Pandanus und Bambusrohr hindurchwand.

Stuart hielt dieses Wasser anfänglich für den südlichen Alligator, bis es sich später herausstellte, daß es der Adelaidefluß war. Zahlreiche Seitengewässer mündeten von links und rechts, und das Land war überaus sumpfig und quellenreich. Das Mangrovedickicht begann; Stuart wußte, daß das Meer nahe war; er eilte voraus und schaute entzückt über die Wogen des Indischen Ozeans, während sich die Uebrigen mit den Pferden noch durch das Gebüsch arbeiteten. Plötzlich rief Einer von ihnen: „Die See!" und so groß war die Ueberraschung der Anderen, daß sie den Sinn des Wortes kaum fassen konnten. Aber bald erfüllten sie die Luft mit lautem Jubelgeschrei und eilten hinab an den Strand. Dann wurde die britische Flagge am höchsten Eukalyptusstamme befestigt, der Name des Führers in die Rinde des Baumes eingeschnitten und an seinem Fuße eine Flasche vergraben, welche einen kurzen Reisebericht enthielt. Darauf wusch Stuart Gesicht und Hände im Indischen Meere, wie er dem Gouverneur von Südaustralien versprochen, und ohne länger gerastet zu haben, als durchaus nothwendig war, kehrte er am selben Tage wieder um.

Leider hätte der unerschrockene Führer auf der Heimkehr beinahe das Leben eingebüßt. Er litt schon am Skorbut, bevor die Küste erreicht worden war, und auf dem Rückwege verschlimmerte sich sein Zustand dergestalt, daß er nur noch auf einer Art Tragbahre, die zwischen zwei Pferden befestigt war, fortgebracht werden konnte. Wiederholt hatte er die Hoffnung aufgegeben, noch lebend Adelaide zu erreichen; dennoch war er so glücklich, die Ehre des Gelingens zu genießen und auch die Belohnung, welche die Regierung ausgesetzt hatte, in Empfang nehmen zu können.

Trotz aller Schwierigkeiten erlitt die Partie nur geringe Verluste und kam an den äußeren Stationen früh im Dezember 1862 an.

Burke und Wills. Zwischen die verschiedenen Entdeckungsreisen Stuart's hinein fallen einige andere Durchkreuzungen des Landes, die eben so interessant und merkwürdig als durch das schreckliche Ende des ersten Unternehmens tief erschütternd sind.

Zur selben Zeit etwa, als Stuart seine erste große Reise antrat, entwickelte sich in der kleinen Kolonie Viktoria ein erstaunlicher Entdeckungseifer, der um so rühmlicher genannt werden muß, als er ein ganz uneigennütziger war, denn diese Kolonie hat offenbar von Entdeckungen am wenigsten zu gewinnen. Die Grenzen derselben liegen innerhalb gut erforschter Bezirke, und so muß es in der That Bewunderung erregen, wenn man erfährt, wie das Volk von Viktoria mit der größten Bereitwilligkeit so gewaltige Mittel einem rein wissenschaftlichen Unternehmen zu Liebe aufbrachte. Der Anstoß zu der ganzen Bewegung wurde durch einen Kolonisten gegeben, der seinen Namen (Ambrose Kyte) erst später bekannt werden ließ und sich erbot, 1000 Pfund Sterling für die Erforschung des Innern zu geben, wenn in öffentlicher Subskription 2000 Pfund Sterling gesammelt werden würden. Die k. Gesellschaft von Viktoria nahm sich alsbald der Sache an, und schon im Jahre 1859 waren 3200 Pfund Sterling beisammen. Nun half die Regierung nach. Mit einem Aufwande von 3000 Pfund Sterling wurden Kameele aus Indien geholt und ein weiterer Kredit von 6000 Pfund Sterling durch die Gesetzgebende Versammlung eröffnet. Der Oberbefehl über die ganze Expedition wurde nach längerem Suchen dem damaligen Befehlshaber der Kolonialpolizei, Robert O'Hara Burke, übertragen. Diese Ernennung war keine glückliche zu nennen. Burke, erst vor Kurzem in die Kolonie gekommen, kannte das Leben im australischen Busch nur vom Hörensagen, hatte den Entdeckungsreisen in diesem Lande kaum einige Aufmerksamkeit gewidmet und — was sehr schlimm war — verstand nichts von den Pflichten eines Anführers bei einem so schwierigen Unternehmen; H. J. Landells, der die Kameele aus Indien gebracht hatte, war zweiter Befehlshaber; William Wills, vom Melbourner Observatorium, ein junger Mann noch, war zum Beobachter für astronomische und meteorologische Dinge bestellt und Dritter im Kommando; Dr. H. Beckler ein Algäner, war Botaniker und Arzt und Dr. Ludwig Becker, ein geborener Darmstädter, begleitete die Expedition als Künstler und Naturforscher.

Zurück und Spitze, Angriff von Ziethconine.

Am 20. August 1860 verließ die Expedition Melbourne, fünfzehn Mann einschließlich der Führer, versehen mit Lebensmitteln für zwölf Monate und Vorräthen aller Art, eine Ladung von 420 Centnern! Der Auszug war ein enthusiastischer, und überall in den besiedelten Distrikten wurde den Männern so herzlich begegnet, wie es dieselben von ihren Mitkolonisten nur erwarten mochten. Dazu die herrliche Ausrüstung mit Kameelen, Pferden und Waaren aller Art; — es mußte das Gefühl der Sicherheit und des Gelingens bei Allen erwecken, welche wie Verfasser dieses Buches es gethan, den Auszug mit angesehen haben. Um so unglaubhafter erschien es, als dreizehn Monate später sich die Nachricht verbreitete, die Expedition sei mißglückt, Burke und Wills seien vorausgegangen in der Absicht, drei Monate auszubleiben, und nach vieren noch nicht zurückgekommen, aber mehrere Theilnehmer der Expedition hätten ihren Tod in der Wüste gefunden und nur einige Wenige seien elend und entkräftet in den besiedelten Gegenden des Murray wieder angekommen. Und so war es in der That, ja, die Einzelheiten der Geschichte waren noch haarsträubender als das, was Anfangs davon verlautete.

Und doch konnte die Expedition kaum einen andern Verlauf nehmen. Das Gepäck war viel zu groß und zu schwerfällig. Außerdem brach die Expedition in der schlechten Jahreszeit auf. Der Frühling mußte schon zu weit vorgerückt sein, bis sie die Ufer des Darling erreichte, und die Gewässer nördlich von jenem Flusse mußten schon zum größten Theil vertrocknet sein. — Die Expedition ging zuerst nach Menindi am Darling, in der Nähe von Mitchell's Laidley-Ponds: aber schon auf dieser ersten Strecke kam es zu Mißhelligkeiten zwischen dem Führer und verschiedenen seiner Leute, welche den Abgang von vier Personen zur Folge hatten, worunter sich der zweite Befehlshaber, Landells, befand. Burke scheint eben nicht der Mann gewesen zu sein, der es verstand, sich die Zuneigung seiner Gefährten zu erwerben, wie es für den gedeihlichen Fortgang eines so gefährlichen Unternehmens nothwendig war. Von seiner Rücksichtslosigkeit und Härte liegen erstaunliche Beispiele vor, und selbst die dem Unglücke schuldige Achtung kann nicht veranlassen, daß man diesen Umstand verschweigt.

Die erwähnten Zwistigkeiten und die Erfahrung, daß mit dem großen Troß nicht rasch fortzukommen war, bewogen Burke, schon bei Menindi die Expedition zu trennen, und so blieben Dr. Beckler und Dr. Becker mit einigen Leuten, zehn Kameelen und drei Pferden dort zurück. Dieses Depot ward unter den Befehl eines hier zu der Partie gekommenen Mannes Namens Wright gestellt, welcher sich der besonderen Bekanntschaft mit den Gegenden am Cooper rühmte und deshalb von Burke zum Zweiten im Kommando ernannt wurde. Wright sollte mit der ganzen Depotpartie der Hauptexpedition folgen, sobald er von einer, vom Darling aus nach Melbourne unternommenen Reise zurückgekehrt wäre, um einen neuen Vorrath von gesalzenem Fleisch zu holen.

Burke selbst mit der Hauptpartie zog voraus an den Barkufluß, woselbst ein zweites Depot, Fort Wills, eingerichtet wurde. Aber Wright kam nicht nach, und Burke, des Wartens überdrüssig, beschloß in einer schlimmen Stunde, die Partie nochmals zu theilen und mit dreimonatlichen Provisionen, die jedoch knapp zugemessen waren nach dem Carpentariabusen aufzubrechen. Vier Mann, sechs Kameele und zwölf Pferde sollten im Lager bleiben, über welches ein junger Westfale, Namens Brahe, bis zur Ankunft Wright's den Befehl führen sollte; Wright sollte den Spuren Burke's folgen, sobald er im Stande dazu sein würde.

Burke, Wills und zwei Männer, King und Gray, mit sechs Kameelen und mehreren Pferden brachen am 16. Dezember nach dem Norden auf. Die Reise verlief ganz erträglich, wenn auch etwas langsam, was bei der vollständigen Un= bekanntschaft der Reisenden mit dem Leben im Busche und mit dem vor ihnen befindlichen Lande wol zu erklären ist. Weide, Wasser und Wald fand sich über= all, sobald nur erst der Gürtel der Steinigen Wüste glücklich durchschritten war; Wild zeigte sich in großer Menge; die Luft wurde verdunkelt von der ungeheuren Zahl von Tauben, welche sich an den Lagunen nährten. Wilde Enten und Fische waren im Ueberfluß vorhanden. Der Weg führte an dem später nach Burke selbst benannten Flusse (Burkefluß) aufwärts, dann durch die Tiefebene im Norden desselben, und später — am 12. Januar — an den Abhängen eines Landrückens hinauf, der offenbar die Wasserscheide zwischen den Flüssen des Carpentaria=Golfes und den zu den Seeenbecken fließenden Gewässern bildet; aber die Strapazen in dem Gesträpp von Stachelschweingras, welches hier die aus Sandstein bestehenden Höhen bedeckte, waren so ungeheuer und so ermüdend, daß die Reisenden während fünf Tagen nicht die geringste Notiz in die Tagebücher niederlegen konnten. Am 19. Januar hatten sie endlich diese Höhen im Rücken und wanderten nordöstlich auf schönen grasigen Ebenen weiter.

Sonntag, am 10. Februar 1861, wurden King und Gray bei den Kameelen zurückgelassen, die wegen der schweren Regen in dem durchweichten Boden nicht fortkonnten. Burke und Wills gingen zu Fuße dem Meere entgegen, das unmög= lich weit sein konnte. Bald nahten sie sich einem Lager der Wilden, die jedoch in scheuer Eile davonliefen. Am 11. Februar hatten Burke und Wills den Kontinent bis zur Flutgrenze durchkreuzt, und mit dem Gefühle der glücklichen Erreichung des Zieles der Expedition lagerten sie hier zwei Tage lang; weiter vorzudringen bis zur wirklichen Küste des Meeres verhinderte sie ihre große Ermattung.

Sie hatten vom Depot, Fort Wills, bis zur letzten Lagerstelle an der Nord= küste zwei Monate Zeit verbraucht; nicht viel weniger mußten sie für die Rückreise rechnen, namentlich, da Einer der Männer, Gray, krank geworden war, und für eine so lange Dauer der Reise konnten die noch vorhandenen Lebensmittel unmög= lich ausreichen. Es waren nämlich nur noch 83 Pfd. Mehl vorräthig, 38 Pfd. Fleisch, 12 Pfd. Zwieback, eben so viel Reis und 10 Pfd. Zucker. Aber Burke dachte, wenn es zum Aeußersten käme, würden sie sich noch eine Weile mit Pferde= und Kameelfleisch behelfen können.

Die Rückreise ging indessen viel langsamer von statten, als man hatte hoffen dürfen. Die Regenzeit war hereingebrochen, und die entsetzlichen Fluten, die Tag für Tag aus den Wolken herniederstürzten, machten den Weg so grundlos, daß die Thiere kaum vorwärts konnten. Auch verschlimmerte sich Gray's Zu= stand immer mehr, und Burke selbst erkrankte. Beides verzögerte die Reise sehr erheblich und verursachte, daß die täglichen Rationen immer kleiner gemacht werden mußten. Zwei Kameele waren bereits geschlachtet worden, ein drittes konnte nicht mehr weiter und mußte aufgegeben werden; damit gingen sechzig Pfund Gepäck verloren, die man nicht mehr transportiren konnte.

Die tägliche Ration bestand jetzt noch aus einem Viertelpfund Brot und zwölf kleinen Streifchen getrockneten Kameelfleisches.

Als man auch das vierte Kameel und das einzige noch übrige Pferd ge= schlachtet hatte, waren Alle so erschöpft, daß sie kaum mehr weiter konnten, und nur die einzige Hoffnung hielt sie aufrecht, daß die am Barku Zurückgebliebenen ihnen entgegenkommen würden. Am 13. April erreichte man wieder die Steinige Wüste; die so sehnlich Erwarteten kamen nicht; statt dessen mußte man zwei volle Tage ohne Wasser aushalten und sich mühsam auf dem beschwerlichen Boden weiter schleppen. Das war für den armen Gray zu viel; in der Nacht vom 16. zum 17. April erlag er seinen Leiden. Burke und Wills dachten damals noch nicht, daß der schreckliche Anblick des Verhungerten, der da vor ihnen lag, das Bild ihres eigenen Schicksals sei. Sie begruben Gray und rasteten einen Tag. Dieser kleine Verzug kostete sie das Leben.

Am 20. machten sie, nachdem sie Alles zurückgelassen, mit Ausnahme der Feuerwaffen und der zwei Kameele, furchtbare Anstrengungen, vorwärts zu kommen; sie reisten die Nacht hindurch und erreichten Fort Wills am 21. April 1861 Abends 7 ½ Uhr, und — am gleichen Tage um 10 Uhr Morgens, neun Stunden vorher, war es von dem hier stationirten Theile der Expedition mit Pferden, Kameelen und Vorräthen verlassen worden! An einem Baume las man eingeschnitten: „Grabt!"; da fanden sie eine Kiste mit einigen Vorräthen und einen Brief, aus welchem sie erfuhren, daß die Depotpartie heute Morgen um 10 Uhr das Lager verlassen hatte. Hätte es in dem Briefe geheißen, daß sie schwach und krank waren, so hätten Burke und seine Gefährten jede Anstrengung gemacht, sie einzuholen; aber in dem Briefe stand, daß Menschen und Thiere sich in guter Verfassung befänden, so daß eine Tagereise sie sicherlich aus ihrem Bereiche bringen mußte. Es erwies sich freilich später, daß Brahe's Partie, krank und schwach, wie sie war, nur zwei Stunden Wegs entfernt ge= lagert hatte, und gewiß hätten die drei armen Männer sie eingeholt, wenn sie Wills' Rath befolgt hätten, denselben Weg zurückzugehen, den sie gekommen waren. Unglücklicherweise gab aber Burke's Ansicht den Ausschlag und so unter= nahmen sie den unbegreiflichen Versuch, den Fluß abwärts zu gehen, wo sie erst in einer Entfernung von 40 geographischen Meilen Hirtenstationen zu finden hoffen durften.

Die Reisenden folgten in kleinen Tagemärschen dem Lauf des Cooper südwärts (den sogenannten Strzelecki=Creek); am elften Tage aber entdeckten sie, daß der Fluß sich in viele Kanäle theilte, und zuletzt im Sande verlief. So mußten die Männer umkehren, und beschlossen nun, dem Hauptstrom des Barku nachzugehen, der sich aber gleichfalls bald im Sande verlor. Während dieser ver= geblichen Versuche hatten die Reisenden eines der beiden letzten Kameele eingebüßt,

daß in einem Sumpfe stecken blieb, und waren mehrmals mit Eingeborenen zu=
sammengetroffen, welche sich freundlich gegen die weißen Männer benahmen und
ihnen Fische sowie eine andere Speise gaben, welche die Schwarzen Nardu nann=
ten. Dieses Nardu stillte wol den Hunger, verlieh aber dem Körper keine Kraft
und ward den Weißen schon dadurch verderblich, daß Keiner von ihnen den
Genuß desselben auf die Dauer vertragen konnte.

Zweimal noch ward der Versuch erneuert, nach Süden vorzudringen, aber
jedesmal erfolglos. Wills rieth nun, bei den Wilden zu bleiben und wie sie zu
leben. Die Anderen stimmten zu, und wollten die Wilden
aufsuchen, um sich von ihnen die Nardupflanze, nach der sie
vergeblich gesucht hatten, zeigen zu lassen; allein die Ein=
geborenen hatten unterdessen ihr Lager verlassen und waren
nicht aufzufinden.

Endlich, am 17. Mai, entdeckten die Reisenden die
Nardupflanze und jubelten fast vor Freude, denn sie dachten,
daß ihr Leben jetzt gesichert sei. Schreckliche Täuschung! So
viel die Unglücklichen auch von dieser rohen Speise aßen, sie
nährte nicht; Einer nach dem Andern verfiel in Entkräftung,
und so vollständig vergaßen sie alles Andere, daß sie eine
ganze Woche lang nicht die geringste Notiz in ihr Tagebuch eintrugen; die Sorge,
den quälenden Hunger zu stillen, verdrängte alle übrigen!

Nardu, Marsilia quadri-
folia, in nat. Größe.

Am 21. April zog Brahe, wenige Stunden bevor Burke anlangte, mit
seinen Leuten von der Station weg und lagerte am ersten Abend in einer Ent=
fernung von einer einzigen Meile. Langsam ging er weiter und traf am 27. April
auf einen Theil der am Darling Zurückgebliebenen, die endlich unter Wright's
Anführung von jenem ersten Depot nach dem zweiten, Fort Wills, zu reisen im
Begriff waren. In fortwährender Sorge um Burke und seine Genossen, brach
er in Begleitung Wright's am 3. Mai auf und ritt nach Fort Wills, wo er am
8. eintraf, um nachzusehen, ob nicht Burke unterdessen dort angekommen. Und
das war ja in der That der Fall gewesen. Burke und seine Schicksalsgenossen
waren vom 21. April an mehrere Tage hier gewesen, hatten die Vorräthe aus=
gegraben und einen Brief an deren Stelle in die Kiste gelegt; aber unbegreif=
licherweise merkten Wright und Brahe von all diesem gar nichts, und Brahe
war „überzeugt, daß an der Grube seit seiner Abreise nichts verändert worden
sei". Folglich wurde dieselbe auch nicht geöffnet, und somit wurde nicht entdeckt,
daß der unglückliche Burke hier gewesen, und daß er in dem Briefe Nachricht
gegeben hatte, die drei Männer wären nach den Stationen am untern Barku
abgereist. King, der einzige Ueberlebende, sagte später ausdrücklich, daß, wenn
sie ihre Augen gebraucht hätten, sie hätten sehen müssen, daß Burke dagewesen,
denn es wären viele Zeichen und Merkmale ringsum gemacht worden, um zu
zeigen, daß der Platz besucht worden sei.

Australien. Zweite Auflage.   10

Aber noch mehr! Gegen Ende Mai wurde von den drei verlassenen Männern am Barku beschlossen, Wills nach jenem Depot zurückzuschicken, um einen Bericht über ihre trostlose Lage in die Grube zu bringen und ihre Gefährten, wenn sie etwa noch einmal kommen würden, um Hülfe anzuflehen. Wills fand an den Sandhügeln, an welchen das Kameel verendet war, Eingeborene, welche Nardu sammelten, der da so zahlreich stand, daß der Boden schwarz mit Körnern überdeckt war. Die armen Wilden empfingen den ausgehungerten Reisenden mit der größten Freundlichkeit. Er ruhte unter ihnen aus und erholte sich mit Nahrung. Zum ersten Male beklagte er sich hier über Unwohlsein infolge der rohen Lebensmittel, welche eine schlimme Wirkung für ihn hatten. Es mußte vom Nardu kommen; aber was konnte es helfen, es gab keine andere Nahrung weit und breit. Unterwegs fand er einige Krähen, die sich wegen eines todten Fisches bekämpften, welchen er zu seiner Beute machte, und selbst diese sehr zweifelhafte Art von Nahrung scheint seine Kräfte wieder etwas belebt zu haben. — Am 30. Mai erreichte Wills das Depot. Wright und Brahe waren unterdessen hier gewesen und hatten keine Spuren bemerkt, daß es von Burke besucht worden war. Wills hingegen fand keine Zeichen, daß es von diesem besucht worden; — es lag in Allem ein fatales Schicksal, welches schwer zu erklären ist. Wills vergrub das unterdessen noch geschriebene Tagebuch mit einigen Briefen und verlangte Hülfe. Dann kehrte er zu seinen Gefährten zurück. — Krankheit und Hunger begannen nun ihr Werk der Zerstörung.

Wills konnte nicht halb so schnell mehr vorankommen und mußte zwei Nächte allein unter freiem Himmel in der Wüste zubringen. Als er zum Lager der Wilden kam, war dasselbe verlassen, und Wills fand nur einige zurückgelassene Stücke Fisch, welche er begierig verzehrte. Als er darauf weiter ging, fand er zwei todte Fische in einem Wasserloche, und er sagt darüber in seinem neuen Tagebuche, daß er doch sein Leben lang immer ein merkwürdiges Glück gehabt habe. Am andern Tage traf er die Eingeborenen, die ihn wieder freundlich aufnahmen, ihm Fische und Nardukuchen zu essen gaben, so viel er nur essen konnte, und bei denen er vier Tage lebte. — Man sieht deutlich, wie die Thatkraft diesen Mann mehr und mehr verließ. Er blieb bei den Wilden, weil sie ihm Nahrung gaben, die er sich außerdem doch auch hätte verschaffen können, aber er machte diese Anstrengung nicht mehr, und eben so wenig machte er Anstalten, seine Gefährten, die mit ihm in gleicher Lage waren, herbeizuholen. Endlich dachte er daran; als sie aber im Zustande der äußersten Kraftlosigkeit das Lager der Schwarzen wieder erreichten, waren diese fort. Alle Drei waren zu schwach, ihnen zu folgen; sie nahmen Besitz von der besten Hütte und versuchten, vom Nardu zu leben.

Von jetzt an werden die täglichen Notizen in Wills' Tagebuche kürzer und kürzer und erwähnen nur noch irgend eine neue Erscheinung in ihren schreck= lichen Leiden. Burke und Wills blieben in der Hütte und putzten und zermalmten den Samen, welchen King gesammelt hatte, der noch am kräftigsten war, obwol auch er nicht anhaltend mehr gehen konnte. Manchmal wurde eine Krähe ge= schossen und manchmal eine besonders große Menge Nardu gefunden, aber das

Alles konnte nicht mehr helfen. Am 20. Juni war Wills zu schwach, den Staub von dem Samen wegzublasen. Bewegen konnte er sich schon einige Zeit beinahe gar nicht mehr, besonders vergrößerten die kalten Nächte seine Leiden.

Als Burke und King sahen, daß ihre eigene Rettung einzig und allein davon abhing, daß sie die Schwarzen fänden, machten sie Wills den Vorschlag, sie Beide wollten die Eingeborenen aufsuchen gehen. Wills stimmte zu; — er hatte keine Hoffnung mehr, gerettet zu werden! — Burke und King bereiteten demnach für acht Tage Nardu und stellten denselben mit einer Quantität Wasser neben den Kranken, und nachdem Burke noch Wills' Uhr und einen Brief an dessen Vater in Empfang genommen hatte, Wills' Tagebuch aber nahe bei der Hütte vergraben war, schleppten sie sich fort.

Da lag der Arme einsam und verlassen in der endlosen Wildniß. Welch unendlich traurigen Gefühle mochten seine Brust durchziehen, welch schmerzliche Seufzer sich leise ihr entringen, wenn er den starren Blick hinauf zu den Wolken wendete, bis die Nacht ihre dunklen Schatten über das Land breitete und der kalte Wind dahin strich, seine armen zitternden Gebeine zusammenrüttelnd! Der Schlaf, jener milde Tröster in schwerem Leiden, floh ihn schon lange; regungslos und offenen Auges sehnte er den Tag herbei, dessen Stunden so unendlich langsam dahinschlichen — so langsam, wie das Pochen seines Herzens, das langsamer und langsamer wurde, bis es mit ihm vorbei war.

Am ersten Tage ging es mit Burke und King noch leidlich; am zweiten konnte aber Burke kaum noch eine Stunde Weges gehen, er hatte große Schmerzen in den Beinen und den Hüften, warf Alles weg, was er trug, und kroch unter einen Busch, um für die Nacht da liegen zu bleiben.

King, der ihn durchaus nicht mehr zum Aufstehen bewegen konnte, sammelte Nardu und schoß eine Krähe; es war Alles zu spät. Nach dem Essen sagte Burke, er fühle, daß es nur noch ein paar Stunden dauern könne, und gab King seine Uhr und sein Taschenbuch. Darauf sagte er, er hoffe, daß King bei ihm bleibe, bis er todt sei: dann solle er ihn unbegraben liegen lassen und ihm eine Pistole in die Hand geben. — Am nächsten Morgen war Burke sprachlos und ungefähr um acht Uhr todt.

King wanderte nun in der elendesten und unglücklichsten Verfassung allein umher. Er war der Letzte in der Wüste. Während er die Hütten der Eingeborenen suchte, fand er einen Haufen Nardu, der für 14 Tage reichte, und er hing jetzt mit der größten Zähigkeit daran, sich am Leben zu erhalten. Er ging an den Platz zurück, wo Wills fünf Tage vorher geblieben war, und fand ihn todt in der Hütte liegen. Die Eingeborenen hatten ihm unterdessen etwas von seinen Kleidern genommen. King begrub den Körper in den Sand und suchte nachher wieder nach den Wilden, bis er sie endlich fand. Sie behandelten ihn freundlich, und da er manchmal Krähen schießen und ihnen auch einige ärztliche Dienste leisten konnte, erhielt er sie bei guter Laune, so daß sie ihm täglich Nardu und Fische gaben, bis endlich Hülfe für ihn ankam.

Die Frage ist sehr natürlich und naheliegend, was denn unterdessen eigentlich aus der ganzen übrigen Expedition, besonders was aus Wright geworden, der ja doch nach ausdrücklichem Befehl Burke's so bald wie möglich mit der ganzen Gesellschaft an den Barku hatte kommen sollen.

Robert O'Hara Burke.

Wright blieb aber — wenigstens sehr lange Zeit — in Menindi und hat dafür allerlei Entschuldigungen vorgebracht. Es würde viel zu weit führen, wenn man sie alle einzeln widerlegen wollte, obgleich es ein Leichtes wäre; indessen möge eines Umstandes gedacht werden, der das ganze Verhalten des Genannten genügend charakterisirt. Die Reiseberichte über Stuart's Entdeckungen waren am 5. November in Menindi angekommen und sollten Burke sobald als möglich nachgeschickt werden. Das geschah denn auch, und zwar wurde der Bote selbst damit fortgeschickt und der Sattler der Expedition ihm als Begleiter mitgegeben.

Beide Männer hatten nur wenig Lebensmittel bei sich, und da sie Burke nicht mehr an der Station (am Bullu-Creek) antrafen, die sie mit ihren Vorräthen gerade noch erreichen konnten, so geriethen sie in äußerste Lebensgefahr. Mit Verlust ihrer Pferde schleppten sie sich nach einem älteren Lagerplatze (an den Torowotosümpfen) und schickten einen Eingeborenen mit einem Zettel nach Menindi, auf welchem sie mit kurzen Worten um schleunige Hülfe baten. Als aber der Schwarze am 18. Dezember im Lager zu Menindi eintraf und darauf hin am folgenden Tage Dr. Beckler forteilte und in der That 38 geographische

Meilen weiter nordwärts die zwei Männer fand, welche von der Gastfreundschaft der Eingeborenen lebten, und als bei Wright darauf ein Bote ankam, der ihm die Wahrheit der ganzen Sache bestätigte, schickte dieser nicht etwa Hülfe, sondern wartete noch bis zum 26. Januar, ehe er endlich — aber nur mit einem Theile der Vorräthe, aufbrach.

J. S. Wills.

Er nahm nämlich nur für seine Partie Lebensmittel für sechs Monate mit sich. Es ist ganz unbegreiflich, was der Mann nur gedacht haben mag, oder wie er Burke nur irgend einen Dienst leisten, die kleinste Hülfe gewähren wollte, selbst wenn er ihn erreichte. Es ist wahr, Wright wollte zurückschicken, um die Vorräthe abzuholen, aber das ganze Verfahren muß als unerträglich widersinnig bezeichnet werden, namentlich wenn man erfährt, in welcher Weise diese tolle Reise überhaupt durchgeführt wurde. Der Bericht über den ersten Tag lautet:

„Samstag, 26. Januar. Aufpacken der Waaren bis 11 Uhr Vormittags, wo die Kameele unter der Aufsicht des Dr. Beckler fortgeschickt wurden, mit dem Auftrage, an der Westseite des Pamamarooees zu lagern. Wegen der Unlust der Pferde zur Arbeit war es 1 Uhr, bis vier davon fortgeschickt werden konnten, fünf andere gingen um 2 Uhr fort und vier weitere gegen 3 Uhr Nachmittags. Der Rest des Nachmittags wurde verbracht mit Packen und Umpacken, da fast jedes Pferd seine Ladung abwarf und die Partie infolge dessen getrennt wurde. Ein Theil war nicht im Stande, Dr. Beckler's Lager zu finden, und zwei Pferde brachen aus und blieben die ganze Nacht hindurch im Polygonum mit ihrer

Ladung auf sich. Die ganze Entfernung, die zurückgelegt wurde, betrug nur 5 Miles" (d. h. gerade eine einzige geographische Meile!).

Wie dieser Anfang, so ging es weiter, höchst unregelmäßig, mit häufigem Aufenthalte, ohne daß man auch nur errathen könnte, weshalb, und da unterwegs bei einigen Männern (Dr. Becker, Purcell und Stone) sich der Skorbut einstellte, so wurde am Koorliattoo für die Kranken ein Lager errichtet, während Wright nach dem Barku vorwärts gehen wollte. Er kam aber nur bis an den Bullu=Creek, der noch 16 geographische Meilen von dem weiter nördlich fließenden Barku entfernt ist, und „wurde hier durch die Feindseligkeiten der Wilden an dem weiteren Verfolge der Reise verhindert." Vergebens fragt man sich, warum Wright am Bullu Creek blieb, wenn er sich vor den Wilden fürchten mußte, und warum er nicht noch jene 16 Meilen weiter nordwärts ging, wo er wußte, daß ein Lager, also auch Verstärkung zu finden war. Dagegen wollte Wright die Kranken vom Koorliattoo nach Menindi schicken, um gesunde Männer an ihrer Stelle zu nehmen, und nur auf die energische Einrede Dr. Becker's unterblieb dies und die Kranken wurden vorsichtig nach dem Bullu=Creek geschafft.

Unter all diesen Verzögerungen war der verhängnißvolle 21. April herbeigekommen. Am folgenden Tage sollten am Bullu=Creek die Kameele eingefangen werden, die sich verlaufen hatten, und es blieben außer den Kranken nur zwei Männer im Lager zurück. Diese Gelegenheit benutzten die Wilden zu einem Angriffe, und nicht ohne Erfolg, denn obgleich sie verjagt wurden, hatten sie doch Zeit, eine große Zahl von Sachen mitzunehmen. Während des Ueberfalles starb einer der Kranken (Stone), ein anderer (Purcell) folgte am andern Tage. Am 27. erneuerten die Wilden ihren Angriff, wurden aber bald zerstreut, und an demselben Tage erschien zum großen Erstaunen Wright's die Partie Brahe's am Bullu=Creek. Die Männer, welche diese gebildet, hatten sehr am Skorbut gelitten, und da Burke seit jetzt fast fünf Monaten fort war und nur für drei Monate Lebensmittel mitgenommen hatte, so hielt Brahe ihn für verloren. — Am 29. April erlag Dr. Becker seinen Leiden und wurde am andern Morgen begraben. Die Liebe zu den Wissenschaften und das heiße Verlangen, sich der erwählten neuen Heimat nützlich zu erweisen, hatten ihn dazu bestimmt, sich der Expedition anzuschließen; — das Verhängniß wollte, daß er fern von seinen Freunden in der australischen Wildniß seinen Tod finde! — Im Jahre 1866 hat der Deutsche Verein in Melbourne ihm einen Grabstein setzen lassen.

Von der Wright'schen Abtheilung waren jetzt nur noch fünf Mitglieder am Leben und von diesen waren wieder zwei erkrankt; Brahe mit seinen drei Leuten litt gleichfalls am Skorbut, die Hälfte der Kameele hatte wunde Füße oder die Räude und der Proviant reichte nur noch auf einige Wochen, obschon es ganz unbegreiflich ist, wohin all die gewaltigen Vorräthe gekommen waren. Daß Burke oder einer seiner Leute noch zurückkehren würde, schien kaum noch zu hoffen, und so beschloß also Wright, sobald als möglich nach Menindi zurückzugehen und Nachricht von Burke's Verschwinden zu geben, damit, wenn er nicht an einem andern Platz erschienen wäre, ihm Hülfe gebracht werden könne.

Am 1. Mai ging es demnach vom Bullu nach dem Koorliattoo zurück. Als Wright jedoch da ankam, schien es ihm gerathener, sich erst noch einmal zu vergewissern, daß Burke nicht unterdessen im Lager am Barku gewesen, und so gab er dem Drängen Brahe's nach und ritt mit diesem wie bereits erwähnt, am 3. Mai nach dem Fort Wills, während die Partie am Koorliattoo blieb. Am 16. kamen sie bekanntlich dort an, genau 16 Tage, nachdem Burke, Wills und King das Lager verlassen hatten, um nach Mount Hopeleß zu gehen. Da sie, wie ferner bekannt, die Grube für unberührt hielten, so öffneten sie dieselbe nicht. Zur selben Zeit, als Wright und Brahe ein paar Zoll von dem Platze standen, der ihnen die ganze Wahrheit klar gemacht hätte, überlegten sich Burke und seine Gefährten, ob sie nicht umkehren sollten, nachdem sie es für unmöglich gefunden hatten, Mount Hopeleß zu erreichen. Es ist allerdings nicht sehr wahrscheinlich, daß Wright augenblicklich viel für Burke hätte thun können, wenn er seinen Brief gefunden hätte, aber unter allen Umständen hätte er einen größeren Vorrath von Lebensmitteln mitnehmen und in die Grube legen können; er hätte damit vermuthlich noch alle drei Männer gerettet, denn Wills hätte am 30. Mai diese Vorräthe gefunden, und es wäre ihm jedenfalls mit ihrer Hülfe noch möglich gewesen, seine beiden Gefährten in das Lager zurückzubringen. Man mag Wright's Verfahren so nachsichtig beurtheilen, als man will — die Vernachlässigung dieser einfachsten Maßregel ist mit nichts zu entschuldigen.

Als Wright und Brahe ins Lager am Koorliattoo zurückkamen, wurde die Reise nach dem Darling mit aller Hast betrieben. Unterwegs starb noch ein Mann (Potter) am Skorbut. Am 18. Juni wurde der Darling erreicht und in großer Eile eine Depesche nach Melbourne geschickt, daß man Burke und Wills Hülfe schicken möge, wenn sie nicht anderwärts zum Vorschein gekommen wären. —

Inzwischen war das Comité in Melbourne unruhig geworden, weil alle Nachrichten von Wright ausgeblieben, und hatte deshalb eine kleine Partie unter der Führung von A. Howitt abgeschickt, welche, so leicht bepackt als möglich, Burke's Spur folgen sollte. Da Howitt aber bei Sandhurst dem am 21. Juni von Menindi abgeschickten Brahe begegnete, welcher den unglücklichen Ausgang der Expedition melden sollte, so kehrte er mit diesem um, und seine Partie ward alsbald verdoppelt, damit sie den feindlichen Wilden am Bullu-Creek Widerstand leisten könnte. Außerdem erhielt jetzt Howitt den Auftrag, unmittelbar zum Barku zu gehen und so viel Männer und Pferde vom Darling aus mitzunehmen, als er für zweckmäßig finden würde. Vom Barku aus sollte er die Route Burke's verfolgen. — Mit der Absendung dieser Partie jedoch nicht zufrieden, ersuchte das Explorationscomité die Regierung um Ueberlassung des gerade im Hafen befindlichen Dampfers „Viktoria", damit derselbe am Carpentaria-Golf Nachforschungen anstelle, weil man sich nämlich sagte, Burke könne ja von feindlichen Wilden am Rückzuge gehindert worden und deshalb an der Nordküste geblieben sein. Es traf sich gerade etwas ungeschickt, denn der Dampfer war in

Reparatur; drei Wochen später ging er aber, unter Kapitän Norman's Befehl, wirklich ab, von Brisbane aus noch von einem Transportschiffe, der „Firefly", begleitet, um für alle Fälle gerüstet zu sein, und mit der Weisung, sechs Monate an jenem Golfe zu bleiben.

Wie sich nun die Kunde von dem großen Unglück der Burke'schen Expedition mehr und mehr verbreitete, war es rührend, zu sehen, wie nicht nur das Gefühl Jedermann beseelte, daß „Etwas" geschehen müsse, um die unglücklichen Reisenden, wenn möglich, noch zu retten, sondern wie sich Alle mit edlem Wetteifer bestrebten, werkthätige Hülfe wirklich herbeizuschaffen, und wie in unglaublich kurzer Zeit eine ganze Reihe von Expeditionen zu diesem Zwecke ausgerüstet wurde.

Zunächst schickte die Regierung von Viktoria unter Walker's Befehl eine Partie aus, welche von Rockhampton oder vielmehr von den nördlichen Ansiedelungen in Queensland aus nach dem Golfe von Carpentaria hinübergehen sollte, und diese Partie konnte alsbald aufbrechen, da die Leute, welche sie bildeten, im Begriffe gestanden hatten, eine Expedition zur Aufsuchung von Weideländereien zu unternehmen. — Die Kolonialregierung von Queensland verwendete 2000 Pfund Sterling (41,000 Mark) zur Absendung einer andern Expedition, die unter A. C. Gregory's Leitung gebildet und unter W. Landsborough's Befehl gestellt werden sollte, und welcher die Aufgabe wurde, mit dem Schiffe „Firefly", Kapitän Norman, und in Begleitung der „Viktoria" nach dem Carpentaria-Golfe zu gehen und von dort aus südwärts das Land zu durchsuchen.

Die Regierung von Südaustralien blieb eben so wenig müßig bei dem Werke. Sie übernahm die Kosten einer auf die Dauer eines ganzen Jahres berechneten Expedition, welche unter John M'Kinlay's Befehl den Kontinent von Süd nach Nord durchforschen sollte. — Endlich wurde von einem Herrn Orkney, einem Privatmanne, eine kleine Dampfyacht, „Hotham", unter dem Kommando von Kapitän Wyse aus Melbourne abgeschickt, um gleichfalls nach dem Carpentaria-Golfe und den Albertfluß aufwärts zu gehen und, womöglich, Burke Beistand zu leisten. Dieser kleine Dampfer, nach dem Modelle des „Great Eastern" erbaut, aber nur von 16 Tonnen Gehalt, war von der „Sydney" ins Schlepptau genommen worden, um auf diese Art die Stadt gleiches Namens zu erreichen. Da das Wetter jedoch stürmisch wurde, mußte das Schiffchen, welches nur seinen Kapitän und zwei Mann an Bord hatte, seinem Schicksale überlassen werden. Das Tau wurde abgeschnitten, und der „Hotham" verfolgte seinen Weg allein auf den stürmischen Wogen. Dennoch erreichte das kleine Fahrzeug glücklich den Port Jackson und machte sich von da auf den Weg nordwärts, als das Mißgeschick wollte, daß das Schiffchen auf eine Untiefe auffuhr und ein großes Leck in den Boden bekam, dessen Reparatur so viel Zeit in Anspruch nahm, daß die Wiederaufnahme der Reise durch die unterdessen eingelaufenen Nachrichten gegenstandlos wurde.

So waren also jetzt mit einem Male fünf große Expeditionen ausgezogen: die von Howitt, Walker, Norman, Landsborough und M'Kinlay. — Howitt ging von Swanhill am Murray ab am 13. Juli 1861; Walker brach an demselben Tage an der äußersten Station bei Rockhampton auf; M'Kinlay reiste von Adelaide ab am 14. August und Norman verließ am 24. August die Moreton=Bai (den Hafen von Brisbane) mit den zwei Schiffen „Viktoria" und „Firefly", wovon das letztere die Mannschaft und die ganze Ausrüstung der Expedition von Landsborough trug. Am 1. September verlor das zuletzt genannte Transportschiff den Dampfer nahe an der Ostküste der Yorkhalbinsel aus dem Gesichte, und drei Tage später lief dasselbe bei einem heftigen Sturmwinde auf dem Felsenriffe einer kleinen Insel in der Nähe der Shelburn=Bai auf den Grund. Es glückte der Mannschaft, sich zu retten und den größten Theil der Vorräthe sowie fünfundzwanzig von den dreißig an Bord befindlichen Pferden aufs Ufer der Insel zu bringen. Am 7. September kam die „Viktoria" wieder in Sicht, und Kapitän Norman unter= suchte das gestrandete Fahrzeug. Es gelang ihm, den Schaden wenigstens so weit zu repariren, daß die Pferde und Waaren wieder eingeladen werden konnten und das Schiff noch im Stande war, den Ort seiner Bestimmung am Albertflusse zu erreichen, wo es freilich später, als Kapitän Norman die Rückreise antrat, zurückgelassen werden mußte. Durch diesen Unfall war übrigens die ganze Reise= gesellschaft zu einer sehr frühzeitigen Reduktion der Rationen gezwungen worden, um die vorgeschriebene Zeit des Aufenthaltes am Carpentaria=Golfe zu ermöglichen.

Allerorten in den australischen Kolonien erschöpfte man sich unterdessen in Vermuthungen über das wahrscheinliche Schicksal der unglücklichen Theilnehmer der großen Viktorianischen Explorations=Expedition. Man hegte ziemlich allge= mein die Befürchtung, die Vermißten möchten in den Einöden zwischen dem Barku und dem Carpentaria=Golfe umgekommen sein, zumal Anfangs September ein Kameel, das nicht lange entlaufen zu sein schien, den Culgoafluß, einen Arm des Condamine, nahe an der Südgrenze von Queensland, erreichte. Auf der andern Seite hielt man es aber doch auch für möglich, daß die Unglücklichen trotz ihres geringen Vorrathes an Lebensmitteln noch irgendwo im Innern ihr Leben friste= ten, ohne die Mittel zur Rückkehr zu besitzen, vielleicht in der Nähe des Carpen= taria=Golfes oder auf dem Wege nach den besiedelten Gegenden Queenslands. — Daß Burke und seine Gefährten nach dem Barku zurückgekehrt sein könnten, glaubte man am allerwenigsten, und selbst als ein Eingeborener aus der Gegend nördlich vom Gregoryfee (aus dem Deltaland des Barku) in den ersten Tagen des September die Nachricht nach den äußersten Ansiedelungen Südaustraliens brachte, daß an einem Wasser jenseit des Gregoryfees weiße Männer lebten, ohne Pferde und Waffen, aber mit einigen Kameelen, daß sie sich von Fischen nährten und in beständiger Furcht vor den Schwarzen wären, so daß sie die Nächte auf einem Floß auf dem Wasser zubrächten, so schenkte man doch allen diesen Aussagen in dem Wahne, daß es nur Erfindungen eines müßigen austra= lischen Kopfes seien, keinen Glauben, und M'Kinlay bezeichnete dieselben sogar noch in einem Briefe, den er am 30. September am Barku schrieb, als ein müßiges Gerücht. Um so überraschender kam die Nachricht, daß Howitt die Reste der unglücklichen Expedition an demselben Barku gefunden habe.

Am 6. September hatte Howitt Brahe's Spur (Brahe war mit ihm) ge= funden und am 8. erreichten sie den Barku, der damals sehr niedrig war, da es augenscheinlich seit langer Zeit nicht geregnet hatte, obwol die Flutmarken deut= lich zeigten, daß der Fluß manchmal nur durch die Steinwälle begrenzt werde, welche mindestens eine Stunde Weges entfernt lagen. Jetzt war der Boden zer= rissen und zersprungen vor Hitze und das Futter erbärmlich, die meisten Wasser= löcher aber waren vertrocknet. Am 13. September langte man in Fort Wills an. Merkwürdigerweise grub aber jetzt auch Howitt nicht nach, um zu sehen, was etwa die Kiste enthalten möge, da Brahe wiederum versicherte, die Grube befände sich äußerlich in demselben Zustande, wie damals, als er sie das erste Mal ver= lassen habe, und bei dieser Behauptung blieb, obwol Howitt die Bemerkung machte, die Grube scheine ihm sehr nachlässig zugeworfen.

Es ist ein wahrhaft verhängnißvolles Schicksal, das dieses Depot hatte. Seit Brahe es zum ersten Male verlassen, war Burke da, Wright und Brahe, dann wieder Wills, und jetzt endlich Howitt und Brahe, und jedesmal meinte dieser Letztere, der Platz sei unberührt geblieben! — Am 14. September ging Howitt den Fluß abwärts; das Flußthal wurde durch eine Reihe felsiger Klippen, welche dasselbe durchsetzten, eingeengt, und an' dieser Stelle wurden Fußspuren eines Kameels gesehen; am folgenden Tage kamen andere Spuren dazu, es waren die von Pferden, die einige Zeit vorher hier gefüttert haben mußten, denn sie führten in allen Richtungen nach und von dem Wasser und waren merkwürdig gut er= halten. An demselben Platze wurde aber auch der Griff eines Taschenmessers gefunden, und während Howitt den Kameelspuren folgte, sah er in einiger Ent= fernung einen Eingeborenen, der heftig mit den Armen gestikulirte und, den Fluß abwärts deutend, fortwährend rief: „Gow, Gow!" („Geht!") Als Howitt auf ihn zuritt, ergriff der Schwarze die Flucht, und da es unmöglich schien, ihn einzuholen, so ging Howitt zu den Kameelspuren zurück. Während er sich in Vermuthungen erschöpfte, kamen ihm zwei seiner Leute entgegen mit der Nachricht, daß King, der einzige Ueberlebende von Burke's Partie, bei den Wilden auf= gefunden worden sei. Alsbald begab sich Howitt nach den in der Nähe befindlichen Hütten der Eingeborenen, wo er King am Boden sitzend fand. Der Mann bot einen höchst traurigen Anblick dar, in einige Lappen und Lumpen, die Ueberreste seiner Kleider, gehüllt, abgezehrt bis zum Skelet und mehr einem Schatten als einem Menschen ähnlich, schien er auch so ganz außerordentlich entkräftet, daß Howitt Mühe hatte, dem zu folgen, was er sagte. Die Eingeborenen waren Alle versammelt und schauten von Zeit zu Zeit King und dann Howitt mit dem Ausdrucke höchster Befriedigung an.

King erholte sich übrigens eher, als man hätte glauben sollen. Zwei Tage später zeigte er schon den Platz, an dem sich Will's Leiche befand, welche jetzt beerdigt wurde. Howitt nahm die Feldbücher sowie ein Notizbuch mit, das Burke gehört hatte, und verschiedene kleine Gegenstände, die umherlagen und durch die traurigen Umstände einen Werth bekommen hatten, ebenso etwas von dem Nardu, von welchem die Männer gelebt hatten, und die hölzerne Schüssel, in welcher der Same gereinigt wurde. Burke's Leiche wurde einige Tage später aufgesucht und gleichfalls — in eine Nationalflagge gehüllt — beerdigt.

Burke's Begräbniß.

Am 24. September wurden die Schwarzen, welche King gepflegt hatten, mit ihren Frauen und Kindern versammelt und ihnen Geschenke gegeben, Tomahawks, Messer, Halsbänder, Spiegel, Kämme rc. Die Kinder bekamen rothe Bänder um ihre schmuzigen Köpfe gewickelt: eine alte Frau, welche besonders freundlich gegen King gewesen, wurde mit Dingen überladen, und endlich wurde unter die Gesellschaft, die aus 30 bis 40 Personen bestand, ein halber Centner Zucker vertheilt, d. h. jeder von den Schwarzen erhielt sein Theil in ein Taschentuch, das die Farben der Nationalflagge trug. Die Wilden schienen besonders stolz auf diese Tücher zu sein, die ihnen geschenkt wurden. Der Zucker fand bald den Weg in ihren Mund; das Mehl, von dem sie 50 Pfund bekamen, erhielt den Namen: „Weißen Mannes Nardu", und die Eingeborenen erklärten, recht gut zu begreifen, daß diese Dinge ihnen gegeben wurden, weil sie King gepflegt hatten.

Howitt bedauerte es tief, daß er mit seiner frischen und reichlich ausgerüsteten Partie nicht weiter ins Innere vordringen durfte: er mußte sich jedoch sagen, daß es das Dringendste war, jetzt, da er das Hauptziel der Reise erreicht hatte, umzukehren. Dies that er also und war am 9. Oktober 1861 am Poria-Creek, von wo er Brahe mit den Depeschen nach Melbourne abschickte. Hier gab sich aber die Theilnahme an dem Schicksale der Unglücklichen nicht damit zufrieden, daß die

traurige Kunde jetzt zur Gewißheit geworden war, und so wurde vom Explo=
rations=Comité beschlossen, Howitt nochmals zurückzuschicken, um die Leichen der
Opfer dieses unglücklichen Unternehmens nach der Hauptstadt der Kolonie zu
bringen, wo dieselben am 21. Januar 1862 mit großartigen Feierlichkeiten und —
man darf wol sagen unter der Begleitung der ganzen Bevölkerung von Melbourne
— zum zweiten Male zur Erde bestattet wurden. Aber auch Ehrenbezeigungen
von materiellerer Beschaffenheit wurden nicht vergessen. Das Parlament von
Victoria setzte bedeutende Renten auf Lebenszeit für die nächsten Verwandten von
Burke und Wills sowie für King aus, und bewilligte noch verschiedene ansehnliche
Entschädigungsgelder an Personen, welche bei den einzelnen Expeditionen Schaden
genommen.

Endlich wurde eine Untersuchungskommission niedergesetzt, welche prüfen
sollte, wen die Schuld der Vernachlässigung und des daraus entstandenen Un=
glücks treffen müsse. Nach sorgfältiger Abhörung aller Betheiligten gab diese
Kommission ihren Wahrspruch dahin ab, daß ein großer Theil der Schuld aller=
dings zunächst Burke selbst treffe, der mit mehr Eifer als Klugheit die Reise vom
Barku nordwärts unternommen, bevor das Depot aus Meuindi angekommen
war. Dann wird das Betragen Wright's auf das Entschiedenste getadelt, da
ganz unzweifelhaft nur die durch ihn verschuldete Verzögerung das Unglück
verursacht habe. Brahe endlich, ein einfacher Arbeitsmann, der eine Verant=
wortlichkeit trug, die über seine Kräfte ging, konnte den Bitten seines todtkranken
Genossen nicht widerstehen und hob das Lager auf, während er der Retter der
Expedition geworden wäre, Lob und Preis, Ehre und Ruhm geerntet hätte,
wenn er nur einen einzigen Tag — 24 Stunden — länger Widerstandskraft
besessen hätte!

Weniger glücklich als Howitt war M'Kinlay. Derselbe hat wol gleich=
falls Spuren der Burke'schen Expedition entdeckt, nämlich, wie sich später heraus=
stellte, das Grab Gray's, aber die Eingeborenen jener Gegenden entwarfen ihm
eine so äußerst genaue Beschreibung eines hartnäckigen Gefechtes, das dort zwischen
ihnen und den Weißen stattgefunden, und wobei alle Weißen ermordet und ein
Theil derselben von den Eingeborenen verzehrt worden wäre, daß M'Kinlay da=
durch vollständig irre geleitet wurde. Er ließ das Grab öffnen und fand allerdings,
daß die darin befindlichen Ueberreste sicher diejenigen eines Europäers waren, er
fand aber auch, daß das Fleisch der Leiche vollständig von den Knochen losge=
schält war. Die Eingeborenen behaupteten darauf, sie hätten die Leiche ausgegraben
und das Fleisch derselben gegessen. Noch ein zweites Grab wurde ganz in der
Nähe gefunden; es war dem ersten sehr ähnlich, aber leer. Dieser zweite Grab=
hügel ist sicherlich von den Eingeborenen aufgeworfen worden, ohne daß sich
angeben ließe, weshalb oder zu welchem Zwecke sie das gethan. M'Kinlay
untersuchte die ganze Umgebung auf das Allersorgfältigste, konnte jedoch nirgends
an den umherstehenden Bäumen die geringsten Spuren von eingeschlagenen Kugeln
oder von Streifschüssen entdecken, wie solche nach einem so mörderischen Kampfe
sicher hätten erwartet werden dürfen; dennoch schenkte er zuletzt den lebhaften und

wiederholten Versicherungen der Wilden Glauben, namentlich bewogen durch den Umstand, daß die Eingeborenen verschiedene, unzweifelhaft zu Burke's Expedition gehörige Gegenstände besaßen. — Man weiß, daß die ganze Geschichte von Anfang bis zu Ende nichts ist, als ein Erzeugniß der lebhaften Einbildungskraft der Wilden! —

M'Kinlay verweilte noch in der Gegend des Barku, als er die Nachricht von dem Schicksal Burke's empfing, und nun beschloß er, sich ins Innere nach Nordosten zu wenden. Er gedachte, hierdurch der furchtbaren Hitze zu entgehen, welche des Tages über in den Niederungen des Barku herrschte, während die Nächte empfindlich kühl waren. An vielen Tagen zeigte das Thermometer Morgens 10° und am Nachmittage 40°R., an einigen stieg es aber auf 50°R., an einem sogar auf 57°R. (160° F.), und zwei Ochsen gingen einzig und allein vor Hitze zu Grunde.

Nachdem die steinige Wüste glücklich durchwandert war, folgte M'Kinlay dem Laufe des Burkeflusses gegen Norden. Seine Absicht, das westliche Ufer desselben zu erreichen, ward durch eine plötzlich eingetretene Ueberschwemmung des ganzen Flußthales vereitelt. Die Ueberflutung wurde so gewaltig und brach mit so überraschender Schnelligkeit herein, daß die Reisenden sich nur mit genauer Noth durch 1½ m tiefes Wasser auf die höher gelegenen Theile des Landes auf der Ostseite des Flusses zu retten im Stande waren. Sie hatten die Höhen glücklich erreicht, da zeigte es sich, daß der Schäfer mit der Herde fehlte; er hatte sich verirrt und wurde erst am Abend des siebenten Tages wieder gefunden. Der arme Mensch war vor Kummer und Aufregung fast blödsinnig geworden, doch hatte er noch so viel Verstand behalten, daß er ein Schaf schlachtete und dadurch dem Hungertode entging.

M'Kinlay's Weg führte nun längs des überschwemmten Landstrichs nordwärts; die Reisenden gelangten dabei durch das ganze — damals natürlicherweise sehr wasserreiche — Quellgebiet des Burkeflusses, in welchem ein neuer, offenbar dem Binnenseegebiet angehöriger Strom erkannt wurde; sodann überstiegen sie den Landrücken vom Carpentarialand, erreichten den Cloncurry, später den westlich davon fließenden Leichhardtfluß und verfolgten diesen bis zu seiner Mündung. Hier hatte M'Kinlay gehofft, das Schiff „Viktoria" zu finden; da dieses aber bereits die Gegend verlassen und die Rückreise auf derselben Route der sehr zusammengeschmolzenen Lebensmittel wegen nicht zu wagen war, so blieb nichts übrig, als einen Weg nach den Hirtenstationen am Burdekin in Queensland aufzusuchen, und auf dem Marsche dahin wurden die Ochsen, Pferde, Kameele, kurz Alles aufgezehrt, bis die Partie endlich halb verhungert eine Station am Bowenfluß erreichte, wo sich die Männer pflegen konnten. M'Kinlay war somit der Zweite, welcher den Kontinent von Süd nach Nord durchkreuzt hatte.

Das Parlament von Südaustralien hat ihm hierfür eine Ehrensumme von 1000 Pfund Sterling (20,000 Mark) bewilligt.

Von den übrigen zur Aufsuchung Burke's ausgeschickten Expeditionen trafen auch noch die von Landsborough und von Walker auf Spuren der verunglückten

Männer, nämlich auf Lagerplätze und den von Burke und seinen drei Gefährten eingeschlagenen Weg in der Nähe des Carpentaria=Golfes. Landsborough hatte außerdem das Glück, eine äußerst erfolgreiche Reise durch den Kontinent auszu= führen, die sich vor M'Kinlay's, Leichardt's und anderen Routen besonders dadurch ausgezeichnet, daß der von Ersterem eingeschlagene Weg einen großen Theil des Jahres ohne besondere Schwierigkeiten passirbar ist. Der Reisende hatte nämlich zuerst von der Mündung des Albertflusses aus einen Zug gegen Süden unternommen, auf welchem er den Gregory, einen Zufluß des Nicholson, sowie seinen Hauptarm, den O'Shanassy, erforschte und darauf durch die Barkley= ebene zum Herbertfluß vordrang, dessen Bett er verfolgte, bis der Wassermangel ihn zur Umkehr nöthigte.

Darauf begab er sich im Februar 1862 nach dem untern Lauf des Flinders=River, untersuchte diesen Flußlauf bis zu seinen Quellen und überstieg die Wasserscheide, welche ihn von den Zuflüssen des Thompsonflusses trennt. Die weitere Reise längs des Thompsonflusses bis in die Nähe seiner Einmündung in den Viktoriafluß (eigentlich Barku), sodann südöstlich nach dem Warregofluß und diesen wiederum abwärts bis zum Fort Bourke am Darling verlief ohne besondere Schwierigkeiten, obschon Landsborough wegen des erwähnten Unfalls mit der „Firefly" an der Yorkhalbinsel nur schlecht mit Lebensmitteln ausgerüstet werden konnte, ein Umstand, der sicherlich für das Talent des Mannes in der Organi= sation solcher Unternehmungen ein glänzendes Zeugniß ablegt.

Auch Landsborough wurde vom südaustralischen Parlament mit einem Ehrengeschenk, einem werthvollen Silberservice, ausgezeichnet.

Walker endlich zog von Rockhampton den Fitzroyfluß aufwärts bis an seine Quelle, dann hinüber zum Barku und an diesem eine Strecke abwärts, wendete sich sodann dem Thal des Thompsonflusses zu, erreichte die östlichen Quellflüsse desselben und jenseit der Wasserscheide diejenigen des Flindersflusses, welche er durchkreuzte, um einem derselben, dem Normanfluß, abwärts zu folgen, bis er die von Gregory früher eingeschlagene Route erreichte und auf derselben an die Mündung des Albertflusses gelangte. Den Rückweg bewerkstelligte er, wie seiner Zeit Gregory, durch das Thal des Burdekinflusses.

Wie aus dem Vorstehenden deutlich zu ersehen, haben die verschiedenen Aufsuchungsexpeditonen der verunglückten Reisenden Burke und Wills für die Bereicherung der geographischen Wissenschaft eine ganz ungeahnte Bedeutung gehabt, indem die östliche Hälfte des Kontinents nach den verschiedensten Rich= tungen durchforscht wurde, und zwar in einer Weise, daß, seitdem auch der untere Barku und sein Delta genügend untersucht worden sind, die Ostseite des australischen Festlandes als vollständig bekannt gelten kann.

Der Ueberland-Telegraph durch Australien. Der kühne Gedanke, Australien mit Europa durch den elektrischen Telegraphen zu verbinden, war in dem Kopfe des Direktors der Posten und Telegraphen in Südaustralien, Charles Todd, entstanden. Bereits im Jahre 1858 hatte dieser Mann einen vollständigen Plan zur Ausführung dieser großen Idee ausgearbeitet und veröffentlicht; damals freilich ohne jeglichen Erfolg.

Nachdem Stuart vier Jahre später seine drei großen Reisen beendet hatte, trat Todd von Neuem mit seiner Idee hervor und befürwortete nunmehr die Herstellung einer Landlinie von Adelaide, oder vielmehr von Port Augusta im Süden nach dem Port Darwin an der Nordküste, die im Wesentlichen der Stuart'schen Route folgen sollte, und wenn auch anfänglich dieser Plan als abenteuerlich auf manchen Widerspruch stieß, so hatte doch der weitblickende Mann zehn Jahre später die Freude und Genugthuung, daß die Kolonial-Regierung Südaustraliens nicht nur auf seine Ideen und Vorschläge einging, sondern auch, daß das ganze riesige Werk in vollkommenster Ordnung durchgeführt wurde und jetzt schon seit einer Reihe von Jahren aufs Beste fungirt.

Der Ueberlandtelegraph in Australien ist nicht das erste großartige Beispiel von der Führung des „sprechenden Drahts" durch Wildnisse oder unbekannte und menschenarme Länder.

In Amerika hatte man zuerst die Bedenken überwunden, welche auch bei unternehmenden Männern entstanden hinsichtlich der Gefahren, welchen eine Telegraphenleitung durch die weiten westlichen, von Indianerhorden durchstreiften Gegenden und über hohe, zum Theil sogar schneebedeckte Gebirge ausgesetzt sein mußte. Allein in Nordamerika kam eine ziemlich genaue Kenntniß aller in Betracht zu ziehenden Länderstrecken, die bereits nach ausführbaren Eisenbahnlinien durchforscht waren, dem Unternehmen zu Hülfe, und die seit dem Jahre 1869 in täglichem Betriebe befindliche interozeanische Eisenbahn ermöglichte es, zu jeder Zeit irgend eine beschädigte Stelle der Leitung mit größter Schnelligkeit zu erreichen, bot somit für die gute Unterhaltung derselben eine ganz besonders werthvolle Garantie.

Schwieriger war es in Rußland, einen Telegraphendraht mitten durch Sibirien bis an die chinesische Grenze und darauf durch die Wildnisse des Amurlandes bis an die Gestade des Großen Oceans zu führen, da hier (bei der im Ganzen nördlicheren Lage) die Unbilden des Klimas viel schlimmere Feinde für die Ausführung eines so enormen Unternehmens werden mußten.

Und wenigstens eben so schwierig mußte die Ausführung des Telegraphen von Buenos-Aires durch die Staaten der Argentinischen Republik nach San Jago in Chili gewesen sein, wobei die gewaltige Bergkette der Anden in dem 3800 m hohen Uspallatapasse überschritten werden mußte, und man genöthigt war, in den höchsten Theilen des Gebirges auf eine Entfernung von etwa 20 geographischen Meilen (von Punta de Inca an der Ostseite nach Ojos del Agua auf der Westseite des Gebirgs) die Leitung auf $1/2$ m Tiefe in die Erde zu vergraben, um sie vor den Schneebrüchen zu schützen.

Die sibirische wie die südamerikanische Linie fungiren vortrefflich, erstere seit dem 10. Dezember 1870, letztere seit dem 29. Juli 1872, und die sibirische Linie hat durch den Anschluß an ein unterseeisches Kabel seit dem 18. August 1871 sogar noch eine direkte Verbindung mit Japan und mit dem ganzen ostasiatisch=südeuropäischen Telegraphennetz erfahren.

Gleicherweise wie in Nordamerika hatten die ausführenden Ingenieure auch in Sibirien und in Südamerika den Vortheil, auf bekanntem Boden ar=beiten zu können; die Leitung ward große Strecken weit gebahnten Straßen entlang geführt und berührte zahlreiche Ortschaften und Ansiedelungen, welche zur Anlage von Stationen sich eigneten und den dort bestellten Beamten alle jene Hülfsmittel und Bequemlichkeiten gewähren konnten, welche die Anwesenheit menschlicher Nachbarschaft in so mancherlei Lebenslagen zu bieten im Stande ist.

Alles dies war grundverschieden in Australien.

Dort kannte man vor Allem nur eine einzige Reiseroute, nämlich die von John M'Douall Stuart 1860 bis 1862 entdeckte, und was man von der Be=schaffenheit des Landes in dieser Richtung wußte, war durchaus nicht sehr er=muthigend. Hatte doch Stuart selbst zweimal unverrichteter Sache umkehren müssen; erst beim dritten Male war es diesem erfahrenen Reisenden gelungen, die Nordküste zu erreichen.

Die Ingenieure mußten hier also nothwendigerweise auch Entdecker sein, welche in der ungeheuren Wildniß die zerstreuten Wasserplätze, die zu Tele=graphenstangen geeigneten Bäume und die passenden Punkte für die einzelnen Stationen aufsuchen mußten.

Am Margarethenberg (Mt. Margaret) westlich vom Eyresee ließen die Ingenieure die letzte Hirtenstation hinter sich; von da an bis an die Nordküste, in gerader Linie gemessen, mindestens 250 geographische Meilen, war keine menschliche Wohnung oder Hülfe mehr zu finden, nicht einmal ein Obdach zum Schutz gegen die Unbilden des Wetters oder der Jahreszeiten, und der nördlichste Endpunkt, die „Stadt" Palmerston am Port Darwin, konnte auch nur diejenigen Hülfsmittel bieten, welche vorher auf weiter Seereise von Adelaide aus dahin ge=bracht worden waren.

Dies ist indessen noch nicht Alles. Auf der nordamerikanischen, der sibi=rischen und der südamerikanischen Linie existirt ein innerer Verkehr, der wenigstens einen Theil der gewaltigen Unterhaltungskosten einer so großartigen Anlage zu decken vermag; nicht so in Australien. Hier ist noch für lange Zeit hinaus kaum eine Aussicht auf die Entwicklung eines derartigen inneren Verkehrs, denn wenn auch, was ja am Ende möglich ist, die Weideflächen längs der Telegraphenlinie mit Schaf= und Rinderherden bevölkert sind, so wird doch das Bedürfniß tele=graphischer Mittheilungen zwischen den Besitzern dieser Herden nicht wesentlich größer sein, als es bisher in anderen, auch heute noch nicht mit Telegraphen ver=sehenen Weidebezirken in Australien thatsächlich der Fall gewesen ist.

Der australische Ueberlandtelegraph darf daher noch für lange Zeit hinaus als eine ausschließlich dem Weltverkehr dienende Einrichtung aufgefaßt werden, welche die telegraphische Verbindung zwischen den australischen Kolonien, den Haupthandelsplätzen von Ost- und Südasien und dem europäischen Mutterlande vermittelt, und seine wesentlichen Ergänzungen daher auf der einen Seite in dem unterseeischen Telegraphen finden muß, welcher Port Darwin über Batavia mit Singapur verbindet, und auf der andern Seite in den Zweiglinien, welche die übrigen Hauptstädte der australischen Kolonien mit in den Weltverkehr ziehen.

An der Telegraphenlinie.

Nun wäre ja, wie leicht einzusehen, ein Telegraphendraht viel einfacher von Port Darwin aus längs der Nordküste und des Carpentaria-Golfes oder als unterseeisches Kabel nach Queensland und von da nach Sydney, Melbourne und Adelaide zu führen gewesen; allein die Südaustralier sagten sich, und gewiß nicht mit Unrecht, daß sie alsdann ans Ende der ganzen Linie gekommen wären, und daß, wenn sie von einer telegraphischen Verbindung mit Indien und Europa einen wirklichen Nutzen ziehen wollten, sie ihre Nachrichten von Port Darwin direkt erhalten müßten, und sobald sie dies begriffen hatten, war die Ausführung des riesigen Unternehmens, wie es Todd geplant hatte, gesichert.

Die Bevölkerung einer Kolonie, welche damals (1870) im Ganzen 184,000 Einwohner zählte, d. h. nicht mehr, als die Stadt München oder Dresden heute zählen mag, beschloß, eine Telegraphenlinie von 1800 engl. Meilen oder 360 geographischen Meilen (so weit, wie von Paris bis Moskau) auf ihre

Kosten zu erbauen und Jahr für Jahr beträchtliche Summen zu ihrer Unter=
haltung beizusteuern; denn daß der internationale Verkehr die Verwaltungskosten
je decken werde, ist kaum zu glauben.

Hinter diesem gewiß staunenswerthen Unternehmungsgeist blieb die Energie
der Ingenieure, welche mit dem Bau selbst beauftragt waren, nicht zurück.
Am 4. Juni 1870 ward die Lieferung des Materials, Metalldrähte, Iso=
latoren u. s. w., mit einer englischen Telegraphengesellschaft vereinbart und
Todd die Oberleitung des ganzen Werkes übertragen, und bereits am 20. August
1870 ging der erste Transport von Baumaterial und der erste Trupp Arbeiter
zu Schiff von Adelaide nach Port Darwin ab.

Die Arbeiten im Lande selbst wurden in drei Abschnitte getheilt; zwei
davon wurden an Unternehmer vergeben, nämlich der südliche Theil von Port
Augusta bis zu 27° südl. Br. und der nördliche bis zu 19° 30′ südl. Br.; der
schwierigste mittlere Theil zwischen 27° und 19° 30′ sollte unter der Führung
von Todd selbst ausgebaut werden.

Bei der südlichen Abtheilung trat bald eine nicht unbedeutende Schwierigkeit
zu Tage. Auf einer Strecke von 100 geographischen Meilen, von Beltana
bis zu 27° südl. Br., war — eine kleine Baumgruppe am Mt. Margaret
ausgenommen — kein Holz zu finden, welches zu Telegraphenstangen geeignet
gewesen wäre. Für diese ganze Strecke mußten demnach sämmtliche Telegraphen=
stangen aus den Flindersbergen geholt und von Port Augusta aus zu Land an
den Ort ihrer Bestimmung transportirt werden. Nordwärts von 27° südl. Br.
wurden Eukalypten in großer Menge angetroffen, die gutes Holz lieferten, und
nördlich von den M'Donnell=Bergen gab es wenigstens streckenweise brauchbares
Holz, das allerdings manchmal wieder meilenweit gefahren werden mußte.

Im Allgemeinen gingen aber die Arbeiten von Süden her ganz gut von
statten; am 1. Oktober 1870 war die erste Telegraphenstange aufgerichtet, und
bereits im Februar 1872 war die Station am Tennants=Creek unter 19½° s. Br.
erreicht worden.

Während des kurzen Zeitraums von 16 Monaten war also die Telegraphen=
linie auf einer Strecke von mindestens 250 geographischen Meilen hergestellt
worden, eine Leistung, die erst in ihrem richtigen Lichte erscheint, wenn man
bedenkt, daß dies einen täglichen Fortschritt von etwa 1¼ Stunde Wegs voraus=
setzt in einem Lande, in welchem nicht nur Telegraphenstangen und Werkzeuge
aller Art, sondern auch sämmtliche Lebensmittel für die Arbeiterkolonnen mit=
geschleppt werden mußten.

Auf der nördlichen Strecke dagegen hatten sich die Hindernisse in ungeahnter
Weise angehäuft. Die Unternehmer traten ganz zurück, da die Verluste für sie zu
hart geworden waren, und die Regierung mußte den größten Theil der Sektion selbst
ausbauen. Die tropischen Regen hatten vornehmlich die Arbeiten erschwert und
theilweise ganz unterbrochen, indem die plötzlich in die Thäler herabstürzenden Wasser=
fluten ganze Reihen von aufgestellten Stangen umwarfen. Die meisten Lastthiere
waren den Strapazen erlegen, und so erschien es, als die Regierung die Arbeiten

übernahm, zunächst durchaus erforderlich, am Roperfluß ein zu Schiff erreich=
bares Depot zu errichten. Auch dadurch entstanden neue Verzögerungen; aber
nachdem das Depot mit gehörigen Vorräthen versehen war, gingen die Arbeiten
auch auf dieser Seite regelmäßiger voran. Am 15. September 1870 war das nördliche Drittheil der Linie in Angriff
genommen worden, allein erst am 26. Juni 1872, also nach Verlauf von
21 Monaten, war die Leitung von Port Darwin aus bis zur Station Daly Waters,
d. h. eine Strecke von 70 geographischen Meilen, vollendet; es fehlte immer noch
eine Länge von etwa 40 geographischen Meilen, welche alsbald durch eine Pferde=
post ausgefüllt wurden. Doch wurde damals die Verbindung mit der Außenwelt
noch nicht hergestellt, da das am 19. November 1871 fertig gewordene Kabel
von Port Darwin nach Java gerade in jener Zeit den Dienst versagte und erst
reparirt werden konnte, nachdem die Landlinie selbst beendet war.

Dies geschah am 22. August 1872; genau 2 Jahre und 2 Tage nach dem
Beginn des Baues! Am 21. Oktober 1872 war auch der Fehler am javanischen
Kabel beseitigt, und die erste direkte Depesche des südaustralischen Gouverneurs
an die Königin von England ward befördert. An den nächstfolgenden Tagen
empfingen Kaufleute in Australien Nachrichten von der übrigen Welt, die volle
drei Wochen neuer waren, als die letzten mit dem Postdampfer angekommenen.

Die Vollendung des Werkes wurde vielfach mit entsprechenden Feierlich=
keiten begangen und „alle denkenden Leute fühlten", wie eine australische Zeitung
sich ausdrückte, „daß eine der größten Unternehmungen der neuern Zeit er=
folgreich zu Stande gekommen sei."

Die Länge dieser Linie, also von Falmouth bis Adelaide, beträgt
übrigens für sich allein 12,462 englische oder rund 2500 geographische Meilen.

Sie vertheilen sich in folgender Weise:

Falmouth bis Gibraltar (mit Kabel über Lissabon) 1250 englische Meilen
Gibraltar bis Malta (Kabel) . . . 981
Malta bis Alexandria (Kabel) . 819
Alexandria bis Sues . . 224
Sues bis Aden (Kabel) . . 1308
Aden bis Bombay (Kabel) . 1664
Bombay bis Madras 600
Madras bis Pulo=Pinang (Kabel) . 1213
Pulo=Pinang bis Singapur (Kabel) . 381
Singapur bis Batavia (Kabel) . . 560
Batavia bis Banjuwangi 480
Banjuwangi bis Port Darwin (Kabel) 970
Port Darwin bis Port Augusta . 1800
Port Augusta bis Adelaide 212

Summa 12,462 englische Meilen.

Einige Unterbrechungen im Betriebe sind im Laufe der nunmehr ver=
flossenen sechs Jahre allerdings eingetreten, und zwar zunächst durch Blitzschläge
zwischen der Peakestation (in gleicher Breite mit dem Nordende des Eyresees) und
der nördlicher, in der Nähe des Finkeflusses gelegenen Station Charlotte Waters.
Solche Vorgänge haben jedoch nur kurze Störungen im Gefolge, da die vier oder
sechs Männer, welche jede Station besetzen, mit allem zu schleuniger Reparatur
erforderlichen Material versehen sind.

Andere Gefahren drohten und drohen zum Theil noch der Leitung innerhalb
der tropischen Gegenden des Landes von den weißen Ameisen (Termiten), welche
die Stangen zerstören. Auch dagegen ist indessen Vorsorge getroffen; die höl=
zernen Stangen in jenem Theil der Leitung werden mit der Zeit durch eiserne ersetzt.

Die Grasfeuer der Eingeborenen sind den Stangen hier und da gleichfalls
verderblich gewesen; diese Gefahr wird jedoch in dem Maße abnehmen, als
Viehherden sich in der Nähe der Telegraphenlinie ausbreiten werden. In allen
Weidedistrikten erreicht nämlich der Graswuchs nicht mehr die Höhe, wie
in anderen, nicht vom Vieh besuchten Gegenden. Dies hat zur Folge, daß die von
den Wilden angelegten Grasfeuer, die nur im hohen Gras sich fortpflanzen, in
der Regel erlöschen, ehe sie die Ansiedelungen erreichen, wenn diese nur von einem
genügend großen und fleißig benutzten Gürtel Weideland umgeben sind.

Die allerbedeutendsten Gefahren drohten dem australischen Ueberland=
Telegraphen von den Eingeborenen des Landes selbst, insbesondere von den
kräftigeren und wilderen Stämmen in den nördlichen Gegenden, und diese Ge=
fahren sind bis heute noch nicht ganz beseitigt. — Die schwarzen Söhne der
Wildniß wagten allerdings nicht, die starken und gut bewaffneten Arbeiterkolonnen
anzugreifen; aber sie verhielten sich von Anfang an höchst feindselig gegen das
ganze Unternehmen und gegen die auf den Stationen wohnenden Beamten.

Wenige Monate nach der Eröffnung des telegraphischen Verkehrs zer=
störten die Schwarzen einen großen Theil der Leitung; sie rissen die Drähte ent=
zwei und zerschlugen die Porzellan=Isolatoren. Aus ersteren schliffen sie sich ge=
fährliche Spitzen für ihre dünnen Spieße, die scharfkantigen Scherben der Isola=
toren dienten dazu, die schweren Speere noch schädlicher zu machen, und diese Art
der Verwendung des Telegraphenmaterials hat auch heute noch nicht aufgehört.

Die Eingeborenen überfielen aber auch die Beamten in ihren festungsartigen
Stationen, und das Missionsblatt der Brüdergemeinde theilt z. B. noch aus dem
Jahre 1874 einen solchen Ueberfall der Station am Barrow=Creek, unter
$21\frac{1}{2}^0$ südl. Br., mit.

Das Stationsgebäude, welches, wie alle anderen an der Linie des Ueberland=
telegraphen belegenen Stationsgebäude, sich in einer besonders anmuthigen Gegend
befindet, ist viereckig, von Stein erbaut und von einer hohen Mauer umgeben, in
welcher sich nur ein Zugang befindet, der durch ein starkes eisernes Thor ver=
schlossen wird. Auch das Dach ist von Eisen und die vier Fenster der Front sind
durch eiserne Gitter geschützt. Rings um das Haus sind Schießscharten angebracht;
alle Thüren endlich öffnen sich in den durch die Mauer abgeschlossenen Hof.

Am Abend des 22. März 1874 bildeten 9 Mann die Besatzung dieser kleinen Festung, nämlich der Stationsmeister, Stapletown mit Namen, sieben andere Leute und ein eingeborener Knabe. Alle befanden sich außerhalb der Hof= mauer und unterhielten sich mit dem Knaben, welcher zu Pferde nach einem der Bahnwärter ausgeschickt werden sollte, als plötzlich von der östlichen Seite der Station her ein Trupp Eingeborener erschien, welcher die Speere warf und sofort den Aufseher traf. Die völlig unbewaffneten Angegriffenen eilten nach der Sta= tion, wurden aber an dem von den Wilden besetzten Thor von einem neuen Speerregen empfangen, wobei der Telegraphist Flint und der Polizist Gason verwundet wurden. Sie liefen nun um das Gebäude herum, in der Hoffnung, daß die Wilden ihnen folgen würden; die List gelang, das Thor war unbesetzt, als die Männer wieder zu demselben gelangten, und sie kamen glücklich hinein; doch hatte der Bahnwärter Frank inzwischen eine Wunde erhalten. In der Sta= tion griffen nun Alle, die es vermochten, zu den Waffen und schossen mehrmals auf die Wilden, welche sich bald auf etwa hundert Schritte zurückzogen.

Am folgenden Tage erschien die ganze Schar stark bewaffnet wieder und schien einen neuen Angriff im Sinne zu haben, sie wurde aber mit Flintenschüssen empfangen und zerstreute sich nach einiger Zeit, nachdem einige Eingeborene, wie es schien, getroffen waren. Frank, der Bahnwärter, starb unmittelbar, nachdem er die Küche des Hauses erreicht hatte; ein Spieß war ihm durchs Herz und bis in den Rücken gegangen; auch der Stationsmeister war tödlich getroffen und starb am andern Tage. Flint war im Schenkel bis auf den Knochen verwundet, und der schwarze Knabe hatte eine Wunde unter dem Schlüsselbein, eine andere in der linken Seite und seine Hand war von einem Speer zerrissen; doch telegra= phirte Flint, er hoffe sammt dem Knaben am Leben zu bleiben. In der That wurden Beide auch wieder hergestellt.

Aus diesem einen Beispiel läßt sich deutlich erkennen, wie wenig der von den Schwarzen oft geflissentlich an den Tag gelegten Friedfertigkeit zu trauen ist; auch die Bande, von der eben gesprochen wurde, hatte kurz vorher noch freund= liche Gesinnungen geheuchelt. Es braucht indessen kaum bemerkt zu werden, daß die Schwarzen jedesmal Gelegenheit hatten, sich von der Erfolglosigkeit ihrer Angriffe zu überzeugen. — In den südlicheren Theilen des Landes sind die= selben schon seit langer Zeit zahmer geworden. Gosse z. B. traf in einer Ent= fernung von 25 geographischen Meilen westlich von der Telegraphenlinie mit etwa 30 Eingeborenen zusammen, die fast alle englisch sprachen; einige sogar recht gut, und die sich durchaus freundlich und dienstfertig zeigten. In diesen Ge= genden und weiter nördlich bis zu den M'Donnell=Bergen haben die Schwarzen auch keine Angriffe auf den Telegraphen unternommen, und die Beamten ver= kehren nicht nur häufig mit denselben, sondern fühlen sich auch so sicher, daß sie rings um ihre Stationen den Acker= und Gartenbau begonnen haben.

Man wird fragen: Wie? Garten= oder Ackerbau in einem Lande, welches vor kaum 20 Jahren von Stuart und seinen paar Begleitern mit Mühe und Noth und unter steter Gefahr des Verdurstens durcheilt wurde? Und doch ist es so.

Ja, noch mehr! In diesem Lande vermochten zur Zeit des Telegraphenbaues, nachdem die nächsten Umgebungen von Stuart's Route untersucht worden und Brunnen gegraben oder Cisternen angelegt waren, Arbeiterabtheilungen von mehreren hundert Menschen mit vielen Pferden und Zugochsen sowie mit Tau= senden von Rindern und Schafen Jahr und Tag lang sich aufzuhalten, und das Land bot ihnen allen nicht nur Wasser, sondern lieferte auch sämmtliches Futter für das Vieh in ausreichender Menge. Dem Boden fehlte es nur an Wasser, um besser zu werden, und heute trifft man an einer ganzen Reihe von Stationen nicht nur Melonengärten, sondern auch Kartoffeläcker an, und nach den überein= stimmenden Aussagen urtheilsfähiger Männer sollen sich einzelne Gegenden sogar zum Mais= und Weizenbau eignen. Man hat neuerdings angefangen, artesische Brunnen zu graben, und sollen einige derselben, allerdings erst in entsprechender Tiefe, reichliche Ausbeute an Wasser geben. Es werden diese Erfolge sicherlich die unternehmungslustigen Ansiedler zu weiteren Versuchen anregen.

Paradiesische Gefilde wird man aus den australischen Steppen nicht her= vorzaubern; immerhin aber ist es durchaus nicht unwahrscheinlich, daß manche Theile einen gewissen Grad von Fruchtbarkeit erlangen können, wenn man im Stande sein sollte, das Land mit Wasser in genügender Menge und in regelmäßiger Wiederkehr zu versorgen.

Der Anschluß des Ueberland=Telegraphen an die bestehenden Telegraphenlinien von Südaustralien, Victoria, Neusüdwales und Queensland erfolgte natürlicherweise alsbald im Jahre 1872, und seitdem wird an der weiteren Ausdehnung des gesammten Telegraphennetzes in allen Theilen des Welttheils eifrig gearbeitet, sogar schon eine zweite Ueberlandlinie von Süd nach Nord geplant.

Bereits im Oktober 1871 hatte die Leitung auf der Ostseite die kleine, zu= kunftreiche Stadt Cardwell an der Rockingham=Bai erreicht, und alsbald machte man sich mit großem Eifer an die Untersuchung der Strecke von da aus quer durchs Land bis zur Mündung des Normanflusses in den Carpentaria=Golf; man wollte der Fertigstellung der südaustralischen Linie zuvorkommen und hoffte, von dort nach Java die Legung eines Kabels zu erlangen. Der letzte Theil dieses Projektes ist nicht zur Ausführung gekommen; nur die Linie bis zur Mündung des Normanflusses ist fertig, und es soll nunmehr untersucht werden, ob einer Fort= setzung der Leitung über Land nach Palmerston am Port Darwin nicht unüber= windliche Hindernisse im Wege stehen.

In Westaustralien war bis vor etlichen Jahren nur die Linie von Perth nach Albany am König Georgs=Sund eröffnet worden; in den Jahren 1875, 1876 und 1877 ist aber auch die Linie von Albany in Westaustralien bis Port Augusta in Südaustralien ausgeführt worden, so daß nunmehr alle be= deutenderen Orte von Perth am Schwanenfluß bis Normantown am Carpen= taria=Busen längs der ganzen Süd= und Ostseite des Kontinents unter einander und mit der ganzen übrigen Welt in telegraphischen Verkehr treten können.

Von Port Augusta bis zur Fowler's Bai durch die Eyria-Halbinsel wurde die Herstellung der Telegraphenleitung in Akkord gegeben; von da bis Port Euela längs der Küste — also etwa auf dem von Eyre und den Brüdern Forrest begangenen Wege — baute die südaustralische Regierung durch ihren Oberfeld=messer R. R. Knuckey. Die größte Schwierigkeit, mit welcher man zu kämpfen hatte, war natürlicherweise der Mangel an Wasser, das bis zum Eintritt des Regens nirgends auf der Oberfläche zu finden war. In Fowler's Bai war ein großes Depot angelegt worden, von da aus aber mußte sämmtliches Material, einschließlich der 5½ m langen eisernen Pfosten, zu Wagen transportirt werden. Ein zweites großes Hinderniß bildete die große Ausdehnung des Skrub, durch welchen ein 8 m breiter Weg gehauen werden mußte, um bei etwa ausbrechendem Brande das Schmelzen der Drähte zu verhüten.

Auf westaustralischer Seite standen die Arbeiten zum Theil unter der Lei=tung des Oberfeldmessers Carey, zum Theil unter derjenigen des Unternehmers Price. Die Ansiedelungen — fast nur Viehzüchtereien — längs der Küste rei=chen hier bis etwa zu 140° ö. F. Eine der letzten Besitzungen gehört den Squattern Dempster; es ist ein Stück Land, 150 engl. Meilen längs der Küste und 100 Meilen landeinwärts sich erstreckend, also fast genau so groß wie das ehemalige Königreich Hannover. Von dieser Besitzung aus, die vortrefflichen Boden aufzuweisen, aber großen Mangel an Wasser hat, erreicht man bald die Wüste und die Kalksteinklippen, welche 100 bis 200 m hoch den größten Theil der Australischen Bucht einfassen. Wasser ist in dieser Gegend bekanntlich mehrmals auf Entfernungen von vier oder fünf Tagereisen nicht ein Tropfen zu finden.

Bis an die Wüste, Point Arid, baute Carey die Linie aus. Auf west=australischem Gebiet wurden indessen nur hölzerne Pfähle verwendet, da die be=schränkten Finanzen vorläufig den Aufwand an eisernen Pfosten nicht gestatteten. Dennoch war der Transport des Materials, der Lebensmittel und des Wassers äußerst schwierig und umständlich, insbesondere auch deshalb, weil Wagen der vielen sandigen Stellen wegen nicht brauchbar waren und also Alles zu Pferde von den verschiedenen Lagerplätzen an die Stellen gebracht werden mußte, wo gearbeitet wurde.

Aber die Aufgabe ist gelöst, und die ganze Telegraphenlinie, eine Strecke von 230 geographischen Meilen (soweit wie von Berlin bis Konstantinopel), ist im Monat Dezember 1877 dem öffentlichen Verkehr übergeben worden. Die Ge=sammtbaukosten betrugen 67,500 Pfund Sterling oder 1,350,000 Mark.

Während ich dies schreibe, also im Juli 1879, kommt mir die Kunde, daß gegenwärtig ganz besonders der Bau einer transkontinentalen Eisen=bahn die Geister in der australischen Kolonie vielfach bewegt.

Die üblen Erfahrungen der Forschungsreisenden in dem Innern ihres Erdtheiles haben die Australier eben so wenig wie verschiedene wirthschaftliche und finanzielle Krisen entmuthigt. Die Aengstlichkeit, mit der wir Europäer seit einer Reihe von Jahren jeden geplanten Eisenbahnbau zu betrachten pflegen, ist den australischen Kolonisten ziemlich fremd geblieben; dieselben schauen vielmehr, gleich den Amerikanern, bezüglich ihrer Eisenbahnpolitik mit einer gewissen jugendlichen Kühnheit in die Zukunft, sie entwerfen Pläne, die uns, vom Stand=punkt des alten Europa aus betrachtet, zuweilen sehr bedenklich erscheinen, denen wir aber trotzdem eine gewisse Sympathie nicht versagen können. Daß die Geschichte in Australien so langsamen und vorsichtigen Ganges fortschreite, wie bei uns, können wir ja schwerlich verlangen. Augenscheinlich treten unsere Antipoden dem Projekt der indo=pacifischen Ueberlandeisenbahn mit praktischem Sinne gegenüber, und so dürfen wir vielleicht, ohne sanguinisch zu erscheinen, auch die Erwartung hegen, daß sie zu den bereits erkämpften Siegen über die ungünstige Natur ihres Territoriums bald einen neuen, sehr bedeutungsvollen zu verzeichnen haben werden.

Die technischen und wirthschaftlichen Schwierigkeiten, welche sich dem pro=jektirten Unternehmen entgegenstellen, erscheinen allerdings auf den ersten Blick als nahezu unüberwindliche, und es ist deshalb gar wohl erklärlich, daß sich bezüglich der zu schaffenden transkontinentalen Eisenbahn in Europa wie in Australien theilweise dieselbe Skepsis regt wie bezüglich der vielbesprochenen afrikanischen Saharabahnen. Die wasserlosen Spinifexwüsten und Flugsand=strecken des australischen Innern, die als absolut unbewohnbar gelten, die breite, sehr ungleichmäßig mit Wasser versorgte Randzone um dieselben, in der nur oasenartig hier und da gutes Weide= oder Buschland vorhanden ist, machen in der That eine Miene, als wollten sie es dem Herrn der Erde niemals gestatten, seine Eisensträuge durch sie hindurch zu legen. Und wenn die tröstliche Stimme Lands=borough's — ziemlich einsam erklingend — uns versichert, daß auch diese öden Gefilde des australischen Kontinents durch richtigere Behandlung seitens der eingedrungenen Kulturmenschen — durch Vermeiden und Verhüten der Gras= und Buschbrände, durch sorgfältige Pflege des vorhandenen Waldkleides, durch künstliche Wasserreservoirs und Irrigationskanäle wie endlich durch artesische Brunnen — einst einer besseren Zukunft entgegengehen werden, so können wir doch sicherlich bei dem Bau des transkontinentalen Schienenweges, der am liebsten in der allernächsten Zukunft ausgeführt werden soll, mit solchen Verheißungen nicht rechnen, selbst wenn wir uns bemühen, an dieselben zu glauben. Gleichviel, ob derselbe berühmte Reisende Recht hat oder nicht, wenn er behauptet, daß die centrale Wüste des australischen Westens einst „blühen werde wie eine Rose" — vorläufig müßte eine Eisenbahn, die geradlinig von Melbourne oder Sydney nach der nordwestlichen Küste laufen sollte, in vielen Beziehungen sozusagen durch ein Vacuum gelegt werden. Wirklich reiche Gebiete würden auch an jedem andern transkontinentalen Schienenwege, der die angegebene Richtung nur un=gefähr verfolgt, vorläufig fast nirgends zu finden sein, und auch die nordwestlichen Endpunkte jeder australischen Ueberlandbahn könnten nur Hafenplätze bilden, welche bis jetzt einen bedeutenderen Aufschwung nicht genommen haben. Die technischen Schwierigkeiten, welche dem Bau in den wasser= und menschenleeren Räumen des Innern erwachsen müßten, würden aber noch sehr wesentlich erhöht werden durch zahlreiche Bergzüge, wie durch breite, tief eingeschnittene Betten

periodischer Ströme; vielleicht würden den Erbauern auch hier und da feindselige
Eingeborene durch heimtückische Angriffe aus unnahbaren Schlupfwinkeln lästig
fallen. Die Verhältnisse liegen also ohne Zweifel auch bezüglich der projektirten
indo=pacifischen Ueberlandbahn in Australien bedeutend ungünstiger, als seiner
Zeit bei dem Bau der Pacificbahnen in Nordamerika. Fast die einzige Licht=
seite, welche der australische Entwurf vor den amerikanischen Ueberlandbahnen
voraus hat, besteht darin, daß er nur eine Linie von etwa 2000, resp. 1800 engl.
Meilen verlangt, während die Eisenbahn von New=York nach San Francisco
ungefähr 3300 Meilen lang ist.

Trotz Alledem, was wir von dem Plan Ungünstiges sagen müssen, finden
wir es doch leicht begreiflich, wenn die australischen Kolonisten den aufgeführten
Hindernissen nicht ohne Weiteres weichen wollen, und wenn sie ihnen vielmehr
ziemlich unerschrocken ins Angesicht sehen. Der Grundgedanke, von dem sie bei
ihrem Plan erfüllt sind, ist ja unzweifelhaft ein richtiger: es handelt sich für sie
einfach um eine weitere Verkürzung der Raumdistanzen in der Richtung der
altweltlichen Kulturländer, insbesondere um eine Beschleunigung und Erleichterung
des Verkehrs mit Europa, wir dürfen vielleicht sagen um eine Vervollständigung
der Suescanal=Verkehrslinie. Die Australier sind sich sehr wohl bewußt, daß sie
von regeren Handelsbeziehungen zu Europa und Asien ganz erhebliche wirth=
schaftliche Vortheile zu erwarten haben, und daß auch ein engerer Kontakt mit der
europäischen Civilisation allein sie in politischer Beziehung noch höher emporheben
kann. Das Ziel, welches durch eine indo=pacifische Eisenbahn erstrebt wird, ist
für sie also bedeutender Anstrengungen gar wohl würdig: es ist ja im Grunde
genommen genau dasselbe Ziel, das sie auch mit der Veranstaltung ihrer Welt=
ausstellungen verfolgen.

Obwol nun nach unserer Meinung die vier östlichen Kolonien Australiens
sämmtlich Grund haben, die transkontinentale Eisenbahn als ein erstrebenswerthes
Ding anzusehen, so bemühen sich doch nicht alle in gleicher Weise, das Projekt
seiner Realisirung entgegen zu führen. In den beiden entwickeltsten und reichsten
Kolonien, in Neusüdwales und Viktoria, ruht der Schwerpunkt der politischen
Bestrebungen in den Hauptstädten Sydney und Melbourne, die als große Hafen=
städte, vielleicht theilweise mit gutem Grunde, in der indo=pacifischen Eisenbahn
einen Abzugskanal für die Produkte ihrer Hinterländer erblicken, der ihnen leicht
einen beträchtlichen Theil ihres Handels rauben könnte. Daß also Sydney und
Melbourne und infolge dessen Neusüdwales und Viktoria das ganze Projekt
im Allgemeinen sehr kühl und kritisch ansehen und es verhältnißmäßig wenig
fördern, ist unschwer zu erklären.

Anders die beiden Kolonien Südaustralien und Queensland, die mit ihren
geringer entfalteten wirthschaftlichen Hülfsquellen vielfach andere Interessen ver=
folgen müssen als ihre Nachbarn, und in denen die Hafenstädte und Hauptstädte
noch nicht so hoch emporgeblüht sind, daß sie von einer Vervollständigung des
Eisenbahnnetzes und von einer wesentlichen Verlegung der Haupthandelswege
irgend etwas befürchten müßten. In Queensland und Südaustralien erwartet

fast Jedermann von dem transkontinentalen Schienenwege eine schnellere Entfaltung der Hülfsquellen, und auch Adelaide und Brisbane hoffen von ihr eine stärkere Belebung ihres Verkehrs und eine steigende Prosperität. Kein Wunder also, daß man hier die Fertigstellung der neuen Straße allenthalben lebhaft ersehnt.

In Südaustralien ist man dem Unternehmen gegenüber von ziemlich hohem Muthe beseelt, da man dort bei der Herstellung des Ueberlandtelegraphen verhältnißmäßig günstige Erfahrungen gemacht, und da die finanzielle Lage der Kolonie eine gute zu nennen ist. Die moralischen Kräfte der Kolonisten werden also hier durch die pekuniären voraussichtlich bestens unterstützt, und soweit Südaustralien an dem Werke betheiligt ist, dürfte an seinem endlichen Gelingen wenig gezweifelt werden können.

Seit dem Jahre 1878 hat man in Südaustralien bereits an den neuen Schienensträngen zu arbeiten begonnen, zunächst allerdings nur an der etwa 200 engl. Meilen langen Strecke von Port Augusta am Spencer-Golf nach den sogenannten Goverument Gums (Gummibäume der Regierung) im Innern; wir dürfen diesen Anfang aber immerhin als einen guten begrüßen, da er etwa den neunten Theil der auf Port Darwin gerichteten Linie ausmacht.

Sobald Queensland die nöthigen Mittel flüssig machen kann, wird also schon die nächste Zukunft wahrscheinlich eine Eisenbahn quer durch Australien entstehen sehen, die, von Port Darwin nach Südosten laufend, sich im Innern des Kontinentes auf Blackall=Brisbane und Port Augusta=Adelaide gabeln würde. Der von Queensland zu erbauende Zweig der australischen Ueberlandbahn dürfte mit der Prairienbahn Nordamerika's eine große Aehnlichkeit haben, und er würde vielleicht auch keine so großen Anstrengungen von der Kolonie fordern, wie der von Südaustralien zu erbauende.

Bisher war es in Queensland besonders die Redaktion einer Zeitung, des in Brisbane erscheinenden „Queenslander", die sich um die Förderung dieses Eisenbahnprojektes verdient machte. Aehnlich wie der Besitzer des „New York Herald", James Gordon Bennett, den berühmten Stanley durch den afrikanischen Kontinent sandte, so rüstete Gresley Lukin, der Besitzer des „Queenslander" im Interesse des transkontinentalen Schienenweges eine eigene Forschungsexpedition aus, die mit der vorläufigen Untersuchung und Aufnahme des fraglichen Terrains betraut wurde. Diese Expedition verließ unter Führung von Ernest Favenc im Juli 1878 Blackall am Barku und überschritt ihrer Instruktion gemäß im September desselben Jahres die Grenze Südaustraliens unter dem 21. Breitengrade, um auf dem Gebiete dieser Kolonie ihre Untersuchungen bis Port Darwin fortzusetzen. An dem letztgenannten Punkte traf sie im März 1879 glücklich ein, und die ersten Berichte, welche uns über die Erlebnisse ihrer Forschungen zugehen, lauten für das Eisenbahnprojekt günstiger als man erwarten durfte. Es scheint der Expedition gelungen zu sein, auf der Terra incognita, die sie zu durchwandern hatten, eine Linie ausfindig zu machen, die einen nur selten unterbrochenen Gürtel von verhältnißmäßig gutem Weide= und Buschland darstellt.

Spinifexebenen.

VI.

Die Erforschungsreisen in Westaustralien.

An der Westküste (1829 — 1875). Zu Ende August 1829 war von Kapitän Stirling die Besatzung des Postens Wellington an der Raffles-Bai von dort weg und an die Mündung des Schwanenflusses verlegt worden, und von diesem Zeitpunkte an datirt die Kolonisation Westaustraliens. Von dem gleichen Zeitpunkte an wurde aber auch das Werk der Erforschung des Landes begonnen und mit geringen Unterbrechungen fortgesetzt bis in die letzten Jahre. Die Kolonisten hatten dazu einen allerdings sehr triftigen Grund, denn keine andere Landschaft Australiens hat einen gleichen Ueberfluß an unfrucht= barem Boden wie Westaustralien. Die Ansiedler nahmen das Anfangs nicht für so ausgemacht an und sandten deshalb mit einem Eifer, der eines besseren Erfolges würdig gewesen wäre, eine Partie nach der andern ins Land, in der Hoffnung, irgendwo ein neues und versprechenderes Aussehen desselben zu finden.

Zuerst gelangte im Oktober 1830 der Fähnrich R. Dale etwa zehn geo= graphische Meilen weit über das Thal des Avon hinaus bis zu den Bergen Stirling, Caroline und Baring. — Sechs Jahre später wanderte Moore auf der Höhe der ersten Gebirgsterrasse (der Darling=Range) bis zum Garba= oder Mooresluß und legte auf dieser Wanderung eine Strecke von etwa 50 deutschen Meilen in unbekannten Gegenden zurück. — In demselben Jahre (1836) drang John Septimus Roe, welcher seit der Gründung der Nieder= lassung am Schwanenfluß (im Jahre 1829) als Chef der Landesvermessung bei weitem das Meiste zur geographischen Kenntniß der Kolonie beigetragen hat, ein ganz beträchtliches Stück weiter als Dale nach Osten vor — in gerader Richtung von York etwa 24 geographische Meilen — und ihm verdankt man die einzigen Höhenmessungen, wie überhaupt die einzigen genaueren Aufnahmen in diesem Theile des Landes.

Ueber Grey's Landreise längs der Küste von der Gantheaume=Bai bis Perth im Jahre 1838 ist bereits früher berichtet worden.

Die südliche Küstengegend endlich und das Innere zwischen Perth und der großen Australischen Bucht wurde in den Jahren 1846 und 1848, wiederum von Roe, nach den verschiedensten Richtungen durchkreuzt und vermessen. Er durchzog bei dieser Gelegenheit zuerst das Thal des oberen Avon, darauf das Land nördlich vom König Georgs=Sund und östlich bis zu den Russel= Bergen, wo ihn die zunehmende Dürre zur Umkehr zwang, bestimmte sodann die Erstreckung der hier im Osten des König Georgs=Sundes entdeckten Kohlen= schichten und untersuchte besonders das Thal des Pallinup und des oberen Laufes des Blackwoodflusses.

Um dieselbe Zeit ward auch weiter im Norden eine größere Reise unter= nommen. Frank Gregory zog im Jahre 1846 auf dem früher von Roe ein= geschlagenen Wege ostwärts; er kam bis zum Mount Jackson, von wo er im weiten Bogen nordwestlich ging und einen neuen Fluß, den Arrowsmith, erreichte, an welchem er eine prachtvolle Kohle entdeckte. Auch Grasland, wie es für die Viehherden geeignet war, ward gefunden, jedoch nur in sehr mäßiger Ausdeh= nung, dagegen viele Seebetten und Salzseen, von welchen der erst wenige Wochen zuvor von Hillmann entdeckte Mooresee größer war als alle bis dahin ge= fundenen, obschon auch dieser nur theilweise mit Wasser gefüllt war.

Im gleichen Jahre 1846 begab sich der Leutnant Helpmann zu Schiff von Freemantle nach dem Irwinfluß (29° südl. Br.), um die dortigen von Grey gefundenen Kohlenlager zu untersuchen. Die von Helpmann bereiste Gegend ward auch von Gregory besucht, Beide waren jedoch nicht Reisegefährten, wie sich solches irrthümlicherweise in einzelnen Berichten und Abhandlungen dar= gestellt findet.

Zwei Jahre später, im Jahre 1848, reiste A. C. Gregory, der Bruder des vorhin Genannten, vom Freycinethafen südwärts und fand am Murchison= fluß einen außerordentlich reichen Bleigang, die Geraldinemine, welche noch im gleichen Jahre von Fitzgerald besucht wurde, der in der Champion=Bai landete, von dort aus den Murchisonfluß erreichte und auf seinem Rückwege die im Jahre 1838 von Grey gefundenen Kupferlager genauer untersuchte.

Eine andere Reise von bedeutenderer Ausdehnung führte der Landvermesser Austin im Jahre 1854 aus. Er wendete sich von dem Städtchen Northam am Schwanenfluß (etwa 30 deutsche Meilen von Perth) nach Norden, besuchte die Seen Cow=Cowing und Browne, bestieg ostwärts vom Mooresee den Mount Churchman und weiter nördlich den Mount Kenneth und drang, ähnlich wie Gregory, etwa vier Längengrade ins Land nach Osten vor, entdeckte im September 1854 den nach ihm selbst benannten großen Salzsee (Austinsee), welcher den Mooresee an Ausdehnung noch übertraf, und überschritt den Murchison in seinem Mittellaufe, indem er beabsichtigte, die Meeresküste zu erreichen. Austin war auch unter großen Strapazen bis 15 geographische Meilen von dem Haien=Sunde (Shark=Bai) gekommen; allein diese verhältnißmäßig kurze Strecke zurückzu= legen, wurde ihm unmöglich gemacht durch das enorme Dickicht, das weit und breit den Boden bedeckte und nirgends einen Durchgang erspähen ließ.

So kehrte der Reisende um und folgte dem Laufe des Murchisonflusses abwärts bis zur Geraldinemine, die er, aufs Aeußerste erschöpft, im No= vember 1854 erreichte.

Im Jahre 1858 wurde Austin's Reise nach Norden hin fortgesetzt. Frank Gregory verfolgte den Murchisonfluß von dem von Austin berührten Punkte weiter aufwärts, untersuchte das Quellgebiet dieses und des neu entdeckten Ga= coynefluffes, ging an letzterem hinab bis ans Meer und nahm auf dem Rück= weg noch den Nebenfluß Lyons auf, wobei er 24° südl. Br., also fast die Tro= penzone, erreichte. Die Reise war im australischen Herbst, d. h. in den Monaten April bis Juni, ausgeführt worden; dennoch wurden schöne, ausgedehnte Weide= plätze in den wasserreichen Thälern gefunden, und Gregory schätzte die nutzbaren Ländereien auf eine Million Acker, aber er machte ausdrücklich darauf aufmerk= sam, daß diese Distrikte nicht vortheilhaft besiedelt werden könnten, bevor nicht der Landstrich zwischen ihnen und der Nordküste in der Gegend des Dampier= Archipels untersucht und ein passend gelegener und sicherer Hafen entdeckt worden sei.

Zur Lösung dieser Aufgabe ward derselbe Reisende drei Jahre später aus= gesandt. In der Barke „Dolphin" erreichte die aus acht Personen bestehende

Reisegesellschaft am 11. Mai 1861 die Nickol=Bai und trat nach den erforderlichen Vorbereitungen am 24. Mai ihren Marsch ins Innere des Landes an, um vor Allem die südlichen Gegenden in der Richtung des Lyonsflusses zu unter= suchen. Zunächst ward ein neuer, wasserreicher Strom, der Fortescuefluß, mit weiten Grasebenen aufgefunden, sodann eine steile und felsige Bergkette, die Hamersley=Range, von etwa 700 m Meereshöhe nach längerem Suchen in einem fast 600 m hohen Passe überschritten und jenseit derselben eine nach Westen sich ins Unabsehbare ausdehnende fruchtbare Ebene entdeckt. Nach mehrtägigem Ritt über dieselbe wurde das Land schlechter und der Boden rauh und steinig, was für die Pferde sehr schlimm war. Um diese zu schonen, ließ Gregory einen Theil der Gesellschaft in einem Depotlager zurück und machte sich mit nur drei Begleitern auf den Weg. Die Reise ging ohne Unfall von statten; zunächst ward ein zweiter neuer, nach Westen gerichteter Fluß, der Ashburtonfluß, ent= deckt und nach Ueberschreitung eines rauhen Gebirgslandes der Lyons in seinem mittleren Laufe aufgefunden.

Die Rückreise nach der Nickol=Bai erfolgte ohne Aufschub und auf einem kürzeren, mehr nördlichen Wege, da es durchaus nothwendig war, die Pferde mit neuen Eisen zu versehen. Mehr als die Hälfte derselben war durch die engen Spalten in dem rauhen Gestein mit Gewalt von den Hufen der Thiere abgerissen worden. Am 19. Juli ward der Lagerplatz an der Nickol=Bai erreicht, und nach einem Verzug von zehn Tagen brach die Gesellschaft von Neuem auf, wendete sich ostwärts und entdeckte, auf der Höhe des terrassenförmig abfallenden Landes hin= ziehend, eine ganze Reihe von Flüssen, die alle gutes Land bewässerten, nämlich den Yule=, Strelley=, Shaw=, de Grey= und Oakoverfluß mit vielen Quellen und Zuflüssen, wie solche noch heute in den Karten Australiens verzeichnet sind.

Ostwärts vom Oakoverfluß fand die Reise ihren Abschluß in einer weiten Ebene, welche mit merkwürdigen, 10 bis 20 m hohen rothen Sanddünen reihen= weise besetzt war, aber keine Spur von Wasser enthielt, obwol in einer Ent= fernung von 8 bis 10 deutschen Meilen Anzeichen von dem Vorhandensein eines großen Flusses zu sehen waren, der jedoch der trostlosen Beschaffenheit des Landes wegen unerreichbar blieb.

Am 13. Oktober 1861 war die ganze Reisegesellschaft wieder an der Nickol= Bai angekommen, um die Heimreise anzutreten, und Gregory hatte die Genug= thuung, auch auf dem terrassenartigen Abfall des inneren Hochplateaus gegen die nordwestlichen Küsten gut bewässerte Landschaften von großer Ausdehnung mit schattigen Wäldern und reichem Ackerboden aufzufinden, und zwar hinter jener Küste, die von King als die Rothe Küste so aufs Aergste in Verruf gethan worden war. Die Rothe Küste war allerdings auch bei Gregory's Besuch und ist ebenso heute noch von demselben unveränderten und trostlosen Aussehen, wie zu King's Zeiten, und King konnte nicht ahnen, daß das hinter dieser Küste mit ihren Staubwolken liegende Land einige Jahrzehnte später Weidegründe für Hundert= tausende von Schafen und ein Arbeitsfeld für Tausende fleißiger Menschen ab= geben würde.

Der Ashburtonfluß, von welchem Gregory nur eine kurze Strecke gesehen hatte, wurde in den nächsten Jahren von dem derzeitigen Regierungsresidenten Scholl, ferner von Panter, Martin und anderen Reisenden genauer untersucht, und es dauerte nicht lange, so landeten die Viehzüchter mit ganzen Schiffen voll Schafe an der Nickol-Bai. Im Jahre 1866 gingen am Fortescuefluß bereits 18,000 Schafe auf die Weide, und in denselben Jahre brachte ein unternehmender Mann, Namens Hooley, eine Herde Schafe von der Geraldinemine am Murchisonfluß über Land nach dem Fortescue und in die kleine bei der Nickol-Bai entstandene Ansiedelung Roeburne.

Am 25. Mai hatte sich Hooley auf den Weg gemacht; er ging den Murchison aufwärts bis zu der Stelle, wo seine Entfernung von dem Gascoynefluß nur etwa 6 geographische Meilen beträgt, trieb seine Herde auf den letztgenannten Fluß zu und folgte demselben bis zu seiner Verbindung mit dem Alma, den er aufwärts zog, um die Wasserscheide und das Thal des Ashburton zu gewinnen. Nachdem dies glücklich geschehen war, hatte Hooley nur den Fluß eine Strecke weit aufwärts zu gehen, um auf der alten Route Gregory's zum Fortescue zu gelangen, woselbst er glücklich und wohlbehalten am 25. August 1866 eintraf, ohne mehr als acht Thiere auf dem weiten Marsche verloren zu haben.

Seitdem ist die Ueberlandreise mit Viehherden vom Murchisonfluß nach der Nickol-Bai öfter ausgeführt worden, so erst wieder im Jahre 1876 durch den Squatter John Brockman, der dabei nicht nur neue wasserreiche Gegenden passirte, sondern auch Kupfer- und Bleierze entdeckte und unterwegs einheimische Melonen, Yams, Feigen und wilden Tabak in Menge antraf.

Die Erfolge Gregory's im Nordwesten der Kolonie hatten den Entdeckungseifer von Neuem angefacht. Bis zum Jahre 1861 war in Westaustralien ein Strich Landes von einer Ausdehnung von etwa 15 Breitengraden von Süd nach Nord (ungefähr 225 geographische Meilen) und von etwa 4 Längengraden von West nach Ost (50 bis 60 geographischen Meilen) durchforscht worden.

Mit dem genannten Jahre suchte man von Perth aus, vorzüglich ostwärts, weiter als bisher ins Innere des Kontinents vorzudringen, und unter den verschiedenen zu diesem Zweck ausgezogenen Entdeckungsexpeditionen sind besonders drei zu nennen, nämlich: erstens die von C. E. Dempster, A. Dempster, B. Clarkson und C. Harper im Jahre 1861; zweitens die von Henry Marxwell Lefroy, Edward Robinson und Thomas Edwards im Jahre 1863, und drittens diejenige von Hunt im Jahre 1864.

Die Routen dieser drei Expeditionen folgten in ihren Anfängen wesentlich dem von Dale, Roe, F. Gregory und R. Austin früher eingeschlagenen Wege, südlich von 31° südl. Br. oder südlich vom Cow-Cowing- und Browneosee. Die Beschwerden des Weges und der Reise überhaupt waren nicht gerade übermäßig, namentlich bildete der Scrub kein so großes Hinderniß, wie von anderen Reisenden in anderen Gegenden des Landes geschildert wurde; einer jeden späteren Expedition glückte es auch, noch eine Strecke weiter in das unbekannte Innere vorzubringen, aber eine wie die andere mußte zuletzt wegen Wassermangels umkehren.

Im Allgemeinen haben diese Expeditionen nur bewiesen, daß sich die ärmliche Natur des Landes, welche die bekannten und zum Theil besiedelten Distrikte der westaustralischen Kolonie charakterisirt, noch wenigstens 40 bis 50 deutsche Meilen weiter nach dem Innern fortsetzt.

Viele Meilen lange Reihen von Salzseeen (besser gesagt Wassertümpeln) dehnen sich über weite, unfruchtbare, mit Dickicht und Dornbüschen bewachsene Gegenden aus, die so flach und eben sind, daß — wie Dempster sagt — eine Erhöhung des Wasserspiegels von nur 1 1/2 m hinreichen würde, um alle diese Seen mit einander in Verbindung zu setzen und die ganze Ebene weit und breit in einen einzigen See zu verwandeln. — Eine dieser Seenreihen, südlich vom Berge Stirling, lag in einer so vollkommen horizontalen Ebene, daß Lefroy nicht im Stande war, irgend eine Neigung derselben zu bestimmen, und eben so wenig, fügt er hinzu, war irgendwo ein Anzeichen zu finden, daß das Wasser jemals auch nur 30 cm hoch in diesen Salzpfannen gestanden habe. Eine andere derartige Reihe, die südlichere, war allerdings ziemlich stark von Ost nach West geneigt, aber auch hier fehlten die Verbindungsgräben zwischen den einzelnen Seebetten vollständig. Wahrscheinlich hat, wie Lefroy meint, der Mangel an Flüssen, Wasserrinnen und anderen natürlichen Wasserkanälen nicht seinen Grund in dem Fehlen einer Neigung des Bodens, sondern in dem sehr geringen Regenfall.

Ganz verschieden war es in der nordwestlich von Lefroy besuchten Seenkette. Hier bestanden nicht nur deutliche und tief eingeschnittene Flußrinnen zwischen den Seen, sondern auch unzweifelhafte Anzeichen von großen Wassermassen, die diese Schluchten bisweilen durchströmen müssen und den Alluvialboden mit sich fortreißen. Das ganze Land aber hat ein hoffnungslos dürftiges Aussehen. Der Boden dieser abschreckenden Gegend besteht nämlich meist aus rothem lehmigen Sande, stellenweise aus rothem Thon und ist hier und da mit Gras, krüppelhaftem Walde und Dickicht bedeckt, größtentheils jedoch vollkommen kahl.

Später, in den Jahren 1871 und 1875, ist von Alexander Forrest, noch zweimal der Versuch unternommen worden, ostwärts der Hamptonebenen besseres Land zu entdecken, jedoch nicht mit besserem Erfolge.

In einer etwas mehr nordöstlichen Richtung versuchte der ältere Bruder des eben Genannten, John Forrest, und zwar schon im Jahre 1869 (April bis August) vorzudringen. Es handelte sich bekanntlich darum, zu erkunden, was an den Erzählungen der Eingeborenen über die Anwesenheit von weißen Männern im Innern des Landes Wahres sei. Forrest's östlichster Punkt liegt etwa 90 geographische Meilen nordöstlich von York; auch dieser Reisende entdeckte bei seinen Kreuz- und Querfahrten gewaltige Salzseen und Sümpfe, und er fügt hinzu, daß das von ihm durchreiste Land das schlechteste sei, das er je gesehen habe, nämlich überall ein ungeheures Dickicht; kaum, daß sich hier und da eine Stelle fand, die mit Gras bewachsen war, aber zu Weidezwecken nicht dienlich sein könne, weil sie viel zu klein und auch nicht immer mit Wasser versehen sei.

Forrest wurde übrigens, wie alle seine Vorgänger, durch Mangel an Trink=
wasser in einer trostlos öden Gegend zurückgetrieben, in welcher keine Spur von
Vegetation zu finden war und nur sterile rothe Sandsteinklippen reihenweise
hinter einander emporstarrten.

Die Chambers = Säule.

Von der einen durch Gregory entdeckten Küstenstrecke abgesehen, waren die
Erfahrungen einer jeden von Perth ausgesandten Explorations=Expedition
dieselben gewesen. Hinter der Bergreihe, welche längs der Küste hinzieht,
bedeckt dichter Skrub die zwischen den Flüssen gelegenen Hügellandschaften, ab=
wechselnd mit Granitblöcken und Salzseen, bis weiter landeinwärts sich die Ge=
gend verändert und Alles vollendete Wüste wird, ohne Gras und Wasser.

Der westaustralische Skrub besteht vorzugsweise aus Zwergakazien,
manchmal auch aus Eukalypten oder aus Zapfenbäumen, und in einzelnen Gegenden
kommen ebenso Hülsenfrüchte mit zierlich gefiederten Blättern, Epakris ꝛc. vor.
Er ist oft so dicht, daß man nur mit der Axt einen Weg hindurch bahnen kann,
und erreicht in vielen Fällen nur eine Höhe von wenigen Fuß, so daß sich dieses
Meer von Gestrüpp noch übersehen läßt. In anderen Gegenden wachsen aber die
den Skrub zusammensetzenden Büsche zu einer Höhe von 3 bis 5 m, und da in
solchen Fällen die einzelnen Sträucher in der Regel auch weiter von einander
entfernt sind, so entstehen zwischen ihnen labyrinthartige Gänge in großer Zahl.

Man kann sich vorstellen, welche bedeutende Schwierigkeiten es haben muß, auf solchen gewundenen Pfaden eine bestimmte Richtung einzuhalten, da man nie mehr als einen Meter vor sich sieht, namentlich wenn es sich darum handelt, eine Karawane von 20 oder 30 Pferden, zum Theil bepackt, vorwärts zu bringen, auch abgesehen von der Gefahr des Verirrens in jenen Irrgängen.

So unwirthlich und trostlos, eintönig und ermüdend der westaustralische Akazienskrub jedem Wanderer erscheint, so überraschend mannichfaltig sind die in demselben vertretenen Formen in Bezug auf die Ast= und Blattbildung für den Botaniker. Die fast immer kostbare Wohlgerüche spendenden Blüten hin= gegen zeigen bei der allergrößten Mehrzahl von Arten eine höchst auffallende Uebereinstimmung in Gestalt und Größe. — Wenn in dem Skrub die zwerg= artigen Malleybäume (spr. Mahli) (Eucalyptus dumosa) vorherrschen, welche sich knorrig in einander veräßteln, so wird derselbe dadurch wesentlich schwerer zugänglich. Ganz verschieden davon ist die Wirkung, welche der durch die australische Cypressenfichte (Callitris) gebildete, den Kolonisten unter dem Namen Tannenwald (pine forest) wohlbekannte Skrub hervorbringt. Der= selbe ähnelt mit seinem düster gefärbten, nadelfeinen Laube allerdings dicht ver= wachsenen jungen Nadelholzwaldungen, die, wo sie auf dürren, sandigen Ebenen eine entsprechende Ausdehnung erlangen können, in Betreff der Einförmigkeit und Trostlosigkeit ihres Anblickes bekanntlich auch ihresgleichen suchen.

Der zweite charakteristische Bestandtheil der westaustralischen Landschaften wird, wie gesagt, durch die Salzseen gebildet. Diese wechseln von kleinen teich= ähnlichen Behältern bis zu großartigen, ganz unabsehbaren Seebecken. Oft werden sie angekündigt durch Wiesen von dunkelgrünem Meerfenchel, oft aber sind sie auch rings umgeben von Steingeröll oder — manchmal meilenweit — eingefaßt mit verrätherischen Moorbrüchen, die darum so äußerst gefährlich sind, weil man beim Betreten an keinem Zeichen merkt, daß man über einen schlam= migen Abgrund wandert, bis zuletzt die grüne Decke so dünn wird, daß die Pferde einbrechen und nur noch die schleunigste Umkehr vor sicherem Verderben retten kann. Die Salzseen in Westaustralien liegen sämmtlich auf einer Terrasse, durch= schnittlich 300 m über dem Meere, und sind offenbar dadurch entstanden, daß das Regenwasser, welches wegen der an der Küste hinziehenden Hügelkette keinen genügenden Abfluß fand, sich in den Niederungen zwischen den sandigen Skrub= gegenden sammelte und im Laufe der Zeit den kalk= und mergelhaltigen Boden mehr und mehr auslaugte, bis sich endlich jene enormen Salzlager ansammelten, welche heutigen Tages in allen jenen Gegenden, den Boden oft meilenweit be= deckend, angetroffen werden.

Es ist einleuchtend, daß die Fährlichkeiten, welche die Reisenden in den öden Gegenden Westaustraliens zu erdulden hatten, nicht geringer gewesen sind, als in anderen, immerhin noch besser bewässerten Theilen des Landes, und wenn Temp= ster und Lefroy die Beschwerden „nicht gerade übermäßig" nannten, so darf man nicht außer Acht lassen, daß die an das Leben im australischen Busch gewöhnten Männer eben einen tüchtigen Stoß zu ertragen vermögen. Von welcher Art

übrigens jene Beschwerden sind, werden einige ganz kurze Andeutungen anschau=
lich machen. Roe irrte im Jahre 1846 einmal fünf Tage lang in den Bremer=
bergen im äußersten Süden des Landes umher, ohne einen Tropfen trinkbares
Wasser finden zu können. F. Gregory dagegen erlebte am Aschburtonfluß einen
Regenguß, der das Lagerfeuer fortschwemmte; ein andermal, an der Mündung
des De Grey=River, konnten er und seine Gefährten kaum der vom Meere herein=
brechenden Flut entgehen; mehr als einmal mußte er wie andere Reisende vor
dem furchtbaren Spinifer zurückweichen und den Reiseplan vollständig ändern, da
eine ganze Ebene, so weit man sehen konnte, mit diesem furchtbaren Grase be=
wachsen war. Austin verlor mehrere Pferde dadurch, daß sie giftige Kräuter
(Gastrolobium) gefressen hatten, und die Qualen, welche Austin und seine Genossen
wegen Mangels an Wasser auszuhalten hatten, während sie den salzigen Murchi=
son abwärts nach dem Bleibergwerke Geraldinemine sich zu retten suchten, sind
eben so haarsträubend, wie die von Eyre durchgemachten.

Die Durchkreuzung Westaustraliens.

Als erster Versuch, einen Verbin=
dungsweg zwischen den östlichen Kolonien und Westaustralien aufzufinden,
muß Eyre's entsetzliche Reise längs der großen Australischen Bucht angesehen
werden, und wenn man auch zugeben mußte, daß das wüste Gebiet, welches
Eyre damals begangen hatte, sich zur Herstellung einer gebahnten Verkehrs=
straße nicht eigne, so wollte man doch nicht glauben, daß der Rand einer
großen, weit ins Land hineinreichenden Wüste längs des Meerufers hinziehe, und
unternahm demgemäß verschiedene Reisen, um — wie man sich schmeichelte —
das bessere Land im Innern zu finden.

So gingen Miller und Dutton im Jahre 1857 von der Streaky=Bai
gegen Norden; — Stuart unternahm es 1858, vom Gairdnersee westwärts
vorzudringen; — Holyrod zog 1859 von der Fowler=Bai nordwärts; —
McFarlane 1863 von der Streaky= und von der Fowlers=Bai in das damals
„Roman's Land" genannte Gebiet; — und Delisse und Hardwicke ver=
suchten es 1865, von dem äußersten Winkel der großen Australischen Bucht durch
die Nullarbor (baumlos)=Ebene einen Weg nach Nordwesten zu gewinnen.
Bei allen diesen Reisen ward aber mit unerbittlicher Uebereinstimmung die Fort=
setzung der Wüstennatur vom Meeresstrande aus in das Binnenland dargethan.

Nichtsdestoweniger hoffte man, weiter nordwärts von Eyre's Reiseweg besseres
Land zu finden; man nahm an, es könnten doch recht wohl Flüsse aus dem Innern
sich in die große Bucht ergießen; Eyre habe aber bei seinen Nachtmärschen die san=
digen Mündungsbarren überschritten, ohne dies gewahr zu werden, und man war
von dem Vorhandensein solcher Flüsse so sehr überzeugt, daß im Jahre 1870
die beiden Brüder John und Alexander Forrest nochmals die mühevolle
Wanderung längs der großen Bucht unternahmen, indem sie sich etwas weiter
vom Meeresstrand hielten und mehrere Exkursionen tiefer ins Innere ausführten;

aber auch sie konnten keinen Fluß, selbst nicht ein Bächlein entdecken, das in jenen Theil des Meeres mündete, und so steht also seitdem die Thatsache fest, daß die Meeresküste längs der südaustralischen Bucht den Rand einer trostlosen Wüste bildet, welche viele Meilen weit landeinwärts sich erstreckt. — Merkwürdiger= weise hatten die Brüder Forrest nicht mit so großen Schwierigkeiten zu kämpfen wie Eyre; sie legten vielmehr ihren Weg, vierhundert geographische Meilen von Albany bis Adelaide, in fünf Monaten zurück, ohne auch ein einziges Pferd zu verlieren, und ihre Reise hat außerdem noch ein praktisches Resultat gehabt, näm= lich die Besiedelung einer kleinen Oase an der Grenze zwischen Süd= und West= australien um den Hafen Eucla.

Zwei Jahre, nachdem diese Reise beendet war, erfolgte die Vollendung des Ueberlandtelegraphen, und nun bemächtigte sich der Süd= und Westaustralier mit einem Male wieder ein ganz ungeahnter Eifer für Entdeckungsreisen. Die Geheimnisse der Westhälfte des Kontinents sollten nunmehr unter allen Umständen gelöst, und der Ueberlandweg von Süd= nach Westaustralien gefunden werden. Die Wahrscheinlichkeit eines Erfolges dieser Anstrengungen hatte offenbar um ein Beträchtliches zugenommen, da die Telegraphenlinie mit ihren ziemlich zahlreichen Stationen im Innern des Landes jederzeit als Ausgangs= oder Stützpunkt für einen Reisenden dienen konnte.

Namentlich hielt man die Gegend in der Nähe der Mc Donnell=Berge für eine vielversprechende, und so gelang es bereits im Jahre 1872, eine Expedition ins Leben zu rufen, welche von einer passend gelegenen Station des Ueberland= telegraphen nach Westen vordringen sollte. Das Reiseprogramm zu dieser, wie fast zu allen folgenden Expeditionen, die von Südaustralien auszogen, ward auf= gestellt und ausgearbeitet von Dr. Ferd. v. Müller in Melbourne, der seit mehreren Dezennien unabläßig für die Exploration Australiens thätig gewesen ist und sich da= mit höchst bedeutende Verdienste erworben hat, während die sehr beträchtlichen Reisekosten zum Theil von den Regierungen von Victoria, Süd= und West= australien, zum Theil aber auch von etlichen reichen Gutsbesitzern und Vieh= züchtern aufgebracht wurden.

Die Führung der ersten Expedition war einem jungen Manne, aber ge= wandtem Pionier, Ernst Giles, übertragen; sie bestand nur aus ihm selbst und zwei Begleitern, Carmichael und Robinson. Giles reiste von Port Augusta längs der Telegraphenlinie ins Innere und hielt sich, um die passende Jahreszeit zum Antritt der eigentlichen Entdeckungsreise abzuwarten, einige Zeit an der Peakestation, dann vom 4. bis 12. August bei den Charlotte=Waters auf.

Am 22. August erreichte er den Finkefluß gegenüber der Chambers=Säule, dem Ausgangspunkt der Reise nach Westen. Diese Chambers=Säule (von Stuart so benannt s. S. 131) ist ein Monolith von weißem, nach oben hin auf 6 bis 8 m rothgefärbtem Sandstein von 50 m Höhe, welcher auf einem Fußgestell von etwa 30 m steht; ein riesiges Denkmal einer längst ent= schwundenen geologischen Periode, der letzte Rest einer Bergkette, die durch die Thätigkeit des Wassers fortgespült und in Sandhügel verwandelt worden ist.

Das Gestein ist so weich, daß man mit einem gewöhnlichen Messer tiefe Ein=
schnitte machen kann, und Bruchstücke ähnlicher säulenartiger Bildungen liegen
zwischen den rothen Sandhügeln rings umher. Am 23. August verließ Giles
dieses Monument, in der Absicht, zunächst den Finkefluß bis in sein Quell=
gebiet zu verfolgen.

Thal des Rudall Creek.

Das Bett des Finke ist sumpfig; bei der Einmündung des Minn=Creek
tritt man aber in ein Bergland ein, das sich ostwärts bis zur Telegraphenlinie,
westwärts dagegen unabsehbar weit erstreckt. Dort, wo der Finke dieses Berg=
land durchbricht, treten von allen Seiten an das äußerst gewundene Flußbett die
rothen Sandsteinhöhen heran, wunderliche Felsmassen mit zahlreichen Höhlen
und Schluchten bildend. Hier wächst inmitten der Eucalypten eine Fächerpalme,
eine Livistonienart, wahrscheinlich identisch mit der im südlichen Arnheimsland,
die, häufig im Flußbett selbst stehend, ihre gewaltige Blätterkrone oftmals erst
in 20 m Höhe ausbreitete. Außerdem zeichnete sich dieses „Palmenthal" (Glen
of palms) durch eine Fülle prachtvoller verschiedenfarbiger und wohlriechender

Blumen aus. Am nördlichen Ende dieses etwa 8 geogr. Meilen langen Thales traten die Reisenden auf eine sandige, spärlich mit Bäumen bestandene Ebene hinaus, welche sich etwa 4 geographische Meilen weit bis an einen nördlicheren Bergzug, die Krichauff-Kette, ausdehnte. Dieser letztere, höher und imposanter als der eben verlassene, ist die westliche Fortsetzung der McDonnell-Kette und besteht aus drei parallel von Ost nach West streichenden Zügen, deren nördlichster auch der höchste ist, und einen Gipfel von mehr als 1200 m aufzuweisen hat. Die südlichste Kette besteht aus Sandstein; die beiden anderen werden, wie Giles vermuthet, aus Basalt gebildet.

Einen Durchgang nach Norden konnte Giles nicht finden; der Finke, vom Regen angeschwollen, kam aus einer Schlucht, die mit Pferden nicht zu passiren war; so wandte sich die Expedition gegen Westen in das Thal des in den Finke mündenden Rudall-Creek, und da auch hier kein für die Thiere gangbarer Paß über das Gebirge zu entdecken war, so blieb Giles nichts übrig, als die öden Hügel im Westen zu überschreiten, zwischen welchen er einen kleinen nach Westen gerichteten Flußlauf fand. Diesen entlang gehend, begleitete Giles das McDonnell-Gebirge bis zu seinen westlichen Ausläufern fast durch drei Längengrade hindurch. Diese Bergkette hat also mindestens 40 deutsche Meilen Ausdehnung und eine Höhe von durchschnittlich 1000 m; dieselbe mag demnach an Ausdehnung wie Erhebung über das umgebende Land etwa dem Thüringer Walde gleichkommen.

Am Ende des McDonnell-Gebirges betrat Giles ein ödes, aus Sandhügeln gebildetes, durchaus wasserloses Gebiet, in welchem er lange die Kreuz und Quere umherzog. Auf diesen Irrfahrten in ödester Wüstengegend, in welcher sich der Boden nach Süden hin bedeutend senkt, stieß der Reisende auf einen jener ausgedehnten Salzsümpfe, wie sie in den westlichen Theilen des Landes schon öfter gefunden wurden (z. B. der Mooresee, der Austinsee u. s. w.). Giles nannte denselben Amadeussee; er war etwa 2 bis 3 deutsche Meilen breit, aber mindestens zehnmal so lang. Läge der Amadeussee in Europa, so würde er etwa von Frankfurt a/M. bis zum Fichtelgebirge, oder von Dresden bis Breslau reichen, oder er könnte die ganze Vorderschweiz von Aarau bis Genf ausfüllen.

Dieser Sumpf machte die Weiterreise zur Unmöglichkeit, denn man konnte ihn seines großen Umkreises wegen nicht umgehen, aber auch eben so wenig überschreiten, da die Pferde noch in einiger Entfernung von der Wasserfläche tief in die halbvertrocknete Kruste einbrachen und man die Gefahr vor Augen sah, daß sie versinken könnten. Auf der Rückreise nach dem letzten Lagerplatze überlegte Giles mit Carmichael, daß, wenn sie Robinson zurückschicken würden, die Lebensmittel für sie Beide noch ausreichen möchten, um eine Umgehung des Amadeussees in nordöstlicher Richtung versuchen zu können. Demzufolge suchten sie einen Flußlauf zu gewinnen, der dem Finke zugewendet wäre, und von wo Robinson seinen Heimweg leicht finden könnte. Nach allerlei Ungemach glückte es auch Anfangs November, eine bessere Gegend und einen südöstlich gerichteten Flußlauf anzutreffen, als Carmichael (der als Freiwilliger mit eigenen

Pferden die Expedition mitmachte und bis dahin sehr eifrig und opferwillig ge=
wesen) plötzlich seinen Entschluß erklärte, mit Robinson gehen zu wollen. Damit
war der Expedition ein Ende gemacht; — ein einzelner Mann kann unmöglich
eine Reise in öde Wüsteneien unternehmen! Giles war es bei dieser Reise zweimal gelungen, den 147.° ö. L. zu erreichen,
am Amadeussee sogar, denselben zu überschreiten, und John Forrest war von
Westen her im Jahre 1869 etwa unter gleicher Breite fast bis zum 140.° ö. L.
gekommen; es fehlte also hier noch eine Strecke von etwa 7 Längengraden, d. h.
rund 90 geographischen Meilen (so weit, wie von Straßburg bis Wien).

Im folgenden Jahre (1873) wurden fast gleichzeitig drei neue Versuche
gemacht, nach Westen durchzubrechen; der eine wiederum von Ernst Giles
(5. August 1873 bis 23. Juni 1874); — ein zweiter von William Christie
Gosse (21. April 1873 bis 20. Dezember 1873), und der dritte von Oberst
Egerton Warburton (15. April 1873 bis 18. Februar 1874).

Die zweite Reise von Ernst Giles war auf Kosten der Regierungen
von Südaustralien und Victoria ausgerüstet worden und nahm fast ein volles
Jahr (5. August 1873 bis 23. Juni 1874) in Anspruch. Vier Weiße machten
die Begleitung des Führers aus. Dieser kam — so ziemlich in der Breite des
Amadeussees und des Haienfundes — bis zum 144.° ö. L., und zwar an zwei
verschiedenen, etwa 20 geographische Meilen aus einander gelegenen Punkten.
Von der nördlicheren Stelle aus sah er in großer Entfernung im Westen eine
Gebirgskette, die ihn unzweifelhaft auf das zerrissene Hochland geführt haben
würde, wo die Quellgebiete des Murchison, Gascoyne, Ashburton, Fortescue
und Grey zu suchen sind.

Im Ganzen entdeckte und überschritt Giles vier verschiedene Gebirgssysteme
und legte einen Weg zurück, der mehr als hingereicht hätte, die Hin= und Rück=
reise durch den ganzen Kontinent zu bewerkstelligen.

In der Nähe der verschiedenen Bergzüge war das Land nicht schlecht, zum
Theil sogar ausgezeichnet, und auch Wasser zu finden, und, wie Giles richtig
bemerkte und sich seitdem vollkommen bestätigt hat, sind einzelne Gegenden südlich
und östlich vom Amadeussee recht wohl im Stande, Viehherden zu er=
nähren; — aber die westlichen Strecken der beiden Ronten waren von derselben
trostlosen Beschaffenheit, wie die früher auf der ersten Reise gefundenen Gegen=
den, und es war ganz unmöglich, weiter vorzudringen, als von den mitgenom=
menen 25 Pferden nur noch eines übrig geblieben war, das zum Reiten taugte.
Neun davon waren schon früher in der Wüste umgekommen und mehrere
mußten geschlachtet werden, um Lebensmittel zu gewinnen. Um den übrigen
Thieren eine kleine Ruhe zu gönnen, hatte Giles dieselben in einem Lager zurück=
gelassen und war mit Gibson, einem Mitglied der Gesellschaft, allein nach
Westen geritten. Gibson's Pferd erlag aber dem Durst; Giles gab ihm nun das
seinige und beauftragte ihn, noch einige Sandhügel zu besuchen, danach aber
nach Mount Kellar (24° 40' südl. Br. 144° ö. L.) zu kommen, während
Giles selbst durch die rauhen Stachelgrasfelder zu Fuß dahinwanderte.

Aber Gibson kam nicht an den verabredeten Platz, er kam überhaupt nicht wieder zum Vorschein; sicherlich hat er sich im hohen Skrub verirrt und ist elend umgekommen. Sein Name ist unter Diejenigen zu setzen, welche ihr Leben bei dem Versuche geopfert haben, die Probleme Australiens zu lösen. — Giles mußte, nachdem er lange vergeblich gewartet hatte, in dem glühenden Sonnenbrand (es war im Februar, dem heißesten Monate) und mit einem leeren Wasserfasse auf dem Rücken mehr als 40 Stunden Weges zu Fuß nach dem Lager zurückgehen. Um die Sache zu verschlimmern, war der Boden mit scharfkantigen Steinen bedeckt, welche dem Reisenden erst die Schuhe und nachher die Füße zerschnitten und den Marsch, wie sich denken läßt, im hohen Grade erschwerten.

Seine Vorräthe bestanden aber nur aus elf Stückchen getrockneten Pferdefleisches, je im Gewicht von 50 Gramm, die er roh verzehrte, da er kein Wasser hatte, sie zu kochen. Zu dem Durst gesellte sich bald der Hunger. Einmal konnte er ein kleines sterbendes Wallabi erhaschen, welches die fliehende Mutter aus ihrer Tasche weggeworfen hatte. „Wie ein Adler schoß er darauf los, und verschlang es mit Allem, was darum und darin war."

Und als nun Giles endlich das Lager erreicht hatte, war das Wasser daselbst vertrocknet und alle Pferde bis auf eines verdurstet; — die schleunigste Umkehr war dringend geboten; Giles entrann mit genauer Noth dem Tode. Die Eingeborenen waren äußerst erbittert, wo sie mit der Expedition zusammentrafen. Neunmal wurde dieselbe von diesen Horden der Wildniß angegriffen, und einmal der Anführer selbst im Kampf herumgezerrt und schwer verwundet; — auch die Schwarzen litten unter der schrecklichen Dürre und wollten eben das wenige Wasser der Oasen nicht von den Pferden austrinken lassen.

Die Expedition des Geometers Gosse bestand außer dem Anführer aus Edwin Berry als Zweitem im Kommando, Henry Gosse als Sammler, Henry Winnall, Patrick Nilen, drei Afghanen und einem Eingeborenen; ein mit Kameelen bespannter Wagen und eine Anzahl Pferde waren mitgegeben. Dieselbe war von der südaustralischen Regierung organisirt, für die Dauer eines ganzen Jahres vollständig ausgerüstet, und sollte von einer passenden Station des Ueberlandtelegraphen in die unbekannten westlichen Einöden, und wenn möglich bis an die Westküste des Kontinents vorzudringen suchen.

Gosse reiste demgemäß nordwärts längs der Telegraphenlinie und verließ dieselbe erst unter 22° südl. Br. am Central-Mount Stuart in den Reynoldsbergen, ging an diesen entlang bis zum Leichhardtberg, wo er sich südwestlich nach dem Liebigberg wandte, da nach Westen hin kein Wasser zu finden war.

Von hier an durchkreuzte Gosse nochmals die Route von Giles auf dessen ersten Reise, fand verschiedene von diesem entdeckte Thäler und Wasserplätze sowie den Amadeussee, welchen er an der Ostseite umging, und kam darauf unter 25° 21′ südl. Br. und 149° ö. L. zu einem höchst eigenthümlich gebildeten, ganz nackten Felsblock aus feinem Granitkonglomerat, der fast eine Stunde Wegs lang, halb so breit und volle 300 m hoch ist, und welchem der Reisende den Namen Ayres-Rock (Fels) beilegte. Gosse erkletterte den Felsen nach mancherlei Anstrengungen und fand auf der Oberfläche überall Löcher und Aushöhlungen von 1 bis 4 m Durchmesser zerstreut, die alle Wasser enthielten.

Ayres-Rock.

Auf der Südseite dieses merkwürdigen Felsblocks sprudelte eine mächtige Quelle hervor, das erste dauernde Wasser, das seit Verlassen des Telegraphen angetroffen wurde. Gosse hielt sich längere Zeit hier auf, um seinen Thieren einige Rast und Erholung zu gönnen, und hatte dabei den eigenthümlichen Anblick gewaltiger Wasserfälle mitten in einer Wüstenei. Gegen Ende Juli hatte es näm= lich stark geregnet: überall floß das Wasser auf dem Boden hin, und am 1. Au= gust 1873 kam ein 60 m hoher Wasserfall donnernd und schäumend über den Ayres-Rock herab: andere gesellten sich dazu und sie strömten einige Tage lang; — Gosse in seiner kurzen und trockenen Weise giebt zu, daß die Wasserfälle „schön" seien, fügt jedoch gleichsam vorwurfsvoll hinzu, in der feucht gewordenen Luft habe man das Fleisch eines geschlachteten Ochsen nicht trocknen können.

Vom Ayres-Rock wendete sich Gosse westwärts, später südwestwärts und erreichte am 22. September 1873 seinen westlichsten Punkt in $144\frac{1}{2}°$ ö. L., so daß zwischen diesem Punkt und dem fernsten, den Forrest 1869 von West= australien her erreicht hatte, eine Strecke von nicht mehr ganz 70 geographischen Meilen mitten inne liegt.

Die Pferde waren vom Stachelgras arg mitgenommen, und es zeigte sich, daß die Kameele wegen ihrer schwammigen Fußsohlen in den mit diesem Gras bewachsenen Gegenden ganz unbrauchbar wurden, auch stieg die Hitze schon außerordentlich, obgleich der September noch nicht vorüber war, und bei der Unsicherheit, während des heißen Sommers Wasser zu finden, blieb nichts übrig, als umzukehren. Den Rückweg legte Gosse theilweise längs Giles' Route zurück und erreichte die Telegraphenstation Charlotte Waters (fast unter 26⁰ südl. Br.) am 20. Dezember 1873.

Das Land schilderte er wie Giles mit Ausnahme weniger Partien als wasserlose, nur mit der dürftigsten Vegetation bekleidete Wüste, und je weiter nach Westen, desto trostloser ward dasselbe. In den südlich vom Amadeussee durchzogenen Gebirgspartien, die manchmal von 1000 m hoch über die Ebenen sich erheben, wuchsen aber australische Eichen, Grevilla, schlanke Fichten und die mit schmackhaften Früchten beladenen Bohnenbäume. Auch Gosse mußte die Eingeborenen mehrmals mit den Waffen in der Hand zurücktreiben; glücklicherweise kam es aber nicht zu Blutvergießen; die Wilden mußten mit der Gefährlichkeit der Feuerwaffen bereits bekannt sein.

Die von Gosse und Giles durchwanderten Gegenden haben eine Ausdehnung von etwa 75 geographischen Meilen von Nord nach Süd und von 50 geographischen Meilen von Ost nach West; das entspricht einem Areal, das im Deutschen Reich alles Land südlich von der Linie Wesel, Bielefeld, Harz, Leipzig, Dresden umfassen würde. Im Südwesten des Amadeussees reichen aber noch zwei Routen um volle 4 Längengrade über dieses Gebiet hinaus, eine Strecke, die für sich allein betrachtet, der Entfernung von Mainz bis Prag gleichkommen würde.

Die dritte im Jahre 1873 ausgerüstete Expedition war diejenige des Obersten Peter Egerton Warburton, dem es gelang, zum ersten Mal die australische Westhälfte zu durchschneiden. Seine Begleiter waren: sein Sohn R. Warburton, J. W. Lewis, Denis White, zwei Afghanen und ein eingeborener Knabe. Der reiche Gutsbesitzer Elder hatte siebzehn seiner ausgezeichneten Kameele zur Verfügung gestellt, und ein anderer Viehzüchter, der Kapitän J. W. Hughes, die Versorgung der Reisegesellschaft mit präparirtem Fleisch übernommen; die sonstigen Kosten trug Warburton selbst.

Die Expedition brach am 15. April 1873, also fast gleichzeitig mit Gosse, auf. Der Weg führte von der Telegraphenstation Alice Springs (23½⁰ südl. Br.) westnordwestlich und kreuzte die Gosse'sche Route an einem Salzsumpf westlich von der Bluff Range. Die Noth begann, als die Mc Donnell-Berge überschritten waren. Zuerst machte sich der Wassermangel fühlbar. Dann gab es Belästigungen von Seiten der Eingeborenen, und während einer Nacht entliefen vier Kameele. Sie wurden weit umher gesucht, aber nicht gefunden, die übrigen erkrankten. Die Thiere legten wenig mehr als eine Stunde Wegs in einer Stunde Zeit zurück und ließen sich auf keine Weise zu größerer Schnelligkeit antreiben. Der hierdurch verursachte und ganz unvorhergesehene Zeitverlust hat aber einen viel rascheren

Verbrauch der Lebensmittel zur Folge und nöthigte sehr bald zu unangenehmen Reduktionen. Zuletzt zwang der Hunger die Leute, die unbrauchbar gewordenen Kameele zu schlachten und zu essen, obschon ihr Fleisch nichts weniger als ein Leckerbissen war. Drei Monate lang hatten sie aber nichts Anderes zu essen, als dieses trockene Kameelfleisch, und dann und wann einige Wurzeln oder Knollen, die sich im Sande zuweilen fanden. Ueber den zweifelhaften Genuß des Kameel=fleisches spricht sich der Oberst in seinem Bericht wie folgt aus:

Peter Egerton Warburton.

„Unser Unglück wollte, daß wir sieben Kameele essen mußten. Ist das Thier fett, mit Oelkuchen und anderen Dingen gut gefüttert, so kann es nicht ganz schlecht sein, ist es aber durch Arbeit so erschöpft, daß es nicht mehr stehen kann, und wird es erschossen, nur weil es schade wäre, es verwesen zu lassen, dann ist sein Fleisch nicht sehr gut und mit großen Pergamentschichten durch=zogen. Das Thier sieht sehr groß aus, aber es ist sehr wenig Fleisch daran. Es besteht mehr aus Knochen als aus sonst etwas, und ich kann versichern, daß bei all den Eimern von Fleisch (denn der Eimer war unser Kochgeschirr), die wir kochten, wenn ein Kameel geschlachtet worden, niemals, in keinem einzigen mir erinnerlichen Falle, auch nur ein einziges Fettauge auf der Oberfläche zu entdecken war. Der Kopf ist eine Art Delikatesse und die Füße sind wirklich recht gut, denn der Zustand des Thieres hat nicht viel Einfluß auf die Füße. In unserem Unglück waren wir aber genöthigt, die Thiere ganz zu essen, das Innere wie das Aeußere, und die Haut ist gar nicht schlecht, wenn man absolut nichts Anderes bekommen kann. Wenn Einer in Europa den Muth gehabt hat, den

Inhalt eines Leimtopfes zu kosten, der schmeckt ziemlich ebenso. Die Hungersnoth zwang uns, unser letztes Kameel bis auf die Haare zu verzehren, von einem Ende bis zum andern vollständig aufzuessen; selbst die Knochen wurden, nachdem sie einige Tage im Sande gelegen, zerbrochen, um Brühe davon zu kochen, und in kurzer Zeit war nichts mehr von dem Thiere zu sehen.

„Der Vorzug des Kameels ist, daß es arbeitet, bis es durchaus nicht mehr arbeiten kann, und dann kann man es essen."

Dabei ward das Land, durch welches die Reisenden kamen, immer schlechter. Von den Bluff Ranges an war Tag für Tag, Woche für Woche, Monat um Monat nichts als der dürftigste, ödeste Boden zu sehen, die monotonste Scenerie, eine große Strecke davon ein total lebenloses Gebiet. Mit genauer Noth erreichte Warburton endlich am 12. Dezember den Oakoverfluß. Von den 17 Kameelen besaß er aber nur noch drei; die Instrumente, Bücher und Karten, selbst die Tagebücher waren längst schon in der Wüste zurückgelassen worden und die Männer, wenn auch vollzählig, befanden sich im hülflosesten Zustande. Ihre Kleider hingen in Fetzen an ihnen herum, die abgemagerten Gestalten waren ein Bild des Jammers, nur mit dem Unentbehrlichsten bepackt, schleppten sie sich mühsam weiter; aber endlich war doch eine fruchtbare Gegend erreicht worden, und Warburton durfte hoffen, bald irgend eine Squatterstation anzutreffen. Er schickte deshalb am 13. Dezember zwei seiner Leute mit zwei Kameelen aus, um eine solche ausfindig zu machen: er selbst, sein Sohn und die drei anderen Begleiter blieben mit dem letzten Kameel zurück. Jene beiden Männer nahmen Briefe mit an die westaustralischen Behörden, sowie an Elder in Adelaide und es gelang ihnen am neunten Tage nach ihrem Weggang und nachdem sie noch einen Weg von 37 geographischen Meilen zurückgelegt hatten, die Squatterstation von Grant, Harper und Anderson am De Greyfluß zu erreichen, von wo alsbald mit größter Bereitwilligkeit Pferde mit Lebensmitteln, Kleidern und anderen nothwendigen Dingen bepackt und den Zurückgebliebenen zugeführt wurden; am 11. Januar 1874 trafen diese endlich in der Ansiedelung am De Greyfluß ein.

Nach mehrtägiger Rast wurde die Reise nach Perth fortgesetzt. Die Zeitungen hatten schon nach allen Orten hin die Kunde von dem demnächstigen Durchzug des tapferen und muthigen Oberst Warburton und seiner Gefährten verbreitet, und so hatten sich die Männer auf dem Rest ihres mühevollen Weges überall des herzlichsten Empfangs und der gastfreundlichsten Aufnahme zu erfreuen. Von Perth aus kehrte die ganze Gesellschaft zu Schiffe nach Adelaide zurück.

So war also zum ersten Male auch die Durchkreuzung Australiens in der Richtung von Ost nach West gelungen. Freilich, die Strapazen waren enorm. Warburton sagt aufs Bestimmteste, daß er ohne die Kameele nicht durchgekommen wäre, daß er eben so wenig den Murchisonfluß, wie er ursprünglich beabsichtigt, hätte erreichen können, und daß er fern von Ruhmredigkeit glaube, daß nie zuvor Menschen ein gleich schlechtes Land von so großer Ausdehnung durchwandert hätten.

Die Londoner geographische Gesellschaft hat dem unternehmenden Manne die Victoriamedaille zuerkannt.

Warburton hatte im Vertrauen auf die Geschwindigkeit seiner Kameele ge=
hofft, seine Reise an die Westküste Australiens in etwa 4 oder 5 Monaten voll=
enden zu können; statt dessen hatte er fast die doppelte Zeit aufwenden müssen.
Da nun bis Ende des Jahres 1873 noch immer keine Nachrichten von ihm in
Adelaide angelangt waren, so beschloß Th. Elder, unverzüglich eine Aufsuchungs=
Expedition auszuschicken. John Roß, der Führer derselben, verließ bereits am
3. Febr. 1874 die Finniß=Springs mit seinem Sohn, einem andern Europäer,
Namens A. Smith und drei Afghanen; — zwölf Pferde und 16 Kameele wurden
mitgeführt.

Am 16. Februar ward die Peakestation erreicht, und folgenden Tags
erhielt Roß durch den Telegraphen die Nachricht von der Ankunft Warburton's
in Westaustralien, und gleichzeitig den Vorschlag, Roß möge nunmehr selbst
einen andern Weg nach Perth aufsuchen. Dieser erklärte sich alsbald bereit hierzu
und mußte nur noch die Ankunft einiger Vervollständigungen seiner Ausrüstung
erwarten. Am 27. März brach Roß nach Westen auf und befand sich am
24. April unter 27° 28′ südl. Br. und 151° ö. L., also nur etwa 30 geograph.
Meilen westlich von seinem Ausgangspunkt, an einen kleinen, Emma=Creek ge=
nannten Bache. Die enormen Schwierigkeiten, welche sich den Reisenden in dem
ausgetrockneten Lande und durch entsetzlich dichte Skrublandschaften entgegen=
stemmten, hatten ein rascheres Vorgehen unmöglich gemacht, und die Folge davon
war natürlicherweise, daß die Vorräthe schon bedeutend zusammengeschmolzen
waren, während die Expedition fast noch am Anfang ihrer Route sich befand.
Der Rest der Vorräthe konnte unmöglich mehr für die ganze Gesellschaft aus=
reichen, eine Reduktion derselben schien das Räthlichste, und Roß schickte deshalb
seinen Begleiter Smith und zwei Afghanen mit 12 Kameelen und 2 Pferden
zurück. Die ganze Expedition bestand also jetzt noch aus dem Anführer, seinem
Sohn und einem Afghanen; sie hatten 10 Pferde und 4 Kameele und Lebens=
mittel für 8 Tage bei sich.

Der Weg nach Westen hin war vollständig versperrt durch Spinifex, Skrub
und Sandwüste; so wendete sich Roß südlicher; allein aller Mühe ungeachtet
und trotz seines festen Entschlusses, nach Perth vorzudringen, fand er es doch un=
möglich, den Akazienbusch im Innern Westaustraliens zu bewältigen. Die Büsche
standen so dicht beisammen, daß die Kameele sich nicht mehr hindurchwinden
konnten; dazu gesellte sich der ganz außerordentliche Wassermangel, der so groß
war, daß die Pferde mehrmals vier, einmal fünf Tage lang keinen Tropfen Wasser
erhalten konnten: und zuletzt blieb keine andere Wahl, als umzukehren.
Der fernste Punkt lag nordwärts von der Fowlers=Bai, unter 30° 23′
südl. Br. und 148° ö. L. Am 7. August traf Roß wieder in Bettana auf dem
Elder'schen Gute ein. Seine Schilderungen des durchreisten Landes bestätigten
durchaus, was schon Giles und Gosse, welche theilweise dieselben Gegenden sahen,
darüber gesagt hatten.

Die zweite Durchkreuzung der Wüste Westaustraliens, und zwar
diesmal in der Richtung von West nach Ost, gelang den in Erforschungsreisen
so wohl erfahrenen Brüdern John und Alexander Forrest. Der ältere,
John, hatte die Leitung der ganzen Expedition übernommen; er ward begleitet
von seinem Bruder Alexander, dem Hufschmied Sweeney, dem Polizeicon=
stabel Kennedy und zwei schwarzen Eingeborenen, Pierre und Windich),
von welchen der Letztere bereits die drei früheren Expeditionen der beiden Brüder
von 1869, 1870 und 1871 mitgemacht hatte; außerdem war die Expedition
wohl versehen mit Lebensmitteln für acht Monate sowie mit 20 Pferden.

Am 1. April reiste Forrest von der Champion=Bai ab, verließ 18 Tage
später die letzte Schafstation, und erreichte am 4. Mai den fernsten am Murchi=
sonfluß bis dahin bekannten Punkt, von wo er nun einem Nebenfluß desselben
folgte, welcher süßes Wasser enthielt. Die Reise ging im Ganzen in östlicher
Richtung, später südöstlich, und führte am 21. Mai auf die Wasserscheide des
Murchison, welche aus einem von Nord nach Süd streichenden eisensteinhaltigen,
unbedeutenden Höhenzug (die Kimberleyhöhen) besteht, und thatsächlich den
westlichen Rand der australischen Wüste bildet.

Von hier an hatten die Reisenden einen Weg zurückzulegen, der volle sechs
Längengrade oder in gerader Richtung 80 geographische Meilen (soweit, wie
von Berlin nach Konstanz) umfaßte, und auf dieser ganzen Ausdehnung war
nichts zu finden als eine wellenförmige, mit Spinifer bewachsene Wüste.
Von fern freilich sah das Land aus, wie Felder reifenden Kornes, in Wahrheit
aber war es nur das trockene Gras oder die Stengel, welche aus den Büscheln
des Spinifer hervorragten. Dennoch machten die Reisenden es möglich, langsam
vorwärts zu kommen, obschon sie zweimal und jedesmal volle zwei Wochen am
Lagerplatz festgehalten wurden, weil vorwärts kein Wasser zu finden war. Endlich
gelang es ihnen, in 144° ö. L., das hügelige Granitland zu erreichen, das im
Jahre 1873 von Giles besucht worden war. Von nun an folgten sie der Route
von Giles und Gosse; am 27. September erreichten sie die Telegraphenlinie
und drei Tage später die Peakestation, wo sie von dem Stationsbeamten
aufs Gastlichste aufgenommen wurden. Auf der letzten Strecke der Reise und
in Adelaide selbst ward Forrest mit aller Auszeichnung und Gastfreundschaft
empfangen. Man wollte die Ehrenbezeigungen wieder vergelten, welche War=
burton bei seiner Ankunft in Westaustralien und speziell in Perth zutheil ge=
worden waren. — Der britische Kolonialminister endlich hat John Forrest in
Anerkennung seiner großen Verdienste um die Erforschung des Innern von
Australien fünftausend Acker Land zum Geschenk gemacht, welche er sich in irgend
einer Gegend in Westaustralien auswählen mag.

Zum zweiten Male war also der Wüstencharakter Westaustraliens zur Ge=
wißheit geworden, dennoch hoffte man, eine günstigere Linie zur Durch=
kreuzung des Kontinents und zur Herstellung eines Ueberlandweges zwischen den
östlichen und den westlichen Kolonien aufzufinden. Insbesondere war Giles begierig

darauf, einen solchen zu suchen. Nach seiner Ansicht sollte man dies in der
Nähe des 30.° südl. Br., also ziemlich weit im Süden, bewerkstelligen, und
da man trotz mehrfacher vergeblicher Anstrengungen, von der großen Australischen
Bucht ins Innere des Landes vorzudringen, immer noch in dieser Gegend
gute Weidegründe zu entdecken hoffte, so konnte eine nochmalige Untersuchung
des Gebietes westlich vom Torrenssee bis zur Australischen Bucht für eine spätere
größere Expedition nur von Nutzen sein. So unterzog sich also Giles im Auftrag
seiner Gönner, der reichen Herdenbesitzer Price Maurice und Thomas Elder,
zunächst der Lösung dieser Aufgabe.

John Forrest

Er verließ Adelaide am 1. Dezember 1874, begab sich auf dem Seeweg
nach dem am Spencer=Golf (34° 47′ südl. Br., 153° ö. L.) gelegenen Port
Lincoln und von da nach der großen, dem vorerwähnten Price Maurice gehörigen
Viehstation Bramfield. Hier fand er seine ganze Reiseausrüstung vor, auch
zwei Gefährten, und mit diesen sowie mit drei Pferden und zwei Kameelen ging
es zunächst, und wiederum zu Schiff nach der Fowlers=Bai, wo die eigentliche
Reise beginnen sollte. Von dieser Bai an führte der Weg erst nordwestlich,
später nördlich an ein Youldeh genanntes Wasserloch der Eingeborenen.

Giles hatte einen in Fowlers=Bai stationirten berittenen Polizisten, Namens
Richard, zum Begleiter, der bis dahin mit der Gegend bekannt war. In
Youldeh, welches Giles am 24. März 1875 verließ, schloß sich dem Reisenden

ein Eingeborener, Namens Jimmy an, welcher die Gegend nach Osten hin wenigstens eine Strecke weit kannte.

Der Eingeborene führte die kleine Karawane gerade auf den Mount Finke nach Südosten hin nach einem etwa 12 geographische Meilen entfernten Platze, Pylebung genannt, an dem die Wilden mit vielem Geschick aus Thon einen Wasserbehälter angefertigt und mit einem 1¹/₂ m hohen Damm umgeben haben. Giles schloß daraus sehr richtig, daß in jener Gegend sehr häufig Wassermangel herrschen müsse. — Von hier aus ging es nach einem andern, sechs geographische Meilen davon gelegenen kleinen Felsenloche, welches Wasser enthielt und nach den Angaben des Eingebornen Whitegin (weißer Genever) heißt, und nun wendete sich der Weg nordöstlich, um eine dritte Wasserstation, Wynbring, zu erreichen. Diese Quelle entspringt einem etwa 15 m hohen Granitfelsen und schien Giles permanent zu sein. Alle drei eben genannte Orte waren weit und breit vom dichtesten Skrub umgeben und dabei lagerte das todte Unterholz so massenhaft auf dem Boden, daß das Fortkommen äußerst schwierig wurde.

Ueber Wynbring hinaus war Jimmy niemals gekommen; auch weigerte er sich aufs Entschiedenste, noch weiter ostwärts zu gehen; er sagte: „Dort ist nichts, gar nichts!" — Giles konnte sich durch diese Versicherung natürlicherweise nicht abschrecken lassen, seinen Weg fortzusetzen, fand aber bald, daß Jimmy nicht so ganz Unrecht hatte; denn auf eine Strecke von 44 geographischen Meilen hatte er die traurigste, mit Dornen tragendem Skrub bewachsene Wüste zu passiren, viel schlimmer, als er es je gedacht hatte, und nirgends war ein Tropfen Wasser zu finden. Endlich ward ein Thonloch entdeckt, das noch etwas Wasser enthielt und die Reisenden vom sicheren Tod errettete. Die Wüste war von Nord nach Süd durch einen offenen Strich Landes von etwa 6 geographischen Meilen Weite in zwei Theile getheilt; der westliche war am dichtesten bewachsen; Giles nannte sie Richardwüste (Richarddesert), die östliche dagegen, in welcher Roß so viel Ungemach zu ertragen hatte, Roßwüste (Roßdesert).

Tag für Tag hatte man unter den brennenden Sonnenstrahlen zu reisen, ohne eine Quelle oder nur einen Wassertümpel zu finden. Die drei Pferde kamen vor Durst um, nachdem man ihnen von dem Wasser, welches die Kameele mitgeschleppt hatten, alles bis auf einen Rest von 1¹/₂ Liter gegeben hatte und keines mehr zu finden war. Ohne Zweifel würde die Reisenden dasselbe Schicksal ereilt haben, wenn sie nicht die Kameele gehabt hätten, welche die 44 Meilen von Wynbring bis aus nördliche Ende des Torrenssees in acht Tagen zurücklegten, ohne auch nur ein einziges Mal Wasser erhalten zu haben.

Nachdem diese schlimme Strecke überwunden war, wurde das weitere Fortkommen erheblich leichter. Am 15. April traf Giles in Jinniß-Springs am Ueberlandtelegraphen an und begab sich unverzüglich nach Beltana, um sich zu seiner neuen Reise zu rüsten.

Weideland ward natürlicherweise nicht gefunden, überhaupt kein Land, das irgendwie einen Anbau zu lohnen verspräche.

Zweimal bereits hatte Giles den Versuch gemacht, vom Innern Australiens ausgehend nach Westen hin das Meer zu erreichen; es war ihm beide Male mißglückt, während Warburton und Forrest diese Aufgabe gelöst hatten. Giles war von dem Gefühl durchdrungen, daß dies auch ihm gelingen müsse, und sein Mäcen, Millionär Th. Elder, ließ es auch diesmal nicht an sich fehlen, die Ausrüstungskosten dieser vierten Reise von Giles zu übernehmen. Die Expedition bestand außer dem Anführer selbst aus sieben Personen. Zweiter im Kommando war Giles' Freund, W. H. Tietkens, der jenen schon auf früheren Reisen begleitet hatte, und ein zweiter Gefährte war ein junger vornehmer Mann, Jesse Young, welcher damals bei Elder aus England zu Besuch war und aus Liebe zu Abenteuern die Bequemlichkeiten des civilisirten Lebens mit den Strapazen des australischen Busches vertauschen wollte. Als Transport- und Lastthiere waren nur Kameele verwendet worden.

Am 23. Mai 1875 verließ die Expedition Port Augusta und zog nordwärts bis zu dem in den Torrenssee mündenden Elizabeth-Creek, worauf sie sich westwärts wendeten, um die meisten der von Babbage vermessenen Seen umgehen zu können. In dieser Gegend und bis zur nordwestlichen Ecke des Gairdnersees fand sich Wasser in ausreichender Menge. Nun führte aber der Weg in die große Dornwüste, und wenn auch Giles eine andere Richtung einschlug, als auf seiner letzten Reise, in der Hoffnung, bessere Gegenden zu berühren, so erwies sich doch diese Wüste überall gleich erbärmlich, werthlos und schrecklich. — Ueberall hohe Sandhügel, bewachsen mit stacheligem Spinifex, und kein Wasser! Einmal auf dem ganzen Weg von Gairdnersee bis zur Youldehquelle trafen die Reisenden einen Felsen mit so viel Wasser, daß die Kameele sich satt trinken konnten.

Zum Schrecken der ganzen Gesellschaft erkrankten mehrere Kameele, als man zwölf geographische Meilen von diesem Wasserplatz entfernt war; sie mußten giftige Kräuter gefressen haben, aber glücklicherweise wurden sie nach zweitägiger Ruhe wieder kurirt durch Medikamente, welche die Führer aus den mitgenommenen Arzneimitteln bereiteten.

Endlich ward am 5. Juli, die Youldehquelle erreicht, ein Depot eingerichtet und Young und Tietkens mit dem Schwarzen Tommy nach Norden hin abgeschickt, um einen zu einem Lagerplatz geeigneten Ort zu suchen, da man nach den Berichten von Delisser und Hardwicke den Gedanken aufgeben mußte, in westlicher Richtung einen dazu passenden Ort zu finden. Die Abgesandten waren so glücklich, in 24 geographische Meilen Entfernung nordnordöstlich von Youldeh zwei Weiher mit gutem trinkbaren Wasser zu finden in einer Gegend, welche die daselbst angetroffenen Eingeborenen Culdabinna genannt hatten. Ehe Giles jedoch nach dem neuen Lagerplatz übersiedelte, schickte er Briefe und die bisher angelegten Sammlungen nach Fowlers-Bai, damit sie nach Adelaide an Elder befördert werden könnten. Nachdem dies geschehen, brach die Gesellschaft nach Culdabinna auf. Die Gegend, welche zu passiren war, trug einen trockenen, sandigen Charakter.

Am neuen Lagerplatz angekommen, theilte sich die Gesellschaft. Young und Tietkens zogen nochmals nordwärts in der Absicht, die Musgrave-Range zu erreichen, mußten aber unverrichteter Sache halbwegs umkehren, da sie kein Wasser auffinden konnten; Giles dagegen untersuchte die westlichen Gegenden und war so glücklich, einen Teich der Eingeborenen zu finden, hinter welchem sich das von den benachbarten Hügeln herabfließende Regenwasser gesammelt hatte: offenbar war also dieser Platz kein permanenter Wasserplatz, und er lag volle 32 geographische Meilen von Ouldabinna. Da er sich in der Nähe der Grenze zwischen West- und Südaustralien befand, erhielt er den Namen Boundary-Dam. Die benachbarten größeren Seen waren alle salzig. Giles konnte, nachdem er noch auf einer weiter südlich gelegenen Route, ohne einen Brunnen zu entdecken, nach Ouldabinna zurückgekehrt war, sich nur schwer entschließen, das ganze Lager in der bezeichneten Richtung vorwärts zu bewegen. Aber das Wasser in Ouldabinna ging zur Neige; da fiel zum Glück am 22. August ein Regen, der das Wasser in der Höhle steigen ließ, und in der Hoffnung, daß es auch an dem sogenannten Boundary-Dam geregnet haben möge, erfolgte am 24. August der Aufbruch. Ohne besondere Schwierigkeiten wurde der Weg zurückgelegt, das Land war nicht so dicht wie bisher mit Skrub bewachsen, am 29. und 30. August regnete es nochmals reichlich, und nun fand sich in der That ein sehr bedeutender Wasservorrath am Boundary-Dam vor. Auch die Gegend in der Nähe des Wassers sah gut aus, saftiges, nahrhaftes Gras wuchs ringsum, und die schöne Wüstenerbse (Clianthus Dampieri), die Dampier bekanntlich an den Nordwestgestaden des Kontinents entdeckt hatte, ward hier zum ersten Male von Giles gesehen. Allein das Wasser im Weiher vertrocknete viel schneller, als man es hätte erwarten sollen, ein längerer Aufenthalt mußte im höchsten Grade gefährlich werden, also galt es, nur so rasch als möglich weiter zu kommen, selbst ohne daß das Land vorher rekognoszirt werden konnte. Am 3. September war die Karawane hier angelangt, sieben Tage später, am 10., ward das Lager wieder abgebrochen, und als an diesem Tage die Wasserschläuche gefüllt und die Kameele getränkt waren, blieb statt des Weihers nur ein Sumpf zurück, und die Reisenden wußten jetzt genau, daß sie nur im Vorwärtsgehen ihr Heil suchen konnten; — ein Zurück gab es für sie nicht mehr!

Und nun ging es vom 11. September an durch ein Land, wie selbst Giles noch keines durchzogen hatte; Skrub so dicht, wie er noch nie gewesen, dann allerdings eine mehr offene sandige Gegend, hier und da mit etwas Graswuchs, auch mit Salzstrauch, sogar einmal Casuarinen; — aber kein Tropfen Wasser, und das dauerte jetzt schon sechzehn lange bange Tage! In dieser Zeit hatten die Reisenden 65 geographische Meilen Wegs zurückgelegt — so weit, wie in gerader Linie von Stuttgart bis Bremen — aber kein Mensch und kein Thier war ihnen begegnet; — nicht die geringste Spur von Leben war zu bemerken, unheimliche Todtenstille herrschte um die einsamen Wanderer, die „ihr Leben in der Hand", sich einen Weg durch diese Einöden bahnten. Das war die Wüste, die jedem andern Begriff von Wüste spottet.

Das mitgenommene Wasser ging zu Ende: der ganze Vorrath betrug noch 80 Liter. — So brach der 17. Tag an; der Weg führte zwischen trostlos öden weißen Sandhügeln hindurch, nur in weiter Ferne waren etliche Grasbäume (Xanthorea) zu erblicken, und der Eingeborene, Tommy, wurde deshalb mit einem Kameel vorausgeschickt, um in der Gegend Umschau zu halten. Er war etwa eine halbe Stunde fort, als er eilends die Karawane einzuholen suchte und von weitem „Wasser! Wasser!" rief. Welcher Jubel! In der That, mitten zwischen den weißen Sandhügeln lag ein kleines Wasserbecken, 15 m im Durchmesser, mit dem kostbarsten süßen Quellwasser. Giles nannte diesen Brunnen in seiner Freude die Königin-Viktoria-Quellen und verweilte zehn Tage hier, um Menschen und Thieren Zeit zur Erholung zu gönnen.

An diesem Brunnen sahen die Reisenden zum ersten Mal, seit sie die südaustralischen Ansiedelungen verlassen hatten, wieder Thiere: es waren Tauben: auch Spuren von Känguru wurden in der Nähe entdeckt, die Thiere selbst aber bekamen die Männer nicht zu Gesicht.

Am 6. Oktober ging es weiter nach Westen durch dichten Skrub und an halbvertrockneten Salzsümpfen vorüber. Fast wäre ein Kameel in einem derselben versunken, und nur den vereinten Anstrengungen aller Mitglieder der Gesellschaft gelang seine Rettung. Es gab auch nochmals eine Wanderung von 28 deutschen Meilen, ehe wieder Wasser gefunden wurde, aber der Muth wuchs in dem Maße, wie man bekannten, d. h. von anderen Reisenden früher besuchten, Gegenden näher kam, und die wasserlosen Strecken wurden allmählich kürzer, das Aussehen des Landes dann und wann besser. Drei Wochen nach dem Abmarsch von den Victoriaquellen ward der Mt. Churchman erreicht, und eine Woche später gelangte die Karawane zu den im Jahre 1869 von Forrest entdeckten Curuquellen. Leider enthielten dieselben kein Wasser; nach einem Marsch von noch sechs Stunden aber ward am 4. November die erste Schäferhütte erreicht, und nun war die Noth vorüber; — jetzt gab es endlich auch wieder einmal etwas Ordentliches zu essen. Die Reisenden hatten nämlich seit einem Monat eigentlich nur von den Eiern der Wallnister gelebt (Leipoa oscellata), die bei den Wilden in Westaustralien Lowan, bei den australischen Hirten Malli-hen heißen. Täglich wurden 30 bis 40 Stück gefunden, und Giles berichtet, „wenngleich sie etwas pikant waren, so schmeckten sie doch ganz vortrefflich."

Am 6. November erreichte Giles die Station von Clarkes, genannt Inderu, wo er aufs Gastfreundlichste aufgenommen und bewirthet wurde. Der Rest der Reise bis Perth, wo Giles am 18. November anlangte, ward in kurzen Tagemärschen zurückgelegt und glich, wie z. B. der Marsch Warburton's, einem Triumphzuge. Ueberall wurden die „Südaustralier" von den Kolonisten mit Freudenrufen empfangen, aufs Herzlichste begrüßt, festlich bewirthet und mit schmeichelhaften Adressen bedacht. Die Ankömmlinge wurden als Gäste der Kolonie angesehen.

Während der fünf Monate, welche die Reise in Anspruch genommen, waren 515 geogr. Meilen Wegs zurückgelegt worden, obschon die Entfernung der äußersten Punkte (Port Augusta bis Perth) nur etwa 300 geogr. Meilen beträgt.

Die Eintracht unter den Reisenden ward nie gestört und ebenso blieben Alle bei guter Gesundheit: von den 18 Kameelen gingen unterwegs zwei verloren; den übrigen merkte man, nachdem sie sich einige Tage ausgeruht hatten, nichts mehr von den Strapazen der schweren Reise an.

Eingeborene wurden auf der ganzen Reise nur sehr wenige angetroffen. Einmal erlebten die Reisenden einen Ueberfall, als sie noch etwa 24 deutsche Meilen von Mt. Churchman entfernt waren. Wie es scheint, wollten die Schwarzen die Fremdlinge von dem Wasserloch vertreiben, das gerade gefunden worden war, und der Angriff der Wilden war so wild und ungestüm und ihre Ueberzahl, 70 bis 80 kräftige Bursche, so groß, daß Giles und seine Leute von ihren Flinten Gebrauch machen mußten. Erst als die Wirkungen der Schüsse offenbar wurden, ergriffen die Schwarzen heulend die Flucht, um die Reisenden nicht wieder zu belästigen.

Tietkens und Young verließen mit dem in King-Georgs-Sund anlegenden europäischen Postdampfer „Sumatra" am 9. Dezember Westaustralien und trafen am 13. desselben Monats in Adelaide ein. Dagegen blieb Giles mit der übrigen Gesellschaft und den Kameelen in Perth zurück, um mit der nächsten Post weitere Entschließungen von Elder abzuwarten. In einem Briefe an diesen hatte er sich nämlich bereit erklärt, die Rückreise nach Südaustralien nochmals zu Lande zu unternehmen und vorgeschlagen, von der Quelle des Gascoyneflusses einen Weg zwischen den Routen Warburton's und Forrest's zu verfolgen.

Wie mit einiger Wahrscheinlichkeit vorauszusehen war, bewilligte Elder auch die Kosten für die Ausrüstung der neuen Expedition durch die Wüste, zumal die westaustralische Regierung sich bereit erklärt hatte, die Kosten zu übernehmen, welche durch eine mit Giles' Rückreise zu verbindende neue Untersuchung der Nebenflüsse des Murchison und anderer Flüsse des Nordwestens veranlaßt würden.

Giles trat seine fünfte große Reise an am 13. Januar 1876; er führte seine Expedition von Perth ab zunächst im Küstengebiete nach Norden und Nord-osten zum Oberlaufe des Murchison, den er am 19. April in der Nähe des Mt. Matthew überschritt, nachdem er neun Tage zuvor die letzte Schäferstation hinter sich gelassen hatte.

Das Flußbett des Murchison war hier eine ausgedehnte Grasebene mit verschiedenen Reihen von Gummibäumen, die auf eben so viele Rinnsale des Flusses schließen ließen, obwol nur einzelne derselben Wasser enthielten.

Am 22. April lagerten die Reisenden an einem von Norden her einmün-denden Zufluß, dessen grasreiches Uferland zu beiden Seiten mit hübschem Baumwuchs bestanden war. Nur eine Stunde Wegs vom Lager entfernt erhob sich der fast aus reinem Eisen bestehende Mount Gould, der erstiegen wurde, um einen Ausblick nach Osten hin zu gewinnen. Die Aussicht war nicht viel versprechend. Am Fuße des Berges dehnte sich noch für etliche Meilen eine Grasfläche aus, weiterhin nach Osten aber schien das Land nur mit niedrigen Mulgabäumen und Gesträpp bedeckt zu sein.

Nachdem Giles ein rauhes, steiniges und überaus zerklüftetes Bergland überschritten hatte, das namentlich für die Kameele sehr schwierig zu passiren war, gelangte er an den Gascoynefluß, dessen etwa eine Meile breites Thal damals im schönsten Grün prangte, und wiederum von mannichfach gewundenen Flußläufen durchzogen war, welche an den reihenweise stehenden Eukalypten kenntlich wurden. Beim Verlassen dieses Thales kam die Expedition zum zweiten Male in ein rauhes Bergland und erreichte am 1. Mai den Mt. Labouchère, von dessen Gipfel aus das Thal des Gascoyneflusses etwa 6 Meilen weit gesehen werden konnte, während rings um den Berg kein Wasser zu entdecken war. Nach einem Marsch von einigen Stunden ward jedoch ein neuer Wasserlauf — wol der Oberlauf des Lyons — gefunden und endlich, nachdem zum dritten Male ein wildes Bergland überschritten war, am 10. Mai das tiefe und breite schöne Thal des Ashburtonflusses erreicht.

Diesem folgte Giles aufwärts: er hoffte, der Fluß werde ihn ziemlich weit nach Osten führen, bald jedoch überzeugte er sich, daß der Hauptarm von Nordosten her komme. Er versuchte es daher, diesen aufwärts zu reisen, und kam bis zu einem bedeutenden Berggipfel, der den Namen Mt. Ophthalmia erhielt in Erinnerung an die hartnäckige Augenentzündung, welche den Reisenden damals quälte. Da das Land nach Osten hin, soweit man dasselbe von dem Berggipfel aus sehen konnte, eben und ohne Wasserläufe zu sein schien, so kehrte die Expedition an den Ashburton zurück und verfolgte ihren Weg an dem Flußarm, welcher am direktesten von Osten her kam. Das Flußthal verengte sich bald zu einer Schlucht, und die geringe Breite des Flußbettes ließ deutlich erkennen, daß die Quelle nicht mehr weit entfernt sein könne. Am 1. Juni ward diese erreicht (unter 137 1/2° ö. L.) und an demselben Tage noch der Rücken des Bergzuges überschritten, welcher die Grenze nach der Wüste hin bildet.

Alsbald begannen die ausgedehnten Spinifexflächen; zwei Tage später waren alle Bergeshöhen hinter dem westlichen Horizont versunken, und vor sich hatten die Reisenden die endlos hinter einander auftauchenden flachwelligen rothen Sandhügel mit den schrecklichen Spinifexflächen dazwischen.

Der Winter hatte sich mit Ende Mai ernsthaft eingestellt. Obwol unter dem 24.° südl. Br., also nur einen halben Grad vom Wendekreis des Steinbocks entfernt, stand doch das Thermometer am 28. Mai auf 0° R. und fiel am 1. Juni auf — 6° R. Am Morgen des 5. Juni waren sämmtliche Kameele krank und zur Fortsetzung der Reise untauglich; sie hatten ein giftiges Kraut (Gyrostemon ramulosum) gefressen und waren erst am 10. Juni soweit hergestellt, daß die Weiterreise unternommen werden konnte.

In durchschnittlich östlicher Richtung vordringend, durchzogen die Reisenden eine entsetzlich trockene Wüste und fanden am 18. Juni das erste Wasser in einem kleinen von Nord nach Süd geneigten Regenbette, das von Giles Buzoes Grab genannt wurde, nach einem Kameel, das hier verendet hatte.

Das Land war auf dieser Strecke, d. h. auf einer Ausdehnung von etwa 50 geographischen Meilen (soweit, wie von Frankfurt a. M. bis Prag), eine vollkommen offene Sandwüste; eine Hügelwelle von rothem Sand folgte auf die andere, und die ganze Vegetation bestand aus vereinzelten rothen Gummi= bäumen auf den Gipfeln, während in den Niederungen zuweilen eine Wüsten= eiche zu sehen war, oder ein Quandong; — Grasbäume und Flaschenbäume waren noch viel seltener.

Von Buzoe's Grab war ein viertägiger Marsch erforderlich, um die Expe= dition an die Alfred= und Mary=Range zu bringen, welche Giles auf seiner Reise im Jahre 1874 aus der Ferne gesehen hatte. Hier ward zum zweiten Male Wasser gefunden, wie das vorige nur Regenwasser. Die Reise ward am 27. Juni fortgesetzt; die Sandhügel wurden höher und steiler als bisher; Spinifex stellte sich wieder reichlich ein, aber nach fünftägigem Marsche war die Expedition in bekannten Gegenden angekommen; die Rawlinsonkette war erreicht, und von hier an verfolgte Giles im Allgemeinen seine alte Route; am 23. August hielt die Karawane an der Peakestation und zog darauf längs der Telegraphenlinie südwärts.

Auch diese Reise hat somit das klägliche Resultat der früheren Reisen von Giles, Warburton und Forrest bestätigt, daß nämlich der große Westen des australischen Kontinents ein wasserloses Wüstenland ist, Tagereisen weit durch= zogen von rothen oder weißen Sandhügeln mit Gestrüpp, Akaziendickicht und Stachelgras dazwischen. Oasen sind sehr seltene Ausnahmen.

Wer indessen hieraus den Schluß ziehen wollte, mit den bisher gemachten Reisen sei nunmehr die Erforschung Westaustraliens abgeschlossen, der irrt. Im Jahre 1878 ist bereits eine neue Unternehmung ins Werk gesetzt worden, zunächst freilich in einer weiter nordwärts gelegenen Gegend. Die berühmten Brüder J. und A. Forrest haben nämlich auf Kosten der Regierung von Westaustra= lien eine Reise von der Nickol=Bai an der Nordwestküste nach dem Viktoria= fluß angetreten, um auch diesen bis jetzt ganz unbekannten Theil des Kontinents der Wissenschaft zu erschließen.

Freilich, jener Theil des Landes, dessen Wüstencharakter ganz unzweifel= haft festgestellt ist, wird nicht so leicht wieder Reisende anlocken, immerhin kann man nicht vorher wissen, durch welchen vielleicht zufälligen Umstand die Veran= lassung zu neuen Untersuchungen geboten wird. Wenn beispielsweise im Innern Australiens goldhaltige Strecken entdeckt würden, so könnte dies vollauf genügen, eine Masseneinwanderung selbst in die trostloseste Wüste sowie die Durch= forschung derselben nach allen Richtungen zu veranlassen. — Ist doch, um nur an zwei ähnliche Fälle zu erinnern, in Nord= und Südamerika ganz das Gleiche erlebt worden, wenn auf der andern Seite auch zugegeben werden darf, daß die metallreichen Einöden der Neuen Welt nicht entfernt eine so gewaltige Ausdehnung haben, wie allem Anscheine nach die westaustralische Wüstenei.

In den Omeobergen (Kolonie Viktoria).

VII.

Das Land Australien.

Zwischen Amerika's westlichem Gestade und den östlichen Küsten des asia-
tischen Festlandes liegt das größte Wasserbecken der Erdoberfläche, der Große
Ozean, dessen südlicheren Theil man die Südsee und im Uebrigen auch das
Stille Meer zu nennen pflegt.

Zerstreut oder in Gruppen vereinigt trifft man auf dieser weiten Meeresfläche
eine beträchtliche Anzahl Eilande an. Die meisten derselben sind ziemlich klein
und unbedeutend, manche in solchem Grade, daß sie noch gar nicht bewohnt, ja
vielleicht einige der vorhandenen kleinen Inseln wol noch nicht einmal zu unserer
Kenntniß gelangt sind. Nur einige unterscheiden sich durch ihre Größe von
allen übrigen, wobei hier namentlich das insulare Festland Australien (früher

Neuholland genannt), die (ehemals unter dem Namen Vandiemensland bekannte) Insel Tasmanien und die Doppelinsel Neuseeland zu nennen sind. Diesen letztgenannten Länderkomplex pflegen die Engländer mit der Bezeichnung Australasien zusammenzufassen, ein Name, der sich bei uns nicht recht einbürgern will. Man ist überhaupt noch vielfach im Unklaren, wie man die im Großen Ozean zerstreut liegenden Inselgruppen benennen soll. Man hat den Namen Südindien vorgeschlagen, und zwischen einem Australien im engeren Sinne (dem insularen Festlande) und einem Australien im weiteren Sinne (dem insularen Festlande und der Inselwelt) unterschieden. Am richtigsten erscheint es uns, das insulare Festland allein mit dem Namen Australien zu belegen, und die übrigen Eilande und Inselgruppen im Großen Ozean unter dem Namen Südsee-Inseln oder Ozeanien zusammenzufassen. Frühere Geographen haben letztere wol auch Polynesien genannt, doch wird jetzt dieser Name gewöhnlich blos auf die östlichen Inseln Ozeaniens beschränkt.

Hinsichtlich der Körperbildung, der Sprache, der Sitten u. s. w. der Bewohner jener Inseln sind Verschiedenheiten bemerkbar, welche die Eintheilung dieser Inselwelt in vier Gruppen angezeigt erscheinen lassen.

Wegen seiner Lage, seiner Hülfsquellen und seiner politischen Entwicklung ist die, seiner einheimischen Bevölkerung wegen, zu Polynesien gehörige Doppelinsel Neuseeland berechtigt, als wichtigste für sich in Betracht genommen zu werden.

Im Westen des Stillen Ozeans liegen eine Menge Inseln und Eilandgruppen zerstreut, die wir bei einem Blick auf die Karte genau in sechs verschiedene Abtheilungen zerlegen können. In ihrer Richtung von Westen gegen Osten und später gegen Südosten ziehen sie sich kranzförmig um den australischen Kontinent. Unsere Aufmerksamkeit nimmt vor Allem die zwischen dem Aequator und dem 10. Breitengrade liegende, von Australien durch die Torresstraße getrennte größere Insel Neu-Guinea mit dem Luisiaden-Archipel in Anspruch. Von da liegen nördlich der Archipel von Neu-Britannien und die Admiralitätsinseln, weiterhin die Archipele der Salomonsinseln, der Königin Charlotte-Inseln und der Neuen Hebriden und endlich die Insel Neu-Kaledonien nebst der Gruppe der Loyalitätsinseln.

Diese Eilande werden von einem Volksstamme bewohnt, den man, mit Rücksicht auf einige Aehnlichkeit mit den Afrikanern, Australneger oder Negritos zu nennen pflegt. Um dieser dunklen Hautfarbe der Bevölkerung willen hat man aber allen diesen Inseln den Gesammtnamen Melanesien beigelegt.

Der französische Geograph Malte-Brun war es, welcher zuerst im Jahre 1813 jene Inselgruppen, die eine lichtbraune, schön gebaute, civilisirbare, seetüchtige, den Malayen nahestehende Bevölkerung beherbergen, Polynesien nannte. Es ist dies ein aus der griechischen Sprache abgeleitetes Wort und bedeutet etwa so viel wie Inselflur. Zu diesem Gebiete gehören, außer Neuseeland, die Inselgruppen: Fidschi, Tonga, Samoa, die Hervey-Inseln, die Societäts- mit den Australinseln, die Paumotu-, die Markesas- und die Sandwichsinseln oder Hawaii.

Die Inselgruppen endlich, welche, im nordwestlichen Theile des Stillen Oceans gelegen, im Norden und Westen bis in die Nähe der Küsten Japans und der Philippinen reichen und von demjenigen Theile der polynesischen Völker bewohnt werden, die sich von den eigentlichen Polynesiern durch gewisse Eigenthümlichkeiten des Charakters und der Lebensweise, besonders aber durch Verschiedenheiten in der Bildung der Sprache unterscheiden, nennt man Mikronesien. Man theilt Mikronesien in drei Abtheilungen: die Gruppe der Ladronen und die Archipele der Karolinen und der Marshall- und Gilbert-Inseln.

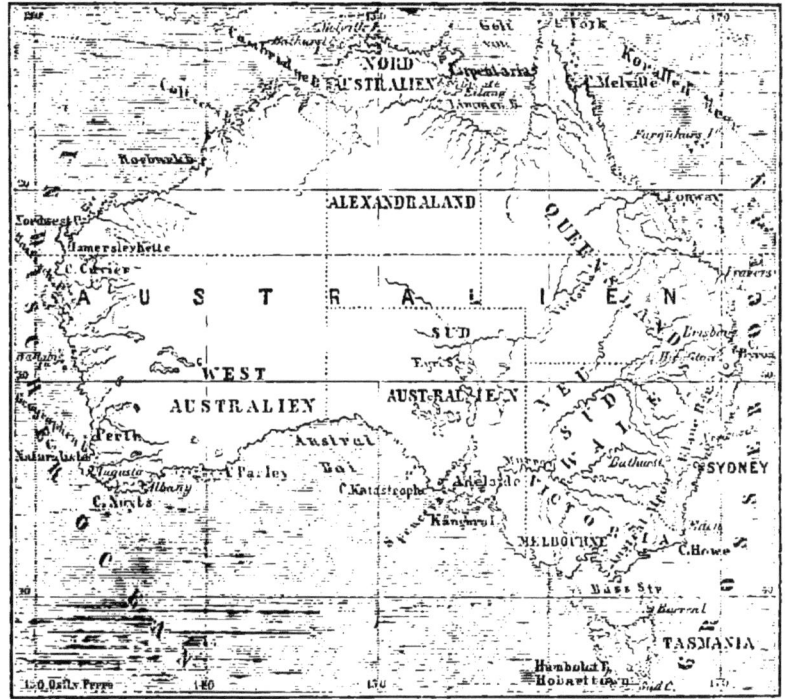

Kartenskizze von Australien.

Wenngleich ich in einem andern Bande des „Neuen Buches der Reisen und Entdeckungen": „Oceanien, die Inseln der Südsee", diese Unterschiede bereits erwähnt, und mich mit der ozeanischen Inselwelt in jenem Bande eingehend beschäftigt habe, so hielt ich es doch für nothwendig, an dieser Stelle nochmals darauf zurückzukommen. Wenn also in dem vorliegenden Bande von Australien die Rede ist, so haben wir, um unsern Standpunkt nochmals klar zu legen, darunter einzig und allein das sogenannte insulare Festland zu verstehen, dem wir nur noch die benachbarte Insel Tasmanien beifügen.

Australien wird allenthalben von Meeren eingeschlossen, im Osten vom Stillen, auf den übrigen Seiten vom Indischen Ocean. Es erstreckt sich in seiner größten Ausdehnung vom Kap Inscription an der Westküste unter 113⁰ 1' östl. Länge von Greenwich, bis Kap Byron, an der Ostküste unter 153° 40' östl. Länge. Seine nördlichste Spitze, Kap York, ist gelegen unter 10° 43' südl. Br. und 142° 29' östl. Länge, die südlichste, Kap Wilson, unter 39° 11' südl. Br. und 146° 24' östl. Länge. Seine größte Breite von Osten nach Westen beträgt 4300 km, die größte Länge von Norden nach Süden 3180 km. Der Flächen= inhalt beträgt etwas über 7,599,000 ☐km, mit den umliegenden kleinen Inseln aber gegen 7,708,000 ☐km.

Zwei Ozeane bespülen die Küsten Australiens, der Stille Ozean im Osten und der Indische im Westen: ihre Fluten vermengen sich im Norden und Süden in zwei Kanälen, die das Festland von kleineren Inseln trennen.

Die Baßstraße, der südliche Kanal, trennt die Kolonie Viktoria von Tasmanien und ist der große Seeweg für die Schiffahrt zwischen Sydney und dem Mutterlande. Die Straße ist zwischen den nächstgelegenen Punkten der Küsten, Wilson's Promontory und Circular Head mehr als 100 km breit. Am öst= lichen und westlichen Ende ragen felsige, öde Inselketten hervor, von denen einige, wie die Flinders=Insel, mit einem Umfang von ungefähr 130 km, von größerer Ausdehnung sind. Auch steigen sie zu einer gewissen Höhe an und bilden verbindende Glieder zwischen dem australischen und dem tasmanischen Hochlande.

Die Straße zwischen Viktoria und Tasmanien ist reich an kleinen Inseln, Sandbänken und Korallenriffen, die, zumal wenn westliche Winde vorherrschen, eine sehr vorsichtige Fahrt bedingen. Indeß ist, dank den neueren Messungen und Leuchtthürmen, nur besondere Umsicht erforderlich, um die Unfälle zu vermeiden, die früher alltäglich waren. Eingeborene lebten auf keiner der Inseln, als Baß sie zuerst besuchte: nur durch Seehunde und Albatrosse hatte er bei der Landung sich seinen Weg zu bahnen. Im Laufe der Zeit ließen sich Schiffer, mit dem Seehundsfang beschäftigt, am Orte ihrer Thätigkeit nieder und führten, nach Art eines Robinson, ein Leben voll Mühe und Entbehrung. Entflohene Missethäter fanden auch ihren Weg zu den Inseln, und nachdem eingeborene Weiber vom Festland herbeigeholt waren, wuchs ein Mischvolk lustig empor. Diese Ansiedler zerfallen jetzt ihrem Wohnort entsprechend in östliche und westliche Straitsmen, d. h. also in die Bewohner des östlichen oder des westlichen Theiles der (Baß=) Straße.

Die Torresstraße, der ungefähr 90 km breite nördliche Kanal, trennt das australische Festland von Neu=Guinea. Sie gewährt die nächste Verbindung zwischen den australischen Kolonien und Singapur, Indien und China. Obgleich ziemlich belebt, ist doch die Schiffahrt so schwierig und verworren, daß der Weg rund um den Süden und Westen Australiens in der Regel vorgezogen wird. An der öst= lichen Seite ist die Meerenge nahezu verstopft von Inseln, von denen einige aus Vulkanen und Granitmassen, die größere Mehrzahl aber aus korallischen Gebilden besteht. Die letzteren sind fast alle flache, niedrige Inselchen, die sich kaum bis zu 10 m über der Hochwassermarke erheben. Booby Island, eine Masse dunkelgefärbter Porphyrs, so genannt wegen der Scharen dummblickender Rothgänse, bildet den westlichsten gefährlichen Punkt in dieser Inselgruppe.

Das Eiland führt auch den Namen Post Office (Postamt), da auf ihm sich ein Häuschen mit Federn, Tinte und Schreibheften befindet, in welche letztere passirende Schiffe Notizen einzutragen pflegten. Auch Briefe können zurückgelassen und in derselben Weise befördert werden. Ein Vorrath von Zwieback und gesalzenem Fleisch ist für etwaige Schiffbrüchige vorhanden. Da das Meer überall verhältnißmäßig seicht ist und der Boden aus weißem Sand oder Fels besteht, ist bei den hellen Strahlen der tropischen Sonne den Schiffern ein klarer Einblick in das Leben im Meere gestattet: Unterseeische Vegetation von mancherlei Art, Schwämme, Seeeier und bunt schillernde Mollusken, Schildkröten, die sich hinschleppen in ihren schwerfälligen Schalen, nach Beute umherschweifende Haie und gewaltige, farbenreiche Seeschnecken, die einhergleiten.

Unweit der Torresstraße zieht sich an der Nordostküste Australiens eine Reihe von Korallenriffen entlang, bekannt als das Große Barrier = Riff, welches der Küste als Schutz dient gegen die brausenden Wogen des Stillen Ozeans. Das Riff erstreckt sich von Breaksea Spit im Süden bis nahe an Neu = Guinea im Norden, eine Entfernung von ungefähr 1200 km. Es erhebt sich an der Außenseite senkrecht aus unergründlicher Tiefe, ist in seiner Breite mannichfachen Schwankungen von 30 oder 40 bis zu weniger als 1 km unterworfen und tritt der Küste bald näher, bald ferner, hält im Durchschnitt aber die Entfernung von etwa 30 km inne. Wenn der Wind von Osten bläst, ist die See zwischen Festland und Riff ruhig, da sie durch den natürlichen Brandungbrecher geschützt wird, aber an der Außenseite wüthen die Wellen mit tobender Gewalt.

Obgleich Australien eine große Anzahl von kleineren Buchten und Baien zählt, so hat es im Ganzen dennoch nächst Afrika die am meisten kompakte oder abgerundete Gestalt. Besonderer Erwähnung bedürfen eigentlich nur zwei Buchten. Es sind dies an der Südküste die sogenannte „Große Austral = bucht" oder Australbai, deren Küste ein steiler, in seltener Einförmigkeit sich auf 8 Grade hinziehender, der Einschnitte und Inseln, des Schutzes und der Häfen entbehrender Strand bildet, sowie an der Nordküste, am westlichen Eingange in die Endeavourstraße, der in seinen Umrissen sehr einförmig gebildete Carpentariagolf. Außerdem führen wir noch auf an der Südküste die Port = Philipbai, den Haupthafen der Kolonie Viktoria, den Spencergolf mit dem vortrefflichen Lincolnhafen, den St. Vincentgolf, vor dessen Eingange die Kängurninsel liegt, die Encounterbai, in welche der größte Fluß Australiens, der Murray, mündet, Streakybai, Doubtfulbay und den König = Georg=Sund. An der Ostküste heben wir hervor die Botanybai, wo Cook zum ersten Male den Boden Australiens betrat, Port Jackson, den Hafen von Sydney, Moretonbai, den Hafen Brisbane's, der Hauptstadt der Kolonie Queensland, Herveybai, Port Curtis, Keppelbai u. s. w. An der Nordküste finden wir noch den vorzüglichen Hafen der Halbinsel Koburg, Port Essington, sowie den größeren Vandiemensgolf; an der Westküste endlich den durch zahllose Sandbänke fast unzugänglichen Haienfund (Sharkbai) und am Südende derselben die große, aber offene Geographenbai.

Die Nordküste ist im Allgemeinen der davor liegenden Klippen und Korallen= riffe wegen nur schwer zugänglich und ward nur selten besucht. Die Südküste dagegen ist fast in ihrer ganzen Ausdehnung hoch und vortheilhaft für die Schiffahrt gebildet. Sie ist reich an guten, sicheren Häfen und ward schon um deswillen zunächst besiedelt.

Unter den Vorgebirgen, die wegen ihrer Lage oder ihrer Eigenartigkeit hervorragen, fällt Kap York, der nördlichste Punkt, auf durch einen spitzen Porphyrhügel, ungefähr in der Höhe der Londoner St. Paulskirche; Kap Capricorn an der Ostküste, ein runder Klumpen wie der Höcker eines Dromedars, hat seinen Namen von seiner Lage unter dem südlichen Wendekreis; Kap Howe, die südöstliche Spitze, ist ein niedriger Zug von Fels und Sand, wird jetzt Nachts durch einen Leuchtthurm auf einer nahegelegenen Insel kenntlich gemacht; Kap Leeuwin an der südwestlichen Spitze liegt kahl und ziemlich hoch da und ist be= rüchtigt durch hohe See und starke Südwestwinde, von denen es heimgesucht wird; endlich Wilson's Promontory, das südlichste Vorgebirge, ist eine ge= waltige Granitmasse, bis zur Höhe von 1000 m, für gewöhnlich eingehüllt in Dunstwolken, bei klarem Wetter aber mit herrlicher Aussicht auf die Baßstraße.

Früher pflegte man blos die Küsten abzutheilen mit den Namen, welche sie von den ersten Entdeckern erhalten hatten, und unterschied an der Nordseite die Küsten von Carpentaria, Arnheimsland und Vandiemensland; an der Nordwest= küste Neuholland und Dewittsland; an der Westküste Eendrachtsland, Edelsland und Leeuwinland; an der Südwestküste Nuytsland, die Ostküste hat Cook Neusüdwales genannt. Diese Namen sind jetzt ganz außer Gebrauch gekommen, ebenso wie die frühere, namentlich von deutschen Geographen mit Vorliebe angewendete Benennung Neuholland statt Australien. Seit der Ent= wicklung der englischen Kolonien bedient man sich zur Eintheilung des Kontinents in einzelne Theile der Namen jener innerhalb ihrer Grenzen: Queensland, Neusüdwales, Viktoria, Südaustralien, Westaustralien.

Von den Formen, welche die Erdoberfläche einnimmt, erscheint in Australien die des Tieflandes überwiegend, nächstdem die gemischte Form, die des sogenannten Berglandes.

Die Bergländer bilden kein zusammenhängendes Ganzes, sie sind vielmehr durch Einsenkungen oder durch Arme der Tiefländer so von einander getrennt, daß wahrscheinlich bereits ein Steigen des Meeresspiegels um wenige hundert Meter den ganzen Kontinent in eine Gruppe zahlreicher Inseln von verschie= dener Größe auflösen würde. Diese Bergländer haben gewöhnlich die Bildung der hügeligen Hochflächen; sie sind überwiegend mit den parkähnlichen, dichten und grasreichen Wäldern ohne Unterholz — in Australien der Busch genannt — bedeckt, die der australischen Natur eigenthümlich sind und die Betreibung der Vieh= zucht so sehr begünstigen. Die sie durchschneidenden Flußthäler haben meist frucht= baren Boden und sind die vorzugsweise für den Landbau geeigneten Stellen; das anbaubare Land ist in Australien überhaupt nur sporadisch und oasenartig vertheilt, die Schluchten, in welche Flüsse häufig aus den Bergen hinauszutreten pflegen, sind gewöhnlich sehr schwer zugänglich, jedoch nicht selten in den südlichen Theilen des Continents durch eine üppige, der tropischen in ihrem Charakter sich nähernde Vegetation ausgezeichnet. Von dieser Hochebene erheben sich öfter felsige Berge, in den meisten Fällen in Ketten vereinigt, deren Abfälle und Senkungen an manchen Stellen steil und schroff, an anderen sanft und allmählich sind; doch sind Stufenländer nur in geringer Ausdehnung und unvollkommen entwickelt vorhanden.

Aus den Bogongbergen.

Die Vertheilung der Bergländer hat das Eigenthümliche, daß sie vorzugsweise längs der Küsten des Continents um das Innere herumliegen: in Centralaustralien ist bis jetzt nur eines entdeckt.

Der Bergländer an den Küsten kennt man sechs.

Das Bergland von Victoria und Neujüdwales. Den Anfang desselben macht das Bergland von Victoria, eine hügelige Hochfläche von größtentheils fruchtbarer Bodenbeschaffenheit (weshalb Mitchell es Australia felix benannte) und mit sanft sich senkenden Abhängen, die im Norden und Westen in das südöstliche Tiefland, im Süden in die Küstenebene übergehen. Auf ihr erheben sich zwei von einander getrennte, von Norden nach Süden sich erstreckende Bergzüge, die Grampians im Westen und die Pyrenäen im Osten, während der südliche Abhang durch eine Reihe von niedrigen vulkanischen Bergen ausgezeichnet ist, deren Thätigkeit vielleicht noch nicht ganz erloschen ist. Eine Art breiter Einsenkung trennt dies Bergland im Norden des Port Philip von dem von Neujüdwales, das sich bei geringer Breite von 37 bis 25° südl. Breite längs der Ostküste gegen Ostnordosten ausdehnt. Es beginnt im Süden mit der hohen Bergmasse um den Berg Hotham (den sogenannten Bogongbergen), die in ihren südlichen Zweigen bis an die Halbinsel des Kap Wilson reicht, im Osten aber durch die Hochfläche von Omeo mit der Kette der Australischen Alpen (den Warra= gongbergen) in Verbindung steht, welche die höchsten Berge des Kontinents enthalten und im Norden an der Biegung des Thales des Murumbidschi enden. Von diesen im Osten breiten sich die von Bergzügen durchschnittenen Hochebenen von Micaligo und Monaru aus, deren nördliche Fortsetzung das wiesenreiche Hochland von Argyle mit den Seen George und Bathurst bildet, das im Norden wieder in die mit Wald bedeckten unfruchtbaren Hochflächen der Blauen Berge übergeht. An die Blauen Berge stößt westlich das viel fruchtbarere Hochland von Bathurst, das Quelland des Flusses Macquarie. Im Norden trennt eine tiefere Einsenkung, welche das Thal des Goulburn oder des oberen Hunter enthält, diese Hochflächen von der Liverpoolkette, die, abweichend von allen übrigen Bergzügen dieses Berglandes, sich von Osten nach Westen ausdehnt. Am Nord= abhange derselben liegen die schönen und reichen Liverpoolebenen, welche bei geringerer absoluter Höhe fast einer großen Bucht des Tieflandes gleichen, die sich hier am oberen Namoi in das Innere des Berglandes hineinzieht; östlich und nördlich von ihnen breiten sich andere, viel höhere Ebenen bis weit gegen Norden aus, welche den Distrikt Neu=England, einen der schönsten Weidebezirke von Neusüdwales, bilden und fast bis an das nördliche Ende des Berglandes reichen. Dieses besteht aus den Bergen der gegen Norden ziehenden Dividing=Range, welche das Thal des Brisbane im Westen begrenzen und sich nördlich zum Thale des Flusses Burnett herabsenken, das eine Einsenkung bildet, welche die Berg= länder von Neusüdwales und Queensland scheidet. Am Westabhange der Divi= ding=Range liegen die anmuthigen und reichen Wiesenebenen der Canning= und Darling=Downs, die der Condamineschluß durchschneidet. Die Abfälle dieses Berglandes sind nach Westen und Osten von sehr verschiedener Bildung. Im Osten bestehen sie aus steil und schroff sich senkenden Bergzügen, welche von den Thälern größerer und kleinerer Küstenflüsse gewöhnlich in tiefen, kaum zu= gänglichen Schluchten durchschnitten werden; während diese Bergzüge häufig bis dicht an die Küste vorspringen, treten sie an einzelnen Stellen zurück und ziehen sich bogenartig um Küstenebenen von verschiedenem Umfange herum, welche, zu= mal da sie besonders im Norden durch große Fruchtbarkeit und schöne Vegetation ausgezeichnet sind, die vorzüglich bewohnten und angebauten Theile von Neu= südwales bilden und die Verbindung des Innern mit dem Ozean vermitteln.

Die bedeutendsten dieser Küstenebenen sind das Gippsland im Süden der Warragongberge, durch welches der Snowy=River zur Südküste fließt, die Shoalhavenebene am untern Lauf des Flusses dieses Namens und der Jervis=Bai, die kleine, allein durch ihre Fruchtbarkeit ausgezeichnete Küstenebene von Illa= warra, die viel größere und am stärksten von allen bewohnte von Cumberland am untern Hawksbury, der politische Mittelpunkt des ganzen Landes.

Ferner gehören hierher die Ebenen an der Mündung des Hunter, die fruchtbaren Ebenen des Hafens Macquarie mit den Flüssen Manning, Hastings und Maclean, die von Clarence mit dem Thale des gleichnamigen Flusses und die der Moreton-Bai am untern Laufe des Flusses Brisbane.

Gegen Westen dagegen ist die Senkung des Berglandes viel allmählicher, sie bildet eine unvollkommene Stufenbildung, fast das einzige Beispiel der Art, das man in Australien kennt, und die Stufen, welche von den Quellflüssen des Murray= und Darling=Systems im Mittellaufe durchschnitten werden, nehmen westlicher all= mählich die Beschaffenheit des öden Tieflandes an, in welches sie übergehen. An einigen Punkten erheben sich am Anfange dieser Stufen einzelne kurze, von Norden nach Süden sich ausdehnende Bergketten, wie die Berge am Flusse Tumut im Süden des Murumbidschi, die Herveykette südlich vom Macquarie, die Kette Warambangle zwischen den Flüssen Castlereagh und Namoi, die Hardwicke= kette (oder Rundawar) zwischen dem Namoi und Meei.

Australien hat in dem vereinigten Flußgebiet des Murray ein groß= artiges Bewässerungssystem, das einen Vergleich mit denen der alten und neuen Welt wol erlaubt. Gleich dem Amazonenstrom greift es mit Hunderten von Armen und Zweigen in weit entlegene Längen= und Breitengrade und sammelt Wasser von fast gegenüberliegenden Küsten, nämlich alle Gewässer Ost= und Süd= australiens diesseit des Küstengebirges vom 26. bis 36. Grad südl. Br. Es er= streckt sich in seinem Gesammtverlauf über 13 Längengrade, nämlich vom 153. bis 140. Grad östlicher Länge. Zwischen dem 140. und 139. Grad endet dieser Sammelfluß seinen Lauf in wirklich zu bescheidenen Dimensionen, nachdem sein Gebiet vergleichsweise eine Ausdehnung hat, daß man bequem ein Dreieck mit den Begrenzungspunkten Turin, Königsberg und Belgrad damit verdecken könnte. Die Wassermasse, die sich in den ungemein krümmungsreichen Betten dieser Flüsse und Creeks dahinwälzt, ist zu Zeiten enorm, für gewöhnlich jedoch nicht sehr bedeutend, zuweilen monatelang gering.

Die Breite dieser Flüsse ist ebenfalls unbedeutend. So hat das eigentliche Flußbett des untern Murray nur eine Breite, die zwischen 180 und 300 m schwankt, namentlich ist die Breite an seiner Mündung verhältnißmäßig unbedeu= tend; um so merkwürdiger ist es, daß fast alle Flüsse dieses Stromgebietes, in= sonderheit der Murray und der Darling, die Breite des untern Laufes für lange Strecken stromaufwärts beibehalten. Der Darling geht sogar in das andere Extrem über, indem er von seiner Mündung in den Murray bis hinauf nach Fort Bourke beständig an Breite und Tiefe wächst; er ist bei Menindi 180 km, oberhalb der Mündung etwas mehr als halb so breit und weniger tief, als bei Fort Bourke, 240 km in direkter Entfernung von Menindi.

Eine Fahrt auf dem Murray ist in hohem Grade einförmig; eine Reise mit dem Dampfschiff von Goolwa, der Abgangsstation der Dampfer am untern Murray, bis Wentworth, einer kleinen Stadt, die am rechtseitigen Ufer des Dar= ling nahe an der Vereinigung beider Flüsse liegt, gehört zu den langweiligsten Fahrten. Unabsehbare Ebenen breiten sich zu beiden Seiten des Flusses aus, vor= herrschend mit sehr dürftigem Graswuchs ausgestattet, zum Theil baumloses Land, zum Theil offener Eukalyptenwald. Ein sanfter Höhenzug begrenzt das linke Ufer des Murray in seinem untern Lauf etwa eine Tagereise lang. Weiter stromaufwärts unterbrechen zahlreiche, dem Murraythal eigenthümliche Klippenufer die Ebene.

Am Murray.

Was man während dieser ganzen Reise von Goolwa bis Wentworth an menschlichen Wohnstätten und anderen Spuren der Kultur sieht, ist verschwindend wenig. Einzelne Hütten, die Wohnungen von Rinderhirten und Schäfern bilden, selten einzelne bessere, immerhin primitive Holzgebäude (Wohnungen der Besitzer von Rinder- oder Schafstationen), zuweilen eine meilenlange Einzäunung aus ge= spaltenen Bretern und Pfosten, ist fast Alles, was man zu Gesicht bekommt. In der That kann man zur Beurtheilung der Ufergegend und der Landschaft des Murray keinen ungünstigeren Weg einschlagen als die Fahrt auf ihm selbst.

Anders ist die Sache, wenn man den Murray zu Lande bereist, was leicht ausführbar ist, da sich zu beiden Seiten des Flusses (freilich nur sogenannte) Straßen hinziehen, die, obwol sie die zahlreichen kleineren Biegungen abschneiden, doch ein recht übersichtliches Bild des Flusses und seines Uferlandes gewähren. Die Landschaften des Murray sind in großen Zügen angelegt. Bald sind es an= muthige, wellenförmig geschwungene Linien, die bis in unabsehbare Ferne vor uns auf= und niedertauchen und uns tagelang denselben Charakter vorführen, bald kühn gezeichnete Gebirgsstöcke, die, wenigstens was den Eindruck anbelangt, auch mit unseren Gebirgen rivalisiren können, bald unabsehbare Ebenen, deren kreisförmiger Horizont uns tagelang wie der des Oceans umgiebt, und über wel= chen sich nichts erhebt, als das von der Luftspielung erborgte, zitternde und duftige Bild einzelner ferner Bäume oder das ebenfalls maßlos vergrößerte, aber immer sehr täuschende Bild winziger Sträucher. Der Fluß selbst bietet die ganze Strecke entlang, von den hohen Ufern gesehen, fast überall ein impojantes Strombild. Von den erwähnten Uferklippen, über welche sich die Straße oft sehr nahe am Wasser hinzieht, übersieht man weite Strecken des Bettes und des Thales, in welchem sich das Wasser nicht immer auf das erste beschränkt. Ganze Netze von Kanälen und Seen mit stehendem Wasser zeigen sich hier und da und geben der in solchen Gegenden breiten Uferlandschaft ein ungemein reiches und lebensfrisches Ansehen. Namentlich bei nur etwas hohem Wasserstand, wo das niedere, mit dem Flußspiegel fast in gleicher Höhe liegende Uferland stellenweise überschwemmt wird, und lange, palissadenartig stehende Reihen mächtiger Gummibäume von Wasser umspült werden, während der frischgrüne Rücken des höher liegenden Landes in zahlreichen Inselchen sich über das Wasser erhebt, hat man eigenthüm= lich schöne Ansichten, fremdartig für den Europäer sowol in Zeichnung als im Kolorit, lieblich und großartig, da des Menschen Hand in keiner Weise daran sichtbar ist. Ebenso überraschen uns die oft kühnen Biegungen des Stromes, und die Stellen sind nicht selten, wo derselbe fast gerade auf uns zuzukommen und unter dem hohen Ufer unter unseren Füßen zu verschwinden scheint. Kurz man hat bei Befahrung des Stromes gar keine Idee von der mannichfaltigen Scenerie und erhabenen Schönheit, die der Murray und das Murraythal uns vorführen, wenn wir sie von der Höhe aus betrachten. Das Urtheil über den Graswuchs des Ufer= landes und den dürftigen Charakter des Weidelandes in der Nähe des Flusses wird aber dadurch nicht günstiger. Es ist viel Land am Murray trostlos mager, und es giebt Strecken, wo 30 Meilen Uferland kaum für zwei bis drei Schafherden Nahrung geben.

Das Hinterland der großen Flüsse, des Murray, Murrumbidschi und Darling, ist ein in mancher Beziehung merkwürdiges Land.

Der englische Kolonist sucht dieses Hinterland auf jede Weise für Weide nutzbar zu machen. Man würde sich sehr täuschen, wenn man glauben wollte, dasselbe wäre noch zum großen Theil herrenloses Land. Es giebt da nicht einen Acker Landes, der nicht seinen Pächter hätte, wenn auch vorläufig das Land nicht benutzt wird. Alle diese zum großen Theil unbesetzten Weidebezirke sind als solche schon seit Jahren aufgenommen, durch Baum=, Wasser= und andere Marken deutlich abgegrenzt und nach diesen Grenzen in den betreffenden Erlaubniß= scheinen der Regierung beschrieben. Kein Land, außer Australien und Strecken des südamerikanischen Kontinents, bietet so deutlich ein Bild von dem Werthe, den primitives, aller Kultur bares Land dadurch erreichen kann, daß man es auf mehr oder minder rationelle Weise als Weideland nutzbar macht; die Triebfeder aller Kolonisation, die Sucht, zum Wohlstand und zum Reichthum zu gelangen, ist auch hier eine so mächtige, daß nichts Anderes sie in ihrer unaufhaltsamen Thätigkeit ersetzen könnte. Jahrelange Arbeit, jahrelanges Dulden, jahrelange Trennung von Allem, was civilisirtes Leben heißt, schreckt auch den wohlerzogenen Engländer nicht ab, um auf diesem Wege Wohlstand zu suchen, eventuell Reichthum zu finden.

Das Hinterland wird, wie erwähnt, als Reserveweide benutzt, macht aber als solche am Murray und am Darling nicht selten die Hauptweide aus. Wo immer möglich, gräbt und bohrt man Brunnen, legt in allen Mulden, wo sich Regenwasser in großer Menge ansammeln kann, Cisternen aus galvanisirtem Eisenblech an, mit diesen in Verbindung lange Tröge, an denen 500 bis 1000 Schafe zugleich getränkt werden können. Es ist ein hübscher Anblick, eine Herde Schafe des Abends einer solchen Tränke zueilen zu sehen, um von dem unent= behrlichen Lebenselement zu genießen, das ihnen in 24 Stunden nur einmal ver= abreicht wird. Uebrigens gewöhnen sich Schafe, namentlich zur Winterszeit, 2 bis 3 Tage ohne Wasser zu sein, da sie dann wenigstens nasses Futter finden.

Zerstreut über die weite, viele Hunderte von Quadratmeilen umfassende Fläche, liegen die einzelnen Stationen, d. h. ganz einfache Hirtenhäuser von Holz, manchmal nur von Rindenstücken erbaut — im Mittelpunkte eines einzelnen Weidebezirkes. Der Eigenthümer, Squatter genannt, welcher in der Regel mehrere Stationen besitzt, wohnt gewöhnlich im Mittelpunkte seines Besitzthums, auf seiner Home-station. Es ist dies durchschnittlich ein solid aus Steinen auf= geführter, mit einer schönen Veranda gezierter Bau, umgeben von Garten= und natürlichen Parkanlagen. Da residirt er, wie ein Fürst in seinem Lande; seine Unter= thanen, die Schäfer oder Hirten, erwerben ihm mit ihrem Schweiße seine Hundert= tausende. — Eine solche Besitzung, welche zum Theil Eigenthum, zum Theil von der Regierung gepachtet ist, steht in der Regel einem der kleineren deutschen Fürsten= thümer nicht an Größe nach. Besonders die Schäfereibezirke, die den Hauptreich= thum des australischen Gutsbesitzers ausmachen, sind von gewaltiger Ausdehnung. Wo das Land aus offenen und baumlosen Ebenen besteht, werden bisweilen über 1000, ja manchmal bis zu 3000 Schafe einem einzigen Schäfer überlassen, und es giebt Viehzüchter, welche 25,000 Schafe und 3000 Rinder besitzen. Da man für die Ernährung eines Schafes etwa 4 Acker und auf ein Rind etwa 30 Acker Land rechnen muß, so würde dies eine Besitzung von ungefähr 200,000 Acker voraus= setzen, ein Stück Land, etwa noch einmal so groß, als das Gebiet der Stadt Hamburg.

Das Wort Squatter hat mit der Zeit in Australien eine viel vornehmere und gewichtigere Bedeutung bekommen als in Amerika, wo es die ersten Squatter gab. Der amerikanische Squatter war ein Landwirth im bescheidensten Sinne des Wortes, wenig mehr als ein Arbeiter mit einer kleinen Strecke Land, die er für sich baute. Mit seiner Büchse und Axt zog er in die noch unbewohnte Wildniß hinein und siedelte sich auf noch nicht vermessenem Boden an, wo es ihm gerade beliebte. Er baute sich seine Blockhütte und machte ein paar Acker Land urbar, mit keinem größern Rechte, als das Wild hat, das sich dort aufhält, und eben so wenig Steuern und Taxen bezahlend. Wenn sich dann nach vielen Jahren die Grenzen des Staates, in dessen Nähe er sich niedergelassen hatte, ausdehnten und die Land= vermesser seine „Farm" in die Kette ihrer Aufnahmen brachten, packte er ent= weder seine wenigen Habseligkeiten auf ein Pferd und zog „weiter westlich", oder er benutzte das Vorkaufsrecht (preemption right), das ihm die Gesetze des Staates zuerkennen, und kaufte mit 1 1/4 Dollar pro Acker so wenig oder viel von dem Lande, auf dem er als Squatter Besitz genommen, als er brauchte. Die größten Vortheile bietet ein solches System, wie sich leicht denken läßt, besonders dem unbemittelten Ansiedler, und in früheren Zeiten war es in Australien, wenn nicht ebenso, so doch ähnlich. Die Regierung würde auch leicht haben zusehen können, da sich die Herden und dadurch auch der Wohlstand der Kolonie auf solche Weise rasch vermehrt haben würden. Aber der Beibehaltung dieser Einrichtung stand ein sehr großes Hinderniß im Wege; es gab in Australien nämlich zu viel solche Leute, denen es besonders zusagte, an den äußersten Grenzen der Civilisation zu leben.

Die Verhältnisse in Amerika waren eben ganz anderer Art, und der Schutz, welchen der amerikanische Farmer in jenen uncivilisirten Distrikten ausübt, um sein Gebiet von nichtsnutzigem Gesindel frei zu halten oder dieses unschädlich zu machen, konnte nicht in Australien einer Bevölkerung anvertraut werden, die zum allergrößten Theile aus entlassenen oder noch nicht einmal entlassenen Sträflingen bestand, und die sich fast nie mit dem soliden Geschäfte des Landbaues, sondern beinahe ausschließlich mit der ihren Launen und wilden Sitten freien Spielraum lassenden Viehzucht beschäftigten.

Das Anfangs befolgte System des Landverschenkens wurde, wie sich denken läßt, arg mißbraucht, und die Regierung versuchte nach und nach die verschiedensten Wege, die Kronländereien besser und nützlicher zu verwerthen, bis man endlich dazu gelangte, einen Landschatz zu bilden. Dieser, aus dem Ertrage der ver= kauften Ländereien geschaffen, sollte dazu dienen, erstlich freie und unbescholtene Arbeiter aus Großbritannien oder aus anderen Staaten herüber zu schaffen, so= dann aber auch, um eine Grenzpolizei zu errichten und überhaupt das Land selber zu verbessern.

Man würde ein Unrecht begehen, wollte man die mannichfachen wohlthätigen Folgen dieses Systemes des Landverkaufes in Abrede stellen; ist es doch wesentlich ihm zuzuschreiben, daß die Bevölkerung sich innerhalb zwanzig Jahren, von 1831 bis 1850, dem Jahre vor der Entdeckung der Goldfelder, mehr als verfünffacht hatte. Allein bei den sonstigen eigenthümlichen Verhältnissen dieser Kolonien hat auch dieses System im Laufe der Zeit einen Entwicklungsgang genommen, der nothwendig zu einer Krisis führen mußte und in Neusüdwales mit dem Sturze der lang beschdeten, privilegirten und privilegiensüchtigen Squatter-Aristokratie endete.

Kurz nach der Goldentdeckung schien das damals alles Uebrige beherrschende Interesse der großen Wollproduzenten einer schweren Krisis entgegen zu gehen. Die Arbeitslöhne stiegen ins Ungemessene, zu Tausenden strömten die Leute nach den Goldfeldern; die Squatter, die keine Schäfer mehr bekommen konnten, schlugen die Hände über dem Kopfe zusammen und glaubten das Ende der Welt gekommen. Es gab deren, welche dem Gouverneur in vollem Ernste riethen, das Standrecht zu proklamiren und alles Goldgraben vollständig zu verbieten.

Obwol zu diesem Auskunftsmittel nicht geschritten wurde, verwirklichten sich die Befürchtungen Derer nicht, welche darin noch die einzige Rettung für ihre Interessen erblickten. Im Gegentheil, eine Zurückstauung des fortwährend nach den Goldfeldern flutenden Stromes der Bevölkerung trat ein, und enttäuschte Goldgräber waren bald zu sehr billigen Löhnen als Schäfer zu haben. Der außerordentlich vermehrte Fleischverbrauch steigerte den Werth der Herden; Squatter in der Nähe der Goldfelder hatten den lohnendsten Absatz; die Stationen, kurz vorher entwerthet, stiegen auf eine ungekannte Höhe des Preises, der Schrecken verkehrte sich in das Gegentheil, die Squatter machten glänzende Geschäfte und waren voller Vertrauen.

Wie vorher die Befürchtungen, so war jetzt das Vertrauen übel begründet. In Wahrheit bereitete sich eine Entwicklung der Dinge vor, welche die bisher allmächtige Stellung der Squatter und ihre Interessen schlimmer als eine vorübergehende Krisis bedrohte, und deren Grundursache ganz allein in der Landfrage gesucht werden muß. Es ist deshalb zur Beurtheilung dieser Verhältnisse wichtig, in Kürze die damaligen gesetzlichen Bestimmungen über Landverkauf oder Pacht genauer kennen zu lernen. Für 16,000 Acker (etwa eine geographische Quadratmeile) zahlte man 10 Pfund Sterling, also etwa 200 Mk., Pacht an die Regierung. Kleinere Strecken zu pachten, war nicht gestattet, und da das erwähnte Gebiet als eine genügende Weide für 4000 Stück Schafe oder 500 Stück Rindvieh galt, so erreichten die kleinsten Besitzungen doch fast immer diese Höhe. Für andere Kolonisten war es sehr schwer, auf solchen verpachteten Territorien Land zu erwerben, denn einmal durfte kein Land unter 1 Pfund Sterling verkauft werden, ein Preis, der sowol die Mittel des kleinen Ansiedlers, als den wahren Werth des Landes weit überstieg, und dann hatte der Squatter für das von ihm gepachtete Land immer das Vorkaufsrecht; endlich aber konnte er sich vor der eben so gehaßten als gefürchteten Möglichkeit des Ankaufs kleiner Ansiedler auf seiner Station dadurch schützen, daß er alle wasserhaltigen Strecken seines Gebietes kaufte, wodurch dann der Rest für Jeden außer ihm werthlos wurde.

Auf Grund dieser eigenthümlichen Bestimmungen hatte sich die Wollproduktion Australiens zu einer ungeheuren Höhe erhoben, und die Squatter waren die einflußreichsten Männer des Landes. Dennoch vermochten sie den allmählich sich vorbereitenden Umschwung der Verhältnisse nicht aufzuhalten. Die Squatter hatten freilich gesagt, das Land solle wesentlich nur für die Zwecke der Viehzucht geeignet sein, und eine Gegenprobe als gefährlich und unstatthaft erklärt. Nach ihrem Dafürhalten brauchten eigentlich nur Schäfer einzuwandern, Leute wo möglich, die unverheirathet, in dem rohesten Buschleben ein stumpfsinniges Genügen fanden, von Zeit zu Zeit ihre Ersparnisse vertranken und, ohne einen Trieb, vorwärts zu kommen, auf diese Weise jahrein jahraus ein brutales Leben weiter führten. Sicherlich war die Aussicht, Australien zu einer großen Schafweide zu machen und es auf der untersten Stufe menschlicher Gesittung, der des Schäferlebens, zu halten, keine sehr glänzende; aber vor der Größe der Interessen, welche sich an die Schafzucht knüpften, vor den Reichthümern und dem Einflusse der schafzüchtenden Aristokratie des Landes verstummte jeder Protest, bis sich allmählich mit der Vermehrung der städtischen Bevölkerung die Gewerbthätigkeit entwickelte und man anfing einzusehen, daß die Schafzucht in Australien nicht nothwendig zu Grunde gehen müsse, wenn ein paar Millionen Ackerbauer oder Gewerbtreibende in dem ungeheuer großen Lande wohnten. Dennoch dauerte es bis 1861 und 1862, ehe in den verschiedenen Kolonien die früheren Bestimmungen außer Kraft gesetzt wurden und andere Prinzipien zur Anwendung gelangten. Danach soll die Pachtzeit für neue Landkonzessionen 15 Jahre und für ältere nur noch 5 Jahre Geltung haben; der Pachtzins soll, dem Werthe des Landes entsprechend, nach den ersten fünf Jahren steigen. Das Vorkaufsrecht für den ganzen Komplex verbleibt den Squattern, aber die Regierung ihrerseits hat das Recht, alle für den Ackerbau tauglichen Ländereien zu verkaufen, ohne daß für diese allein dem Pächter ein Vorkaufsrecht zuständе. Um aber den reichen Gutsbesitzern die Möglichkeit abzuschneiden, kleinere Landeigenthümer auszukaufen und den Grundbesitz in ihrer Hand zu vereinigen, wurde bestimmt, daß die Landerwerbungen jedes Einzelnen jährlich nur eine gewisse Höhe erreichen dürfen. Diese oder ähnliche Bestimmungen gelten in Neusüdwales, Queensland, Viktoria und Südaustralien; — Westaustralien ist vor der Hand noch bei seinen älteren Bestimmungen über Landverkauf geblieben.

Es ist hiernach klar, daß die Bedingungen, unter welchen man Weideland in Australien benutzen darf, überaus günstig sind. Dennoch giebt es eine Art wilde Squatter im Lande, d. h. solche, die mit ihrer Herde, ohne irgendwo eine feste Station zu haben, bald da, bald dort umherziehen und einen Platz gewöhnlich erst dann verlassen, wenn die Thiere kein Futter oder kein Wasser mehr finden können, um ihr Glück an einem andern Platze in der Umgegend zu versuchen.

Der Zuzug der Arbeiterbevölkerung in verschiedenen Kolonien hatte schon im November 1866 dahin geführt, daß eine große Zahl von Bau- und Eisenarbeitern in Sydney eine Adresse an ihre Handwerksgenossen in England richtete, worin sie dieselben vor der Auswanderung nach Australien warnten. Als Grund zu dieser Warnung wurde angegeben, daß auf Jahre hinaus der Arbeitsmarkt überfüllt sei. Dieser Ueberfluß von Arbeitern auf der einen Seite war indessen doch nicht im Stande, den Mangel an solchen für andere Beschäftigungsarten auszugleichen, da Maurer und Zimmerleute sich doch nur im äußersten Nothfalle entschlossen, in den Busch zu gehen, um Schafscheerer oder dergleichen zu werden. —

Auslösungsanstalt zur Fahhgewinnung aus Schafen (mittels Dampf).

Besonders hielt es den Squattern schwer, Schäfer zu bekommen, und hauptsächlich auf solche war es abgesehen, wenn Agenten in den deutschen Gauen umherzogen und armen jungen Landleuten oder Arbeitern „freie Ueberfahrt" nach Australien versprachen, unter der sehr unschuldig aussehenden Bedingung, daß der Mann gegen einen gewissen und oftmals guten Lohn mit „freier Kost und Wohnung" für ein oder zwei Jahre als Schäfer in Dienst trete. Die Herren Agenten und ihre Auftraggeber machten dabei ein sehr gutes Geschäft, denn sie behielten in der Regel die Prämie, in Queensland 18 Pfund Sterling (360 Mk.) auf welche jedem in Australien landenden Arbeiter ein Recht zustand und die sie sich hatten cediren lassen, als Reinertrag übrig, da die Arbeitgeber die Ueberfahrtskosten bezahlten und sie dem Arbeiter allmählich abzogen, es überhaupt später so einzurichten wußten, daß der arme Mensch nicht in den ersten paar Jahren loskonnte.

Wie das zu machen, ist unschwer einzusehen; der Herr lieferte seinen Leuten außer den Lebensmitteln auch die Kleider, den Tabak und den Rum, da der Schäfer ja manchmal monatelang nicht von der Station abkommen kann, und damit hatte er begreiflicherweise ein Mittel in Händen, seine Arbeitsleute so lange in seiner Gewalt zu behalten, als es ihm gefiel. Diese Art der Arbeiter=werbung für Australien hat seit einigen Jahren aufgehört, die Regel war überdies auch nicht ohne Ausnahmen, und es haben z. B. nützliche Hand=werker und andere brauchbare, fleißige, nüchterne und bescheidene Menschen, die auf diese Weise frei nach den Kolonien gekommen sind, dort ihr sehr gutes Auskommen gefunden.

Das Schäferleben ist in Australien eben so wenig schwer oder aufregend wie in Europa; des Tages über kann der Hirte seiner Herde nachschleichen oder unter einem Baume des süßen Nichtsthuns pflegen, die Hunde halten die Herde schon in Ordnung. Des Abends werden die Schafe einer Herde in einer aus tragbaren Verzäunungen errichteten Hürde eingepfercht, welche sein Genosse, der die einfachen Mahlzeiten, bestehend aus Brot, Fleisch und Thee, für ihn zu besorgen hat, aufstellte. Der Schäfer schläft in seinem Holz= oder Rindenhause, und der Hüttenwächter bringt die Nächte in seiner auf Rädern ruhenden Hütte bei der Herde zu. Schafhüten ist also eine leichte Arbeit, die gleich nach dem Müßiggang kommt. Der Arbeitslohn ist hoch und gewährt die Möglichkeit, nach einigen Jahren auf dem eigenen Grundbesitz zu stehen. Dennoch ist das Schaf=hüten im sonnigen Busche in Australien für ein Geschöpf, welches denkt, ein verzweifelter Lebenslauf. Das Jahr hat auch in Australien seine 365 Tage, und jeden Tag treibt der Hirte seine Herde in demselben Reviere, sieht die nämlichen Baumwipfel, die nämliche Weide, das nämliche Wasser und die näm=lichen Thiere. Sein einziger treuer Begleiter während des Tages ist sein Hund. In meilenweiter Entfernung, vielleicht eine Tagereise von diesem Reviere, ist ein anderes, und dort wohnt wieder ein Schäfer. In seltenen Fällen sind zwei Personen, zuweilen Mann und Frau, auf derselben Station beschäftigt. Unter allen Umständen hat ein australischer Schäfer einen richtigen Vorgeschmack von dem pennsylvanischen Zellensystem, und zu viel Verstand darf er nicht mitbringen, sonst verliert er ihn ganz. Die Hauptbeschäftigung der australischen Schafhirten besteht im Maultrommel= oder Harmonikaspielen. Eine große Menge dieser Instrumente wird jährlich nach Australien gebracht, und ein Schäfer soll einst 200 englische Meilen weit marschirt sein, um sich im nächsten Städtchen solch ein unentbehrliches Instrument kaufen zu können.

Neben den Erwähnungen dieser Schattenseiten der Schafzüchterei möge ein kurzer Hinweis auf die Bedeutung der Wollproduktion Australiens für den ganzen Welthandel Platz finden. Seit dem Jahre 1848 lieferte nämlich Australien ganz allein 40 Prozent, in manchen Jahrgängen sogar 50 Prozent der gesammten Wolleinfuhr Englands — d. h. aus allen Kolonien zusammen jährlich wenigstens eine Viertelmillion Ballen.

Die bedeutendsten Verdienste um die australische Schafzucht hat sich Kapitän John M'Arthur erworben. Es war ihm gelungen, im Jahre 1797 vom Kap der guten Hoffnung einige spanische Merinoschafe zu erhalten, und darauf grün= dete er ein neues Zuchtverfahren. Und als sich 1804 eine neue Gelegenheit bot, echte Merinoschafe in England zu bekommen, machte er deshalb die beschwerliche Reise und kaufte nochmals einen Stock dieser Thiere. Durch sorgfältig ausge= führte viermalige Kreuzung dieser echten Merino mit den von Bengalen einge= führten Mutterschafen und ihren Nachkommen erhielt er endlich eine vollendet schöne und reine Rasse, die eine so feine Wolle lieferte, daß ein Unterschied zwischen ihr und der echten Merinowolle nicht mehr zu erkennen war. Anfangs verspottet wegen seiner Schafzucht, hatte M'Arthur die Genugthuung, sein Verfahren später von allen Schafzüchtern in Neusüdwales nachgeahmt zu sehen, und zwar so, daß jetzt über ganz Australien fast nur Merinoschafe verbreitet sind. M'Arthur hatte, nachdem seine Züchtung bis zu der gewünschten Feinheit der Rasse gebracht war, etwa 4000 Schafe. Damals berechnete er, daß sich ihre Zahl nach 2½ Jahren jedesmal verdoppeln müsse, und daß er, wenn dies so fortginge, schon nach 20 Jahren eben so viele Wolle gewinnen müsse, als von Spanien und den übrigen Ländern jährlich in England eingeführt wurde. Im Jahre 1810 wurde die erste australische Wolle verschifft: ein halber Ballen oder 1½ Centner: fünf Jahre später waren es 244 Ballen: im Jahre 1830 gingen aus Neusüdwales 3000 und aus Tasmanien 3000 Ballen ab, und 1840 aus der ersteren Kolonie schon 20,000 aus der letzteren 8000 Ballen. In diesem Jahre be= gannen dann auch die Wollsendungen von Victoria, Süd= und Westaustralien, und seitdem schwollen die Zahlen für die Wollausfuhr mit jedem Jahre mächtiger an. Im Jahre 1862 wurden 200,000 Ballen oder 600,000 Centner Wolle aus den australischen Häfen nach England verschifft. Unter den verschiedenen Sorten wird insbesondere die Schönheit der von Tasmanien kommenden Wolle gerühmt. Auch in den neuesten, von Queensland aus unternommenen Ansiedelungen am Carpentariagolfe soll eine ganz vorzüglich feine, weiche und lange Wolle gewonnen werden.

Der Preis der australischen Wolle in England hatte sich früher für Mel= bournewolle auf 1 Schilling 8 Pence bis 3 Schillinge (1 Mark 67 Pf. bis 3 Mark) das englische Pfund oder 183 bis 330 Mark der Centner gestellt; für Sydney und Queensland wurden bei guter Wäsche 1 Schilling 7 Pence bis 2 Schillinge 5 Pence (1 Mark 60 bis 2 Mark 40 Pf.) für das Pfund, also 174 bis 276 Mark für den Centner gelöst. Die west= und südaustralischen Sorten waren stets etwas geringer. Die Wolle von Tasmanien aber stand schon lange mit der feinsten deut= schen Wolle auf gleicher Stufe. Diese beste und theuerste Wolle, „deutsche Super=Electoral", berechnet sich in England auf 3 Schillinge 9 Pence bis 5 Schillinge 6 Pence (3 Mark 75 bis 5 Mark 50 Pf.) das englische Pfund. Man ersieht aus diesen Zahlen einerseits, welche ungeheueren Kapitalien die Wollproduk= tion jährlich nach Australien führen muß, andererseits aber auch, welche Gefahr der australischen Schafzucht bei einem etwaigen Aufblühen der Wollproduktion in anderen Ländern droht. Es scheint in der That, als wenn durch die immer größere Dimensionen annehmende Produktion von Wolle in Peru, Ostindien, am Kap der guten Hoffnung, vorzugsweise aber in Südrußland, die von den austra= lischen Schafzüchtern schon lange gefürchtete Konkurrenz angefangen habe, sich be= merklich zu machen. In den letzten Jahren ist nämlich der Preis der austra= lischen Wolle merklich zurückgegangen, für manche Sorten um 5 Pence (40 Pf.) das Pfund. Es ist leicht einzusehen, welchen Ausfall dies in den Einnahmen vieler Squatter machen muß, die Hunderttausende von Pfunden jährlich auf den Markt bringen. —

Neben der Schafzucht wird aber auch in großartigem Maßstabe Rindvieh= und Pferdezucht getrieben. Da ist nun die Stationseinrichtung etwas anders; in der Regel besteht für eine ganze Viehzüchterei dieser Art nur eine einzige Station, auf welcher mehrere Aufseher beschäftigt sind, und es existirt auch eigent= lich nur eine einzige Herde, oder vielmehr: Pferde und Fohlen, Stiere, Kühe und Rinder, Alles läuft, wie es ihm gefällt, manchmal monatelang draußen im Busche herum, vollständig unbewacht. Gegen die wilden Hunde können sich diese Thiere selbst schützen, und wenn die Eingeborenen oder die Bushranger einmal ein Rind holen, oder einer dieser Diebe sich auf einem Reitpferde davonmacht, das er nicht gekauft hat, so ist das eben nicht zu ändern.

Bei der Rindviehzucht rechnet man auf die Häute, die Hörner und das Fett. Große Auskochanstalten, in neuester Zeit mit Dampf betrieben, sind in fast allen Weidedistriften eingerichtet, um das Fett auf die einfachste und rascheste Weise zu gewinnen. Das Vieh wird geschossen oder in der Viehbucht zusammenge= schlagen, abgestreift, geviertheilt, in Stücke gehauen und darauf in große eiserne Kessel geworfen, welche 16 bis 24 Ochsen oder dreimal so viel Schafe auf einmal fassen. In diesen wird der Talg ausgekocht, abgeschöpft und in Fässer gefüllt, welche nachher nach England verschickt werden. Auch Häute und Hörner gehen denselben Weg.

Das Geschäft eines Rindviehzüchters ist gleichfalls ein durchaus lohnendes, wenn keine Mißjahre, d. h. Dürren, oder Krankheiten unter dem Vieh dazwischen kommen, wo dann der junge Nachwuchs mit dem alten Vieh gleichzeitig und massenhaft geschlachtet und der Auskocherei überantwortet werden muß.

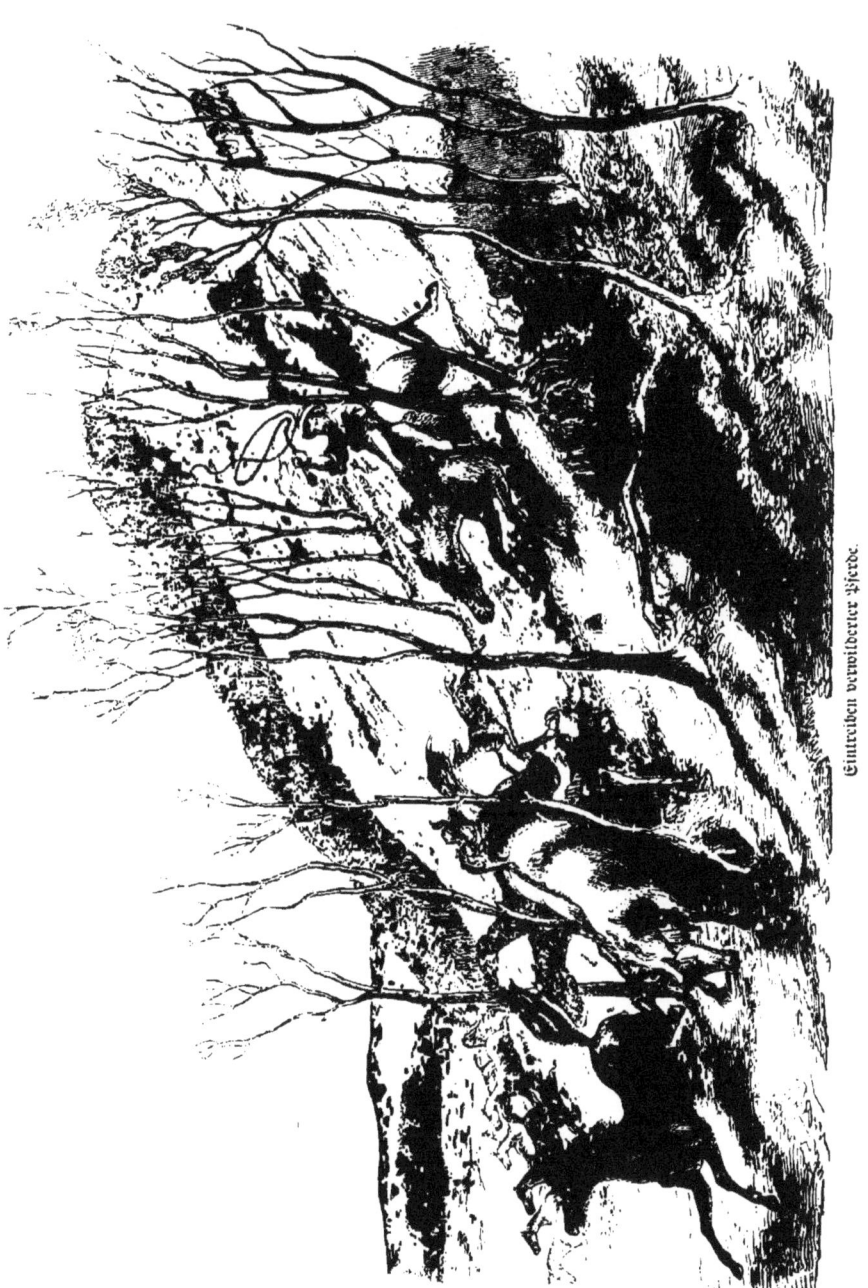

Eintreiben verwilderter Pferde.

Schlimmer noch ergeht es in einem solchen Falle den Pferdezüchtern. Wenn die Trockenheit eines Sommers zunimmt und der Graswuchs aufhört, so bleibt ihm nichts übrig, als die Pferde herdenweise zur Versteigerung nach Sydney oder Melbourne zu bringen, wo sie mit 1 bis 10 Pfund Sterling das Stück verkauft und nach Indien oder Neuseeland verschifft werden. Häufiger aber überläßt man die Pferde während eines solchen Nothstandes vollständig ihrem Schicksale. Ist aber der Sommer gut, so daß die Thiere Futter und Wasser genug finden können, so gewährt es einen prachtvollen Anblick, einen Trupp Pferde, die zum Verkaufe bestimmt sind oder zugeritten werden sollen, von der Weide in die Station eintreiben zu sehen. Zwei oder drei Stockmen (Aufseher über die Rinder und Pferde) reiten mit Tagesanbruch aus, um die Thiere weit draußen im Busche auf ihren Lieblingsplätzen aufzusuchen. Gegen Mittag hört man das furchtbare Knallen der kurzgestielten Peitschen, lautes Hallo und ein Stampfen, das die Erde erdröhnen macht. Eine halbe Stunde später kommen die Thiere mit Sturmeseile und schnaubend vor Hitze an, und wenige Minuten später sind sie eingeschlossen in der großen, von 2½ bis 3 m hohen Zäunen umgebenen „Viehbucht". Mit der „Erziehung" der Pferde werden wenig Umstände gemacht. Die Thiere, welche zugeritten werden sollen, müssen zunächst mit Schlingen in der Viehbucht gefangen und aus derselben herausgezogen werden, wobei sie sich, wie sich denken läßt, äußerst wild geberden, um sich schlagen, beißen und alles Unheil anrichten, das sie im Stande sind zu verüben, bis es gelingt, ihnen die Fesseln anzulegen, starke Stricke, mit welchen die Vorderfüße derart gebunden werden, daß die Thiere nicht am Gehen, wol aber am Springen gehindert sind. Jedes Pferd einzeln ordentlich einzureiten, dazu fehlt in Australien die Zeit; man begnügt sich damit, die Thiere „einzubrechen", wie der technische Ausdruck heißt, und die Lehrmeister gehen mit ihren Zöglingen barbarisch genug um. Dennoch giebt es viele gute Reitpferde in Australien, und es ist eine sehr beträchtliche Spekulation mit solchen nach Indien gerichtet, wo diese muthigen und zum Ertragen der härtesten Strapazen geeigneten Thiere für die Kavallerie besonders gesucht sind. Der Eigenthümer, der seine Thiere dahin verschifft, zahlt gewöhnlich 25 Pfund Sterling Passagegeld für jedes Stück, das sicher und gesund im indischen Hafen gelandet wird; er verkauft sie für 50 bis 80 Pfund Sterling das Stück. Wie leicht einzusehen, ist dies ein sehr riskantes Geschäft, aber es kann viel Geld dabei verdient werden. Seit der Entdeckung der Goldminen hat indessen auch der Bedarf an Pferden im Lande selbst bedeutend zugenommen.

Der Stockman verachtet den Schäfer und dessen Beschäftigung, weil er meint, daß es nichts Männliches sei, den ganzen Tag hinter den Schafen herzuschleichen. Der Stockman lebt zu Pferde und nimmt sich natürlich das beste aus der ihm untergebenen Herde. Er hat ein solches auch in der That nöthig, denn dieses muß nicht allein im Stande sein, über eine Umzäunung wegzusetzen, sondern nicht selten auch den Hörnern eines wilden Stieres Trotz zu bieten. Unsere Kunstreiter würden höchlich erstaunen, wenn sie den australischen Buschmann reiten sähen, der ihnen in vielen Reiterkünsten weit überlegen ist. Umgestürzte Bäume und weite Klüfte müssen übersprungen werden, und der Reiter kümmert sich in der That durchaus nicht um die Gefahren unter seinen Füßen; diese zu vermeiden ist Sache des Pferdes. Der Reiter hat nur für seinen Kopf zu sorgen und hat damit vollauf zu thun, denn wenn er durch einen nicht sehr hochstämmigen Wald reitet, so läuft er jeden Augenblick Gefahr, mit hervorragenden Aesten in sehr unsanfte Berührung zu kommen. Die „Viehjagden", welche der Musterung und des Brennens wegen jährlich mehrmals angestellt werden müssen, sind sehr beschwerlich und oft sogar für Reiter und Pferd gefährlich, wenn nämlich das wie auf einer Parforcejagd gehetzte Vieh sich plötzlich umwendet und gegen den Reiter kehrt. Dann ist schleunige Flucht sein einziges Rettungsmittel, wenn er es nicht riskiren will, auf den Hörnern eines Bullochsen getragen oder an einen Baum geschleudert zu werden.

Die Musterung des Rindviehes wird in der Regel unter Betheiligung der Nachbarn des Squatters vorgenommen. Nachdem die nöthigen Verabredungen getroffen, alle mitwirkenden Personen, Herren wie Knechte, ordentlich beritten gemacht und mit ihren Stockpeitschen versehen sind, beginnt die Jagd. Bald schallt es allerorten und Enden im weiten Walde wider von dem Knallen der gefürchteten Peitsche, mit welcher, wenn sie von geübter Hand geführt wird, ganze Streifen Fell von den Rippen der Ochsen oder Kühe heruntergeschlagen werden können. Die aufgeschreckten Thiere, besonders die alten, die aus Erfahrung wissen, was nun vorgeht, eilen zu ihrem gewöhnlichen Lagerplatze; der Stockman, hinter ihnen her, führt und treibt sie dem im voraus bestimmten Versammlungsorte zu. So wird von allen Seiten her gejagt und getrieben, bis das Vieh der ganzen Station zusammengebracht ist, und die Reise nach der Viehbucht beginnt. Ringsum knallen die Peitschen, die Reiter schreien und toben, die Hunde bellen, und das brüllende Vieh wird vorwärts gedrängt über die Höhen, an steilen Abhängen hinunter, durch enge Schluchten oder über die weite Ebene. Der ganze wilde Zug wird auf beiden Seiten von den Treibern eingeschlossen und in der gewünschten Richtung erhalten, obschon manchmal ganze Wolken von Staub die Thiere den Blicken ihrer Wächter verbergen. Hier oder da gerathen zwei wüthende Bullen an einander, sie müssen mit gewaltigen Peitschenhieben wieder aus einander gebracht werden; ein andermal will eine Kuh ausbrechen, um ihr verirrtes Kalb, das sie weiter hinten blöken hört, zu suchen; die Pferde der Reiter aber wiehern vor toller Lust, denn auch sie sind, wie die Männer, mit einer wahren Leidenschaft auf diese Jagd versessen. Die Viehbucht kommt in Sicht. Fast jedesmal versuchen hier die Thiere, welche sich der an diesem Orte erlittenen Qual sehr wohl erinnern, auszubrechen, und nun zeigt sich die ganze Geschicklichkeit und Beweglichkeit der klugen Pferde, die selbst auf jede verdächtige Bewegung des abgehetzten Viehes Acht geben, bis dasselbe sich endlich, von Staub bedeckt, in der Umzäunung befindet.

Das Brennen des Viehes ist in der That eine grausame Operation. Das Thier wird in Schlingen gefangen, niedergeworfen und so fest geknebelt, daß es sich nicht bewegen kann. Darauf wird ein rothglühend gemachtes Eisen, mit dem Zeichen des Eigenthümers versehen, so lange auf die Haut des Thieres gehalten, bis der Brand durch dieselbe hindurchgegangen ist. Die Wunde vernarbt später, läßt aber bis in das höchste Alter des Thieres ein leserliches Brandmal zurück.

An jede Musterung reiht sich in der Regel ein anderes Geschäft, nämlich dasjenige, die zum Verkauf oder zum Abschlachten und Einkochen bestimmten

Thiere aufzusuchen. Diese werden in eine besondere Umzäunung gebracht, die übrigen wieder freigelassen. Mit Windeseile zerstreuen sich die Thiere nach allen Richtungen des Waldes, um ihre alten Plätze wieder aufzusuchen. Die zum Verkaufen eingefangenen oder zum Einkochen verurtheilten werden alsbald unter der Obhut der erforderlichen Zahl von Viehtreibern zum Markte oder zur Einkocherei geführt. Auch bei diesem Viehtrieb, der manchmal auf viele Meilen weite Entfernungen unternommen werden muß, fehlt es nicht an mannichfachen Aufregungen. Bald verirrt sich ein Theil der Thiere in dem schluchtenreichen Lande oder in der Wildniß des Busches, bald verliert sich die Herde über Nacht auf der weiten Ebene, bald wieder entsteht eine grenzenlose Verwirrung beim Durchschwimmen eines Baches oder Flusses. Zu Alledem gesellt sich die Sorge, ob an den einzelnen Halteplätzen für die Nacht auch Wasser und Futter in hinreichender Menge vorhanden sein wird, ob nicht ein Steppenbrand ungeahntes Unheil verbreitet hat ec.; kurzum, die Beschäftigung des Stockman scheint Abwechselung im Ueberfluß zu bieten, wenigstens mehr als die des Schäfers; indessen es scheint auch nur so. Im Grunde genommen ist die eine so langweilig wie die andere, und das dadurch bedingte einförmige Leben erklärt auch wol, wenigstens zum Theil, die wilde Lebensweise der meisten Buscharbeiter, wenn sie einmal aus ihrer Alltäglichkeit herauskommen. — Außerdem ist es eine traurige Wahrheit, daß die meisten Kranken in den Irrenanstalten der australischen Städte Hirten sind.

Alle australischen Squatter, gleichviel ob Rindvieh-, Pferde- oder Schafzüchter, müssen auf Schicksalsschläge gefaßt sein; gar mancher reiche Mann war schon genöthigt, wieder klein anzufangen, und wer all sein Hab und Gut auf eine Herde gründet, kann das nur als ein Glücksspiel betrachten. Ein oder zwei trockene Jahre oder Ueberschwemmungen und er ist zu Grunde gerichtet, da, weil kein Winter zur Aufbewahrung von Futter nöthigt, Alles, Wohl und Wehe der Weidegründe und der Herden, einzig von Dem abhängt, was jährlich wächst. Freilich bleibt dem Schafzüchter im Fall einer etwa eintretenden Dürre auch noch das Auskunftsmittel der Auskocherei, aber es ist ein verzweifeltes, und die in Talg verwandelte Schafherde rettet nicht den vierten Theil ihres Werthes. Und dennoch ist es schwer einzusehen, in welch großem Maßstabe von diesem Rettungsmittel Gebrauch gemacht wird, wenn man erfährt, daß 1846 in Neusüdwales etwa 50,000 Schafe und 10,000 Rinder, 1849 aber schon über 700,000 Schafe und an 50,000 Rinder ausgekocht wurden, welche 160,000 Centner Talg lieferten. Die Zahl der Thiere endlich, welche während der großen Dürre des australischen Sommers vom Jahre 1868 verunglückten oder der Auskocherei überantwortet wurden, muß weit mehr als eine Million betragen haben.

Allerdings gewinnt es den Anschein, als sei die zuletzt erwähnte Dürre selbst in den Annalen Australiens eine ganz beispiellose gewesen, nicht sowol wegen ihrer langen Dauer, als vielmehr wegen ihrer gewaltigen Ausdehnung und der kolossalen, durch dieselbe veranlaßten Verluste. Die Dürre erstreckte sich nämlich über das ganze Ländergebiet von Viktoria, Neusüdwales und Queensland, und die Temperatur der Luft erhielt sich wochenlang auf einer auch in Australien ungeahnten Höhe. Gegen Ende Dezember wehte in Melbourne „eine Luft, wie aus einem Glühofen", das Thermometer zeigte 35° R. im Schatten und 53½° R. in der Sonne. Blumen und Sträucher waren förmlich wie geröstet, viele Vögel fielen todt nieder; zu Echuca wurden Bienen durch die Hitze getödtet und die Wachs- und Honigwaben in den Stöcken schmolzen zu unförmlichen Klumpen zusammen; Buschfeuer endlich, die bei der starken Hitze nie fehlen, richteten arge Verwüstungen an; aber am schlimmsten stand es um die Herden im Innern des Landes. Hier hatte es monatelang gar nicht geregnet, während an der Küste von Neusüdwales und Victoria doch wenigstens noch von Zeit zu Zeit etwas Regen gefallen war, so daß die Verluste, wenn sie auch nicht ganz ausblieben, doch nicht eine so entsetzliche Höhe erreichten, wie in denjenigen Gegenden, welche in Bezug auf ihren Wasserbedarf einzig und allein auf die Zuflüsse des Murray angewiesen sind. Dort übernam die Viehzüchter wirklich eine Art Verzweiflung. Am Murrumbidschi veranstalteten sie förmliche Roßjagden und tödteten diese Thiere zu Tausenden, um durch die Verminderung derselben dem Rindvieh und den Schafen noch einen Rest von Futter auf der Weide und Wasser auf den Tränkplätzen zu retten. Ein einziger Squatter im Wagga-Wagga-Distrikt erlegte mehr als 1500 Pferde; Andere hatten 600 bis 700 getödtet. Darauf legten die Squatter Umzäunungen an den Tränken an, um das Wasser derselben für den Stock der Herde, der, wenn möglich, erhalten werden sollte, zu sichern, und Hunderte der aufgegebenen durstenden Thiere rannten nachher außerhalb der Barrièren, im Angesichte des Wassers, das sie nicht erreichen konnten, verzweiflungsvoll auf und nieder, bis sie am Ende der Erschöpfung und dem Durste erlagen.

Das ganze Land aber war „wie verbrannt". Von den Flußläufen war fast nichts mehr übrig geblieben. Längst schon waren sie unterbrochen und in eine Reihe von Teichen oder Wasserlöchern zusammengeschrumpft. Aber auch die seichteren dieser Wasserlöcher waren durch die Glut der Sonne vertrocknet, und das Wasser der tieferen Teiche, an denen sich Alles, Pferde und Rindvieh, Schafe und Känguru, zusammendrängte, war in Schlamm verwandelt worden. Viele solche Teiche waren aber außerdem noch mit Thierleichen angefüllt, also geradezu vergiftet, und so kam es, daß z. B. in einem einzigen Bezirke mehr als 30,000 Schafe umkamen. Die Thiere konnten nicht einmal mehr nach der Auskocherei transportirt werden.

An Vorsorge für derartige schlimme Zeiten ist allerdings schon gedacht worden, aber es ist bis jetzt noch wenig in dieser Beziehung geschehen, obwol es in vielen Theilen des Landes gar nicht so schwierig sein würde, z. B. durch Abdämmen von Schluchten und engen Seitenthälern große Wasserbehälter herzustellen, deren Inhalt, während der Regenzeit aufgesammelt, in Zeiten des Mangels eine Menge von Geschöpfen am Leben erhalten könnte. Der australische Viehzüchter verläßt sich eben immer noch auf das gute Glück, das ihn in einer verhältnißmäßig kurzen Reihe von Jahren zu einem reichen Manne macht, insbesondere wenn er so viele Thiere auf die Weide gehen läßt, als nur in guten Zeiten sich dort nähren können. Bricht dann unversehens ein Unglück herein, so tröstet er sich mit dem Gedanken, den Ueberfluß in der Auskocherei verwerthen zu können. Daß alles Wasser weit und breit vertrocknen und die ganze Herde zu Grunde gehen könne, eine solche Befürchtung steigt kaum in ihm auf, obschon der warnenden Exempel schon viele vorgekommen sind.

Das bei dem Auskochen übrig bleibende Fleisch — im Jahre 1849 waren es bereits nicht weniger als 64 Millionen Pfund — ist völlig werthlos und wird höchstens als Dünger verbraucht. Mannichfache Versuche, dasselbe zu verwenden, sind allerdings früher bereits angestellt worden, ohne daß sie jedoch zu dem erwünschten Resultate geführt hätten. In neuester Zeit sind nun zwei Männer in Sydney, T. S. Mort und Nicolle, bemüht, Fleisch durch künstlich erzeugte Kälte zum Transport nach Europa tauglich zu machen, und die angestellten Proben haben sich nach dem übereinstimmenden Zeugniß angesehener Kolonisten als vollständig zufriedenstellend erwiesen. „Elf Monate altes Fleisch, nach Mort's Verfahren präparirt", das im Viktoriaklub und an anderen Orten gegessen wurde, war nach dem Urtheile aller Betheiligten „besser, als das beste frische Fleisch, so daß es nicht möglich wäre, dasselbe zu überbieten." — Bei einem in dieser Angelegenheit im Börsengebäude zu Sydney abgehaltenen, von etwa 200 Personen besuchten Meeting wurde von Mort der Vorschlag gemacht, zunächst einige Probesendungen von solchem Fleische nach England zu veranstalten, damit man die Ueberzeugung gewinne, daß das Unternehmen im Großen ausführbar sei, und um zu erfahren, welchen Einfluß auf den Preis die wöchentliche Einfuhr von 1000 oder 1200 Tonnen (24,000 Centner!) Fleisch für den Fleischmarkt in England habe. So viel Fleisch wenigstens könnte nach Mort's Ansicht aus den australischen Kolonien ausgeführt werden, ohne daß die Befürchtung aufzukommen brauchte, daß nach einer begrenzten Reihe von Jahren die Weidebezirke nicht mehr im Stande sein möchten, solche, in der That kolossale Quantitäten von Fleisch zu liefern.

Die Weidegründe Australiens werden, menschlicher Voraussicht nach, selbst bei massenhafter Einwanderung, noch für viele, viele Jahrzehnte ihrer jetzigen Benutzungsart erhalten bleiben; — Acker- und Weinbauer sowie Gewerbtreibende finden andere große Ländereien, näher an der Küste oder längs der Flüsse, die ihnen besser zusagen werden und die noch Millionen Menschen fassen können. Denn das australische Festland hat einen Flächenraum, groß genug, um ganz Deutschland dreizehnmal in sich aufzunehmen, und auf dieser ungeheuren Länderstrecke leben jetzt im allerhöchsten Falle anderthalb Millionen Menschen, von den Eingeborenen abgesehen, deren überaus geringe Zahl dabei nicht in Betracht kommt. Welche unübersehbare Zeiträume müssen also nothwendigerweise noch verfließen, bis nur einzelne Länder dieses Welttheiles einmal so stark bevölkert sein werden, wie unser Vaterland!

Man muß sich eben nicht irre machen lassen durch die paar großen, glänzenden und volkreichen Städte; — das Land Australien ist im Grunde genommen doch menschenarm in hohem Grade, und auf seinen unermeßlichen Grasflächen wird es vielleicht noch für hundert Jahre nicht viel anders werden, als es jetzt ist: in der Wildniß zerstreut, ganze Tagereisen von einander entfernt, die einsamen Stationen der Schäfer — auf einer Quadratmeile Fläche vielleicht ein Bewohner! — Daß draußen am flutenden Meere auf einer Fläche von derselben Größe 126,000 Menschen beisammen wohnen, das ist eben nur einer der großen Gegensätze, wie Australien deren noch mehrere aufzuweisen hat.

Man darf nicht vom Murray scheiden, ohne den Mallee (spr. Mahli) erwähnt zu haben. Damit bezeichnet man das Wüstenland des Murray, das diesem Flusse eigenthümlich ist. Er besteht außer verschiedenem Strauchwerk und einer ziemlich reichen Flora niedrig wachsender Pflanzen vorherrschend aus einem Dickicht, das von dem Malleebaum (Eucalyptus dumosa) gebildet wird. Was den Murray-Mallee charakterisirt und ihm vorzugsweise seine Physiognomie giebt, ist vollständiger Wassermangel, tiefer, fast weißer feiner Sand, untermischt mit hartem röthlichen Thonboden, das Dickicht des Malleebaumes und der stählerne Rasen des sogenannten Stachelschweingrases (Triodia irritans). Wanderer, die sich in dem gefürchteten Mallee verirrt haben und keinen Ausweg mehr finden, müssen darin fast unfehlbar verdursten. Es kommt dies, wenn auch selten, doch immer noch zu häufig vor. Pferde oder Ochsen verlassen ihren Lagerplatz und laufen in den Mallee hinein. Der Aufseher geht ihnen nach, um sie zu suchen, und es kommt vor, daß weder Mann noch Thier zurückkommen.

Uebrigens gleicht der Mallee dem weiter oben beschriebenen Dickicht nicht, das von Holz, Aesten und Zweigen starrt, und eine wild verworrene Zeichnung schwarzer, unheimlicher, ungefälliger Linien und Striche auf dem wunderschönen blauen Hintergrund des Firmaments bildet, während der Mallee in Zeichnung und Kolorit schön ist. Die Malleestämme, die selten einzeln, meist zu 2 bis 8, auf gemeinschaftlicher Basis wachsen, sind schlank und von gefälliger Zeichnung, meistens astlos bis zur Höhe von 3 m: die nicht zahlreichen Aeste breiten sich in der Höhe von 5 bis 7 m zu einer Krone aus mit üppigem, lebhaft grünem, glänzendem und hängendem Laubwerk. Auf kleinen offenen Stellen wuchert der starre Rasen des Stachelschweingrases, starres, spitzstacheliges Gras, Stachel an Stachel, unbetretbar für Menschen und Thiere, wie die Beete eines Kunstgartens, scharf, aber in runden, gefälligen Linien sich von dem weißen, schimmernden Sand abhebend und von smaragdgrüner Farbe. Trotz seines Wassermangels ist der Mallee dennoch berühmt wegen seiner eigenthümlichen, freilich prekären Wasserversorgung. Von den Wurzelstöcken des Malleebaums laufen nämlich zahlreiche Wurzeläste, 3 bis 6 m lang und noch länger, oberflächlich und tiefer durch den Sand hin. Stehen sie an günstigen Stellen und sind es dickere Aeste, die nicht zu oberflächlich verlaufen, so kann man oft so glücklich sein, einen wasserhaltigen Ast zu treffen, der durchschnitten, eben so wie eine angeschnittene Rebe, krystallhelles Wasser in großen, sich schnell folgenden Tropfen aussickern läßt, und man kann im günstigen Fall in wenigen Minuten einen kleinen Becher füllen.

Ein sonderbares System von Gewässern durchzieht netzartig die südliche Hälfte des Dreiecks zwischen dem Murrumbidschi und dem Murray, ein Netz ansehnlicher Wasserläufe, die theils unter sich, theils durch verschiedene Arme mit den genannten Flüssen in Verbindung stehen, aber für den Verkehr zu Wasser völlig unbrauchbar sind, da sie meistens ganz seichte Betten haben. Man kann seinen Augen kaum trauen, wenn man Strecken des Edwards-River oder des Wakul gesehen hat und später 60 bis 100 Meilen davon elende Pfützen als Ursprung oder Ende dieser beim ersten Anblick so imposanten Wasserläufe erblickt. Dennoch hat das erwähnte Dreieck durch dieses Wassernetz einen reichlichen und dauernden Vorrath an Wasser.

Dagegen existiren zwischen dem Murrumbidschi und Lachlan ziemlich große Strecken ohne Wasser, und in dem Raum, der von den Flüssen Darling, Lach- lan und Bogan eingeschlossen wird, findet man fast gar keine Creeks, noch beträchtliche Wasserlöcher, so daß ein großer Bezirk herrlichen Weidelandes bis vor kurzer Zeit deshalb fast gar nicht benutzt werden konnte.

Außer dem Darling, der eigentlich selbst schon ein großer Sammelfluß ist, ist der Murrumbidschi der wichtigste Fluß, der in den Murray fließt. Von seiner Mündung an wird er jetzt auf einer Strecke von vier Längengraden mit Dampfschiffen befahren, und schon in seinem mittleren Laufe hat er eine ansehn- liche Breite (bei Wagga-Wagga über 80 m) und Tiefe. Während viel weiter südlich in der Kolonie Viktoria bedeutende Strecken Landes noch den ausgeprägten Charakter des australischen Binnenlandes zeigen, haben die Uferlandschaften am oberen Murray, am Murrumbidschi, am Edwards und Wakul und am untern Laufe des Lachlan und des Darling einen ganz eigenen Typus, der mit dem des Binnenlandes auffallend kontrastirt. Wie in tiefen Furchen eingesenkt liegen die Flußbetten, so daß man sie auch in nächster Nähe nicht gewahr wird. Die Ufer- wände haben durchschnittlich eine steile Böschung und sind meistens kahl. In manchen der erwähnten Zwischenflüsse, z. B. im Edwards, Wakul, auch im Darling zur Zeit eines mittleren Wasserstandes, ist der Lauf des Wassers so träge, daß man ihn kaum wahrnimmt; langsam treiben hineingeworfene Holzstücke auf der trägen Flut, und ein Windstoß führt sie leicht in entgegengesetzter Richtung. Die Flußbetten sind streckenweise sehr tief, so der Wakul bei Talbots, der Edwards bei Deniliquin. Die Uferlandschaft an diesen Flüssen bietet im Ganzen ebenen Boden, hier und dort sanfte Anhöhen und Gruppen von großen Bäumen, die der Umgebung ein parkähnliches Ansehen geben, am Rande der Uferwände stellenweise eine Reihe dicht aneinander stehender, hochstrebender, schön gewachsener Eukalypten mit metallgrünen, flammenförmigen Flecken auf den fast wie mit mattem Silber überzogenen Stämmen und Aesten und senkrecht fallenden Massen eines etwas düster grünen, aber nicht unschönen Laubwerks. Reicher Graswuchs reicht stellenweise bis dicht an die kahlen Uferwände, stellenweise ist auch auf große Strecken, wie bei Deniliquin, die aus hellgrauem Thon bestehende Boden- fläche nackt und glatt. Hier und da stößt man auf sanfte Anhöhen, auch prächtig mennigrothe Sandhügel mit der üppigsten Strauchvegetation bedeckt, deren glänzendes Grün mit dem rothen Boden einen dem Europäer fremdartigen Kontrast bildet.

Der Darling ist in Betreff der Kommunikation für das Binnenland eine
noch wichtigere Wasserader als der Murray. Wie vortheilhaft auch schon der Ver=
kehr auf dem letzteren ist, die Wasserkommunikation auf dem Darling ist noch
viel wichtiger bei den enormen Entfernungen der Uferdistrikte von den Küsten=
plätzen, mit welchen sie verkehren müssen.

Am Lachlan.

Die Dampfer finden es sogar lohnend, noch bis Walgett am Barwan zu
gehen und auch von dort Wolle einzunehmen, sowie Mehl, Zucker, Thee und
andere Bedürfnisse zu landen.

Wenn man erwägt, daß die zu Wasser herangebrachte Fracht, nachdem sie
schon den ganzen Murray bis zur Mündung des Darling passirt hat, auf diesem,

selbst ohne Rücksicht auf die großen Krümmungen des Bettes, bis Walgett wenig=
stens 570, bis Wee=Waa 660 km, gebracht werden muß, so begreift man leicht
die Bedeutung einer solchen Wasserstraße, zumal bei der Schwierigkeit des Fracht=
verkehrs zu Lande, wo man noch auf viele Jahre hin auf wirklich fahrbare
Straßen nicht hoffen darf. Allerdings kommt es leider vor, daß wegen niederen
Wasserstandes die Schiffahrt zuweilen monatelang unterbrochen wird.

Diese Flußdampfschiffahrt ist auch, sowol auf dem Murray als auf dem
Murrumbidschi und dem Darling, nicht ohne Gefahren, die den Schiffen weniger
von Felsen und von Untiefen bei schneller Aenderung des Wasserstandes drohen,
als von den großen Baumstämmen (Snags), von denen diese Flußbetten voll sind.
Man kennt in diesen Flüssen die gefährlichsten dieser Baumriesen und sucht sie
nun nach und nach aus ihrem nassen Grabe aus Tageslicht zu fördern oder wenigstens
durch Fortschaffung aus dem Fahrwasser unschädlich zu machen. Die südaustralische
Kolonie hat zu diesem Zweck ein eigenes, sehr stark gebautes, doppeltes Dampf=
bot („The Grappler" oder „der Erfasser"), das mit einer riesenhaften Scheren=
zange versehen ist, die man durch einen Apparat hinunterlassen, öffnen und über
einem Snag schließen kann, wodurch der Stamm sicher gefaßt, und wenn er nicht
zu tief im Schlamm des Bettes steckt, fortgezogen und ans Land gebracht wird.
So sehr das anzuerkennen ist, so will es bei der großen Stromlänge jener drei
Flüsse doch wenig sagen.

Geographisch bildet der Darling mit dem in ihn fließenden Warrego den
nördlichsten Theil des Flußsystems des Murray, denn kein im Norden dieser
Flüsse befindliches Wasser ergießt sich zum Murray. Es ist schon oben erwähnt,
daß die Breite und Tiefe des Darling stromanfwärts bis Fort Bourke nicht ab=,
sondern zunimmt. Seine Breite bei Menindi, 180 km stromanfwärts von der
Mündung, beträgt nicht viel unter 70 m, während er bei Fort Bourke fast
120 m Breite hat. In der That frohlocken die Kapitäne und Mamschaften der
Dampfschiffe, wenn sie bei etwas niedrigem Wasserstande die ersten 100 km anfwärts
von der Mündung glücklich hinter sich haben, da sie dann bis Fort Bourke immer
besseres Fahrwasser finden. Daß der Fluß aber auf einer so langen Strecke
stromabwärts nicht zu=, sondern abnimmt, ist leicht verständlich, wenn man be=
denkt, daß er auf der ganzen Strecke keinen einzigen Zufluß aufnimmt, während
er viele ansehnliche Mulden, mit denen er durch natürliche Kanäle in Verbindung
steht, mit Wasser speist. Dadurch wird er stellenweise dem Nil ähnlich.

Diese Mulden, Lakes (oder Seen) genannt, sind, sobald das Wasser abge=
flossen und verdunstet ist, Weidereserven, die zusammen wol für Tausende von
Rindern wochen= und monatelang das ergiebigste Futter liefern. Nur die
Gegend am untern Darling zeigt noch stellenweise den Typus der Landschaft
des Murray und Murrumbidschi, doch besitzt der Fluß hier nicht mehr wie
jene Flüsse einen schmäleren oder breiteren Gürtel, den man Uferlandschaft
nennen könnte.

Die Landschaft am Darling bietet zwar wenig Abwechselung, aber sie ist
nicht ohne Reiz und gewährt im Ganzen ein anmuthiges und friedliches Bild.

Lieblich reihen sich Eukalypten, hochwachsende Akazien, dunkle Gruppen von Casuarinen an dem Rande der abschüssigen, kahlen, glatten Uferwände, zwischen denen zur Zeit des gewöhnlichen Wasserstandes der Fluß fast träumerisch langsam hinzieht.

So weit man sieht, ist die Landschaft theils offene Waldung, nirgends Dickicht, theils große, mit einzelnen Bäumen besetzte Strecken, seltener offenes, baumloses Grasland. Weite Striche am Darling sehen eben so wenig ergiebig aus, wie die ähnlichen am Murray, doch ist das Weideland im Ganzen berühmt.

Der Darling weist in seinem Verlauf sowol rechts als links eine Anzahl beträchtlicher Mulden, die Lakes, die diesem Flusse eigenthümlich sind. Die bedeutendsten derselben sind wol Lake Teryawenyou auf der südlichen, Lake Pamameru und Lake Cawndilla auf der nördlichen Seite des Flusses. Sie stoßen nirgends ganz nahe an den Fluß, doch kann ihre dem Fluß zugekehrte Seite durch Ausbuchtung ihm bis auf ein Kilometer nahe kommen, während die ansehnlichen, stets krümmungsreichen Verbindungskanäle eine durchschnittliche Länge von 7 bis 12 km haben, ja es befindet sich einer der Seen mehr als 20 km in direkter Entfernung vom Darling.

Von einer leichten Anhöhe übersehen, wie dies sowol bei Lake Cawndilla als bei Lake Pamameru möglich ist, bieten diese runden seichten Becken von 4 bis 8 km Durchmesser ein fast jederzeit imponirendes Bild. Steht der größte Theil des Grundes unter Wasser, so gewährt eine solche ausgebreitete Wasserfläche, tausendfach durch grüne Punkte, Inselchen und abgerundete Baumgruppen unterbrochen und geschmückt, dem an trockene, wasserarme Landschaften gewöhnten Auge einen reizenden Anblick, und das rege Leben zahlreichen Wassergeflügels darauf bildet einen heitern Kontrast zu der uns rings umgebenden Stille. Kurz nach dem Trocknen des Grundes bildet dieser eine von der fast immer dürr und gelb aussehenden Ebene lebhaft abstechende Oase von frischestem und verschiedenstem Grün.

Hat die Trockenheit aber längere Zeit angehalten, ist die Weide zum großen Theil abgefressen oder verdorrt, so erzeugen diese großen Becken unter der Wirkung des Lichtes prachtvoll violette Farbenbilder in allen Abstufungen, während das düstere Grün der Eukalypten und Casuarinen nur wenig sich abhebt, das üppig wuchernde (für die gewöhnliche Anschauung auch wirklich blattlose) Polygonum seinen Einfluß auf die violetten Massen fast ganz verloren zu haben scheint. Alles Leben scheint dann erloschen und der Anblick, schön und eindrucksvoll in seinem fremdartigen Farbenschmelz und anziehend für das Auge, erzeugt in dem einsamen Beobachter eine Stimmung, die völlig derjenigen entgegengesetzt ist, welche die lachende, schimmernde und lebensvolle Wasserfläche in ihm hervorgerufen hatte.

Die auf der Nordseite des Flusses gelegenen Seen werden nördlich von den „Sandhills“ d. h. Sandhügeln begrenzt, die sich, mehr oder minder schroff gegen die Lakes abfallend, nördlich in theils bewaldeten, theils baumlosen Ebenen fortsetzen. Sie bilden mithin streckenweise sozusagen die Grenze des Flußthals.

So fern von den, man kann sagen üppigen Küstenstädten, fern schon von Städteanlagen wie Wentworth, Swanhill u. s. w., ist das Leben der spärlichen und zerstreuten Bevölkerung der Viehzüchter, ihrer Familien und Bediensteten, unter denen hier am Darling Schwarze selten fehlen, häufig noch primitiverer Art als sonstwo, wenngleich dies im Allgemeinen eigentlich für alle von der Küste sehr entlegene Gegenden gelten kann. Schon die Familien finden sich (namentlich am Darling) seltener, meistens sind es Junggesellen, die hier wirth= schaften und durch langjährige Gewohnheit das Leben in der Familie entbehrlich finden. Primitive Blockhäuser, meistens von der einfachsten Einrichtung, hier und da jedoch mit einigem Komfort ausgestattet, bilden die Wohnungen, in denen man sich unter Umständen recht heimisch fühlen kann. Unter den Viehzüchtern oder „Squatters" findet man auch hier eben so wohlgebildete, wohlerzogene Leute, als solche von niederem Stande und entsprechender Erziehung. Für die tödtende Einförmigkeit dieses Lebens sucht sich der Squatter gelegentlich durch eine Reise nach Adelaide, Melbourne oder Sydney zu entschädigen, öfters nicht zur Ver= besserung seines Wohlstandes, da er nach so langer Entbehrung fast jeder Gesell= schaft in dem Umgang mit Menschen ganz glücklich wird und nicht selten, wie es dort Sitte ist, in ein tage= und wochenlanges Schwelgen verfällt, wobei manchmal fabelhafte Summen in kurzer Zeit ausgegeben werden. Gerade so machen es verhältnißmäßig auch die Untergebenen, die Aufseher, Arbeiter und Schäfer. Derselbe Grund, die Einsamkeit des Lebens, erklärt auch die zuvorkommende Gastfreundschaft, die man fast überall findet: die Leute sind zuweilen „menschen= hungerig", und glücklich, nach Wochen wieder einmal ein fremdes Gesicht zu sehen. Bei dem Mangel an Gasthäusern wird aber die Gastfreundschaft, resp. ein Nacht= lager und Verpflegung, von herumziehenden, arbeitslosen Leuten, Schafscherern, Hirten, Zimmerleuten u. s. w. in diesen entlegenen Gegenden mehr als billig in Anspruch genommen.

Die zum Quellgebiet des Darling gehörenden Gewässer, ihr Verlauf, ihre Ufer sowie die von ihnen durchlaufenen Gegenden sehen sich im Allgemeinen ziemlich ähnlich; die letzteren haben bei aller Verschiedenheit, die sie sonst bieten mögen, einen gemeinsamen Charakter, der sie von dem des Binnenlandes in Ansehen, Vegetation und Scenerie unterscheidet. Das Quellland des Darling enthält eine ganze Reihe ansehnlicher Gewässer, die Anfangs von Osten her fast parallel fließen, später sich nach Süden dem Darling zuwenden, während südlicher große Strecken Landes außer dem Murray und dem Darling (von Fort Bourke an) keine eigentlichen Wasserläufe haben. Diese Quellflüsse des Darling sind fast überall, wo man auf sie stößt, natürliche und liebliche Ruhepunkte für den Reisenden. Unwillkürlich fühlt der Reisende frischen Muth, sobald er in die Nähe eines solchen Creeks oder Flusses kommt, und in dieser Erwartung können die bekannten An= zeichen nur selten täuschen. Der Boden fängt an, kleine Erhebungen und Mulden zu zeigen, die Landschaft erscheint reicher und voller, allmählich zeigen die Bäume eine größere Mannichfaltigkeit, besseren, geraden und höheren Wuchs, reicheres, gerundetes Laubwerk in gefälligen Konturen und Massen, auch das Thierleben tritt mehr hervor, namentlich ist die Gegenwart verschiedener Vögel ein fast sicheres Zeichen von Wasser. Da und dort findet man einladende Stellen, wo stille Wasserflächen, deren Lauf gar nicht zu bemerken ist, von einem üppigen, dunkeln Dickicht der Casuarinen beschattet werden. Besseres, weicheres Gras, das stellenweise den Anspruch auf die Bezeichnung „Rasen" machen kann, bedeckt oft weithin das Uferland.

Uferlandschaft mit Weeping Mall (Acacia pendula).

Die Ufer sind meistens hoch, unregelmäßig zerklüftet. Casuarinen und hohe Gummibäume von hübscher Zeichnung und imponirenden Umrissen bedecken die Ufer, oft bis hinab an den Wasserspiegel. Meist liegt eine ziemliche Schicht Humus auf den das Flußbett bildenden Thon- und Kieselschichten. Gestein trifft man auf Uferdurchschnitten auch hier nur selten. Das Uferland sieht sauber, parkähnlich, wie unter der Hand der Kultur stehend aus, und es fehlt, namentlich an den Biegungen der Flüsse, nicht an überraschenden, lieblichen Landschaftsbildern.

Als die bedeutendsten der zum Darling ziehenden Flüsse sind der Conda-mine (der in seinem untern Laufe Balonne oder Balun genannt wird), der Namoi und der Macquarie anzusehen. Der erstere durchläuft, namentlich in seinem oberen Laufe, reizende Gegenden und bildet dort zahlreiche ansehnliche Wasserflächen, die von der anmuthigsten Scenerie umgeben sind. Auch frucht-bares Ackerland findet sich dort in Fülle, und schon die ersten Versuche des Weizenbaues (1858) wurden über alle Erwartung belohnt. Herrliches Klima macht dort unter gewöhnlichen und bescheidenen Verhältnissen das Leben der Menschen leicht. Die niederen Breitengrade sind Bürge für einen äußerst milden Winter, während die Erhebung des Landes die an der nahen Küste im Sommer herrschende tropische Hitze schon abschwächt, wozu noch nach allgemeiner Erfahrung kommt, daß auch größere Wärme bei der im Allgemeinen trockenen Beschaffenheit der australischen Luft dem Menschen weniger, als man denken sollte, lästig wird, und Hunderte von Menschen (Aufseher, Hirten, Reisende und Boten) befinden sich auch zur Zeit des Sommersolstitiums bei Tage und theilweise in rascher Bewegung zu Pferde, ohne deshalb eine größere Unbequemlichkeit zu empfinden oder eine größere Gefahr für ihren Körper zu laufen als bei uns.

Der Condamine begrenzt gegen Norden jenes herrliche Land, die Darling-Towns, gewöhnlich die Towns schlechtweg genannt, das Dorado der Schafzüchter. Auch am Namoi giebt es schönes Land, und die Scenerie der Uferlandschaft an diesem Flusse, noch mehr am Macquarie, kann sich mit der am Condamine wohl messen. Die Tiefe dieser Flüsse ist verschieden, gerade da, wo sie sich weiter ausbreiten, oft beträchtlich. Die Breite der Flußbetten ist in ihrem oberen Laufe von 6 zu 12, im mittleren von 16 bis 30 und 40 m im unteren, den ich aus eigener Anschauung nicht kenne, wol noch etwas größer. Der Lauf ihrer Wasser ist bei gewöhnlichem Wasserstand langsam. Man kann am Macquarie z. B. tagelang reisen und hier und dort auf den Fluß stoßen und seine ganze Oberfläche meilenlang von einer vollständig ruhenden Schicht einer kleinen Süßwasserpflanze bedeckt finden. Einer der bedeutendsten Creeks ist der Martaguy-Creek, der auch, wie mir schien, das beste Uferland besitzt.

Das Land aber, das man auf einer Reise durch das Quellenland des Darling von Warwick über Mori, Wiwaa, Connabarabram, Dubby, Wellington, Obley, Bundaburra nach Wagga-Wagga und Deniliquin, vom Condamine an bis zum Murrumbidschi in südsüdwestlicher Richtung durchzieht, bietet in Charakter, Scenerie und Vegetation mannichfache Verschiedenheiten dar. Vom oberen Condamine nach Südwesten kommt man zunächst in eine äußerst mannichfaltige, an imposanter Scenerie reiche und mit einer verschwenderischen Pflanzenfülle subtropischen, aber echt australischen Charakters ausgestattete Landschaft. So bietet die Gegend um Warwick viel des Anziehenden und Lieblichen in der Vertheilung von Wasser, in der verschiedenen Gestaltung der Oberfläche als Ebene und sanft ansteigendes Hügelland, in der Abwechselung von Gras- und Waldland, während nicht weit davon enge Thäler und Schluchten zu schmalen Gewässern hinabführen, die zur östlichen Küste gehen, und zu Urwaldstrecken, die, fast unbekannt und unbesucht, von tropischer Pflanzenpracht erfüllt sind.

In den Towns um Warwick dagegen durchdringt man mit Freuden jedes reizende kleine Dickicht, hier und da öffnet sich ein weiter Fernblick auf azurblaue Berge oder auf eine Uferstrecke des Flusses. Anmuthiges Hügelland mit Dickicht verschiedener Sträucher giebt zahlreichem Wild schützenden Aufenthalt.

Gegen Südwest ändert sich jedoch die Landschaft bald. Das Wasser wird seltener. Man kommt über größere Strecken trockenen Landes, das jedoch noch immer große Abwechselung in der Gestaltung der Oberfläche zeigt. Aber der Anblick des Landes wird, je weiter man kommt, immer ermüdender und in dem steten Wechsel von Thal- und Hügelland, von offener Waldung und baumlosem

Grasland einförmig. Die Waldung besteht fast nur aus Ironbarkgum (einer Art Eukalyptus), deren dunkle Stämme und matt bläulichgrünes Laubwerk, das von fern gesehen keine runden, gefälligen Massen zeigt, den einzigen Kontrast zu den gelben Strecken des Graslandes bilden. Die Stämme stehen sehr gerade aufsteigend, während Unterholz oder Gesträuch vollständig fehlt, wie Palissaden neben und hinter einander. Alles ist hier gleichförmig trocken und nüchtern, fremdartig über die Maßen, aber reizlos und ungefällig; kein Schatten, keine Konturen, kein Baumschlag, eine todte Landschaft. Das eben geschilderte Land= schaftsbild scheint jedoch nur einigen Strecken an der westlichen Abdachung Neu= Englands eigen zu sein; sie sind dabei eine ausgezeichnete Schafweide.

Später ändert sich die Landschaft fast plötzlich. Grüne Ebenen breiten sich vor uns aus. Apfelbäume (Appletree, eine Art Angophora) stehen stattlich einzeln und in kleinen Gruppen, eine gewaltige, meistens schön gerundete Krone auf ge= drungenem, verhältnißmäßig niederem Stamme. Das Grün ihrer Blätter, auch das ganze Ansehen der Bäume macht dem kolonialen Namen keine Schande. In der Ferne schimmern auch schon die weißen Stämme des Fluß=Gummibaums (River= gum, eine Art Eukalyptus); wir sind in der Nähe des Macintyre=River. Man kann nirgends verschiedenere Gegenden sehen, als diese Ebenen, die so= genannten Riverflats, und die vorher geschilderten sind. Während diese allerdings als Weide, besonders für Schafe, fast nichts zu wünschen übrig lassen, sind die Niederungen der Flüsse mit ihrer äußerst friedlichen und sanften Scenerie, mit dem malerisch vertheilten Licht und Schatten der Bäume für ein idyllisches Leben wie gemacht. Streckenweise sind sie auch von dichter Waldung bedeckt, aber der größte Theil ist offenes Land. Die Flüsse, welche diese Niederungen langsam durchziehen, sind still und anmuthig, nicht selten findet man in einiger Ent= fernung von den Wasserläufen noch Lagunen, gewöhnlich von geringer Größe.

Zwischen den Flüssen breiten sich ausgedehnte Ebenen (Plains) aus, die man gewöhnlich nach dem nächstgelegenen Flusse benennt. Sehr ausgedehnt sind darunter die Yelatera=Plains und die Liverpool=Plains. Nicht die geringste Erhebung zeigt sich in diesen Ebenen am Horizont. Strecken derselben sind bedeckt von einer Fülle weichen, langen Grases, das der leiseste Wind in Wellen= bewegungen versetzt. Der Boden ist vorzugsweise gelbbräunlicher, lockerer Thon, man trifft aber auch auf große Strecken großschelligen, dunklen, ebenfalls lockeren Boden, den die Kolonisten fast überall „Rotten ground" (faulen Grund) nennen, wahrscheinlich weil er stellenweise voll von kleinen Löchern ist, welche bei dem rasenden Reiten der Squatter und ihrer Leute nicht selten den Reiter in Gefahr bringen. Unfruchtbar sind aber die Strecken des „Rotten ground" keineswegs, im Gegentheil, man erkennt sie schon von fern an ihrem frischen, saftigen Grün. So wie sich die Bodenbeschaffenheit der Ebenen ändert, ändert sich sogleich auch, mehr oder minder scharf abgegrenzt, die Vegetation. Ein röthlicher, harter, mehr oder weniger mit Sand gemischter Boden bildet die Decke eines großen Theils dieser Ebenen, während die Vegetation darauf vorzugsweise aus Sal= solaceen besteht, einer bekanntlich in Australien vielleicht mehr als irgendwo verbreiteten Pflanzenfamilie. Oft ist das Verhältniß ihrer Zahl so überwiegend, daß sie ausschließlich den Charakter und das Kolorit der Ebenen bestimmen, und manche Arten, die in isolirten runden Sträuchchen mehr bläulicher als grüner Farbe wachsen, könnte man aus der Ferne für heimische Kohlfelder halten.

Ein ebenfalls nicht seltenes, für den Europäer völlig fremdartiges Bild sind die mit Mesembryanthemum bewachsenen Ebenen. Mit ihren äußerst zart rosa gefärbten Blüten, ihren hellgrünen, fleischigen Blättern kriechen sie weithin auf dem fast ziegelrothen Boden, den sie vorzugsweise lieben. Je blässer und lockerer dagegen der Boden ist, desto mehr ist der Graswuchs auf den Ebenen vorherrschend. Sie sind in der Regel baumlos. Zuweilen findet man in großen Entfernungen eine Gruppe hochgewachsener Akazien, deren Wuchs, Rinde, Holz und Laubwerk man es wol ansieht, daß die Natur ihre Konstitution zähe und widerstandsfähig genug gemacht hat, um auch in wenigen Exemplaren zusammen und ohne allen Schutz gegen Winde, Stürme und Sonnenstrahlen auf dieser Ebene zu gedeihen. Ungeachtet ihrer schutzlosen Lage, erheben sie ihre Stämme kerzengerade zu einer Höhe von 7 bis 8 m, und ihre abgerundeten, buschigen Laubkronen zeigen zur Genüge, wie wenig ihnen Wind und Wetter anhaben kann. Man sieht diese Bäume an jedem wolkenlosen Tage schon lange vorher, ehe man sie wirklich erreicht, durch den Einfluß der Luftspiegelung. Sie scheinen dann wahre Riesen zu sein und in meilenweiter Entfernung zu stehen, während in der Nähe alsbald die täuschende Vergrößerung verschwindet. Im Glanz der untergehenden Sonne nehmen die röthlichen, spärlich mit Salzbusch bewachsenen Ebenen einen goldrothen und violetten Schimmer an, eine überraschende und auf diesen sonst reizlosen Ebenen bezaubernde Erscheinung. Es ist ein wahres Lichtmeer, getaucht in die herrlichsten Farben, das uns 10 bis 20 Minuten lang umgiebt, aber mit dem Untergange des letzten Abschnitts der Sonne verschwindet.

Zwischen diesen Ebenen schieben sich sowol Striche offener Waldung als auch Dickichte, für welche sowol im Inland als an der Küste die koloniale Bezeichnung „Skrub" ist, ein. Der Charakter der offenen Waldung ist als eine der hervorragendsten Eigenthümlichkeiten Australiens bekannt genug. Sie bildet aber hier, in vielen Gegenden wenigstens, und zwar auf Tage lang, keineswegs nüchterne Waldesstrecken, sondern oft feierliche, offene Hallen der Natur. In Entfernungen von 20 bis 40 m, wol auch dichter, stehen mächtige, gerade aufstrebende Bäume, deren sanft röthliche, bräunliche und violette Färbung, hervorgebracht durch die verschiedensten Stadien der Rindenablösung, eines den Eukalypten eigenthümlichen Lebensvorganges, ihnen fast mehr das Ansehen marmorner Säulen, als eine Aehnlichkeit mit den Baumstämmen unserer heimischen Wälder verleiht.

Was nun den Skrub betrifft, so sucht man hier an den Zuflüssen des Darling vergeblich nach dem Skrub im Hinterlande des Murray und dem Murray-Mallee. Es sind nämlich hier nicht verschiedene Eukalyptusarten, die den Charakter der Vegetation und somit das Landschaftsbild bestimmen, sondern hauptsächlich Akazien, eine Pflanzengattung, deren Bedeutung für die australischen Landschaften sich schon daraus ergiebt, daß man bereits über 400 Arten dieser Gattung in Australien gefunden hat. Eine Anzahl derselben wächst in kleinen, niedlichen Bäumen mit üppiger, gerundeter Laubkrone und anmuthig fallenden oder hängenden Blättern. Einige Arten erreichen die ansehnliche Höhe von über 13 m und sind in der That stolze Bäume; wieder andere kommen nur als Sträucher vor, die gewöhnlich eine beträchtliche Breitendimension annehmen. Die Akazien erscheinen bald in Gruppen, bald einzeln, bald in Dickichten. Die Kolonisten benennen die kleineren Baumformen ohne Unterscheidung mit dem Namen Myall (spr. Meiall), alle strauchförmigen Arten mit dem Namen Wabble.

Am Hunter River.

Sie nehmen sich, und zwar nicht nur auf den ersten Anblick, mehr wie Kunstprodukte, hervorgegangen aus der riesigen Werkstätte eines Silberschmieds, als wie Schöpfungen der Natur aus, und die scharf gerandeten, mondsichelförmigen Blätter, welche eine der Hauptwaffe der Eingeborenen, dem Bumerang, sehr ähnliche Form besitzen, haben etwas Künstliches, Widernatürliches. Das so gestaltete, reichliche und im reinsten Silber glänzende Laubwerk sitzt auf fast schwarzen Zweigen und Aesten, diese auf eben so dunkeln, rauh- und hartrindigen Stämmen. Die Sträucher, welche diese Dickichte bilden, erreichen gewöhnlich 3 bis 15 m und mehr. Ein Dickicht dieser Akazien mit dem schwarzen Holzwerk und dem wie aus getriebenem Silber verfertigten Laub, das ringförmig, nur von einem schmalen Streifen Graslandes davon getrennt, eine der erwähnten Lagunen umgiebt, die weit hinein im üppigsten Grün der Wassergräser prangt, und auf deren dunklem Spiegel einzelne Nelumbiumblüten wie Sterne glänzen, darüber das wolkenlose Blau des Himmels, ist ein durch seine Schönheit und Seltsamkeit wunderbares australisches Landschaftsbild.

Wir verlassen das Bergland von Viktoria und Neusüdwales und wenden uns zu dem von Queensland. Dasselbe beginnt in 26° südl. Breite mit

Bergzügen im Norden des Thales des Burnett und Condamine und erstreckt sich bei verhältnißmäßig geringer Breite bis 17° südl. Br. in der Richtung nach Nord= westen. Es zerfällt durch eine Einsenkung in 21° südl. Br. im Thale des unteren Burdekin in zwei Theile von verschiedener Bildung.

Der südliche Theil besteht aus einer Reihe von zum Theil fruchtbaren und schönen, hoch gelegenen, zur Viehzucht wohlgeeigneten Ebenen, über die sich einzelne felsige Bergketten (wie die Expeditionkette und die Peakkette zu beiden Seiten des Flusses Mackenzie) isolirt von einander erheben, und die von den zahlreichen Armen des großen Küstenflusses Fitzroy, wie nördlicher von dem Suttor, einem Zufluß des Belyando, bewässert werden. Im Osten reichen diese Ebenen bis an eine Reihe von höheren, steil zur Ostküste abfallenden Berg= zügen, welche die höchsten Spitzen des südlichen Queensland enthalten, und indem sie mit den ähnlichen östlichen Grenzketten des nördlichen Theiles des Berglandes in unmittelbarer Verbindung stehen, nur an zwei Stellen von den größeren Flüssen des Landes, dem Fitzroy und Burdekin, durchbrochen sind. Gegen Westen steigen die Hochebenen des Innern allmählich an, bis sie an einem von Norden nach Süden sich hinziehenden höheren Landstriche enden, auf dem einzelne Hochebenen (wie an der Quelle des Nogoa) oder isolirte Bergketten (wie die Drummondkette am Ostufer des Belyando und die Carnarvon= und Denhamkette an den Quellen des Warrego und Maranoa) liegen. An diesen Landstrich schließen sich westlicher zwei breite, von Norden gegen Süden sich erstreckende Stufenebenen an, von denen die östliche von dem Belyando, dem südlichen Hauptarm des Burdekin, gegen Norden durchflossen wird; im Westen ist sie durch Höhenzüge von der zweiten getrennt, welche das Thal des gegen Süden zum Barkn fließenden Thomson und nördlicher die schönen Weide= ebenen der Bowen Towns enthält, und westlicher durch andere Bergzüge von dem Tieflande des Burkeflusses getrennt wird.

Das Tiefland des Burke ist nur sehr wenig bekannt, da es nur von Sturt im Thale des Eyre besucht und in seinem Osttheile von Burke durchschnitten ist. Sturt fand am Eyre ein überaus ödes und wasserarmes Land mit sandigem Boden voller Dickichte, Burke dagegen östlicher, wie es scheint, mehr steinigen und kiesigen, fast steppenartigen Boden, dem es an Gras, Bäumen und Wasser nicht ganz fehlt. Das Charakteristische an diesem Tieflande ist aber der Fluß, dessen Arme es durchschneiden, und der an Unvollkommenheit der Bildung den Cooper fast noch übertrifft (von dem weiter unten die Rede sein wird), übrigens bis jetzt nur noch sehr ungenügend bekannt ist. Er wird gewöhnlich Burke ge= nannt, und entsteht aus großen, von den Bergen, welche das Tiefland vom Thale des Thomson trennen, kommenden Armen, fließt am Rande dieser Berge nach Süden, später gegen Westen am nördlichen Rande des Landstriches, dem Sturt den Namen der Steinigen Wüste gegeben hat, weil er ganz mit losen Steinen bedeckt ist, der aber nichts Anderes, als ein Strich steiniger Hügel zu sein scheint, welche die Wasserscheide zwischen dem Cooper und Burke bilden. An der Mündung verbindet sich der letztere wahrscheinlich mit dem Nordarme des

Cooper, dicht vor seinem Einfluß in den Eyresee. Auch Sturt's Fluß Eyre ist sicher ein Zufluß des Burke, so auch wahrscheinlich die von den südlichen Abhängen des Landrückens von Carpentaria herabkommenden Flüsse. An der Mündung des Belyando beginnt der nördliche Theil des Berglandes, der ebenfalls aus Hochebenen besteht, die denen des südlichen Theiles an Fruchtbarkeit mindestens gleich sind, an Höhe sie namentlich gegen Norden zu noch zu übertreffen scheinen. Sie werden in ihrer ganzen Länge von dem Thal des Burdekin, des Hauptflusses dieses Theils von Queensland, durchschnitten, während die nördlichen Abhänge von den Quellen des Flusses Mitchell bewässert werden. Von dem durch Fruchtbarkeit des Bodens und Ueppigkeit der Vegetation ausgezeichneten Küstenlande trennt sie eine am Meer ziehende und überaus steil zur Küste abfallende Bergkette, in der sich die höchsten Berge von ganz Queensland (die Bellenden-Kerrhills) erheben; gegen Norden scheint die Senkung zur Halbinsel des Kap York allmählich zu sein, im Westen dagegen bildet den Uebergang zum Tieflande von Carpentaria ein schmales Stufenland, das, vom obern Gilbert durchschnitten und im Westen von einer steilen, schwer übersteiglichen Kette, dem Landrücken von Carpentaria, begrenzt wird, welche sich nach Süden bis zu den Quellen des Flusses Flinders erstreckt. Dieser Rücken hat an manchen Stellen fruchtbaren, anscheinend sogar zum Anbau geeigneten Boden, dabei eine reichliche und schöne Vegetation und eine verhältnißmäßige Fülle an Wasser; die Oberfläche wird von mehreren kleinen und unverbundenen Ketten von felsigen Bergen (wie die Standish- und die Mc. Kinlaykette) durchschnitten, welche die Richtung von Süden nach Norden haben. Zahlreiche Bäche und Flüsse fließen von diesem Rücken hinab nach Süden in das Tiefland, wahrscheinlich in das System des Burke, nach Norden zum Carpentaria-Golf. Die Tiefebenen, welche diesen letzteren umgeben, sind vor allen übrigen Australiens durch ihre natürlichen Vorzüge ausgezeichnet. Sie behalten noch bis nahe an die Küste eine höhere Erhebung über dem Meeresspiegel und sinken dann mit einem aus niedrigen Felsbergen bestehendem Rande zum Küstensaume hinab; ihr Boden hat zwar, und besonders im Osten des Thales des Flinders, noch genug öde, dürre und wasserlose Stellen mit niedrigen Bäumen und Dickichten, aber ein sehr großer Theil ist fruchtbar und mit schönen Bäumen und Gras bedeckt, zur Viehzucht wohl geeignet und auch mit Hirtenstationen bereits besetzt, dabei verhältnißmäßig gut bewässert. Von den zahlreichen Flüssen, welche von den dieses Küstenland umgebenden Höhen und Bergzügen zum Golf von Carpentaria herabströmen, sind besonders drei bedeutendere, der Nicholson, der vielleicht aus den centralaustralischen Bergen kommt, mit seinem wasserreichen Zufluß Gregory im Westen, der Flinders, der in den westlichen Bergen von Queensland entspringt, im Osten, und der Mitchell, dessen Quellland der nördlichste Theil des Berglandes von Queensland ist, im Norden. Die Halbinsel des Kap York im Norden des letzterwähnten Flusses und des Berglandes von Queensland, von 15° bis 16° südl. Br. an, gehört auch diesem Tieflande an und hat in ihren Ebenen die gleich vortheilhafte Bildung wie das Land im Süden des Golfes. Diese Ebenen nehmen fast die ganze Halbinsel ein, nur an der Ostküste zieht ein kleiner Bergzug von nicht bedeutender Höhe nahe am Meere von Süden gegen Norden.

Wir wenden uns nun zum Bergland von Nordaustralien in der nördlichen Halbinsel des Kontinents, westlich vom Carpentaria-Golf. Dasselbe ist noch sehr wenig bekannt. Es scheint sich hauptsächlich von Nordosten nach Südwesten auszudehnen und hängt vielleicht mit den Bergen am Viktoriaflusse zusammen. Das Innere besteht aus Hochebenen, die sogar die ähnlichen der Bergländer an der Ostküste an Meereshöhe noch übertreffen sollen, und deren fruchtbarer Boden aus der Auflösung des basaltischen Gesteins entstanden ist, welches sie bildet. Ueberhaupt ist dieser ganze Theil Australiens durch Fruchtbarkeit und reiche und üppige Vegetation sehr ausgezeichnet. Der Osttheil dieses, bis jetzt nur in der Mitte von Leichhardt und Stuart quer durchschnittenen Landes ist ganz unbekannt; die Senkung gegen Süden zu dem tiefen Thal des Flusses Roper scheint allmählich zu sein, während gegen Norden die Hochebenen zu den fruchtbaren Thälern der Flüsse Alligator und Adelaide überaus schroff und steil abfallen.

Die Natur des Tieflandes von Carpentaria setzt sich auch im Norden des Flusses Nicholson längs der Westküste des Golfes bis zum Flusse Roper und dem Aufsteigen der Berge von Nordaustralien fort. Auch am nördlichen Ende der die letzten Vorsprünge des centralaustralischen Berglandes bildenden Ketten fand Stuart ein noch ähnlich gebildetes Tiefland, mit dem Unterschiede jedoch, daß die Ebenen mit fruchtbarem Boden sparsamer und wasserarm, daß sie um= gebende dürre und öde, sandige Gebüschland viel ausgedehnter wird. Aber im Westen des Berglandes von Centralaustralien stieß derselbe Reisende, wo er nach Westen und Nordwesten vorzudringen suchte, namentlich aber im Norden des Berges Denison, auf ein Land von der furchtbarsten Oede, dessen rother Sand= boden blos Dickichte und niedrige Bäume trug und keine Spur von Wasser zeigte. Ganz dieselbe Beschaffenheit besitzt das Land, welches A. Gregory erreichte, als er die das Gebiet des Viktoria im Süden begrenzende Kette überstiegen hatte und dem in ihr entspringenden Sturt=Creek so lange nach Südwesten gefolgt war, bis er sich in einer weiten Ebene mit einzelnen salzigen Seen auflöste. Endlich stieß Gregory's Bruder, als er am nördlichen Rande des westaustralischen Berglandes gegen Osten bis zum Berge Macpherson vorgedrungen war, da= selbst auf ein jenem vollkommen ähnliches Land, und da die drei erwähnten Punkte fast unter denselben Breitengraden (20 bis 22° Br.) liegen, scheint es er= laubt, anzunehmen, daß hier ein Tiefland von der entsetzlichsten Unwirthbarkeit zwischen den Bergländern von West=, Nordwest= und Centralaustralien sich aus= breite. Südlicher ist alles Land von 20° südl. Br. an bis an die Große Australische Bucht an der Südküste und zwischen den ebenfalls noch zu er= forschenden Abhängen des westaustralischen und des centralaustralischen Berg= landes vollständig unbekannt; nur im Süden sind Versuche unternommen worden, von der Küste der Australischen Bucht aus in das Innere einzudringen; sie haben uns auch hier, wie so weit im Norden, baum= und wasserlose Ebenen voll stacheliger Gräser und Dickichte eröffnet.

Im nordwestlichen Australien.

Ob aber wirklich dieser ganze große Landstrich von einem zusammen=
hängenden Tieflande dieser Art eingenommen wird, muß die Zeit lehren.

Es folgt nun das Bergland des nordwestlichen Australiens, das
bei weitem unbekannteste der in den Küsten Australiens sich hinziehenden Berg=
distrikte. Erforscht ist davon bis jetzt nur durch A. Gregory 1855 der nördliche
Theil desselben, das Gebiet des Viktoriaflusses, der im Süden durch einen
von Osten gegen Westen ziehenden Höhenzug von geringer Erhebung begrenzt

und von dem öden Tieflande im Süden getrennt wird; nach Norden senkt sich das Land in breiten, von Bergzügen unterbrochenen Stufen, die von fruchtbaren Ebenen gebildet und von den Armen des Viktoria bewässert werden, zur Küste herab, während sich weiter im Osten wieder öde Tiefebenen ausbreiten.

Mit dem Namen Centralaustralisches Bergland kann man die hügeligen und bergigen Distrikte bezeichnen, welche im Norden des Gairdnersees beginnen und sich durch den Kontinent von 30 bis 18° südl. Br. ausdehnen, deren Bildung jedoch nur unvollkommen bekannt und deren Ausdehnung nach Osten und Westen noch unerforscht ist. Das Bergland scheint aus zwei Theilen von ganz abweichender Bildung zu bestehen, von denen der südliche von 30 bis 24° südl. Br. reicht. Im Süden wird er von dem Tieflande des Gairdnersees durch einen kettenartigen Höhenzug getrennt, der von Nordwesten nach Südosten zieht und die Stuartkette genannt wird; den südlichsten Theil trennt von den Tiefebenen am Eyresee die steil aufsteigende Denisonkette, deren Umgegend in hohem Grade durch eine Zahl großer Quellen ausgezeichnet ist, die aus kleinen, von ihren Absetzungen gebildeten Kalksinterhügeln entspringen und die Gründung von Hirtenniederlassungen sehr begünstigen. Nördlicher breiten sich hügelige, von einzelnen niedrigen Bergen und Bergzügen unterbrochene Ebenen aus, deren Boden an manchen Stellen fruchtbar, an anderen sandig und öde ist, und die von mehreren nach Osten sich hinziehenden Flußthälern durchschnitten werden, dem des Neale, der die Denisonkette im Norden begrenzt und in den Eyresee fällt, und dem des Stevenson, Finke und Hugh, die wol ebenfalls ihr Ende in den Seen des Torrensgebiets finden. Wasser ist in diesen Ebenen auch nicht häufig, wenn sie gleich lange nicht in dem Grade dürr und wasserarm sind wie die australischen Tiefebenen. Nördlich von 24° südl. Br. ändert sich die Bildung des Landes plötzlich auffallend. Stuart hatte von da an bis 19° südl. Br. in der Richtung gegen Norden eine Reihe von Bergzügen zu übersteigen, die sich überwiegend von Nordwesten nach Südosten ausdehnen, und deren steile, felsige Berge mit guter Vegetation bedeckt sind (die Macdonnell, die Reynoldskette, in deren Fortsetzung der Denison, der höchste Berg Centralaustraliens, zu liegen scheint, die Ketten Forster, Crawford, Davenport, Murchison, Macdonall und Short): die thalartigen Ebenen, welche diese Ketten von einander trennen, sind vorherrschend mit den Dickichten der australischen Tiefebenen bedeckt, und die Flußthäler, welche sich durch sie hinziehen, und von denen das des Bonney zwischen der Davenport- und Murchisonkette das bedeutendste ist, gehen in den südlichen Theilen gegen Osten, in den nördlichen gegen Westen und Nordwesten. Nördlich von 19° südl. Br. endet das Bergland mit den beiden schmalen, gegen Norden sich hinziehenden Ketten Whittington und Ashburton, die zu beiden Seiten von öden Tiefebenen umschlossen sind, in welche die zahlreichen, auf diesen Höhen entspringenden Bäche sich ergießen. In 18° südl. Br. hören am Thale des Newcastle-Water die Berge ganz auf, auch hier breiten sich nördlich von ihnen die großen Tiefebenen aus, die Stuart bei seinen Versuchen, zur Nordküste Australiens vorzudringen, so lange aufgehalten haben.

Wir gelangen nun zum Bergland von Westaustralien, das in der Süd=
wesetecke des Kontinents von 21° südl. Br. bis zur südlichen Küste geht. Die
westliche Grenze bildet das Küstenland am Ozean, die östliche ist noch nicht er=
forscht. Es zerfällt in zwei unmittelbar mit einander zusammenhängende, aber
in ihrer Bildung sehr von einander verschiedene Theile. Der nördliche, von 21
bis 26° südl. Br., von dem bis jetzt nur der westliche Theil bekannt geworden
ist, besteht aus weiten Ebenen mit größtentheils fruchtbarem Boden, über welche
einzelne Bergketten, wie die Hammersleighkette, die Barleekette, ge=
wöhnlich in der Richtung von Osten gegen Westen fortziehen, und die von den
Thälern der nach Westen zum Ozean fließenden Flüsse, des Ashburton, Gascoyne
und des oberen Murchison, durchschnitten werden. Im Norden senken sich diese
Ebenen stufenartig zu dem hügeligen Küstenlande im Osten des Dampier=Archipels
herab, und diese durch die Fruchtbarkeit ihres Bodens ausgezeichneten Abfallstufen
werden von den Flüssen Fortescue, Yule und Degrey gut bewässert; auch im
Westen scheint die Senkung eine allmähliche zu sein, allein die Küstenebene ist
hier öde und unfruchtbar und namentlich die Umgegend des Haien=Sundes einer
der ödesten und wasserärmsten Wüstenstriche von ganz Australien. Nach Osten
ist das Innere noch nicht erforscht. Der südliche, am mittleren Murchison be=
ginnende Theil zeigt eine ganz andere und für Kulturverhältnisse höchst ungünstige
Bildung. Die weiten Ebenen haben bis auf einzelne oasenartige Stellen von
sehr geringer Ausdehnung, an denen sich Wasser, Bäume und Gras finden, einen
höchst unfruchtbaren Boden, der, fast ganz von süßem Wasser entblößt, mit
Dickicht und niedrigem Gesträuch bedeckt ist, dadurch aber auffallend an die Natur
der australischen Tiefländer erinnert.

Bergketten erheben sich in diesen Ebenen nur selten, häufiger kleine, mit
einander nicht verbundene Berge. Ein Hauptcharakterzug des Landes sind die
großen Seebecken, die fast durchaus salziges Wasser haben, gewöhnlich aber in ihren
Betten nur salzhaltigen Schlamm zeigen und ohne Zweifel zusammenhängende Fluß=
systeme, freilich von der unvollkommensten und mangelhaftesten Art, bilden, wie
die des oberen Schwanenflusses und des Blackwood im Süden, während bei den
meisten dieser Becken die Verbindung zu Flußsystemen noch nicht bestimmt ist.
Man hat diese öden Ebenen östlich bis gegen 123° östl. L. erforscht, ohne
eine bessere Bildung des Bodens angetroffen und die Senkung zu dem Tieflande
im Norden der großen Australischen Bucht erreicht zu haben.

Im Westen bildet den Uebergang zu der schmalen Küstenstufe und die Grenze
der Hochebenen eine Reihe von Bergzügen, welche nördlich vom Flusse Moore aus
einer doppelten stufenartigen Kette (der Viktoria= und Moresbykette im Norden
und der Herschel= und Gairdnerkette im Süden des Thales des Flusses Arrow=
smith) bestehen; südlich vom Thale des Moore bildet die Grenze eine breitere, nicht
weiter gegliederte Bergmasse, die Darlingkette, welche bis an das Thal des unteren
Blackwood reicht. Nach Süden ist dagegen die von den Thälern vieler kleiner
Küstenflüsse durchschnittene Senkung zur Küste sanft und allmählich, außer daß im
Norden des König Georg=Sundes auf eine kurze Strecke die Bildung der parallelen

Stufenketten in der Stirling= und Porungurupkette am Thale des Flusses Kalgan wieder hervortritt. Diese ungünstige Bildung des Bodens ist der Haupt= grund, weshalb die in diesem Theile des Kontinents gegründete Kolonie in ihrer weiteren Entwicklung so sehr hinter den übrigen Niederlassungen in Australien zurückgeblieben ist.

Das nun folgende Bergland von Südaustralien, ist das kleinste von allen anderen Bergländern Australiens, erstreckt sich bei geringer Breite von der Südküste an der Backstairs=Passage nach Norden längs der Ostküste der großen Golfe Vincent und Spencer. Im Osten ist dasselbe von dem südöstlichen Tieflande, im Norden dagegen von den einen gewaltigen Flächenraum einnehmenden Seen des Torrens= gebietes umgeben.

Der südliche Theil, der die Richtung von Süden gegen Norden besitzt, besteht aus hochgelegenen, von einzelnen Bergen überragten und von vielen kleinen Küsten= flüssen gut bewässerten Ebenen, die ebensowol durch die Fruchtbarkeit des Bodens als den Reichthum an metallischen Erzen (vor Allem Kupfer) ausgezeichnet sind; sie werden an beiden Seiten von Bergzügen eingeschlossen, die gewöhnlich aus einzelnen, mit einander nicht verbundenen Bergen zusammengesetzt sind und die höchsten Spitzen des Landes enthalten; der östliche, längere, reicht im Süden bis an die Küste der Encounter=Bai, während der westliche bereits an der Spitze des Vincent=Golfes endet. Vom Berge Arden an, dem nördlichsten des letzten Bergzuges, wendet sich das Gebirge, das hier den Namen Flinderskette führt, nach Nordnordosten und besteht aus einer breiten kettenartigen Bergmasse, auf deren Höhe kleine, zur Vieh= zucht wohlgeeignete Ebenen liegen; vom Berge Serle an nimmt die Höhe dieser Bergmasse ab und sie senkt sich am Thale des Taylor=Crect allmählich herab in die öden Tiefebenen, welche die Flinderskette auf allen Seiten umgeben.

Westlich von dem Tieflande des Murray und Darling, das wir schon oben kennen gelernt haben, und zum Gebirgssystem von Südaustralien gehörig, befindet sich das Tiefland der Torrenseen und des untern Barku, welches das nördliche Ende des südaustralischen Berglandes rund im Kreise umgiebt und seinen Hauptcharakter durch eine Reihe von Seen erhielt, die man Anfangs für ein zusammenhängendes Seebecken hielt und Torrens benannte, bis man erkannte, daß dies Becken vielmehr aus einer Reihe unverbundener Becken zusammengesetzt ist. Von diesen sind die bedeutendsten zwei Seen, die sich im Westtheil von Süden gegen Norden erstrecken, der eigentliche Torrenssee im Süden, der nur durch einen schmalen Isthmus vom nördlichsten Ende des Spencer=Golfes getrennt ist, und der Eyresee, der größte von allen; von der Ostseite des letzteren zieht sich eine Reihe von Einsenkungen und Seebecken nach Osten und Südosten, von denen der Gregory= und Blanchesee die größten sind. Diese Becken, die nicht häufig Wasser und dann fast stets salziges, sehr selten süßes, enthalten, gewöhnlich aber mit salzigem Schlamm gefüllt sind, bilden ohne Zweifel ur= sprünglich das freilich unglaublich unvollkommen entwickelte Mündungsland des Flusses Cooper, der im oberen Laufe Barku genannt wird und in den südlichsten Bergen von Queensland entspringt.

Serreniee

Im Tieflande geht er erst nach Westen, von der Vereinigung mit seinem Hauptzufluß, dem Thomson, an nach Süden; später wendet er sich wieder gegen Westen, wo er den Namen Cooper empfängt, und bildet dann das unter dem Namen das Lake-Distrikt (Seengebiet) bekannte Delta, indem er sich in mehrere Arme theilt, zwischen denen Seebecken in größerer Zahl zerstreut liegen, und von denen der östlichste Arm, der Strzelcki-Creek, sich gegen Süden in den Gregoryfee ergießt, der bedeutendste aber nach Westen geht und in das nördliche Ufer des Eyresees fällt. Das Land um diese Flußarme und Seen ist eine der schrecklichsten und furchtbarsten Einöden Australiens und besteht aus Hügelketten von losem Sand, voll niedriger Gebüsche und ohne eine Spur von Wasser; damit verglichen erscheint der Lake-Distrikt viel wirthlicher, da in ihm das Wasser erst nach anhaltender Dürre, dann aber auch gänzlich verschwindet. Im Südosten trennt eine Reihe von rauhen und wilden Bergzügen von nicht bedeutender Erhebung, die Grey- und die Stanleyketten, welche von Norden nach Süden zwischen dem Cooper und Darling hinziehen, dieses Tiefland von dem südöstlichen.

Im Südwesten des Tieflandes der Torrenssen und des unteren Barku liegt das Tiefland des Gairdnersees, das von der Stuartkette bis zur Südküste im Osten bis an das westliche Ufer des Torrenssees und des Spencer-Golfes reicht. Der nördliche Theil desselben ist in geringerem Grade öde und unwirthlich, als sonst die Tiefebenen Australiens; der Boden ist vielmehr steinig als lehmiger Sand und nur zum Theil mit den bekannten Dickichten, an vielen Stellen mit Gras und kleinen Bäumen bedeckt, auch bei weitem nicht so wasserarm, daher an manchen Punkten zur Betreibung der Viehzucht nicht ganz ungeeignet. Das Innere nimmt eine Gruppe von Seen und Seebecken ein, die denen des vorigen Tieflandes ganz ähnlich und gewöhnlich mit Salzwasser oder salzhaltigem Schlamm gefüllt sind, aber über hundert Meter höher liegen als die Torrensseen; der größte ist der Gairdnersee im Süden, eine Reihe anderer liegt im Norden und Osten desselben. Ob diese Seen eben so wie die des vorigen Tieflandes das Mündungsgebiet eines unvollkommenen Stromsystems bilden, das von Norden und Nordwesten herkäme, muß die Zeit lehren. Im Süden des Gairdnersees zieht eine lange Kette rauher und wilder Berge, die Gawlerkette, im Allgemeinen von Westen gegen Osten; von ihr südlich breitet sich der südliche Theil dieses Tieflandes aus, der die Halbinsel Eyria an der Westseite des Spencer-Golfes einnimmt und ein überaus ödes Land ist voller Gebüsche und Dickichte, ohne eine Spur von Wasser, das sich nur am Rande des Ozeans findet, wo allein das Land für das Hirtenleben zu benutzen ist. Einzelne Berge unterbrechen die Ebenheit dieser Einöden, namentlich erheben sich deren an der Küste des Spencer-Golfes in unverbundenen Ketten (wie der Berg Olinthus) zu selbst verhältnißmäßig nicht unbedeutender Höhe.

Das Innere des Kontinents, zu dem wir schließlich gelangen, besteht größtentheils aus Tiefebenen, die auch an einzelnen Stellen, da, wo die Bergländer des Küstensaumes von einander getrennt sind, in den Lücken bis an die Küsten reichen.

Die Bildung dieser Tiefebenen ist fast durchweg eine höchst ungünstige, sie gehören zu den furchtbarsten und abschreckendsten Einöden, die man auf dem Erdboden kennt. Die flachen, selten hügeligen, doch manchmal von einzelnen felsigen Bergen unterbrochenen Ebenen haben überwiegend einen sandig-thonigen Boden von rother Farbe und mehr oder weniger bedeutendem Salzgehalt: es bedecken ihn in den meisten Fällen Dickichte und Gebüsche von gesellig lebenden Pflanzen, gewöhnlich mit harten und stacheligen Blättern (hauptsächlich Eukalypten und Akazien), was die Bewohner des Landes mit dem Worte Skrub bezeichnen; dabei ist der Wasser-mangel außerordentlich, Quellen fehlen diesen Flächen ganz, denen allein Regen-güsse, die bei dem trockenen Klima dieser Ebenen noch dazu nicht häufig sind, Wasser zuzuführen vermögen, und die den Boden bald in einen undurchdringlichen Sumpf verwandeln, während die anhaltende Dürre ihn steinhart macht. Für die Ent-wicklung irgend einer Kultur ist diese Bodenbildung absolut ungeeignet; die Viehzucht kann höchstens in den Flußthälern betrieben werden, und sogar der rohe Ureinwohner ist an weiten Stellen dieser Ebenen außer Stande, zu existiren.

Hierzu kommt, daß die Flüsse, welche aus den Bergländern des Küsten-saumes in die Tiefebenen hinabfließen, von so mangelhafter und unvollkommener Bildung sind, wie Aehnliches auf dem Erdboden sonst sich nicht findet. Selbst in den Gebirgen im oberen und mittleren Lauf erhalten sie bei der großen Selten-heit der Quellen und der verhältnißmäßig nur geringen Erhebung der Berge das nöthige Wasser hauptsächlich nur durch den Regen und haben daher schon hier meist nur nach Regen einen fortdauernden und zusammenhängenden Lauf, während sie gewöhnlich aus Reihen von unverbundenen Teichen an den tiefsten Stellen der Betten zu bestehen pflegen: im unteren Lauf in den Tiefebenen trocknen sie bald ganz aus oder lösen sich im besten Fall in eine Reihe von größeren und kleineren Seen und Teichen auf, deren Wasser höchstens das Betreiben der Vieh-zucht, aber keinen geordneten Landbau gestattet, zumal da die durch anhaltende Regengüsse diesen Betten zugeführten Wassermassen gewöhnlich die Niederungen weithin überschwemmen. Aber die Folgen dieses hauptsächlich durch den in den Gebirgen gefallenen Regen bewirkten Schwellens dauern nicht lange: bei der Hitze verdunstet das Wasser bald, es wird dabei durch Auslaugung des Bodens der Ebenen mit der Zeit mehr und mehr salzig und verwandelt sich zuletzt in einen salzhaltigen Schlamm, bis endlich der Boden der Flußbetten eine trockene und harte Rinde annimmt. Nicht selten ist endlich eine diesen Tieflandströmen eigen-thümliche Erscheinung: daß an gewissen besonders flachen Stellen das Wasser des Flusses sich über einen weiten Raum seeartig verbreitet, in dem zuletzt das Bett des Flusses verschwindet, so daß erst am untern Ende einer solchen Niederung durch eine leichte Bodensenkung ein neuer Kanal sich bildet. Diese gewöhnlich mit Rohr gefüllten Becken, die bei den Australiern Marsche (marshes) heißen, schwanken nach der Stärke des Wasserzuflusses zwischen undurchdringlichen, tief mit Wasser bedeckten Sümpfen und dürren, ganz wasserlosen Thonebenen. Die Bestimmung, welche in besser gebildeten Theilen der Erdoberfläche die Flüsse besitzen, die Leiter des Verkehrs und der Bildung der Menschen zu sein, sind sie in Australien zu erfüllen natürlich außer Stande; niemals kann dieser Kontinent das Land der Wasserverbindungen werden und selbst der Murray und der Murrumbidschi, die einzigen bekannten Ströme des Landes, welche in ihrem ganzen Tieflandslaufe niemals ihr Wasser verlieren und jederzeit einen zusammenhängenden Wasserlauf besitzen, sind für die Schiffahrt doch nur von verhältnißmäßig geringer Bedeutung. Landkommunikationen sind das einzige Verkehrsmittel in Australien, und Eisenbahnen werden vielleicht dereinst hier eine Bedeutung gewinnen, wie selten irgendwo auf dem Erdboden. Das Innere Australiens bildet übrigens nicht ein zusammenhängendes Tiefland, man kann vielmehr deren bis jetzt bereits mehrere unterscheiden, die in einzelnen Zügen von einander abweichen. Außerdem ist in der Mitte des Kontinents eine fortlaufende Reihe von höher gelegenen Ebenen und Bergzügen entdeckt worden, die sich bequem zu einem centralaustralischen Berglande vereinigen lassen.

Haben wir vorstehend in kurzen Umrissen das Land kennen gelernt, so gehen wir nun zunächst zum Klima über. Der nördliche, größere Theil Australiens liegt innerhalb der Wendekreise und hat das heiße tropische Klima. Die kolonisirten Distrikte liegen meist außerhalb der Tropen. Je nach der Lage des Orts, der Entfernung von der See und anderer örtlicher Einwirkungen sind natürlich die Wärmegrade verschieden. Wir wissen, daß die Jahreszeiten genau in die entgegengesetzten Monate von den unseren fallen, daß der Sommer vom 1. November bis zum 1. März währt, und der Winter vom Ende Mai bis Ende August.

In Sydney fällt der längste Tag auf den 21. Dezember. Von Sonnenaufgang, früh 5 Uhr, bis Sonnenuntergang, Abends 7 Uhr, währt derselbe 14 Stunden. Der kürzeste Tag im Jahre ist dort der von früh 7 Uhr bis Abends 5 Uhr währende, also zehn Stunden lange 21. Juni.

Im Sommer ist die Hitze bisweilen groß, während die übrigen acht Monate des Jahres durchschnittlich überaus angenehm sind.

Während dreier Jahre wurden in Sydney, in Melbourne und in Port Macquarie nachstehende Thermometergrade nach Fahrenheit abgelesen:

Sommer.	Sydney.	P. Macquarie.	Melbourne.
Maximum der Temperatur	81,9	88,3	90,6
Minimum	59,0	61,8	48,8
Differenz	22,9	26,5	41,8
Mittlere Temperatur des Sommers.	73,9	75,0	69,4
Heißester Monat	November	November	November
Winter.			
Maximum der Temperatur	73,3	75,3	69,8
Minimum	45,3	46,8	36,9
Differenz	28,0	28,5	32,9
Mittlere Temperatur des Winters	59,3	61,0	53,3
Kältester Monat	Juli	August	Juli
Mittlere Temperatur des Jahres	66,6	68,0	61,3

In den am Meere gelegenen Gegenden wird die sommerliche Hitze gemildert durch von der See her wehende Winde, die gewöhnlich gegen 10 Uhr Vormittags sich erheben, sehr erfrischend wirken und gegen 4 Uhr Nachmittags sich wieder legen. Nachts bläst eine gleicherweise stetige und wohlthätige Brise vom Lande her. Die Morgen und Abende sind entzückend kühl. Dank diesen mildernden Einflüssen und der außerordentlichen Trockenheit der Luft verursacht die hohe Temperatur verhältnißmäßig wenige Unbequemlichkeiten. Sie erzeugt weder Trägheit des Körpers noch Mattigkeit des Geistes. Geschäfte außer dem Hause können im Allgemeinen ohne Mißbehagen erledigt werden. Selbst die Lust an Vergnügungen zeigt sich durch ausgelassene Laune und durch ein Drängen nach Thätigkeit, während überwältigende Mattigkeit und Ermüdung die Folge eines weit geringeren Hitzegrades in dem feuchten Klima Europa's sein würde.

Von der Küste entfernt sind die glühenden Strahlen der sommerlichen Sonne weniger erträglich; die Glut ist entsetzlich, und der Wassermangel macht die Zeit der größten Hitze oft zu einer unausstehlichen.

Vom Vorhandensein eines Winters in den südlicheren australischen Kolonien kann kaum die Rede sein. Es friert selten so stark, daß sich Eis bildet. Am frühen Morgen indeß ist die Luft von schneidender Kälte und das Gras mit dünnem weißen Reif bedeckt. Schnee ist ein fast gänzlich unbekannter Gegenstand. Des Feuers bedarf man Morgens und Abends, zuweilen auch den Tag über; aber in der Regel machen bald nach 9 Uhr eine warme Sonne und ein klarer italienischer Himmel es wünschenswerth, das Feuer ausgehen zu lassen und die Fenster zu öffnen. Wenn man das Haus verläßt, braucht man nicht etwa besonders erst sich einzuhüllen. Im Innern des Landes bildet sich wol eine Eislage von der Dicke eines Pfennigstückes auf freistehendem Wasser, weiter aber dehnt sich der Prozeß des Gefrierens im Binnenlande nicht aus. Einen bedeutenderen Kältegrad kann man natürlich in den bergigen Gegenden beobachten; Schnee fällt in reichlichem Maße auf den höheren Hochlanden und bleibt auch auf kurze Zeit auf den Hochebenen von Bathurst, Argyle und anderer höher gelegenen Orte liegen. Verglichen mit dem Klima anderer Orte hat Port Macquarie, 31° 25′ südlicher Breite von Strzelecki denselben Sommer wie Florenz, Barcelona, Rom und Neapel, denselben Winter wie Junchal auf Madeira oder Benares in Indien und eine durchschnittliche Jahrestemperatur wie Tunis. Sydney, 33° 51′ südlicher Breite hat, nach ähnlichen Vergleichen denselben Sommer mit Avignon in Frankreich, mit Konstantinopel, Baltimore oder Philadelphia; denselben Winter wie Kairo in Aegypten oder wie das Kap der guten Hoffnung; und die mittlere jährliche Temperatur entspricht der von Messina in Sizilien. Melbourne, 38° 18′ südlicher Breite, gleicht mit seinem Sommer dem von Baden, Marseille und Bordeaux; mit seinem Winter dem von Palermo oder Buenos-Aires; das jährliche Mittel ist dasselbe wie in Neapel. „Ich kenne", sagt Oberst Mundy, „nur eine einzige Wärmflasche in Neusüdwales. Ich werde die Eigenthümerin zu bewegen suchen, sie dem Museum in Sydney zu schenken, wenn sie nach England zurückkehrt; denn ich bin vollkommen überzeugt, daß von hundert Anglo-Australiern, die das Institut besuchen, neunundneunzig mit dem Zweck und Gebrauch des Geräths durchaus unbekannt sein werden."

Im Sommer sind Gewitter, die oft einen heftigen Charakter annehmen, nicht selten. Diese Ungewitter sind bisweilen begleitet von Hagelstücken von außerordentlicher Größe. Lämmer sind zuweilen durch sie getödtet worden, und Vögel, Fruchtbäume und Weinberge leiden verhältnißmäßig mehr oder weniger.

Wenn man die weiten Ebenen im Innern durchschreitet, nimmt man oft Luftspiegelungen wahr, die den Reisenden durch den fernen Anblick von Wasser auf dem erhitzten Boden und das verzerrte oder umgekehrte Bild natürlicher Gegenstände täuschen; sie sind die Folge der ungleich die Strahlen brechenden Luftschichten von verschiedener Dichtigkeit. Ein eigenthümliches Schauspiel bieten auch bei trockenem, heißem Wetter die Wirbelwinde, die hinter einander her durch diese anscheinend endlosen Ebenen sich bewegen, Sand, Blätter, Gras und andere leichte Gegenstände auf ihrem Wege zu beträchtlicher Höhe erheben und sie mit großer Gewalt herumwirbeln. Die Säulen haben eine senkrechte Haltung. Sie scheinen, von fern gesehen, sich nur langsam vorwärts zu bewegen, in Wirklichkeit aber schreiten sie mit großer Schnelligkeit fort, so daß Reiter es vergebens mit ihnen aufzunehmen versucht haben. Wenn einige verschwinden, erheben sich neue und setzen den Zug fort. Wenn sie auf einen Bach oder Fluß stoßen, wird das Wasser unruhig, kommen sie aber an einen Berg, so ist's mit ihnen zu Ende. Die Eingeborenen fürchten diese beweglichen Sandsäulen infolge abergläubischer Begriffe, indem sie es für eine Vorbedeutung eines schnellen Todes halten, von einem solchen Wirbel umschlossen zu sein. Aegypten, Arabien und andere Gegenden mit stark erhitzten Ebenen zeigen dieselben Erscheinungen; und es gehört nicht viel Einbildungskraft dazu, sie in luftige Riesen zu verwandeln, die sich nach mühevoller Arbeit der Kurzweil ergeben. Unglück ereignet sich selten; aber Orkane, die in Wirbelwinde übergehen, und die von Regengüssen begleitet werden, entfalten oft große Gewalt in gewissen Theilen des Landes und verwüsten vollständig die Gegenden, durch die sie ziehen.

Alle Kolonien sind im Sommer gelegentlichen Sturmwinden, dem infolge seiner außerordentlich hohen Temperatur sogenannten „heißen Winde", ausgesetzt. Unter seinem Einfluß steigt das Thermometer auf 100^0, ja auf 117^0 im Schatten. Obgleich an Kraft und Dauer verschieden, bleibt er in seiner Richtung immer derselbe. In Neusüdwales und Viktoria, namentlich an letzterem Orte, kommt er von Nordwesten; in Adelaide von Norden; an der Spitze der Australischen Bucht von Nordosten und an der Westküste von Osten. Ein Blick auf die Karte zeigt sofort, daß diese Punkte auf der Peripherie in einem Verhältniß stehen zu den bis vor Kurzem noch unbekannten Gegenden in der Mitte, wo der Wind seinen Ursprung nimmt. Ströme stark erhitzter Luft aus jener Gegend sind fast unvereinbar mit der Annahme, daß im Innern Wasser oder eine Bergkette von irgend welcher Wichtigkeit vorhanden sei, während sie ziemlich sicher auf das Vorhandensein weit ausgedehnter brennender Einöden hinweisen. Sydney ist vor der Einwirkung dieses Windes einigermaßen geschützt durch den Wall von

Hochlanden, der es von den inneren Gegenden trennt. Dennoch ist der Hauch des grimmigen Sirocco ein alljährlicher unwillkommener Gast, der sich durchschnittlich etwa viermal jeden Sommer einfindet. Jeder Besuch dauert 24 bis 36 Stunden, während welcher Zeit die Atmosphäre einem Luftstrom aus einem Back= oder Schmelzofen gleicht. Auf der westlichen, dem Winde ausgesetzten Seite der Berge steigert er die mittlere Temperatur eines Sommertages auf 40°, während dieselbe auf der entgegengesetzten, mehr geschützten Seite bis 25° und 30° zunimmt. In Melbourne und Geelong, die durch eine höhere Kette nicht geschützt werden, wird der heiße Wind schwerer empfunden. Auch in Adelaide, in nächster Nähe der inneren Wüste, wirkt er stärker und dauert oft bis zu neun Tagen. Wenn der Sirocco ausgewüthet hat, folgt gewöhnlich unmittelbar darauf ein Stoß von Süden, ein „southerly buster", wie der Kolonist sagt, der, da er kalt ist, die Temperatur schnell wieder niederdrückt. Innerhalb 20 Minuten ist ein Fallen des Thermometers von eben so vielen Graden beobachtet worden.

Die über den Einfluß der heißen Winde auf Menschen gemachten Erfahrungen sind verschieden. Ich habe Leute gekannt, welche sich in der stauberfüllten Backofenluft wohl befanden, andere, denen sie unerträglich war. Erstere wohnten nun freilich zumeist in steinernen Häusern, oder waren an tropisches Klima gewöhnt. Ich selbst kann als das Resultat eigener vierzehnjähriger Erfahrung in den verschiedensten Theilen des Landes konstatiren, daß, wenn Jemand sich den Winden auszusetzen gezwungen ist, man recht gut umhergehen, wie auch den ganzen Tag beim Wehen des schwülen Windes arbeiten kann. Aber ein Gefühl großen Unbehagens wird doch im Allgemeinen hervorgebracht. Der Schweiß tritt nicht hervor, die Lippen sind trocken und die Haut juckt, wenngleich der menschlichen Gesundheit kein Nachtheil geschieht, und die außerordentliche Mattigkeit, die der Sirocco in Italien veranlaßt, unbekannt ist. Die große Pein des Luftstromes, der gewöhnlich stark und stetig bläst, besteht nicht so sehr in der großen Hitze, als in dem feinen Staub, den er aus den inneren Ebenen aufwirbelt, und sonstigen Körnern, die groß genug sind, um ein schmerzliches Gefühl auf der Haut zu erzeugen. Die Atmosphäre, wenngleich frei von Wolken, wird dick und nebelig durch die Vermengung mit unzähligen kleinen Staubtheilchen. Die Sonne verliert ihren Glanz und nimmt ein feuriges Aussehen an infolge der rothen Strahlen, die allein einen Weg durch die dicke Luft finden. Thüren und Fenster werden zu Sydney, Melbourne, Geelong und Adelaide sofort fest verschlossen: aber der Staub erzwingt sich seinen Durchgang durch die kleinsten Oeffnungen und bedeckt drinnen Nahrung und Hausgeräth. Strzelecki, der von Neuseeland nach Neusüdwales segelte, wurde zwei Tage hinter einander durch den heftig wehenden heißen Wind abgehalten, in den Hafen von Port Jackson einzulaufen. Obgleich 60 Meilen vom Ufer, war die Hitze über 90° und die Segel des Schiffes wurden durch den Wind von einem feinen Pulver überzogen. Mag der Einfluß dieses Windes für den menschlichen Körper noch so unschädlich sein, für die Vegetation, sowol die einheimische wie die exotische, ist er außerordentlich verderblich. Zarte Blumen schrumpfen sofort zusammen; alles Grün trocknet aus wie halb verbranntes Papier: die Frucht des Feigenbaumes wie des Weinstocks wird beschädigt oder vernichtet. Die rothen und die blauen Trauben verlieren gewöhnlich ihre Farbe und ihre wässerigen Bestand=theile; die Beschaffenheit des Getreides wird gewöhnlich verschlechtert, und ganze Felder mit Weizen, Gerste und anderen Körnerarten werden zuweilen durch die Hitze vollständig versengt, so daß sie zu nichts mehr tauglich sind, als abgeschnit=ten und zur Streue verwendet zu werden.

Die durch Beobachtung erzielten Resultate über die j ä h r l i c h e W a s s e r = menge sind sehr beachtenswerth, verglichen mit der vorherrschenden Trockenheit der Luft und dem gänzlichen Mangel an Oberwasser; denn sowol in Neusüdwales wie auch in Viktoria ist sie beträchtlich größer als der Durchschnitt in dem sprüch= wörtlich feuchten Klima Großbritanniens. Folgende Tabelle für zehn Jahre wurde aufgestellt an der Südspitze von Port Jackson, einem Orte, der 75m über dem Meeresspiegel liegt:

1862	—	48,32	Zoll in 137	Tagen
1863	—	62,78	„ „ 168	„
1864	—	70,67	„ „ 157	„
1865	—	62,02	„ „ 132	„
1866	—	43,83	„ „ 139	„
1867	—	42,79	„ „ 142	„
1868	—	59,15	„ „ 155	„
1869	—	21,48	„ „ 138	„
1870	—	44,87	„ „ 157	„
1871	—	35,13	„ „ 142	„

Im Ganzen in zehn Jahren 491 Zoll in 1467 Tagen oder 49 Zoll jährlich in 146 Tagen. Man ersieht aus der Tabelle, daß ein außergewöhnlich trockenes Jahr, mit anderen verglichen, gelegentlich eintrifft. Im Jahre 1876 beträgt der nachgewiesene Regen kaum halb so viel, wie das Minimum anderer Jahre und nicht einmal ein Trittel vom Maximum. Und doch kam in diesem trockenen Jahre der Niederschlag beinahe dem durchschnittlichen in London gleich, der wenig mehr als 22 Zoll ausmacht. Die größte Menge wurde nachgewiesen in den Monaten Jannar, Februar, April und Juli, die geringste im September, Oktober und November. Der April war der feuchteste und der November der trockenste Monat. Der folgende Ausweis der Regenmenge für drei Stationen umfaßt 8730 Tage der Beobachtung:

	Sydney	P. Macquarie.	Melbourne
Sommer	24,42 Zoll	37,58 Zoll	13,25 Zoll.
Winter	28,00 „	25,10 „	17,47 „
Jährliche Menge	52,42 „	62,68 „	30,72 „

Die jährliche Regenmenge in diesen Kolonien ist im Allgemeinen reichlich, anstatt gering, aber die Vertheilung ist eine unregelmäßige. Während bei uns eine mäßige Menge von Niederschlägen ziemlich gleichmäßig durch das ganze Jahr vertheilt ist, fällt vom australischen Himmel in sehr kurzer Zeit eine gewaltige Masse hernieder, während dann für lange Zeit das blaue Himmelsgewölbe

ausſieht, als ob es nie eine Wolke gekannt hätte. Anſtatt in ruhigem Tröpfeln be=
ſteht ein Regenſchauer oft in einer vollkommenen Flut, die mit außerordentlicher
Gewalt herniederſtürzt und eine zeitweilige Ueberſchwemmung verurſacht. Bei
zwei Gelegenheiten iſt zu Sydney innerhalb 24 Stunden der ungewöhnliche
Niederſchlag von mehr als 20 Zoll aufgezeichnet worden, eine Waſſermaſſe, wie
ſie während des ganzen Jahres zu London herniederfällt. Dieſer reichliche Vor=
rath iſt indeſſen bald verbraucht, ſei es durch Fortlaufen von der Erdoberfläche,
oder durch Verdunſtung, die infolge der hohen Temperatur ſchnell vor ſich geht.
Aber ungeachtet eines im Allgemeinen anſehnlichen jährlichen Niederſchlages, hat
Neuſüdwales Jahre kennen gelernt mit lang anhaltender quälender Dürre,
wo nicht ein Regentropfen gefallen iſt oder ganz wenige während eines Zeitraums
von zwei oder drei auf einander folgenden Jahren. Eine derartige Schrecken er=
regende Trockenheit, deren Gründe vollſtändig unbekannt ſind, ſcheint periodiſch
in Zwiſchenräumen von 10 bis 12 Jahren einzutreffen. Glücklicherweiſe iſt ihre
Ausdehnung erfahrungsgemäß verhältnißmäßig beſchränkt, und weder in Viktoria,
noch in Südauſtralien hat man ſie kennen gelernt.

Der Charakter des Klimas iſt nun vollſtändig beſprochen worden, wenigſtens
ſo weit, als ſeine Unannehmlichkeiten in Betracht kommen. Vergleicht man mit
ihnen die Vortheile des auſtraliſchen Klimas, ſo erſcheint es als eins der
ſchönſten in der Welt. Acht Monate im Jahre, vom Anfang März bis Anfang
November, iſt das Wetter ganz beſonders angenehm. Der Himmel iſt ſelten
bewölkt, und wochenlang blickt die Sonne Tag für Tag in ungeſchwächtem Glanze
vom nördlichen Himmel auf die Erde hernieder. Regenſchauer, die Thatkraft
von Menſch und Thier und das Leben in Wald und Feld erfriſchend, ſind in
Durchſchnittsjahren während dieſer Zeit nicht ſelten; ſelten werden indeß Anord=
nungen für außerhäusliche Beſchäftigungen getroffen, geſtört, oder Geſchäftsreiſen
durch elementare Ereigniſſe verhindert werden. Die Geſundheit des Klimas ſteht
auch außer Frage. Bedeutender und ſchneller Temperaturwechſel und ſtarke
Gegenſätze zwiſchen Mittagshitze und Mitternachtskälte wirken auf das Gefühl,
ſcheinen aber der Geſundheit nicht nachtheilig zu ſein. Nachts draußen ſich lagern,
nur mit dem Sattel als Kopfkiſſen, während die Sterne durch das Laub der
Bäume funkeln, iſt ein alltägliches Ereigniß im Leben eines Buſchmannes, das
weiter keine ſchlimmen Folgen hat, während in anderen Ländern Fieber, Rheu=
matismus und Lungenleiden auf dieſe Weiſe entſtehen würden. Ungeachtet einer
endloſen Reihe von Moraſten und mit Schilf bewachſenen Sümpfen, die mit
ſtehendem Waſſer und üppiger Vegetation bedeckt ſind, wird kein Ort auf der
Erde weniger heimgeſucht von der ganzen Klaſſe von Krankheiten, die in unreiner
Luft und ſchädlichen Dünſten ihren Urſprung haben. Die am häufigſten vor=
kommenden Krankheiten ſind Augenentzündungen infolge des hellſtrahlenden
Sonnenlichtes, gegen das man natürlich ſich ſchützen kann: die rothe Ruhr, ge=
wöhnlich durch unvernünftige Lebensweiſe und am häufigſten durch Unmäßigkeit
veranlaßt: und endlich der Schnupfen, der höchſtens für kleine Kinder und ſehr
alte Leute gefährlich werden kann. Allerdings haben unter den Scharen, die

neuerdings nach Australien gekommen sind, viele Krankheiten und Todesfälle stattgefunden; aber die außergewöhnlichen gesellschaftlichen Verhältnisse, in die sie hineingeriethen, nachdem sie an Bord des Schiffes eingepfercht waren, haben zweifelsohne nicht am wenigsten dazu beigetragen.

Das gute Aussehen der Leute in den schon länger bewohnten Gegenden und der geringe Prozentsatz an Todesfällen beweisen hinreichend die Gesundheit des Klimas. In Bathurst starben nur zwei Menschen während eines Zeitraums von 12 Jahren. In Moreton=Bai, war von 1200 Kranken innerhalb eines halben Jahres nur einer im Hospital verstorben. Gleich günstige Verhältnisse vermögen die übrigen Kolonien aufzuweisen.

Nachstehende Mittheilung über die Pflanzenwelt Australiens, habe ich ihrem wesentlichen Inhalte nach mit gütiger Erlaubniß des Herrn Verfassers aus Karl Müller's vorzüglichen Werke „Buch der Pflanzenwelt" (2. Aufl.) entlehnt, da mir die Wissenschaft der Botanik völlig fremd geblieben ist.

Wie kein anderer Kontinent, ruht der australische abgesondert von jedem andern Welttheile mitten im Meere und bildet die größte Insel der Welt, die wir nur um ihres Umfangs willen, einen Kontinent nennen.

Dieser große Küstenumfang ist von größter Bedeutung für den australischen Kontinent. Obgleich derselbe nämlich in der Gegend der Südostpassate liegt, und obgleich diese über ein weites Meer streichen, um sich mit Wasserdämpfen an= zufüllen, wehen sie doch nicht, wie Maury zeigte, senkrecht auf Australien, sondern in schiefer Richtung, so daß sie die Ostküste gleichsam nur umsäumen und nach Neu=Guinea hinaufsteigen. Es findet hier folglich das umgekehrte Verhältniß wie in Südamerika statt, wo sie senkrecht auf die Ostküste fallen, somit dampf= geschwängert das Innere des Festlandes durchdringen und diesem eine Feuchtigkeit verleihen, welche ihre Schöpferkraft in unübertroffener Pflanzenfülle und Riesen= strömen äußert. Dazu kommt noch, daß das Innere Australiens von furchtbaren Wüsten erfüllt ist. Sie müssen wie eine zweite Gobi oder Sahara auf den Kon= tinent einwirken und glühendheiße Winde bilden, die sich in der That, wahr= scheinlich durch die Südostpassate dahin gedrängt, nach Westen richten und ihn zu dem trockensten Lande der Welt umgestalten. Zwar werden die Küstenländer von Strömen benetzt, deren Fluten periodisch anschwellend sogar über ihre Ufer treten; allein sie sind und bleiben Küstenflüsse, unfähig, das ganze Jahr hindurch zu strömen. Woher auch sollten die ewigen Wasserquellen kommen, wenn das Innere ohne Hochgebirge ist? Wo sie wirklich vorhanden sind, wie in der Pro= vinz Viktoria, da strömt auch sofort der majestätische Murray ohne Aufhören schiffbar durch die unendliche Steppe zum Ozean; denn seine Quellen liegen nicht in Regenfluten, sondern in Gletschern, aus denen, wie in unseren Alpen, Gießbäche herabstürzen, die nie versiegen. Augenblicklich tauchen in dem südwestlichen Theile der australischen Alpen Gewächse auf, die nur an ewige Feuchtigkeit gebunden sind. Baumartige Farrnkräuter und immergrüne Buchen streben aus den feuchten Schluchten empor und sorgen dafür, daß unter ihrem Laubdache eine Moordecke ent= steht, die eben so auf die Erzeugung ewiger Quellen wirkt wie das ewige Eis.

Doch, wie ganz anders, wo die Flüsse nur auf zufällige Niederschläge der Atmo=
sphäre angewiesen sind! Selbst Ströme, wie der Viktoria, hören 40 engl. Meilen
oberhalb ihrer Mündung zu fließen auf und lösen sich in ein Netz von Teichen
auf, das nur von Sandsteinbänken durchsetzt wird.

Ebenso dürfte der Mangel der Deltabildungen, die wir doch meist an der
Mündung großer Ströme bemerken, darauf hinweisen.

Eukalyptenwald.

Sie fließen nicht lange genug, um sich mit Schlamm zu füllen, den ihre
Fluten zur Mündung führen und als fruchtbares Neuland ablagern könnten;
um so weniger, als die meisten von ihnen im Sommer völlig versiegen. Wie
weit dies gehe, bestätigt eine Beobachtung, welche Samuel Sidney in
seinem „Australien" giebt. Der Bruder desselben ritt einst während der
trockenen Jahreszeit auf die Entdeckung von Weidegründen aus und fand einen
Fluß, der sich zwischen hohen Ufern durch die Ebene schlängelte und dermaßen
von Grasfluren eingefaßt war, daß die Pferde bis an den Hals im Grase gingen.
Zu Tausenden flogen Tauben, Graspapageien und Wachteln auf: „von Zeit zu
Zeit donnerten Scharen von Kasuaren vorüber, Känguruß hüpften leicht dahin,
und von dem Flusse stiegen Wolken von Wasserhühnern empor. Es schien Wildpret

genug vorhanden zu sein, um eine Armee zu speisen, und Gras genug für 10,000 Stück Vieh." Trotzdem erlebte man innerhalb weniger Jahre, daß sich die grasreiche Fläche in eine sandige Wüste verwandelte und der Fluß in eine Reihe seichter Pfützen auflöste, in denen man kaum für hundert Ochsen Wasser fand.

Eine furchtbare Thatsache drängt sich uns hiermit auf, die Ansicht nämlich, daß von den 140,000 ☐Meilen des Kontinents wol an 130,000 auf die Wüste und nur 10,000 auf das bewohnbare Land fallen dürften. Daraus folgt von selbst, daß der bewohnbare Theil ein Ring ist, welcher nur der Küste folgt und sein organisches Leben zumeist dem Meere verdankt. So weit sein Einfluß reicht, so weit, aber auch nur so weit erscheint eine Pflanzendecke. Nach dem Innern zu wird sie auf die Berge beschränkt; denn hier ist es ja, wo fast nur Sand und Salz= sümpfe die Oberfläche bedecken, beide nicht geeignet, ein üppiges Leben hervorzurufen.

Ein bemerkenswerther Widerspruch thut sich in dieser Erfahrung kund. Während Alles in den Küstenländern darauf hindeutet, daß gerade Australien einer der ältesten Erdtheile und derjenige sei, auf welchem sich noch mehr als in den übrigen Kontinenten aus früheren Schöpfungszeiten erhalten habe, entspricht das salzreiche Innere den jüngst aus den Meeresfluten gehobenen Ländern. Diesen Widerspruch begreiflich zu finden, bleibt nur die Annahme übrig, daß Australien zuerst als ein Ring aus dem Meere gehoben wurde, weit später erst der innere Theil nachfolgte, dessen Salzwasser im Laufe der Millionen Jahre zum größten Theile verdunstete, zum Theil noch in unzähligen Salzseen vorhanden ist. Soviel wenigstens scheint für jetzt bereits festzustehen, daß die hebende Kraft sich in Australien vorzugsweise in dem Litoralringe äußerte, und, wie wir nach den Mittheilungen von Ludwig Becker sogleich hinzusetzen wollen, noch äußert. Nach ihm soll sich der Boden um Melbourne binnen 56 Jahren um 6 m. gehoben haben. Was auch an allen diesen Muthmaßungen Wahres sein möge, die Thatsache ist nicht zu leugnen, daß Australien durch innere Wüstennatur und die Ablenkung der regenschwangeren Südostpassate das trockenste Land der Erde und damit zugleich ein Seitenstück zu den wüstenartigen Theilen Afrika's genannt werden muß. Es ist ein Land, das einige oasenartige Theile nur da besitzt, wo es der See ausgesetzt ist und wo es dem wohlthätigen Einflusse der quellenerzeugenden Hochgebirge unterliegt.

Wir erinnern nicht umsonst an jenen Erdtheil. Gewissermaßen ist der australische Kontinent das Afrika des großen Ozeans. Massig zusammengedrängt, überaus arm an Buchten, gehören beide nur den warmen Zonen an. Australiens Nordspitzen ragen in die Aequatorialzone; die südlicheren Theile fallen der tropischen und subtropischen, die Südspitzen der wärmeren gemäßigten Zone anheim. Am nördlichen Saume entsprechen die Carpentaria=Bai und der Cam= bridge=Golf den beiden Syrten der afrikanischen Nordküste; im Süden wiederholt die Austral=Bay den Meerbusen von Guinea; die Provinz Viktoria, noch besser das offenbar zum Festlande gehörige Tasmanien, ist als Südspitze Australiens gewissermaßen das Kapland Afrika's; kurz die ganze Gestalt und Lage deutet wesentlich auf diesen Erdtheil hin.

Adansonia Gregorii oder der australische Affenbrotbaum.

Der Mangel eines ausgebildeten, weit verzweigten Stromsystems in beiden Welten, die häufig im Sande verlaufenden Flüsse und regenlosen Wüsten erhöhen die gegenseitige Verwandtschaft; die Pflanzendecke vollendet sie. Sie entspricht der südafrikanischen. Zwar fehlen Australien die Heidekräuter, dafür aber treten die Epakrideen als Seitenstück auf. Die Proteaceen sind beiden Ländern gemeinsam, in beiden finden sich die wunderbaren Zapfenpalmen wieder, in beiden bekleiden sich die steppenartigen Theile (denn auch Australien hat seine Karroo in seinen unübersehbaren Thonflächen) mit Saftpflanzen, wenn auch reichlicher in Südafrika.

Der australische Kontinent scheint nur die Familie der Feigenbäume Ficoideen (Tetragonien und Eiskräuter) hervorgebracht zu haben, und auf einigen Savannen überzieht Mesembrianthemum aequilaterale ausgedehnte Striche. Aber auch darin herrscht eine besondere Verwandtschaft zu denen des Kaplandes. Wie hier ein Eiskraut, die sogenannte Hottentottenfeige, eine der wenigen eßbaren Früchte des Landes gab, so kehrt auch in Australien derselbe Fall wieder. In der Murraywüste entdeckte Ferdinand v. Müller ihre Vertreterin in dem Zwergeiskraute (Mesembrianthemum praecox), dessen angenehme Frucht er sogar zur Kultur empfahl. Als eine Art Gemüse gehört ferner eine Art Spinat (Tetragonia inermis) hierher.

Eine neue Verwandtschaft zu Südafrika beruht darin, daß auch hier, wie im Kaplande, gerade einige allgemeiner verbreitete Nahrungsmittel von Haus aus entweder giftig sind oder doch zur Verwandtschaft der Giftgewächse gehören. Besonders erwähnt Leichhardt einer Zapfenpalme (Cycas spiralis), deren trockene Früchte heftiges Erbrechen verursachen, und eines Pandangs (Pandanus), dessen Zapfenfrucht im wilden Zustande nicht minder schädlich ist. Beide werden von den Eingeborenen entweder durch Röstung über dem Feuer oder durch Einweichen in Wasser und durch Gährung genießbar gemacht. Freilich theilen Südafrika und Australien diese Eigenthümlichkeit immerhin auch mit anderen Ländern. Unsere Kartoffel entstammt ja der äußerst giftreichen Familie der Solaneen, der Maniok der nicht minder gefährlichen der Wolfsmilchgewächse. Das wunderbarste Seitenstück zur afrikanischen Flora bildet unzweifelhaft der Gouty=Stem=Tree oder der Affenbrotbaum (Adansonia Gregorii F. Müll.). Von Gregory in Nordwestaustralien entdeckt, beschränkt er sich im Allgemeinen auf die sandigen oder felsigen Küsten und erreicht daselbst einen Umfang von 25 m in seinem unteren Stammtheile. Wie bei der afrikanischen Art, bildet der Stamm nur ein höchst weiches Holz aus. Er wirkt wie ein Schwamm auf die Feuchtigkeit seiner Umgebung, und stellt damit zur Zeit des Saftsteigens eine neue Art vegetabilischer Quelle dar, die besonders den Schafherden zugute kommt. Denn diese Thiere saugen begierig die Späne aus, welche die Axt mit leichter Mühe vom Stamme trennt, und erquicken sich an der Feuchtigkeit des lockeren Zellgewebes. Der Baum theilt auch diese Eigenthümlichkeit mit seinem afrikanischen Verwandten, den man um seiner weinsäuerlichen Frucht willen in Südafrika den „Cremortartaribaum" oder „sauren Kürbis" bezeichnend genannt hat. So seltsam er durch das Alles von seiner Umgebung absticht, ebenso seltsam nimmt er sich von der immergrünen Vegetation Australiens dadurch aus, daß er, wie die afrikanische Art nach vollbrachtem Vegetationscyklus sein Laub abwirft. Kurz Alles vereinigt sich, ihn nicht allein als eines der ältesten organischen Denkmäler der Erde, sondern auch als eines der seltsamsten hinzustellen: als ein Denkmal, welches die beiden Kontinente noch inniger verbindet und ihren geologischen Ursprung in dieselbe Schöpfungs= zeit verlegt. Es dürfte zugleich mehr als Zufälligkeit sein, daß beide Kontinente schwarze Menschen hervorgebracht haben.

Der australische Flaschenbaum (Delabechia rupestris, Mitch.).

Auf jeden Fall muß die Meinung Derer, welche Australien für den ältesten Erdtheil halten, dahin berichtigt werden, daß derselbe mit einem großen Theile von Afrika gleichalterig sei. Wie uns Dr. Ferdinand v. Müller berichtet, verbündet sich der Affenbrotbaum auf dem Gebirgsrücken, welcher die Gewässer des Glenelg und Prinz=Regenten=Flusses scheidet, zugleich mit einer eigenthüm= lichen Araukarie, die als Nadelbaum mit ihren senkrecht strebenden Gipfeln einen der sonderbarsten Kontraste zu der weithin gewölbten Krone des Affenbrotbaumes hervorbringen muß. Nebenbei bemerkt, ist der australische Affenbrotbaum nicht der einzige Vertreter malvenartiger Bäume.

Von Sir Thomas Mitchell, dem bekannten Erforscher des glücklichen Australiens, wie er die Kolonie Viktoria nannte, entdeckt, bildet der australische Flaschenbaum (Delabechia rupestris), eine Sterkuliacee, den zweiten Vertreter. Aehnlich dem Affenbrotbaum und den meisten baumartigen Malvaceen im weitesten Sinne, entwickelt auch er einen überaus plumpen, umfangreichen Stamm, welcher die seltsame Gestalt einer riesigen Zwiebel oder, wie Daniel Bunce, der botanische Begleiter des unglücklichen Leichhardt auf dessen zweiter Reise, sich ausdrückt, einer Sodawasserflasche annimmt, während die laubreiche Krone dem Baume eine Höhe von 13 bis 20 m zuertheilt. Wenn auch die Blätter durch ihre längliche und ganzrandige Form durchaus nicht an die geschlitzte und handartige des Affenbrotbaumes erinnern, so thut es der Stamm um so mehr. Das Holz besitzt dieselbe lockere Textur und wird durch traganthartigen Schleim erfüllt, während das Innere so fleischig und markig wie das einer Kohlrübe ist. Das auch ist der Grund, warum die Eingeborenen dasselbe, nachdem sie die Rinde durchschnitten haben, zur Speise herausholen, indeß sie Bindfaden und Netze aus der Rinde verfertigen. Wie der Baobab, bewohnt auch der Flaschenbaum die inneren Gebiete des Sandsteinlandes.

Das Dasein der Araukarien verleiht Australien einen Charakter, den Afrika nicht besitzt. Diese schöne Pflanzenform, welche schon in den ältesten Schöpfungszeiten vorhanden war, besitzt der australische Kontinent, wie es scheint, in mehreren Arten. Denn außer der obengenannten, systematisch noch nicht erkannten Art finde ich hierher gehörig angegeben: den Bunya-Bunya-Baum (Ar. Bidwellii) und die Moreton-Bai-Tanne (Ar. Cunninghami) in den östlichen Gebirgszügen. Von der ersten Art sagt Bunce, daß sie einen Zapfen von der Größe einer Kokosnuß treibe, dessen Same an den Geschmack einer mehligen Kartoffel erinnere. Wie die chilesische Araukarie alljährlich den indianischen Stamm der Araukanen zur Wanderung bestimmt, ebenso versammelt jene zahlreiche Schwarze, welche zur Zeit der Fruchtreise in das Gebiet der Bunya-Bunya wandern, wo der stolze Nadelholzbaum mit den symmetrisch um den Stamm gefügten eleganten und federartig verzweigten, herrlich geschwungenen Aesten einen schmalen Streifen des Hochlandes im östlichen Küstengebirge von etwa 12 1/2 engl. Meilen in der Breite und 25 engl. Meilen in der Länge bewohnt. Kehren wir endlich nach dieser langen Abschweifung zu dem Vergleiche von Afrika und Australien zurück. Um die Verwandtschaft beider Länder voll zu machen, erscheinen in Australien einzelne Gattungen in erstaunlicher Artenanzahl, d. h. so außerordentlich gespalten, daß hierdurch eine eben so großartige Einförmigkeit der Pflanzendecke hervorgerufen wird, wie wir sie trotz aller Mannichfaltigkeit im Kapland fanden. Das Verhältniß ist nur auf andere Typen, auf Leptospermen, Pimeleen, Myoporen, Kasuarinen, Melaleuken, Akazien, vor allen aber auf Eukalypten übergegangen. Auch die Sauerkleepflanzen (Oxalideen) und Pelargonien der afrikanischen Karrusteppen finden sich auf den australischen Savannen, aber in winziger Zahl. Es folgt daraus ein neuer Beweis für das wichtige organische Gesetz, daß gleiche Verhältnisse im Boden und Klima unter verschiedenen Himmelsstrichen im Allgemeinen

nie dieselben, sondern ähnliche Organismen, und je nach den örtlichen Verschieden=
heiten von Boden und Klima in besonderen Zahlenverhältnissen hervorbrachten.
Wollten wir dies auch durch die Thierwelt begründen, so würde der Unterschied
noch weit bedeutender ausfallen. Wir haben mithin ein Recht, die südafrikanische
und australische Flor eine entsprechende (korrespondirende) zu nennen.

Eine andere Vergleichung drängt sich uns hier auf, die wir um so weniger
übergehen können, als sie schon zu geographischen Mißverständnissen in einigen
Lehrbüchern der Geographie geführt hat: nämlich das Verhältniß beider Anti=
poden zu einander.

Der Bunra Bunra Baum (Araucaria Bidwellii).

Allerdings ist Australien Europa's Gegenfüßler; allein darum ist es noch nicht
die verkehrte Welt, in welcher wir Alles anders erwarten dürfen, als wir es in Europa
gewohnt waren. Während bei uns, sagt man, die Birne ihren Stiel an dem spitzen
Theile trägt, geht er bei der australischen auf den dicken über; während unsere Kir=
schen ihren Kern im Innern bilden, entwickelt er sich dort auf der Frucht. Das
Thatsächliche davon ist Folgendes. Die australische Birne ist ein Strauch aus der
Familie der Proteaceen, das Xylomelum pyriforme; er wächst an sandigen, öden
Stellen, trägt längliche, lorberartige, lederharte Blätter, ährenförmig gestellte,
braunfilzige Blüten und jene verkehrt=birnenförmige Frucht, die aber nicht eßbar ist
und sich beim Trocknen spaltet. Im ersten Augenblicke hält man sie eher für das
Erzeugniß eines Drechslers, als der Natur. Doch zeigt eine innere Vertiefung an
der Spitze beider Hälften des vollkommen verholzten Fruchtbodens das Lager des
herausgefallenen Samens unzweideutig an. Mit der Kirsche verhält es sich

ähnlich. Sie ist ein Strauch von $3\frac{1}{2}$ bis 4 m Höhe und trägt eine rothe oder gelbe Frucht von der Größe einer dicken Erbse und von trockenem, beißendem Geschmacke. Diese Frucht ist jedoch nichts weiter als der beerenartig verdickte Fruchtstiel. Daher erklärt sich das Wunder sehr einfach, daß die eigentliche Frucht, der steinige Same, auf der dem Stiele entgegengesetzten Seite wächst. Der Strauch gehört zu der Familie der Santelgewächse, und zwar zu der deshalb so genannten Gattung der Außenfrucht (Exocarpus). Will man die verkehrte Welt einmal in Australien finden, so ist es allerdings richtig, daß dort die Bäume statt des Laubes periodisch ihre Rinde abwerfen. Einmal im Jahre häutet sich jeder Baum, und zwar im März, dem ersten Herbstmonate. Die äußerste Haut der Rinde scheint dann, von der Sonne versengt, Blasen zu bekommen, rollt sich auf und fällt in Stücken von jeder Größe ab, was den Bäumen ein merkwürdig scheckiges und zerlumptes Ansehen giebt. Wenn diese dünne Haut ganz abgefallen ist, erkennt man die Bäume kaum wieder; denn die Stämme, welche vorher braun waren, haben jetzt eine helle, gelbe oder hellblaue Farbe. Mit der Zeit werden sie wieder grauer, bis der Herbst naht und die Bäume sich wieder häuten. Bekanntlich steht auch diese Erscheinung nicht allein, wenn man sich nur der Platanen, Kiefern und Birken erinnert. Will man die Sache noch weiter treiben, so kann man auch behaupten, daß in Australien die Dornen Blätter und Blumen treiben. Wenigstens zeigt dies die seltsame Cryptandra spinescens Sieb., ein zierlicher Strauch, an welchem jedes Aestchen seine abwechselnd gestellten zarten Zweige in Dornen verwandelt, an denen allein die winzig kugeligen Blumen und winzigen Blätter hervorbrechen. Dennoch zeigt auch der Schlehdorn hier zu Lande etwas Aehnliches. Man kann auch sagen, daß, während bei uns das Laub, in horizontaler Lage um die Aeste gestellt, sich in sanften Linien den Achsen anschmiegt, in Australien die Blätter sich starr von ihnen ab- und ihre scharfe Fläche der Sonne zuwenden. Daher kommt es, daß die australischen Wälder, mit wenigen Ausnahmen, wenig Schatten werfen, nach Art der Nadelhölzer keine oder doch nur eine kümmerliche Humusdecke erzeugen und das Laub um so lederartiger wird, als seine beiden breiten Flächen mit Spaltöffnungen versehen sind, welche eine größere Verdunstung in dem überdies trockenen Klima befördern. Je saftloser aber das Laub, um so matter muß sein Grün werden. So ist es in der That, und zwar in einer nichts weniger als wohlthuenden Weise. Eukalypten und jene blattlosen Akazien, deren Blattstiele allein sich laubartig erweitern, zeigen diese Eigenthümlichkeit im höchsten Grade. Mögen aber auch daneben — neue Verkehrtheiten! — die reichlich vorhandenen Pilze des Nachts in phosphorischem Lichte durch den Wald leuchten, wo die Eule am Tage, der Kukuk nur des Nachts schreit und in Wasserlöchern Thiere mit Entenschnäbeln (Ornithorhynchus paradoxus, der Warwar der Eingeborenen) hausen, während die Adler weiß, Schwäne und Gänse schwarz, die Bäume immer braun, die Gräser hoch und die Wälder niedrig sind: so erinnert doch die Natur an die des Nordens, und um so mehr, als sich zu den Füßen aller dieser Kuriositäten eine Menge Kräuter einstellen, welche geradezu europäische Typen sind.

Saßkatschen.

Das Verhältniß kehrt sich nur um; während im Norden die Nadelhölzer die starre Lebensform vertreten, wird sie dort von laubtragenden Gewächsen dargestellt. Wir sind hiermit auf den eigentlichen Charakter Australiens gekommen. Starr und dürr erscheint, mit wenigen Ausnahmen, die Waldung; das Laub strebt auffallend dem Nadelförmigen, der Stamm dem Knorrigen zu. Das Nadelförmige theilt Australien mit Südafrika, insofern wenigstens diese Form auf Familien übergeht, die nicht in geringster Verwandtschaft zu den Nadelhöl= zern stehen. Waren es auf dem Kap besonders Heidekräuter, so sind es hier selbst die poetischeren Myrtengewächse, besonders Bäkeaarten und Darwinien (Darwinia fascicularis). Die Blattstellung der letzteren erinnert deutlich an die Ceder. Was die Myrtensträucher nicht thun, vollenden die heideartigen Epacri= deen, Tremadreen und Diosmeen. Selbst Hülsengewächse unterwerfen sich diesem Gesetze, denn die strauchartigen Pultenäen (Pultenaea proteoides, paleacea u. a.) sind ihrer Belaubung nach Fichtenzweige, während die gipfelständigen Blumen= köpfe mit den Cytißussträuchern verglichen werden könnten. Mit dieser Nadel= form wetteifert das Bestreben vieler Pflanzen, eine besen= oder ruthenartige Tracht anzunehmen; eine Erinnerung an den Besenginster unserer sandigen Heiden. Leptomerien aus der Familie der Santelgewächse sind gleichsam geborene Ruthen. Andere — und dieser Fall zieht sich durch die verschiedensten Pflanzen= familien — nehmen eine flache riemenartige Gestalt sowol in den Blättern wie in den Stengeln an. Darum ist die Blattform des Rosmarins und der Weiden eine herrschende, sie geht bei Loranthaceen und Eukalypten nicht selten in die sichelförmig gebogene über. Noch andere verbinden mit der Tracht der Binsen= gräser liebliche Blumen. Der sonderbare Strauch der Viminaria denudata ent= wickelt nichts als ein fadenförmiges, den Binsenschaften ähnelndes, völlig nacktes, nur an den Spitzen der Aeste mit winzigen Blättchen, aber goldigen Schmetter= lingsblumen verziertes Zweigwerk. Nichts gleicht an trauriger Einförmigkeit den Kasuarinen, diesen Kiefern Australiens. Denn wir dürfen sie wol so nennen, da Australien von den 19 bisher bekannten Arten allein 16 besitzt. Es würde uns unverständlich sein, warum sie der australische Kolonist die Eichen Austra= liens nennt, wenn es nicht aus seiner Bezeichnung „männliche und weibliche Eiche" hervorginge. Wir sollen hierdurch nur erfahren, daß die Kasuarinen wie die Eichen ihre beiderlei Geschlechter getrennt von einander entwickeln und daß die männlichen Blüten der ersteren in Kätzchenform auftreten. Die Frucht gleicht bekanntlich einem kleinen Tannzapfen, welcher später wie dieser aufspringt. Eher darf man die Kasuarinen die Trauerweiden Australiens nennen, deren hängendes Zweigwerk sich mit der Form der blattlosen Schachtelhalme verbindet und damit den Ausdruck wehmüthiger Stimmung verleiht. In der That sind sie auch auf den australischen Inseln die Trauerbäume der Friedhöfe. Dennoch muß man sie noch eine edle Form nennen, wenn man an ihrer Seite dieselben Proteaceen erblickt, die uns schon am Kap begegneten. Gewöhnlich ist die Blatt= form starr, selten laubartig. Wo dies geschieht, gehören die Bäume häufig zu den edelsten. So wirken namentlich die sonderbaren Bankfien mit ihren großen

Blütenzapfen, ihrem oft herrlich gezackten und verschiedenfarbigen, oft silberweißen Laube nur wohlthuend. Dagegen möchte man andere Verwandte, z. B. Hakea=arten, vegetabilische Hecheln nennen: so vollkommen starr, walzenförmig rund und stachelspitzig sind

ihre Blätter. Doch sind dergleichen Formen keine spezielle Eigenthümlich= keit Australiens. Viele unserer eigenen Ge= wächse äußern ein gleiches Bestreben, diese dornigen oder stachel= spitzen Blattformen an= zunehmen. Zeugen hier= für sind besonders Hülsengewächse (Ulex, Ononis, Genista), die gleich dem Ginsterge= strüpp unsere Heiden überziehen. Ja schon in Spanien nehmen selbst Pflanzentypen, welche bei uns kleeartige saf= tige Stengel erzeugen, strauchartige Formen an, welche ganz den vorhin genannten vegetabili= schen Hecheln gleichen. Ein Beispiel hierfür ist Anthyllis Erinacea L., eine Wundkleeart. An= derweitige Formen Au= straliens erinnern durch die außerordentliche Zer= schlitzung ihres Laubes an die Disteln; noch andere, z. B. die sonder= bare Franklandia fuci= folia, könnte man gleich= sam baumartige Tange

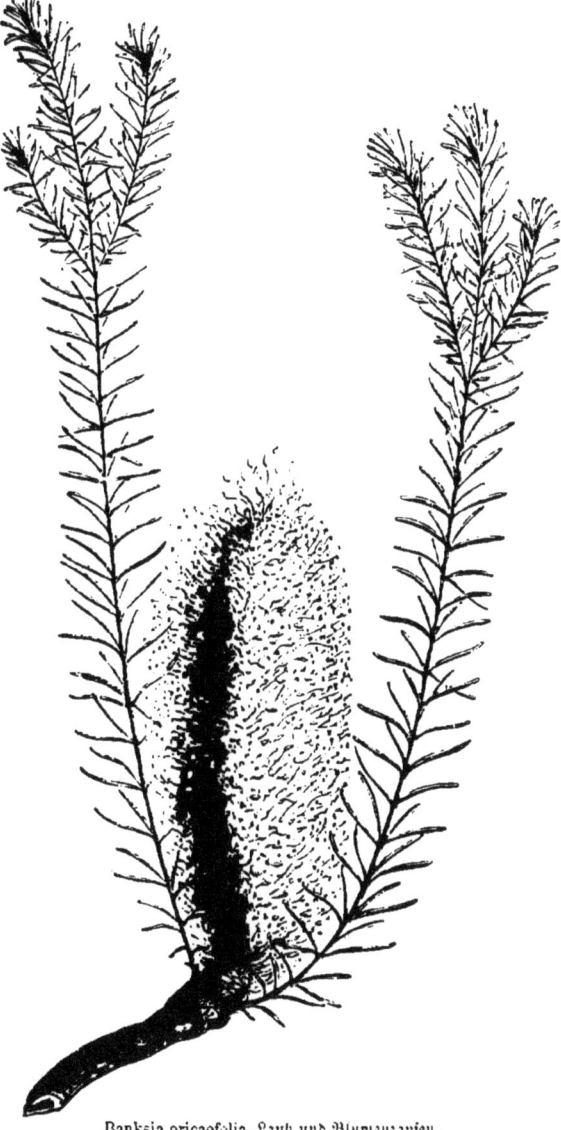

Banksia ericaefolia, Laub und Blumenzapfen.

nennen, die ihre flache und dichotomisch verzweigte Laubform den Fucusarten der Meerestiefe entlehnten. Vergegenwärtigt man sich nun, daß diese Formen nur Sträuchern und Bäumen angehören, so hat man ein Bild der sonderbaren

Gestaltungskraft, welche den australischen Kontinent auszeichnet. Aber das ist noch nicht Alles, wodurch er an den Norden mahnt. Wie auf den Alpen der verminderte Luftdruck eine raschere Verdunstung in den Pflanzen hervorruft, wie dort Alles lederartiger und wolliger wird, so in einem heißen Klima, das wir zu den trockensten der Erde zählen müssen. Die Gegensätze berühren sich auch hier; denn eine große Pflanzenmenge bringt ein Laub hervor, das sich wenigstens auf der Unterseite mit einem mehr oder minder dichten Filze bekleidet, als ob es sich ähnlich vor der versengenden Hitze der Luft und des Bodens schützen wolle, wie sich der Beduine der afrikanischen Wüsten durch warme Kleider gegen den Sonnenbrand zu stählen sucht. Dennoch kann selbst darin noch Schönes geleistet werden. Wenn bei Grevilleen die Unterseite der Blätter in zartem Atlas, bei dem Phebalium Billardierii, dem täuschend ähnlichen Vertreter unserer Oelweide, in glänzendem Silber= beschlag schimmert, dann erscheinen diese Formen wie die eleganten Aristokraten unter den Pflanzen. Doch nur zu sehr könnte man das Sprüchwort des Kaplandes anwenden und sagen: Australien ist ein Land mit Flüssen ohne Wasser, mit Blumen ohne Geruch, mit Vögeln ohne Gesang, obschon das Letztere sehr ein= geschränkt werden muß. In der That, so prachtvolle Gestalten immerhin Austra= lien hervorbringt, — und die herrliche Wüstenerbse (Clianthus Dampierii), welche Sturt auf seiner berühmten Expedition im Innern des Kontinentes fand, möge davon Zeuge sein — so wenig duftige Blumen finden sich darunter. Tro= dem und glücklicherweise hat es seine Wohlgerüche: zahlreiche Myrtengewächse hauchen sie statt der Blumen in ihren absterbenden Blättern aus, ein liebliches Bild, daß selbst der Tod nur neue Schönheit bringt. Was das sagen will, hat der unglückliche Leichhardt nur zu sehr auf seinen kühnen Entdeckungsreisen durch den australischen Kontinent erfahren. Nicht selten, daß der in furcht= barer Oede und Einförmigkeit niedergedrückte Geist des Wanderers durch die Wohlgerüche wieder belebt wird, welche todte Myrtenblätter um ihn verbreiten.

In der Wildniß Australiens überrascht uns eine doppelte Physiognomie der Landschaft; das Grasland und das Gestrüppland oder der Skrub der Kolonisten. Ein wunderbarer Gegensatz bezeichnet beide. Dort überzieht ein oft dichter Wiesenteppich den Boden, hier fehlt die Kräuterdecke gänzlich; beide aber können von Waldungen bestanden sein. Auch im Graslande herrscht ein solcher Gegensatz. Die Kräuter erinnern auffallend an die europäischen Auen, während riesige Eukalypten darüber gleichsam ungläubig die Wipfel schütteln und uns in eine andere Welt versetzen, als ob wir uns gleichzeitig in zwei verschiedenen Schöpfungsperioden befänden. In abgemessenen Entfernungen, nie ihre Krone be= rührend, stehen die Eukalypten, wie von unsichtbarer Hand berechnet gepflanzt, neben trauernden Kasuarinen, die sich auf mageren Boden flüchten und sonderbar mit ihren braungrünen Kronen von dem Frühlingsgrün des Rasens abstechen. Gummi= liefernde Akazien mit schirmartigen Kronen vollenden das seltsame Bild. Nur wo der Boden von Hügeln wellenförmig gekräuselt ist, wo das sogenannte Grubenland erscheint, überläßt der Eukalyptus seine Stelle den Kasuarinen, Akazien und Grevilleensträuchern, während der Untergrund von korbblumigen Vereinsblüthern und Gräsern bekleidet wird. In den Flußbetten nimmt das Grasland eine neue Tracht an. Gewaltige Eukalypten mit riesig dicken Stämmen umsäumen die Ufer. Wenn aber im Sommer die Flüsse versiegen, drängt sich in ihren Betten ein Kräuterteppich hervor, der nicht minder auf Europa zurückweist. Zurückgehalten durch das früher über sie hinfließende Wasser, entwickeln hier die Kräuter ihre Blumen erst, wenn alles Uebrige verdorrt ist. Oft erfüllt ein dichtes Gesträuch myrtenartiger Melaleuken und Leptospermen zugleich das Bett. Es bildet den Uebergang zu jenen schattigen, das ganze Jahr hindurch mit Wasser getränkten Schluchten. Ganz anders der Skrub. Jegliche Kräuterdecke fehlt; nur hin und wieder sproßt einsam ein dürres Gras hervor. Dafür entschädigt eine fast unendliche Mannichfaltigkeit von Sträuchern und Bäumchen, nicht selten von prächtigen Blumen geziert, die sich selbst in Europa, z. B. die Akazien und Meterosideros-arten, seit längerer Zeit ihre Freunde erwarben. Um nur einigermaßen einen Begriff von dieser Mannichfaltigkeit der Gestaltung zu geben, habe ich nach australischen Vorlagen einige Akazien zusammengestellt und abgebildet. Jeden-

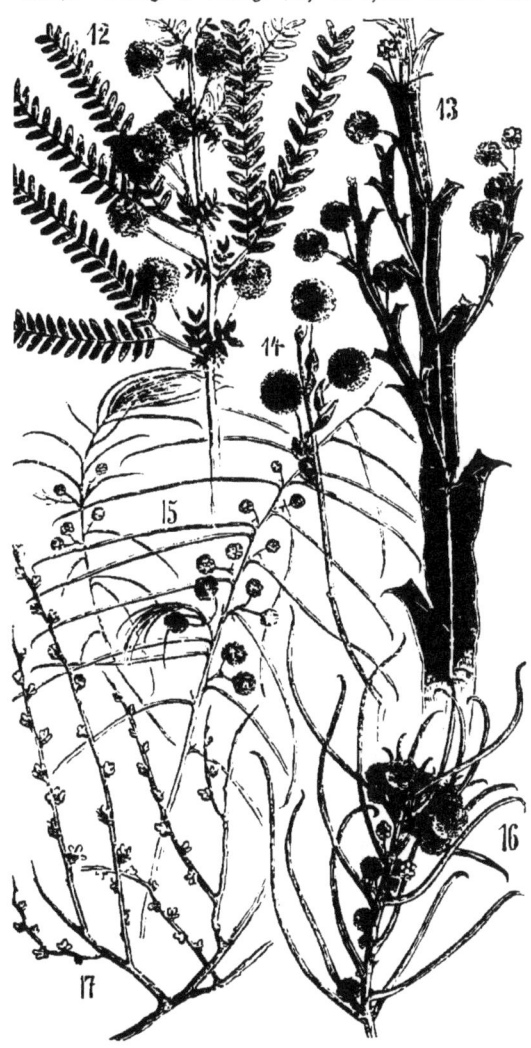

Australische Akazien, in halber Größe. Nach der Natur.
12. Acacia pentadenia, 13. platyptera, 14. carinata, 15. nematophylla, 16. leptoneura, 17. spinescens.

falls werden sie in ihren sonderbaren Zweig- und Blattformen bei gleicher Blumen-bildung für sich selbst sprechen. Trotzdem ist der Gesammteindruck kein heiterer.

So hat uns überall eine wunderbare Zweitheilung begleitet, welche ein wesentliches Merkmal australischer Natur ist. Als ob sie nur ein Ausdruck des

Klimas sei, kehrt hier Aehnliches wieder. Streng genommen giebt es in Austra=
lien nur zwei Jahreszeiten, eine trockene und eine nasse. Den ersten Winterregen
im April folgen bald auf dem in Asche verwandelten Boden des Graslandes die
ersten Frühlingsboten, Sauerkleearten und Sonnenthau (Droseraarten). In
wenigen Wochen hat sich die Natur mit einem Blumenteppich geschmückt, der an
manchen Stellen wenig vom Rasen erkennen läßt. Wo er hervortritt, bilden
Blumen (Orchideen, Melanthiaceen, Asphodeleen) von erstaunlicher Mannich=
faltigkeit und Pracht nicht selten natürliche abgetheilte Beete in seinem lachenden
Grün. Honigartigen Wohlgeruch verbreiten Stackhousien durch die milde Früh=
lingsluft, glühend rothe Blumen schimmern auf kriechenden Kennedyen durch das
Grün, goldige Ranunkeln wiegen ihre gelben Köpfchen über ihnen, Glockenblu=
men schaukeln sich auf zarten Stielchen, eine Menge europäischer Pflanzenformen
weben sich unter die wunderbaren Formen echt australischer Bildung. Ueber dem
Ganzen erhebt sich die Gestalt der Eukalypten wie ein lichter Park europäischer
Auen. Von Woche zu Woche wechselt das liebliche Bild, bis der Reigen an die
Bäume kommt. Jetzt bedecken sich Eukalypten mit ihren zarten Blumen, welche
doldenartig vereint auf einem gemeinschaftlichen Stiele ruhen und reichlich zwischen
den Blättern hervorbrechen. Akazien entwickeln ihre duftenden Knöpfchen, während
mistelartige Loranthusarten in feurigem Gelb, Orange und Hochroth die Quasten
ihrer an den Jelängerjelieber erinnernden Blumenröhren von den verschiedensten
Bäumen schmarotzend herabhängen. Bald ist auch diese Pracht verschwunden, der
Boden zerfällt wieder zu Staub; aber nicht ohne große Bedeutung. Wo, wie hier,
die feuchte wohlthätige Moos= und Wiesendecke fehlt, schützt er allein Knollen,
Zwiebeln und Wurzelstücke perennirender Gewächse vor der ausdorrenden Sonnen=
glut und den Steppenbränden. Wie auf den Savannen Südamerika's, widerstehen
diesen doch einige Gewächse: Eukalypten und Kasuarinen; die Stämme sind
versengt, die Wipfel grünen weiter.

Der Skrub ist dem Wechsel weniger beim Eintritt der Regenzeit unter=
worfen. Wo nicht viel sprießt, kann wenig welken, und jeder Monat sieht
dasselbe wüste Gedränge starrer, saftloser und unter einander zum großen Theil
übereinstimmender Formen. Dafür gewährt der Skrub zu jeder Jahreszeit
wenigstens einige Blüten. In der rauhen Jahreszeit blühen Epakrideen und
Kreuzdorngewächse. Zauberhaft ist seine Verwandlung im Lenz. Wo der Wan=
derer vorher nur einförmiges heideartiges Gestrüpp von wenigen Arten einer
und derselben Gattung zu sehen glaubte, brechen jetzt Blumen der verschiedensten
Familien hervor. Ebenso zauberhaft währt die Blütezeit des Skrub länger als
die des Graslandes und dehnt sich sogar durch den furchtbaren Sommer hindurch
bis zur Regenzeit aus. Es scheint fast, sagt unser Führer, als ob der Skrub
unabhängig wäre von allen kosmischen Verhältnissen: er hat etwas Dämonisches.
Unberührt von der Außenwelt, besteht er durch sich und schmückt sich für sich
allein; seine Flora meidet den Europäer und wird von ihm gemieden, nur noth=
gedrungen vertieft sich der Kolonist in die unwirthliche Oede. Das drängt uns
abermals die Ahnung auf, daß wir uns hier in der That in zwei verschiedenen

Schöpfungen bewegen, von denen die ältere die des Strub sein mag. Noch
wunderbarer wird uns derselbe, wenn wir bemerken, daß jede einzelne seiner
Parzellen, daß jeder selbständige Strub seine eigenthümlichen Arten besitzt,
obschon jeder denselben kosmischen Verhältnissen unterworfen zu sein scheint.
Das beweist uns nur, daß es den australischen Arten nicht so leicht wurde, wie
in anderen Ländern von ihrem ursprünglichen Heimatspunkte aus sich strahlen-
förmig zu verbreiten: das beweist uns nur, daß diese Punkte sich noch in einem

natürlicheren Zu=
stande, ungestört
von allen äußeren
Einflüssen, ähn=
lich befinden, wie
das z. B. auf den
Galapagosinseln
der Fall ist, wo
das ursprüngliche
Bild der Pflan=
zendecke kaum noch
von Menschen
und Thieren ge=
trübt wurde;
nicht unwesentlich
möchte hierfür
auch die Beob=
achtung Behr's
sprechen, daß die
fruchtbareren Ge=
genden die ärm=
sten an Arten und
in der ganzen süd=
australischen Ko=
lonie in auffallen=
der Uebereinstim=

Die Wüstenerbse (Clianthus Dampieri).

mung getroffen werden: denn diese Beobachtung setzt schlechterdings eine Pflanzen-
wanderung voraus. Es ist unsere innigste Ueberzeugung, daß der australische
Kontinent in jeder Hinsicht der seltsamste der ganzen Erde und somit im Stande
sei, für das große Geheimniß der verschiedenen Schöpfungszeiten die über-
raschendsten Aufschlüsse zu geben, wenn die Forschung sich nur noch zeitig genug
der bestechenden Verhältnisse bemächtigt, bevor die alte Ursprünglichkeit von der
vordringenden Kolonisation verdrängt ist. Denn seltsam genug muß man es
nennen, daß unter deren Fußstapfen (ein Beweis für die völlige Verschiedenheit
dieser und der neueren Floren, die Solches nie zeigen) erweislich schon manche
Pflanze spurlos von dem Kontinente wahrscheinlich und für immer verloren ist.

Ich muß diese Schilderungen noch durch anderweitige ergänzen, die wir dem Dr. Mücke in Tanunda (Südaustralien) verdanken. Auch nach diesem Beobachter herrscht eine fast dämonische Zweitheilung in der australischen Natur, die sich sofort auf das Gemüth äußert. Beängstigende, ja erdrückende Stille herrscht in dem Skrub; obschon derselbe nicht ohne Reize ist, wenn namentlich der Thau des Morgens seine Vegetation mit Tausenden von Diamanten schmückt, so vermöchte doch in ihm, selbst bei ernährendem Ueberflusse, kein weißer Mensch für die Dauer zu leben, ohne geistig gestört zu werden. Selbst der oft herrliche Skrub am Murray ist davon nicht ausgenommen, sobald er auf tiefem Sandboden erscheint, in welchem der Wind jede Spur verweht. Hier gedeiht kein Hälmchen, das den Namen Gras verdiente. Und doch wachsen in ihm oft stattliche Bäume, prachtvolle Sträucher, mitunter von gewaltiger Ausdehnung. Gruppenweis stehen sie neben einander, ein Mittelding zwischen Skrub und Parkland bildend, geschlängelte, doch selten betretene Wege zwischen sich freilassend. Eukalypten wechseln mit dunklen Pinien. Der wilde Pfirsich (Fusanus acuminatus) mit glänzendem, tiefdunklem Laube spannt sein kugelrundes Dach auf borkenreichem, schlankem, gewöhnlich 3 bis 4 m hohem Stamme aus, und eine große Zahl der verschiedensten Bäume und Sträucher schmückt sich mit zarten Blüten. Oft bilden sie reizende Gruppen und würden dem Skrub den lieblichen Anblick eines wechselreichen Parkes gewähren, wenn nur den Boden eine dichte Grasmatte bedeckte. Aber dieser besteht nur aus Sand, brennendem, grundlosem Sande, Hunderte von Meilen weit. Zwischen den Sträuchern, auf dem sterilsten Sande, bläht sich das uns bekannte, berüchtigte Stachelschweingras (Spinifex) zu großen Büschen aus.

Wie ganz anders ein Stringy-bark-Wald (Eucalyptus fabrorum)! Stolz und markig erhebt sich der unten bis 3 m starke Stamm aus dem grünen Grunde wie ein Schiffsmast empor; ein König des Waldes, der den gebührenden Raum für seine Laubkrone fordert. Etagenweis umgiebt er sich mit mehreren Kränzen von Laubwerk, schon von 7 m Höhe an, bis er bei 20 bis 25 m Höhe, aber noch immer 1 1/2 bis 2 m stark, seine Aeste senkrecht in die Luft bis zu 50 m Höhe emporsendet. Der Stamm ist mit sehr dicker, faseriger, palmenartig in Absätzen geschäfteter Rinde bekleidet, die aus dem Grauen in das Gelbliche schillert. An langen braunen Stielen hängen, der Zitterpappel gleich, die ewig bewegten dunkelgrünen Pergamentblätter von 16 cm Länge und 7 cm Breite. Keck und spitz gewölbt, so steht der edle Baum auf einem Piedestal, das Hochimposantes in sich trägt. Als ob man das Astwerk der Linde auf einen majestätischen Palmenschaft gesetzt habe, schmückt sich die Krone im Sommer überreichlich mit hellgrünen Knöpfchen; und wie diese nach einander aufspringen, wie sich ein weißröthlicher Blumenbüschel hervorstreckt, der bald länger und länger seine befiederten rothglänzenden Staubfäden zum Spiel der Winde herabhängen läßt: dann gleicht der edle Baum auf dunkelgrünem Graslande „fast einem Greise im Schmucke der weißen Haare mit dem festen Körper des Mannes und dem Herzen des Jünglings." Säule neben Säule baut sich in dieser Art auf; ein Dom erscheint, aus dessen Tiefen die wunderbarsten Perspektiven hinter diesen Kulissen einer seltsamen Naturbühne, die seltsamsten Bilder auftauchen. Oft wird der Blick durch Unterholz, durch fußhohes Gras, durch fußhohe Stauden

Australische Akazien, in halber Größe. Nach der Natur.
1. Acacia galioides, 2. conferta, 3. lineata, 4. biflora, 5. obliqua, 6. Brownii, 7. decipiens,
8. hispidissima, 9. myrtifolia, 10. smilacifolia, 11. hastulata.

gehemmt; allein Scharen von Papageien „ziehen im Morgenfluge ihre farben=reichen Guirlanden von Bosket zu Bosket.“ Dazu das magische Licht des südlichen tiefblauen Himmels mit seinem farbenreichen Dufte, der sich violett um die Höhen lagert; dazu die Durchsichtigkeit der Luft, welche Auge und Ohr stärkt;

dazu tiefster Friede, tiefste Ruhe in der Landschaft — wahrlich, man begreift, wie selbst der Europäer hier seine Heimat begeistert vergessen kann. — Wenn jedoch im Sommer die heißere Sonne die Gräser bleicht, die Natur ausdorrt, jeden Wassertropfen auflöst und die Rinde der Bäume lockert, die nun in Streifen wie Zunder im heißen Winde flattert; wenn dann ein Funke, ein Blitz in das dürre Laub trifft, da ist leider auch hier die Kehrseite der Natur eingetreten. Blitzschnell züngelt die Flamme an der lodernden Rinde empor und zündet eine Riesenfackel im Walde an, deren Feuermeer, grausig und vernichtend wie es ist, den vorher so majestätischen Wald binnen wenigen Stunden in ein schwarzes Leichenfeld verwandelt. Wenn auch nach dem ersten Regen ein neues Leben sich wieder regt in den edlen Stämmen und bald ein neues Grün das kahle Schlacht= feld bedeckt: „so zeigen doch die Bäume ihre nie vernarbten Wunden, strecken die blattlosen, abgestorbenen, im Sonnenbrand silbergrün bleichenden Aeste wie Runenarme aus dem vollen saftigen Blätterschmuck klagend himmelan, steht daneben die völlig abgestorbene Leiche eines Riesenstammes trauernd da, und hemmen zusammengebrochene, halbverkohlte Aeste, die im Fallen die benachbarten Bäume zerzausten und theils in den umschlingenden Zweigen drohend hängen blieben, die Pfade des Känguru."

Von Neuem aber treiben die nicht ganz bis zur Wurzel verbrannten Stümpfe üppigere und größere Blätter; nur wird kein Riese daraus wie der Vater es war. Wie sie nun buschartig den Boden beschatten, gleichen sie den Epigonen vergangener Völker; das Land stirbt ab oder ändert seinen Charakter, in welchem seine wichtigsten Organe, die Wälder, verschwinden.

Diesen Schilderungen getreu, erscheint der Vegetationscharakter Australiens im großen Ganzen überall derselbe. Dennoch wechseln die Arten und Typen auf der westlichen und östlichen Seite Südaustraliens so bedeutend, daß australische Geographen ernstlich daran gedacht haben, sie aus einer verschiedenzeitigen Hebung des Landes zu erklären. Wir finden hierin nur das treue Gegenstück zur Flora des Kaplandes, die sich zu der von Natal nicht anders verhält. Nach Leichhardt weichen beide Küsten jedoch mehr von einander ab, als wenn man, wie er that, von Moreton=Bai bis zum Norden des Kontinentes, bis nach Port Essington vordringt. Ja, wenn wir Ferdinand v. Müller folgen, so ist der Reichthum Südwestaustraliens an eigenthümlichen Formen so groß, daß nur $^{1}/_{17}$ derselben mit südaustralischen und noch viel weniger mit solchen des glück= lichen Australien übereinstimmen und nirgends der Charakter der australischen Flor schärfer ausgeprägt ist, als in Westaustralien. Es versteht sich von selbst, daß, wenn Australien Berge besäße, welche bis zur Schneegrenze reichten, ähn= liche Abstufungen der Pflanzendecke erscheinen müßten, wie in allen übrigen Erd= theilen. Solcher Berge besitzt das australische Festland allerdings einige: „Nichts kann den herrlichen Eindruck übertreffen — schreibt Dr. Ferdinand v. Müller — den ein Blick über die grünen Hochlandthäler in der Mitte des Sommers gewährt, nachdem der Wanderer vielleicht von den dürren pflanzen= leeren Ebenen des Tieflandes durch das Gestrüpp der niederen Hügelkette zu den freien, stolzen Gipfeln, den reinen balsamischen Lüften der australischen Alpen emporgestiegen." Es läßt sich also erwarten, daß in einer Höhe von nahezu 2000 m ein langer und strenger Winter nur noch eine Kräuterdecke begünstigen werde, die, mit der allmählichen Zunahme der Höhe erfrierend, endlich in ein Grasland auslaufen muß. So ist es auch. Was bei uns Buchen, vollführen hier Eukalypten: sie reichen in die subalpine Region hinauf und enden als Buschwerk. In der Bergregion scheinen kaum andere Gewächse aufzutreten, als die Thäler besitzen. Nur Epacrideen und Grasbäume pflegen des steinigeren Bodens wegen die Berge zu bevorzugen. Ja, die ersteren tragen sogar diesen Charakter in ihrem Namen, welchen die Forster von epi-akris aus dem Griechischen ab- leiteten, und der wörtlich ungefähr Berggipfler übersetzt werden könnte. Die eigentliche Alpenflor entspricht in vieler Beziehung der von Tasmanien und mischt sich ebenso merkwürdig mit europäischen Typen (Ranunkeln, Gentianen u. s. w.), wie die Flor der Thäler. Natürlich hat sie wieder ihre eigenthümlich australischen Formen hervorgebracht. Auch der Meeresstrand kennt sie. Strauchartige Salz- kräuter (Salicornien) und mangelartige Gewächse bekleiden ihn, beide scharf von einander geschieden, als ob die nordische Salicornienform sich nicht der tropischen Rhizophorenform nähern dürfe.

In der That würden wir nur ein unvollständiges Bild Australiens vor uns haben, wenn wir nicht der tropischen Formen gedenken wollten, welche überall die Länder dieser Zonen auszeichnen. Auch hier sind sie. Auch hier wird an einigen der begünstigtsten Stellen die Waldung von Lianen durchschlungen, während sich liebliche Passionsblumen und andere Rankengewächse in sie verweben. Die edle Form des Farrnkrautes hebt auch hier, in den südlichen Hügelketten Viktoria's vom Hopkinsflusse bis durch Gippsland sowie in Neusüdwales, den Stamm baumartig über die niedere Strauch- und Kräuterwelt empor und ver- leiht dem Wanderer einen erhebenden Eindruck, je mehr er sich in ihren feuchten Schluchten, wo sie am liebsten gedeiht, verlassen findet. Selbst die Palmenform ist dem Lande nicht fremd, wenn wir sie noch nicht in Grasbäumen, Zapfen- palmen und Pandangs gefunden haben sollten. In den Dickichten der Flußufer von Neusüdwales, an den Abgründen und Abhängen der Seeküste, wo die Vege- tation üppiger, fast tropisch ist, da sie von den Südostpassaten berührt wird, wo australische Fichten mit riesigen Gummibäumen (Eukalypten), in deren hohlen Stämmen Mann und Roß sich tummeln könnten, wo wurzelschlagende Feigen- bäume gleich den indischen einen ganzen Wald für sich bilden und mit Lianen wechseln. Hier ist es, wo die schlanke Bangalapalme (Seaforthia oder Ptycho- sperma elegans) und die hohe, stattliche Kohlpalme (Livistonia australis) uns wieder zum Orient zurückführen, so lang uns nicht das wunderbare Känguru, der Bewohner dieser Dickichte, oder ein anderer australischer Thiertypus aus dem schönen Traume reißt.

In der That steht mit der allgemeinen Kleinheit der Thierformen die kolossale Größe vieler Pflanzen im seltsamem Widerspruch. Die wunderbare Höhe einiger australischer Bäume und besonders der in der Kolonie Viktoria ist der Gegenstand genauer Forschungen geworden, seitdem kürzlich vorzüglich durch das Vordringen der Goldsucher ein leichterer Zugang zu den entlegeneren Schluchten gewonnen worden ist. Einige erstaunenswerthe, auf wirklichen Messungen beruhende Data liegen vor. Der höchste früher bekannte Baum war eine in Westaustralien über 130 m gemessene Karri=Eukalypte (Eucalyptus colossea), in deren hohlen Stamm drei Reiter mit zugehörigen Packpferden hinein reiten und sich darin umdrehen konnten, ohne abzusteigen. In den tiefen Schluchten des Dandenonggebirges in der Kolonie Viktoria ward eine Eucalyptus amygdalina mit einer Länge von 140 m gefunden, ein anderer Stamm derselben Baumart ergab folgende Messungen: Länge des Stammes vom Boden bis zum ersten Zweig 98 m, Durchmesser des Stammes am ersten Zweig $1\frac{1}{3}$ m, Länge des Stammes vom ersten Zweig bis da, wo seine Spitze abgebrochen war, 30 m, Durchmesser des Stammes, wo er abgebrochen war, 1 m, ganze Länge des Stammes bis zur Bruchstelle 128 m, Umfang des Stammes 1 m über dem Boden 14 m. Ein noch dickerer Baum maß 1 m über dem Boden 18 m im Umfang. In den hinteren Bergketten von Verwick bestimmte George Robinson den Umfang einer Eucalyptus amygdalina zu 27 m in einer Höhe von 1^{1}_{3} m über dem Boden und vermuthet, daß diese gegen die Quellen der Flüsse Yarra und Zatrobe hin gefundene Eukalypte eine Höhe von 170 m erreicht. Derselbe Herr fand, daß Fagus Cunnighami bis nahe an 70 m hoch und 8 m dick wird. Ein interessanter Vergleich läßt sich zwischen den größten dieser Bäume und den zwei höchsten Bauwerken der Erde anstellen. Wenn man nämlich den Thurm des Straßburger Münsters, welcher seine luftige Spitze bis zu einer Höhe von 155 m emporsendet, oder die große, 160 m hohe Pyramide des Cheops in jene Bergketten neben solchen Waldriesen aufbaute, so würden beide wahrscheinlich von Eukalypten überschattet werden. — Es ist nicht anzunehmen, daß der Zufall bis jetzt gerade zu den höchsten Bäumen geführt habe, und es mag an abge= schlossenen und wenig zugänglichen Orten noch manche Eukalypte geben, welche die bis jetzt bekannten größten ihrer Art noch überragt. Es scheint jedoch fast außer Zweifel, daß die Bäume in Australien, obgleich augenscheinlich nicht an Dicke, so doch an Länge selbst mit den berühmten Baumriesen Kaliforniens, Sequoia, Wellingtonia, deren höchste sich an ihren Lieblingsplätzen in der Sierra Nevada zu 150 m erheben, wetteifern und sie noch überragen. So muß in Bezug auf die Höhe den Bäumen in Viktoria augenscheinlich der Preis zuerkannt werden.

Um gerecht zu sein, muß ausdrücklich erwähnt werden, daß die australische Flora nicht so arm an nützlichen Gewächsen sei, als man aus dem Vorigen schließen könnte. In der That könnten wir den wenigen bisher erwähnten Nutzgewächsen eine nicht unbedeutende Reihe anderer zugesellen, welche theils von den Ein= geborenen seit lange benutzt, theils von den Kolonisten nutzbar gemacht, oder von der wissenschaftlichen Spekulation als solche erkannt wurden. Obenan steht ein Hirsengras (Panicum laevinode), welches den Eingeborenen, die es auf den Liverpoolebenen Kulagras nennen, unsern Roggen ersetzt. „Es erzeugt", schreibt Daniel Bunce, „im Ueberfluß kleine feste Körner, welche bei der Reise

Australien. Zweite Auflage.   Leipzig: Verlag von Otto Spamer.

Im australischen Urwald.

Leierschwanz.

Baumfarren in australischer Landschaft.

von den Eingeborenen auf dieselbe Weise gesammelt werden, wie von den Euro= päern das Korn. Es wird geschnitten, getrocknet und gedroschen. Nachdem die Körner durch Schwingen von der Spreu gesondert sind, werden sie zerquetscht und als Teig zwischen zwei heißen Steinen gebacken. Vom Hunterfluß bis zu den Tropen scheinen die Eingeborenen allgemein den Werth und die Wichtig= keit der Pflanze zu kennen; ebenso wenden sie, wie ich glaube, alle die gleiche Methode an, sie zu ernten und zu nutzen." Selbst eine zu den kryptogamischen Rhizokarpeen gehörige, in ihrer Tracht völlig kleeartige Pflanze, die durch Burke's Expedition berühmt gewordene Nardu (Marsilea hirsuta, R. Br.), reiht sich mit ihren pillenartigen Früchten, die sie am kriechenden Stämmchen hervor= bringt, den brotliefernden Gewächsen an. In welcher Art, hat der unglückliche Ausgang jener Expedition traurig genug bewiesen. Burke und Wills lebten davon, bis sie — dem Hunger erlagen. — Ein Seitenstück zu dem „Baume der Reisenden" auf Madagascar liefert der Malli= oder Malleybusch (Euca- lyptus dumosa). Eine strauchartig wachsende, das Hügelland charakterisirende Myrtacee, treibt er seine einzelnen Schößlinge aus einer dicht zusammengedrängten Wurzel in schlanken Stangen empor.

Obgleich ein Verwandter der oft so riesigen Gummibäume, erlangen doch die Zweige des Malli eine lebendigere, oben ins Röthliche spielende Farbe, seine Blätter ein frischeres, saftigeres Grün, das um so wohler thut, als das Landwerk sich dach= ähnlich ausbreitet, während seine Stützen glatt und kahl emporstreben. So ist der Strauch beschaffen, welcher den Schwarzen als eine Art Lebensbaum dient. Aus seinen Stämmen ihre langen Lanzen und Speere schnitzend, um ihr Leben zu vertheidigen, sichern sie sich durch die Wurzel zugleich auf andere Weise vor dem Tode. „Einige Arten des Malley nämlich, und solche gerade, die in den sandigsten und wasserarmsten, trockensten Distrikten wachsen, haben eine so wunderbar saftige Wurzel, daß sie die Schwarzen ausgraben, in Stücke brechen und das heausträufelnde klare Wasser in Stücken Rinde sammeln. Einzelne dieser Stämme, die sogenannten Malleyschwarzen, die fern vom Strome wohnen, sind im Sommer hinsichtlich des Bedarfs ihres Trinkwassers einzig und allein auf diese vegetabilische Quelle angewiesen."

Aehnliches leistet der Myallbaum (Acacia homalophylla), der gleichfalls nur als Strauch wächst.

Sein dunkelbraunes oder gelbes, wohlriechendes Holz dient zu Peitschen= stöcken und zartem Schnitzwerk, sein Laub und Zweigwerk zur Zeit der Dürre als Heu den Schafen. Viele seiner baumartigeren Verwandten liefern dagegen dem Gummi arabicum ähnliche Ausflüsse, andere vortreffliche Lohe in ihrer Rinde. Der Bunya=Bunya (Araucaria Bidwellii) trägt wie wir schon gesehen haben eine nußartige, eßbare Frucht von der Größe einer Kastanie und darf darum nirgends umgehauen werden. Ein anderer Baum (Pseudomorus australasica) verräth seine Verwandtschaft zu unserem Maulbeerbaume sowol durch Form wie Geschmack seiner Früchte. Manche Bäume können als Theebäume benutzt werden, vor Allem das stattliche Leptospermum lanigerum, eine Myrtacee mit kleinen dunkelgrünen

Ptychosperma Cunninghamiana.

Blättern und weißer papierartiger Rinde. Eine andere Familienverwandte (Baekea utilis) auf dem Aberdeenberge erzeugt sogar in ihrem Laube ein eigenthümliches Arom, welches an Geschmack und Geruch dem Citronenöl nicht unähnlich und um so werthvoller ist, als die Pflanze die wildesten Einöden bewohnt.

18*

Gleiches rühmt man von dem australischen Sassafrasbaume (Aetherospermum moschatum); seine Rinde hat einen angenehmen Duft und liefert in schwachen Aufgüssen einen nicht unberühmten Thee, in stärkerer Konzentration ein schweiß- und urintreibendes Heilmittel. Ueberhaupt ist der australische Kontinent keineswegs arm an einheimischen Arzneipflanzen. Er hat nach Ferdinand v. Müller seine hautreizenden Rinden, welche unseren Kellerhals vertreten, in der artenreichen Familie der Pimeleen; er hat seine Gottesgnadenkräuter (Gratiola latifolia, pubescens), seine Pfefferminzen, sein Tausendgüldenkraut (Erythraea australis), auf den Alpen seinen Enzian (Gentiana Diemensis) u. s. w. Durch Stechfliegen verwundet, schwitzen viele Gummibäume (Eucalyptus) reichlich Manna aus, das, wie Mandeln mit Zucker schmeckend, gleichsam das Marzipan der Natur darstellt, und etwas abführend wirkt. Um Salep zu sammeln, wäre an einheimischen Orchideen kein Mangel; die Behr'sche Malve (Malva Behriana) vermöchte die Althäwurzel zu ersetzen, während das aromatische Cajeputöl Indiens leicht aus einer Menge von Melaleuken gewonnen werden könnte. Den europäischen Bäumen am ähnlichsten ist der australische Apfelbaum (Angophora lanceolata). Nur auf gutem Boden wachsend, bringt er wunderbar geformte, verschlungene Stämme und Aeste mit sehr dichtem Laubwerk hervor, aus dem nicht selten Schmarotzerpflanzen aus der Verwandtschaft der Misteln (Loranthus), ganz wie in Europa, aber mit prachtvollen Blumen herauslugen. Die weiße Blume ist um so schöner, als sie die verschiedensten Vögel zu sich heranlockt. Zur trockenen Jahreszeit dient das Laub und junge Zweigwerk den Herden als Heu. Natürlich ist von seinem Namen nicht auf einen dem europäischen Apfel ähnlichen Baum zu schließen; nähere oder entferntere Aehnlichkeiten haben wie in Nordamerika so auch in Australien die Kolonisten zu allen Zeiten bestimmt, die Namen ihrer Urheimat auf die Gewächse überzutragen; sei es auch nur, um sich wie durch die Wiederholung der Ortsnamen an die alte Wiege der Jugend, das nie versiegende keusche Bild der Menschheit, zurück zu erinnern. So gleicht z. B. die australische Heidelbeere (Lissanthe sapida) nicht im Geringsten der europäischen, obschon Himbeeren und Johanisbeeren eine Ausnahme davon machen. Anders freilich verhält es sich mit der einheimischen Limone (Triphasia glauca Lindl.); sie gehört wirklich zu der natürlichen Familie der Orangengewächse (Aurantiaceen) und bildet einen kleinen stacheligen Strauch mit kleinen Blättern, die gerieben ganz wie Orangen duften. Andere eßbare Früchte von angenehmem Geschmacke liefern besonders Arten aus der Familie der Santelgewächse (Santalum lanceolatum, Leptomeria pungens und acerba). Eßbare Wurzeln finden sich in eigenthümlichen Scorzoneren (Scorzonera Lawrentii), in Wasserlilien (Nymphaea), oder in Doldenpflanzen (Anistome glacialis), welche an der schneebedeckten Spitze des Bullerberges wachsen und gleichsam die Arrakatschen Nordamerika's in Australien vertreten. Unter den Hölzern findet sich reichliches Baumaterial. Obenan stehend, liefert die Stringy-Bark oder der Faserrindenbaum (Eucalyptus fabrorum Schlecht., Triacanthus nach Ferd. Müller) in seiner Rinde vortreffliche Dachschindeln, welche den Regen gänzlich abhalten und wol gegen zwei Jahre dauern.

Eukalyptenwald.

Die Iron=Bark oder der Eisenrindenbaum (Notelaea ligustrina) schließt sich ihm in gleicher Eigenschaft an und giebt außerdem ein eisenhartes Holz. Ebenso außerordentlich widersteht das rothe Holz des Blutbaumes (Dracaena?), überreich an Harz, der Fäulniß, eignet sich deshalb besonders zu Grundpfeilern, während es sonst wegen seiner großen Heizkraft dem Kalkbrenner willkommen ist. Weißes Holz zu Fußböden und dergleichen bietet die Rosenholz=Akazie, das

Tulpenholz und die weiße Ceder (Melia Azedarach). Letztere insbesondere zeichnet sich überdies durch ihre dem spanischen Flieder (Syringa) ähnlichen Blumenrispen und ihre schönen süßduftigen Blüten aus, wogegen das Holz der sogenannten rothen Ceder um ihres weichen porösen Holzes willen hoch ge= schätzt und sogar zu Schiffsbauten in großer Menge nach England ausgeführt wird. An Elastizität übertrifft die schwarze Myrte oder der Blue Gumtree (Eucalyptus globulosa) alle übrigen Hölzer Australiens, wie sie an Umfang und Größe der gegen 35 m hoch werdenden edlen australischen Buche (Fagus Cunninghami), ja, kaum dem Baobab nachsteht. Das Holz der Buche nimmt nicht selten eine schöne Politur an. Darin nähert sich ihm auch das Holz des Blackwood (Acacia melanoxylon), welches darum gern zu Furnieren gesucht wird; um so mehr, als es sich sehr leicht spalten läßt.

Von denjenigen Eukalypten Australiens, welche vorzugsweise in Europa afflimatisirt wurden, nimmt der Blaugummibaum oder Fieberheilbaum (Eucalyptus globulosa) die erste Stelle ein und zwar geschah seine Anpflanzung wegen der außerordentlichen, fast Wunder erregenden Wirkungen in sumpfigen Gegenden zur Beseitigung der ungesunden Luft und Hebung der hierdurch entstandenen Fieber. Dieser Baum, welcher von dem französischen Botaniker, Labillardiere, der mit Riche den Chevalier d'Entrecasteaux, auf Veranlassung der Nationalversammlung 1791, mit den beiden Schiffen „Recherche" und „Esperance" behufs Aufsuchung der Spuren des verschollenen „La Perouse" begleitete, zuerst entdeckt wurde, war lange Zeit in seiner Heimat sehr geschätzt und fand zu den verschiedensten Zwecken Verwendung. Ein besonderes Verdienst um seine Verbreitung gebührt vor Allem den Botanikern Dr. Ferd. v. Müller und Ramel, welche ihn über das Meer nach Europa, Afrika und Amerika verschickten. Wie die übrigen Eukalyptusarten, kennzeichnet sich der Blaugummibaum durch sein immergrünes Laub sowie großentheils rosafarbige, zuweilen auch weiße, der Myrte ähnliche herrliche Blüten. Die Blätter enthalten in ihren Zellen ein flüchtiges Oel und verbreiten einen starken, jedoch angenehmen Geruch. Das Laub der Bäume steht, wie das der übrigen in Australien heimischen Bäume, in einer schiefen oder selbst vertikalen Richtung von den Zweigen ab, was durch die Ver= schiedenheit der Vertheilung von Licht und Schatten gegenüber den tiefdunkeln Waldbäumen Europa's den Wäldern Australiens ein so eigenes Aussehen giebt. Ein weiterer Vorzug dieses Baumes ist sein schnelles Wachsthum. Man be= hauptet von ihm, daß er im Alter von zehn Jahren den Entwicklungszustand einer gut gewachsenen Eiche von hundert Jahren zeige. Da der Stamm bis zu einer Höhe von 30 m astfrei ist, so hat er als Werkholz einen bedeutenden Werth, zumal es eine unverwüstliche Härte und Dauerhaftigkeit besitzt. Die vor etwa drei Jahrzehnten im südlichen Europa erfolgte Anpflanzung des Blaugummi= baumes ergab überraschende Resultate, so daß man auch versuchte, ihn in nörd= licher gelegenen Gegenden zu kultiviren. Obwol er ein Klima, in welchem die Temperatur selten unter den Gefrierpunkt sinkt, verlangt, so gelang es doch bei geschützter Lage und sorgfältiger Pflege ihn zu überwintern.

Was den Nutzen dieses Riesenbaumes anbelangt, so ist derselbe ein zwei=
facher. Er zieht nicht nur durch seine weitausgebreiteten Wurzeln, welche gleich
einem Schwamm wirken, das Wasser aus der Erde und drainirt damit den Grund;
er haucht auch durch seine Blätter die gewürzhaften, fäulnißzerstörenden Gerüche,
die in sumpfigen Gegenden als die Ursache der Fieber angesehen werden, aus.
Durch letztere Eigenschaft vollbringt er das im Großen, was die Sonnenrose im
Kleinen bewirkt. Besonders in Italien und in der Türkei hat man zum Reinigen
(bez. Austrocknen) der Sümpfe und zur Verbesserung der dortigen ungesunden
Luft große Erfolge erzielt, so daß die italienische Regierung die Aufzucht des
Blaugummibaumes im Großen vor mehreren Jahren angeordnet und bereits im
Jahre 1875 zur Anpflanzung in der sumpfigen römischen Campagna 5000 junge
Bäume umsonst abgegeben hat. Eine Folge dieser Anpflanzung war, daß das
herrschende Fieber bald nachließ und nachher gänzlich verschwand, so daß in
neuester Zeit ein solcher Krankheitsfall nicht mehr konstatirt wurde. Aus den
Blättern dieses Baumes wird ein ätherisches Oel gewonnen, dessen Herstellung in
Australien sogar fabrikmäßig betrieben wird. Ferner erhält man aus den Blättern
und jungen Zweigen durch Destillation ein Leuchtgas, das ein sehr schönes Licht
giebt. In der Heilkunde verwendet man gleichfalls Rinde und Blätter. Erstere
haben sich namentlich bei Wechselfieber und Bronchitis sehr bewährt. Die wirk=
samen Stoffe — das Eukalyptol — werden zu Tinkturen, Sirup, Pastillen,
Pillen, die Blätter aber zu Cigaretten gegen Bronchialleiden verarbeitet. Auch
beim Verbinden offener Wunden pflegt man die Blätter statt der Charpie zu ver=
wenden und wirken deren balsamische Eigenschaften nicht nur heilend, sondern sie
beseitigen auch allen unangenehmen Geruch. Zu gewerblichen Zwecke dient auch
die Rinde dieses Baumes; sie wird zur Fabrikation von Pack=, Druck= und Schreib=
papier verwendet. Das Holz ist wegen seiner Härte und Dauerhaftigkeit zur
Verarbeitung für Eisenbahnschwellen, Wasserbauten, Teichselstangen, Arbeits=
geräthe u. s. w. sehr geeignet.

Nach Vorstehenden kann die Anpflanzungen dieses schönen und nützlichen
Baumes, namentlich in sumpfigen Gegenden, nicht genug anempfohlen und ange=
priesen werden.

So lang aber auch bereits die Reihe australischer Nutzgewächse ausgefallen,
so ist sie doch nur der kleinere, wichtigere Theil aller bisher benutzten oder als
nutzbar erkannten, und der praktische Sinn der Kolonisten hat nicht wenig dazu
beigetragen, in kürzester Zeit eine Welt von Schönheit und Nützlichkeit aufzu=
schließen, die noch lange nicht erschöpft sein wird.

Die Thierwelt Australiens zeichnet sich, eben so wie die Pflanzenwelt,
durch mancherlei Eigenthümlichkeiten aus und ist von der der übrigen Welttheile
in vielen Beziehungen verschieden.

Es giebt kein ausdrucksvolleres Merkmal für die durch und durch eigen=
thümliche Beschaffenheit Australiens, als den Mangel an größeren vierfüßigen
Thieren, ein Mangel, der um so mehr auffallen muß, wenn man bedenkt, daß
seit der Kolonisation dasselbe Land doch thatsächlich viele Millionen grasfressender

Thiere ernährt. Als daher bei der Gründung der Kolonie am Schwanenfluß Rinder aus Land gebracht wurden, hielten die Eingeborenen der dortigen Gegend dieselben für große Hunde, und diese Größe, besonders aber wol auch die Hörner flößten ihnen einen solchen Schrecken ein, daß, als einst eine Kuh zufällig in ihre Nähe kam, sie von Entsetzen getrieben auf die nächsten Bäume kletterten. Von den bereits 40 Jahre zuvor in Neusüdwales eingeführten europäischen Thieren hatten sie nie Kunde erhalten. Wenn man aber sagen wollte, daß das Vordringen der Kultur die Verminderung der einheimischen Geschöpfe verschuldet habe, so ist dies doch jedenfalls nur insoweit richtig, als es sich eben um die kultivirten Distrikte handelt. In denselben Gebieten wurden jedoch auch, ehe sie von der Kultur berührt worden waren, verhältnißmäßig nicht viel mehr vierfüßige Thiere ange-troffen, als man heutigen Tages noch in gänzlich unbesiedelten und von mensch-lichen Wohnungen weit entfernten Gegenden finden kann. Eine fernere Eigen-thümlichkeit Australiens ist der absolute Mangel an allen in anderen Ländern mit ähnlichem Klima weit verbreiteten Thieren (mit einziger Ausnahme des Hundes, der im Dingo seine australische Spezies hat), wie Affen, Katzen, Ele-fanten, überhaupt Rüsselthieren ꝛc.

Selbst Huftiere, die sonst in der ganzen Welt und in den mannichfaltigsten Formen vorkommen, namentlich zu vielen Tausenden (die Antilopen u. a.) in dem gleichfalls trockenen, heißen und steppenreichen Innern von Afrika leben, waren in Australien bis zu ihrer Einführung aus Europa nicht vorhanden, ja — noch mehr — es scheint hier auch in vergangenen Jahrtausenden kein einziges von all den genannten Thieren gelebt zu haben.

Dafür besitzt Australien eine diesem Welttheile fast ausschließlich angehörige Klasse von Säugethieren, die Beutelthiere, und unter diesen Beutelthieren giebt es dann Pflanzenfresser, die den Wiederkäuern anderer Länder entsprechen, Fleisch-fresser, welche die Raubthiere vertreten ꝛc. Das allbekannte Känguru ist eines der ersten Art, der Beutelwolf von Tasmanien einer der Repräsentanten der letzteren. Was jedoch das Merkwürdigste ist, die jetzt in Australien lebenden Beutelthiere stimmen in dem Bau ihres Knochengerüstes mit den in verschiedenen Gegenden der Alten Welt aufgefundenen Knochenresten der allerältesten Säugethiere so auffallend überein, daß man gar nicht anders kann, als den Schluß ziehen, daß diese ersten Säugethiere gleichfalls Beutelthiere gewesen sein müssen, und daß also Australien durch alle jene undenkbar langen Zeiträume hindurch, während welcher Europa den weitgreifendsten geologischen Verände-rungen unterworfen gewesen, ein ruhiger Boden geblieben ist, auf welchem Pflanzen und Thiere in ununterbrochener Reihenfolge gedeihen konnten bis auf den heutigen Tag.

Die Beutelthiere verdanken ihren Namen bekanntlich der Tasche oder Haut-falte, in welcher das Mutterthier die sehr unentwickelt zur Welt kommenden Jungen eine Zeit lang mit sich herumträgt. Das macht diese Thiere schon zu recht sonderbar aussehenden Geschöpfen, aber auch ihr innerer Bau ist von dem anderer Säugethiere abweichend. So zeigt z. B. das Gehirn derselben gar keine oder nur sehr flache Windungen; der Schädel hat gewöhnlich eine längliche Form mit stark hervortretenden Gesichtstheilen, und die nur an den Skeleten dieser Thierklassen bemerkten sogenannten Beutelknochen sind bei beiden Geschlechtern in vollkommen gleicher Größe entwickelt.

Es giebt viele Arten von Känguru: die hier abgebildeten sind die eigentlichen Känguru (Macropus major) und gleichzeitig die größten der Familie, die „Boomer", oder alten Männchen („Old men" der Ansiedler). Sie haben in sitzender Stellung Manneshöhe und ihr Gewicht beträgt oft mehr als zwei Centner.

Das Känguru (Macropus major).

Die Weibchen sind nur ein Drittheil kleiner. Diese Riesenkänguru kommen in den besiedelten Distrikten fast nicht mehr vor, und auch weiter im Innern werden sie stellenweise immer seltener. Sie fressen mit Vorliebe eine in Büscheln wachsende Grasart, das sogenannte Kängurugras, und wenn allerwegen im Umkreis bis weit landeinwärts, diese Thiere verschwunden oder doch wenigstens zurückgedrängt sind, so giebt es einzelne Stellen, selbst in besiedelten Distrikten, eben da, wo das Kängurugras wächst, wo sie noch vorkommen, dann gewöhnlich aber in so großen Rudeln angetroffen werden, daß sie den Schafen die Nahrung wegfressen, und so zur Landplage werden.

Sonst bemächtigen sich die Eingeborenen der Känguru in der Regel dadurch, daß sie in der Nähe der gewöhnlichen Spiel- und Weideplätze der Thiere eine Anzahl aus Rindenfasern verfertigter Schlingen aufstellten und den Trupp aufgescheuchter

Thiere nach der Gegend trieben, in welcher die Fangstricke befestigt waren. Es ist übrigens durchaus nicht leicht, selbst wenn der Jäger mit einer weittragenden Flinte bewaffnet ist, ein Känguru zu erlegen, da diese Thiere sehr schüchtern, vorsichtig und wachsam sind und eine eben so feine Witterung haben, wie Hirsche oder Rehe, mit deren Lebensweise sie übrigens in mehrfacher Beziehung übereinstimmen, wenngleich sie keine Wiederkäuer sind. Die Känguru leben, wie das erwähnte europäische Wild, in Rudeln beisammen. Gewöhnlich tummeln sie sich in offenen Waldungen herum und äsen, wie die Hirsche, Morgens und in der Abenddämmerung, wol auch bei Nacht. An heißen Sommertagen suchen sie in dem Gebüsche der feuchten Schluchten ihre Ruheplätze; im Winter halten sie sich dagegen am liebsten auf trockenen, sandigen Anhöhen auf, wo man sie aus einiger Entfernung und — vorausgesetzt, daß man sich ganz ruhig verhält — stundenlang beobachten kann, wie sie theils munter umherhüpfen und mit einander spielen, theils sich im warmen Sonnenscheine, behaglich auf die Seite gelegt, ausstrecken und dehnen. Jedes Rudel hat seinen Anführer, ein altes Männchen, dem die Uebrigen, wie Schafe dem Leithammel, folgen. — In den angebauten Gegenden richten die Känguru, wie das europäische Wild, mannichfache Verwüstungen auf den Getreidefeldern an und werden deshalb von den Kolonisten aufs Eifrigste verfolgt, in Schlingen gefangen, mit Hunden gehetzt oder geschossen. Eine ganz eigenthümliche Art von Kängurujagd ist besonders an den Grenzen der Ansiedelungen beliebt. Vor Beginn einer solchen Jagd sind einige Vorbereitungen nothwendig, namentlich muß ein geräumiger Platz mit 2½ bis 3 m hohen Pfählen und Riegeln sowie mit Aesten und Flechtwerk fest genug eingezäunt sein. Zu diesem Platze führt eine „Gasse", d. h. ein mit verschiedenen Biegungen angelegter Doppelzaun, dessen Seitenwände nach dem Walde zu allmählich aus einander gehen und zuletzt in zwei weit von einander entfernte niedrigere Heckenzäune, die „Flügel", auslaufen. Die Jagdgesellschaft, d. h. der Gutsbesitzer mit seinen zu diesem „Sport" geladenen Freunden und Gästen aus der Stadt, den Viehtreibern und, wenn möglich, einer Anzahl „zahmer" Schwarzen, Alles zu Pferde und von einer Meute von Hunden begleitet, bricht früh morgens auf, durchreitet, in einzelne Partien vertheilt, die ganze Umgegend und treibt die aufgescheuchten Rudel Känguru jenem Eingange der „Flügel" zu. Sobald die ganze Masse der Thiere in dieser Gegend angekommen ist, wird von allen Seiten zugleich mit Pferden und Hunden auf das Wild eingestürmt, und wenn es jetzt nicht „durchbricht", so ist es verloren. Die wilde Meute und die Jäger kommen den Thieren immer dichter auf die Fersen, die Thiere können nur vorwärts in der immer enger werdenden Gasse und rennen ins sichere Verderben. Denn kaum sind alle in dem umzäunten Raume eingeschlossen und der einzige Zugang desselben genügend versperrt, so greifen die „Jäger" zu ihren Waffen und — schlagen die Thiere, groß und klein, mit Prügeln und Knüppeln todt!

Das Fell der Thiere wird zu Leder verarbeitet, das Fleisch aber, welches allerdings sehr mager und weniger wohlschmeckend als Schaffleisch ist, bleibt liegen oder dient den Schweinen zum Fraß, die davon aber gierig und wild werden.

Rehjagd.

Allerdings giebt es auch eine „aristokratische" Manier, Känguru zu jagen, die darin besteht, daß die Jäger zu Pferde ein Thier oder mehrere durch gut dressirte Hunde verfolgen und von diesen todtbeißen oder todthetzen lassen, wol auch zuletzt mit dem „Genickfänger" abthun. Die Hunde von schottischer Zucht sind die gesuchtesten für diese Art Jagd, aber selten mehr von reinem Schlage zu haben. — Die Känguruweibchen, welche Junge im Beutel tragen, machen alle Anstrengungen, mit denselben zu entfliehen, und nur wenn sie in die äußerste Lebensgefahr gerathen, werfen sie die Jungen weg, um sich selbst zu retten. Die alten Männchen aber pflegen bei allen solchen Treibjagden die Flucht zu decken, d. h. die letzten zu sein. Obgleich sonst durchaus harmlose Geschöpfe, werden die Känguru, wenn sie sich bedroht sehen, dennoch gefährlich und besitzen an den 5 bis 7 cm langen, starken Krallen der Hinterfüße eine fürchterliche Waffe. Wenn die Hunde nicht sehr vorsichtig sind, d. h. wenn sie dem Känguru nicht auf den Nacken springen, so packt dieses seinen Todfeind mit den kurzen Vorderpfoten, drückt ihn fest an sich und ist im Stande, dem Hunde mit einem einzigen Schlage des einen Hinterfußes den ganzen Leib aufzureißen oder ihn im Wasser, wenn solches in der Nähe ist, durch mehrmaliges Untertauchen zu ertränken. In der Nachbarschaft von Melbourne, d. h. auf einem Bezirke von vielleicht 20 bis 30 Quadratmeilen, sind vor längerer Zeit nach der Schätzung eines Jägers im Laufe von zwei Jahren von ihm und seinen Gefährten mindestens 2000 Känguru erlegt worden. Kein Wunder also, daß ihre Zahl sich rasch vermindert! —

Unter den übrigen Känguruarten sind das Wallaby (Halmaturus Billardieri), die Pademelon (Halmaturus Thetidis) und das Felsenkänguru (Petrogale penicillata) die am häufigsten vorkommenden. Von den kleineren ist besonders der dem wirklichen Hasen ähnliche Hasenspringer (Lagorchestes leporoïdes) im Innern noch häufig anzutreffen. Das kleinere Wallaby ist es meist, welches in unseren zoologischen Gärten für ein noch junges Riesenkänguru gehalten wird.

Die eigentliche Kängururatte (Hypsiprymnus murinus) ist von der Größe eines Kaninchens, hat einen schönen, braunen Pelz und einen echten Rattenschwanz. Dieselbe ist bereits in verschiedenen Thiergärten Europa's eingebürgert, verschläft hier freilich eben so wie in ihrer Heimat den Tag, ergötzt aber wenigstens des Abends die Besucher mit ihren possirlichen und dabei doch so behenden Bewegungen. In ihrer Heimat, Neusüdwales und Tasmanien, weiß die Kängururatte ihre Wohnung, eine in den Boden gegrabene Vertiefung, die mit trockenem Grase gepolstert und zugedeckt wird, so geschickt anzulegen, daß sie der Aufmerksamkeit des Europäers regelmäßig entgeht, auch wenn er davor stehen sollte. Der Eingeborene freilich geht selten vorüber, ohne dieselbe zu bemerken und zu untersuchen, und dann ist der ruhig darin schlummernde Bewohner sicherlich verloren.

In den höher gelegenen, kühleren Berggegenden, und zwar in Höhlen, welche sie sich in den Boden graben und bei der geringsten Gefahr eiligst aufsuchen, leben die Beuteldachse oder Bandikut (Perameles). Mitunter trifft man sie in der Nähe von Pflanzungen oder menschlichen Ansiedelungen, gewöhnlich aber halten sie sich fern von dem Erzfeinde aller Thiere. Die meisten Arten leben gesellig mit einander und führen nur nächtliche Lebensweise. Ihre Bewegungen sind ziemlich rasch und eigenthümlich, da ihr Gang aus einer Reihe kürzerer oder weiter Sprungschritte besteht. Keine einzige Art kann ordentlich gehen und keine nur im Geringsten klettern. Die Nahrung besteht hauptsächlich aus Pflanzen, besonders aus saftigen Wurzeln, doch verzehren sie nebenbei auch Kerbthiere und Würmer. Sie führen die Speise mit den Vorderpfoten zum Munde und setzen sich dabei halb aufrecht hin, den Leib auf die Hinterbeine und den Schwanz gestützt.

Die eigentliche Kängurueratte (Hypsiprymnus murinus).

Alle Beuteldachse sind scheue und flüchtige, durchaus gutmüthige, harmlose und friedliche Thiere, welche in der Freiheit vor jeder Gefahr zurückschrecken und dem Menschen ängstlich zu entfliehen suchen. In der Gefangenschaft aber fügen sie sich ohne Schwierigkeit und ohne Besinnen in ihr Los und werden schon nach kurzer Zeit zahm und zutraulich, machen daher auch dem Besitzer viel Freude. Hierin besteht der einzige Nutzen, welchen sie den Menschen bringen können, da von keiner Art das Fleisch gegessen oder das Fell verwendet wird. Der Schaden, welchen sie anrichten, kann unter Umständen ziemlich bedeutend sein. Sie unterwühlen die Felder und richten deshalb in den Pflanzungen große Verwüstungen an, andere besuchen auch wol die Kornspeicher und vermindern hier die Vorräthe, indem sie in ziemlicher Anzahl erscheinen.

Der Beutelwolf (Thylacinus cynocephalus), ein niedliches Raubthier von etwa 3 m Körperlänge — recht alte Männchen sollen, wie behauptet wird, gegen 2 m groß werden — ist früher in Tasmanien zahlreich gewesen, jetzt kommt er nur noch spärlich vor, in dunkeln, fast unzugänglichen Schluchten; natürliche oder selbstgegrabene tiefe Höhlen bilden seine Zufluchtsstätte während des Tages, dessen Licht das Raubthier scheut. Nur zur Nachtzeit unternimmt der Beutelwolf seine Raubzüge, bei denen er sich als eben so wild und gefährlich er= weist und verhältnißmäßig eben so viel Schaden anrichtet wie sein Namensvetter in der Alten Welt. So groß ist seine Gefräßigkeit, daß er nicht nur von den Wellen an den Strand geworfene halbverfaulte Fische und Seehunde gierig verschlingt, sondern sich nicht einmal von den nadelscharfen Stacheln des Ameisenigels zurückschrecken läßt. Das mag unglaublich scheinen, ist aber dennoch wahr, denn man hat die Ueber= reste eines solchen Stacheligels in dem Magen dieses Raubthieres gefunden.

Der australische Hund, Dingo oder Warragal (Canis Dingo), ist das einzige echte Raubthier Australiens, welches nicht zu den Beutelthieren gehört. Sein Aussehen erinnert an den Fuchs, obgleich er viel größer und stärker ist als dieser. Er richtet unter den Schafheerden großen Schaden an, und es wird ihm deshalb viel nachgestellt. — Man versichert, daß in einer einzigen Schäferei binnen drei Monaten nicht weniger als 1200 Schafe und Lämmer von den Dingos geraubt wurden.

Der Dingo hat einen buschigen Schwanz, einen Pelz von mäßiger Länge, und sieht gewöhnlich lederfarben oder blauroth. Er kann leicht einigermaßen zahm gemacht werden, doch trauen darf man ihm nie, denn jahrelange Unter= weisungen sind im Augenblick vergessen, wenn er ins Freie kommt, und die wilden Gewohnheiten kommen sofort wieder zum Vorschein. Der Dingo bellt selten oder nie, dagegen heult und schreit er Nachts in trauriger, höllischer Tonart. Das Thier hat ein außerordentlich zähes Leben, ist ein hartnäckiger Streiter, kämpft schweigend, stößt keinen Schmerzensschrei aus, und stirbt, wie der grimmige Wolf, ebenso schwer, wie man ihm das Leben gemacht hat. Merkwürdige Beispiele werden erzählt von dem, was er Alles ertragen kann. Mr. G. Bennett berichtet über einen, der so arg geschlagen war, daß man annahm, alle Knochen seien zerbrochen und ihn für todt am Platze ließ; als aber der Mensch sich ein Stück entfernt hatte und zufällig sich umsah, bemerkte er zu seinem Erstaunen, wie der Dingo aufstand, sich schüttelte und aller Verfolgung aus dem Wege gehend in den Busch marschirte. Die wilden Hunde sind eine Plage für die Heerden ent= legener Ansiedler und werden mit allem Eifer ausgerottet. Sie tödten selten ihr Opfer auf einmal, sondern fangen an es da anzunagen, wo sie es zuerst erfaßt haben; so fressen oft drei oder vier zusammen an dem unglücklichen Thier. Wenn sie in ihren Besuchen unterbrochen werden, findet man oft eine Ziege, ein Kalb oder ein Schaf, dem ein Glied halb weggefressen ist; und die äußerste Wachsamkeit ist nothwendig, die Schafheerden weit im Lande liegender Farmen vor ihren An= griffen zu schützen. Die Thiere werden sorgfältig in Hürden eingeschlossen und Nachts bewacht; zwei Höfe oder Hürden werden gewöhnlich nahe zusammen er= richtet, zwischen denen der Wächter an einem helllodernden Feuer mit seiner Büchse Platz nimmt, dabei aber fleißig mit seinen Hunden umhergeht, um den kühnen, auf Raub ausgehenden Feind fernzuhalten.

Dinges eine Schafherde umschleichend.

Es giebt aber nicht nur wolfartige, sondern auch bärenartige, sowie marder=
artige Raubbeutelthiere welche wegen ihrer Wildheit ebenso schädlich sind. Zu
ersteren rechnet der „eingeborene Teufel" (devil devil, [Diabolus ursinus]) zu
letzteren die verschiedenen Dasyurusarten, von den Kolonisten wilde Katzen
genannt, welche alle zu den lästigsten Raubthieren gehören. Insbesondere
wird der gefleckte Beutelmarder (Dasyurus Maugii), welcher eine Körper=
länge von 38 cm und eine Schwanzlänge von 31 cm erreicht und mit einem
rauhen, fahlbraunen weiß gefleckten, oder mit schwarz und weiß gefleckten
Felle bedeckt ist, mit vollem Fug und Recht von den Ansiedlern auf alle nur
mögliche Art verfolgt.

Er schleicht eben so gewandt wie ein echter Marder in die Hühnerställe,
stiehlt die Eier und würgt das Geflügel schonungslos zusammen.

In der Gefangenschaft wird er nie zahm, und sobald man sich nur seinem
Käfige nähert, drückt er sich in eine Ecke und bläst und faucht wie ein Hamster.

Die Familie der Kusu oder Kletterbeutelthiere, zu welchen auch das fliegende
oder Zuckereichhorn (Belideus sciureus) gehört, enthält mehrere zierlich gebaute
Geschöpfe, die sich hauptsächlich von Pflanzenstoffen nähren, wenngleich von den
im Londoner Thiergarten gehaltenen Zuckereichhörnchen beobachtet wurde, daß
sie auch todte Sperlinge und Stücke Fleisch mit Begierde verzehrten. Uebrigens
sind die Zuckereichhörnchen harmlose, gutmüthige und leicht zähmbare Geschöpfe,
welche in mondhellen Nächten (den Tag verschlafen sie) eben so behend, wie die
Eichhörnchen der alten Welt auf die Bäume klettern und mit Hülfe ihrer Flug=
haut, die sie wie einen Fallschirm ausbreiten, von oben schief abwärts springend,
im „Fluge" andere benachbarte Bäume erreichen können. Ein anderes Kletter=
beutelthier, zugleich eines der bekanntesten, ist der über ganz Australien und
die benachbarten ostindischen Inseln verbreitete Fuchskusu (Phalangista vulpina),
von den Kolonisten Opossum genannt, ein Thier von der Größe einer wilden
Katze, das mit einem Ringelschwanze versehen ist, welcher ihm zum Festhalten
an den Aesten und Zweigen dient, während es zwischen denselben herumklettert.
Das Opossum nährt sich im Allgemeinen von Pflanzenstoffen, namentlich von den
Blättern der Gummibäume, zuweilen erbeutet es aber auch kleine Vögel und Säuge=
thiere. Die Eingeborenen stellen ihm eifrig nach, erklettern die Bäume, in deren
Höhlungen das Thier schläft, treiben es durch den Rauch von brennenden Gras=
büscheln u. dergl. heraus und betrachten sein Fleisch trotz seines üblen, harzigen
Geruches als einen vorzüglichen Leckerbissen. Aus den schönen, weichen Pelzen
aber (braungrau und röthlich schimmernd obenher und mit rostrother Brust)
verfertigen sie sich Mäntel. Zu einen solchen Mantel sind 60 bis 80 Fellchen er=
forderlich, und da Opossummäntel auch bei den Viehhütern und Squattern ihre
Freunde gefunden haben und ziemlich theuer bezahlt werden, so erklärt es sich,
warum dies Thier auch den Verfolgungen der Kolonisten ausgesetzt ist.   •

Als eines der Thiere, deren eigentliches Wesen mit ihrer äußern Er=
scheinung in recht auffallendem Widerspruche steht, verdient der noch zu den
Kusu gerechnete, nur in den Wäldern südwestlich von Sydney lebende und an

Vorder- und Hinterpfoten mit fünfzehigen Greiffüßen versehene „australische Bär" (Phascolarctus cinereus) Erwähnung. So grimmig und furchteinflößend nämlich das nur etwa zwei drittel Meter lange, in seiner Haltung einem jungen Bären ähnliche Thier aussieht, so ein überaus gutmüthiges, harmloses Geschöpf ist es in der Wirklichkeit. Wie so viele australische Thiere, schläft es den Tag über und kommt erst des Abends aus seinem Verstecke (in den höchsten Wipfeln der Gummibäume) hervor, um mit der Langsamkeit eines Faulthieres in den Aesten seines Wohnortes herumzuklettern und denselben, ganz wie ein Faulthier, abzuweiden.

Der Fuchskusu (Cuscus) Opossum (Phalangista vulpina).

Der Wombat (Phascolomys fossor), auch wol australischer Dachs genannt, ist ein ganz eigenthümliches Geschöpf. Er erreicht mindestens die Größe eines Dachses, nämlich $\frac{4}{5}$ bis 1 m Länge und eine Höhe von $\frac{1}{3}$ m, wird aber viel schwerer, denn sein Gewicht beträgt oft 60 Pfund und mehr. Der dichte und weiche Pelz ist oberher bräunlichgrau oder bräunlichgelb, unten weißlich, und die kleinen breiten Ohren sind wie die Zehen rostbraun gefärbt. — Das schwerfällige und stumpfsinnige Thier ist über Tasmanien, die Inseln in der Baßstraße und die Südküste des Festlandes verbreitet, wo es den Tag in weiten Höhlen und tiefen Gängen mit Schlafen verbringt, um des Abends nach eingetretener völliger Dunkelheit auf Nahrung (Gras, Kräuter und Wurzeln) auszugehen. — Es ist schwer, einen Wombat aus seiner Gemüthsruhe zu bringen; er gräbt die angefangene Höhle mit der größten Beharrlichkeit und ohne die geringste Erregung zu zeigen immer wieder aus, wenn man sie ihm verstopft.

Ja, er läßt sich sogar vom Boden aufheben und wegtragen. Allerdings kann das Thier, einmal erzürnt, auch eben so boshaft sein und recht gefährlich beißen. Seine Stimme ist ein leises Zischen. Er läßt sich leicht zähmen und auch in Europa ziehen. Sein Fleisch ist nicht nur eßbar, sondern auch wohlschmeckend und saftig, daher es sogar für eine Delikatesse gilt.

Das Schnabelthier (Mallangong der Eingeborenen, Platypus der Ansiedler) (Ornithorhynchus paradoxus) ist ein Geschöpf von äußerst auffallendem Aussehen.

Kaum von der Größe einer Hauskatze — es wird höchstens ¹/₂ Meter lang, und davon kommt etwa der vierte Theil auf den Schnabel, — hat es einen plattgedrückten Leib, einen breiten, mit starken Haaren besetzten Schwanz und bis über die Krallen hinausreichende Schwimmhäute zwischen den Zehen, so daß demnach eine entfernte Aehnlichkeit zwischen ihm und dem Biber oder dem Fischotter besteht. Am merkwürdigsten ist aber der Kopf des Schnabelthieres geformt. Der= selbe ist nämlich ziemlich flach und klein, und die beiden Kinnladen sind zu einem vollständigen, mit Hornhaut überzogenen und an seiner Wurzel mit einem sonderbaren faltigen Schirme versehenen Entenschnabel ausgewachsen. Der Pelz ist im Allgemeinen dunkelbraun, mit einem feinen, weichen Wollhaare darunter.

Von diesem Thiere kamen mit der Zeit verschiedene Fabeln in Umlauf, namentlich, daß die Sporen an den Hinterfüßen der Männchen ein gefährliches Gift enthielten und, was die Hauptsache war, daß das Schnabelthier Eier lege und seine Jungen wie ein Vogel ausbrüte. Seit den sorgfältigen, neuerdings angestellten Untersuchungen ist es mit diesen Märchen vorbei; nichtsdestoweniger ist und bleibt das Schnabelthier ein sehr eigenthümliches Geschöpf. Es ist nicht allgemein durch Australien verbreitet, sondern kommt nur an den Flüssen und stehenden Gewässern des südöstlichen Australien vor: besonders häufig ist es am Peel und Macquarie und deren Nebenflüssen, sowie am Murrumbidschi an= getroffen worden.

In diesen Gewässern lebt das Schnabelthier von allerlei Insekten und Mollusken, welche es beim Fang zuerst in den geräumigen Backentaschen auf= bewahrt, um sie später mit gehöriger Muße verzehren zu können, und an jenen Gewässern gräbt es seine Wohnung, die aus einem geräumigen Kessel sowie aus einer gewundenen, manchmal 10 m langen Röhre besteht und in der Regel mit zwei Ausgängen, einem nach dem Lande und einem nach dem Wasser, zu versehen ist. Der ganze Bau wird mit Kräutern und Gras sorgfältig aus= gepolstert, und der Kessel reicht zum Aufenthaltsorte der Alten mit zwei bis vier Jungen hin, welche, wie es scheint, die Höhle erst verlassen, wenn sie vollständig ausgewachsen sind. Es steht zu vermuthen, daß dazu ziemlich viel Zeit erforderlich ist, denn die Jungen sollen sehr klein, nackt und blind zur Welt kommen, und ihr Mund soll Anfangs durchaus nicht schnabelartig gebildet, sondern zur Aufnahme von Milchnahrung recht gut geeignet, dick, rund und weich sein. Höchst drollig waren die verschiedenen Stellungen, welche die von einem Ansiedler gefangen gehaltenen Thiere beim Schlafen einnahmen. Eines davon rollte sich vollständig zusammen und deckte den empfindlichen Schnabel warm mit dem Schwanze zu, ein anderes legte sich auf den Rücken und streckte die kurzen Füße nach allen vier Seiten aus, und ein drittes lag auf der Seite. Man hat sich alle erdenkliche Mühe gegeben, einige lebende Schnabelthiere mit nach Europa zu bringen, jedoch umsonst. Alle eingefangenen Thiere leben gewöhnlich nur kurze Zeit. Im Wasser ist das Schnabelthier so recht zu Hause, da schwimmt es mit der größten Leichtigkeit stromauf und stromab. Während des Schwimmens sieht es kaum wie ein lebendes, athmendes Geschöpf aus. Ruhig gleitet es dahin, wie ein abgerissener Krautbüschel. Auch taucht es geschickt unter, hält es aber unter dem Wasserspiegel nicht sehr lange aus, nach mehreren Minuten muß es wieder empor steigen, um Luft zu schöpfen. Die ihm zur Nahrung dienenden Thiere spürt es mit seinem feinfühlenden Schnabel unter den Wasserpflanzen aus; verbirgt sie in seinen Backentaschen und verzehrt sie an einem ruhigeren Ort. Mit der eintretenden Dämmerung zeigt sich eine große Lebendigkeit, wiewol es kein Nachtthier ist, sondern auch zu jeder Tageszeit seine Wohnung verläßt, um auf die Weide zu gehen.

Hierbei mag gleichzeitig noch eines anderen, im Jahre 1824 endeckten, ebenfalls mit einer Art Schnabel versehenen Thieres Erwähnung geschehen; des Ameisenigels (Echidna). Es giebt zwei Arten, Echidna hystrix und Echidna setosus, die sich jedoch nicht wesentlich von einander unterscheiden, und von welchen die erste Art die gebirgigen Gegenden im südöstlichen Australien, die andere dagegen die trockenen Höhen von Tasmanien bewohnt. Beide Gattungen sind über den ganzen Körper mit Stacheln bedeckt, beide sind sehr geschickt im Graben, so daß sie sich selbst in hartem, steinigen Boden ziemlich rasch zu verstecken wissen, wobei ihnen freilich ihr erdfarbiges Aussehen zu Statten kommt. Im Uebrigen sind es schwerfällige, dumme und stumpfsinnige Thiere.

Die Nahrung der Ameisenigel besteht in Kerbthieren und Würmern, hauptsächlich aber in Ameisen und Termiten, welche sie genau auf dieselbe Weise wie die amerikanischen Ameisenfresser fangen. Sie strecken nämlich hierbei die lange, schmale Zunge weit heraus und ziehen dieselbe, wenn sie mit Ameisen gefüllt ist, schnell wieder zurück. Auch Ameisenigel sind noch nicht lebend nach Europa gebracht worden, obschon dies nicht unmöglich scheint, da diese Thiere allem Vermuthen nach die dürre Jahreszeit in ihrer Heimat verschlafen. Ein gefangener Ameisenigel hat wenigstens zum Oefteren erstaunlich viel Zeit mit Schlafen zugebracht; einmal 48, dann 72 und zuletzt sogar 80 Stunden ununterbrochen.

An den Küsten Nordaustraliens lebt ein Meersäugethier, der Dugong (Halicore cetacea), auch Seekuh genannt, dem die großen unterseeischen Seegras- oder Sargassumwiesen als Weide dienen. Ein ausgewachsener Dugong (Dujong) erreicht eine Länge von 4 m und wird hauptsächlich an seichten Stellen im Wasser sich sonnend und mit dem Haupte über den Wasserspiegel sich erhebend angetroffen: er mag dadurch wol die Veranlassung zur Sage von Sirenen gegeben haben.

Der Dugong ist ein den eigentlichen Walen nahe verwandtes Geschöpf; seine Bewegungen auf dem Lande sind sehr unbehülflich, im Wasser aber zeigt er sich als behender und geschickter Schwimmer. Die Dugong leben, wenn sie gleich in größeren Gesellschaften angetroffen werden, dennoch paarweise, und die Mutter pflegt und beschützt ihr Junges mit großer Zärtlichkeit. Da sie aller Wahrscheinlichkeit nach nicht mehr als ein Junges bekommen und fortwährend start Jagd auf sie gemacht wird, so ist um so mehr zu erstaunen, daß ihre Zahl nicht rascher abnimmt.

Das Schnabelthier (Ornithorhynchus paradoxus).

Die Dugong werden nämlich zunächst erlegt, um aus ihrem Specke ein Oel zu gewinnen, welches allerdings nicht jodhaltig ist, sonst aber alle Vorzüge des aus den faulenden Lebern der Stockfische bereiteten Leberthranes besitzt, ohne den unangenehmen Geruch und Geschmack desselben zu haben; sodann wird aber auch das Dugongfleisch gegessen, und die Eingeborenen, die sich auf die Jagd dieses Thieres verstehen, ziehen dasselbe jeder anderen Nahrung vor. In der That hat es einen angenehmen, dem Schweinefleische mehr als dem Rindfleische ähnlichen Geschmack. Ferner wird aus der weichen, 2 ½ cm. dicken Haut eine Art Leim gewonnen, und die Knochen endlich, welche sehr fest sind und weder eine Markhöhle noch Oel enthalten, lassen sich wie Elfenbein verarbeiten und poliren. Der Speck eines Thieres liefert 5 bis 7 Gallonen (24 bis 32 Liter) Oel. —

Besonders reich vertreten an Anzahl und Gattung sind in Australien die Vögel, von denen viele sich namentlich durch prachtvolles Gefieder auszeichnen. Der größte der einheimische Vogel ist der australische Strauß, Kasuar oder

Emu (Dromaeus Novae Hollandiae), der eine Größe von 2 m erreicht und mit dem afrikanischen Strauß große Aehnlichkeit besitzt.

Die Grundfärbung des jungen Emu ist ein reines Grauweiß: über den Rücken verlaufen zwei breite dunkele Längsstreifen; über jede Seite zwei ähnliche, welche durch eine schmale, weiße Linie getrennt werden. Diese Streifen vereinigen sich auf dem Halse und lösen sich auf dem Kopfe in unregelmäßige Flecken auf:

Der Wombat (Phascolomys fossor).

zwei andere unterbrochene Streifen schmücken den Vordertheil des Halses und der Brust und enden in einem breiten Bande, welches sich über den Schenkel zieht. Die Färbung des Gefieders der alten Thiere ist ein sehr gleichmäßiges Mattbraun, welches auf dem Kopfe, der Hals= und Rückenmitte dunkeler, auf der Unterseite aber etwas lichter erscheint; das Auge ist lebhaft braun, der Schnabel von dunkler Färbung, der Fuß lichtbräunlich; die nackten Theile des Gesichts sehen graubläulich aus. Die Eier, deren der Emu an 50, und wie der Strauß in den Sand legt, sind so groß wie Straußeneier, haben eine schöne, dunkelgrüne Farbe und gewähren eine schmackhafte Speise. Die Schalen sind sehr fest und können zu Trinkgeschirren benutzt werden. Auch er ist, wie so manche einheimische Thiere, vor der Kultur zurückgewichen, und wird, während er sonst in größerer Anzahl zu finden war, nur noch in abgelegenen Gegenden vereinzelt angetroffen.

Wer jetzt noch Emu in ihrem Heimatlande sehen will, muß in die ent= legensten Gegenden von Tasmanien oder in die Ebenen Viktoria's und

Centralaustraliens vordringen, wo sie noch verhältnißmäßig häufig sein sollen.

Auf den wilden Ebenen im Innern, wo der Emu mit seinem furchtbarsten Feinde, dem Weißen, nur selten zusammengetroffen ist, zeigt er sich wenig scheu, und gar nicht selten kommt er dicht heran zu den Hütten der einsam lebenden Schäfer. Sie leben in Trupps zu drei bis fünf Stück zusammen, bilden aber nicht große Herden. Der Emu ist ein ausgezeichneter Renner; zu seiner Jagd gebrauchen die Ansiedler die schnellfüßigen Känguruhhunde, welche aber nicht alle die Hetze aufnehmen, da sie sich vor den gefährlichen Fußtritten des Vogels fürchten. Der Emu ist im Stande, durch einen einzigen Schlag seines kräftigen Fußes den Unterschenkel eines Mannes zu zerbrechen oder einen Hund zu tödten. Gut ab= gerichtete Hunde springen ihn deshalb stets von vorn an, packen ihn am Halse und reißen ihn nieder. Das Wildpret ähnelt dem zähen Rindfleische, nur ist es etwas süßlich; das der Jungen ist äußerst schmackhaft. Der Emu wird zuweilen sehr fett, und dann kocht man das Fleisch hauptsächlich, um das Oel zu gewinnen, welches ein unübertreffliches Mittel für alle möglichen Krankheiten, namentlich aber für gichtische Anfälle sein soll. Wie rasch sie abnehmen, ist daraus zu schließen, daß sie am Carpentariagolf vor 25 Jahren von Leichhardt zu Hunderten gesehen wurden, während sie jetzt dort fast verschwunden sind. —

Bei der Jagd auf Emu verbergen sich die Eingeborenen hinter Laubwerk, ebenso bedecken sie damit den Kopf und schleichen sich so unbemerkt an die friedlich Futter suchenden Thiere heran, die sie auf diese Weise leicht überlisten.

Der schwarze Schwan (Cygnus atratus) unterscheidet sich von unseren Schwänen fast nur durch die Farbe seines Gefieders, welches bis auf einen gelblichweißen Streifen an den Schwungfedern ganz schwarz ist; auch hat er einen schlankern Hals und einen etwas längern, schön hochrothen Schnabel, wo= von die kahle Haut sich bis hinter die Augen erstreckt. Man findet ihn in zahl= reicher Menge auf den Flüssen der südlichen Hälfte des australischen Festlandes (aber nicht nordwärts vom 27. Grade südl. Br. Er bewegt sich oft sehr schnell mit ausgebreiteten Flügeln unmittelbar auf der Wasseroberfläche hin, und die Flügelschläge, so wie das dadurch verursachte Geräusch erinnern unwillkürlich an die Lokomotive der Eisenbahnen und an die Bewegung der Dampfschiffe. Seine großen, wohlschmeckenden Eier werden namentlich um die Weihnachtszeit in großen Quantitäten vom Murray zu Markte gebracht. Inzwischen hat sich ja auch der schwarze Schwan bei uns völlig eingebürgert.

Die Riesenstörche (Mysteria australis), von den Kolonisten Jaribu ge= nannt, sind nächst dem Emu die größten Vögel Australiens; sie erreichen nämlich eine Höhe von mehr als 1 m und sind am meisten ausgezeichnet durch den enormen Schnabel, der bei einer Länge von wenigstens $^3/_{10}$ m eine Dicke von 5 Neu= zoll hat und an der Spitze aufwärts gekrümmt ist. Ihr Gefieder ist im All= gemeinen dem unseres Storches ähnlich, Kopf und Hals sind jedoch lebhaft grün gefärbt und metallisch glänzend. Die Thiere sind übrigens nicht selten in Austra= lien, aber scheu, und obschon sie sich leicht an die Gefangenschaft gewöhnen, doch kaum in den Thiergärten bekannt. —

Unter den Vögel mit prachtvollen Gefieder müssen vor Allem die herrlichen Kakadu genannt werden, deren Heimat zum Theil ausschließlich auf das Festland beschränkt ist, während einige Arten auch auf den benachbarten Inseln vorkommen.

Emu. Dromaeus Novae Hollandiae.

Die Papageien und Kakadu verstehen es, sich bemerklich zu machen, sie schmücken die Wälder und erfüllen sie mit ihrem Geschrei. Es ist unmöglich das Zauberhafte des Anblicks zu beschreiben, welchen gewisse Papageien, zumal die hochroth gefärbten Arten, gewähren, wenn sie sich in den silberblätterigen Akazien umhertummeln. Ihr herrliches Gefieder sticht wunderbar ab gegen die Umgebung. Morgens und Abends sieht man die unzählbaren Mengen von Papageien in bedeutender Höhe unter lautem (freilich oft unerträglichem) Geschrei dahin ziehen. Wenn sich solch ein riesiger Zug auf die Uferbäume niederläßt, beugen sich bisweilen wol die Zweige tief herab unter der Last der Vögel. Die eigentlichen Kakadu, unter denen die schönsten und liebenswürdigsten der Inka=Kakadu (Cacatua Leadbeateri) mit gelber, rother und weißer Holle und der gelbschopfige (C. galerita) sind, leben in ungeheuer zahlreichen Gesellschaften bei= sammen, am liebsten unter dem schützenden Blätterdache hoher Bäume, wo sie sich mit Schreien, Klettern und Umherfliegen vergnügen, gelegentlich aber auch einmal die benachbarten Maisfelder heimsuchen, um sich an den süßmehligen Körnern zu ergötzen. Außer diesen zwei Arten giebt es noch eine ganze Anzahl anderer, gleich= falls in lebhaften Farben prangender Kakadu und viele herrlich gefiederte Bewohner der weiten Räume im Innern Australiens, die alle zu der großen Gruppe der Papa= geien gehören. Die prächtigen Kakadu betrachtet und verfolgt der fleißige Landmann in Australien als eine Landplage, da sie sich in gewaltigen Scharen auf die frische Saat und in das Getreide niederlassen und da argen Schaden anrichten.

Auch unter den kleineren Vögeln erscheinen noch viele mit schönem bunten Gefieder, so mehrere Arten der Australien fast ausschließlich angehörenden und noch in anderer Beziehung merkwürdigen Familie der Pinselzüngler (Meliphagae), so genannt wegen ihrer eigenthümlich gebildeten Zunge, die vorn an der Spitze mit feinen borstenähnlichen Fasern besetzt ist, so daß sie zu einer Art Bürste wird, welche die Thiere übrigens sehr geschickt macht, die ihnen passende Nahrung, Blütenstaub, Honig und kleine Insekten aufzunehmen. Alle Vögel dieser Familie sind lebhaft, geschwätzig und einzelne davon sind treffliche Sänger.

Eine dahin gehörige kleine Art ist der Blutvogel (Myzomela erythrocephala). Dieselbe verdient besondere Erwähnung wegen ihrer herrlichen chokoladenbraunen und scharlachrothen Färbung. Der Vogel bewohnt ausschließlich die Mangrove= bäume im nördlichen Australien, aus deren Blumen er seine Nahrung nimmt: Blütenhonig und kleine Insekten. Eine andere Art von Pinselzünglern ist der fast ⅓ m große, in Tasmanien, Neusüdwales und Südaustralien vorkommende Blumenzüngler (Melichaera mellivora). Derselbe wohnt nur auf den Bank= sien, welche einen großen Theil des Jahres hindurch blühen und dem Vogel Alles gewähren, dessen er bedarf. Die zur Familie der Santelhölzer gehörigen Bank= sien wachsen nur auf schlechtem Boden, und so erklärt es sich, warum Ansiedlungs= lustige von einiger Erfahrung sagen, wenn sie das geschwätzige Geschrei des Vogels hören, dieser wollte vor der Niederlassung in seiner — des Vogels — Heimat warnen und warum sie dann die Gegend, als zum Ackerbau untauglich, meiden. Ein anderer Vogel dieser Familie, der Mönchsvogel (Tropidorhynchus corni= culatus), von den Ansiedlern nur der Ledertopf (Leatherhead) genannt, ist auf dem Rücken graubraun und untenher bräunlich grau. Die Kinnfedern und die verlängerten Federn welche die Brust bedecken, sind weiß mit braunen Flecken.

Die Schwanzfedern enden in weiße Spitzen, der Kopf dagegen ist vollständig und der Hals beinahe nackt, und die braune, runzelige Haut, welche diese Theile umgiebt, hat ein allerdings auffallendes lederartiges Aussehen. Der Lederkopf, der eine Größe von etwa $\frac{1}{3}$ m erreicht, ist durch ganz Australien anzutreffen, und macht sich sehr häufig bemerklich durch seine sonderbaren, geschwätzigen Ausrufe, welche den Kolonisten wie „poor soldier", „four o'clock", pimliko" $\mathfrak{c}$. klingen, so daß diese Wörter gleichfalls Namen für den Vogel geworden sind.

Er baut ein sehr großes, becher= oder tassenförmiges Nest aus Rinde, Baumbast und Wolle zusammengeflochten und an dem wagerrechten Aeste eines Gummi= oder anderen Baumes aufgehängt, aber nicht im Geringsten verborgen und oft kaum $\frac{1}{2}$ m vom Boden entfernt.

Wie die genannten, dem australischen Kontinent vorzugweise angehörigen Vogelfamilien zum Theil äußerst merkwürdige Erscheinungen darbieten, so haben auch viele andere Familien, die über ein größeres Gebiet verbreitet sind, ihre oft= mals höchst auffälligen Repräsentanten in jenem Welttheile. Mit den hier an= geführten Vogelarten und auch mit den in Nachstehendem noch erwähnten Beispielen ist die Zahl derselben jedoch bei weitem nicht erschöpft. Dieselben sind überhaupt nur ausgewählt, weil sie die Eigenthümlichkeiten der australischen Vogelwelt so recht in die Augen springend zu zeigen geeignet sind.

Die Familie der Kukuke hat in Australien einen Riesen von $\frac{2}{3}$ m Länge aufzuweisen, den Scythrops Novae Hollandiae. Dieser Riesenkukuk mit seinen mehr als $\frac{1}{3}$ m langen Fittichen und seinem fast eben so langen Schwanze ist auf dem Kopfe, am Halse und an der Brust grau, oberher grünlichgrau, und jede Feder endet mit einer schwarzbraunen Spitze. Während er sitzt, sieht er prächtig und dem Falken ähnlich aus, da er seinen Schwanz oft fächerartig aus= breitet und eben so wie die Falken mit den Flügeln zu schlagen pflegt. Wenn auch die über die Art der Brütung seiner Eier angestellten Beobachtungen bis jetzt noch nicht vollständig zum Abschluß gekommen sind, und man namentlich nicht sicher weiß, wer diese Kukukseier auszubrüten hat, so ist doch über die wahre Kukuksnatur des Vogels kein Zweifel mehr.

Ein anderer, nicht minder durch seine Größe wie durch seine possirlichen Gewohnheiten ausgezeichneter Vogel ist der Riesenfischer (Paraleyon gigas oder Dacelo gigantea), uneigentlich auch Riesen=Eisvogel genannt. Während die meisten seiner Verwandten, die wirklichen Eisvögel (Alcedo) „Dacelo" ist ein aus „Alcedo" durch Verstellung der Buchstaben d und l gebildetes Wort) nicht 33 cm Länge erreichen, ist der Riesenfischer über 50 cm groß. Der ziemlich plump gebaute, mit einem kolossalen Schnabel bewaffnete Vogel trägt ein sehr buntes Federkleid. Oberher ist er nämlich dunkelbraun, unten schmutzig weiß, die Flügel= deckfedern aber sind kräftig blau gefärbt und schwarz gebändert, die Schwanzdeck= federn rostroth mit schwarzer Zeichnung darauf. Zu seinen Possierlichkeiten gehört schon die Art, wie er seine Nahrung, Eidechsen, kleine Vögel, auch Schlangen u. dergl., durch Einstoßen mit seinem starken Schnabel zerstückelt. Er pflegt dabei von einem Baumaste oder vom andern erhöhten Platze aus mit großer Heftigkeit

auf sein Opfer hernieder zu schießen und diesen Angriff zu wiederholen, wenn das=
selbe auch bereits getödtet ist. Von Zeit zu Zeit unterbricht er sich dann in seiner
Arbeit, um seiner Freude über das Gelingen derselben durch lautes Geschrei und
wirkliches Gelächter Ausdruck zu geben.

Dieses Gelächter ist denn auch der Grund, daß der Vogel nothwendigerweise
von jedem Reisenden in Australien bemerkt werden muß.

Der Inka Kakadu (Cacatua Leadbeateri).

Scheu ist er nämlich durchaus nicht, sondern im Gegentheil vorwitzig
und neugierig in hohem Grade; ja, man kann ganz sicher sein, daß, während
am ausgesuchten Lagerplatze die Vorbereitungen zur Mahlzeit gemacht werden, auf
irgend einem dürren Zweig der nächsten Bäume bereits ein Riesenfischer sitzt, der,
merkwürdig listig dreinschauend, Alles genau beobachtet, was unten vorgeht, auch
wol vorsichtig und geräuschlos hin und her fliegt, um Einzelnes besser in der
Nähe betrachten zu können. Hat der Vogel seine Neugierde befriedigt, so fängt
er an, leise gurgelnd zu lachen. Das Lachen wird lauter und lauter und gleicht
so vollständig dem Lachen eines Menschen, daß schon mancher Neuling in Austra=
lien davon getäuscht wurde, obschon er wußte, woher es kam. Zuletzt aber bricht
der Vogel in ein weithin schallendes, wildes, wahrhaft diabolisches Hohngelächter
aus, in das seine gefiederten Genossen in der Nachbarschaft einstimmen, so daß es
dem vereinzelten Wanderer in der tiefen, Einsamkeit des Urwaldes fast un=
heimlich werden könnte, wenn er nicht zu genau wüßte, daß es nur der possirliche,
harmlose „lachende Hans“ ist, der da vor ihm sitzt und mit einigen Seinesgleichen
diesen Höllenlärm verführt. „Lachender Hans“, eigentlich „lachender Esel“ (laugh-
ing jackass), ist nämlich der in der ganzen Kolonie verbreitete Name dieses Vogels.

Zu merkwürdigen Vögeln Australiens gehören die zwei „Lauben" bauen=
den und zu den Raben zählenden, nämlich der Atlasvogel (Ptilonorhyn-
chus holosericeus) und der Kragenvogel (Chlamydera maculata). Beide
theilen die Gewohnheit der europäischen Elstern, glänzende oder buntgefärbte
Gegenstände zu sammeln, und schleppen solche Dinge oft aus weiten Entfer=
nungen herbei. Was sie aber vor den Elstern und allen anderen bis jetzt bekannten

Der Riesenkukuk (Scythrops Novae Hollandiae).

Vögeln auszeichnet, das ist ihr Brauch, kunstvoll aus feinen Reisern, Gras=
halmen u. dergl. angelegte und überaus reich und mannichfaltig mit Muscheln,
bunten Steinchen, Federn von Papageien und anderen hellen und glänzenden
Sachen — also z. B. auch mit gebleichten Schädeln und Knochen kleiner Thiere
— ausgeschmückte „Lauben" zu bauen, die den Vögeln durchaus nicht als Nester
dienen, sondern in der That Vergnügungsplätze für sie sind. In diesen
gewölbten Bogengängen, denn das ist die Form der Bauwerke, und um sie herum
laufen die Vögel, Männchen und Weibchen, zuweilen auch Freunde, manchmal
stundenlang mit einander spielend und scherzend; und während der Paarungszeit
scheint es, daß an diesen Orten „Stelldichein" gehalten wird.

Vielleicht weist der ganze Bereich der Ornithologie keine eigenthümlichere
Erscheinung auf, als die Thatsache, daß sich ein Vogel sein Haus lediglich zum
Vergnügen baut und es mit glänzenden Gegenständen ausschmückt, als wolle er
damit seine Bestimmung bezeichnen. Ein derartiger Vorgang bezeichnet selbst
unter Menschenrassen einen großen Fortschritt in der Civilisation. Der reine

und einfache Wilde denkt nicht daran, sich einer größeren Arbeit zu unterziehen, wenn er sie vermeiden kann, und meint, daß wenn er seine Weiber dazu bringt, eine Hütte zu bauen, dies gerade so viel Arbeit sei, als er für gut findet, zu über= nehmen. Die Eingeborenen Australiens haben keine Vergnügungsplätze. Sie werden gewiß ihren Korrobori lieber an einer Stelle des Waldes tanzen als an einer anderen, aber blos weil der Platz sich dazu eignet, ohne daß sie ihre Hände dazu anzustrengen brauchen. Selbst der Neuseeländer, der noch das beste Exemplar eines Wilden ist, errichtet kein Gebäude lediglich zum Zwecke des Ver= gnügens und würde wol nicht begreifen, daß man eines solchen Gebäudes bedürfe. Eine derartige Arbeit bleibt den civilisirten Rassen überlassen, und es überrascht etwas unangenehm, wenn man findet, daß uns im Erbauen eines Ballsaales oder eines Versammlungssaales oder eines ähnlichen Gebäudes vor langer Zeit, schon ein Vogel vorangegangen ist, der bis zu den letzten paar Jahren unbekannt war. Wahrhaftig, Nichts ist neu unter der Sonne!

Die Vögel selbst sind von besonderer Pracht und Schönheit. Das Atlas= vogelmännchen hat — wenn es ausgefärbt ist — ein herrliches, tief blauschwarzes, wie Atlas glänzendes Gefieder, seine Flügel sind sammtschwarz und mit blauen Spitzen geziert, das Weibchen dagegen ist auf der Oberseite grün, an den Flügeln und auf dem Schwanze dunkelgelbbraun gefärbt, unten endlich gelblichgrün mit braunen Flecken. —

Der Kragenvogel ist nicht minder schön, wenn auch Männchen und Weib= chen nicht solche Abweichungen in ihrem Aussehen zeigen. Die Federn des Kopfes sind kräftig braun, ein Theil davon mit silbergrauen Spitzen. Der ganze Obertheil, die Flügel und der Schwanz sind tiefbraun, und jede Feder wird durch einen runden gelben Fleck bemerklich gemacht. Ein Nackenband von langen pfirsichblüt=rothen Federn bildet eine Art Fächer oder Kragen. Die Schwingen wie die Unterseite sind leicht weiß, an verschiedenen Stellen mit hell= braunen Querstreifen durchlaufen.

Beide Vogelarten sind sehr scheu und lassen sich schwer überlisten. Im Früh= jahre einzeln, im Herbste sich in kleinen Flügen herumtreibend, geben sie auf jedes verdächtige Geräusch Acht und schlüpfen alsbald in das dichteste Gesträpp.

Doch hat man schon mehrere gefangen, und ein paar lebende Atlasvögel sind sogar glücklich nach Europa gebracht worden, wo sie die gebührende Auf= merksamkeit der Besucher der Thiergärten auf sich ziehen.

Das Talegallahuhn (Talegalla Lathami), von der Größe eines Truthahnes, ist einer der merkwürdigen Vögel, welche ihre Eier nicht selbst ausbrüten, sondern dieselben in künstliche, aus Blättern, Gras und Sand, Stückchen Holz und der= gleichen vegetabilischen Stoffen bestehende hügelartige Nester legen und der sich durch die Gährung in dieser Masse entwickelnden Wärme (28 bis 30° R.) das Geschäft des Ausbrütens überlassen. Zum Zweck des Nestbaues, der offenbar viel Zeit in Anspruch nehmen muß, scharren die Vögel die auf dem Boden umher= liegenden Zweige rc. von einer großen Fläche auf einen kleinen Raum zusammen, sie ergreifen dabei wol auch mit einem ihrer großen Füße ein Bündel Gras und schleudern dies rückwärts und formen einen Hügel von ziemlich regelmäßiger Gestalt, der oben mit einer kleinen Vertiefung versehen ist, und in welchen später die Eier, acht bis zehn an der Zahl, in besonders dafür gegrabene Vertiefungen in der Art gelegt werden, daß dieselben mit dem stumpfen Ende nach oben gerichtet sind.

Der Kragenvogel (Chlamydera maculata).

Merkwürdig ist dabei, daß die Eier stets symmetrisch und im Kreise geordnet angetroffen werden, und daß die Vögel, wenn sie einmal zu legen angefangen haben, die leeren Stellen des Nestes ganz genau zu finden wissen, ohne dabei die anderen Eier aus ihrer Lage zu bringen.

Die Männchen bewachen die Nester und die Eier mit großer Sorgfalt und decken dieselben sogar, je nach der Tageszeit und der herrschenden Wärme, manchmal mit Blättern dick zu, ja sie legen sie manchmal fast bloß. — Da die Eier nicht unmittelbar hinter einander gelegt werden, so kriechen auch die Jungen nicht zu gleicher Zeit aus, sondern kommen einzeln zum Vorschein. Sie sind aber nicht mit Flaum bedeckt, wie junge Hühnchen, sondern haben gleich ihr vollständiges Federkleid und sind auch alsbald im Stande, ihre Nahrung ohne Beihülfe der Mutter aufzusuchen.

In Australien kommen außer dieser Gattung noch zwei andere Arten solcher

Vögel vor, nämlich das Dschungelhuhn (Megapodius tumulus) und die Leipoa (Leipoa ocellata), welche, wenn auch verschieden an Größe und Aussehen, doch in der Eigenthümlichkeit des Nestbaues ziemlich übereinstimmen. Die größten Nester, bis zu 5 m Höhe 6 1/4 m Durchmesser, soll der Megapodius herstellen, während diejenigen der Leipoa nur 1 1/4 bis 1 1/2 m Höhe haben bei einem Umfange von 13 bis 16 m. Die Leipoa gräbt aber, bevor sie den Hügel aufwirft, eine Vertiefung von etwa 3/5 m, welche sie mit verwesungsfähigen Stoffen ausfüllt. Die Nester dieser Vögel sind trotz ihrer Größe nicht leicht zu finden, da sie von ihren Erbauern sehr geschickt durch unregelmäßige Anhäufungen von Laub und dergleichen in der Nähe derselben verborgen werden.

In dem verworrenen Dickicht schattiger Thäler wird einer der prachtvollsten Vögel Australiens, der Leierschwanz (Menura superba), angetroffen. Dieser Vogel erreicht die Größe eines stattlichen Fasans und ist schön braun befiedert; die herrlichen Schwanzfedern, deren eigenthümlicher Stellung das Thier seinen deutschen Namen verdankt, sind aber noch einmal so lang als der Körper des Vogels und grau und braun gefärbt mit schwarzen Rändern und rostrothen Spitzen. Der Leierschwanz ist außerordentlich scheu und wird durch das geringste Geräusch vertrieben, doch wissen die Jäger ihn auf mancherlei Art zu überlisten. Der Jäger muß nicht nur über Felsklippen und umgestürzte Baumstämme klettern, zwischen und unter den Zweigen mit ängstlicher Vorsicht dahin kriechen, sondern darf auch nur dann vorrücken, wenn der Vogel beschäftigt ist, d. h. wenn er in dem Laube scharrt, oder wenn er gerade singt. Seine Stimme ist außerordentlich biegsam. Der eigenthümliche Gesang scheint eine Art Bauchrednerei zu sein, welchen man nur hören kann, wenn man dem Sänger selbst bis auf wenige Meter nahe ist. Die Strophen desselben sind lebhaft, aber verworren; sie brechen oft ab und werden dann mit einem tiefen, hohlen, knackenden Laut geschlossen. Am südlichen Abhange der australischen Alpen stand eine Dampfsägemühle Der Besitzer erzählte mir einst, daß er an stillen Sonntagen fern im Walde das Bellen eines Hundes, menschliches Lachen, Gesang und Gekreisch von vielen Vögeln, Kindergeheul und dazwischen das ohrenzerreißende Geräusch, welche das Schärfen einer Säge verursacht, gehört hat. Alle diese Laute und Töne bringt ein und derselbe Leierschwanz hervor, welcher unfern der Sägemühle seinen Sitz hat.

Die alten abgefeimten Buschleute gebrauchen allerlei Listen, um den Vorsichtigen zu berücken. Sie befestigen sich den vollständigen Schwanz eines Männchens auf dem Hute, verbergen sich im Gebüsch und bewegen nun in bestimmter Weise den Kopf und damit selbstverständlich den sonderbaren Kopfschmuck bis es der zu jagende Leierschwanz bemerkt. Dieser vermuthet, daß ein andres Männchen in sein Gebiet eingedrungen sei, kommt eifersüchtig herbei und wird so erlegt. —

An bronzefarbigen Tauben und Wachteln, Trappen, Reihern, weißen Adlern und (an den Küsten) Sturmvögeln ist kein Mangel. Auf den Flüssen und stehenden Gewässern finden sich unzählige Tausende von verschiedenen Sumpf- und Wasservögeln wie vor allem der oben bereits erwähnte Schwarze Schwan, der auch bei uns jetzt bekannt genug ist. Zu bedauern ist die gänzliche Abwesenheit von Singvögeln;

Ausgraben der Eier des Talegallahuhns.

man müßte denn, wie dies die Kolonisten gern thun, den gelehrigen Flötenvogel (Gymnorhina tibicen), eine Elſterart, dazu rechnen, der durch ſeine nicht unmelodiſchen Töne den einſamen Wanderer im Buſche erfreut. — Krokodile oder Alligatoren halten ſich in allen Flüſſen innerhalb des Wendekreiſes auf. Schlangen hat das auſtraliſche Feſtland in Menge, und zwar ebenſowol Land- als Waſſerſchlangen. Der Biß der Diamanten-, Peitſchen- und der ſchwarzen Schlange iſt giftig und fordert jährlich ſeine Opfer. — Fliegen und Musfiten bilden, letztere namentlich in den Flußniederungen, eine wahre Landplage. Von den Inſekten werden noch die keineswegs ſelten vorkommenden Taranteln (eine große Spinnenart) ſowie Skorpione und Tauſendfüßler ihres giftigen Biſſes wegen gefürchtet.

An den nördlichſten Küſten Auſtraliens wird eine Holothurie gefangen, welche unter dem Namen Trepang einen nicht zu unterſchätzenden Handelsartikel, namentlich nach China bildet. Die große Reiſe zum Trepangfang ging und geht noch von Makaſſar auf Celebes aus. Dort ſammelt ſich alljährlich im Monat Januar eine Flotte von manchmal mehr als 200 Prauen (Booten), welche mit dem zu der Zeit wehenden weſtlichen Monſun von Inſel zu Inſel ſteuert, bis ſie Timor erreicht, von wo ſie in ſüdlicher oder ſüdöſtlicher Richtung über das weite Meer der offnen Küſte Marega's, wie die Malayen das Feſtland Auſtralien nennen, zueilt. Nachdem der Fang gemacht iſt, kehren die Prauen im April mit dem wechſelnden Monſun nach Makaſſar zurück, wo die Chineſen die Ladung in Empfang nehmen, um ſie in die Häfen ihres Landes zu bringen.

Wenn man bedenkt, daß eines der malayiſchen Boote in der Regel nur 25 Mann zu tragen im Stande iſt, und daß die Fahrt in jenen Meeren zu jeder Zeit im Jahre wegen der häufig und unerwartet eintretenden Stürme äußerſt gefährlich iſt, ſo muß man der Kühnheit und Unerſchrockenheit der malayiſchen Schiffer gewiß alle Gerechtigkeit wiederfahren laſſen, zumal auch der Trepangfang ſelbſt nicht ungefährlich iſt. Nicht darum, weil man mit dieſen Seethieren etwa ſchwere Kämpfe zu beſtehen hätte, ſondern weil ſie zum Theil aus beträchtlichen Tiefen — bis zu 20 m und mehr — durch Taucher heraufgeholt werden müſſen, und zwar in einem Meere, das von Haifiſchen wimmelt.

Trepang iſt ein malayiſcher Name; bei den Chineſen heißt er Haiſchin, bei den Engländern Biche de mar, bei den Franzoſen Biche de mer, und naturwiſſenſchaftlich wird er als Holothuria bezeichnet. Der Trepang iſt ein walzenförmiges Thier, das einige Aehnlichkeit mit unſeren Gurken hat, daher es auch Seegurke genannt wird, und das vorzugsweiſe in den wärmeren Meeren auf Korallenriffen und Sandbänken anzutreffen iſt, wo es ein äußerſt träges Leben führt. Wochenlang kann man ein ſolches Geſchöpf auf demſelben Fleck liegen ſehen, ohne eine andere Lebensäußerung, als etwa die eines gelegentlichen Bewegens der in einem Kranze um den Mund herum ſitzenden Fühler. —

Es giebt etwa dreißig ſehr verſchiedene Arten dieſes Thieres, von welchen jedoch nur zehn in den Handel kommen. Man bezahlt ſie in China mit 5 bis 35 Dollars für einen chineſiſchen Pikul (= 133⅓ Pfund engliſch), ſodaß alſo unser Pfund auf 20 Pfennige bis 1 Mark zu stehen kommt. Die billigsten Sorten werden als ein wohlfeiles Nahrungsmittel an die ärmeren Volksklassen verkauft; als Leckerbissen für die reichen Herren Chinesen werden nur die vier theuersten Sorten angesehen. Diese sind folgende: Erstens der Vang= folungan. Er wird 30 bis 40 cm lang, ist am Rücken braun, unten weiß, mit einer Reihe von Warzen auf jeder Seite besetzt. Das Thier ist so steif, daß es kaum die Fähigkeit besitzt, sich fortzubewegen. Zweitens: der Kiskijau, wel= cher in ganz seichtem Wasser angetroffen wird und zur Ebbezeit am Ufer zu= sammengelesen oder mit eisernen Stangen in dem durchsichtigen Wasser gespießt werden kann, erreicht eine Länge von 15 bis 30 cm ist oben völlig schwarz, unten dagegen dunkelgrau und hat gleichfalls Warzen an den Seiten. Die dritte Art, Talipan, 24 cm bis $^2/_3$ m lang, ist leicht kenntlich an ihrer dunkelrothen Färbung und an den über den Rücken hinlaufenden großen rothen Stacheln. Der Munang endlich erreicht selten eine Größe von 20 cm ist ganz schwarz und ohne alle Auswüchse. Diese Sorte wird hauptsächlich an den Fidschi=Inseln gesammelt.

Das Trepanggebiet erstreckt sich überhaupt von der Insel Mauritius bis Tahiti und von den Nikobaren bis zu den Radackinseln. Zu den ergiebigsten Gegenden werden aber die Küsten von Australien und Neuguinea, sowie die Arruinseln gezählt, obwol an anderen Plätzen gleichfalls reiche Ausbeute gemacht ward, namentlich seitdem nicht nur malayische Schiffer sich mit dem Trepangfang be= schäftigen. So sammelte im Jahre 1845 ein amerikanischer Schiffskapitän an der Insel Sikayana (Stewartinsel) in der Salomonsgruppe 250 Pikul und zwei Jahre später ein Anderer in derselben Gegend 265 Pikul, d. h. also 35,000 Pfund im Werthe von fast 21,000 Mark.

Sobald man eine entsprechende Anzahl von Thieren gefangen hat, schlitzt man sie auf, weidet sie aus und kocht sie einige Minuten in Seewasser, wodurch sie ein kautschukähnliches Aussehen erhalten. Darauf werden sie an der Sonne sorgfältig getrocknet, oder, wenn dieses, was immerhin 20 Tage in Anspruch nimmt, zu lange dauert, an einem gelinden Holzfeuer; jedoch sollen die an der Sonne getrockneten bedeutend schmackhafter sein, und werden solche demgemäß auch höher bezahlt.

Der Handel mit diesem Artikel ist außerordentlich lohnend, da die Auslagen dafür nur geringe sind und die Ausbeute sehr oft eine überaus reiche ist. Viele Schiffskapitäne und Kaufherren haben es durch den Trepangfang nach wenigen Jahren zu Reichthum und Ueberfluß gebracht. —

Die Eingeborenen. Der Australier ist durchschnittlich nur klein und von verhältnißmäßig schwachem Gliederbau; auffallend ist der Mangel an Waden. Die Schädelbildung ist bei den Männern immer schöner als bei den Weibern; im Ganzen ist sie schmal und länglich. Die Stirn ist oft hoch und gerade. Die Augen sind groß, glänzend und ausdrucksvoll. Die Nase ist an der Wurzel schmal, wodurch die Augen zusammengedrückt erscheinen, gegen unten zu wird sie breit und eingedrückt; die Zähne sind stark und weiß, der Mund ist groß, das Haar dunkel, glänzend und etwas gekräuselt, ohne jedoch wollig zu werden.

Eingeborener von Südaustralien.

Viele Männer haben lange, glänzende, gelockte Bärte, die den Neid manches Europäers erwecken würden. Die Haut ist nicht schwarz, sondern von dunkler Kupferfarbe. Der Gebrauch von Fett, Holzkohle und Ocker indessen, obschon von Nutzen gegen die Einwirkung der Sonnenstrahlen, hat ihre Farbe anscheinend verdunkelt.

Die Stämme der Eingeborenen sind im Allgemeinen wenig zahlreich, viele bestehen nur aus 50 bis 60 Personen und scheinen oftmals mehr eine Art größere Familie zu bilden, obschon dieselben, wenigstens in vielen Fällen, Oberhäupter (gewöhnlich der Aelteste des Stammes) besitzen. Aber auch das Familienleben ist nur äußerst nothdürftig ausgebildet, und in einzelnen Gegenden ist schon der Anfang der Ehe mit grauenhaften Rohheiten verknüpft. Jedenfalls geht immer noch die Sage, obwol dem von anderer Seite widersprochen wird, der Mann schlage das Mädchen, welches er zu seiner Frau nehmen will, mit der Keule nieder und schleppe sie dann in sein Lager. Wie aber der Anfang auch sein mag, der Fortgang des Familienlebens ist nichts als eine einzige Kette von Grausamkeiten gegen die armen Geschöpfe von Weibern, welche nur die Sklaven und die Lastthiere ihrer Männer sind. Um die Kinder bekümmert sich zwar die Mutter in den ersten Jahren noch etwas, später hört aber jeder familienartige

20*

Zusammenhang auf, und zwar so vollständig, daß Eltern und Kinder ihr gegenseitiges Verhältniß entschieden vergessen.

Indessen mag hierbei Folgendes berücksichtigt werden, einmal, daß die Australier sehr schnell wachsen und mit 10 bis 12 Jahren erwachsen sind und zweitens, daß der Kreis der intellektuellen Entwickelung zu klein ist, als daß nicht ein halberwachsenes Kind eben so weit fortgeschritten sein könnte, wie der Aelteste im Stamme. — Sie zählen z. B. nicht weiter, als bis vier, alles Andere ist „Viel". Die Zeitrechnung wird bei vielen Stämmen nur nach „Schläfen" gemacht, so daß bei ihnen nicht einmal von Mondwechseln und noch viel weniger von Jahreszeiten die Rede ist.

Gewisse Eigenthümlichkeiten aber, die bei anderen Völkern nur der Kind= heit angehören, werden bei den australischen Schwarzen, auch wenn sie erwachsen sind, nie abgelegt. Die Lust an kindischen Tändeleien und Spielen, an endlosen Possen hängt sicherlich mit der unbegrenzten Sorglosigkeit zusammen, mit der sie in der Gegenwart stehen, vollkommen unbekümmert um Alles, was außer derselben liegt. Vergangenheit und Zukunft sind Begriffe, welche die Australier nicht fassen können, die für sie nicht existiren. Ein besonders großes Talent besitzen sie für Mimik und einen scharfen Sinn für äußere Lächerlichkeiten. Nicht leicht entgeht ihrer Kritik eine Sonderbarkeit des Betragens und sie karrikiren augenblicklich, was ihnen als sonderbar auffällt, Stimme, Haltung, Gang, Geschicklichkeit ꝛc. In einer Menge Eigenschaften sind diese Söhne der Wildniß den Europäern überlegen; dies fühlen sie sehr gut heraus und machen die stumpfen Sinne der Weißen zum Gegenstande ihres Humors. Die Art, wie sie die Chinesen karrikiren, ist unübertrefflich; hier ist es die übertriebene Beweglichkeit und die Geschwätzigkeit, die ihnen im Kontraste mit ihrer eigenen gemessenen Haltung lächerlich erscheint. —

Die Sprache der Australier, die allem Vermuthen nach vor langen Zeiten für jede der zwei großen Gruppen von Einwanderern eine gemeinsame gewesen ist, hat sich in so viele Dialekte aufgelöst, daß die meisten Australier und manchmal nahe beisammen wohnende Stämme sich nicht verstehen. Nur wenig Worte kommen unverändert in mehreren oder allen Dialekten vor. Uebrigens sind die Sprachen der Australier wohlklingend für das Ohr des Europäers.

Der Charakter der Eingeborenen Australiens ist voller Widersprüche. Im Ganzen gutmüthig und friedfertig, wenn man sie nicht reizt, sind sie ohne erklärliche Ursache unter Umständen eben so streitsüchtig, verschlagen und hinter= listig. Diebisch sind sie Alle, aber die Habsucht ist selten bei ihnen so groß, daß sie deshalb einen Todtschlag begehen. Für empfangene Wohlthaten sind sie dank= bar und erkenntlich, und rührend ist ihre Gutmüthigkeit gegen Ihresgleichen, mit denen sie den letzten Bissen theilen. Um so viel unerklärlicher ist aber der in ganz Australien herrschende Brauch, die Kinder zu ermorden, sowie die wenigstens bei einer Anzahl von Stämmen vorkommende entsetzliche Unsitte, Menschenfleisch zu verzehren. Der Kindermord wird zwar damit zu entschuldigen gesucht, daß die Beschaffenheit der Lebensmittel der Eingeborenen für ganz kleine

Kinder unpassend wäre, und diese deshalb zwei= bis dreimal so lange Zeit von der Pflege ihrer Mütter abhingen, als bei den Europäern. Es ist aber auf der andern Seite wiederholt behauptet worden, daß die Eltern ihre ermordeten Kinder verzehrt hätten, und dann ist bekannt, daß der furchtbare Aberglaube bei ihnen herrscht, daß Einer sofort die Körperkraft eines Andern erhalte, wenn er ihn umbringt und verspeist.

Eingeborene der Kolonie Victoria. Mann und Frau.

In diesem gräßlichen Wahne hätten die Eltern zweier Söhne den jün= geren davon erschlagen und den älteren ermahnt, recht viel Fleisch von seinem Bruder hinabzuwürgen, damit er dessen Kraft zu der seinigen bekomme!

Daß die Schwarzen sowol in den nördlichen als in den südlichen Gegenden des Landes Kannibalen sind, ist durch zahlreiche Beweise ganz außer Zweifel gesetzt: sie machen auch gar kein Hehl daraus und beschreiben sogar ganz un= befangen die Zubereitung des Mahles.

Dr. Thomson in Geelong schickte den Kopf eines gerösteten Kindes an das Museum in Edinburgh, und einer Engländerin in Melbourne, welche das besondere Zutrauen der Schwarzen genoß, wurde einst von einem eingeborenen Weibe ein Stück gebratenes Menschenfleisch gezeigt, ihr aber dazu gesagt, sie möge nichts davon erzählen, damit der Stamm, dem das Schlachtopfer geraubt worden, nichts davon erfahre und sich ein Mitglied ihres Stammes dagegen hole. In den südlichen Gegenden Australiens, namentlich am Alexandria= und Albertsee, haben die Ureinwohner sogar ausgehöhlte Menschenschädel als Trinkgefäße im Gebrauche, gewiß das einzige Beispiel, daß ein Theil des menschlichen Skelets eine Ver= wendung als Geräthe findet. Jedes Weib hat früher ein solches Trinkgeschirr besessen und dasselbe gewöhnlich selbst ausgehölt, geräuchert und zubereitet. Im Museum in Sydney werden mehrere dieser schaudererregenden Gefäße aufbewahrt. —

Aus der öfter berührten großen Armuth des Landes an Nahrungsmitteln läßt sich bereits ein annähernder Schluß auf die Art derselben bei den Eingeborenen ziehen. Die Schwarzen verschmähen in der That keine Speise, nichts, was nur immer eßbar ist; Fische, Muscheltiere, Schildkröten, Eidechsen und Schlangen, Säugethiere und Vögel, so viel ihrer zu erlangen sind, aber auch Schmetterlinge und Käfer sowie deren Larven, die Wurzeln, die jungen Blätter und Triebe verschiedener Pflanzen, der Honig der Bienen und der Blumen, sogar das den Bäumen entquellende Harz, Alles dient, um den Hunger zu stillen. Wenn man sich aber dabei der Leistungen Wylie's im Essen erinnert, so wird unschwer zu erkennen zu sein, daß bei der Schwierigkeit, viele der vorhin genannten Nahrungsmittel zu erlangen, die Zeit der Eingeborenen, welche sie nicht verschlafen, vollständig in Anspruch genommen wird von dem Aufsuchen aller der Dinge, die ihnen zur Speise dienen sollen.

Die Kochkunst steht bei den Schwarzen auf einer äußerst niedrigen Stufe. Viele Nahrungsmittel werden roh verschlungen, Fische und andere Thiere werden auf dem Feuer oder in den Kohlen geröstet, oftmals nur halb gar gemacht oder kaum durchgewärmt. Eine bessere Art, das Fleisch zu bereiten, findet sich wiederum nur auf der Nordostküste, wo auch die Australier das durch ganz Polynesien bekannte Backen auf heißen Steinen in einer in die Erde gemachten kleinen Grube kennen und anwenden. Das Feuer, das nur mit großen Schwierigkeiten durch Reiben von leicht entzündlichem Holze hervorgebracht werden kann, wird von den Eingeborenen zu unterhalten gesucht. Selbst auf den Wanderungen pflegen sie brennende Holzstücke mitzuführen, deren Verlöschen sie sorgfältig verhüten.

An Orten, an welchen sich die Eingeborenen wegen des zeitweisen Ueberflusses gewisser Nahrungsmittel länger aufzuhalten pflegen, werden wol auch Hütten errichtet, (Wirlie oder Gunjah) genannt, die einige Monate im Jahre bewohnt sind, sonst aber leer stehen. Besonders in Mittelaustralien ist die Zahl dieser Hütten bedeutend und giebt in Verbindung mit der Menge von Fußpfaden der Gegend das Ansehen, als sei sie bewohnter, als es wirklich der Fall ist. Einzelne Reisende, z. B. Stuart am Darling, fanden schon solche verlassene Dörfer von siebzig Hütten, gewöhnlich stehen jedoch nur zehn bis zwanzig beisammen. Ihre Form ist nicht ganz übereinstimmend: in Ost- und Mittelaustralien ist es diejenige eines spitzen, auf der Erde ruhenden Daches, etwa bis zu vier Meter lang, zwei Meter breit und sehr niedrig, aus Zweigen geflochten, mit der Rinde der Eukalyptusbäume bedeckt und an einer Seite offen. Wenn die Hütte bewohnt ist, brennt vor dieser Oeffnung das Feuer. In Westaustralien sind die Wirlies mit einer bogenförmigen Oeffnung von etwa 1 m Höhe versehen und so eng, daß ein Mann sich nicht ausgestreckt darin niederlegen kann. Dennoch fassen sie zwei bis drei Personen, die sich darin zusammenkauern. Manchmal begnügen sich die Eingeborenen schon mit einer Art Schirm, einem Stück Rinde, welches auf der Windseite an einige Zweige angelehnt wird, oder mit einem flachen Dache von Rinden und Zweigen. Noch andere Formen von Wohnungen finden sich; indessen nur an der Nordküste sind sie etwas zierlicher und besser gebaut.

Waffen der australischen Eingeborenen.

1 Speer mit Spitze aus Eukalyptusholz. 2 Speer mit Feuersteinspitze. 3 Bumerang. 4 Fischerspeer mit
Knochenspitzen. 5, 9 und 10 Wurfstöcke. 6, 7, 8, 13 und 15 Keulen (Waddy). 11 und 12 Hammer mit
Steinen. 14 Säge mit Obsidianzähnen. 16 und 17 verzierte Schilde aus Eukalyptusholz.

Benachbarte Stämme veranstalten manchmal eine Zusammenkunft, um eine Lustbarkeit, eine Känguruhjagd oder dergleichen abzuhalten. Der Ort solcher Zusammenkünfte ist in der Regel in der Nachbarschaft eines kleinen Flusses oder Sees, jedenfalls in einer wild- oder fischreichen Gegend. Die Jagd oder der Fisch= fang werden gemeinschaftlich betrieben; dann kehren Alle in das Lager zurück und essen, tanzen und schlafen, bis der Hunger zu einer neuen Jagd zwingt. So würde Alles gut und freundschaftlich vor sich gehen, wenn nicht häufig ein ärger= licher Zwischenfall den fröhlichen Unterhaltungen ein unliebsames Ende machte. Da giebt es irgend einen alten Streit zwischen zwei Stämmen zu schlichten, oder man erinnert sich eines noch nicht gesühnten Unrechtes; es kommt von Worten zu Thätlichkeiten, und der Kampf wird allgemein, da nicht nur die Freunde einander beistehen, sondern auch die Weiber Theil daran nehmen, die sich gegen= seitig durch Spottreden so lange erbittern, bis sie über einander herfallen und sich mit Stöcken und Knüppeln schlagen. Selten nehmen jedoch diese Gefechte — auch diejenigen der Männer — einen so schlimmen Ausgang, daß dabei Jemand getödtet würde. Es scheint sogar, daß es bei allen solchen feindlichen Zusammen= stößen nie auf arge Verwundung abgesehen ist. Die Hauptsache ist ein großer Lärm, der dabei verführt wird. Dennoch hat man öfter, auch in den besiedelten Gegenden, Gelegenheit, die Wunden am Kopfe sowie an den Armen und Beinen, die es bei einer solchen Schlacht gegeben, zu sehen. — Zieht ein Stamm gegen einen andern zur Fehde aus, wenn ein anderes Mitglied des Stammes zufälliger= weise denselben Namen führte, so muß es ihn mit einem andern vertauschen. —

Im Allgemeinen sind die Eingeborenen im Stande, mit ihren Waffen, wenn diese auch von sehr einfacher Beschaffenheit sind, dem von ihnen auser= sehenen Opfer mörderische Wunden zu versetzen, da die Speere oftmals mit scharfen Muscheln oder Quarzstücken besetzt werden, die mit Baumharz angeklebt oder mit Thiersehnen festgebunden sind, und die Wilden außerdem ein sehr großes Geschick in der Handhabung ihrer Waffen besitzen. Die größten Speere, bis zu 2 oder gar 3 Meter Länge, werden mit einem besonderen Wurfbret (Wamera) geschleudert. Dasselbe hat gewöhnlich eine Länge von $1/2 - 1/3$ m, besteht aus einem Stück harten, flachen Holzes und ist an einem Ende mit einem Haken ver= sehen, während an dem andren ein Stück Baumharz und ein Büschel Opossum= haare befestigt wird, letzerer, um zu verhindern, daß der Wamera beim Schleudern des Speeres aus der Hand fährt. Der Haken — gewöhnlich ein Känguruzahn — wird in ein am unteren Ende des Speeres befindliches Loch gelegt und Wurfholz und Speer mit den verschiedenen Fingern der rechten Hand gehalten. Ist die Waffe nun in die Höhe des Auges gebracht, so kann sie geworfen werden, und das Wurfholz, welches dem Speere die Richtung giebt, verstärkt durch seine hebelartige Wirkung die Kraft des Wurfes bedeutend. — Diese Vorrichtung ist um so charkteristischer, da sie sich nirgends sonst auf der Erde findet.

Nicht weniger eigenthümlich als das Wurfbret ist eine andere, jedoch weitaus bekanntere australische Waffe, der Bumerang (Wagno, Killey, Bomeran), in dessen Verfertigung sie einzig in ihrer Art dastehen.

Australische Eingeborene. Erklettern des Eukalyptus.

Die Australier verfertigen ihn aus den Aesten oder Zweigen der Acacia pendula, oder aus einem andern Baume von ähnlicher Art des Wuchses, denn die Krümmung muß so gewachsen sein. Bekanntlich fliegt der Bumerang, sich um sich selbst drehend, nachdem er sich eine Strecke weit vorwärts bewegt hat, zu dem Standpunkte seines Schleuderers zurück. Nicht dann natürlich, wie die irrige Angabe einiger Mittheilungen ist, wenn er nach einem bestimmten Ziele geworfen worden und dies trifft, denn dann fällt er zu Boden. Ein erfahrener Werfer kann dieser Waffe fast jede beliebige Richtung geben; zur Verstärkung des Schlages wird sie indessen gewöhnlich flach gegen den Erdboden geschleudert, von dem sie abprallt und sich zu bedeutender Höhe erhebt.

Die Eingeborenen sind im Stande, mit dem Bumerang Vögel oder kleinere Säugethiere bis zu der bedeutenden Entfernung von ungefähr 200 Schritten zu erlegen. Im Kriege ist diese Waffe besonders dadurch gefährlich, daß es fast unmöglich ist, in dem Augenblicke, in welchem man sie in der Luft erblickt, zu beurtheilen, welchen Weg sie nehmen oder wo sie niederschlagen wird.

In mehr oder weniger allgemeinem Gebrauche sind noch die folgenden Waffen: der Katta-Twirris, eine Art zweischneidiges Schwert, furchtbar durch die Quarz- und Muschelstücke, welche die Ränder der Wunde zerreißen, und der Bwirri, ein kurzer Stock mit eiförmigem Knoten, der im Feuer gehärtet wurde, also eine Art Todtschläger; ferner der Waddy, ein starker keulenförmiger Stock; endlich der Tomahawk, der eigentlich aus einem scharfen Stück Quarz bestand, welches an einem Stocke mit Harz ꝛc. befestigt wurde, in neuerer Zeit aber durch ein gewöhnliches Beil ersetzt wird, das besonders dazu dient, Einschnitte in die glatten und starken Stämme der Bäume zu machen, welche von den Eingeborenen mit außerordentlicher Fertigkeit erklettert werden. Die Art, wie die Australier klettern, ist durchaus eigenthümlich. Der australische Wilde gebraucht nämlich dazu eine Art Tau, aus einer wilden Rebe oder aus anderen zähen Zweigen bestehend, von 3 bis 4 m Länge. Dasselbe wird um den Stamm geworfen (vergl. das vorstehende Bild), und während er nun die beiden Enden fest in den Händen hält, geht er mit kurzen Schritten, sich gegen den Baum stemmend, hinauf, wenn der Stamm nämlich rauh genug ist oder bereits die erforderlichen Einschnittte von einem früheren Kletterer gemacht worden sind. Fehlen diese Einschnitte, so macht sie der Wilde, indem er das eine Ende der Rebe, das zu diesem Zwecke mit einem Ringe versehen ist, zum Fuße hinunterführt, von dem er die große Zehe in die Schlinge steckt und dadurch die Hand frei macht, mit welcher er das in einer Art Gürtel getragene Beil faßt und damit etwa anderthalb Centimeter tiefe Stufen einhaut, so weit er am Stamme hinaufreichen kann. Man muß sicherlich gestehen, daß diese Art Bäume zu erklimmen, eine außerordentliche Gewandtheit und Muskelkraft voraussetzt, denn minutenlang ruht das ganze Gewicht des Körpers auf der einen, in eine schmale Stufe eingesetzten Zehe!

Die einzige Vertheidigungswaffe der Australier ist ein Schild von hartem Holze oder Rinde, $^3/_5$ bis $1^1/_{10}$ Meter lang und etwa $^1/_{10}$ Meter breit, roh geschnitzt und nur selten etwas bemalt. — Alle übrigen Geräthe der Australier beschränken sich fast nur auf Netze zum Fisch- oder Vogelfang, aus Baumrinde oder einer Art Flachs verfertigt, und auf Gefäße von Holz oder geflochtene Körbe zum Tragen von Lebensmitteln und Wasser. Erstere werden aus Rinde oder Blättern gemacht oder es werden Muscheln dazu verwendet. — Die Rindenkähne sind äußerst primitiver Natur. Sie bestehen nämlich aus nichts Anderem, als aus einem einzigen Stück Baumrinde von etwa 4 bis 5 m Länge, deſsen Enden zusammengezogen und gebunden werden, während der mittlere Theil durch einige Stücke Holz auseinandergehalten wird.

Korroberi.

Solche Kähne und eben so schlecht gebaute Flöße von höchstens 4 Meter Länge bildeten die einzigen Fahrzeuge, welche den Eingeborenen vor Ankunft der Europäer im Lande bekannt waren, und nur die auf der Yorkhalbinsel gebauten Kanoes aus Baumstämmen lassen sich einigermaßen mit den zierlichen Booten vergleichen, die man jenseit der Torresstraße antrifft. —

In den Viehzüchtereien werden viele Schwarze beschäftigt, und dieselben zeigen sich im Allgemeinen willig und geschickt zu der ihnen aufgetragenen Arbeit: Eintreiben von Vieh und Zähmen von Pferden, zwei Beschäftigungen, die ihrem wilden Geschmacke ganz besonders zusagen. Daraus darf man freilich keinen

Schluß auf die Bildungsfähigkeit dieser Menschen ziehen. Man hatte jahrelang in Queensland, wie in Viktoria und in Südaustralien alles Mögliche angewendet, um den Schwarzen praktische Kenntnisse und religiöse Begriffe beizubringen, allein ohne irgend einen wesentlichen Erfolg. Man hatte versucht, kleine Kinder in den Städten nach europäischer Weise zu erziehen, nachdem sie von ihrem Stamme vollständig getrennt waren. In einzelnen Fällen war man auch so glücklich, daß dieselben den Elementar-Unterricht mit Nutzen beendigten, aber die herangewachsene Jugend litt es nicht in der städtischen Umgebung, der Wald war ihre Heimat, und sie kehrten in diese ihre Wildniß zurück, um frei und unabhängig das jammervolle Leben ihrer Stammesgenossen zu theilen. Als Feld-arbeiter sind die Schwarzen ganz untauglich. Außer als Schäfer und Viehtreiber haben die Eingeborenen eine Zeit lang nur noch als Mitglieder der sogenannten „schwarzen Polizei" gute Dienste geleistet, einer von der Kolonialregierung organisirten Miliz, gut bewaffnet und beritten, welche meistens zur Verfolgung von Verbrechern aufgeboten ward, wozu die Eingeborenen wegen ihrer be-kannten Fähigkeit, Spuren aufzufinden und zu verfolgen, sehr geschickt sind. Der Verfasser war zwei Jahre lang als Führer der schwarzen Polizei an-gestellt, und hatte Gelegenheit deren Unzuverlässigkeit auch hierin zu bemerken. Der größte Uebelstand lag darin, daß sie über ihre Stammesgrenze nicht hinaus-zubringen waren, und oft ging deshalb die „schönste Spur" verloren. Aus diesen und andern Gründen ist das genannte Corps inzwischen auch aufgelöst worden.

Von ihren Tänzen nennen wir den Korrobori als den bemerkenswerthesten. Den Tag über bringen die Männer, hinter Gebüsch versteckt, zu, um sich zu diesem festlichen Tanze würdig vorzubereiten, d. h. von ihren Frauen sich mit Fett ein-reiben und mit Farben schrecklich bemalen zu lassen. Wenn es dunkel geworden, zünden die Weiber (Lubras) ein mächtiges Feuer an und setzten sich in einiger Entfernung davon auf den Boden, fangen ein eintöniges Getrommel auf einem über die Kniee ausgespannten Opossumfelle an und singen dazu eine eintönige Weise. Kurz darauf erscheinen die Tänzer, mit Speeren und Fackeln, d. h. flammenden Feuerbränden, in den Händen, die Knöchel mit Bündeln von Gummi-blättern umwickelt, und beginnen mit grimmigen Geberden ihren Tanz, der zuletzt in ein wildes Rennen und Jagen im Kreise oder in verschiedenen Richtungen vor- und rückwärts ausartet, wobei sie phantastische Stellungen ausführen. Von Zeit zu Zeit stoßen sie ein wildes Geheul aus, schlagen die Speere gewaltig an einander und stoßen die Fackeln auf die Erde, daß die Funken weit umhersprühen. Man behauptete sonst, diese Tänze, die übrigens bei allen Stämmen durch ganz Au-stralien in Gebrauch sind, würden nur zur Zeit des Vollmondes aufgeführt; es ist dies indessen nicht die Regel. Das ist aber richtig, daß sie nur des Nachts getanzt werden. Die eigentliche Bedeutung dieser mit den mannichfachsten Variationen aufgeführten Tänze ist noch ganz unaufgeklärt. Namentlich muß dahingestellt bleiben, ob die darin unzweifelhaft vorhandene allgemeine Tra-dition einen religiösen Hintergrund hat; wenigstens ist sonst bei den Austra-liern von einer Götteridee oder dergleichen nicht die geringste Spur zu finden, man müßte denn den Glauben an Zauberei und an einen bösen Geist, der in den dunkelsten Wäldern sein Wesen treibt, dahin rechnen. Eben so wenig ist ein anderer weit verbreiteter, wenn auch nicht allgemeiner Brauch aufgeklärt, der seine symbolische Bedeutung zu haben scheint, nämlich das Ausschlagen einiger Vorderzähne. Dieser Operation müssen sich die Knaben im siebenten oder achten, bei anderen Stämmen im elften oder zwölften Jahre unterziehen, und es finden dabei, wie gesagt wird, viele Feierlichkeiten statt.

In allen Theilen Australiens, so weit es von den Weißen besiedelt ist, geht übrigens die eingeborene Rasse ihrem Untergange mit Riesenschritten entgegen. Die zusammenwirkenden Ursachen sind sehr verschieden: der Branntwein und von Europäern mitgebrachte Krankheiten, wie die Pocken, haben dazu beigetragen; aber alle diese Ursachen können wol kaum größere Verheerungen unter den Söhnen der Wildniß Australiens, als seiner Zeit unter den Indianern Amerika's angerichtet haben. In der That trägt in Australien ein ganz anderer Umstand die Schuld an dem raschen Verschwinden der eingeborenen Rasse, nämlich der, daß die Ansiedlungen der Hirten große Räume Landes für die Herden in Beschlag nehmen und ganze Stämme auf einmal ihrer Opossum= und Känguru= Reviere beraubt werden.

Das geschieht jetzt noch eben so wie früher und wird an den Grenzen der Kolonien stets von Neuem Veranlassung zu Konflikten geben, die erst mit dem Aussterben der Eingeborenen ihr Ende erreichen.

Die Art der Besitznahme von neuen Weideplätzen ist aber auch keineswegs dazu angethan, bei den Eingeborenen irgend eine Sympathie für die Europäer zu erwecken. Denn nicht als Erbe oder durch Kauf wird das Land erworben, sondern nur durch ein allmähliches Zurücktreiben der Eingeborenen. In dem Maße, in welchem sich die Herden vermehren und die weiße Bevölkerung zunimmt, wird ein verhältnißmäßig größerer Raum nöthig und beansprucht, und die eigentlichen Eigenthümer des Bodens werden ohne Vertrag, ohne Handel, selbst ohne Entschädigung, weiter hinein ins Innere gedrängt. Sobald irgend ein frischer Weideplatz zufällig oder durch danach suchende Hirten entdeckt ist, brechen auch schon die Weißen mit ihren Herden auf, ihn in Besitz zu nehmen. Die Regierung giebt ihnen Erlaubnißscheine für die neue Strecke; „Stationen" werden erbaut und die Eingeborenen aus der Nachbarschaft verjagt. Das Wild wird von den Europäern zusammengeschossen, von ihren Hunden gehetzt und niedergerissen. Die Gräber der Vorfahren des vertriebenen Stammes tritt der Europäer rücksichtslos mit Füßen, und doch hängt dieses Volk eben so an dem Boden, den es Vaterland nennt, wie andere Menschen. Mit der Vertreibung der Wilden ist es aber noch nicht einmal gethan. Dadurch, daß ein Stamm von seinem Jagdgrunde vertrieben wird, geräth er in Feindschaft mit anderen Stämmen, in deren Gebiet er einzubrechen gezwungen wird, und so beginnt nun auch schon zwischen den verschiedenen Stämmen der Eingeborenen ein Vernichtungskrieg; der eingebrochene Stamm muß nicht nur für seinen Lebensunterhalt, sondern auch für sein Leben selbst kämpfen.

Wen kann es nun wundern, daß sich der mißhandelte Eingeborene an den Schafen und Rindern seiner Bedrücker schadlos zu halten sucht? Eine Herde wird überfallen und ein Theil davon weggetrieben. Darauf vereinigen sich die Aufseher und Schäfer der Nachbarschaft und verschaffen sich eine zeitweilige Ruhe vor den Räubern, indem sie eine Anzahl davon niederschießen und den Rest zerstreuen. Irgend ein anderer Schäfer oder Hüttenwächter, der mit der Sache vielleicht gar Nichts zu thun hatte, muß dann mit seinem Leben den ausgeführten Rachezug büßen. Seine Hütte wird von den Schwarzen niedergebrannt, er selbst erschlagen. Pferde und Rindvieh, Alles wird zersprengt und der Grimm des Eigenthümers geweckt. Jetzt rücken die Viehzüchter von verschiedenen Bezirken aus, geführt von einem, dem verfolgten Stamme feindlichen Schwarzen, und metzeln nieder, was sie erreichen können. Ganz eben so, wie auf Tasmanien, ist „Vernichtung!" das Losungswort, und gegen die überlegenen Waffen der Europäer können sich die schwarzen Barbaren ohnehin nicht vertheidigen. Wol haben die australischen Zeitungen mehr als einmal entsetzliche Berichte über solche kaltblütig begangene Mordthaten gebracht, aber die Regierung blieb in der Regel taub, und es gab sogar Polizeidirektoren und angesehene Ansiedler, welche das Vorkommen solcher Thaten rundweg leugneten, so lange es nur ging, d. h. so lange die Verbrechen nicht gar zu himmelschreiend wurden.

Dann und wann drang das Gerücht auch über den Busch hinaus, daß „die schwarzen Bursche wieder einmal eine Dosis bekommen hätten!" Und in der That sind viele Schwarze dadurch ermordet worden, daß man ihnen mit Arsenit vergiftetes Brot in den Weg gelegt hatte! Man hat die „Damper" gefunden, dieselben geprüft und das Gift darin entdeckt: darauf hat man auch „Untersuchung" geführt, aber man konnte keine weißen Zeugen finden, und schwarze sind — nach den Gesetzen — nicht zulässig.

Man kann sehr gut zugeben, daß derartige Nichtswürdigkeiten in den letzten Jahren nicht mehr vorgekommen sind; sie sind eben nicht mehr nothwendig, denn das Aussterben der Schwarzen geht jetzt auch ohne solche Nachhülfe rasch genug von Statten. Man fängt bereits an, wenigstens Sammlungen ihrer wenigen Werkzeuge, Waffen und Geräthe zu veranstalten, damit später doch noch mühsam eine Spur ihrer ehemaligen Existenz aufgewiesen werden kann!

Trinkgefäß aus der Hirnschale eines Eingebornen

Port Jackson von der Flaggenstange aus. Im J. 1810.

VIII.

Die Kolonie Neusüdwales.

Die Verbannung in England. — Deportation nach Nordamerika. — Das „Deportationsgeschäft". — Handel mit Negersklaven. — Gründung von Sydney. — Landung der ersten Verbrecher in Botanybai und Port Jackson. — Das „Zuchthaus im Urwald". — Gerichtshöfe. — Gewalt des Gouverneurs. — Niederlassung auf Norfolk. — Ausrottung der Eingeborenen. — Unglück und Noth. — Mißernten. — Ueberschwemmungen. — Bevölkerungsstatistik. — Die Sträflinge. — Fehler und Mißgriffe. — Die Rumrevolte. — Das Regiment Neusüdwales. — Meuterer von Pitcairn. — Empörung der Offiziere. — Gouverneur Macquarie. — Die Emanzipisten und Exklusionisten. — Lebenslauf eines Verbrechers. — Kostspieligkeit der Kolonie. — Gouverneur Brisbane. — Gesetzgebender Rath. — Streit der Parteien. — Gouverneur Darling. — Gouverneur Bourke. — Aufhebung der Verbrecherkolonie. — Arbeitermangel. — Gouverneur Gipps. — Gouverneur Fitzroy. — Versöhnung der Parteien. — Neusüdwales seit 1850. — Verfassungsreform. — Abtrennung von Kolonien. — Viehzucht. — Ackerbau. — Mineralreichthum. — Entdeckung der Goldfelder. — Weitere Entwickelung derselben. — Umschwung in den Verhältnissen. — Gegenwärtige Handels-, Gewerbs- und Verkehrsverhältnisse. — Legislatur. — Kirchen und Schulen. — Aussichten für Einwanderer. — Sydney und die anderen wichtigeren Städte der Kolonie.

Die Verbannung. In alten Zeiten war in England die Verbannung eine gewöhnliche Strafe: es blieb dabei dem Verbannten frei gestellt, sich in die Gegend zu begeben, die ihm beliebte wenn er sich nur von der Grafschaft entfernt hielt, in welcher er sein Verbrechen begangen hatte. Auf den Normanischen Inseln

Guernsey und Jersey herrschte sogar noch bis vor etwa 50 Jahren der Gebrauch, einen Verbrecher „nach England zu verbannen“. Das heißt nichts Anderes, als ihn in Southampton ans Land setzen und ihn dann gehen lassen, wohin er will. Nur auf die Normanischen Inseln darf er nicht zurückkehren.

Man konnte mit dieser Verbannung aus einer Grafschaft in die andere recht gut auskommen, so lange die Bevölkerung dünn über das Land zerstreut war. Als aber allmählich mehr Städte entstanden und die alten volkreicher wurden, erwies sich dieses Strafmittel mehr und mehr als ein illusorisches. Ein Dieb, der aus einer Grafschaft verjagt war, konnte alsbald seine Plünderungen in der nächsten Nachbarschaft fortsetzen, wenn er sich nur innerhalb einer andern Grafschaft befand.

Es stellte sich die Nothwendigkeit immer dringlicher heraus, daß man wirksamere Mittel ersinne, um die menschliche Gesellschaft von denen zu er=lösen, welche nicht den für die öffentliche Wohlfahrt nothwendigen Gesetzen gehorchen wollten.

Während der Regierung der Königin Elisabeth (1558—1603) wurde die Verweisung aus dem Vaterlande zum ersten Male als Strafe für Vagabunden und Landstreicher in Anwendung gebracht; wohin aber die Verbannten gingen, davon weiß man nichts; — in der Akte selbst ist kein Verbannungsort angegeben. — Unter der Regierung Jakob's I. soll, und zwar im Jahre 1619, die Trans=portation von Verbrechern und Landstreichern nach Amerika begonnen haben. Wenigstens ist sicher, daß in dem genannten Jahre dem Rath der Kolonie Vir=ginien befohlen wurde, eine Schiffsladung voll weiblichen Gesindels in Virginien aufzunehmen. Nun lebten damals allerdings viel mehr Männer als Frauen in den amerikanischen Pflanzungen, und so erwünscht diesen daher die Ankunft einer Anzahl gesitteter Mädchen gewesen wäre, so wollten sie doch begreiflicher=weise von dem Auswurf der englischen Hauptstadt nichts wissen, und der Rath antwortete mit einem entschiedenen Protest. Darauf suchte man, wie es scheint, die Virginier zu begütigen und schickte ihnen noch in demselben Jahre 90 und zwei Jahre später 60 „wohlerzogene, junge und hübsche Mädchen“ hinüber, deren jede, wie der Bericht höchst naiv beifügt, gelegentlich der Vermiethung oder Ablassung an Heirathslustige durchschnittlich 125 Pfund Taback „einbrachte“.

Die erste genauere gesetzliche Bestimmung über die Deportation findet sich in einer Parlamentsakte vom Jahre 1679, aus Karl's II. Zeit, durch welche die Richter bevollmächtigt wurden, die Räuber von Cumberland und Northumber=land nach eigenem Ermessen hinrichten oder auf Lebenszeit deportiren zu lassen. Nun konnten die Pflanzer in Virginien viele Hände zur Arbeit brauchen und nahmen gern alle Männer, die verbannt worden waren, oder aus irgend einem Grunde ihr Vaterland verlassen hatten. Ja, sie gaben auch noch den Schiffs=kapitänen, welche ihnen taugliche Arbeiter zuführten, Geschenke oder baares Geld, und da die Verurtheilten die Kosten ihrer Ueberfahrt selbst zu bezahlen hatten, so ist unschwer einzusehen, wie durch geleistete Vorschüsse von Seiten der Pflanzer viele der unbemittelten Deportirten in ein gezungenes Dienstverhältniß jenseit des Oceanes gerathen mußten, obwol damals noch alle Urtheile der englischen Richter nur auf Deportation lauteten, das heißt also auf Verbringung über die See, ohne daß dabei mit einem Worte von danach folgendem Gefängniß oder harter Arbeit die Rede gewesen wäre. Später allerdings sind die Urtheils= sprüche in diesem Punkte abgeändert worden und lauten nachher: „transportirt zu werden zur See, und danach arbeiten zu müssen und bestraft zu werden, sowie es von den Behörden der Kolonie angeordnet wird." Damals aber, also zur Zeit Karl's II., waren die nach Amerika Verbannten drüben frei oder sollten es wenigstens sein. —

Die bereits angedeuteten Verhältnisse zwischen den Pflanzern und den Schiffskapitänen, welche den Transport der Verbannten besorgten, hatten indessen allmählich dazu geführt, daß die Deportation oder, richtiger gesagt, die Ver= dammung zur Sklaverei eine beliebte und gewinnbringende Art der Bestrafung wurde. So deportirte man 70 Theilnehmer der Verschwörung von 1681, nach= dem man sie ein Jahr lang im Kerker gehalten hatte, auf die Insel Barbados und verkaufte dort den Mann durchschnittlich für 1150 Pfund Zucker. Geistliche und Offiziere waren darunter, lauter angesehene Leute; das machte aber nichts aus; sie mußten in Mühlen arbeiten, die Küche besorgen und den dürren Boden der Insel bebauen. Bei der geringsten Veranlassung wurden sie an Pfähle ge= bunden und ausgepeitscht, und mußten in elenderen Ställen schlafen, als in England die Schweine.

Unter der Regierung Jakob's II. nahm diese weiße Sklaverei in Amerika noch mehr überhand. Nach dem Aufstande von Monmouth wurden an tausend Anhänger desselben nach Jamaika, Barbados und in andere Kolonien geschickt und dort — verkauft. Zehn Jahre lang sollte die Freiheitsberaubung dieser Männer dauern; sicherlich sind nur Wenige von ihnen wieder in ihre Heimat zurückgekehrt. — In Bristol hatten der Lord=Mayor, die Aldermen und die Richter das Deportationsgeschäft in Gemeinschaft mit einander betrieben. Da der gesetzlich zu Verurtheilenden so wenige waren und die Ausfuhr demnach zu unbeträchtlich geworden wäre, so griffen sie zu dem schlauen Mittel, die wegen Landstreicherei oder wegen eines geringfügigen Diebstahls oder Betrugs Ange= klagten mit dem Galgen zu bedrohen. Irgend ein diensteifriger Beamter rieth dann den armen, eingeschüchterten Geschöpfen, um Deportation, als dem einzigen Mittel, ihr Leben zu retten, nachzusuchen, und gewöhnlich brachte man sie dahin, den Rath zu befolgen. Die ehrenwerthen Gerichtspersonen nahmen dann ohne weitere Formalität der Reihe nach ihren Gefangenen und deportirten, d. h. ver= tauften ihn nach Amerika; nur erhob sich einige Male Streit unter ihnen, wer zu= nächst an die Reihe käme, seinen Mann verkaufen zu dürfen, bis das ganze Unter= nehmen ein rasches Ende fand, als der damalige Oberrichter Jefferys davon erfuhr und die richterlichen Sklavenhändler zu gerechter Verantwortung und Strafe zog.

Im Jahre 1718 wurde, um den großen Bedarf von Arbeitern in Seiner Majestät Plantagen jenseit des Oceans besser decken zu können, verfügt, daß die Deportation ein Monopol der Regierung werden und daß fortan diese selbst

Alles übernehmen solle, was die Auswanderung der Verbannten beträfe; endlich daß sie alle Kosten dafür zu tragen hätte. Auf solche Art wurden die Vagabunden und Taugenichtse Krongefangene, und eine große Zahl derselben wurde vom Beginn des 18. Jahrhunderts an nach den Pflanzungen geschickt. Unternehmer fanden sich für den Transport der Gefangenen und für die Ueberwachung derselben zur See, so daß die Regierung gar keine besonderen Beamten mehr nöthig hatte. Wenn dann der Schiffskapitän mit einer Ladung Deportirter in Amerika ange= kommen war, gaben ihm die dortigen Behörden eine Empfangsbescheinigung über so und so viele gelandete Deportirte, und bei seiner Rückkehr nach England erhielt er Bezahlung für so viele Personen, als er lebend abgeliefert hatte. Doch war mit dieser Neuerung nichts Wesentliches gebessert und der Handel mit weißen Sklaven blühte nach wie vor bis zum Jahre 1776.

In diesem Jahre trennten sich die dreizehn amerikanischen Kolonien von England, und erst, als es nicht mehr anging, Gefangene in diese Gegenden zu schicken, beschloß die Regierung, an der Westküste von Afrika Strafkolonien zu gründen. Platz und Klima waren aber zu diesem Zweck äußerst schlecht gewählt; eine ungesundere Lage konnte überhaupt gar nicht gefunden werden, als die aus= gesuchte, und dadurch wurde der afrikanischen Niederlassung gar bald der Name des europäischen Grabes erworben. Die Sterblichkeit unter den Gefangenen, oder vielmehr die Berichte, die darüber nach England gelangten, verursachten dort sehr bald eine beträchtliche Aufregung, und nicht ohne Grund. Mußte doch nach diesen Berichten eine Verurtheilung zur Deportation ziemlich ebenso ange= sehen werden, wie ein auf eine unbestimmte Zukunft ausgestelltes Todesurtheil.

Die Amerikaner ihrerseits waren nicht wenig in Verlegenheit darüber, daß die regelmäßige Zufuhr von Arbeitskräften ein so rasches Ende genommen hatte. Um den Platz der Gefangenen auszufüllen, nahmen die Pflanzer ihre Zuflucht zu den Negern. Dieselben Schiffskapitäne, welche früher die weißen Sklaven von England nach Amerika gebracht hatten, führten jetzt die schwarzen aus Afrika hinüber. Es war für sie zur Gewohnheit geworden, jedesmal, wenn sie einen Transport Gefangener an der Westküste Afrika's abgeliefert hatten, an derselben Küste mit List oder Gewalt einen Transport Neger einzuladen und mit solchen nach Amerika zu fahren, und nicht selten waren britische Gefangene — freiwillig oder unfreiwillig unter den Passagieren solcher Schiffe, die von den Strafstationen in Afrika nach den Pflanzungen in Nordamerika gingen. Kein Wunder also, daß die offiziellen Nachrichten über die Ersteren so traurige Er= zählungen von zahlreichen Todesfällen oder Desertionen unter der Gefangenen= bevölkerung zu bringen hatten.

Je länger, desto mehr mußte sich die Regierung überzeugen, daß die afri= kanischen Strafkolonien nicht zu halten seien. Das große Problem war nur, wohin man alle die Vielen schicken sollte, welche alljährlich „zum Wohl ihres Vaterlandes" dasselbe verlassen mußten." Die Zahl der Verbrecher häufte sich mit jedem Jahre mehr und man konnte sie doch nicht Alle hängen, wenn man es auch an recht oftmaliger Anwendung dieses Strafmittels nicht fehlen ließ. Die Massen von Verbrechern in Zuchthäuser einsperren zu wollen, schien das Allerschlimmste zu sein; mehr als einmal schon waren diese Gefängnißhäuser der Ausgangspunkt verheerender Seuchen geworden. Ebenso war man von der Unzweckmäßigkeit der Verwendung von Sträflingen zu öffentlichen Arbeiten im Heimatlande überzeugt, und darin hatte man wol nicht ganz Unrecht. Die Vernunft mag die Bestrafung eines Menschen wegen irgend einer rechtswidrigen Handlung gut heißen; aber wer wird sich eines tiefen Mitgefühles erwehren können, wenn er eine Reihe von Männern in Ketten und Banden die Straße fegen sieht? — Es stand zu befürchten, daß die Sträflinge in übel angebrachtem Mitleid von den Vorübergehenden beschenkt werden würden, oder daß das Volk sich gegen solche Eindrücke, welchen es naturgemäß Ausdruck geben soll, abstumpfte.

Gründung von Sydney. Unter diesen schwierigen Umständen war es, als Cook von seiner ersten Reise zurückkam und Banks sein verführerisches Bild von der Botanybai und ihrer Nachbarschaft entwarf, so daß man auf den Gedanken verfiel, dort eine Deportationskolonie zu gründen.

Der ungeheure Raum zwischen dieser Küste und jeder andern europäischen Kolonie, sowie die bemitleidenswerthe Armuth und das tiefe Elend der Eingeborenen ließen diese Gegenden recht geeignet zu einem solchen Etablissement erscheinen. Auch der Umstand, daß die öde, unfruchtbare Küste einen fast absoluten Mangel an eßbaren Früchten gezeigt hatte, wurde dem Unternehmen günstig ausgelegt; denn man sagte sich, das müsse den Verurtheilten jede Hoffnung auf das Gelingen eines etwaigen Fluchtversuches benehmen — sie folglich auch von allen solchen Versuchen wirksam abhalten.

Nun hatte Cook bekanntlich nur wenige Tage an der Botanybai zugebracht und einen kleinen Fluß, viele seltene Pflanzen und einen unbedeutenden Hafen gefunden. Es waren keine Weideflächen gesehen worden, auf denen Futter für das Vieh hätte wachsen können: eben so wenig hatte man große eßbare Thiere, wie Hirsche, Büffel oder Schweine, angetroffen. Auch darüber, ob der Boden wol im Stande sein möchte, für eine ansehnliche Bevölkerung eine genügende Ernte zu liefern, vermochten die Naturforscher von Cook's Expedition keine Auskunft zu geben, und ganz natürlich; sie hatten bei ihrer Abreise aus England keine Ahnung davon gehabt, daß sie die ostaustralischen Küsten sehen würden, und noch viel weniger, daß an diesen Küsten wenige Jahre später eine Strafkolonie gegründet werden sollte.

Dieser Gedanke muß aber für die englischen Staatsmänner ungemein verführerisch gewesen sein, denn nach einigen Jahren, 1786, erging in der That eine Parlamentsakte, in welcher festgestellt wurde, daß an der Ostküste von Australien eine Kolonie gegründet werden solle, mit einem Gerichtshof und anderen Einrichtungen, wie sie damals die britische Regierung für zweckmäßig hielt. Der eigentliche Ort, an welchem die Niederlassung anzulegen wäre, war nicht genau bestimmt worden, sondern sollte der Wahl des Befehlshabers, des Marinekapitäns Arthur Philip, überlassen bleiben. Dieser Mann, 1738 zu London geboren, stammte aus einer deutschen Familie; sein Vater, ein geborener

21*

Frankfurter, war Anfangs des vorigen Jahrhunderts nach England ausgewandert, und Arthur hatte sich mit großer Liebhaberei und entschiedenem Talente dem Seewesen gewidmet.

Am 16. März 1787 begann sich die Flotte, welche die ersten europäischen Bewohner in diese neue Welt bringen sollte, zu sammeln. Zwei Kriegsschiffe, die Fregatte „Syrius" und die Brigg „Supply", drei Vorrathsschiffe und sechs Transportfahrzeuge lagen da neben einander und wurden für den besonderen Zweck, dem sie dienen sollten, eingerichtet. Man machte ziemlich umständliche Vorbereitungen, wie man wenigstens nach der Zeit urtheilen muß, die dafür verbraucht wurde; am 13. Mai 1787 endlich wurden die Anker gelichtet und die Flotte ging in See.

Die Scene der Abreise war ergreifend. Das Ufer wimmelte von Menschen, wie das Wasser von Booten. Der Versuch, eine solche weite Reise zu unternehmen, galt damals noch als ein sehr großes Wagniß, und wenn man bedenkt, daß die meisten dieser Menschen ihr Vaterland wahrscheinlich für immer verließen, so ist es kein Wunder, daß so Viele an dem Geschick dieser Flotte ein Interesse fühlten, welche jetzt mit tausend Menschen eine Fahrt an das andere Ende der Welt antreten sollte. Nicht nur die Freunde der Seeleute nahmen noch einen vielleicht letzten Abschied, auch die Verbannten winkten ihren Bekannten und Verwandten noch ein Lebewohl zu — auf Nimmerwiedersehen! — Und in der That, von allen Menschen, freien und unfreien, die damals ihr Vaterland verließen, sind nur die wenigsten je wieder zu ihren heimatlichen Ufern zurückgekehrt.

Die Reise verlief ohne irgend einen bemerkenswerthen Unfall; man berührte St. Croix de Teneriffa, Rio de Janeiro und das Kap der guten Hoffnung, wo man Erfrischungen, Korn und besonders Vieh einnahm. Am 7. Januar 1788 wurde der südlichste Punkt von Tasmanien gekreuzt und am 19. Januar kam das erste Schiff in Botanybai an; wenige Tage später ankerte die ganze Flotte in diesem Hafen.

Philip erkannte in den ersten 24 Stunden nach der Landung, daß der Boden in der Nachbarschaft der Botanybai durchaus nicht zur Gründung der Niederlassung geeignet war. Ebenso fand sich, daß der Hafen für schwer beladene Schiffe gefährlich sei. Deßhalb zögerte er keinen Augenblick, die benachbarte Küste, namentlich die vier deutsche Meilen entfernte Brokenbai, die von Cook gesehen worden war, zu untersuchen. Als aber Philip längs der Klippenreihe dahinsegelte, entschloß er sich, den schmalen Küsteneinschnitt zu erforschen, welchem Cook den Namen Port Jackson gegeben hatte. Es war ein warmer, heiterer Tag. Die Boote fuhren längs der Küste und waren ihr so nahe, daß man sie im Gesicht behielt und das wilde Geschrei der Eingeborenen vernahm, die dem Strande entlang liefen, so weit es das felsige Ufer gestattete. Man näherte sich der Einfahrt des unbekannten Hafens; zu beiden Seiten stiegen die senkrechten Felsenmauern an 100 m in die Höhe; nicht lange, so war dieses Felsenthor passirt und bei der ersten Wendung innerhalb des Einganges gelangten die Boote in einen breiten Kanal und bekamen eine große, rings von Land umschlossene

Wasserfläche in Sicht, die sich meilenweit vor den Blicken der überraschten See=
fahrer ausdehnte. Kleine Inseln waren da und dort zerstreut und zu beiden
Seiten öffneten sich reizende Buchten, die Landzungen dazwischen waren bis ans
Wasser mit Bäumen und Strauchwerk überkleidet.

Waldlandschaft in Neusüdwales.

Fremdartige Vögel flogen umher; Alles war neu und entzückend. Einer
der schönsten Häfen der Welt war entdeckt und einer der größten dazu; denn
eine Flotte von 1000 Linienschiffen könnte bequem Ankerplätze darin finden.

Drei Tage wurden auf die Untersuchung der großen Meeresbucht verwendet; dann beschloß Philip, daß seine Kolonie an einem Vorgebirge, an dem ein klares Flüßchen sich in die salzigen Gewässer der Bai ergoß, gegründet werden solle. Bereits am 25. Januar begab er sich mit einigen Transportschiffen wieder dahin, am folgenden Tage kam der Rest. — Als man eben im Begriff war, Botanybai, zu verlassen, fuhren die zwei Fregatten von La Peyrouse in diesen Hafen ein, welche im Jahre 1785 aus Frankreich abgesegelt waren. Nach einer mehrwöchentlichen Rast übergab der Kommandant den Engländern einen Theil der gemachten Sammlungen sowie die Briefe zur Beförderung nach Frankreich und segelte ab — um nie wiederzukehren.

Bei der Abfahrt aus England hatten sich an Bord der 11 Schiffe zusammen 1026 Personen befunden. Die Beamten mit ihren Frauen und Kindern und die Soldaten zählten 211 Personen, die Gefangenen dagegen 565 Männer, 192 Frauen und 18 Kinder. Während der Reise starben 50; 40 Kinder kamen auf den Schiffen zur Welt, so daß also 1018 weiße Menschen in Australien anlangten.

Die Ausschiffung begann. Eine Abtheilung Marinesoldaten machte den Anfang; sie stiegen aus den Booten und befanden sich mitten in einem Urwalde: mächtige Eukalyptusbäume standen bis dicht ans Wasser herab und warfen ihre gigantischen Schatten weit hinaus auf die Bai. Die Soldaten pflanzten die englische Flagge auf und gaben eine Musketensalve; das war die Feierlichkeit bei der Landung. Jetzt folgte die ganze übrige Gesellschaft und nach einigen Stunden rührte sich Alles, was Hände hatte, um sich auf dem Lande einzurichten, so gut es gehen wollte. Kochherde wurden aus zusammengetragenen Steinen errichtet und allerlei Haushaltungsgeräth aus den Schiffen herbeigeschleppt. Brennholz wurde gesammelt und Bäume wurden gefällt, um Raum für die Zelte zu schaffen, unter denen die ganze Kolonie — vorerst wenigstens — zu kampiren hatte: denn der Wald, obwol ziemlich dicht, konnte doch unmöglich vor etwaigen Gewitterregen hinlänglichen Schutz bieten. Viele wollten aber die gelinden Nächte nicht unter den Leinwanddächern zubringen und suchten sich eine Zufluchtsstätte in oder unter den hohlen Bäumen, die in Menge vorhanden waren.

Die Kolonie Neusüdwales — ein Zuchthaus im australischen Urwald — war nunmehr als gegründet anzusehen. Als man aber zur Erbauung der hölzernen Baracken schreiten wollte, die zum Theil als Wohnungen für die Beamten, zum Theil als Kasernen für die Soldaten oder als Gefängnisse für die Sträflinge und zum Theil als Magazine dienen sollten, da kam es zum ersten Male deutlich zum Vorschein, wie ungeschickt die ganze Expedition ausgerüstet war. Unter den tausend Menschen war fast kein Handwerker. Die Schiffsmannschaft lieferte 16, die Gefangenen stellten 12 Zimmerleute, und zur größten Freude fand sich unter der ganzen Gesellschaft ein Maurer. Aber es waren auch keine Aufseher da, welche die englischen Straßenräuber und Londoner Taschendiebe in einem oder dem andern Handwerk hätten unterrichten können. Der einzige Maurer der Kolonie wurde sofort an die Spitze einer Abtheilung von Sträflingen gestellt und ihm der Auftrag gegeben, eine Anzahl steinerner Häuser zu bauen: — und dieses Beispiel ist ganz kennzeichnend für die Art und Weise, wie eine lange Reihe von Jahren hindurch die Strafdisziplin in der Kolonie gehandhabt werden mußte. Wer irgend ein Handwerk verstand, wurde Aufseher, und so ist sehr gut erklärlich, wie es kam, daß sich unter diesen mitunter die größten Taugenichtse fanden. Aber wie sollte man es anders machen? —

Die Baracken und Magazine wurden übrigens trotz aller Hindernisse, die sich entgegenstellten, bis zum Monat April, als der Winter herankam, fertig, so daß im Mai der Grundstein zum ersten steinernen Haus von Sydney, der künftigen Wohnung des Gouverneurs, gelegt werden konnte.

Wie schon erwähnt, fand am 26. Januar die erste Landung der Europäer in Port Jackson statt, und noch jetzt wird dieser Tag als Gedächtnißtag in ganz Neusüdwales festlich begangen. Die feierliche Gründung der Kolonie erfolgte aber am 7. Februar 1788. — Nachdem man einen hinreichend großen Platz von den Bäumen gesäubert und passend hergerichtet hatte, zog an diesem Tage die ganze Besatzung mit Trommlern und Pfeifern in voller Ausrüstung auf, den Gefangenen wurden ihre Plätze angewiesen: danach erschien der Gouverneur, umgeben von den Beamten der Niederlassung, und Frauen und Kinder bildeten das schauende und hörende Publikum. Der Gouverneur wurde bei seinem Erscheinen von den Truppen mit der Auszeichnung eines königlichen Statthalters begrüßt. Darauf verlas der oberste Richter der Kolonie, David Collins, das königliche Patent, welches den bisherigen Schiffskapitän Philip zum Generalkapitän und Gouverneur en chef von Neusüdwales und seinen Dependenzen ernannte. Durch diese Akte wurde bestimmt, daß die Kolonie vom Kap York an der Nordküste bis zum Süd= kap reiche, mit Einschluß aller zwischen den Breitegraden dieser Orte liegenden Inseln, und westwärts bis zu 135° östl. Länge. Ebenso wurden die Anstellungs= dekrete der verschiedenen Beamten verlesen und die Patentbriefe, welche die Civil= und Kriminalgerichtshöfe auf diesem Territorium einsetzten.

Danach sollte der Civilgerichtshof durch den königlichen Richter und zwei Bewohner der Kolonie gebildet werden, welche der Gouverneur ernannte und welche über alle streitigen Fälle zu entscheiden hatten. Das Urtheil wurde mit der Unterschrift des Richters versehen ausgefertigt, und man konnte in allen Fällen an den Gouverneur appelliren, an die Gerichte von England jedoch nur in dem Falle, wenn die streitige Summe wenigstens 3000 Pfund Sterling betrug.

Der Kriminalgerichtshof setzte sich zusammen aus dem königlichen Richter und sechs Offizieren der Land= oder Seearmee. Dieser Gerichtshof hatte über alle Verbrechen, die in der Kolonie begangen wurden, zu urtheilen. Die Bestrafung sollte, so viel es in Betracht der Umstände und der eigenthümlichen Verhältnisse der großen Mehrzahl der Kolonisten möglich wäre, nach englischen Gesetzen voll= zogen werden. Das Verfahren war ziemlich einfach. Der Richter brachte die Klage schriftlich vor, die etwaigen Zeugen wurden gehört, und danach urtheilte der Hof nach einfacher Mehrheit, ob der Angeklagte strafbar sei oder nicht. Nur wenn ein Todesurtheil gesprochen werden sollte, mußten wenigstens fünf Richter für die Verurtheilung sein. Alle Urtheile dieses Gerichtes hatten die Wirkung der Entscheidung durch ein Geschworenengericht, es war also namentlich die Berufung an einen andern Gerichtshof ausgeschlossen. — Der oberste Richter der Kolonie vereinigte demnach in seiner Person die Aemter des öffentlichen Anklägers, des Richters und des Geschworenen, und ebenso waren die Beisitzer Geschworene und Richter zu gleicher Zeit. —

Endlich wurde ein Vizeadmiralitätsgericht eingesetzt, welches die zur See begangenen Vergehen untersuchen und aburtheilen sollte. Der Gouverneur war gleichzeitig Vizeadmiral und hatte als Generalkapitän die Vollmacht, Kriegsgericht zu halten und Urtheilssprüche zu bestätigen oder zu verwerfen.

Ueberhaupt war dem ersten Gouverneur von Neusüdwales eine Macht in die Hände gegeben, wie sie niemals ein anderer Beamter in irgend einer britischen Kolonie besessen hatte. Der Verkehr mit anderen Ländern war vollständig in seine Hände gegeben, denn er konnte den ankommenden Schiffen die Landung bewilligen oder verweigern; ebenso verhielt es sich mit dem Verkehr innerhalb der Kolonie selbst; der Gouverneur hatte den Lohn der Arbeiter und den Preis der Waaren zu bestimmen. Ueber alle Aemter in der Kolonie und über alle Magazine, wie über den ganzen Grundbesitz hatte er zu verfügen. Er konnte Ländereien verschenken oder verkaufen — ganz nach seinem Gutdünken, und Monopole für alle möglichen Dinge verleihen. Auch war er der oberste Kommandant der Truppen; der „kommandirende" Offizier war nur sein Untergebener. Zu diesem Allen kommen seine enormen Befugnisse in Bezug auf die Strafrechtspflege. Der Gouverneur durfte Geldstrafen bis zu 500 Pfund Sterling auferlegen, zur körperlichen Züchtigung bis zu 500 Geißelhieben verurtheilen, und die Verhängung der Todesstrafe oder die Begnadigung lag lediglich in seiner Hand. Und im September 1791 erhielt er sogar noch das Recht, einem jeden Sträfling die ganze Strafzeit, zu welcher er in England oder in der Kolonie verurtheilt worden war, oder einen Theil derselben zu erlassen. Der Gouverneur von Neusüdwales durfte demnach ein Begnadigungsrecht ausüben, wie es dem König selbst nicht in gleichem Umfange zustand.

Bei der großen Entfernung von England aber und der Gleichgiltigkeit, womit man dort die Geschicke dieser Strafkolonie betrachtete, war seine Verantwortlichkeit eine rein illusorische. In Wirklichkeit war der Gouverneur Despot im vollen Sinne des Wortes. Aber welche andere Regierungsform als diejenige des Despotismus wäre in diesem, aus so ganz eigenthümlichen Elementen bestehenden Staatswesen wol möglich gewesen?

Natürlicherweise blieben auch die Mängel dieser Regierungsform nicht aus. Zunächst mußte die ganze Masse der Kolonisten — nach dem Willen des Gouverneurs — auf dem kleinen Raume des Lagers, wie man damals Sydney gewöhnlich hieß, zusammengedrängt bleiben. Dort war der Boden sandig und jeder Fuß Landes mußte schwer erkämpft werden durch die Wegräumung der großen Bäume. Und als es an die Bestellung des Bodens mit Getreide gehen sollte, zeigten sich nochmals dieselben Uebelstände, wie vorher bei dem Häuserbau. Niemand verstand Etwas von der Landwirthschaft oder der Viehzucht. So säete man also auf gut Glück Weizen und Mais und baute Gemüse und Küchenkräuter, wie und wo es die Laune des Augenblickes eingab. Die vom Kap der guten Hoffnung mitgebrachten Gemüsearten waren nicht sehr vorzüglich; die Unbekanntschaft mit ihrem Anbau hat sie aber sicherlich in Neusüdwales noch verschlechtert. Einheimische Gemüse gab es keine. Die ersten angebauten Grundstücke lagen am sogenannten Farm=Cove, in den jetzigen Promenaden Sydneys. Man dachte nicht daran, besseres Land in der Umgegend zu suchen, oder scheute sich, in das mit anscheinend grenzenlosem Wald bedeckte, von Wilden bewohnte Land einzubringen, in welchem man fürchten mußte, sich zu verirren und dann eines elenden Hungertodes zu sterben.

Eine Zweigniederlassung wurde freilich noch gegründet, diejenige am Rosenhügel (Rose=Hill), da, wo jetzt Paramatta steht, allein sie war nicht bedeutend genug; es hätten ihrer mehrere an verschiedenen, von einander in gewisser Entfernung gelegenen Plätzen sein müssen. Es gewinnt also den Anschein, daß Philip ängstlich war, den Gefangenen die Ausdehnung über ein größeres Gebiet zu gestatten, oder daß er von der ziemlich richtigen Ansicht ausging, die Sträflinge würden bei einer größeren Vertheilung und daraus folgenden minder strengen Aufsicht noch weniger, d. h. gar nichts mehr arbeiten. Die Masse der Kolonisten war in der That nur wie Sklaven anzusehen, die schwere Arbeit ohne Interesse am Gelingen derselben zu thun hatten. — Trotzdem wäre sicherlich den Bewohnern von Neusüdwales vieles Ungemach erspart worden, wenn man von Anfang an einige gut geleitete Expeditionen in die Nachbarschaft unternommen hätte, denn dadurch hätte man die reichen, fruchtbaren Landschaften am Hawkesbury kennen gelernt, deren Kultur in den ersten Jahren reichlich so viel eingetragen hätte, als zur Erhaltung der Kolonie erforderlich gewesen wäre. —

Im Februar 1788, also nur wenige Wochen nach der Ankunft der Flotte im Port Jackson, wurde eine Abtheilung unter dem Befehle von Lieutnant P. Gidley King nach der Norfolkinsel geschickt, um dort eine zweite Strafstation einzurichten und Getreide sowie den neuseeländischen Flachs (Phormium tenax) anzubauen. Diese wichtige, zu den Liliengewächsen gehörige Pflanze ist eines von den wenigen Gewächsen, die sowol Neuseeland als Australien gemeinsam sind. Sie ist ausgezeichnet durch die vorzüglichen seidenartigen Fasern, die ihre Blätter enthalten und die einen dauerhaften Faserstoff liefern, welcher nicht nur von den Eingeborenen Neuseelands zu Kleidern verarbeitet, sondern auch für die Kolonisten von großem Werthe wurde. Darum sollte der Vortheil der Flachskultur noch nebenbei gewonnen werden. Die neue Strafstation wollte man aber deshalb auf einer Insel anlegen, um den Sträflingen jede Aussicht für das etwaige Gelingen eines Fluchtversuches von vornherein zu benehmen. Und Norfolk eignete sich ganz vorzüglich hierzu, weil es bei mäßiger Größe — es hat etwa fünf Stunden im Umfange — so äußerst schwer zugänglich ist. An einer einzigen Stelle nur kann man eine Landung wagen, aber auch hier ist eine solche mit der größten Gefahr für Schiff und Mannschaft verknüpft; die ganze übrige Küste zeigt Nichts als ein wildes Geklüfte von Korallenriffen und dahinter eine senkrecht aufsteigende Felsenwand, an welcher sich die schwer heranrollende Grundwelle mit einer furchtbaren Heftigkeit bricht.

Auf der Insel selbst zeigen sich überall Spuren vulkanischer Thätigkeit: vielfach veräftete Höhenzüge durchstreichen in den verschiedensten Richtungen das Eiland. Aber überall, bis zum Gipfel der höchsten Höhe, ist der reichste Boden anzutreffen, jedes Thälchen wird von einem klaren Gebirgswasser durchrieselt, und die prachtvollen, eine ungeheure Höhe erreichenden Norfolkfichten (Araucaria excelsa), von denen man Exemplare fand, deren Gipfel 60 m hoch in die Lüfte ragten, oder deren Stämme bis zu den ersten Aesten an 40 m hoch waren und 10 m Umfang hatten, stellten so sehr Alles in Schatten, was man bis dahin von riesenhaften Bäumen kennen gelernt hatte, daß die Entdecker, in übergroßem Ent-zücken über all diese romantische Schönheit, die Insel Norfolk die Perle, den Edelstein des Großen Oceans nannten.

Die hochgespannten Erwartungen, welche man im voraus von der Koloni-sation dieser Insel hegte, sind reichlich in Erfüllung gegangen; — ja, die Insel war sogar einem Nachfolger King's zu fruchtbar. Im Laufe der Jahre waren nämlich herrliche Orangenbäume überall auf der Insel zu vielen Tausenden wild gewachsen, und die Sträflinge konnten, wo sie wollten, die köstlichen Früchte der-selben pflücken. Da befahl der Gouverneur der Insel, um diesen sträflichen Luxus gründlich abzuschaffen, die gänzliche Ausrottung aller Orangenbäume auf Norfolk. Und es geschah nach seinem Willen! —

Gleich bei der Ankunft der Engländer im Port Jackson waren dieselben mit den „Schwarzen", den Eingeborenen nämlich, zusammengekommen. Diese er-schienen in großer Zahl an den verschiedenen Buchten, während die „wunderbaren Ungethüme", die Schiffe vorübersegelten. Als die Fahrzeuge nun ruhig lagen und die Boote ins Wasser herabgelassen wurden, kamen die Muthigsten unter den Eingeborenen näher. Sie schwammen sehr gut und waren ganz vorzügliche Taucher. Einer derselben hat in der Folge oft erzählt, wie erschreckt alle Wilden gewesen seien, als sie die Schiffe dem Lande zusteuern sahen; — wie Einige ge-glaubt hätten, es seien Seeungeheuer, während Andere meinten, es seien riesen-hafte Vögel und die Segel seien ihre Flügel, die im Meere umherschwimmenden Boote aber seien ihre Jungen. — „Riesengroß", sagte Bungari, der Wilde, „ist unsere Angst erst geworden, als wir das Angesicht und die bekleidete Gestalt des weißen Mannes zum ersten Male schauten."

Die Engländer versäumten auch, wie sich leicht denken läßt, nichts, was diesen Respekt zu vermehren im Stande war. Einige Schiffskanonen, die den Kolonisten zu Liebe ans Land geschafft und vor den Eingang zum Lager postirt worden waren, wurden vor den Augen der Wilden geladen und abgefeuert, und staunend sahen diese darauf an den in der Ferne zusammenbrechenden Bäumen die Wirkung der Geschosse. Ebenso zeigte man ihnen die Wirkung der Flinten-kugeln und der Schrotladungen, indem man nach Papageien und Kakadus schoß, die schaarenweise auf den benachbarten Bäumen saßen.

Eingeborene australische Polizei.

Bungari sagte, als die Schwarzen zum ersten Male den Knall eines Gewehrs und einer Kanone gehört, hätten sie sich eingebildet, das seien lebendige Diener der weißen Männer.

Daß unter solchen Umständen der Verkehr mit diesen Söhnen der Wildniß keine besonderen Schwierigkeiten machen konnte, ist einleuchtend; auch ließ es sich der Gouverneur angelegen sein, durch zeitweise sich wiederholende Verabfolgung von Geschenken so glückliche Verhältnisse dauernd zu erhalten. Wer will ihn aber dafür verantwortlich machen, daß der Erfolg seiner Bemühungen so gering war? Es wäre zu verwundern gewesen, wenn es anders gekommen wäre. Die täglichen Ungerechtigkeiten, welche die Schwarzen von den aus Europa gekommenen Sträf= lingen zu erdulden hatten, mußten zuletzt ihre Geduld erschöpfen. Erst wurden nur vereinzelte Angriffe auf die weißen Männer gemacht, aber noch vor Schluß des Jahres 1788 waren mehrere Engländer gleichzeitig angegriffen und ermordet worden, und die Haltung der Eingeborenen zeigte sich so drohend, daß der Gou= verneur es für geboten erachtete, eine allgemeine Razzia gegen diese gefährlichen Nachbarn zu veranstalten und sie in eine angemessene Entfernung von der Kolonie zurückzutreiben.

Damit also war der Krieg zwischen den Schwarzen und Weißen aus= gebrochen, der seitdem selten unterbrochen und mit sehr ungleichen Mitteln fort= geführt worden ist bis heutigen Tages und der erst aufhören wird mit dem Unter= gange des einen der beiden Gegner. Welcher dies sein wird, darüber kann kein Zweifel bestehen: der schwarze Mensch ist dem Untergange geweiht. Man hat mehrfache, meist vergebliche Versuche gemacht, die Eingeborenen nützlich zu be= schäftigen, als Hirten, Tagelöhner u. s. w., indessen meist ohne Erfolg, wenigstens ohne dieselben dauernd zu brauchbaren Menschen zu machen. Es geht einige Zeit recht leidlich, aber bald fallen die Schwarzen in ihre alten Gewohnheiten zurück, und verlassen meist ihre Arbeitgeber, wenn sie sich vollgegessen haben.

Im großen Ganzen recht nützlich erwiesen sie sich, solange Neusüdwales noch eine Strafkolonie, als Polizisten, um die Spuren der in die Wälder ent= flohenen Verbrecher ausfindig zu machen, doch auch dies hat nur Jahre gedauert und hat mit der Zeit gänzlich aufgehört. Die wilden Völker — sagt man — können die europäische Kultur nicht ertragen. Daß aber der Branntwein und andere Ursachen einen viel größeren Antheil an dem Untergange derselben haben als die Kultur, das ist zu allbekannt, als daß dies weiter zu erörtern nöthig wäre. Es ist auch von keiner Bedeutung, daß nach einigen Jahren das Verhältniß der Eingeborenen zu den Europäern in der Gegend von Sydney sich wieder friedlich gestaltete — an den Grenzen der Ansiedelung dauert der Rassenkrieg heute noch fort; — er wird, wie gesagt, aufhören, wenn die eine Rasse nicht mehr ist!

Unglück und Noth. Die Zwistigkeiten mit den Eingeborenen wären indessen, im Anfang wenigstens, immer noch zu ertragen gewesen. Gar bald drohte aber der Kolonie ein viel schlimmerer Feind — der Hunger. —

Es war angeordnet worden, daß die Kolonie stets mit Vorräthen für zwölf Monate versehen werden sollte, und für die erste Periode waren dieselben der ersten Flotte mitgegeben worden. Zu Anfang des Jahres 1789 durfte man also in Sydney neue Vorräthe erwarten; — sie blieben jedoch aus. Der Gouverneur sandte die Fregatte „Syrius" nach der damals noch holländischen Kolonie am Kap der guten Hoffnung, um Lebensmittel zu holen, und das Schiff kam auch am 6. Mai glücklich wieder zurück, beladen mit 127,000 Pfund Mehl. So war einstweilen der dringendsten Noth gesteuert. Nun mißrieth aber die Ernte des ersten Jahres vollständig, so daß man nicht einmal das Saatkorn wiedergewann, und kaum besser ging es mit der zweiten, die im Dezember 1789 eingethan wurde. Diese bestand aus 200 Scheffeln Getreide (Weizen), 60 Scheffeln Gerste, ein wenig Hafer und ein wenig Mais. Was geerntet worden, sollte nicht ver= braucht, sondern zur neuen Aussaat aufbewahrt werden, da man sich von Tag zu Tag mit der Hoffnung tröstete, daß die Schiffe aus England mit reicher Ladung an Fleisch und Mehl ankommen würden.

Vergebliche Hoffnung! Wieder näherte sich der Winter, 1790, und kein Segel war auf dem endlosen Meere zu erspähen; — die Vorräthe aber gingen rasch zu Ende. Schon längst hatte man nicht mehr die vollen Rationen vertheilt und es den Einzelnen überlassen, sich durch den Fischfang das Fehlende zu ver= schaffen. Doch wollte das nicht recht helfen; das drohende Gespenst des Hungers erhob sich mit jedem Tage mehr. Die Vorräthe konnten höchstens noch für vier Monate reichen. Es war bereits wiederholt zu Angriffen auf die Magazine ge= kommen; da entschloß sich der Gouverneur, in der Voraussetzung, daß die Ernte auf der Insel Norfolk eine bessere gewesen sein möchte, eine zweite Abtheilung dahin zu schicken.

Der „Syrius" und die „Supply" wurden ausgerüstet mit Handwerkszeug und dergleichen, und beide Schiffe gingen im Februar 1790 mit 2 Compagnien Seesoldaten, 116 Verurtheilten, 68 Frauen und 27 Kindern nach dem Orte ihrer Bestimmung ab. Sie erreichten die Insel glücklich am 13. März und die Mann= schaft wurde gelandet. Aber kaum war dies geschehen, so kam ein Windstoß und trieb die Schiffe auf die See hinaus, bevor von den mitgebrachten Waaren und Werkzeugen etwas ans Ufer hatte gebracht werden können. Am 19. kamen beide Schiffe wieder ans Land; — da wurde die Fregatte, während sie eine passende Lage suchte, um ihre Waaren zu landen, an ein Korallenriff getrieben und litt Angesichts der Küste vollständig Schiffbruch. Bevor das Fahrzeug in Stücke ging und versank, ließ das Wetter nach, ein Theil der Vorräthe kam noch ans Ufer, das Uebrige war verloren oder durch das Salzwasser zerstört. Auch fand es sich, daß die Ernte auf der Insel nicht in dem Maße reichlich gewesen, daß die große Zahl der jetzt dort befindlichen Menschen sich von den gewonnenen Früchten hätte ernähren können, zumal man genöthigt war, immer noch einen großen Theil davon als Saatkorn zurück zu behalten, um im folgenden Jahre den Anbau auf einem entsprechend größeren Stück Land betreiben zu können. Bei genauer Berechnung stellte es sich sogar heraus, daß die jetzt auf Norfolk wohnenden 500 Menschen mit ihren Vorräthen, selbst bei halben Rationen, nur verhältnißmäßig kurze Zeit ausreichen konnten.

Das Schiff „Supply" kehrte nach Sydney zurück und sein Anführer berichtete über den neuen Schlag des Schicksals, den die Kolonie durch den Verlust ihres besten und größten Schiffes erlitten hatte. Die allgemeine Unruhe und Besorgniß wurde erklärlicherweise dadurch nur vergrößert; hatte doch gerade dieses Schiff nach Batavia gehen sollen, um Lebensmittel zu holen, und als unmittelbare Folge dieses Unglücks muß die nochmalige Herabsetzung der Rationen angesehen werden, welche um diese Zeit erfolgte. Drei Pfund Mehl und anderthalb Pfund gesalzenes Ochsenfleisch war fortan die wöchentliche Ration für einen Erwachsenen. Jeder war froh, seinen Hunger mit dem thranigen Fleische von Pelikanen und anderen Seevögeln, oder mit dem Fleische von irgend einem Thiere, gleichviel welchem, nothdürftig stillen zu können.

Mit der ersten Flotte war eine Anzahl von europäischen Hausthieren an= gekommen, welche den Stamm für die Viehzucht der Kolonie bilden sollten. Trotz aller aufgewendeten Sorgfalt gingen unterwegs schon mehrere Thiere zu Grunde; aber eine im Mai 1788 angestellte Zählung ergab doch, daß die Niederlassung 7 Stück Rindvieh und eben so viel Pferde, 29 Hammel und Schafe, 19 Ziegen, 25 Schweine sowie noch einmal so viele Ferkel, 5 Kaninchen, 18 Truthühner, 35 Enten, 29 Gänse, 122 alte und 87 junge Hühner besitzte. Dieser ganze Stock, mit Ausnahme der Pferde, Schafe und Rinder, wurde getödtet, um der Noth des Augenblicks zu wehren; — es konnte freilich nur für ganz kurze Zeit helfen. Die wilden Vögel waren zusammengeschossen und verjagt; der Ertrag des Fisch= fangs wurde immer geringer; — so suchte man denn nach Wurzeln und Seetang, um die immer heftiger werdenden Qualen des Hungers zu stillen.

Der Gouverneur hatte seine Privatvorräthe an Mehl und anderen Lebens= mitteln schon vor Monaten hergegeben; er erhielt dieselben täglichen Rationen wie der geringste Verbrecher. An Festtagen, an welchen die Etikette erforderte, daß der Kommandeur die oberen Beamten zu Tische laden sollte, empfing er allerdings seine Gäste; nur versäumte er nicht sie bei der Einladung höflichst zu ersuchen, daß sie ja nicht vergessen möchten, ihre Mundvorräthe mitzubringen, da er nichts hatte, wovon er ihnen ein Mahl hätte bereiten lassen können.

Noch ein einziger Weg blieb zu versuchen, um der Hungersnoth ein Ende zu machen. Das war, den Leutnant Ball mit dem Schiffe „Supply" nach Batavia zu schicken, um dort so viel Lebensmittel zu laden, als das Fahrzeug fassen konnte, und außerdem ein anderes Schiff zu miethen, welches ihm helfen sollte, 200,000 Pfund Mehl, 60,000 Pfund Schweinefleisch, 80,000 Pfund Rindfleisch und 70,000 Pfund Reis in die Kolonie zu transportiren. Am 17. April ging das Schiff unter Segel, aber seine Rückkehr konnte vor Ablauf von sechs Monaten nicht erwartet werden.

Es ist oben erwähnt worden, daß man den Pferden, Schafen und Rindern das Leben geschenkt hatte, als man damit umging, alles Fleisch, dessen man noch habhaft werden konnte, zusammenzusuchen. Aber auch diese Thiere gingen der Kolonie, zum großen Theil wenigstens, verloren. — Die Schafe mußten sich in Australien von Grasarten nähren, die sie nicht gewohnt waren und die ihnen nicht zusagten. Das war nun freilich nicht zu ändern: indessen hatte es die traurige Folge, daß ihre Zahl sehr rasch zusammenschmolz und man, wenn dies so fortging, befürchten mußte, daß die Kolonie auf Jahre hinaus auch für die einfachsten Bekleidungsgegenstände von dem Mutterlande abhängig bleiben müßte. Es schien gerade, daß der Rest sich an die Weide gewöhnen wollte, da kam eines Morgens die Nachricht zum Gouverneur, daß fünf Schafe und ein Lamm von den wilden Hunden zerrissen worden seien. Diese Thiere, welche von den Einge= borenen Dingo genannt werden, sind in ihrem Aeußern einem Schäferhund oder großen Fuchse nicht unähnlich, aber ihr Nacken ist stärker und der ganze Körper= bau kräftiger. Die Ohren stehen aufrecht und die Farbe des Pelzes ist rostbraun. Wie alle wilden Hunde, bellen sie nicht, sondern heulen. Vor dem Menschen fliehen sie, ebenso fürchten sie sich vor den Jagdhunden, aber für die Herden sind sie die ärgsten Feinde. In nächtlicher Weile überfallen sie dieselben, morden, rauben und richten eine unbeschreibliche Verwirrung an. Ein paar Dingo können unter Umständen eine Schafherde vollständig zersprengen. —

Für die ersten Ansiedler war der Verlust der wenigen Schafe ein ungemein schmerzlicher, und als gar wenige Wochen später — im Juni — sich die Kunde verbreitete, daß beide Stiere und vier Kühe sich verloren hätten und nicht mehr aufzufinden wären, so wurde dies geradezu als ein öffentliches Unglück in der ganzen Niederlassung angesehen und beklagt. — Erst nach Jahren wurden die Nachkommen dieser Flüchtlinge als wilde Herde an den Ufern des Hawkesbury wieder aufgefunden.

Soll noch hervorgehoben werden, daß die Noth und die übrigen Unglücksfälle die Veranlassung waren, die Zahl der Verbrechen ins Ungeheuerliche zu ver= mehren? Es wird kaum nöthig sein. Die Arbeit ruhte seit Monaten wegen allgemeiner Muthlosigkeit, das Elend war auf allen Gesichtern geschrieben und Viele erlagen. Auf Diebstahl von Lebensmitteln waren die strengsten Strafen ge= setzt; so erhielt ein Mann 300 Geißelhiebe, weil er ein paar Kartoffeln gestohlen hatte, und außerdem sollte er noch sechs Monate lang keine Mehlportionen er= halten; aber Alles half nichts. Die Wahrheit des Wortes: der Hunger bricht Schlösser und Mauern, wurde alle Tage und jede Nacht von Neuem bestätigt.

Endlich, am 3. Juni 1790, erschien ein Segel am fernen Horizont; es steuerte auf den Hafen zu und zeigte, als es näher kam, die englische Flagge. Allgemeiner Jubel herrschte in der Kolonie, als diese so überaus wichtige Neuigkeit gemeldet wurde, denn man hielt sich fest überzeugt, daß dieses Schiff die lange ersehnten Lebensmittel mitbringen und die Kolonisten endlich von der schrecklichen Noth erlösen werde. Das Schiff kommt auf dem Ankerplatze an, und nun erst zeigt es sich, daß es das Transportschiff „Lady Juliana" war, unter Segel gegangen in Plymouth am 29. Juli 1789 und beladen mit 222 weiblichen Gefangenen!

So unbegreiflich war die Saumseligkeit der Behörden im Heimatlande, daß sie wirklich in der ganzen Zeit keinen Proviant abgeschickt hatten. Erst zwei Monate nach Abgang der „Lady Juliana" segelte das Schiff „Guardian", kommandirt von Lentnant Riou, mit Vorräthen aus England ab, die allerdings sehr gut ausgereicht haben würden, die Kolonie zwei Jahre lang zu erhalten. Dieses Fahrzeug hatte aber das Unglück, am 23. Dezember südöstlich vom Kap der guten Hoffnung an eine schwimmende Eisinsel zu stoßen, und dieser Stoß hatte so schlimme Folgen, daß man den größten Theil der Vorräthe über Bord werfen mußte, um das Sinken des Schiffes zu verhüten. Das Fahrzeug wurde dadurch gerettet, es gewann auch wieder das Kap der guten Hoffnung, und zwar gerade an dem Tage, an welchem die „Lady Juliana", die durch allerlei Ungemach außerordentlich lange in der Nähe des Aequators aufgehalten worden war, in den Hafen der Kapstadt einlief. Die Vorräthe des „Guardian" waren verloren; 65 Fässer Mehl war Alles, was gerettet worden; diese nahm die „Juliana" mit. —

Dasselbe Schiff „Juliana" brachte aber auch noch die andere Nachricht in die Kolonie mit, daß kurz nach seiner Abreise noch 1000 Gefangene und ein ganzes Regiment Infanterie, das speziell für den Dienst in der Kolonie gebildet worden war, aus England abgehen sollte! Und diesen Ueberfluß von Essern schickte man in eine Kolonie, von der man seit dem Abgange der Flotte, welche zu ihrer Gründung ausgeschickt worden, fast keine Silbe mehr gehört hatte, von der damals kein Mensch in England recht wußte oder wissen konnte, ob sie überhaupt existire, oder ob nicht vielleicht, was doch auch denkbar gewesen wäre, das doch schon einige Zeit begründete Unternehmen ganz und gar verunglückt war.

Im Laufe der Zeit gelangte freilich die Kunde von der mißlichen Lage der australischen Kolonie vom Kap der guten Hoffnung aus nach England, und nun beeilte man sich, das begangene Unrecht, so weit als möglich, wieder gut zu machen. Man schickte den Schiffen mit den Gefangenen alsbald noch ein Schiff, den „Justinian", mit Lebensmitteln und Vorräthen aller Art nach, und dieses Schiff war glücklich genug, den Hafen von Sydney eher zu erreichen, als die Flotte mit den Gefangenen.

Mit der Ankunft des „Justinian" hatte die Hungersnoth — vorläufig wenigstens — ein Ende; — zum ersten Male seit langer Zeit wurden wieder volle Rationen vertheilt.

In den letzten Tagen des Juni segelten dann auch die drei Schiffe „Surprise", „Neptun" und „Scarborough" mit den Verurtheilten und dem neu= gegründeten Regiment „Neusüdwales" in den Hafen von Sydney. Es war ihnen auf der Fahrt sehr mißlich ergangen; 261 Sträflinge waren unterwegs gestorben und 200 von denen, welche ans Land gesetzt wurden, befanden sich infolge der schlechten Nahrung, welche es auf dem Transport gegeben, und der verpesteten Luft, welche auf den Schiffen geherrscht hatte, im elendesten Zustande. Am 13. Juli 1790 lagen im Spital von Sydney nicht weniger als 488 Kranke: die meisten litten an Skorbut, Ruhr oder bösartigen Fiebern. Man hatte sich die Aufsicht während der Reise erleichtern wollen, um dies zu erreichen hatte man die furchtbare Barbarei begangen, die Verbrecher, reihenweise an einander gekettet und fast während der ganzen Dauer der Reise, d. h. monatelang, im

Schiffsraum zu behalten. Die entsetzlichen Folgen blieben nicht aus; auf einem der Schiffe, dem „Neptun", starben mehrere Gefangene in den Ketten, und ihre Kameraden verheimlichten den Tod derselben, um sich nunmehr in die für jene bestimmten Rationen theilen zu können.

Die Beamten auf dem Schiffe merkten auch nichts, bis endlich der furchtbar sich entwickelnde Leichengeruch der Verräther wurde! —

So schlimm, wie bis zur Mitte des Jahres 1790, erging es den Kolonisten später nicht mehr; doch waren sie noch lange nicht über alle Zeiten des Mangels hinaus. Gleich im folgenden Jahre, im Februar 1791, wurde die Ernte wieder — diesmal durch eine ganz entsetzliche, erstickende Hitze — in Frage gestellt. Es war so heiß, daß die Vögel und Fledermäuse todt zur Erde fielen, theils während des Fluges, theils von den Bäumen, auf welche sie sich gesetzt oder an denen sie sich aufgehängt hatten. Doch zeigte es sich, daß die gehegten Be= fürchtungen übertrieben waren, und nur dem großen Zuwachs, den die Be= völkerung in diesem Jahre erfuhr, muß die Ursache der in den folgenden Mona= ten wiederum zum Ausbruch gekommenen Noth zugeschrieben werden.

Bis zum Monat August 1791 waren nämlich bereits 1700 Gefangene und verschiedene Detachements des Regiments von Neusüdwales angekommen. Da erschien am 21. September das königliche Kriegsschiff „Gorgo" in Beglei= tung von zehn Transportschiffen, und diese Flotte brachte nochmals 1695 männ= liche und 168 weibliche Gefangene, so daß einschließlich der Beamten und Soldaten mehr als 4000 Menschen in der Ansiedelung lebten. Allerdings war auch ein neuer Stock von Rindvieh, Schafen und Schweinen mitgekommen, ebenso 200 Obstbäume und eine große Menge der verschiedensten Getreide= und Gemüse= sämereien. Aber die Obstbäume mußten erst gepflanzt werden, ehe sie wachsen und Früchte tragen konnten, das Vieh sollte nicht geschlachtet werden, sondern zur Züchtung dienen, und in der ganzen Kolonie waren zu jener Zeit erst 900 englische Acker Land urbar gemacht, so daß es geradezu undenkbar war, daß die Ansiedler einen irgend nennenswerthen Theil ihres Bedarfes an Mehl von dem im Lande selbst gezogenen Getreide hätten gewinnen können.

Es dauerte gar nicht lange, so mußten die alten Einschränkungen mit den wöchentlichen Rationen wieder vorgenommen werden, und vollständig in gleichem Schritt mit diesen Reduktionen erneuerten sich die Diebstähle wieder in schrecken= erregender Weise; — endlich, am 24. Juli 1792, brachte das Transportschiff „Britannia" Mehl für vier, sowie gesalzenes Fleisch für acht Monate, und nun= mehr hatte die zweite Hungersnoth, von welcher die Ansiedelung heimgesucht wurde, ein Ende.

Beiläufig mag hier noch erzählt werden, daß in demselben Jahre auch das erste Handelsschiff im Port Jackson eintraf. Der Kapitän Patrickson von Philadelphia, der mit seinem Schiffe in der Kapstadt angekommen war, hatte dort gehört, daß die Kolonie in Neusüdwales an Lebensmitteln und anderen Dingen Mangel leide. Kurz entschlossen, machte er sich mit Vorräthen aller Art auf, erreichte das Ziel seiner Reise am 1. November und sah sein Unter=

nehmen von dem besten Erfolge gekrönt. Der Gouverneur kaufte für 2829 Pfund Sterling Waaren für die Magazine, der Rest der Ladung wurde von den Offi= zieren der Besatzung erstanden und später mit großem Vortheil verwerthet. — Samstag, der 23. November 1793, war der denkwürdige Tag, an welchem zum ersten Male in den Magazinen der Regierung von dem Getreide vertheilt wurde, welches in der Kolonie selbst gebaut worden war. Man würde übrigens einen falschen Schluß ziehen, wenn man annehmen wollte, daß von nun an die Zeiten des Mangels unmöglich geworden wären. Bereits im nächsten Winter, im März 1794, sah sich die Kolonie von Neuem von der furchtbarsten Noth bedroht. Die letzten Vorräthe von gesalzenem Fleisch waren vertheilt und man war darauf gefaßt, in den nächsten Tagen mit dem Abschlachten der Thiere anfangen zu müssen, die immer noch als Stock zur Vergrößerung des Vieh= standes dienen sollten, da kam das Schiff „William" von London an mit 1173 Fässern Ochsenfleisch und 507 Fässern Speck, und wenige Tage später erschien das Schiff „Arthur", aus Bengalen kommend, mit Mehl und verschie= denen anderen nothwendigen und nützlichen Dingen.

Auf der Insel Norfolk waren im Sommer 1794 die Pflanzungen über alle Erwartung gediehen. Der Gouverneur dieser Insel hatte deßhalb, um einem neuen Mangel im Voraus zu begegnen, 11,000 Scheffel Mais von den wenigen freien Kolonisten, die damals auf der Insel lebten, gekauft und sie mit Anweisungen auf die Staatskasse bezahlt. Als aber diese Scheine in Sydney vorgezeigt wurden, verweigerte der damalige stellvertretende Gouverneur Grose die Bezahlung derselben, und die sehr natürliche Folge war, daß die entmuthigten Landbauern ihre Ländereien aufgaben und nach Neusüdwales zurückkehrten. Im folgenden Jahre, 1795, zeigte es sich schon, wie unklug Grose gehandelt hatte. Der Mais an den Ufern des Hawkesbury ging seiner Reife entgegen; man ge= dachte wenigstens 30,000 Scheffel zu ernten. Da kamen gewaltige Regengüsse, wie man bis dahin noch keine erlebt hatte, der Fluß überschwemmte das ganze Thal, und die dadurch verursachten Verwüstungen waren so groß, daß fast die ganze Ernte verloren ging. Allerdings wurde nun auch der Getreidekauf auf Norfolk wirklich ausgeführt.

Auch in späteren Jahren geschah es noch mehr als einmal, daß die Halme auf dem Felde zu Stroh verbrannten, ehe es das Getreide reif war, oder daß Regenfluten Alles mit sich fortschwemmten ins Meer; — aber das angebaute Land gewann mit jedem Jahre an Ausdehnung und der Viehstand nahm zu. Die Zeiten des Hungers waren überstanden. Daß die Regierung der Kolonie im Jahre 1801 von Norfolk und Tahiti gesalzenes Schweinefleisch kommen ließ, weil die Vorräthe zur Neige gingen, war weit mehr eine Maßregel der Vorsicht, als durch die hereinbrechende Noth geboten. Damals lebten in der Kolonie allerdings 6500 Menschen, wovon 960 auf Norfolk kamen. Aber es waren zu derselben Zeit schon 5324 englische Acker Land mit Frucht und 3864 Acker mit Mais bestellt und der Viehstand war ein ganz ansehnlicher, nämlich: 362 Stück Rindvieh, 211 Pferde, 4766 Schweine, 1259 Ziegen, 6269 Schafe 2c. —

Die Sträflinge. Bei dem mannichfachen Mißgeschick, womit die junge An=
siedlung gleich von der Gründung an zu kämpfen hatte, darf als ziemlich sicher
angesehen werden, daß ohne die maßvolle Haltung und die bewunderungswürdige
Geschicklichkeit des ersten Gouverneurs die ganze Unternehmung gleich Anfangs
mißglückt wäre. Gouverneur Philip hatte aber sehr bald eingesehen, daß das
große Zuchthaus, welches auf Kosten der britischen Regierung am Port Jackson
gegründet worden war, nicht in der zuerst begonnenen Weise fortgeführt werden
könne, daß insbesondere der an und für sich durchaus löbliche Zweck der ganzen
Niederlassung, aus arbeitsscheuen Verbrechern allmählig wieder tüchtige Menschen
zu machen, nur durch die ernste und strenge Gewöhnung der Einzelnen und ihrer
Nachkommen an ein geordnetes Leben erreichbar sei, und endlich, daß Nichts
dies besser unterstütze, als die Beschäftigung mit Landbau. Aus diesem Grunde
war er trotz der geringen Fruchtbarkeit des Bodens in der Gegend von Sydney
und trotz der anhaltenden Dürre fortwährend um die Ausdehnung des Ackerbaues
bemüht. Freilich heute, wo die Umgebung der Hauptstadt der einstigen Verbrecher=
kolonie in einen blühenden Kulturgarten umgewandelt ist, kann man sich nur
schwer die Mühe vorstellen, welche die ersten Ansiedler mit der Urbarmachung
des Landes hatten. Schon sind die großen Wälder in Sydney's Nähe gelichtet
und verhältnißmäßig nur wenige Stellen, wie z. B. die Thäler bei Appin mit
ihren Felspartien und riesigen Eukalyptusbäumen, erinnern an jene Zeiten des
Kampfes mit der wilden Natur. Gouverneur Philip erkannte aber auch weiter,
daß vor Allem eine freie Bevölkerung geschaffen werden müsse, an welcher
die Verbrecher ein Gegengewicht sowie einen sittlichen Halt finden könnten, und
so drang er schon frühzeitig in die Minister, die Einwanderung freier
Kolonisten zu befördern.

Unbegreiflicherweise scheint man aber in England an alle diese Dinge gar
nicht gedacht zu haben. Man muß wirklich der Meinung gewesen sein, wenn
nur einmal ein paar Tausend Menschen an der wilden Küste eines unbekannten
Erdtheiles beisammen lebten, so würden aus den Verbrechern unter ihnen ganz
von selbst fleißige Ackerbauer und betriebsame Handwerker werden. Daß man
es ganz vergessen hatte, für geschickte Aufseher zu sorgen, ist bereits erzählt; an
einen Priester der englischen Hochkirche dachte man im letzten Augenblick, —
er kam noch mit; nur war der Umstand dabei fatal, daß drei Viertheile der Ver=
urtheilten katholische Irländer waren. —

Die Vorstellungen Philip's bei der Regierung in England waren von gar
keinem Erfolge. Wer wollte auch, wenn er einmal beabsichtigte, sein Heimatland
zu verlassen, sich in einer Verbrecherkolonie ansiedeln, in welcher Diebstahl und
Betrug, Raub und Mord, Gewaltthätigkeiten aller Art, an Kolonisten wie an
den Eingeborenen begangen, zu den alltäglichen Erscheinungen gehörten, so daß
eine Zeit lang fast keine Woche verstrich, ohne daß ein Todesurtheil gesprochen
worden oder zur Ausführung gekommen wäre? —

Die Einwanderung hätte aber nach Tausenden von Köpfen zählen müssen,
wie diejenige nach den Vereinigten Staaten von Amerika. Statt dessen kamen

im Jahre 1793, nachdem der Gouverneur Philip, der im September 1792 nach England zurückgekehrt war, sein Amt bereits niedergelegt hatte, fünf Familien in Neusüdwales an. Das waren die ersten freien Einwanderer; die britische Regierung hatte ihnen, um sie zu gewinnen, nicht nur freie Ueberfahrt und Verpflegung auf dem Schiffe gewährt, sondern lieferte ihnen auch die Lebensmittel für zwei Jahre, schenkte ihnen das Land ohne irgend eine Entschädigung und stellte ihnen die Sträflinge zur Urbarmachung mit den nöthigen Rationen für dieselben auf zwei Jahre! —

Da also die freie Bevölkerung nicht aus Europa kommen wollte, so mußte sich der Gouverneur auf andere Art helfen. Er verschenkte Ländereien am Offiziere, an ausgediente Soldaten und an die Sträflinge, welche ihre Strafzeit verbüßt hatten, unter der Bedingung, daß dieselben auf ihren Besitzungen wohnten und das Land bebauten. Die gewöhnliche Anweisung bestand in 30 englischen Ackern für einen unverheiratheten Mann und in 50 Ackern für Verheirathete, sowie 10 Ackern mehr für jedes Kind. Die Regierung behielt sich nur das Recht vor, das für den Schiffsbau taugliche Holz fällen lassen zu dürfen. Ebenso ermuthigte der Gouverneur die Exilirten alsbald nach ihrer Ankunft zu Verheirathungen, und kurze Zeit nach der Landung war keine unverheirathete Frauenperson mehr in der Ansiedlung anzutreffen. Sehr viele Männer waren aber ohne Frauen, und lange Jahre hat dieses sonderbare, in Europa unbekannte, Mißverhältniß bestanden. — Eine weitere Ermuthigung für Diejenigen, welche ihre Strafzeit überstanden hatten, war die, daß ihnen für 12 oder 18 Monate Rationen für sich und ihre Familien aus den öffentlichen Magazinen zugesichert, sowie Werkzeuge zum Ackerbau gegeben wurden.

Der erste freie Ansiedler war ein ehemaliger Sträfling, der im November 1789 seine Strafzeit verbüßt hatte. Im Jahre 1791, vor der Ankunft des Schiffes „Gorgo", gab es aber erst 86 freie Kolonisten, von welchen 44 Deportirte, der Rest ausgediente Soldaten oder Matrosen waren.

Eine raschere Zunahme erhielt die freie Bevölkerung, nachdem der Gouverneur (mit dem eben erwähnten Schiffe) die Ermächtigung erhalten hatte, den Sträflingen absolut oder bedingungsweise die ganze Strafzeit oder einen Theil derselben zu erlassen. So kam es, daß, während im November 1791 erst 921 Acker Land in der ganzen Niederlassung urbar gemacht worden waren, das angebaute Land im September des folgenden Jahres schon 3470 Acker betrug. Allerdings war nicht alles Land bereits in voller Kultur, ein Theil davon war nur geklärt, d. h. von Wald und Buschwerk gereinigt; aber da etwa nur 1000 Acker davon für Rechnung der Regierung angebaut wurden, so liefert die angegebene Zahl einen sehr deutlichen Beweis, in welch ganz anderer Weise die frei gewordenen Sträflinge für ihre eigene Rechnung arbeiteten, als die ganze Masse derer, die auf Kosten der Regierung verwendet wurden. —

Im Jahre 1795 kam das Schiff „Providence" mit dem neuen Gouverneur Hunter aus England an. Dieses Schiff war bis vor Port Stephens getrieben worden, wo man vier Männer fand und an Bord nahm, welche 1790 aus

Syoney) entwischt waren und die Jedermann für ertrunken hielt wegen der schlechten Beschaffenheit des Bootes, dem sie sich anvertraut hatten. Nach der Erzählung der Flüchtlinge fanden sie alsbald nach ihrer Ankunft in dieser Gegend den gewünschten Schutz bei den Eingeborenen, und als sie sich gegenseitig verständlich machen konnten, überredeten die Weißen die Ureinwohner, daß sie — die Weißen — die Geister der Vorfahren der Schwarzen wären. Die Gutmüthigkeit der Schwarzen ging auch in der That so weit, daß einer derselben in den Zügen des einen Sträflings diejenigen seines Vaters wiederzufinden vermeinte. In der Folge erhielt jeder der weißen Männer einen australischen Namen und eine Frau; zwei davon hatten Kinder. Auch schien ihnen das Leben in der Wildniß ziemlich gut zu gefallen, nur die Ernährungsweise der Eingeborenen — Wurzeln, halbrohe Fische u. dergl. — war nicht nach ihrem Geschmack. —

Solche Ausreißereien waren schon öfter vorgekommen, und sehr natürlich. Oder soll man sich wundern, daß Jeder, der nur konnte, einem Orte zu entfliehen suchte, dessen Bevölkerung jährlich für einige Monate auf schmale Kost gesetzt wurde und die sehr oft der Gefahr ausgesetzt war, Hungers zu sterben? Namentlich wurde jedesmal, wenn ein Schiff den Hafen verließ, der meistentheils glückliche Versuch gemacht, sich heimlicherweise aus der Kolonie zu entfernen, und von einem einzigen Schiffe holte man einst 50 Ausreißer zurück. Als in der Folge fleißige und strenge Durchsuchung der den Hafen verlassenden Schiffe angeordnet wurde, ließ dieses Uebel allerdings nach, und so durfte man jahrelang solchen Fluchtversuchen eine verhältnißmäßig geringe Bedeutung beilegen, besonders wenn sie ins Innere des Landes gerichtet waren. Man durfte sich wirklich damit trösten, daß es gar Nichts ausmache, wenn in den weiten Einöden Australiens zehn oder zwanzig entlaufene Strafgefangene ihr Wesen trieben und ihr armseliges Leben in der Wildniß fristeten. Allerdings waren damit, wie sich später zeigte, die Anfänge zur Bildung der gefürchteten australischen Räuberbanden (Bushranger) gemacht, und bereits im Jahre 1798 gewann die Sache ein ernsteres Ansehen.

Es hatte sich nämlich zu jener Zeit unter den mit den letzten Schiffen angekommenen Irländern die lächerliche Meinung festgesetzt, daß in ganz geringer Entfernung von der Kolonie sich eine Niederlassung von weißen Menschen befinde, in der sie alles Glückes theilhaftig würden, das sich so unwissende und müßiggehende Geschöpfe, wie sie waren, nur vorstellen konnten. Sie brüteten denn auch richtig den Plan aus, eines Tages in Masse zu entfliehen, nachdem sie sich vorher — durch Einbruch in die Magazine — eine entsprechende Menge von Vorräthen verschafft haben würden. Die Aufregung, welche sich der ganzen Gesellschaft bemächtigte, wurde indessen zum Verräther des geheimen Vorhabens. Alsbald, nachdem der Gouverneur von den Projekten der Gefangenen Mittheilung erhalten hatte, schickte er einen Beamten nach Tongabbi, an welchem Orte sich die Hauptmasse der Unruhstifter befand, um ihnen die große Gefahr vorzustellen, der sie sich auszusetzen im Begriff standen. Diese Sendung hatte aber unglücklicherweise eine der beabsichtigten geradezu entgegengesetzte Wirkung. Die Gefangenen bildeten sich nämlich jetzt ein, das weiße Volk müsse ganz sicher in der Nähe sein, weil der Gouverneur sie von der Aufsuchung desselben abbringen wolle, und so machte sich eine große Zahl dieser verblendeten Geschöpfe wirklich auf den Weg. Ein Trupp bewaffneter Konstabler brachte 16 Mann zurück, die Uebrigen entkamen.

Um indessen diese Starrköpfe von solch sonderbarer Auswanderungswuth gründlich zu heilen, wurden einige der unzufriedensten ausgesucht und zu einer Entdeckungsreise unter militärischem Schutze ausgerüstet. Den Wächtern ward die heimliche Weisung gegeben, mit ihren Schützlingen überall hin zu gehen, wo diese es wünschen würden, wenn sie jedoch des Suchens überdrüssig geworden wären, sollten sie dieselben auf den allerbeschwerlichsten Umwegen zurückführen. —

Nach 10 Tagen kehrte schon ein Theil von der Partie und nach 28 Tagen der Rest zurück; sie waren bis zum Fuß der Blauen Berge vorgedrungen, aber von den Aussichten, die sich ihnen hier darboten, so vollständig entmuthigt worden, daß sie baten, man möge sie zurückgehen lassen. Jene Bergkette, im Westen Sydney's gelegen, bildet ein schwer zugängliches Hochland, das von jäh abstürzenden Schluchten durch-schnitten wird, wie jene des Apsleyfalles, welche in der Nähe des Mount York beginnt und nach Nordwesten gerichtet ist. Senkrechte Felswände steigen auf beiden Seiten in die Höhe, Farrenbäume (Dicksonia antarctica) überragen mit ihren zierlichen Blätterkronen das niedrige Gebüsch, und plötzlich gähnt vor dem arglosen Wanderer ein fast 500 m tiefer Abgrund, in den brausend und donnernd ein Gießbach niederstürzt, um im Grün der den Boden bedeckenden Bäume zu verschwinden. —

Im April 1798 entstand eine neue Aufregung unter den Irländern. Dies-mal hatte eine alte Frau die Ankunft mehrerer französischer Kriegsschiffe geträumt oder prophezeit, welche die Gefangenen befreien und mitnehmen würden. Die Geschichte wurde natürlich mit unglaublicher Schnelligkeit verbreitet und überall geglaubt. Die unmittelbare Wirkung derselben war eine Erhebung der in Tongabbi zum Kettengang Verurtheilten; doch wurde dieselbe durch die Geistes-gegenwart eines Beamten, welcher sich in der Nähe befand und die Unruhestifter alsbald greifen und binden ließ, noch rechtzeitig unterdrückt. —

Nach einigen Jahren, im März 1804, brach aber eine offene Empörung der Gefangenen aus. Zweihundert und fünfzig Mann hatten sich mit Musketen zu bewaffnen gewußt und zogen gegen die aus 24 Mann bestehende Wache heran. Doch wurde auch diesem Versuche, zur Freiheit zu gelangen, ein rasches Ende bereitet. Die Wache gab Feuer, nachdem die erste Aufforderung an die Empörer, die Waffen niederlegen, erfolglos war. Nach Verlauf von 15 Minuten war der Aufstand niedergeschlagen, — blutig genug, — denn 67 Insurgenten blieben auf dem Platze, und von den Ueberlebenden wurden noch fünf erhängt, die Uebrigen zu schweren Strafen verurtheilt.

Die Rumrevolte. Wie man sieht, ist die ganze bisherige Geschichte der Kolonie Neusüdwales eigentlich nichts Anderes, als eine ununterbrochene und höchst traurige Chronik von Unglücksfällen und Verbrechen aller Art. Kein Wunder, wenn die Kraft der Männer, die das Ruder dieses schwankenden Staats- schiffleins führen sollten, sich sehr rasch abnutzte. Mußten doch nicht nur die Verbrecher, sondern auch deren Wächter, die Soldaten, im Auge behalten werden. — Es ist bereits erwähnt worden, daß im Jahre 1791 das Regiment Neu- südwales in Sydney ankam. Dieses Regiment war eigens für die Kolonie an- geworben worden, weil man bei der großen Entfernung von Europa und der damals noch sehr unsicheren Schifffahrt in jenen ferneren Meeresgegenden die zeitweilige Ablösung der Garnison vermeiden wollte. Seine Rekruten sollte das Regiment aus England holen, und die ausgedienten Soldaten beabsichtigte man später zu freien Kolonisten heranzuziehen. Die Offiziersstellen wurden meist an unverheiratete Männer vergeben, und schon dies war bei der Schwierigkeit, eheliche Verbindung in der Kolonie zu schließen, ein großes Uebel. Aber das Schlimmste war, daß das Offiziercorps weder in den wenigen Civilbeamten, noch in der freien Bevölkerung ein gehöriges Gegengewicht fand, vielmehr durch strenges Zusammenhalten bald ein überwiegendes Ansehen gewann und dasselbe auf die verderblichste Weise mißbrauchte.

Die Dinge begannen damit, daß — noch unter der Verwaltung Grose's, der ein Interregnum nach Philip's Abgang führte und mit seiner Genehmigung — die erledigten Stellen von Civilbeamten durch Militäroffiziere besetzt wurden. Mehrere andere Offiziere hatten sich — gleichfalls schon zu jener Zeit — an den Ufern der Bai und bei Paramatta Ländereien ausgewählt, um sie für ihre eigene Rechnung bebauen zu lassen. Sie erbaten sich auch Jeder zehn Sträflinge zur Verwendung für ihre Arbeiten, und erhielten nicht nur diese, sondern auch die Kleidung und die Nahrungsmittel für diese ihre Arbeiter aus den königlichen Magazinen, ohne daß sie dafür irgend eine Vergütigung zu leisten hatten. Immerhin hätte dies noch nicht viel zu sagen gehabt; aber die Offiziere, in Ver- bindung mit den wenigen Gutsbesitzern und Kaufleuten, welche aus ihrer Mitte hervorgegangen waren, bekamen auch den Handel der Kolonie vollständig in ihre Gewalt, nachdem sie es durchzusetzen gewußt hatten, daß sie von Zeit zu Zeit außerordentliche Lieferungen aus den Magazinen erhielten; ferner, daß der Kapitän eines jeden Schiffes, nachdem die Regierungskäufe gemacht waren, zuerst ihnen seine Waaren vorlegen mußte, ehe er dieselben an den Rest der Kolonisten ausbieten durfte, und endlich sollten die auf ihre Rechnung bezogenen Waaren zollfrei eingeführt werden. — Wie nachtheilig alle diese Verhältnisse für die wenigen freien Leute in Neusüdwales und für die englischen Kaufleute sein mußten, welche Waaren dahin führen wollten, ist einleuchtend; es kommt aber noch ein Umstand von ganz besonderer Art hinzu, nämlich der Einfluß, den der kolossale Verbrauch berauschender Getränke in der Kolonie ausübte.

Trunksucht hatte in Neusüdwales neben anderen Untugenden von Anfang an geherrscht; da nun, weil es an jedem Gegenstande der Ausfuhr fehlte, die

Einfuhr immer schnell das wenige baare Geld, das fast nur durch die Besol=
dungen in Umlauf kam, wieder aus dem Lande wegführte, so wurde schon früh=
zeitig der Rum das Tauschmittel an Geldes Statt, und diesem Umstande muß
es zugeschrieben werden, daß die Neigung zum Trunk bei den australischen Kolo=
nisten, wenigstens eine Reihe von Jahren hindurch, bis zu einer Höhe gestiegen
ist, wie es wol schwerlich sonstwo auf der Erde jemals der Fall war. —

Die Offiziere waren aber auch für diesen Artikel die Hauptkaufleute; sie
bezogen die Getränke von außen her, — das Destilliren von Branntwein in der
Kolonie war bei hoher Strafe verboten, — die Unteroffiziere und Gemeinen, welche
sich gut mit ihren Vorgesetzen hielten, erlangten die Befugniß, Schenken einzu=
richten, und besorgten das Detailgeschäft, und so hatte — um nur ein Beispiel
anzuführen — sogar der Gefängnißwärter in Sydney seinen Branntweinladen.
Die Deportirten verkauften, was sie besaßen und was sie aus den Magazinen er=
hielten, für Rum; die Kolonisten verthaten, mit geringen Ausnahmen, ihren an der
Ernte gemachten Gewinn und die Soldaten ihren Sold in Rum — kurzum alles
trank; Rum, Gin, Brandy war ja der einzige Genuß, den man sich in diesem trost=
losen Lande verschaffen konnte, und es lag im Interesse der Beamten der Kolonie,
daß die Ansiedler, Freie und Verbrecher, möglichst viel Branntwein ver=
brauchten. So waren die Zustände bei der Ankunft Hunter's. Ein thätiger, ent=
schlossener und besonnener Mann, wie der Gouveneur war, erkannte er wol
die schädlichen Folgen eines solchen Treibens und suchte den Einfluß des all=
mächtigen Offiziercorps zu schwächen, jedoch umsonst. Die Zwistigkeiten, welche
entstanden, bewogen Hunter, in England auf die Zurückberufung des Regiments
anzutragen, und diese Maßregel soll auch beschlossen gewesen, aber infolge der
politischen Wirren in Europa unterblieben sein. Der im Geheimen in England
geltend gemachte Einfluß der Offiziere brachte es aber dahin, daß Hunter die
Kolonie schon im Jahre 1800 verließ. — King, der ehemalige Vicegouverneur der
Norfolkinsel, wurde sein Nachfolger und führte die Verwaltung mit nicht mehr
Erfolg als sein Vorgänger bis ins Jahr 1806, wo er seine Entlassung nahm,
um die Leitung der Kolonie dem Kapitän Bligh zu übergeben, — einem Manne,
dem der Ruf eines strengen und unerschütterlichen Seemannes und eines grau=
samen Tyrannen vorausging. —

Bligh war nämlich Kapitän des Schiffes „Bounty" gewesen, das im
Dezember 1787 auf Befehl der englischen Regierung nach der Insel Tahiti ge=
gangen war, um von da nach den englisch=ostindischen Besitzungen Brotfrucht=
bäume zu bringen. Das Schiff war im Oktober 1788 in Tahiti angekommen und
hatte am 4. April 1789 mit voller Ladung die Insel verlassen. — Wenige
Wochen nach der Abfahrt war unter der Mannschaft des Schiffes eine Meuterei
ausgebrochen, die, wie gesagt wird, durch die strenge, tyrannische Behandlung
veranlaßt wurde, welche die Seeleute von ihrem Kapitän zu ertragen hatten.
Bligh soll es seinen Leuten an den dringendsten Lebensbedürfnissen haben fehlen
lassen und die geringste Klage mit den schärfsten Strafen beantwortet haben.
Der erste Leutnant, der sich in besonderem Grade beleidigt fühlte, sowie einige

Gesinnungsgenossen drangen wohlbewaffnet zur Nachtzeit in die Kajüte des Kapitäns und nahmen diesen sammt seinen Anhängern gefangen. Darauf wurde ein Boot ins Meer gelassen, mit einigen Lebensmitteln und Werkzeugen versehen, und der Kapitän mit 28 Unglücksgenossen gezwungen, sich darin einzuschiffen. Als dies geschehen war, schnitten die Meuterer das Tau durch, welches das Boot am Schiffe festgehalten hatte, und indem sie mit allen Segeln nordwärts steuerten, hatten sie das kleine Fahrzeug rasch aus dem Gesichte verloren.

Man denke sich die Lage Bligh's und seiner Leidensgefährten, in einem offenen Boote von 7 m Länge, das Wind und Wellen zum Spielzeug diente, mitten auf dem Großen Ozean ausgesetzt und mit so kärglichen Vorräthen versehen, daß sie in wenig Wochen verzehrt sein mußten, wenn nicht vorher ein Sturmwind die Unglücklichen in den Tiefen des Meeres begrub. Letzteres geschah aber nicht. Mit einer ans Wunderbare grenzenden Ausdauer brachte vielmehr der Kapitän sein Boot mit der Mannschaft nach 48 Tagen der unsäglichsten Anstrengungen in die über 900 Meilen entfernte holländische Niederlassung Kupang auf der Insel Timor und kehrte von da nach Europa zurück.

Die Meuterer aber fanden nach mancherlei Kreuz= und Querfahrten auf der einsam gelegenen Felseninsel Pitcairn das Erdenwinkelchen, in dem sie sich vor dem Arme der strafenden Gerechtigkeit verbergen zu können hofften.

Sie hatten sich auf Tahiti Frauen geholt und wollten in Ruhe ihre Tage be= schließen; — doch „alle Schuld rächt sich auf Erden". Es dauerte nicht lange, so entstanden Zwistigkeiten auf der Insel, Mord und Todtschlag wütheten, bis nach zehn Jahren nur noch ein Einziger von den Meuterern übrig war. Dieser Ueberlebende ist unter dem Namen Adams als Patriarch des merkwürdigen Völkchens der Pitcairner nachmals berühmt geworden.

Bligh veröffentlichte nach seiner Ankunft in England einen Bericht über die gemachte Bootreise und erregte damit ungemeines Aufsehn. Die britische Regie= rung aber fand, daß ein Mann von solch unbeugsamer Willenskraft als Gouver= neur der Strafkolonie und als Vorgesetzter des widerspenstigen Offiziercorps am rechten Platze sein müßte, und so kam Bligh im August 1806 in Sydney an. Der neue Gouverneur nahm den Kampf mit den Offizieren alsbald auf, indem er die Befreiung der von ihnen gekauften Waaren von dem Einfuhrzoll wider= rief und dadurch das Handelsmonopol und den Rumhandel aufs Empfind= lichste angriff. Ganz natürlicherweise wurde er dadurch sofort unpopulär. Aller= dings suchte er auf der anderen Seite die freie Bevölkerung für sich zu gewinnen, indem er Diejenigen, welche bei den letzten Ueberschwemmungen am Hawkesbury Noth gelitten hatten, unterstützte. Es gelang ihm wirklich, sich bei einem Theile der Bevölkerung aufrichtige Sympathien zu erwerben, wenn er gleich in anderen Fällen durch tyrannisches und wildes Wesen sich auch Feinde schuf.

Wahrscheinlich hätten aber die Dinge noch ein paar Jahre lang ihren ruhigen Verlauf genommen, wenn nicht eine ganz plötzliche und unerwartete Wendung einge= treten wäre. John M'Arthur, einer der ehemaligen Offiziere des Neusüdwales= Regiments, ein Mann von Einsicht und Energie, der sich um die Begründung der australischen Schafzucht, sowie um die Hebung des Acker- und Weinbaues in Neusüdwales unbestreitbare Verdienste erworben hat, wollte in Gemeinschaft mit seinem Freunde, den Kapitän Abbot, auch eine Branntweinbrennerei in Australien etabliren, — jenes Geschäft, dessen Betrieb in der Kolonie bekanntlich untersagt war. Die Apparate kamen an und sollten — heimlicherweise, versteht sich — ans Land gebracht werden, als sie entdeckt und mit Beschlag belegt wurden; M'Arthur aber wurde vor Gericht gefordert, um sich wegen des Schmuggels zu verantworten. Er erschien nicht, worauf er verhaftet und vor ein Gericht gestellt wurde, welchem der Generaladvokat Atkins präsidirte, ein Mann, mit dem M'Arthur seit Jahren schon in einen Privatstreit verwickelt war. Aus diesem Grunde protestirte der Beklagte gegen Atkins als Richter, und die Beisitzer des Gerichtes, sechs Offiziere, beschlossen nicht nur, den Beklagten gegen Kaution auf freien Fuß zu setzen, sondern beschützten ihn auch — durch Soldaten — gegen einen zweiten Versuch der Verhaftung.

Als nun Bligh, mit Recht erzürnt, die Offiziere deshalb zur Verantwortung ziehen wollte und ihnen unter der Anklage des Hochverrathes mit Verhaftung drohte, brach der lange verhaltene Groll des Offiziercorps gegen den Gouverneur in offene Empörung aus. Um sich für alle Fälle zu sichern und namentlich vor der öffentlichen Meinung in England zu rechtfertigen, wurde das nachstehende Schriftstück verfaßt und — von einer Anzahl guter Freunde unterschrieben — dem Major Johnstone, Vicegouverneur und Befehlshaber der Truppen, zugestellt.

„Sir. Der gegenwärtige beunruhigende Zustand der Kolonie, wodurch Eigenthum, Freiheit und Leben eines Jeden gefährdet sind, veranlaßt uns, Sie dringend zu bitten, den Gouverneur Bligh sofort verhaften zu lassen und selbst die Regierung der Kolonie zu übernehmen. Wir machen uns verbindlich, die Maßregel mit Gut und Blut zu unterstützen."

Am 26. Januar 1808, Abends 7 Uhr, riefen die Signalhörner die Truppen unter die Waffen. Das Regiment, Major Johnstone an der Spitze, zog mit fliegenden Fahnen und klingendem Spiel vor das Regierungsgebäude und umringte dasselbe. Eine Abtheilung Soldaten — mit gefälltem Bajonnet — und die Offiziere drangen darauf in die Wohnung des Gouverneurs. In der Thorhalle trat ihnen die unerschrockene Tochter Seiner Excellenz entgegen und versuchte sie aufzuhalten — umsonst! Eine halbe Stunde später war der Gouverneur Gefangener der Soldaten und in der Kaserne eingesperrt! —

Johnstone übernahm die Regierung. Gleich beim Antritt seines Amtes entfernte er alle Civilbeamten und ernannte M'Arthur zum Kolonialsekretär. Vicegouverneur Foveaux, der aus England ankam, ohne von der Rebellion Etwas gewußt zu haben, setzte Johnstone ab, wurde aber selbst wieder durch den am 1. Juli 1809 von Tasmanien angekommenen Oberstleutnant Patterson abgesetzt. Dieser hielt den Gouverneur Bligh noch einige Zeit gefangen, danach entschloß er sich, ihm den Befehl über sein Schiff „Porpoise" zu übergeben, unter der Bedingung, daß Bligh sich einschiffe und nach England absegle, ohne das Gebiet von Neusüdwales irgendwo zu betreten, und daß er nicht wieder zurückkehre, wenn er nicht von Ihrer Majestät Ministern dazu ermächtigt werde. Als jedoch Bligh der Haft entlassen war, betrachtete er die im Gefängniß gegebenen Versprechungen als nichtig und verweilte an der Küste, sowie auf Tasmanien, bis man dort von der Insurrektion erfuhr und ihn zwang, auf seinem Schiffe zu bleiben.

Viele freie Kolonisten wollten sich aber mit der dem Gouverneur Bligh angethanen Gewalt nicht zufrieden erklären und betrachteten die neu etablirte Militärherrschaft mit Unwillen; ein Theil weigerte sich sogar, die jetzige Verwaltung anzuerkennen. Da man aber einmal in der Anwendung des Grundsatzes: „Gewalt geht vor Recht", begriffen war, so wurden alle öffentlichen Versammlungen verboten und einige der unzufriedensten Kolonisten verhaftet. Und um der mehr und mehr überhand nehmenden gefährlichen Stimmung der Freien das erforderliche Gegengewicht zu bieten, gaben die Machthaber einer großen Zahl von Deportirten die Freiheit, vertheilten Extrarationen von Lebensmitteln und Spirituosen unter sie und verschenkten das Land und die Herden, die der Regierung gehörten. Sie brachten es denn auch in kurzer Zeit dahin, daß Willkür und rohe Gewalt fast überall an die Stelle von Gesetz und Ordnung traten, und daß bei den Sträflingen sich die Meinung festsetzte, alle Zwangsarbeit werde aufhören und die Kolonie sich vollständig von England losreißen. Ganze Banden Gesindels durchzogen als Bushranger das Land, drangen am hellen Tage in die friedlichen Hütten einsam wohnender Ansiedler und begingen alle erdenklichen Greulthaten; — die Macht der Regierung aber war völlig gebrochen.

Unterdessen wurde in London beschlossen, gegen den „meuterischen Unfug", wie die Rebellion genannt wurde, strenge Maßregeln zu ergreifen, und ein Mann gewählt, der im Stande war, diese durchzuführen. Lachlan Macquarie wurde zum Gouverneur ausersehen und ihm folgende Instruktion mitgegeben: Er solle Bligh wieder in sein Amt einsetzen, nach Verlauf von 24 Stunden jedoch es selbst übernehmen. Ferner solle er alle Ernennungen, Landverschenkungen und gerichtlichen Vorgänge, die seit der Verhaftung Bligh's und bis zu seiner Ankunft stattgefunden hatten, für nichtig erklären. Den Major Johnstone solle er verhaften und nach England schicken, wo er vor einem Kriegsgerichte sich zu verantworten haben werde. Das Regiment Neusüdwales endlich sollte aufgelöst werden, und Macquarie's eigenes Regiment, das 73., wurde nach Sydney geschickt; — nur den Gemeinen durfte die Erlaubniß zum Uebertritt in dieses 73. Regiment gegeben werden.

Alles das ward pünktlich ausgeführt. Major Johnstone, wurde am 1. Mai 1811 verhört und am 5. Juni schuldig gesprochen, doch war seine Bestrafung mild; er wurde nur seines Amtes verlustig erklärt. Seine Richter mögen wohl bedacht haben, daß er durch sein energisches Handeln eine Revolution unblutig zu Ende geführt hat, die leicht hätte in einen wilden Aufruhr ausarten können. — Bligh wurde zum Admiral ernannt, aber niemals wieder im aktiven Dienst verwendet. Das milde Urtheil über Johnstone konnte er nie verschmerzen; — er starb nach wenig Jahren.

So endete die australische Rumrevolte.

Den englischen Ministern waren die Augen aufgegangen, sie hatten die Ueberzeugung gewinnen müssen, daß die Dinge in der Kolonie zu lange ihren eigenen Weg gegangen waren. Die Anmaßungen der Soldateska und die schranken= lose Gewalt des Gouverneurs hatten fast das Verderben der Kolonie herbeige= führt; demnach wurde beschlossen, Beides in Zukunft zu ändern, insbesondere aber die Gewalt der Gouverneure zu vermindern und ihnen namentlich das Recht der unbedingten Begnadigung der Deportirten zu entziehen. — Die Rolle der Offiziere war für alle Zukunft ausgespielt; man hütete sich, ihnen wieder Handels= privilegien zu gewähren.

Spätere Gouverneure zeigten zwar noch die Neigung zur Tyrannei, aber ihre Macht war beschränkt, und zwar in doppelter Beziehung, einmal durch die begrenzten Vollmachten und dann durch die öffentliche Meinung und die freie Presse, — diese großen Regulatoren alles Staatslebens, die im Laufe der Jahre auch in Neusüdwales ihr Recht geltend machten. Zu Bligh's Zeiten gab es in Australien Nichts, was den Namen einer Zeitung verdient hätte, denn von dem bescheidenen Amtsblatte, welches Hunter im Jahre 1796 gegründet hatte, kann nicht als von einer Zeitung gesprochen werden. Es muß aber zu jener Zeit auch noch kein Bedürfniß dafür in Neusüdwales existirt haben, so unbegreiflich dies scheinen mag, wenn man an die welterschütternden Ereig= nisse denkt, die sich zu jener Zeit in Europa abspielten. Die Kolonie bestand eben nur aus Sklaven und ihren Aufsehern, und beide Theile müssen am Taubenfüttern und Rumvertilgen noch einen genügenden Zeitvertreib gehabt haben.

Seit dem neuen Gouverneur Lachlan Macquarie, der am 1. Januar 1810 ins Amt trat, brach eine neue Zeit für die Entwickelung von Neusüdwales an, und es ist dieses Ehrenmannes ganz unbestrittenes Verdienst, daß die Kolonie sich aus einem Zustande hülfloser Kindheit herausgearbeitet hat, daß dieselbe zu der Blüte und zu dem Wohlstand gelangt ist, wie wir sie heute finden.

Macquarie war ein Mann von wohlwollenden Gesinnungen, mächtigem Selbstvertrauen, entschiedenem Verwaltungstalent und unermüdlicher Thätigkeit. Immer von Neuen durchreiste er die Kolonie von einem Ende bis zum andern, um überall selbst zu sehen und zu hören; — er folgte unermüdlich den Fuß= stapfen der Entdecker, welche er ausgesandt hatte. Wo neue passende Plätze ge= funden worden waren, vertheilte er Land an einsichtsvolle Ansiedler, er legte Straßen an, ließ öffentliche Gebäude errichten und entwarf Pläne zu Städten.

Die stets mit Früchten angefüllten Magazine und die zahlreichen Herden von Rindvieh und Schafen, die sich schon auf den ausgedehnten Weideländereien herumtummelten, verscheuchten bereits alle Gedanken an eine Wiederkehr der traurigen Zeiten der Hungersnoth, als sich im Jahre 1813 eine Dürre einstellte, wie man in der Kolonie eine solche noch nie erlebt hatte. Tausende von Schafen gingen zu Grunde, und mehr und mehr drängte sich den Ansiedlern die Ueber= zeugung auf, daß ein Weg über die Blauen Berge ins Innere des Landes ge= funden werden müsse, wenn anders nicht die Möglichkeit des Fortbestandes der

Kolonie ernstlich in Frage gestellt werden solle. Verschiedene Anstrengungen, die zu diesem Zwecke bereits unternommen worden waren, blieben erfolglos; da gelang es endlich den energischen Männern Wentworth, Lawson und Blarland, unter furchtbaren Strapazen und Entbehrungen, durch Wälder und Schluchten sich einen Weg über das Gebirge zu bahnen und die ungeheueren Ebenen jenseits desselben zu erreichen. Das war im Jahre 1814, und zu Anfang des Jahres 1815 war die große Straße über die Blauen Berge gebaut, welche den Viehzüchtern den Weg zu den westlichen Weideplätzen zeigte.

Sträflinge im Kettengang.

Von diesem Augenblicke an war es entschieden, daß die Viehzucht, und insbesondere die Schafzucht (Wollproduktion), die Grundlage werden würde, auf welcher der australische Staat sich aufzubauen damals im Begriff stand.

Der Gouverneur war tief durchdrungen von dem Wunsche, das Glück Derer zu begründen, welche er berufen war zu regieren, und als solche mußte er, nach dem ganzen Ursprunge der Kolonie, doch jedenfalls die Sträflinge und die Emanzipisten, d. h. diejenigen ansehen, welche ihre Freiheit durch Begnadigung oder nach abgelaufener Strafzeit erhalten hatten. Diese waren aber bis dahin gedrückt von dem Gewicht der öffentlichen Meinungen. Sie lebten allein, getrennt von den Anderen, sie waren von den öffentlichen Aemtern ausgeschlossen und ihre Rechte beschränkten sich fast einzig darauf, daß sie vor den Civilgerichten als Kläger und auch als Zeugen zugelassen wurden.

Der große Grundbesitz und die Hauptinteressen des Handels waren in den Händen von wenig Leuten vereinigt, die — mit seltenen Ausnahmen — zu gleicher Zeit die Militär- und Civilverwaltungsämter bekleideten oder sie bekleidet hatten. Diese bildeten eine Art Aristokratie und richteten ihre Anstrengungen darauf, alle Macht und Gewalt der ganzen Kolonie an sich zu reißen. Unter den ersten Gouverneuren spielten sie etwa die Rolle des Adels in der Monarchie und übten den größten Einfluß auf die Entschließungen der Regierung. In den Augen dieser Kolonisten verdiente die ganze Klasse der Emanzipisten durchaus keine Beachtung, und ihr Stolz hätte die Idee nicht ertragen können, auch nur für einen Augenblick auf dieselbe Linie mit ihnen gestellt zu werden. Es ist freilich wahr, daß schon frühzeitig einige Sträflinge sich zu einer gewissen Wohlhabenheit und unabhängigen Stellung emporgearbeitet hatten; aber auch diese verdankten die rücksichtsvollere Behandlung, welche ihnen zu Theil ward, nur der Gönnerschaft und dem Schutze, welcher ihnen von einigen Gliedern der aristokratischen Junta gewährt wurde, für die sie früher die Handelsgeschäfte besorgt hatte.

Dem edeldenkenden Staatsmann (Pitt), welcher den Plan zur Gründung der Kolonie Neusüdwales mit so großer Vorliebe betrieben, hatten damals andere Ideen vorgeschwebt. Er hatte dieses Land als ein Asyl der Reue betrachtet, aus dem der Strafbare eines Tages wieder als nützliches Glied der menschlichen Gesellschaft hervorgehen könne. Jetzt suchte der unkluge Stolz der ursprünglich Freien die Unglücklichen mit dem Stempel ewiger Verachtung zu brandmarken! Wenn sie das Gesetz auch schon längst wieder in ihre bürgerlichen Rechte eingesetzt hatte, die Achtung von ihres Gleichen konnten sie nicht erlangen, der schreckliche Titel „Sträfling" blieb ihnen immer aufgedrückt und selbst ihre unglückliche Nachkommenschaft schien in derselben Proskription zu sein, wie die Eltern, denn die stolzen Patrizier bezeugten den Kindern der Sträflinge fast eben so viele Verachtung als diesen selbst.

Die natürliche Folge einer so großen Ungerechtigkeit mußte einmal die sein, daß die ehemaligen Sträflinge, herabgewürdigt in der öffentlichen Meinung, wie sie waren, und das Ende ihrer Schande nicht mehr absehend, sich endlich daran gewöhnten und keine Anstrengung mehr machten, sich die Achtung zu verdienen, deren sie sich doch für immer beraubt halten mußten. Weiter aber folgte daraus, daß ein tief liegender und allgemeiner Haß in der neuen Kolonie sich einnistete, der ihr eines Tages verhängnißvoll werden konnte, wenn nämlich die Emanzipirten oder ihre Kinder sich mächtig genug fühlen würden, um sich für die Verachtung zu rächen, deren Gegenstand sie waren. —

Zur richtigen Würdigung aller dieser Verhältnisse ist es nothwendig, zu wissen, in welcher Weise das Strafsystem in Neusüdwales — nach den Schwankungen der ersten Jahre — überhaupt eingerichtet war.

In England konnte die Deportation auf 7, auf 14 Jahre und auf Lebenszeit erkannt werden, und da dieselben Gesetze auch in Neusüdwales galten, so konnten die Kolonialgerichte die Strafzeit verlängern und die Deportirten selbst von Neuem in die Verbannung schicken, gewöhnlich nach den sogenannten Strafstationen, den „Höllen= und Fegfeuerstationen" im Munde der Gefangenen.

Bis ein Deportirter seine Zeit ausgedient oder seine Freiheit durch Begnadigung wieder erhalten hatte, galt er für einen Gefangenen, „Prisoner" oder „Convict" im amtlichen Styl, „Government=man" („Regierungsmann") im gewöhnlichen Verkehr. Das Loos eines Deportirten war in der Regel kein hartes zu nennen, wenn er nicht gerade zu der schlimmen Sorte gehörte, welche in besonderen Strafabtheilungen, den sogenannten Kettengängen („Chain=gangs" oder „Iron=gangs"), zum Straßenbau, zu Arbeiten in den Kohlengruben und anderen, mit schweren und großen Strapazen verbundenen Beschäftigungen verwendet wurde. — Bei Weitem die Meisten aber, nämlich alle Diejenigen, von denen man wegen ihres früheren Lebenswandels und wegen ihres Betragens während der Untersuchung und auf der Reise voraussetzen durfte, daß sie entschlossen waren sich zu bessern, wurden in einem besonderen Nachweisungsbureau eingeschrieben und dann bei den allmählig eingehenden Nachfragen an ansässige, zuverlässige, freie Personen als Feldarbeiter, Schafhirten oder Handwerker in Dienst gegeben. In den ersten Jahren des Bestehens der Kolonie konnten solche Ueberweisungen allerdings nur in sehr kleinem Maßstabe gemacht werden, wie aber die freie Bevölkerung mehr und mehr an Stärke gewann, vermehrte sich auch die Nachfrage nach Regierungsgefangenen, bis sie unter Darling's Verwaltung so groß wurde, daß man ihr nicht mehr genügen konnte.

Es kann nicht in Abrede gestellt werden, daß dieses Zuweisungssystem an allerlei Mängeln litt, daß namentlich die Regierung durch die Vertheilung der Sträflinge einen bedeutenden Einfluß auf die Kolonisten ausübte. Wer mit den Machthabern in gutem Vernehmen stand, konnte eine Farm anlegen, ein Haus bauen, Landbau und Handel treiben, Alles mit Hülfe von Arbeitern, denen er keinen Lohn zu zahlen brauchte. Wer aber der Regierung mißliebig war, der konnte dadurch bestraft werden, daß die Regierung die Arbeiter, welche Sträflinge waren, zurückzog.

So geschah es, daß eines Tages eine Zeitung nicht erscheinen konnte, welche Darling's Gouvernement etwas stark kritisirt hatte; — der Gouverneur hatte sämmtliche Setzer und Drucker der betreffenden Offizin — Alles Sträflinge — in ihre Gefangenhäuser zurückgerufen. — Uebrigens gab es eine große Zahl von Sträflingen, die ihre Strafzeit nie vollständig zu verbüßen brauchten. Wenn nämlich der in Privatdienst Ueberwiesene sich während eines gewissen Zeitraumes untadelhaft aufführte, so erlangte er Ansprüche auf den sogenannten Entlassungsschein (Ticket of leave), dessen Vortheil darin bestand, daß der Inhaber frei war in allen seinen Handlungen innerhalb der Grenzen des Bezirks, auf den diese Freikarte lautete. Sie wurde ihrem Besitzer wieder abgenommen, sobald dieser sich eines Vergehens oder neuen Verbrechens schuldig gemacht hatte, und es begann in diesem Falle eine abermalige Prüfungsperiode für ihn, sofern er sich nicht gar die Strafe der Verbannung in eine Strafstation zugezogen hatte. Blieb er dagegen während einer bestimmten Zeit im erlaubten Besitz der Karte, so erlangte er Ansprüche auf eine bedingte Begnadigung, die zwar nur für die Kolonie galt, aber nicht mehr nach dem Gutdünken des Gouverneurs zurückgenommen werden konnte und sich von einer — nur vom Staatsoberhaupte zu gewährenden — unbedingten Begnadigung nur dadurch unterschied, daß diese letztere den Verbrecher in alle Rechte und Befugnisse eines britischen Unterthanen wieder einsetzte.

Eben dieser Unterschied zwischen bedingter und vollständiger Freisprechung trug in vielen Fällen nicht wenig dazu bei, den sittlichen Makel auf manchen, selbst reichen und vollkommen unabhängigen Familien festzuhalten. Bei Einigen be= schränkte sich die Bedingung nur darauf, dem begnadigten Sträflinge die Rückkehr nach dem Vaterlande zu verbieten, bei Anderen waren die Bedingungen viel ein= schränkender und gestatteten oft nicht, die Kolonie zu verlassen. Während solche Männer mit ihren Familien in irgend einem anderen Welttheile mit den Mitteln, über die sie zu verfügen hatten, frei und angenehm gelebt haben würden, mußten sie hier in dem Lande ausharren, in dem man ein so gutes Gedächtniß für ihre früheren Thaten bewahrte. —

Gouverneur Macquarie war erfüllt von dem hohen Glauben an die Würde des Menschen, die auch im ehemaligen Verbrecher fortlebt, und darum arbeitete er mit aller Macht daran, die Ansichten der freien Bevölkerung über die Sträf= linge zum Besseren zu wenden. Er trat dem Ehrgeize der herrschenden Klasse entgegen und zeichnete diejenigen Emanzipisten, welche dessen würdig waren, auf alle Art aus. Sein Grundgedanke war dabei, daß ein Mann, der es zu einer gewissen Wohlhabenheit gebracht habe, allerdings auch noch schlecht sein könne, daß er aber jedenfalls nicht mehr darauf hingewiesen wäre, neue Verbrechen be= gehen zu müssen; und von dieser Idee getrieben, begünstigte er Alle, die fleißig arbeiteten, vorwärts kamen und keine Verbrechen mehr begingen. Ja, Macquarie ging so weit, daß er — schon wenige Wochen nach seiner Ankunft in der Kolonie — verschiedenen Personen Magistratsämter übertrug, obschon sie ehemalige Sträf= linge waren, und daß er einige Emanzipisten an seinen Tisch lud, deren gutes Be= tragen und deren Dienste ihm diese Auszeichnung würdig erscheinen ließen. —

Obgleich die Absichten des Gouverneurs die vernünftigsten und humansten waren, so erwiesen sich doch alle seine Anstrengungen, die zwei Klassen von Menschen, welche die freie Bevölkerung von Neusüdwales bildeten, einander zu nähern, als durchaus erfolglos. Die ursprünglich Freien fühlten sich sogar in ihrer Eitelkeit gekränkt und in ihren Interessen beleidigt, und nicht ganz ohne Grund; benahm ihnen doch die Zulassung der Emanzipisten zu den Funktionen des Magistrats das Monopol des Reichthums und der Macht, die theuersten Gegenstände ihrer Wünsche. Einige der Unzufriedensten lehnten die Einladungen des Gouverneurs ab, um sich nicht mit Personen an demselben Tische zusammen= zufinden, welche wol er, aber nicht sie für würdig gehalten hatten, dort zu erscheinen.

Ohne Zweifel wurde mancher Sträfling in Neusüdwales angetrieben, nüchtern und fleißig zu sein, wenn er einen Mann, der vielleicht gleichzeitig mit ihm als Verbrecher vor wenigen Jahren ins Land gekommen war, jetzt in bequemen Wagen zur Tafel des Gouverneurs fahren sah.

Auf die angehenden Taschendiebe in London konnte aber die Kunde von solchen Vorgängen kaum noch als wohlthätige Warnung wirken, und die Berichte über die britischen Verbrecher in Australien, die hier und da unter die Masse des englischen Volkes gelangten, mußten nur dazu dienen, die furchtbaren Schrecknisse, die früher „Botanybai" umschwebt hatten, hinweg zu nehmen. —

Bereits im Jahre 1812 war vom Parlament ein Komite niedergesetzt worden, um einen Bericht über Neusüdwales zu erstatten. Dieser Bericht deckte eine ganze Reihe von Mißständen auf. So verschlang z. B. die Kolonie ganz enorme Summen Geldes: sie hatte nämlich, einschließlich des Transportes der Sträflinge, von 1788 bis 1797 die Summe von 1,037,230 Pfund Sterling oder jährlich etwa 86,000 Pfund Sterling, also weit über eine und eine halbe Million Mark gekostet, von 1798 bis 1811 wurden 1,634,926 Pfund Sterling oder jährlich 116,709 Pfund Sterling ausgegeben, und in den folgenden Jahren erhöhten sich diese Beträge noch sehr ansehnlich. Von 1812 bis 1815 waren die Ausgaben auf 793,827 Pfund Sterling oder 198,456 Pfund Sterling pro Jahr, 1816 auf 193,775 Pfund Sterling und 1817 gar auf 229,152 Pfund Sterling ($4^1{}_2$ Millionen Mark!) gestiegen. Dieses furchtbare Anwachsen folgte aus der größeren Zahl der Verurtheilten, aber auch aus der fortwährenden Vermehrung der inneren Ausgaben.

Offenbar hätten mit dem Fortschritte, welchen die Kolonie im Laufe der Zeit machte, ihre Hülfsquellen hinreichen müssen zu demjenigen Theile der Ausgaben, der unabhängig von den Verurtheilten war. Nun seufzten aber Handel und Verkehr unter zahllosen Hemmnissen. So entmuthigte das Verbot der Branntweindestillation die Ackerbauer, die nicht wußten, wie sie den Ueberfluß von Getreide verwerthen sollten, der über den gewöhnlichen Bedarf und über das hinausreichte, was zur Versorgung der Regierungsmagazine nöthig war. Enorme Abgaben auf Holz, neuseeländischen Flachs, Steinkohle, Walfischthran, Spermaceti ꝛc. machten die Konkurrenz für diese Artikel mit anderen Plätzen unmöglich; der Verkehr mit anderen Waaren aber war beinahe vollständig vernichtet durch die Privilegien der Ostindischen Compagnie, welche sich fast über alle Punkte erstreckten, wo die Seeleute von Neusüdwales ihre Schiffe hätten hinführen können. Das Alles hatte man bereits im Jahre 1812 eingesehen, aber die Privilegien der Indischen Handelscompagnie blieben nach wie vor bestehen. Im Jahre 1824 ließ diese Gesellschaft noch eine werthvolle Ladung Thee und Reis in der Sydneybucht wegnehmen und schickte sie als gute Prise nach Kalkutta. Wie sollten sich unter solchen Umständen die Finanzen bessern, oder auf welches Gebiet der Erwerbsthätigkeit sollten sich unternehmende Männer verlegen, wenn das erste Erforderniß gedeihlicher Entwicklung — freier Handel — fehlte?

Erschreckt von der Höhe der Ausgaben, empfahl das Ministerium dem Gouverneur die strengste Sparsamkeit. Dieser sah bei dem fortdauernden Zuzug neuer Sträflinge — jährlich kamen ihrer ungefähr Sechstausend an — kein anderes Mittel zur Erreichung des gewünschten Zweckes, als durch massenhafte Ausstellung von Freibriefen die Zahl Derer zu vermindern, welche aus den öffentlichen Magazinen erhalten werden mußten. Diese Maßregel hatte indessen ernste Nachtheile im Gefolge. Eine große Zahl der solchergestalt frei Gewordenen hatte eine zu kurze Probezeit bestanden und ihre verfrühte Emanzipation gab zu häufigen Exzessen Veranlassung. Die Polizei sah sich genöthigt, ihre Thätigkeit zu verdoppeln, und trotzdem wurden die Diebstähle wieder so häufig, daß das Gouvernement die Ansiedler öffentlich warnte, zur Nachtzeit zu reisen.

Während aller dieser Quälereien war das Jahr 1819 gekommen, das für Macquarie besonders unangenehm werden sollte. In diesem Jahre erschien nämlich plötzlich ein Untersuchungskommissär — Namens Bigg — in Sydney. Die Feinde des Gouverneurs hatten es nach vielen Anstrengungen dahin gebracht, seine Rechtschaffenheit bei den englischen Ministern in ein trübes Licht zu stellen. Und wenn Macquarie in der Folge auch die Genugthuung hatte, daß — trotz der fast zweijährigen, mit der peinlichsten Gewissenhaftigkeit geführten Untersuchung — kein Fleckchen an seinem Charakter zu entdecken war, so ist es doch immerhin erklärlich, daß die Anwesenheit des Kommissärs, welchen der Gouverneur kaum anders, denn als Spion der Regierung ansehen konnte, für den Mann, der nach seinem freien Ermessen zu handeln gewohnt war und der seine Unternehmungen während einer langen Reihe von Jahren von dem besten Erfolge gekrönt sah, unerträglich schien und ihn wünschen lassen mußte, am Ziele seiner Verwaltung angekommen zu sein. Er forderte seine Entlassung und erhielt sie am 1. Dezember 1821. Unter allen Nachfolgern Macquarie's hat Keiner je wieder eine solche schöpferische Thätigkeit entwickelt, und Wenige leben so wie er im Gedächtniß des Volkes fort.

So war insbesondere Brisbane, welcher die Geschäfte von 1821 bis 1825 führte, ein sanfter Charakter und durchaus ehrenhaft in seiner Verwaltung, wie ausgezeichnet durch seine astronomischen Kenntnisse, — aber, weit davon entfernt, sich populär zu machen und für alle Klassen der Gesellschaft zugänglich zu sein, durchaus zurückgezogen in seinem Benehmen und nur wenig mittheilsam.

Erschreckt durch die Zerwürfnisse und Spaltungen, welche sein Vorgänger durch die Begünstigung der Emanzipisten geschaffen hatte, erlaubte sich Brisbane nie, diesen eine öffentliche Gunst zu bezeigen; — an seiner Tafel erschien Keiner mehr. Aber ihre Gegner, die Exklusionisten, wie sie sich selbst wegen ihres ausschließenden Benehmens in geselligen Beziehungen nannten, gewannen auch nichts dabei. Von Natur gerecht und unparteiisch, gestattete Brisbane ihnen eben so wenig Einfluß und war zufrieden, seine Instruktionen auszuführen. Unglücklicherweise lauteten diese auf die allerstrengste Sparsamkeit, und die Reduktionen, welche infolge dessen eingeführt wurden, waren so umfangreich, daß nicht nur die angefangenen Gebäude unvollendet liegen blieben, sondern daß nicht einmal mehr für die Unterhaltung der vollendeten Etwas geschah. Von der Ausführung der großartigen Projekte, welche unter der vorigen Regierung entworfen worden waren, als Straßenbauten, Flußkorrektionen, Kanalanlagen ⁊c., konnte natürlich gar keine Rede mehr sein. Dagegen müssen als wirkliche Verbesserungen die Einführung des Schwurgerichtsverfahrens mit durch das Los bestimmten Geschworenen, die Einsetzung eines gesetzgebenden Rathes und die Freigebung der Presse erwähnt werden. —

Durch die bereits berührte vorsichtige und ängstliche Haltung gegenüber den Emanzipisten hatte Brisbane gehofft, eine Aussöhnung der beiden Parteien der Kolonie herbeizuführen. Diese Hoffnung erwies sich bald als eine sehr trügerische.

Die Gegensätze waren einmal da und sie verschärften sich nur um ein sehr Be= deutendes, als — unbegreiflicherweise — die von dem Kommissär Bigg ausge= arbeitete Denkschrift veröffentlicht wurde, in welcher eine Menge von Einzelheiten enthalten waren, deren Kenntniß für die englischen Minister wol recht zweckmäßig sein mochte, die aber niemals hätten vor aller Welt Augen zu kommen brauchen. Mit der umständlichsten Genauigkeit waren da eine Anzahl Beispiele aufgeführt, auf welche Art dieses und jenes, im Uebrigen ganz ansehnliche und ehrenwerthe Haus in Sydney, das einen Emanzipisten zum Gründer hatte, zu seinem jetzigen Wohlstande und Reichthume gelangt war. Da war z. B. die Geschichte eines Mannes zu lesen, der wegen eines in London begangenen Bankdiebstahls deportirt worden war. Seine Frau hatte den Raub in Sicherheit gebracht, sie folgte ihm nach Sydney, und da man sie dort nicht kannte, so gelang es ihr mit leichter Mühe, daß der „Regierungsgefangene" in seiner eigenen Frau Dienst gegeben wurde. Dieses merkwürdige Verhältniß wurde erst bekannt, als der Sträfling seine Freiheit wieder erhalten hatte; — aber das beiderseitige Glück war gemacht.

Ein anderer Mann, der einmal schon in England und einmal auch in der Kolonie unter dem Galgen gestanden hatte und jedesmal begnadigt worden war, verdankte seinen späteren Reichthum dem glücklichen Umstande, daß er sich die Erlaubniß zur Einrichtung einer Branntweinschenke zu erwirken wußte. Diesem unschein= baren Geschäfte gab er in der Folge eine Ausdehnung, daß er sich nach einer mäßigen Reihe von Jahren als Millionär ins Privatleben zurückziehen konnte. Diese und andere Geschichtchen wurden in Bigg's Bericht mit einer Art Teufels= freude erzählt, und die Emanzipisten bekamen sie begreiflicherweise oft genug zu hören. Nun wird es gewiß Niemandem einfallen, die in Neusüdwales im Gange gewesene, oftmals sehr wenig ehrenwerthe Art des Erwerbes großer Reich= thümer in Schutz zu nehmen; weshalb aber sollte das Feuer des Hasses immer noch mehr geschürt werden? Hatten die Emanzipisten doch auch Recht, wenn sie behaupteten, daß ihre Gegner eben so wenig wie sie lauter Ehren= und Tugendspiegel wären! Jetzt war es aber durch die Taktlosigkeit der Regierung dahin gekommen, daß den Emanzipisten, mochten sie noch so zuverlässige Ge= schäftsleute sein, ihre Verpflichtungen noch so pünktlich erfüllen, doch in den Augen der Exklusionisten mehr als je vorher ein sittlicher Makel anhaftete, welcher einen geselligen Umgang mit ihnen unmöglich erscheinen ließ. Und dieser Riß, der durch alle Schichten der Gesellschaft drang, drohte immer gefährlicher zu werden. —

Unter solch verwickelten Verhältnissen wurde Brisbane im Dezember 1825 abberufen. Sein Nachfolger, Darling, war aber noch unglücklicher. Er war ein förmlicher, pedantischer Mann und, was schlimmer ist, er führte die längst außer Uebung gekommenen Prügelmeister und die kargen Rationen wieder ein, wie zu den Zeiten der Hungersnoth, um die Gefangenen besser im Zaume halten zu können. So erzählt man sich, daß die Sträflinge in der an der Moretonbai neu angelegten Kolonie so schlecht behandelt worden wären, daß sie Mordthaten begangen hätten, nur um nach Sydney in die Untersuchungshaft geschickt zu werden.

Die Behörden hatten die Befugniß, mit Geißelhieben zu strafen; da es aber den Privatleuten verboten war, die ihnen zugewiesenen Gefangenen zu prügeln, so erwiesen sich die Nachbarn gegenseitig diese kleine Gefälligkeit.

Eine eiserne Zeit war wieder über die Kolonie hereingebrochen. Dennoch drangen bessere Ideen, wenn auch nur langsam, durch, und als Darling es wagte, durch einen Befehl mit rückwirkender Kraft zwei Männer, über die bereits abgeurtheilt war, nochmals zu verurtheilen und ihre Strafe zu verschärfen, da war für ihn keines Bleibens mehr in der Kolonie.

Der Vorfall, um den es sich handelte, ist in mehr als einer Hinsicht lehrreich. Subds und Thompson waren zwei Soldaten im 57. Regiment, das damals seine Quartiere in Neusüdwales hatte. Beide sahen, wie in diesem Lande eine große Zahl von Leuten lebte, die als Verbrecher angelangt waren und denen es jetzt recht gut ging, die sogar reich geworden waren, während sie nichts Anderes waren und blieben, als arme Soldaten. Da schlug Subds vor, und Thompson willigte ein, sie wollten gemeinschaftlich einen Diebstahl begehen, und nachdem sie — als Verbrecher — ihren Abschied vom Regiment erhalten hätten, versuchen, gleichfalls ihr Glück als Sträflinge zu machen; — es konnte gar nicht fehlen. Gesagt, gethan! Sie stahlen in einem Laden am hellen Tage unter den Augen vieler Zeugen ein Stück Tuch, wurden verhaftet, vor Gericht gestellt und verurtheilt, auf sieben Jahre in eine der Zweigstrafkolonien deportirt zu werden.

Im Laufe der Verhandlungen war aber der eigentliche Zweck des Verbrechens an den Tag gekommen. Offenbar mußte die Disziplin der Truppen in hohem Grade gefährdet erscheinen, wenn die Verübung eines Verbrechens einem Soldaten zu einer weit besseren Lage und zu den günstigen Aussichten eines Sträflings verhelfen konnte. Es mußte also nothwendigerweise die Wiederholung eines solchen Falles zu hindern versucht werden; — aber indem der Gouverneur dies thun wollte, beging er nicht nur ein großes Unrecht, sondern auch eine Verletzung der Verfassung. Er erließ nämlich eine Ordonnanz, wodurch die zwei bereits bestraften Soldaten verurtheilt wurden, während der ganzen Dauer ihrer Strafzeit in Ketten an den Straßen der Kolonie zu arbeiten und sodann zum Militärdienst zurückzukehren. Die Ausführung dieses Urtheiles wurde mit aller erdenklichen Umständlichkeit ins Werk gesetzt. Vor dem ganzen Regiment wurden die Uebelthäter in Sträflingskleider gesteckt; mit Eisenspitzen versehene Ringe wurden ihnen um den Hals gelegt, an denen schwere Ketten bis zu den gleichfalls gefesselten Füßen herabhingen und klirrend am Boden nachschleiften; — darauf wurden sie „aus dem Regiment hinaustrompetet" und ins Gefängniß zurückgebracht, während die Musik den „Vagabundenmarsch" spielte. — Beide überlebten die Schmach und Schande nicht lange. Subds, der schon leidend war, starb nach einigen Tagen; Thompson wurde wahnsinnig. — Ein Schrei der Entrüstung ging durch die Kolonie. Wol mußten diese Verbrecher bestraft werden, sagte man sich, aber nach dem Gesetze, nicht nach der Willkür des Gouverneurs. Und damit für Wiederholungen Vorkehrung getroffen werde, konnte man wol das Gesetz abändern, das aber dann nur auf spätere Fälle Anwendung finden durfte; — oder man mußte, was jedenfalls das Vernünftigere war, die Verhältnisse der Soldaten in einer Weise ordnen, daß sie nicht Lust bekamen, Verbrecher zu werden. — Darling verließ Neusüdwales im Jahre 1831, — heimlicherweise; er fürchtete, und nicht ohne Grund, persönliche Beleidigungen von Seiten des aufgereizten Pöbels. Wentworth, ein Mann, der schon unter Macquarie zu den schärfsten Kritikern der Regierungshandlungen gehört hatte, gab nämlich wenig Tage vor der beabsichtigten Rückkehr des Gouverneurs nach England ein nächtliches Fest auf seinen ausgedehnten Gütern an der Bai, und hatte dazu den Pöbel Sydney's eingeladen, der, wie man sich vorstellen kann, in großer Zahl erschienen war. Ein Ochse war gebraten worden und wurde in dieser Nacht verzehrt; ganz erstaunliche Quantitäten geistiger Getränke wurden verbraucht, und als die richtige Stimmung der Gesellschaft einmal geweckt war, der Gouverneur durch Wort und Bild offen und ungescheut lächerlich gemacht, ja geradezu verhöhnt. — Gewiß sind solche lebhafte Aeußerungen des Mißvergnügens einem hoch= gestellten Beamten der Krone gegenüber bedauerlich und für den, den sie treffen, empfindlich in hohem Grade, auch wird Niemand ihre Wiederholung gern sehen. Auf der anderen Seite ist eben so wenig zu verkennen, daß tüchtige Minister Angesichts solcher Kundgebungen in Erwägung ziehen sollten, ob vielleicht doch und in wie weit solche Manifestationen begründet gewesen sein mögen, denn das Volk ist nirgends in der Welt der Regierung wegen da, sondern überall die Regierung des Volkes wegen. — In der That überlegten sich's die englischen Minister auch genau, wen sie jetzt in diese materiell mehr und mehr aufblühende und in politischer Beziehung immer schwieriger zu behandelnde Kolonie schicken wollten. Ihre Wahl fiel auf Generalmajor Richard Bourke, einen ausgezeichneten Mann, der, wie keiner seiner Vorgänger, es verstand, mit Freisinnigkeit, Humanität und staatsmännischer Ein= sicht die Geschicke der Kolonie zu leiten. Gleichberechtigung aller religiösen Bekennt= nisse, Oeffentlichkeit der Verhandlungen des gesetzgebenden Rathes, gesetzliche Regulirung der Landfrage und der Angelegenheiten der großen Viehzüchter, so daß von da an aus den Weidebezirken ein jährliches Einkommen von 60,000 Pfund Sterling (1,200,000 Mark) in die Kolonialkasse floß, — das sind einige von den vielen Maßregeln und Einrichtungen, die unter Bourke's Mitwirkung zum Wohle des Landes durchgesetzt wurden. Das wichtigste Ereigniß unter seiner Verwaltung ist aber unstreitig eine Be= wegung, die im Jahre 1835 ihren Anfang nahm und welche gegen die fernere Einführung britischer Verbrecher in die Kolonie gerichtet war. In dem genannten Jahre sollten die Kosten für die Unterhaltung der Gefängnisse und der Polizei auf Rechnung der Kolonie gesetzt werden, da das Kolonialamt in London die Entdeckung gemacht hatte, daß Neusüdwales, welches jetzt Hunderttausende von Pfunden jährlich einnahm, auch Mittel genug besitze, solche Ausgaben zu bestreiten. Der gesetzgebende Rath in der Kolonie war hingegen der Ansicht, daß diese Ausgabe, die ja nur durch die Anwesenheit der deportirten englischen Ver= brecher veranlaßt werde, auch von der englischen Regierung zu tragen sei, und Bourke stand auf der Seite des gesetzgebenden Rathes. Bei den Verhandlungen über diese Angelegenheit machte der Kolonialminister geltend, Neusüdwales genieße auch die aus der Deportation entspringende Wohlthat äußerst billiger Arbeitskräfte, und dies brachte zum ersten Male den Gedanken zum lauten Ausdruck, ob denn die Kolonie, die jetzt etwa 80,000 Bewohner zählte, nicht auch ohne deportirte Verbrecher bestehen könne. Die Erörterung dieser Frage begann in den Zeitungen und im australischen Parlament (dem gesetzgebenden Rath), und es dauerte nicht lange, so wurden die Gründe dafür und dagegen von beiden Seiten mit großer Heftigkeit erörtert. Auch waren die Ansichten in der That sehr getheilt, und nicht Alle, welche für die Abschaffung der Deportation agitirten, thaten dies aus Gründen der Moral, wie man vielleicht denken möchte, sondern weil ihre materiellen Interessen ihnen die Ausführung dieser Maßregel wünschenswerth erscheinen ließen. Der Eigennutz, diese mächtige Triebfeder menschlicher Handlungen, spielte sogar, wie sich gleich zeigen wird, in dieser Sache eine entscheidende Rolle. — Auf der Seite Derjenigen, welche die Deportation beibehalten wollten, befanden sich die Arbeitgeber, ganz besonders die Schafzüchter und die Besitzer der großen Rindviehherden, welche nur kräftige Arme verlangten, gleichviel, ob dieselben einem Freien oder einem Verurtheilten gehörten.

Fast zur gleichen Zeit gelangte die Angelegenheit der Deportation nach Neusüdwales auch zur Verhandlung im englischen Parlament, und zwar auf Antrieb Gibbon Wakefield's, der gern die Quelle verstopft gesehen hätte, aus welcher Neusüdwales wohlfeile Arbeiter erhielt, weil diese billige Arbeit ihm und den übrigen südaustralischen Spekulanten eine gefährliche Konkurrenz machte. Und siehe, — das Parlament nahm den Antrag Wakefield's an. Am 26. Mai 1837 wurde Bourke angewiesen, vom Jahre 1840 an keine Sträflinge mehr als Arbeiter zu überweisen.

Bourke bewies seine Voraussicht, wie in andern Fällen, so auch hier: er machte den Minister ausdrücklich darauf aufmerksam, daß die Abschaffung des Ueberweisungssystems nur allmählig geschehen dürfe, wenn man durch den andernfalls eintretenden Mangel an Arbeitskräften nicht viele üble Folgen herbeiziehen wolle. Indessen die Warnung wurde überhört. Auch läßt sich kaum anders annehmen, als daß die Mitglieder des englischen Kolonialamtes durch die Agitation der Landspekulanten verführt wurden, eine Maßregel plötzlich ins Werk zu setzen, zu welcher jahrelange Vorbereitungen nöthig gewesen wären.

Als die gemachte Anordnung zur Ausführung gelangte, war Bourke schon nicht mehr in der Kolonie, und in George Gipps war ein Mann an seine Stelle getreten, der es in allen Stücken der Regierung durchaus recht machen wollte.

Die Ueberweisungen hörten demnach auf, wie befohlen war, — die Verbrecher wurden nach Vandiemensland geschickt und dort in Strafstationen untergebracht. — und es vergingen keine fünf Jahre, so war der prophezeite Mangel an Arbeitern wirklich da. Das Bedürfniß der Herdenbesitzer, namentlich im Port-Philip-Distrikt, Hirten und Schafscherer zu bekommen, wurde so dringend, daß sich eine Gesellschaft bildete, welche an 2000 Freigelassene aus Vandiemens-

land importirte und unter Diejenigen vertheilte, welche zu den Kosten der Ueber=
fahrt beigetragen hatten. Dieser Massenimport von billigen Arbeitskräften
rüttelte die Bevölkerung der Städte auf und gab den ersten Anstoß dazu, daß
diese gegen die Herdenbesitzer und gegen die Deportation Front machten. Natür=
lich! Die Arbeiter in den Städten wollten den Arbeitslohn hinaufschrauben;
die Viehzüchter aber wollten den größten Nutzen, folglich die billigste Arbeit.

Nun machte die gesetzgebende Versammlung in Sydney den Vorschlag, die
aus Vandiemensland herübergebrachten „weißgewaschenen" Verbrecher eben so
zu kontroliren, wie die ursprünglich nach Neusüdwales deportirt gewesenen; die
britische Regierung lehnte jedoch die Sanktion dieses Beschlusses ab und machte
dagegen den Vorschlag, um den Arbeitsmarkt zu füllen, das Deportationssystem —
auf anderer Grundlage — wieder einzuführen. Demnach wurde, im Oktober
1846, ein Ausschuß niedergesetzt, der einen mit vieler Einsicht verfaßten Bericht
erstattete, aus dem unter Anderem hervorgeht, daß zu jener Zeit 1500 alte
Sträflinge, „die nichtswürdigste Klasse von Menschen, die sich denken läßt", in
den Gefängnissen der Kolonie steckte, und daß gleichzeitig noch 13,400 Bewohner
von Neusüdwales im Besitze von Entlassungsscheinen waren. Dennoch wurde —
nach sorgfältiger Erwägung aller in Betracht kommenden Fragen — vorgeschlagen
unter gewissen Bedingungen in die Erneuerung der Deportation zu willigen. Leider
war der Bericht etwas zu spät erstattet worden, sodaß er erst im folgenden Jahre
(1847) zur Verhandlung gelangte, und da wurde der gestellte Antrag abgelehnt.

Die englische Regierung war in peinlicher Verlegenheit. Viele, viele Ver=
brecher waren schon nach Vandiemensland, nach der Moretonbai und nach West=
australien geschickt worden; aber immer war noch Ueberfluß an ungerathenen
Söhnen des Vaterlandes, die irgendwo in der Welt bewacht und an die Arbeit
gewöhnt werden mußten. So kam also im Jahre 1848 ein neuer Antrag von
Seiten Englands. Jetzt wollte man nur gewisse Klassen von Verbrechern mit
ihren Familien neben einer gleichen Zahl freier Arbeiter nach Neusüdwales
schicken, und das australische Parlament faßte den Beschluß, diese Verbannten
unter den angegebenen Bedingungen aufzunehmen. Infolge dessen traf im Juni
1849 (nach einer fast zehnjährigen Unterbrechung) wieder ein Sträflingsschiff,
die „Hashemy", im Hafen von Sydney ein. Es brachte 212 Gefangene, aber
ohne Familien und ohne freie Arbeiter, und Graf Grey, der damalige Kolo=
nialminister, schickte eine Depesche mit, in welcher er sagte, wenn der gesetz=
gebende Rath der Kolonie Einwände gegen die Aufnahme der Sträflinge mache,
infolge der Nichterfüllung des stipulirten Vertrages, so würde man dem Transport
von Verbrechern Einhalt thun. Diese Stelle klang den Australiern wie Hohn:
konnten doch bis zum Eintreffen einer Antwort recht gut zwölf Monate ver=
fließen, und so lange wenigstens behielt die Transportation wieder ihren Fort=
gang; — 5000 bis 6000 Taugenichtse konnten in dieser Zeit nach Sydney ab=
gesetzt werden. Außerdem fühlten sich die Kolonisten durch die Nichterfüllung
des gegebenen Versprechens schwer gekränkt: eine Volksversammlung wurde ab=
gehalten, Tausende erschienen, und da hörte man denn — dicht unter den Fenstern

des Gouvernementpalastes — die lautesten Auflagen und die heftigsten Vorwürfe gegen die englischen Minister und ihr wortbrüchiges Verfahren, gegen die De= portirten und gegen die „schwimmende Hölle", wie man das Schiff mit den Ver= brechern an Bord nannte. Es wurde verlangt, die ganze Ladung solle auf der Stelle zurückgeschickt werden, und endlich wurde ein feierlicher Protest gegen die Landung der Sträflinge — jetzt und für immer — beschlossen. Die Kolonial= regierung war weise genug, diesen Beschluß der äußerst stürmischen Versammlung zu beachten. Nur ertheilte sie denjenigen Kolonisten, welche Arbeiter suchten, die Erlaubniß, an Bord zu gehen und sich von den Gefangenen auszuwählen, was sie bedurften. Da geschah nun aber das Merkwürdige, daß binnen sechs Tagen kein Gefangener mehr (außer den nach der Moretonbai bestimmten) an Bord des Schiffes war: Alle hatten sich vermiethet, obwol zu derselben Zeit etwa 1000 freie Arbeiter angekommen waren, die gleichfalls noch im Hafen lagen und die nur langsam passende Dienste finden konnten. Es war damit sicherlich der beste Beweis geliefert, daß die Kolonie doch noch nicht so weit war, die Arbeitskraft der Sträflinge entbehren zu können, daß also eine weise geleitete und gut über= wachte Einführung von Verbrechern — namentlich für die weit im Innern ge= legenen Distrikte — damals gewiß im wohlverstandenen Interesse des Landes gewesen wäre.

Die Agitation, namentlich in Sydney selbst und in den dichter bevölkerten Distrikten, dauerte aber fort, und als bis zu Ende des Jahres 1848 noch etwa 13,000 freie Arbeiter aus Irland in Neusüdwales gelandet waren, der Zug der Einwanderung also endlich in Gang gebracht schien, ward im Jahre 1849 noch= mals im australischen Parlament beschlossen, die englische Regierung solle drin= gend gebeten werden, daß sie das Gesetz widerrufe, welches die Kolonie Neu= südwales zu einem Platze für Verbrecher bestimmte. Es wurde dabei namentlich hervorgehoben, daß keine Garantie für die gesellschaftliche und politische Ruhe der Kolonie gegeben werden könne, so lange nicht die Sträflingsfrage einen be= friedigenden Abschluß gefunden habe.

Die Regierung willigte nach einigem Sträuben ein und hob das Depor= tationsgesetz für Neusüdwales auf, nachdem wol hunderttausend britische Uebel= thäter dahin geschickt worden waren. Die Transportation hätte übrigens unter allen Umständen in der Kürze aufhören müssen, denn Australien war urplötzlich das reichste Goldland der Erde geworden, und es wäre gewiß mehr als lächerlich gewesen, wenn man nachher noch den Auswurf der englischen Gesellschaft in dieses Dorado aller Glücksjäger hätte schicken wollen.

Der Flecken der Verbrecherkolonie war somit nach siebzehnjährigen An= strengungen von Neusüdwales weggenommen und dadurch gleichzeitig die un= streitig wichtigste von den Fragen, welche die Bevölkerung Australiens bewegte, entschieden. Es war nicht nur ein großer Schritt auf dem Wege freiheitlicher Volksentwicklung überhaupt gethan, — auch die geselligen Verhältnisse konnten von jetzt an in friedlichere Bahnen hinübergeleitet werden. Freilich ging das nicht so rasch; Jahre verstrichen noch, ehe man sich scheute, einen ehemaligen

Sträfling oder seine Nachkommen das früher Geschehene fühlen zu lassen, und selbst heutigen Tages kann ein zufälliges Wort oder eine Anspielung das Andenken daran wieder auffrischen: dennoch darf man im Allgemeinen sagen, die Parteien haben sich versöhnt. Die alten, unverbesserlichen Sünder sind ohnehin längst ausgestorben, und das Andenken an sie ist vertilgt. —

Drei Gouverneure hatten während dieser Zeit des Kampfes gegen die Deportation die Verwaltung geführt, nämlich die bereits Genannten, Bourke und Gipps, und vom Jahre 1846 bis 1854 Charles Fitzroy, der erste Generalgouverneur der australischen Besitzungen Großbritanniens.

Man kann nicht sagen, daß Gipps während seiner achtjährigen Wirksamkeit viel Freude von seinem Amte geerntet hätte, — im Gegentheil, er lebte mit den Kolonisten, und insbesondere mit dem gesetzgebenden Rathe, in fast ununterbrochener Fehde. Bald war es über die Verwendung der Einkünfte der Kolonie, bald über den Preis der Kronländereien, bald endlich über die Bezirksräthe, eine Einrichtung, die, beiläufig gesagt, für die Verhältnisse Australiens mit seiner über Hunderte von Quadratkilometern zerstreuten Bevölkerung ausnehmend unpraktisch hätte sein müssen, deren Einführung der Gouverneur sich jedoch einmal vorgenommen hatte und von welcher er nicht mehr abstehen wollte. Sonderbarerweise kam es aber dem Manne trotz dieser Fülle von Zankäpfeln gar nicht in den Sinn, die offenbare Unzufriedenheit der Kolonisten zu beschwichtigen; im Gegentheil, er ließ keine Gelegenheit unbenutzt vorübergehen, wo ein neuer Streit anzuhängen war, und brachte es durch sein unversöhnliches Temperament endlich dahin, daß Alle, von den reichen Viehzüchtern bis herunter zu den kleinsten Ansiedlern, Opposition gegen ihn machten. Nur seine Beamten waren seine getreuen Anhänger, die ihn im gesetzgebenden Rath unterstützten, mochte er im Recht oder Unrecht sein. Dabei verfolgte Gipps eigentlich keine unredlichen Absichten; er bestand nur hartnäckig darauf, Alles besser zu wissen, und daß das Volk die Schuhe tragen solle, die er jetzt einmal für die passenden hielt, mochten sie drücken oder nicht. — Fitzroy war vorsichtiger. Er erklärte alsbald beim Antritt seines Amtes, er habe die ihm übertragene Gewalt ohne irgend eine vorgefaßte Meinung über Gegenstände, welche die Interessen irgend einer Klasse von ihrer Majestät Unterthanen beträfen, übernommen und wolle erst Gesetzesvorschläge machen, wenn er Erfahrungen in der Kolonie gesammelt habe. Auch lebte er wirklich mit den Kolonisten in Frieden: Alles, was von der britischen Regierung seinem Gutdünken überlassen war, richtete er nach den Wünschen des gesetzgebenden Rathes ein und über die Schwierigkeiten schlüpfte er hinweg, da er sich nie die Unruhe verursachte, über irgend einen Kolonialgegenstand eine eigene Meinung zu haben.

Das Gedeihen der Kolonie hing aber glücklicherweise nicht mehr von der Persönlichkeit des Gouverneurs oder des Kolonialministers ab. Draußen im Lande viele hundert Meilen weit und breit wuchs das Gras und weideten die Schafe, und die Herden wurden immer größer und die Hirten entdeckten immer neue Weiden. Das Handelsmonopol der Ostindischen Compagnie war längst in

Trümmer gegangen, und frei und stolz wehte die englische Flagge mit dem australischen Wappen über allen Meeren und in allen Seehäfen der Welt. Hunderttausende von rüstigen und genügsamen Einwanderern waren schon ins Land gezogen; neben der Viehzucht, die unstreitig die größten Kapitalien reprä= sentirte, gewann der Ackerbau mehr und mehr an Ausdehnung. So war Alles im besten Gedeihen — da wurden die goldenen Schätze des Bodens aufgedeckt. Wie ein Rausch, so ging es durch das Land, als aber dieser Goldrausch verflogen war, griffen viele Tausend fleißige Hände mit noch viel größerer Kraft als vor= her und mit noch viel fröhlicherem Muthe zur Arbeit; mit wunderbarer Schnelle entwickelte sich auch die Gewerbthätigkeit und holte das Versäumte nach, und jetzt unterstützen die Dampfmaschinen auch in Australien den Menschen in seinem Be= streben, das Glück zu gründen, welches Friede und Wohlstand im Gefolge hat!

Neusüdwales seit 1850. Es ist schon erwähnt worden, daß — unter der Verwaltung des Gouverneurs Brisbane — von der britischen Regierung die ersten Schritte gethan wurden, um einen Uebergang von der despotischen Re= gierungsform der Kolonie zu einer freisinnigeren anzubahnen, und zwar durch Gewährung des freien Meinungsaustausches in der Presse und durch die Ein= setzung des sogenannten gesetzgebenden Rathes, dessen Mitglieder allerdings noch von der Regierung ernannt werden sollten. So blieb es bis zum Jahre 1843. In diesem Jahre gab die Regierung dem Drängen der Kolonisten auf bessere Verwaltungseinrichtungen nach, und es wurde beschlossen, daß der gesetzgebende Rath fortan aus 54 Mitgliedern bestehen solle, von welchen nur noch 18 durch die Krone zu ernennen, die übrigen 36 aber durch die freien Kolonisten zu er= wählen wären. Damit war unzweifelhaft ein Schritt weiter auf dem Wege zu freiheitlicher Entwicklung des australischen Staatswesens geschehen, in den Augen der Kolonisten war es aber eine bloße Abschlagszahlung. Die Bewohner von Neusüdwales wollten eine wirklich verantwortliche Regierung, vollständige Kon= trole über die Einkünfte des Staates und das Recht, über die unangebauten Ländereien verfügen zu dürfen. Unmittelbar nach der Einsetzung der ersten gewählten Versammlung im Jahre 1843 begann auch die Agitation in dem an= gegebenen Sinne. Zwölf Jahre später waren die Australier am Ziele ihrer Wünsche.

Es würde zu weit führen, in die Einzelnheiten des australischen Verfassungs= kampfes einzugehen, so lehrreich in mancherlei Beziehungen es auch sein möchte. Nur einige Thatsachen seien kurz erwähnt. Im Jahre 1847 hatte Graf Grey, der damalige Kolonialminister, eine Verfassung entworfen, nach welcher eine Re= präsentantenversammlung durch indirekte Wahlen gebildet und ein Oberhaus durch die Krone ernannt werden sollte. Der hierdurch heraufbeschworene Sturm in der Presse und in den Volksversammlungen wurde jedoch so gewaltig, daß der Graf seinen Entwurf schleunigst zurückzog. Zwei Jahre später kam eine neue Konstitution in Vorschlag, erhielt jedoch nicht die Genehmigung des britischen Parlaments. Dagegen erlangte im Jahre 1850 eine Bill Gesetzeskraft, durch welche die Distrikte an Port Philip von Neusüdwales getrennt und als gesonderte Kolonie unter dem Namen Viktoria konstituirt wurden.

Sidney um's Jahr 1860.

Die Ansiedler in diesen Distrikten hatten selbst die Trennung begehrt, weil die Entfernung zwischen diesen Gegenden und Sydney zu groß war, als daß man bei der ohnedies so sehr über das Land zerstreuten Bevölkerung hätte Männer finden können, welche im Stande und geneigt gewesen wären, monatelang ihr Eigenthum und ihr Geschäft zu verlassen, um den Sitzungen des gesetzgebenden Rathes in einer so weit entfernten Stadt, wie Sydney, beizuwohnen.

In demselben Gesetze von 1850 wurden den beiden Kolonien, Neusüdwales und Viktoria, Verfassungen gegeben, nach welchen die zur gesetzgebenden Versammlung zu wählenden Mitglieder (zwei Drittheile der Gesammtzahl) allerdings aus direkten Wahlen hervorgehen sollten, welche jedoch das für diese Versammlung gleichfalls beanspruchte Recht nicht gewährten, über die unangebauten Ländereien und über die daraus fließenden Revenuen zu verfügen.

In Viktoria legte man auf diesen Punkt weniger Werth, da die Hauptsache, die Trennung von Neusüdwales, durchgesetzt war, aber durch die alte Kolonie ging eine allgemeine Unzufriedenheit. Der abtretende gesetzgebende Rath schloß seine Thätigkeit mit einer Protestation, in welcher er die Abstellung der darin erhobenen Beschwerden, welche er durch die ihm zu Gebote stehenden verfassungsmäßigen Mittel nicht habe erreichen können, als Erbschaft seinem Nachfolger vermachte, und der Erbe trat die heikelige Nachlassenschaft an. — Drei Jahre später wurde im Kolonialparlament von Neusüdwales eine neue Verfassung berathen, dem britischen Parlament vorgelegt und mit unwesentlichen Aenderungen von diesem und von der Krone genehmigt, und am 19. Dezember 1855 beschwor Sir William Denison als Governor-in-chief (ein Titel, den man statt des bisherigen General-Gouverneur gewählt hatte, um auch den bloßen Schein einer Suprematie über die anderen Kolonialgouverneure zu beseitigen) von Neusüdwales diese neue Verfassung, die den Sydneyiten endlich die lang ersehnte Selbstregierung nicht nur dem Namen, sondern auch der That nach verschaffte. Im April 1856 wurde das erste verantwortliche Ministerium gebildet. — Von da an nahmen die Dinge in Neusüdwales ihren geordneten und ruhigen Verlauf, und nur die Lostrennung des Moretondistriktes ließ die Wogen politischer Erörterungen noch einmal über die gewöhnliche Höhe hinausgehen.

Die besiedelten Gegenden längs der Ostküste des Kontinentes hatten nämlich eine immer größere Ausdehnung erreicht und die Interessen der Ansiedler in den nördlichen Distrikten hatten eben so wenig, wie früher im Port Philip, mit denjenigen der älteren Niederlassung überein gestimmt. Die Kolonisten in den erwähnten Gegenden verlangten demnach die Trennung von Neusüdwales, und ihr Wunsch wurde im Jahre 1859 gewährt: die neue Kolonie führt den Namen Queensland.

So haben sich denn im Laufe von wenigen Jahrzehnten aus der einstigen Strafanstalt an Port Jackson vier blühende Reiche entwickelt, von welchen jedes seinen eigenen Gouverneur und sein eigenes Parlament besitzt. Wir kennen dieselben zwar schon dem Namen nach, werden uns auch weiter unten mit denselben eingehender beschäftigen, müssen sie hier aber doch noch einmal anführen.

Es sind also: Neusüdwales (seit 1788), Tasmanien (seit 1803 kolo=
nisirt und seit 1825 als selbständige Kolonie erklärt), Viktoria (seit 1836 be=
siedelt und seit 1850 selbständig) und Queensland (seit 1859 unter eigner
Verwaltung). Außerdem sind aber in dem fünften Welttheile noch zwei englische
Staaten entstanden, welche nicht von der Strafkolonie, sondern direkt vom Mutter=
lande aus bevölkert wurden. Diese sind: Westaustralien (die Kolonie am
Schwanenfluß, seit 1829) und endlich Südaustralien (im J. 1835 gegründet).

Alle diese Niederlassungen gedeihen; viele ihrer Einwohner sind zu Wohl=
stand, manche zu großen Reichthümern gelangt, die Wissenschaften werden eifrig
gepflegt und gefördert, insbesondere werden ganz erstaunliche Anstrengungen zur
vollständigen Erforschung des Binnenlandes gemacht, und menschliche Gesittung
dringt unaufhaltsam weiter vor in die Einöden und in die Wildnisse eines zum
Theil immerhin noch unbekannten Kontinentes.

Fragt man aber, durch welche Wundermittel diese Umwandlung eines Zucht=
hauses in blühende Staatswesen, eine so großartige und so ganz ohne Beispiel
dastehende Eroberung für die Kultur der Menschheit vollbracht werden konnte,
so läßt sich nur zur Antwort geben: durch die aufrichtig und rückhaltlos durch=
geführte Selbstregierung, welche die einzig würdige Regierungsform für ein
Volk ist, das sich selbst achtet und seiner Menschenwürde klar bewußt ist.

Gegenwärtige Zustände u. s. w. Es mag nun an der Zeit sein, sich mit der
späteren Entwickelung und mit den gegenwärtigen Verhältnissen der Kolonie ein=
gehender zu beschäftigen.

Neusüdwales, welches sich vom 28° bis 37° südl. Br. und dem 141° bis
154° östl. L. von Greenw. ausdehnt, enthält jetzt einen Flächeninhalt von
799,128 ☐km.

Seine größte Länge beträgt 1350 km, die größte Breite 1275 km.

Im Norden ist die Kolonie durch die Mac Pherson= und die Herries=
Kette und durch den Dumaresqfluß von Queensland geschieden; im Osten grenzt
sie an den Stillen Ozean; im Süden bildet der Murray bis zu seiner Quelle die
Grenze nach Viktoria hin, und von da ist die Grenze eine gerade Linie bis Kap Howe;
im Westen endlich scheidet sie der 141° östl. L. von der Kolonie Südaustralien.
Neusüdwales hat die Form eines länglichen Vierecks; die östliche Seite ist
wesentlich länger, als die westliche.

Mit der Bodenbeschaffenheit der Kolonie haben wir uns bereits beschäftigt,
ebenso mit dem Klima, der Flora und Fauna des Landes, auch über die Ein=
geborenen haben wir an anderer Stelle berichtet.

Der zuerst besiedelte Theil von Neusüdwales ward in 20 Counties
eingetheilt, von denen jedes ungefähr 1 Million Acker enthielt, und durchschnitt=
lich 60 km breit und 90 bis 110 km lang war.

Die Namen derselben lauten: St. Vincent, Camden, Cumberland,
Northumberland, Gloucester und Macquarie an der Küste; Durham,

Brisbane, Bligh im Innern; Cook, Roxburgh, Westmoreland, Welling=
ton, Bathurst, Hunter und Philip im Westen; Georgiana, King, Argyle
und Murray im Südwesten. Seitdem sind fast einhundert andere Counties
gebildet worden, und noch ist ein Theil der Distrikte Riverina und Albert noch
nicht abgetheilt und vermessen. Außer den zwanzig sogenannten Alten
Counties, welche genau abgegrenzt, und fast durchgängig dicht bevölkert sind,
giebt es nun noch dreizehn Weidedistrikte. Albert, umfaßt den äußersten
Nordwesten der Kolonie, und besteht meist aus unfruchtbaren Ebenen, in denen
sich die von den Bergen herabkommenden Flüsse verlieren; der Distrikt enthält
einen Flächeninhalt von ungefähr 150,000 Quadratkilom. Warrego im Nor=
den mit 25,000 Quadratkilom. Clarence im äußersten Nordosten mit
15000 Quadratkilom. Macleay an der Nordostküste hat nur 8000 Quadrat=
kilom. Neu=England im Norden, ein schönes, fruchtbares Tafelland mit
32000 Quadratkilom. Bligh, am Oberlauf des Macquarieflusses hat
20000 Quadratkilom. Weiter nach Norden zu Liverpool Plains mit
42000 Quadratkilom. Gwydir an der Nordgrenze, 30,000 Quadratkilom.
Das im Westen vom Macquariefluß belegene Wellington hat einen Flächen=
inhalt von 41,000 Quadratkilom. Lachlan im Südwesten 57,000, Mur=
rumbidschi an der Südgrenze der Kolonie 67,000, Darling in der Süd=
westecke umfaßt einen Flächenraum von 125,000 Quadratkilom. Monaru ist
eine Hochebene im Süden, unfern der Küste mit 20,000 Quadratkilom.

Die, hauptsächlich im Innern gelegenen 118 Counties dagegen heißen:
Argyle, Arrawatta, Ashburnham, Auckland, Barradine, Bathurst, Benarba,
Beresford, Bligh, Blaxland, Bland, Bourke, Boyd, Brisbane, Bucclengh, Buck=
land, Buller, Burnett, Cadell, Caira, Cambelego, Cambden, Clarence, Claren=
don, Clarke, Clive, Clyde, Cook, Cooper, Conrallie, Cowley, Cowper, Cumber=
land, Cunningham, Dampier, Darling, Denham, Dowling, Denison, Drake,
Dudley, Durham, Ewenmar, Flinch, Fitzroy, Flinders, Forbes, Franklin,
Georgiana, Gipps, Gloucester, Gordon, Gough, Goulbourn, Gowen, Gregory,
Gresham, Gunderbooka, Harden, Hardinge, Hawes, Hume, Hunter, Inglis,
Jamieson, Kennedy, Killara, King, Landsborough, Leichhardt, Lincoln, Living=
stone, Macquarie, Menindi, Mitchell, Monteagle, Murchison, Murray, Nan=
denar, Napier, Narran, Narromic, Nicholson, Northumberland, Oxley, Parry,
Perry, Port Philip, Pottinger, Raleigh, Rankin, Richmond, Rous, Roxburgh,
Sandon, St. Vincent, Selwyn, Stapylton, Sturt, Taila, Tare, Townsend,
Urana, Vernon, Wakul, Waljeers, Wallace, Waradjery, Wellesley, Wellington,
Wentworth, Werunda, Westmoreland, White, Windeyer, Wynyard, Yanda
und Young.

Sydney, das wir als die älteste Stadt Australiens bereits genügend
kennen, ist die Hauptstadt von Neusüdwales, und liegt unter 33° 51' südl. Br.
und 151° 11' östl. Länge.

Der Anblick Sydney's von den Ankerplätzen aus ist prachtvoll. Um die
tief eingeschnittenen Felsenufer von Port Jackson, erheben sich hinter den riesigen

Schiffsmasten die steinernen Häuser in langen, langen Straßenreihen, in denen man die öffentlichen Gebäude, die Kirchen mit ihren Thürmen und die rauchenden Schornsteine industrieller Etablissements unterscheidet. Links auf der Höhe erblicken wir eine im gothischen Style erbaute Burg, den Palast des Gouverneurs, und unten am blauen Wasser, auf einem steilen Vorsprunge der Felsen, neben anderen Befestigungen das Festungswerk, Fort Macquarie, von denen übrigens einige mehr für den Luxus der Begrüßung von einlaufenden Kriegsschiffen, als für den Ernst eines feindlichen Angriffes ausreichend sein dürften. — Die Stadt ist weit ausgedehnt; die Hauptstraße, George=Street, ist mehr als zwei Stunden lang, und nicht viel kürzer sind die Pitt=Street, die Kent=Street, die Market=, King= und Hunterstreets und andere, welche in der Richtung von Nord nach Süden führen. Die Stadt ist indessen nicht mit der langweiligen Regelmäßigkeit erbaut, welche andere in neuerer Zeit entstandene Städte in ihren Straßenquadraten auf= zuweisen haben, sondern bietet vielmehr, da auch das Land, worauf Sydney er= baut wurde, hügelig ist, eine recht hübsche Abwechslung und mehr Aehnlichkeit mit älteren Städten. Es würde ermüdend und zwecklos sein, eine lange Liste von öffentlichen Gebäuden aufzuzählen; einige wenige müssen aber doch erwähnt werden. Vor Allem die Universität, ein stylvolles, architektonisch schönes Bauwerk von kolossalen Dimensionen, das mit einem Aufwande von mehr als 2 Millionen Mark erbaut wurde; ferner das Museum für Naturgeschichte, mit einer ausgezeichneten Sammlung von australischen Säugethieren, Vögeln, Fischen ꝛc.: die Markthallen, die mit ihren reich ausgestatteten Façaden zum architektonischen Schmucke der Straßen nicht wenig beitragen und eine perma= nente Ausstellung aller zur Ernährung von Menschen dienenden Erzeugnisse des Landes bilden, und das neue Postgebäude, dessen Besuch besonders interessant an dem Tage vor Abgang der europäischen Post ist. Da füllt sich nicht nur die große Halle, sondern auch die Straße mit Menschen, welche Briefe, Zeitungen und Packete abgeben wollen. Die Auszüge der großen Tagesblätter, unter Kreuz= band und mit der Freimarke versehen, werden zum Verkaufe ausgeboten, und die industriösen Verkäufer haben sogar Tinte und Feder bei der Hand, so daß man nur die Adresse der europäischen Freunde auf das Kreuzband zu setzen braucht. Sydney hat, ebenso wie Melbourne, eine verhältnißmäßig große Zahl von Schulen, und — wie in allen englischen Kolonien — es giebt hier eine gewaltige Anzahl von Kirchen, große und kleine, in gutem und in schlechtem Style gebaute. Uebrigens ist die Religiosität in den Kolonien in höherem Grade entwickelt, als man vielleicht glaubt; insbesondere wird die Sonntagsfeier, wenigstens von den Engländern, ebenso streng gehalten, wie at home in Alt= england. Merkwürdigerweise enthalten aber die Montagszeitungen die längsten Listen derjenigen Personen, welche in der Nacht vom Sonntag auf Montag im Zustande totaler Betrunkenheit nach den Polizei=Wachtlokalen gebracht worden, und — alle Betrunkenen gerathen nicht in die Hände der Polizei.

Die Totalbevölkerung der Stadt Sydney beträgt 103,000, mit seinen Vor= städten Glebe, Paddington, Waverley, Southhead, Newtown, St. Leonhard ꝛc.

wird sie 190,000 erreichen. Das Drängen und Treiben der Menschen und der Fuhrwerke auf den Straßen ist, wie sich denken läßt, nicht minder groß, als in anderen Seestädten von ähnlicher Ausdehnung. Besonders lebhaft ist das Treiben am Darlinghafen. Während am Sydney=Cove, neben Fort Macquarie, die großen Seeschiffe aus fernen Weltgegenden anlegen, nehmen hier die Landungs= plätze für die zahllosen Küstenfahrer die ganze Ostseite des Hafens ein.

Das Universitätsgebäude in Sydney.

Fahrzeuge jeglicher Art liegen hier am Lande, mit Brennholz beladen von Botanybai oder mit Palmöl von den Fidschi=Inseln, mit Weizen vom Hawkesbury oder mit Eiern und Butter von Wollongong, mit Thee, Kaffee und Zucker für Brisbane oder mit Schippen, Aexten, Hufeisen und anderen eisernen Utensilien für Rockhampton in Queensland oder irgend einen anderen Platz der Kolonie bestimmt. Zahlreiche Dampfboote endlich, die im Darlinghafen anlegen, unterhalten den Verkehr zwischen der eigentlichen Stadt und den Vorstädten jenseits der Bai, so= wie mit dem einige Stunden weiter aufwärts liegenden Städtchen Paramatta. Große Magazine ziehen sich längs des Ufers hin, mit Produkten aller Zonen an= gefüllt. Die Quartiere am Darlinghafen erfreuen sich im Uebrigen nicht des besten Rufes; dort sind die Schlupfwinkel für die Verbrecher und allerlei sonstiges Gesindel, an dem Sydney gleichfalls keinen Mangel leidet. Die Presse ist in Sydney reichlich vertreten. Täglich erscheinen die Zeitungen Sydney Morning Herald, Evening News, Echo, Daily Shipping Gazette. Wöchentlich werden vertrieben The Town and Country Journal, The Sydney Mail, Freeman's Journal, Sydney Punch, The Australian Witneß, The Witneß, The Australian Churchman, The Protestant Standard, The Christian Advocate, The Government Gazette. Alle Monate verlassen die Presse The A B C Railway Guide, Rural Australian, The Illustrated Sydney News, The Australian Journal, Sydney Magazine, The Sydney University Magazine.

Bestibül des Stadthauses in Sydney.

Sydney fängt aber auch an Fabrikstadt zu werden. Neben zahlreichen Eisengießereien und Maschinenwerkstätten beschäftigt z. B. die Gerberei von Alderson & Sons, die einen Flächenraum von 3 $\frac{1}{2}$ Acker einnimmt, 500 Menschen, die Schuhfabrik von Wright, Davenport & Co. beschäftigt 350 Arbeiter. Es giebt in der Stadt 32 Tuchfabriken, welche je von 50 bis 400 Arbeiter beschäftigen; eine Dampftischlerei arbeitet mit 250 Menschen.

Mit öffentlichen Spaziergängen ist Sydney besonders reich ausgestattet. Außer dem, Hydepark genannten, mit hübschen Alleen und Gebüsch bepflanzten Platze nahe bei der Stadt, auf welchem eine Statue „Albert des Guten“ steht, hat es in der sogenannten Domäne, von welcher ein Theil gleichzeitig botanischer Garten ist, einen ganz prachtvoll angelegten Park mit gewaltigen Alleen riesiger Eukalypten, mit herrlichen Baumgruppen, Pflanzen- und Blumenbeeten &c. Hier wachsen Palmen, Pandanus und die baumartigen Farrnkräuter neben den Nadelhölzern des hohen Nordens, und die Wellen des Meeres bespülen auf der anderen

Seite die felsigen, steil abstürzenden Ufer. Die Domäne ist sicherlich eine Anlage, um die manche stolze Stadt im alten Europa die junge Hauptstadt Australiens beneiden könnte. Am Eingange der Domäne steht eine treffliche Bronzestatue des ehemaligen Gouverneurs Sir Richard Bourke. In der sogenannten Innern Domäne befindet sich auch das Gebäude der im September 1879 eröffneten Internationalen Weltausstellung. Mit der eigentlichen Stadt Sydney hängt unmittelbar zusammen der fast gleich große Ort Wooloomooloo (spr. Wulumulu).

Außer Sydney findet sich in Neusüdwales nur noch eine Stadt mit über 10,000 Einwohnern. Es ist dies Maitland am Hunter River, ungefähr 30 Kilom. von der See, und 140 Kilom. nördlich von Sydney belegen. Der Hunter ist zeitweilig stark angeschwollen, und hat bei Ueberschwemmungen der Stadt schon großen Schaden zugefügt; denselben Ueberschwemmungen aber dankt die Umgebung der Stadt ihren großen Wohlstand, denn die Uferniederungen gehören zu den fruchtbarsten Distrikten. In günstigen Jahren erzielt man hier so enorme Ernten, daß man den Distrikt die „Kornkammer von Neusüdwales" genannt hat. Die Stadt wird in Ost- und West-Maitland getheilt, hat Tabak- und Schuhfabriken, große Waarenhäuser und viele schöne öffentliche Gebäude. In der Nachbarschaft wird auch viel Weinbau getrieben; der jährliche Durch=schnittsertrag beträgt 200,000 Gallonen.

Die „Great Northern Railway" verbindet Maitland mit New=Castle, ebenso wie mit den benachbarten Städten Singleton, Muswellbrook, Scone, Murrurundi, Quirindi, Tamworth und Gunnedah, und von da in nächster Zeit bis zur Grenze von Queensland.

Zwischen fünf und zehn Tausend Einwohner zählen die drei Städte New= Castle, Paramatta und Bathurst. New=Castle mit einer Bevölkerung von 7000 Seelen, der beste Hafenort an der Nordküste, hat beinahe ebenso regen Verkehr und ebenso so bedeutende Industrie wie Sydney, von dem es 110 Kilom. entfernt ist. Die Stadt liegt am Ausflusse des Hunter und verschifft nicht nur die Kohlen, sondern auch das Getreide dieses reichen Distrikts. In der Stadt selbst und in deren unmittelbarer Nachbarschaft werden gegenwärtig 16 Kohlenflötze mit einer Mächtigkeit von 2 bis 7 m abgeteuft. Alle erdenklichen Maschinen der Neuzeit werden bei dem Betriebe benutzt. Der wöchentliche Durchschnittsertrag wird auf 24,000 bis 30,000 Tonnen geschätzt. Von Zeitungen erscheinen hier The New=Castle Morning Herald, Chronicle und Advocate, und The New=Castle Pilot.

Neben Sydney ist Paramatta, welches mehr als 6000 Einwohner zählt, die zweitälteste Stadt der Kolonie. Man erreicht sie von Sydney aus in 1¼ Stunden mit der Eisenbahn oder in 3 Stunden mit dem Dampfboote. Es ist eines der reizendsten Orte in der Umgegend von Sydney. Die Landhäuser und Gärten an den felsigen und bewaldeten Ufern des Paramattaflusses liegen außerordentlich malerisch da, und die Gartenkulturen, die hier zu sehen sind, be=sonders die Orangen= und Pfirsichanlagen, machen dem Fleiße und der Sach=kenntniß der australischen Gärtner alle Ehre. In dem herrlichen Parke stehen die ältesten Eichen, welche Australien aufzuweisen hat.

New Castle

Die Orangerien und Obstgärten in Paramatta haben fast einen Weltruf erlangt. Man sagt, daß es Orangenbäume hier giebt, von denen in der Saison 10,000 Früchte geerntet worden sind. Mit Weinstöcken bepflanzt sind etwa 240 Acker, welche außer den Trauben etwa 4000 Gallonen Wein lieferten. An Zeitungen erscheinen in Paramatta: The Cumberland Mercury und Cumberland Times. Auf dem Wasserwege nach Paramatta sieht man auch noch ein Ueberbleibsel aus den Sträflingszeiten, nämlich das Gefängniß auf der Kakadu-Insel, das noch heute als Strafanstalt dient.

Bathurst mit 5500 Einwohner am südlichen Ufer des Macquarie (eines Nebenflußes des Darling), unfern seiner Quelle und mehr als 700 m über dem Meeresspiegel in einer hügelreichen, fruchtbaren Gegend belegen ist die größte Stadt westwärts von den Blauen Bergen.

Von Sydney 180 Kilom. entfernt, ist sie mit der Hauptstadt durch direkten Schienenstrang verbunden. Der Ort ist regelmäßig angelegt, die Straßen durch-schneiden sich in rechten Winkeln. Auch in Bathurst fängt die Industrie an zu blühen, eine Thatsache, von welcher 5 Dampfmühlen, verschiedene Gerbereien und Seifensiedereien, Lichtgießereien, Leimsiedereien, sowie Schuhfabriken Zeug-niß ablegen. Der Distrikt ist fruchtbares Ackerland, das sich namentlich zum Weizenbau trefflich eignet.

In der Nachbarschaft von Bathurst befinden sich die ältesten Goldfelder Australiens. Heute noch werden bearbeitet: Wattle Flat und Sofala, Hill End und Tambarura, Chambers- und Cheshire's Creeks, Trunkey, Tuena, Abercrombie, Calula und Rockley. Nicht minder liegen hier die Kupferminen in Cow Flat und Campbells River. An den Goldfeldern und Minen finden viele Tausende von Menschen zum Theil lohnende Arbeit.

Im Jahre 1878 waren im Bathurst-Distrikte 37,720 Acker unter Kultur, welche 251,605 Bushel Weizen, 29,595 Bushel Mais, 4472 Bushel Gerste, 21,158 Bushel Hafer, 2520 Tonnen Kartoffeln produzirten. Es wurden 1680 Gallonen Wein gepreßt. Außerdem zählte man 10,626 Pferde, 30,114 Rinder, 249,506 Schafe und 3710 Schweine. An Gold, das hauptsächlich aus Quarz-adern gewonnen wird, wurden im Jahre 1877 4124 Unzen gefunden.

An Zeitungen erscheinen Bathurst Free Preß, Bathurst Times, Western Independent (mit Dampf gedruckt) und Sentinel.

Es würde mich zu weit führen, wollte ich alle die größeren und kleineren Städte der Kolonie namentlich aufführen, und doch darf ich einige derselben nicht übergehen, da sie die Mittelpunkte regeren Verkehrs und größerer Industrie- oder Ackerbau-Distrikte sind.

Da ist zunächst Albury eine wichtige Stadt an der Grenze der Kolonien Neujüdwales und Viktoria, im County Goulbourn am rechten Ufer des Murray, über den eine Brücke führt. Obschon die Stadt nur 3000 Einwohner zählt, liegt sie inmitten eines reichen Ackerbaudistrikts, in dem auch viel Gold in Quarzadern gefunden wird. Wein und Tabak werden mit Erfolg gebaut; der Wein von Albury hat bereits eine gewisse Berühmtheit erlangt. Auf dem linken Ufer des

Murray beginnt die Kolonie Viktoria, von da führt eine Bahnlinie nach Melbourne, ebenso wird demnächst die Stadt mit dem etwas über 520 Kilom. entfernten Sydney durch eine Eisenbahn verbunden sein.

Fast als Vorstadt von Sydney, von dem es nur 7 Kilom. entfernt ist, kann Ashfield (mit 2000 Einwohner) angesehen werden.

Landungsplatz bei Bourke am Darling.

Dagegen ist Bourke sehr weit (820 Kilom.) von der Hauptstadt entfernt. Der Ort liegt im Innern des Landes am Darling. Zwar beträgt die Bevölkerungszahl nur 1000, doch ist dieselbe im schnellen Steigen. Während eines Theils des Jahres ist Dampfschiffahrtsverbindung mit Adelaide. Der Distrikt ist namentlich Weideland für Schafe und Rindvieh. Neuerdings sind in demselben reiche Kupferminen entdeckt worden.

Deniliquin zählt etwa 3000 Einwohner, liegt im County Townsend, 730 Kilom. südwestlich von Sydney, ist mit Echuca in der Kolonie Viktoria durch eine Bahn verbunden und hat leichte Verbindung nach Melbourne. Es ist der Mittelpunkt eines ausgedehnten Weidedistrikts, da das Land ringsum zumeist aus weiten, grasreichen Ebenen besteht, die sich nicht zum Ackerbau eignen.

Dubbo am Macquarie, über den eine schöne Brücke führt, im County Lincoln, 340 Kilom. nordwestlich von Sydney, wird als der Markt für die umwohnenden Squatter und Landwirthe angesehen. Die Stadt zählt zur Zeit zwar blos 1500 Einwohner, doch ist die Zahl derselben in stetem, schnellen Steigen begriffen.

Forbes mit 1500 Einwohner in dem gleichnamigen County, liegt 360 Kilom. westlich von Sydney am Lachlan. Früher der Mittelpunkt reicher Goldfelder, beschäftigen sich die Einwohner der Nachbarschaft jetzt hauptsächlich mit Ackerbau und treiben, bei der günstigen Lage der Stadt, blühenden Handel mit den südlich und nördlich gelegenen Marktorten.

Glen Innes, malerisch am Fuße eines Hügels 1200 m über dem Meeresspiegel gelegen im County Gough (560 Kilom. nordnordwestlich von Sydney) hat etwa 1000 Einwohner. Neuerdings sind hier ergiebige Zinn= minen entdeckt. Auch Ackerbau wird fleißig in der Nachbarschaft betrieben.

Goulbourn, Hauptdepot des Binnenhandels mit dem Süden, im County Argyle, 710 m über dem Meeresspiegel, 200 Kilom. südwestlich von Sydney, und mit der Hauptstadt durch den Great Southern Railway in direkter Verbin= dung, Einwohnerzahl 5000. In der Nachbarschaft wird Gold und Kupfer gefunden, doch beschäftigen sich die Einwohner der Umgegend meist mit Ackerbau, nament= lich mit Weizenbau. Goulbourn ist eine gut angelegte Stadt mit schönen Gebäuden.

Ein kleiner Ort von 2300 Einwohner ist Grafton im Clarence County, am gleichnamigen Flusse, 67 Kilom. von der See und 520 Kilom. nordnord= östlich von Sydney belegen, mit dem es wöchentlich zweimal regelmäßige Dampf= schiffahrtsverbindung hat. Die Niederungen des Clarenceflusses sind sehr frucht= bar; in ihnen gedeihen und werden in größerem Maßstabe angebaut subtropische Produkte, wie Mais, Tabak und Zuckerrohr; doch bringen den Ernten häufige Ueberschwemmungen großen Schaden, ja sie vernichten sie bisweilen gänzlich. Am oberen Clarence sind reiche Goldfelder, auch viel Zinn wird daselbst ge= funden, sowie Kupfer und Antimon. Am Drarnflusse, wenige Meilen westlich von Grafton in Ramornie befindet sich eine bedeutende Fabrik für präservirtes Fleisch.

Im County Clarendon am Murrumbidschi 360 Kilom. südwestlich von Sydney liegt die über 1000 Einwohner zählende Stadt Gundagai. Bis hierher ist der Murrumbidschi für Dampfer fahrbar und es spannt sich über denselben eine schöne breite Brücke. Die Flußniederungen sind häufigen Ueberschwemmungen ausgesetzt. Die alte Stadt ward im Jahre 1852 völlig weggeschwemmt und ist seitdem auf höher gelegenem Grund und Boden neu aufgebaut. In der Nähe befinden sich Gold= und Kupferbergwerke, auch wird viel Ackerbau (Weizen, Mais) betrieben und Tabak angebaut.

Kiama, Hafenstadt von 1500 Einwohner, 135 Kilom. südlich von Sydney im County Camden, verschifft viel Butter, Eier und Geflügel, und produzirt Mais, Weizen und Gerste. Auch gute Kohle und Eisen wird in der Um= gegend gefunden.

Am Fuße der Blauen Berge am Great Western Railway, 150 Kilom. westlich von Sydney liegt die blühende Stadt Lithgow mit 1800 Einwohner. Sie hat viele Kohlen= und Eisenbergwerke, Eisengießereien, Kupferschmelzen, Ziegelöfen und Töpfereien.

Liverpool am Georgefluß, 33 Kilom. südlich von Sydney und am Great Southern Railway hat 2000 Einwohner und ist eine der ältesten Niederlassungen.

Hier giebt es viele Papiermühlen. Die Landleute der Umgegend beschäftigen sich namentlich mit der Bereitung von Butter und Käse.

Orange (3000 Einwohner) 300 Kilom. westlich von Sydney an der Bahn, 950 m über dem Meeresspiegel, in den Counties Wellington und Bathurst, produzirt hauptsächlich Weizen, Gerste, Hafer und Kartoffeln. Hier giebt es große Mühlen, welche jährlich 250,000 Bushel Weizen mahlen. Zu den wichtigen Goldfeldern der Umgegend gehörten die früher bekannteren Ophir- und Wentworth-Diggings. Auch Kupfer wird hier gefunden.

Parkes ist eine neue, blühende Stadt von 5000 Einwohner an den Billabong-Goldfeldern, den ergiebigsten des Landes, im County Ashburnham, 420 Kilom. westlich von Sydney.

Singleton ist ein Städtchen mit 1500 Einwohner im County Northumberland, am Hunter, 45 Kilom. nördlich von Maitland und 180 Kilom. nördlich von Sydney. Singleton treibt, weil inmitten eines großen, Ackerbau treibenden Distriktes belegen, lebhaften Handel. Die Flußniederungen sind überaus fruchtbar, doch wie dies in Australien oft der Fall ist, häufigen Ueberschwemmungen ausgesetzt.

Tamworth zählt 4000 Einwohner, liegt an den Flüssen Peel und Cockburn, an der Grenze der Counties Inglis und Parry, 375 Kilom. nördlich von Sydney am Great Northern Railway. Die im Thale belegene Stadt ist von Hügelketten umgeben, und befindet sich inmitten eines Viehzucht-, Ackerbau- und Bergbautreibenden Distrikts. Namentlich Weizen wird viel kultivirt. In der Nachbarschaft sollen 1 Million Schafe weiden. In einer Entfernung von 45 bis 90 Kilom. im Umkreise der Stadt befinden sich wichtige Goldfelder.

Wagga Wagga (2500 Einwohner) liegt im County Wynyard, am Südufer des Murrumbidschi, etwa halbwegs zwischen Sydney und Melbourne, an der Eisenbahn. Treibt lebhaften Handel mit der Nachbarschaft, welche sich hauptsächlich mit Viehzucht beschäftigt. Indessen ist auch der Acker- und Weinbau nicht unbedeutend.

Wallsend liegt 12 Kilom. von New-Castle im County Northumberland und hat mit den unmittelbar davorstehenden Dörfern etwa 5000 Einwohner. Namentlich Kohlenbergbau ist es, der hier betrieben wird. Die tägliche Ausbeute beträgt durchschnittlich etwa 2000 Tonnen.

Windsor (1800 Einwohner) im County Cumberland, am Hawkesbury, 50 Kilom. nordwestlich von Sydney, liegt auf einem Hügel und ist umgeben von überaus fruchtbaren, freilich häufigen Ueberschwemmungen ausgesetzten Niederungen. Der Ernteertrag soll öfters 100 Bushel Mais pro Acker betragen.

Im Distrikt Illawarra, County Camden, 90 Kilom. südlich von Sydney, liegt die Hafenstadt **Wollongong** mit 1500 Einwohner. In der Nähe befinden sich reiche Goldfelder, auch sind große Schmelzereien angelegt. Eine Petroleumquelle liefert wöchentlich 1500 Gallonen. Im Jahre 1876 betrug die Ausbeute an in der Nachbarschaft gefundenen Kohlen 200,000 Tonnen. Auch Kalk und Eisen wird gefunden. Ein Wehr und ein Leuchtthurm sichern den bequemen Hafen, mit welchem ein Dock in Verbindung gebracht ist.

Yaß ist eine wichtige, blühende Stadt von 1600 Einwohner im County King, 270 Kilom. südwestlich von Sydney, am Yaß, einem Nebenfluß des Murrumbidschi, und am Great Southern Railway. Die Umgegend ist reich an Kupfer, Silber und Blei und der Distrikt betreibt lebhaften Ackerbau, namentlich Weizen, Mais, Gerste, Hafer und Kartoffeln.

Young (1500 Einwohner) im raschen Zunehmen begriffen, im County Monteagle, 370 Kilom. südwestlich von Sydney. Die Goldfelder, denen die Stadt ihren Ursprung verdankt, sind jetzt weniger wichtig, als der im steten Zunehmen begriffene Ackerbau. Namentlich wird viel Weizen und auch Wein gebaut.

Nach dieser vielleicht etwas trocken scheinenden Aufzählung der vielen, oft kleinen Städtchen habe ich es kaum mehr nöthig, auf die Produkte des Landes näher einzugehen, es wird genügen, wenn ich noch einige statistische Daten hinzufüge. Zwischen den Zeilen war zu lesen, daß in der Kolonie der Landwirth an Cerealien und Früchten Alles das bauen kann, was er zu Hause produzirt hat: daneben wachsen und gedeihen aber auch subtropische Früchte u. s. w.

Laut Erhebungen vom 31. März 1878 befanden sich in der Kolonie Neusüdwales 546,556 Acker unter Kultur.

Es wurden erzielt

Weizen	auf	176,686 Ackern	2,445,507	Buschel
Mais	„	105,510 „	3,551,806	„
Gerste	„	5,055 „	99,485	„
Hafer	„	18,589 „	358,855	„
Zuckerrohr	„	3,331 „		
Kartoffeln	„	13,862 „	34,957 Tonnen	
Tabak	„	399 „	341,461 Pfund	
Grassaat	„	14,930 Acker für Heu und		
		49,469 Acker für Grünfutter,		
			Ertrag 35,144 Tonnen.	
Weinstöcke	„	4,183 Acker ergaben (ohne die Tafeltrauben)		
			708,431 Gallonen Wein.	

Verglichen mit den Erhebungen der vorhergegangenen Jahre zeigte sich in verschiedenen Rubriken eine Abnahme. Es sind weniger Mais, Gerste, Hafer, Roggen, Hirse und Kartoffeln gebaut worden, dagegen mehr Weizen, Tabak, Zucker und Gras.

Der Viehbestand von 33,680 Herdenbesitzern betrug am 31. März 1877 Pferde 366,703; Rinder 3,131,013; Schafe 24,503,388; Schweine 191,604.

Der Mineralreichthum der Kolonie ist ein großer, namentlich an Gold und Zinn. Das Erträgniß an Gold ist in den letzten Jahren ein geringeres geworden, wenngleich die Erhebungen der Jahre 1871 bis 1875 1,137,463 Unzen mehr aufweisen, als die der vorhergehenden 5 Jahre.

Gold wird in verschiedenen Theilen gefunden. Die zur Zeit ausgiebigsten Goldfelder sind in Westen: Sofala, Bathurst, Hargreaves, Tambarura, Hill End,

Mudgee, Orange, Stony Creek, Forbes, Carcoar und Greenfell; im Süden: Goulbourn, Braidwood, Araluen, Adelong, Tumut, Tumberumba, Burrangong, Cooma und Gundagai; im Norden: Rocky River, Rundle, Tamworth und Armidale. Man verzeichnet im Allgemeinen 29 Goldfelder im Süden, 38 im Westen, 7 im Norden, und schätzt den Flächeninhalt goldführenden Landes auf 34000 Quadratkilom.

Seit Entdeckung der Goldfelder bis 31. Dezember 1875 sollen gewonnen worden sein 8,436,114¹⁄₂ Unzen Gold im Werthe von £ 31,413,940 8 *sh.* 6 ₰; bis 31. Dezember 1876 waren es £ 32,027,131, da der Jahresbetrag sich auf £ 613,190 belief. Im Jahre 1875 nahm die Esforte 201,779 Unzen Gold im Werthe von £ 767,829 2 *sh.* 6 ₰ in Empfang. Das Gesammtresultat ward auf 230,882 Unzen angegeben. Der Werth variirte von £ 3. 4 *sh.* 3 ₰ pro Unze, welche Summe für Gold von Carcoar und Trunkey bezahlt ward, bis £ 3. 18 *sh.* 10 ₰ pro Unze für Gold von Burrangong. Innerhalb der letzten zehn Jahre, außer Anno 1870, ist in keinem so wenig Gold gefunden worden, als im Jahre 1877, in welchem nur 97,582 Unzen verschifft wurden. Davon waren nur 3102 Unzen 9 dwts. 18 gr. im Werthe von £ 11,914 Goldstaub, der Rest war ungemünztes Gold.

Man nimmt an, daß durchschnittlich von der Tonne Quarz 1 Unze 4 dwts. 4 gr. Gold gewonnen werden. Im Jahre 1876 lieferte die Esforte an die Münze £ 479,133 ab; £ 288,696 weniger, als im Vorjahre; im Jahre 1877 hatte die Münze eine abermalige Abnahme von 31,938 Unzen aufzuweisen. Es waren im Betrieb im Jahre 1876 an sämmtlichen Goldfeldern (Quarz und Alluvium) 145 Dampfmaschinen von zusammen 2099 Pferdekraft, 225 Waschmaschinen, 95 Göpel, 265 Hebel, 452 Schleußen, 126 Wasser-räder, 293 Pumpwerke, 1368 kleinere Waschmaschinen und 1386 Quarzstampfen.

Im Jahre 1877 waren mit Goldgraben 6974 Personen beschäftigt, welche zusammen 124,110 Unzen 10 dwts. im Werthe von £ 471,418 4 *sh.* 4 ₰ er-zielten, so daß auf jeden Goldgräber durchschnittlich 17 Unzen 15 dwts. 22 gr. Gold entfielen, oder ein Jahresverdienst von £ 16. 11 *sh.* 10 ₰.

Silber und Blei wird vielfach gefunden, doch wird die Gewinnung nicht regelmäßig betrieben. Im Jahre 1875 wurden über 52,000 Unzen im Werthe von £ 13,000 erzielt. Im Jahre 1877 wurden 31,409 Unzen Silber im Werthe von £ 6673, und 20 Tonnen 12 Centner Blei im Werthe von £ 326 verschifft. Kupfer ist weit verbreitet. Am 31. Dezember 1875 waren dreizehn Gruben in Arbeit; neuerdings aber hat der Kupferbergbau bedeutend zugenommen, wenngleich der niedrige Preis des Metalls viele Bergwerksbesitzer abschreckt. Man nimmt an, daß 4,296,320 Acker Land kupferhaltig sind. Bis 31. Dezember 1876 wurde für £ 1,566,232 Kupfer gewonnen. Das Erz enthält 7 bis 20 Prozent Metall. Im Jahre 1876 wurden gewonnen und geschmolzen 5,225 Tonnen Erz und Kupfer im Werthe von £ 58,271.

In den letzten acht Jahren ist viel Zinn aufgefunden worden. Im Norden unterscheidet man sechs verschiedene Zinngänge; hauptsächlich vereinigt sich der

Abbau um Inverell, Glen Innes und die Gegend um die Grenze; im Süden sind bei Albury Zinngruben aufgefunden worden. Man schätzt das zinnhaltige Land auf 21400 Quadratkilom. Bis jetzt sind davon 20 Quadratkilom. aufge= schlossen, und selbst davon ist nur wenig unter Arbeit. Bis 31. Dezember 1875 waren 28 Gruben in Thätigkeit, welche eine Ausbeute von 6058 Tonnen Metall und 2022 Tonnen Erz, im Gesammtwerthe von £ 252,713 ergaben. Im Jahre 1877 war das Erträgniß ein größeres; es wurde für £ 508,540 exportirt.

Es wird namentlich als Flußzinn in den Betten von Flüssen und Bächen gefunden, kommt aber auch in Adern und Loden vor.

Diamanten in bedeutender Anzahl hat man in verschiedenen Theilen der Kolonie gefunden, und vor nicht gar langer Zeit versprach man sich von dem Minenbetrieb derselben große Dinge; es hat sich aber herausgestellt, daß die aufgewendete Mühe und Zeit sich nicht lohnen will. Nach einer Schätzung sollen, an den Ufern des Cudjegong namentlich, über 5000 Stück von einem Durch= schnittsgewicht von 1 Gran bis 5³/₄ Karat gefunden worden sein.

Um Wallerawang, in der Nähe der Jervis=Bai und in Carcoar giebt es viel Eisen; namentlich aber sind die Fitzroy=Minen, Nattai bei Berrima, die Lithgow Valley= und die Mittagong=Eisenwerke im Schwange.

An letzterem Orte sind 70 Mann beschäftigt, und im Jahre 1876 wurden 2679 Tonnen Gußeisen produzirt, im Werthe von £ 13,399.

Antimon und Arsenik hat man mehrfach gefunden, ebenso Mangan. Im Jahre 1876 betrug das Gewicht an Manganerz 40 Tonnen im Werthe von £ 140.

Bei Bendemeer ist Platina entdeckt worden.

Reich und ergiebig sind die Kohlenfelder von Neujüdwales. Sie er= strecken sich von 29 bis 33° südl. Br. und laufen viele Meilen am Seestrande hin. Drei nach Sydney führende Eisenbahnlinien durchschneiden die kohlen= führenden Gegenden. Die Kohle von Neujüdwales eignet sich vorzüglich zum Dampfbetrieb. Versuche haben ergeben, daß sie sich der englischen Kohle an Güte an die Seite stellen kann; zur Gasfabrikation soll sie noch brauchbarer und besser sein. Noch auf lange Zeit wird der Kohlenabbau lohnend betrieben werden können, da die Flötze mächtig sind und täglich neue aufgefunden werden. Kohlen= minen befinden sich zur Zeit in Hartley, Maitland, New=Castle, Berrima, Scone, Patrik Plains und Wollongong. Die von New=Castle sind weitaus die er= giebigsten. Im Jahre 1875 waren dort 26 verschiedene Gruben in Thätigkeit, welche 1,253,475 Tonnen im Werthe von £ 765,133 11 sh. 2 d. förderten. 1876 förderten 24 Gruben 1,319,918 Tonnen, von denen 868,817 Tonnen verschifft wurden. Mit Hilfe von 4722 Bergleuten wurden im Jahre 1877 in 37 Kohlenwerken 1,463,234 Tonnen gefördert.

Bei Hartley in der Nähe von Bathurst, bei Maitland und im Illawarra= Distrikt sind ausgedehnte Petroleumquellen angebohrt und Petroleumraffinerien errichtet worden. An den Küsten und bei Sydney sind ausgedehnte Sandstein= brüche; bei Marulan hat man Marmor gefunden.

Erste Ansiedelung von Goldgräbern bei Walhurst

Granit steht vielfach zu Tage, an einigen Stellen wird auch Porzellan = erde gegraben. Kalkstein und Schiefer ist vielfach verbreitet.

Im Jahre 1846 ward die erste Eisenbahn projektirt, doch begann man die Arbeiten nicht vor dem Jahre 1850. Am 31. Dezember 1877 waren 970 Kilom. dem Verkehr geöffnet, die mit einem Gesammtkostenbetrage von £ 7,245,379 oder £ 16,579 pro engl. Meile gebaut worden waren. Die Spuren = weite ist durchgängig 4 Fuß 8 $\frac{1}{2}$ Zoll (englisch). Zu Ende des Jahres 1878 waren 1160 Kilom. eröffnet und 270 Kilom. waren unter Kontrakt, bis Ende des Jahres 1879 fertig gestellt zu sein. An Inventar waren vorhanden 101 Lokomotiven, 314 Passagierwagen und 2217 Güterlowries. Angestellt waren 2445 Beamte. Die Verlängerung der Südbahn (Great Southern) bis Wagga Wagga am schiffbaren Murrumbidschi ist jetzt fertig gestellt und man hofft bis 31. Dezember 1880 die Linie bis Albury zu vollenden, um dann direkte Bahnverbindung mit Melbourne zu haben.

Ebenso sind die Vermessungen zur Verlängerung der nach Westen und Nor = den führenden Linien im Gange.

Auf der Nordbahn (Great Northern) ist jetzt die Strecke von Quirindi nach Tamworth vollendet. Es wird jetzt beabsichtigt, von Tamworth über Neu = England bis zur Grenze von Queensland die Bahn fortzusetzen.

Auf der Westbahn (Great Western) hofft man Ende Dezember 1880 bis Dubbo resp. Gunnedah vorgeschritten zu sein. Verschiedene Stränge nach mehr oder weniger wichtigen Städten und Bezirken zweigen von den Hauptlinien ab. Die Leser ersparen mir wol eine Aufführung der einzelnen Bahnstationen, so = wie Angabe der Fahrpreise, Statistik des Güterverkehrs u. s. w.

Am 31. Dezember 1877 betrug die Gesammtlänge der Telegraphenlinien 14500 Kilom., die Zahl der Stationen 202. Nach fast jedem Orte der Kolonie führt ein Draht, ebenso nach den Nachbarkolonien.

782 Postanstalten mit 1090 Bediensteten vermittelten zu Anfang des Jahres 1877 den Brief = und Packetverkehr.

Im Jahre 1877 wurden im Ganzen für £ 13,123,941 ausgeführt, da = gegen in demselben Zeitraum für £ 14,672,776 eingeführt. Eingeführt wurden namentlich Kleider, Maschinen, Bier, Zucker, Thee, Bücher, Eisenwaaren u. s. w. Ausgeführt dagegen Wolle im Werthe von £ 5,256,063; Vieh £ 894,119; Talg £ 147,790; Leder und Häute £ 284,373; Holz £ 29,745; Kohlen £ 648,977; Gold £ 1,824,188, Kupfer £ 307,181, präservirtes Fleisch £ 166,881 und Whisky £ 13,329.

Die Einnahmen des Jahres 1877, welche hauptsächlich aus Eingangs = zöllen, Eisenbahn =, Post = und Telegraphenrevenuen, Erlaubnißscheinen, ver = einnahmten Geldern für verkaufte und verpachtete Ländereien bestanden, betrugen £ 5,751,878 9 sh. 6 d; die Ausgaben für Polizei, Erziehungswesen, Ver = waltung der öffentlichen Ländereien, der Goldfelder, der Eisenbahnen, des Post = und Telegraphenverkehrs u. s. w. bezifferten sich auf £ 5,530,856. Die öffentliche Schuld betrug zu derselben Zeit £ 11,724,419 9 sh. 2 d.

Die Industrie endlich, welche so lange brach lag und schlummerte, hat mit der Entnüchterung nach dem alle Schichten der Bevölkerung aufregenden Gold-fieber einen erfreulichen Aufschwung genommen. Allerwärts sieht man Dampf-essen entstehen und ihren Rauch lustig emporsenden. Schon bei Aufzählung der Städte wird den Lesern aufgefallen sein, welche Bedeutung manche derselben er-langt haben, und bei dem rastlosen Eifer der Kolonisten läßt sich ein steter, rapider Fortschritt erwarten. Ich könnte meine Leser mit einer Aufzählung der einzelnen Fabrikationszweige ermüden, fürchte aber auf den letzten Seiten mit meinen trockenen Zahlen der Geduld derselben schon zuviel zugemuthet zu haben. Ich muß bekennen, daß es nicht ganz absichtslos geschehen ist, denn mir lag daran, meinen Landsleuten in Deutschland begreiflich zu machen, welcher Wohl-stand sich in der Kolonie Neusüdwales in der kurzen Zeit ihres Bestehens bereits angehäuft hat. Wir haben nun noch nicht von der Regierung des Landes ge-sprochen und müssen darüber noch einige Worte zum Schluß hinzufügen.

Die Regierung von Neusüdwales besteht aus einem in England gewählten Gouverneur und aus einem Parlament mit zwei Kammern, einem Oberhaus (Legislative Council) und einem Unterhause (Legislative Assembly). Ersteres besteht aus 36 von der Regierung auf Lebenszeit ernannten Mitgliedern, während letzteres 73 Abgeordnete aus ebensoviel Wahlbezirken zählt. Fürs Unterhaus wird mit unbeschränkter Wahlfreiheit und mittels Ballotage gewählt: die Mit-glieder haben nicht nöthig ein bestimmtes Einkommen nachzuweisen. Die Wahl ist für eine dreijährige Parlamentsthätigkeit giltig. Die englischen Gesetze werden so weit und so lange zu Grunde gelegt, bis sie nicht durch heimische Gegenver-ordnungen gegenstandlos gemacht sind. Allen Parlamentsbeschlüssen muß die Sanktionirung des englischen Ministeriums zu Theil werden, ehe sie gesetzliche Gültigkeit erlangen.

Die Exekutive besteht aus dem Gouverneur und einem aus 6 Ministern bestehendem Rathe.

Die Rechtspflege wird von einem obersten Gerichtshof verwaltet, in ab-steigender Linie folgen Landgerichte (District Courts), Courts of Quarter Sessions (Vierteljährliche Geschworenengerichte), und Courts of Petty Sessions (Amts-gerichte). Die Kolonie beschäftigt vier Oberrichter und sechs Bezirksrichter, außer einer Reihe von Friedensrichtern.

Der Unterricht wird ertheilt in Volksschulen, Gymnasien und an der Uni-versität. Volksschulen sind durch die ganze Kolonie verbreitet. 1876 zählte man deren 1086, sowie 543 Privatschulen. Das Schulgeld beträgt von $5^1{}_2$ bis 9 d. wöchentlich, je nach der schulpflichtigen Zahl der Kinder in einer Familie.

Die Landesvertheidigung endlich ist in den Händen von Freiwilligen. Da giebt es zunächst ein Marinekorps bestehend aus 20 Mann, 18 Kadetten, 40 Offizieren; sodann 11 Batterien Artillerie mit zusammen 780 Mann; 2 Regimenter Schützen in Sydney, 1132 Mann stark; 17 Bezirks-kommandos mit zusammen 1435 Mann und 9 Kadettenkorps mit 925 Mann. Die Totalstärke beträgt 4695 Mann.

Während ich dies schreibe, Ende September des Jahres 1879, versammeln sich in Sydney Industrielle aller Nationen zur Internationalen Weltausstellung. Der rastlos vorwärts strebenden Kolonie genügt es nicht an den Erzeugnissen der im gewöhnlichen Verkehr importirten Handelsgegenstände, nein, sie fordern die Welt zum Wettstreite auf, um durch nachahmenswerthe Vorbilder die koloniale Industrie zu heben und regen Aufschwung in den Handel zu bringen. Nicht minder erhoffen sie selbstverständlicherweise bei dieser Gelegenheit einen vermehrten Absatz ihrer eigenen Produkte einzuleiten.

Die auf der Bahn des Fortschritts mindestens gleichen Schritt haltende Rivalin, die Nachbarkolonie Viktoria, bleibt natürlich nicht zurück, und ladet nach ihrer Hauptstadt Melbourne für nächstes Jahr zur Internationalen Weltausstellung ein. Das Deutsche Reich hat sich in überraschend reger Weise bei Beschickung dieser Ausstellungen betheiligt; hoffen wir, daß sich die deutsche Industrie einen eben so ehrenvollen Platz im fernen Australien erringt, wie ihn der deutsche Handel bereits seit Langem dort einnimmt!

Grenzstein zwischen Neusüdwales und Viktoria.

Sandridge, der Hafen von Melbourne im Jahre 1835.

IX.

Die Kolonie Viktoria.

Eine erste Kolonisirung wird wegen Wassermangel aufgegeben. — Tasmanische Schafzüchter suchen neue Weideplätze an Port Philip. — Erste Jahre des Bestehens. — Lostrennung von der Mutterkolonie Neusüdwales. — Das Gold. — Entdeckung der Goldfelder.
— Funde seit der Entdeckung. — Der Prozeß des Goldgrabens und des Goldwaschens. —
Eintheilung des Landes in Distrikte und Counties. — Klima. — Bevölkerung. — Bodenbeschaffenheit und Produkte. — Ackerbau. Weinbau. — Viehzucht. — Religion und Erziehungswesen. — Landesvertheidigung. — Eisenbahnen. — Post- und Telegraphenwesen.
— Handel. — Finanzen. Industrie. — Wichtigere Städte. — Regierungsform. —

Im Jahre 1802 ward von England unter dem Befehle von Collins eine
Expedition nach Western Port an Port Philip zu dem Zwecke ausgesandt, in
diesem Hafen eine neue Strafkolonie anzulegen. Soldaten scheinen aber nicht immer
die besten Kolonisten zu sein, wenigstens war es hier so. An den Ufern dieses ungeheuren Bassins — Port Philip hat eine Länge von 30 und eine mittlere Breite
von 30 Kilom. — war kein Trinkwasser anzutreffen, und so wurde die treffliche
Bai einige Jahrzehnte lang vergessen, bis im Jahre 1835 der Mangel an Weideplätzen auf Tasmanien eine Gesellschaft von unternehmenden Leuten zu einer
nochmaligen Untersuchung derselben veranlaßte.

Diese Untersuchung hatte die Gründung einer Niederlassung zur Folge, die sich aus sehr bescheidenen Anfängen innerhalb weniger Jahrzehnte zu einer der blühendsten Besitzungen der britischen Krone entwickelte, ohne daß sie von dem ganzen Apparat von Beamten, Soldaten, Staatsschulden 2c., womit sonst Staaten ausgestattet zu sein pflegen, je irgend Etwas besessen hätte.

Schon im Jahre 1834 waren einzelne Transporte von Schafen und Rindern von Tasmanien nach dem Festlande, besonders nach der Portlandbai, übergesetzt worden, um den Walfischfängern, welche sich dort stationirt hatten, frisches Fleisch zu verschaffen. Bei dieser Gelegenheit waren die ersten Nachrichten über die herrlichen Weidegründe, die sich an den südlichen Küsten des Kontinents darboten, nach Tasmanien gekommen, und im April des folgenden Jahres bildete sich wirklich eine Gesellschaft von Kolonisten, um ein Stück Land an Port Philip in Besitz zu nehmen. Bevor dieser Plan jedoch zur Ausführung gelangte, waren John Batman und John Pascoe Fawkner (Agenten für einige andere Unternehmer) am 12. Mai 1835 in Begleitung von sieben Männern von Launceston auf Tasmanien abgesegelt und am 26. desselben Monats in Port Philip gelandet. Einem von der Partie glückte es, sich den Ureinwohnern verständlich zu machen, und Verhandlungen mit mehreren ihrer Häuptlinge zu eröffnen, infolge derer sie ihre Zeichen unter eine Urkunde setzten, laut welcher jene über eine halbe Million Acker Land an die Einwanderer „verkauften". Der Kaufpreis bestand in einer mäßigen Zahl von Messern, Aexten, Kleidern, wollenen Decken, Spiegeln, Scheren und einer kleinen Quantität Tabak und Mehl. Dieser Immobilienhandel hat unleugbar eine sehr komische, oder — wie man will — eine sehr traurige Seite; — Wilde, die keine Ahnung vom Landbau und folglich auch keine Idee von dem Besitze des Landes haben, unterschrieben einen in englischer Sprache abgefaßten Vertrag! — Der ganze Handel war auch in der That Nichts, als ein Kinderspiel. Da aber damals diese Gegenden von Australien nicht zu den kolonisirten Distrikten gehörten, so hatten Batman und seine Auftraggeber gehofft, durch den billigen Kauf von den Eingeborenen dem Gesetze auszuweichen, wonach die Kronländereien von der Regierung gekauft oder gepachtet werden mußten. Diese Hoffnung erwies sich in der Folge als eine trügerische; Batman mußte, so gut wie alle späteren Ansiedler, das Land, welches er beanspruchte, von der Regierung kaufen.

Aber ein Vorsprung vor der anderen Kolonisationsgesellschaft war gewonnen. Als nach zwei Monaten die Schiffe dieser Gesellschaft ankamen, war schon einer der schönsten Weideplätze der Bai von den Schafherden Batman's in Benutzung genommen, und die neuen Ankömmlinge mußten andere Gegenden aufsuchen. Glücklicherweise war Raum genug vorhanden, und Scharen von Ansiedlern, die nachfolgten, fanden auch noch Platz für sich und ihre Herden.

Man hat übrigens in neuester Zeit den nunmehr natürlich verstorbenen aber bei deren Lebzeiten allgemein geachteten und geehrten Gründern der Kolonie, Batmann, Fawkner u. s. w. den Ruhm, die Ersten gewesen zu sein offiziell streitig gemacht.

Die Ufer der Port Philip Bai wurden zuerst im Jahre 1802 vom Marine-Leutnant John Murray untersucht. In demselben Jahre, einige Monate später, langte der Landvermesser Charles Grimes aus Sydney in Port Philip an, und fand einen Fluß, der in dieselbe mündete und auf dem er bis zu der etwa 2 Kilometer entfernten Stelle von der Mündung ruderte, auf welcher jetzt Melbourne steht. Auf sein Befragen nannten die Eingeborenen den Fluß „Yarra Yarra" d. h. immer fließender. Die Karte auf welcher Grimes seine Beobachtungen und Vermessungen damals eingetragen hatte, fand man nicht früher, als im Jahre 1877 in Vermessungsbureau zu Sydney. Danach ward (dem inzwischen auch verstorbenen Grimes) die Ehre zuerkannt der „Vater der Kolonie Viktoria" zu sein.

Gleich in den ersten Tagen nach der Ankunft Batman's und seiner Gefährten war ihnen unter den Wilden ein Mann aufgefallen, der, wenn auch äußerst vernachlässigt in seiner äußeren Erscheinung, doch seiner Hautfarbe nach nicht vollständig zu der übrigen Gesellschaft zu passen schien. Er war mit einem Känguru-felle bekleidet und zeigte eine entschiedene Scheu vor den weißen Ankömmlingen. Nach einiger Zeit, als man freundlich mit ihm sprach, legte er jedoch die Zurückhaltung ab, und als man ihm ein Stück Brot angeboten hatte, nahm er dasselbe und aß es mit augenscheinlichem Wohlbehagen, wobei er es immer betrachtete, wie wenn er sich an Etwas zu erinnern suche. Endlich rief er mit vor Freude strahlendem Gesichte „Brot!" Seine europäische Herkunft war sonach außer Zweifel. Auch stellte sich, nachdem dem verwilderten Gesellen noch mehr Wörter eingefallen waren, heraus, daß er einer von den vier Gefangenen gewesen, welche im Jahre 1802 die Expediton von Collins nach Western Port heimlicher-weise verlassen hatten, und daß er William Buckley heiße. Während der ganzen Zeit, also volle 32 Jahre, hatte er bei den Eingeborenen in diesem Lande gelebt und war schon lange ihr Häuptling. Er hatte in Holland als Grenadier unter dem Herzog von York gedient und war mehr als 60 Jahre alt. Auf den Rath Batman's ging er für einige Zeit nach Tasmanien und erhielt dort die erbetene Begnadigung, kehrte aber bald wieder nach Port Philip zurück, weil er sich in den Gewohnheiten des civilisirten Lebens nicht recht mehr zu schicken wußte und an den Ufern des Port Philip damals nicht so viele Rücksichten zu nehmen brauchte, wie in einer Stadt Tasmaniens. Den Kolonisten hat Buckley übriges manchen Dienst bei dem Verkehre mit den Eingeborenen geleistet. —

Die englische Regierung hatte das ganze Unternehmen, ebenso wie die Benutzung der Weideplätze in der Brisbane-Ebene (Queensland), die fast in dieselbe Zeit fiel, nur mit dem äußersten Widerstreben gebilligt, weil die Bevölkerung der Kolonie, die man gerade damals zu konzentriren strebte, sich immer noch mehr zu zerstreuen drohte. Der Kolonialminister hatte sogar Anfangs das Verfahren Batman's und seiner Genossen geradezu gemißbilligt; — der Gang der Dinge war aber mächtiger als der Wille des Ministers, und als im Juni 1836 der erste Beamte an Port Philip erschien, um die Rechte Ihrer Majestät zu wahren und insbesondere die Richtigkeit aller mit den Eingeborenen abgeschlossenen Verträge zu proklamiren, fand er das Land okkupirt und das

Werk der Kolonisation in ruhigem Fortschreiten begriffen. Beinahe zweihundert Menschen waren bereits von Tasmanien herübergekommen und hatten sich rund um die ungeheuere Bucht angesiedelt; über dreißigtausend Schafe und mehrere Tausend Rinder und Pferde weideten auf viele Meilen in der Runde. Die Hirten aber, um sich vor etwaigen Ueberfällen der Schwarzen so gut wie möglich zu schützen, waren wohl bewaffnet und hatten außerdem auf jeder Station an hohen Gerüsten Glocken befestigt, die geläutet werden sollten, im Fall Beistand nöthig wäre.

Im gleichen Jahre 1836 wurde auch von Sir Thomas Mitchell der Land-weg von Neusüdwales aus nach dem Port-Philip-Distrikt untersucht und ver-messen, und die Schilderung der herrlichen Weidegegenden, die von diesem aus-gezeichneten Erforscher Australiens in den Zeitungen veröffentlicht wurden, erweckten ein allgemeines Auswanderungsfieber nach dem „Glücklichen Australien" (Australia felix), wie diese Gegenden von Mitchel genannt worden waren. — So lange die Kolonisten die sichere Grundlage ihres künftigen Reichthums in dem Wachsthume ihrer Herden erblickten, ging Alles gut. Das ansteckende Beispiel der Landspekulationen, welches in dem benachbarten Adelaide gegeben wurde, wirkte aber bald im Port-Philip-Distrikt nach, und als im April 1837 der Platz für die künftige Hauptstadt Melbourne bestimmt war und die Land-verkäufe einmal begonnen hatten, bemächtigte sich eine ähnliche Spekulationswuth in Bauplätzen für Städte und Dörfer (zu denen nur die Bevölkerung fehlte) auch der Einwohner dieser Kolonie.

Ganz dieselben Erscheinungen wie in Südaustralien traten auch hier zu Tage. Der Arbeitslohn stieg bis zu fabelhaften Höhen; Ziegelbrenner z. B. verdienten 8 Schillinge (1 Schilling ist gleich etwa 1 Mark) täglich; die Lebensmittel wurden enorm theuer: ein 4pfündiges Brot kostete 3½ Schillinge aber die Einwanderung stieg in ungeahnter Weise, und zum Glück wendete sich eine große Zahl der neuen Ankömmlinge dem Ackerbau zu, so daß, als nach einigen Jahren die Luftschlösser der Landspekulanten auch hier zusammenbrachen, der Entwicklungsgang der Kolonie nicht in dem Maße wie in Südaustralien gefährdet wurde. —

Während der vierziger Jahre erstarkte die Kolonie mehr und mehr, Acker-bau und Viehzucht waren im blühendsten Zustande, Hunderttausende von Wollen-ballen waren bereits ausgeführt worden und gediegener Wohlstand hatte sich bei allen fleißigen Ansiedlern längst eingebürgert, als im Jahre 1852 die goldenen Schätze des Landes entdeckt wurden. Bekanntlich war die Niederlassung gerade kurz zuvor als Kolonie Viktoria mit besonderer Verwaltung konstituirt worden, und so datirt von diesem in doppelter Beziehung denkwürdigen Zeit-punkt der fast beispiellose Aufschwung, welchen seitdem die Kolonie nahm.

Zwei Jahre vor der Goldentdeckung, also im Jahre 1850, zählte die ganze Kolonie 78,000 Einwohner; etwa 20,000 davon befanden sich in Melbourne. Unmittelbar nach der Goldentdeckung drohte der Stadt eine vollständige Ent-völkerung, da nun auch Diejenigen, welche nicht schon — einige Monate vorher — nach den Goldminen in Neusüdwales gegangen waren, jetzt nach den nur wenige

Stunden von der Stadt gefundenen Goldlagern aufbrechen wollten. Bald jedoch änderte sich das Verhältniß, die Einwanderung nahm riesige Verhältnisse an, und Melbourne wurde zu klein für die Masse von Menschen, welche an diesem Platze zusammenströmten.

Die Geschichte der Kolonie Viktoria ist mit goldenen Lettern geschrieben. Die Entdeckung der Goldfeldern ist so wichtig für das Land und hängt so innig mit dessen Entwickelung zusammen, daß wir es nicht unterlassen dürfen, hier abzuschweifen, um uns mit diesem verlockenden Thema zu beschäftigen.

Erste Ansiedelung australischer Goldsucher.

Es war am 15. Mai 1851, als der „Sydney Morning Herald" die erste Nachricht von der Auffindung von Gold am Sommerhill=Creek, nahe bei Bathurst, brachte. Ein Kolonist, Edward Hammond Hargreaves, der kürzlich erst aus Californien zurückgekehrt war und dem die große Aehnlichkeit der Felsenbildung in der Gegend von Bathurst mit derjenigen in den Goldgruben Californiens aufgefallen war, hatte darauf hin Nachforschungen angestellt und die große Entdeckung gemacht. Indessen ist Thatsache, daß in Australien lange vorher schon Gold gefunden worden war. Bereits zu der Zeit, als die Straße über die Blauen Berge ge= baut wurde, also im Jahre 1814 oder 1815, behauptete ein Eisengefangener, der an jener Straße arbeitete, ein Stück Gold gefunden zu haben. Da aber an dem von ihm als Fundort bezeichneten Platze nicht noch mehr solche Stücke lagen und dem Aufseher die Sache sonderbar erschien, so beschuldigte man den Mann, er habe sich das Stück Gold aus gestohlenen Uhren, Ketten u. dergl. zusammen= geschmolzen und selbst fabrizirt, und — peitschte ihn aus.

25*

In den zwanziger Jahren sind zu verschiedenen Malen von Schäfern Stücke Gold gefunden worden, und es ist merkwürdig genug, daß man damals diesem Gegenstande keine größere Aufmerksamkeit schenkte. Namentlich hatte ein gewisser M'Gregor, ein ehemaliger Gefangener, dann und wann Stücke Goldes gefunden, als er noch Schäfer im Wellingtondistrikt war; er befand sich gerade im Schuld= gefängniß zu Sydney, als das Goldfieber zum Ausbruche kam. Eine Gesell= schaft, welche nach den Minen aufzubrechen im Begriffe stand, erbot sich, seine Schulden zu bezahlen, wenn er sich verbindlich machen wolle, sie eine gewisse Zeit lang beim Goldgraben auf seinen alten Fundplätzen zu unterstützen. Natürlich ging M'Gregor auf den Kontrakt ein, als er aber, einmal in den Bergen war, machte er sich in nächtlicher Weile davon und hat wahrscheinlich seine „alten Plätze" allein aufgesucht.

Während der Verwaltung des Gouverneurs Gipps wurden vom Grafen Strzelecki goldhaltige Quarzstücke in Melbourne vorgezeigt, die derselbe auf seinen Exkursionen im Lande gefunden hatte, und der Gouverneur wurde aufgefordert, nähere Untersuchungen durch einen Mineralogen anstellen zu lassen. Gipps be= fürchtete aber die großen Unruhen, welche die Goldentdeckung in der Verbrecher= kolonie leicht hervorrufen möchten; er bat also den Grafen, die Sache zu ver= schweigen, und dieser ging auf des Gouverneurs Wunsch ein. Zwei Jahre später mußte derselbe Gouverneur sich abermals viele Mühe geben, daß das Geheimniß von dem Vorhandensein von Gold in den Bergen von Bathurst bewahrt blieb. Damals hatte ein Mann, Namens B. Clarke, einige Stücke Gold aus jener Gegend mehreren Einwohnern von Sydney gezeigt. Im Jahre 1844, kurze Zeit nach diesem Goldfunde, aber ohne von demselben die geringste Kenntniß zu haben, trat der berühmte Geolog Murchison in der Geographischen Gesellschaft zu London mit der Erklärung auf, daß die Gebirge von Australien eine merkwürdige Uebereinstimmung mit den goldführenden Distrikten am Ural darböten und daß sich folglich in Australien gleichfalls Gold in bedeutenden Quantitäten finden müsse. Er forderte die Regierung und die Kolonien auf, die Sache näher zu untersuchen. Man beachtete diese Aufforderung aber erst, als im Jahre 1848 die Goldfunde in Cali= fornien drohten, die Arbeitskräfte aus Australien wegzuziehen, und die Zeitungen Sydney's regten die Bewohner an, in den eigenen Bergen zu suchen, was sie aus Californien zu holen so sehr bestrebt waren.

Die Regierung von Neusüdwales zeigte sich einigen dieser Goldentdecker gegenüber erkenntlich. Hargreaves erhielt eine Belohnung von £ 10,000, Clarke eine solche von £ 1000. — Die Männer der Wissenschaft, Murchison und Strzelecki, behielten die Ehre, der Eine: die Entdeckung lange vorher gesagt, und der Andere: sie gemacht zu haben!

Vier Wochen nach der Entdeckung des ersten Goldfeldes hielten die Zeitungen es für gerathen, die Ackerbauer zu ermahnen, daß sie bei ihrer Beschäftigung aushalten und sich nicht von dem Goldwahnsinne fortreißen lassen möchten. Aber in demselben Zeitungsblatte stand, daß 500 Familien in Sydney heimlicher= weise von den Familienvätern verlassen worden wären! —

Bald folgte dem tollen Rausche die Ernüchterung! Mehr und mehr kamen die Ausgezogenen mit leeren Händen zurück; Ende Juni schon konnte man californische Hüte und echte Goldgräberjacken bei ganz alltäglichen Beschäftigungen in den Straßen Sydney's sehen. Der Sommerhill-Creek war aus seinen Ufern getreten, es war auch nicht so viel Gold da, daß man es nur mit einem Messer zwischen den Felsen herauszuschneiden brauchte oder, wie Kartoffeln vom Acker, vom Boden auflesen konnte; im Gegentheil, die Arbeit des Goldwaschens war sehr beschwerlich und mühsam, und das Minenleben bot außerdem noch viel größere Entbehrungen, als die meisten Goldwäscher gedacht hatten. Dem ersten Enthusiasmus folgte eine tiefe Entmuthigung. Besonders grausam war die Täuschung für die, welche kurz vorher Hab und Gut verschleudert hatten und jetzt arm und besitzlos dastanden. An Verwünschungen fehlte es auch nicht; die allgemeine Erbitterung richtete sich gegen Hargreaves, den man sogar öffentlich einen Schwindler und Lügner nannte. Als aber einige Wochen darauf ein Goldklumpen von 100 Pfund in einem Stücke in dem neuen Goldfelde am Turon aufgefunden wurde, griffen Tausende aufs Neue zu Hacke und Schaufel und machten sich auf den Weg nach den Minen. Solche Goldklumpen, — australisch „Nugget" genannt, was eigentlich soviel wie Nüßchen bedeutet, — sind übrigens im Laufe der Zeit noch öfter gefunden worden; überhaupt stammen die größten Goldmassen, welche man kennt, aus Australien und speziell aus der Kolonie Viktoria. Ein solches Nugget hatte 233 Pfund Gewicht, ein anderes im Jahre 1858 gefundenes war 184 Pfund 9 Unzen schwer und wurde für £ 10,500 in Ballarat verkauft. Fünf Klumpen, die bis zum Jahre 1867 gefunden worden, wogen jeder mehr als einen Centner oder enthielten mehr als einen Centner Gold, und Stücke von 90 oder 80 Pfund abwärts bis zu einem Pfunde sind viele vorgekommen, so daß insbesondere die Menge der zusammenhängenden Massen gediegenen Goldes imponirt, wie solche in keiner anderen Lagerstätte dieses Metalles bis jetzt nachzuweisen war. Erst im Februar 1868 wurde wieder ein einziges Stück Gold im Werthe von £ 9534 ausgegraben. Dieser Schatz fiel zwei Bergleuten aus Cornwall zu, denen das Glück bis dahin so wenig gelächelt hatte, daß man ihnen in die Minen keine Lebensmittel mehr borgen wollte. Aehnliche Fälle tückischen Verhängnisses und fabelhaften Glückes beim Goldgraben werden, wie sich leicht denken läßt, in den Minen mit Vorliebe erzählt. So hatten mehrere Männer vierzehn Tage lang in den Minen von Ballarat angestrengt gearbeitet, ein mächtiges Loch von 16 m Tiefe gegraben, aber keine Spur von Gold gefunden. Deshalb waren sie denn auch eines Morgens verschwunden, ohne beim Kaufmanne und beim Wirthe ihre Schulden zu bezahlen. Da kamen gerade desselben Tages ein paar junge Handlungsbeflissene aus England in den Minen an und setzten die Arbeit in der verlassenen Grube fort. Alle Goldgräber lachten sie aus, aber innerhalb wenig Tagen sammelten die jungen Leute solche Reichthümer aus dem von ihren Vorgängern verwünschten „Digging" (Grubenbau), daß sie als gemachte Männer mit demselben Schiffe, das sie hergebracht, wieder nach London zurückfahren konnten, was sie auch wirklich thaten.

Es war noch im ersten Jahre der Goldentdeckung, und Neusüdwales trium=
phirte noch über seinen Reichthum an Gold, als einem Vorzuge vor den anderen
Kolonien, besonders vor Viktoria, das sich gerade damals von ihm getrennt hatte,
als von Melbourne die Nachricht kam, daß auch im Port=Philip=Distrikt reiche
Goldminen seien. Wie schon oben berichtet, war von Melbourne, als die Kunde von
der Goldentdeckung in Neusüdwales eintraf, eine solche Menschenmenge ausge=
wandert, daß man eine gänzliche Veröbung der Kolonie befürchtete und, um dies zu
verhüten, zu einem Mittel griff, das mit gutem Erfolge bereits in mehreren Distrikten
von Neusüdwales Anwendung gefunden hatte. Die Regierung setzte nämlich einen
Preis aus für Denjenigen, der im Bezirke von Melbourne Gold finden würde,
und dies geschah denn auch Ende September 1851 zu Clunes und zu Ballarat,
ersterer Ort 36, letzterer 24 Stunden von Melbourne entfernt. Nicht lange,
so wurde auch nordwärts von diesen Stellen, im Bendigodistrikt, Gold ge=
funden, und während des Winters von 1852 hielten sich hier allein 50,000
Goldgräber auf, die fast Alle so glücklich waren, mit Schätzen beladen nach Hause
zurückkehren zu können. Einzelne derselben hatten an einem Tage für £ 5000
Gold erbeutet. Nunmehr strömten Menschen aus der ganzen Welt herbei,
Hunderte von Schiffen kamen in Melbourne an, und es war nichts Seltenes,
daß in einem Monate 20,000 bis 30,000 Fremde landeten. Ein merk=
würdiger Wetteifer entstand in den verschiedenen Kolonien, um die fabel=
haftesten Gerüchte über die Größe der Schätze zu verbreiten, und die armen Gold=
wäscher, welche auf dem Sprunge standen, nach dem einen oder dem anderen Orte
aufzubrechen, waren eine Zeit lang in Verzweiflung, weil sie nicht wußten, welchen
sie wählen sollten, d. h. an welchem möglicherweise wol die größten Nuggets
zu finden sein würden.

Als indessen überall frische Minen eröffnet wurden und als in den Städten
eine schwerbeladene Goldeskorte nach der anderen eintraf, wurden die Leute über=
all goldtoll, und es wiederholten sich in Viktoria genau alle die Erscheinungen, welche
schon bei der Goldentdeckung in Neusüdwales vorgekommen waren. Es schien auch
in Melbourne Alles plötzlich auf den Kopf gestellt; die Leute mit starken Gliedern
und harten Händen standen in der gesellschaftlichen Stufenleiter obenan; ihre
Einkünfte waren durch die gesammelten Schätze außerordentlich gestiegen und in
gleichem Verhältnisse gingen die Preise aller Waaren in die Höhe. Luxusgegen=
stände erreichten fabelhafte Preise, da Geld genug vorhanden war und sich
Leute fanden, die mit vollen Händen gaben. Ein alter Soldat, der sich
einige Jahre vor der Goldentdeckung in der Umgebung Melbourne's für seine
Ersparnisse von ungefähr £ 100 ein Stück Land gekauft hatte, verkaufte
dasselbe Land kurz nach der Goldentdeckung, da es zu Bauplätzen verwendet
werden sollte, für £ 120,000. Auf der anderen Seite mußten freilich sämmtliche
Besoldungen unter 6000 Mark um etwa 50 Prozent erhöht werden, da die
Beamten sonst nicht mehr hätten auskommen können, und die Polizeileute erhielten,
damit sie auf ihren Posten blieben, täglich 10 Schillinge (10 Mark) nebst
ihren Rationen; die Offiziere sogar mehr als das Doppelte!

Die Goldausbeute war aber auch fabelhaft. Am 9. November 1851 brachte die Goldeskorte vom Berge Alexander für 400,000 Mark und von Ballarat für 140,000 Mark nach Melbourne. Am folgenden Mittwoch wurden über 800,000 Mark in Gold eingeliefert, am dritten Mittwoch weit über eine Million und am vierten Mittwoch brach der Wagen, der die gewaltige Last zu tragen hatte, unterwegs zusammen, und die Eskorte kam einen Tag später in die Stadt; diesmal waren es 2221 Pfund Gold, — im Werthe von etwa 3 Millionen Mark.

Im Verlaufe der Zeit hat sich die Zahl der Goldfelder sehr bedeutend ver= mehrt, und es ist jetzt erwiesen, daß Gold beinahe in allen Flußthälern Australiens von der Yorkhalbinsel im Norden bis nach dem Süden der Kolonie Viktoria vorkommt, während der goldhaltige Quarzfels auf großen Strecken Landes zu Tage tritt. —

Sobald ein neues Goldlager entdeckt worden war, begab sich ein Regierungs= kommissär mit einer bewaffneten Eskorte dahin, und jeder Goldsucher mußte eine „Licenz" lösen, die einen Monat giltig war und £ 1½ kostete. Im Allgemeinen wurde diese Abgabe willig bezahlt. Als aber der Andrang zu den Goldgruben in Viktoria immer ärger wurde, beging der damalige Gouver= neur Sir Charles Hotham den Fehler, diese „Licenz" im Jahre 1854 auf £ 3 erhöhen zu wollen. Die Goldgräber weigerten sich, dieselbe zu bezahlen, sie verschanzten sich zu Ballarat in einem Blockhause, und als Truppen gegen dasselbe vorrückten, entspann sich ein hartnäckiges Gefecht, das erst nach mehreren Stunden mit der Erstürmung des Hauses und der Gefangennahme der Rädels= führer und Empörer endete. Es hatte auf beiden Seiten viele Todte und Ver= wundete gegeben. Die Opfer dieses Aufstandes liegen auf dem Friedhofe von Ballarat begraben. Zwei Monumente, eines für die Offiziere und Soldaten und eines für die Aufwiegler, erinnern noch an jene erste Empörung in Australien, die mit Waffengewalt unterdrückt werden mußte. Die Regierung gab übrigens nach, alle Theilnehmer wurden begnadigt, die „Licenz" wieder auf die alte Höhe festgesetzt, und die Goldgräber, welche sie ganz aufgehoben wissen wollten, hatten ein zu großes Interesse an der Erhaltung einer gewissen Ordnung, als daß sie sich besonders widerspenstig gezeigt hätten; denn es dauerte gar nicht lange, so fanden sich in den Minen in beiden Kolonien auch Leute von ganz anderem Schlage ein, als Goldgräber, nämlich die Bushranger, welche sich zu wirklichen Banden organisirten und den vereinigten Anstrengungen der Goldgräber und der Polizei manchmal monatelang Widerstand leisteten. Und diese Plage der Minendistrikte hat bis jetzt weder in Viktoria noch in Neusüdwales völlig aufgehört. In einzelnen Gegenden werden immer wieder neue Räubereien von ihnen ausgeführt. Aber die Zeiten sind wenigstens jetzt vorüber, wo goldbeladene „Digger" nach Mel= bourne kamen und im Gefühle ihrer Unabhängigkeit Alles genossen, was ihnen für Gold zu Gebote stand; wo diese Digger, die kurze Pfeife im Munde, die sie sich mit Pfundnoten anzündeten, ihre beschmutzten Stiefel aus den Logen im Theater herabhängen ließen, während sie mit dem Schauspieler eine Privatunter= haltung anknüpften, und was dergleichen erbauliche und ergötzliche Dinge mehr waren. Es hat allerdings mehrerer Jahre bedurft, bis die Gesellschaft in der

Hauptstadt sich wieder so weit ermannte, um der ärgsten Verwilderung der Sitten entgegenzutreten oder wenigstens einigermaßen das Decorum zu wahren.

Was nun die Arbeiten in den Goldminen selbst anlangt, so waren die Diggings, und sie sind es in einigen Fällen zum Theil noch, wahre Mäusefallen, ohne alle Spur von gangbaren Wegen. Der Goldhunger ließ die Leute, ohne Rücksicht auf ihre eigene und ihrer Mitmenschen Sicherheit, überall, um das Zelt herum, quer durch den Pfad, kurz, wo nur immer es ihnen gut dünkte ihre Löcher von 25 bis 100 m Tiefe graben.

Die Goldgewinnung selbst wurde Anfangs auf eine sehr rohe Weise betrieben, und ein großer Theil des feineren Goldes mußte dabei verloren gehen.

Goldwaschen mit der Sluice.

Viele Chinesen haben in der Folgezeit die von den Europäern schon einmal ausgewaschene Erde nochmals in Behandlung genommen und ein lohnendes Geschäft dabei gefunden, obwol auch ihre Art, das Gold zu gewinnen, noch ziemlich primitiver Natur ist. Sie pflegen nämlich, und sind darin auch von anderen Goldgräbern nachgeahmt worden, eine kreisförmige Grube von 3 oder 4 m Durchmesser und 2 m Tiefe zu graben, dieselbe mit Holz auszufüttern und in der Mitte an einem starken Gerüste einen aufrechtstehenden Baum zu befestigen, an welchem, so weit er in die Grube reicht, eine Anzahl schaufelartiger Breter befestigt ist. Wird nun dieser Baum vermittelst eines an einer sehr langen Stange außerhalb der Grube und rund um dieselbe gehenden Pferdes zur Umdrehung gebracht, so arbeiten die Schaufeln den mit Wasser gehörig verdünnten Erdbrei, mit dem die Grube gefüllt wird, durcheinander, bis sich das in demselben befindliche Gold auf dem Boden absetzt, von wo es, nachdem die obersten Schlammschichten weggeräumt sind, in besonderen Gefäßen weiter ausgewaschen werden muß. Einen solchen Apparat nennt der Goldgräber eine Puddelmaschine. Unsere Leser werden sie auf der beigefügten Abbildung leicht erkennen können. Ebenso wird man die übrigen, nachstehend beschriebenen Apparate dort aufzufinden im Stande sein, da die Abbildung von einem ehemaligen Goldgräber herrührt, welcher gleich mir, nach eigenen Erlebnissen und Beobachtungen sie wiederzugeben im Stande war.

Vielfach arbeiten die Goldsucher zu Dreien in Gesellschaft; zwei davon waren dann die eigentlichen Miner, welche die manchmal sechs und mehr Meter tiefe Grube, den Schacht, ausgruben, während der Dritte die Sieb- und Wascharbeit besorgte.

Verschiedene Arten der Goldgewinnung. Nach eigenen Skizzen an den Digging's in Victoria ausgeführt von W. Siegel.

In diesen Funktionen wechselten sie täglich ab. Ferner war ein eigenes Geräth, die Cradle (Wiege), in Gebrauch, ein Kasten, der auf Wiegefüßen steht und mit geneigtem Boden und einem darüber befestigten Siebe versehen ist. Auf dieses letztere bringt man den goldhaltigen Kies und schaukelt unter Aufguß von Wasser so lange, bis die Steine rein zurückbleiben, die man nach ge= höriger Durchsicht wegwirft. Der abgeschlämmte Sand fließt mit dem Wasser über den geneigten Boden der Cradle, auf welcher horizontale Querleisten auf= genagelt sind, um die schwereren goldhaltigen Theile zurückzuhalten. Letztere sammeln sich hinter den Leisten und werden von Zeit zu Zeit herausgenommen und in der Zinnschüssel von Eisensand u. s. w. gereinigt. Der Long Tom ist ähnlich konstruirt, nur länger und feststehend. Die Sluice (Schleuße) endlich ist ein oft circa 30 m langer, schwach geneigter Kanal aus Bretern, durch welchen man das goldführende Erdreich hindurchfließen läßt. Diese Vorrichtung verlangt viel Wasser, sie wird bei Quarzpochmühlen, indessen auch vielfältig da angewendet, wo das Gold auf der Erdoberfläche liegt und wo es also gilt, große Massen Erde zu waschen. Hoch oben in den Bergen sind dann durch Gesellschaften mächtige Wasserreservoire durch Abdämmen von Bergbächen hergestellt, von wo aus auf mehr oder weniger kunstreichen Aquädukten und durch Röhrenleitungen das Wasser nach den Arbeits= plätzen geführt wird. Hier leitet man es in die Sluicen zur Bewältigung der auf beiden Seiten derselben liegenden Erdmassen, oder bei dem sogenannten Hydraulic Mining durch angeschraubte Schläuche und Mundstücke gegen die vorher durch Sprengen mit Pulver aufgelockerten Kiesbänke, die der oft unter sehr hohem Druck hervorspritzende Wasserstrahl mit großer Gewalt angreift und wegspült. Nur der grobe Kies bleibt liegen, die trübe, goldhaltige Flut fließt durch die Sluice zu Thal. Der Boden der Sluice ist entweder stellenweise mit stark amalgamirten Kupferblechen benagelt, oder aus einer Art Holzpflasterung hergestellt, in deren Zwischenräume man Quecksilber eingießt. Dieses verbindet sich mit dem darübergleitenden Golde und hält es zurück. In längeren Zwischenräumen wird das Goldamalgam, das sich gebildet hat, durch Abschaben und Ausschöpfen gesammelt, abgepreßt und abdestillirt.

Seit einem Jahrzehnt hat sich aber dies Alles sehr wesentlich geändert. Die planlose Gewinnung des Goldes hat meist aufgehört und der Betrieb ist in die Hände großer Spekulanten gekommen. Die alten Felder sind zum Theil bis auf eine gewisse Tiefe ausgewonnen, und größere Unternehmungen, die einen mehr bergmännischen Betrieb verrathen, sind ausgeführt worden.

Gewiß ist es damit für Viele besser geworden, aber wo sind sie hin, die, in der Wirklichkeit meist so traurigen, entbehrungsreichen, in der Erinnerung aber so hochpoetischen Zeiten! Schreiber dieses Werkes hatte Gelegenheit die meisten Phasen in der Entwickelungsgeschichte der Kolonie mit zu durchleben. Auch an den Goldfeldern selbst habe ich fünf Jahre lang mein Glück versucht, viel ge= arbeitet, viel gelitten, viel gehungert und — wenig gefunden. Aber ein auf= regendes, dem jugendlichen Abenteurer willkommenes Leben war es, wußte man doch nicht, was der nächste Tag brachte! Heute aber, während ich diese Zeilen schreibe, ziehen alle diese Erinnerungen an meinem Geiste vorüber, und um dem zum Theil wehmüthigen Gefühlen Ausdruck zu geben, die mich beschleichen, sei es mir vergönnt, ein mir werthes Schriftstück hier einzuschalten, das im Jahre 1857 mein alter Freund und Zeltkamerad, Theodor Müller, jetzt in Dresden, zu Maryborough in der Kolonie Viktoria, verfaßt hat. Darf ich auch nicht hoffen, daß es meine Leser so packt, wie es mich jeder Zeit ergriffen hat, so soll es mich doch freuen, wenn es einige Sympathien für sich erwirbt.

Der Digger.

Der Digger hat Nichts auf der weiten Welt,
Als seine Decken, sein kleines Zelt! —
Ein irrer Pilger wandert er hin
Und folgt dem Glücke mit heiterem Sinn.

Und wo ein Thal sich niedersenkt,
Und wo am Berg der Felsblock hängt,
Und wo ein Bach die Fluren tränkt,
Dorthin wird schnell der Schritt gelenkt.

Da steht nach kurzem Aufenthalt
Des Zeltchens freundliche Gestalt
Und lacht durch dunkler Büsche Grün,
Die es gleich einem Kranz umblüh'n.

Da steht der Digger nun allein,
Schaut sinnend in das Thal hinein
Und denkt und forscht und träumt und blickt,
Ob ihm kein Zeichen wird geschickt
Vom Glück, das er vertrauend frägt:
Ob sich in ihm die Ahnung regt,
Ob ein Ereigniß noch so klein
Ihm sage: „Sieh', dort schlage ein!
„Dort liegt für Dich der Schatz bereit,
„Nach dem Du wanderst Meilen weit!"

Doch während er noch sinnt und denkt
Hat schon der Abend sich gesenkt,
Und dunkel glüht des Himmels Pracht
Des Tages Erben zu, der Nacht!
Zu Neste geht der Vögel Schar;
Sie schauen nicht die Sterne klar,
Die jetzt am dunkeln Himmelszelt
Hernieder funkeln auf die Welt;
Sie bergen unter'n Flügelein
Die Köpfchen still, — und schlafen ein.

Nicht so der Mensch! — er rastet nicht!
Bald strahlt der Wald im hellen Licht;
Ein mächtig Feuer glühet auf,
Die Flammen schlagen himmelauf,
Und Berg und Thal und Wald und Bach
Von diesem Feuer werden wach.
Entsetzt fliegt auf der Vögel Schar,
Die hier so lange heimisch war,

Die Nichts gestört im sichern Nest,
Das sie jetzund erschreckt verläßt.
Nehmt Abschied! — Ihr kehrt nicht zurück
Zu eurem traulich stillen Glück;
Bald wird es hier im engen Thal
Sich drängen wie im Fürstensaal.
Bald wird der Büchse rauher Ton
Dem Frieden sprechen Trotz und Hohn,
Bald wird dem Käng'ru nachgesetzt,
Bald wird das Emu mattgehetzt,
Sie flüchten tiefer in das Land,
In Wälder jetzt noch unbekannt,
Bis sie dereinst auch da erreicht
Das Los, das sie von hier verscheucht;
Denn wo der Mensch strebt nach dem Lohn,
Da schleicht der Friede still davon;
Und was er findet, das ist sein.
Er greift in Alles kühn hinein:
Die Bäume, die Jahrhundert lang
Getrotzt der wilden Stürme Drang,
In deren Kronen manch' Geschlecht,
Erstand und starb nach ewigem Recht,
Kalt setzt der Mensch die Axt daran
Und um ihr Dasein ist's gethan.
Selbst von der Erde tiefstem Schoß.
Reißt er den ew'gen Frieden los;
Was einst Natur zurecht gelegt,
Er bringt's zu Tage unbewegt. —

Doch was er auch am Tag vollbracht,
Zur Ruhe ladet ihn die Nacht;
Ein Blätterlager nimmt ihn auf.
Er schläft vielleicht viel süßer drauf,
Als viele auf dem weichen Daun,
Die nicht so froh den Morgen schau'n.
Die Hoffnung malt ihm Schätze vor,
Und Liebe flüstert ihm ins Ohr;
Die ferne Liebe, die noch heut
Ihn tröstet, muthigt und erfreut;
Er trägt sie mit sich durch die Welt,
Sie wandert mit von Zelt zu Zelt,
Und giebt er ihr am Tag nicht Raum,

Mischt sie sich Nachts in seinen Traum.
Da treten Bilder vor ihn hin,
All' seine Lieben sieht er d'rin,
Hört wieder jenes ernste Wort
Des Vaters — sieht die Mutter dort,
Die thränenvoll das Auge senkt,
Weil ihr der Schmerz die Brust beengt;
Sieht die Geschwister um sich steh'n,
Die zu ihm auf mit Sorgen seh'n,
In ihren Augen Lieb und Treu!
Das Alles zeigt der Traum ihm neu.
Und jenes bleiche Angesicht
Des Lächeln durch die Thränen bricht,
Beugt sich zu ihm, reicht ihm zum Kuß
Den Mund, da er ja scheiden muß! —

O weile, süßer Traum! Du bist,
Was Thau den dürren Fluren ist!
Du stärkst das Herz, das einsam schlägt,
Sein Lieben still zu Grabe trägt!
Du spottest unserer Sorg und Noth,
Die aufgeht mit dem Morgenroth!

Die Erde prangt, der Himmel lacht!
Der junge Tag ist neu erwacht!
Vertrauend wirft in seinen Arm
Der Mensch sich, ob er reich, ob arm;
Ein Jeder hofft in seinem Lauf
Geh ihm des Glückes Sonne auf. —
Der Digger tritt aus seinem Zelt,
Und vor ihm liegt die schöne Welt,
Und Frieden, Frieden allerwärts
Ist Frieden nur in seinem Herz!
Ein Dankgebet schwellt seine Brust,
Und an die Arbeit geht's mit Lust.
Da liegt vor ihm die junge Flur
Im Unschuldslächeln der Natur,
Noch unberührt von Menschenhand
Zeigt sie das blühendste Gewand:
Das kleine Bächlein wäscht ihr Kleid
In jeder neuen Winterszeit,
Dann strahlt die warme Sonne d'rauf,
Und Blumen springen durch sie auf,
Und Käfer summen d'rüber hin
Und Alles athmet heiteren Sinn. —
Da naht der Störer! Sorgenlos
Treibt er die Pick in ihren Schos
Und gräbt sich einen tiefen Schacht,
Und bringt zur Erde düstern Nacht.
Und wölbt sich Gänge kreuz und quer
Und suchet nach dem Schatz umher;
Vielleicht, daß er weit ab davon

Vergeblich strebt nach seinem Lohn,
Vielleicht, daß er auf seinem Pfad
Nach hier den Platz mit Füßen trat,
Wo Reichthum ruht in Nacht gehüllt,
Der seine höchsten Wünsche stillt. —

So suchen wir oft falsch geleitet,
Das Glück in weiter Ferne dort,
Nicht ahnend, daß es uns begleitet,
Und mit uns geht von Ort zu Ort.
Der Hoffnung schimmernden Galeere
Vertrauen wir mit Zuversicht,
Und fühlen nicht der Ketten Schwere
Und scheun die harte Arbeit nicht.
Wir segeln auf den hohen Wellen
Oft an des Glückes Port vorbei
Bis daß die Strömung wilde Schnellen
Verkünden, daß hier Brandung sei! —
Blind ist der Mensch in seinem Streben
Hilft ihm nicht gnädig sein Geschick,
So opfert er das schöne Leben
Dem strahlenden, doch falschen Glück! —

Doch sieh! Herauf zur Frühlingsluft
Steigt jetzt der Digger aus der Gruft;
Sein Auge strahlt, es wogt die Brust,
Aus seinen Mienen lacht die Lust!
Ein schweres Stück in seiner Hand
Zeigt, daß er das Ersehnte fand;
Er wiegt es, prüft es, wäscht es rein,
Hell strahlt des Goldes Zauberschein. —
In seiner Mine engen Gang,
Saß er beim Licht und trieb entlang.
Schon ward in ihm die Hoffnung matt,
Schon war er seiner Arbeit satt,
Da rief's in ihm „Vertraue nur!
„Vertrauen bringt Dich auf die Spur!"
Und schneller folgte Schlag auf Schlag
Und alle Kräfte wurden wach,
Die Funken sprühten hell und licht,
Der Staub umwölkte sein Gesicht:
Und was dereinst des Feuers Macht
Und Wasserkraft zu Stand gebracht:
Das eisenschwangere Gestein,
Quarz, strahlend im krystallnen Schein,
Der Erde Schichten, enggepreßt,
Durchbricht er, ganz mit Schweiß durchnäßt;
Nur eine Schicht auf festem Grund
Bleibt stehen bis zur guten Stund' —
Das ist die Schicht, in der das Gold
Auf hartem Boden hingerollt.
Jetzt löst er sie. Ein froh „Glückauf!"

Und kräftig fällt die Picke drauf,
Es weicht die Masse, doch zugleich
Sprüht, — O wer ist dem Digger gleich!
(Ein Pickenschlag. Noch arm vorher,
Vielleicht das Herz von Sorgen schwer,
Ein Pickenschlag — und er ist reich!
O sagt, wer ist dem Digger gleich? —
In Adern laufend breit und schmal,
Zeigt sich das edele Metall.
Rundkörnig, Stücken groß und klein
Entdeckt er bei des Lichtes Schein.
Und Wonne, die sein Herz nur kennt,
Und Hoffnung, die der Mund nicht nennt,
Sie stürmen auf ihn ein mit Macht
Da unten in der Erde Nacht.
Und „Vaterland!" und „Lieb!" und „Lust!"
Entfliehen den Lippen unbewußt:
Er fühlt das nahe Wiederseh'n,
Sieht schon die Lieben um sich steh'n
Reicht herzlich ihnen schon die Hand —
Da fällt die Kerze in den Sand!
Der Traum entflieht! Die Wirklichkeit
Zeigt ihm: es sei zur Ruhe Zeit. —

O selig, wer in guten Stunden
Das Glück da, wo er's suchte, fand!
Wem all die herben Täuschungswunden
Für immer blieben unbekannt.
O selig, wer im engen Kreise
Sich an der Liebe Strahlen wärmt,
Nicht auf der großen Pilgerreise
Bei seinem Stückchen Brod sich härmt! —
Viel tausend arme Digger leben
Und haben kaum das trockene Brod
Indeß sie zwischen Hoffnung schweben
Und nackter schwergefühlter Noth.
Sie werden nicht des Ringens müde;
Doch aus der Arbeit saurem Schweiß
Sproßt ihnen keine Segensblüte,
Kein Lohn wird ihrem steten Fleiß.
So streben sie, vom Glück verlassen
Nach seinem Lächeln immerdar.
Und auf dem Angesicht, dem blassen,
Gräbt neue Furchen jedes Jahr. —

Da sitzt, das Haupt herabgesenkt
Ein armer Digger — denkt und denkt,
Wo er auf's Neu' beginnen soll;
Auf seiner Stirn lagert Groll,
Von Lumpen ist sein Zelt erbaut
Und Lumpen decken seine Haut;
Und zu vollenden seine Noth

Hat er nicht mehr auf morgen Brod!
Still sitzt er, tief in sich gekehrt,
Und Niemand fragt, was ihn beschwert;
Kein Bruder nimmt sich seiner an,
Ob Tausende ihn sitzen sah'n.
Das Elend macht ja einsam auch,
Das ist des Lebens alter Brauch! —
Und doch! — in diesem Augenblick
Wird Tausenden ein reiches Glück:
Er hört der Glücklichen Geschrei —
Doch macht's ihn nicht von Sorgen frei.
Das „Mein und „Dein" trennt eine Kluft
Vor der der Hunger fruchtlos ruft.
Verlassen, freundlos, unbekannt,
Sitzt er nun hier im fremden Land
Und starret düster vor sich hin
Mit gramumwölkten, zagem Sinn.
Einst hatt' er einen Freundeskreis,
Ein Leben ohne Sorg und Schweiß;
Die Arbeit gab ihm reichen Lohn
Das Alles ließ er, ging davon;
Zu fröhnen einem tollen Wahn,
Verließ er seine lichte Bahn.
Da mehret seines Elends Joch
Die nun zu späte Reue noch:
In seines Unglücks Fortbestand
Sieht er des Schicksals Rächerhand!
O! wen so weit das Unglück bringt,
Wer in sich selbst zusammensinkt;
Wer, statt zum Himmel aufzuschau'n,
Den Blick verschließt im innern Grau'n,
Den wirft Verzweiflung gnadenlos
In ihren nachtumhüllten Schos;
Der siecht dahin, dem wird nur Ruh,
Deckt man sein Grab mit Erde zu. —

So ist schon Mancher eingesenkt,
Den man daheim noch lebend denkt,
Und Niemand weiß sein stilles Grab
Und Niemand giebt die Grüße ab,
Die man als letzten Liebeszoll
Der Heimat überbringen soll.
Man zeigt dort an dem Bergeshang
Die stillen Gräber reihenlang!
Doch wer da ruht — wer mag das sein?
Den Namen nennt kein Leichenstein;
Kein Kreuz, kein Kranz schmückt hier die Gruft,
Nur Wälder spenden ihren Duft.
Hier, Mutter, ruf' nach deinem Sohn:
„Wo, und wie lange schläft er schon?"

Hier, Braut, hier endet jede Spur
Von dem, der Dir einst Liebe schwur.
Die Erde, die er oft durchwühlt,
Ist's, die jetzt seinen Leichnam kühlt;
Und Fremde scharrten sein Gebein
In goldesschwang're Erde ein.
Fragt nicht, wie sein Begräbniß war,
Es macht Euch Kummer immerdar;
Nicht Rede, noch Gesang erscholl,
Noch wallten Flöre trauervoll;

Man bracht ihn her und grub ihn ein;
Das wird ja wol genügend sein. —
Das Grab bringt Ruh; sei's, wo es sei,
Das Wo und Wie ist einerlei!
Und sagt es auch kein Denkstein an,
Gott weiß, wer seine Pflicht gethan!
Und Liebe, die nach Gräbern fragt,
Die bleibt, bis es einst jenseits tagt,
Und froh vereinen wird sich dann,
Was sich hier nicht mehr finden kann.

Ich sende Dir freundlichen Gruß zu, lieber, alter Freund und Genosse, und benutze die willkommene Gelegenheit, auf Deinen trefflichen Roman aufmerksam zu machen, in welchem Du die Wandlungen australischen Lebens so trefflich schilderst. (Australische Kolonisten oder Heute so — Morgen so. Von Theodor Müller. Leipzig, 1878.)

Man hat in Europa seiner Zeit viel von den Unthaten der australischen Bushranger (spr. Buschrehndscher) d. h. Räuber, gesprochen, und hat es so über- trieben, daß Niemand glauben wollte, die armen Goldgräber seien ihres Lebens und Eigenthums sicher. Nun, ich kann aus eigener Erfahrung versichern, daß es recht schlimm war, aber ganz so arg, wie es gemacht wurde, war es denn doch nicht. Meist waren die Beraubten selbst Schuld an ihrem Unglück, wie ich, während meiner mehrjährigen Dienstzeit als berittener Polizist öfters zu bemerken Gelegenheit hatte. „Wie gewonnen, so zerronnen!" Das „Heidengeld" war dann in kurzer Zeit leicht verdient gewesen, an den Goldfeldern selbst, oder auf dem Wege nach der Stadt wurde sich vor Vergnügen ein tüchtiger, tagelang währender Rausch angetrunken, während des aufgeregten Zustandes mit dem Mammon geprahlt, um schließlich — bewußtlos zur Erde zu fallen. Was Wunder, daß die schlechten Subjekte, die es in großer Anzahl gab, es vorzogen auf so leichte Weise zu Geld zu kommen, als schwer dafür zu arbeiten.

Werden meine freundlichen Leser es mir verargen, wenn ich an dieser Stelle eine kleine Skizze aus meinem Tagebuche einschalte, welche so recht ge- eignet ist, meines Freundes Müller Darstellung unseres damaligen Lebens an den Goldfeldern zu ergänzen?

Ich habe, wenn ich nicht irre, schon einmal gesagt, daß der Goldgräber der leichtgläubigste Mensch ist. Man erzähle ihm nur, daß da oder dort (aber recht weit muß es sein!) fabelhafte Funde gemacht worden seien, und er läßt Alles stehen und liegen, um dort sein Glück zu probiren. Gewöhnlich ist Enttäuschung sein Los, und er sehnt sich zurück nach dem Sperling in der Hand, den er für zehn auf dem Dache fliegen ließ.

Ich muß bekennen, daß ich meinerseits nicht um ein Jota besser war, als die Anderen. Ich hatte aber damals just wiederum mein Geld verzehrt, und hatte thatsächlich wenig oder gar nichts zu beißen und zu brocken. Trotz aller und schwerer Arbeit konnten wir kein Gold finden; der Kaufmann, an den wir es zu verkaufen pflegten, hatte schon längst nicht mehr die „Farbe unseres Goldes gesehen" und verweigerte uns deshalb weiteren Kredit — kurz es stand recht schlimm um uns. Da wollte es ein glücklicher Zufall, daß mein Kamerad (es war ein Altenburger Kind) nach einem heftigen Regengusse an einer verlassenen Grube ein großes Stück Gold auf der Erde fand, das wir für fast 3000 Mark beim Kaufmann losschlugen. Nun war uns für einige Zeit geholfen. Während seiner Anwesenheit im Zelte des Goldkäufers hatte mein Kamerad gehört, daß viele Meilen nordwärts ein überaus reiches Goldlager entdeckt worden sei, an welchem (natürlich) ganz enorme Funde gemacht würden. Der Kaufmann, Namens Parker, dem die Nachricht durch seinen angeblich dort befindlichen Bruder geworden, fahre morgen bei Tagesanbruch mit mehreren Wagenladungen Lebensmittel dahin ab, und zweifelsohne würden ihm viele Männer aus der Nachbarschaft folgen. Er schlug vor, uns dem Zuge anzuschließen. Ich versuchte Einwendungen zu machen, da mir die Gegend von früher her bekannt war und ich kaum glauben konnte, daß in solcher wasserlosen Wüste Gold gefunden und mit Erfolg bearbeitet werden könnte. Doch meine Bedenken wurden als nicht stichhaltig verworfen, und da es uns trotz des heutigen, gewiß aber vereinzelt bleibenden Fundes schließlich nirgends schlechter gehen konnte als bisher, so ließ ich mich endlich zum Mitreisen bereden.

Als daher am andern Morgen die australische Elster (der einzige Singvogel des Landes) ihr Lied pfiff und der Morgenstern den Beginn des Tages ankündigte, hatten wir unser Zelt abgebrochen, und mit unseren wollenen Decken, Kochgeschirr und Arbeitsgeräth bepackt, zogen wir über die Berge in die Nähe der Niederlassung des Kaufmannes, der zuerst die Nachricht verbreitet hatte. Wir kamen gerade zur rechten Zeit, denn schon war eine Ochsenladung Güter fort, und eben schickte sich der Besitzer an, in Begleitung der zweiten abzufahren. Zwei oder drei andere Goldgräber kamen auch zum Vorschein und freuten sich, in unserer Begleitung nach den neuen Goldfeldern zu gehen, von denen sie sich goldene Berge versprachen. Unser Führer, hinter dessen Wagen wir jetzt schritten, that Anfangs, als ob er ungehalten sei, daß wir uns zu ihm gefunden hätten, beruhigte sich aber endlich wieder und sprach die Hoffnung aus, daß nicht noch mehr Leute davon erfahren haben möchten und uns folgten.

Es war im Monat Januar, also in einem der heißesten Sommermonate. Die südlichen Provinzen Australiens bieten da ein überaus trauriges Bild. Das Gras ist überall zu Heu vertrocknet, die Bäche sind wasserleer, und nur hier und da findet sich eine Lagune, welche noch eine geringe Masse dicker, schlammiger Flüssigkeit enthält, mit der Menschen und Vieh ihren Durst löschen müssen. Die fahlen, herabhängenden Blätter der Gummibäume tragen ebenfalls dazu bei, der ganzen Landschaft einen traurigen Ausdruck zu geben.

Bis zum Loddo, einer der Zuflüsse des Murray, hatte unser Weg über dichtbewaldete, weglose und steile Gebirgskämme geführt, in denen wir zwar fortkamen, die Ochsen dagegen alle Mühe hatten, die schwerbeladenen Wagen fortzubewegen, und wir mußten oft Hand anlegen, um die Ladung vor dem

Umsturz in die Tiefe zu bewahren. Auf verschiedenen Schaf- und Rindvieh-
stationen hatten wir unsere Fleischvorräthe ergänzt. Der Führer machte
schon jetzt glänzende Geschäfte, denn die Meisten trugen ebenso wie wir alle
ihre Habseligkeiten auf dem Rücken und konnten sich natürlich nicht auch noch
mit dem Transport von Lebensmitteln befassen.

Unsere Reise hatte auf diese Weise schon vier Tage gewährt.

Am Morgen hatte Parker seine Ochsen angeschirrt und sich auf den Weg
gemacht; wie Schafe ihrem Leithammel waren wir ihm blindlings gefolgt,
und hatten uns in eine Gegend verlocken lassen, in welcher weit und breit
keine Ansiedlung zu finden war, und welche wol selten der Fuß eines Europäers
betreten hatte.

Am fünften Tage, einem Sonntage, wurde Rasttag gemacht, angeblich um
den Ochsen Ruhe zu gönnen. Als aber auch am darauf folgenden Morgen keine
Anstalt getroffen wurde, das Vieh anzuschirren, und als man stürmisch in Parker
drang, endlich aufzubrechen, erklärte er ganz naiv, er wisse jetzt nicht, welche
Richtung er einschlagen solle, und müsse auf weitere Nachricht von seinem Bruder
warten, der ihm wol entgegenkommen würde. — Unsere Zahl war inzwischen
auf Zweitausend gestiegen. Einen Tag ließen wir uns wol diese Verzögerung
gefallen, als aber die Lebensmittel knapper wurden und unser Freund seine
Preise so erhöhte, wie sie nach seinen Angaben an unserem Reiseziele gefordert
wurden, riß unsere ohnehin nicht sehr rühmenswerthe Geduld, und, um schnell
und auf praktischem Wege zu einem Resultate zu kommen, wurde eine große
Volksversammlung auf den Nachmittag angesetzt.

Das Ergebniß derselben war die fast erlangte Gewißheit, daß Parker die
ganze Geschichte erfunden habe, um seine Lebensmittel zu enorm theureren Preisen
loszuschlagen. Um aber dem Manne nicht Unrecht zu thun, wurde eine Anzahl
Männer gewählt, welche auf Kosten der Versammlung nach den angeblich neu
entdeckten Minen reisen sollten, um gewisse und wahrheitsgetreue Auskunft zu
erlangen. Das Los fiel auch auf mich, da ich einige Jahre vorher in meiner
Eigenschaft als berittener Polizist jene Gegend durchstreift hatte.

Der folgende Tag ward zu unserer Abreise bestimmt. Man versah uns
mit guten Pferden und gab uns hinreichende Lebensmittel mit auf den Weg.
Unser Lagerplatz befand sich am Zusammenfluß des Serpentine (spr. Serpentein),
eines kleinen Flüßchens, mit dem Loddon, auf einer weiten, mit üppigem Gras
bewachsenen und von zahlreichen Akazien beschatteten Ebene. Der Loddon floß,
scharf nach Osten abbiegend, dem Murray zu, während unser Reiseziel nach
Nordwesten hin weiter stromaufwärts lag. Ehe wir den 95 Kilom. entfernten
Murray, in dessen Nähe jene mysteriösen Goldfelder liegen sollten, erreichen
konnten, hatten wir eine Wüste zu passiren, auf der weder Vegetation noch
Wasser, sondern einzig und allein nackter Granitfelsen und stellenweise knie-
tiefer Sand lag. Es gehörte eine fast übermenschliche Anstrengung dazu, in der
drückenden Sonnenglut, geblendet von den glitzernden Felsen und halb erstickt
von wirbelndem Staube und leichtem Sande, den mühseligen Weg zurückzulegen.

Schinken, Damper und Wasser mit Rum bildeten unser Frühstück und Mittagsmahl und dasselbe Gerichte setzten wir uns auch zum Abendessen vor. Keinen
Tropfen frischen Wassers gab es, um unsere schmachtenden Lippen zu benetzen.
Statt dessen nur die in Fässern mitgenommene, aus einer Lagune im Lobbon
geschöpfte Flüssigkeit, welche, durch die Hitze mehr als lauwarm, mit Rum nur
ein schlechtes Getränk lieferte! Kein grünes Fleckchen, kein Grashalm, auf dem
unsere müden Blicke ruhen konnten — so weit das Auge reichte, vor- und rückwärts, rechts und links — nichts als blauer Himmel und gelber Sand.

Mit dem Morgengrauen fütterten wir unsere Pferde ab, nahmen unsere
einförmige Mahlzeit ein und begannen zeitig den Weitermarsch, um wo möglich
am Abend den Murray zu erreichen. Doch bald bemerkten wir zu unserem
Schrecken, daß uns noch eine harte Prüfung für heute bevorstand. Blutroth
stand die Sonne am Himmel, und der immer schärfer und heißer wehende Wind
aus Nordwesten blies uns dicke Wolken beißenden Sandes entgegen. Den ganzen
Tag lang hatten wir gegen diese schrecklichste aller Landplagen Australiens, den
sogenannten heißen Wind, zu kämpfen, und nur der glückliche Umstand, daß
wir mit etwas Wasser unsere aufgesprungenen schwarzen, schmerzenden Lippen
benetzten und unsern Pferden zeitweilig einen Schluck geben konnten, rettete uns
von dem gräßlichen Tode des Verschmachtens, den alljährlich eine ziemlich große
Anzahl Menschen in den Wüsten Australiens finden.

Schon wollten wir fast verzweifeln und wären bald den Anstrengungen des
Tages erlegen, als zu unserer großen Freude gegen fünf Uhr Nachmittags der
Wind plötzlich nach Südost umsprang und in kurzer Frist ein erquickender Regenschauer uns einigermaßen erfrischte. Bald darauf ward auch der mir von früherher
wohlbekannte stumpfe Kegel des Mount Hope (spr. Maunt Hohp, Hoffnungsberg) sichtbar, und nach Sonnenuntergang gelangten wir zu einer am Fuße dieses
Hügels in einer lieblichen Oase stehenden Schafstation, deren Bewohner uns
freundlich bewillkommneten. Unsere erste Sorge war, uns durch ein kühles Bad
zu erfrischen, um den brennenden Staub von unserer Haut zu entfernen. Nachdem wir uns überzeugt, daß unsere Thiere es sich in dem üppigen Grase recht
wohl sein ließen und in der Nähe des Wassers gut aufgehoben waren, sprachen
wir der uns freundlich gebotenen Abendmahlzeit, bei der frisches Hammelfleisch
natürlich den Hauptbestandtheil bildete, tüchtig zu.

Wie erstaunten aber die guten Leute, als wir ihnen den Zweck unserer Reise
mittheilten! Der alte Schäfer, welcher schon seit Jahren auf diesem Platze gewesen, versicherte uns, daß sich außer der kleinen, etwa 15 Quadratkilom. großen
Station über 75 Kilom. in der Runde dieselbe Wüste befinde, die wir in den
letzten beiden Tagen durchwandert. Nur im Norden, nach dem etwa 12 Kilom.
entfernten Murray zu, sei dies nicht der Fall, dafür sei dieser aber durch
den gefürchteten Skrub gänzlich unzugänglich. Die niedrigen, flachen Ufer
des Murray zeigen, wie ich schon früher zu erwähnen Gelegenheit nahm, an
einigen Stellen die eigenthümliche Erscheinung, daß im Bette selbst nur wenig
Wasser sich vorfindet, da es sich in dem tiefen, sandigen Ufer verläuft. Kein

Mensch, kein Thier kann in diesem gefährlichen Morast vordringen, ohne rettungs=
los zu versinken; dazu ist derselbe mit dichtem Unterholze, dem Malli, dicht
bewachsen und mit zahllosen zähen Schlinggewächsen eng durchflochten.

Wir erlangten die volle Bestätigung der Befürchtungen, die ich seit Langem
gehegt, daß es im weiten Umkreise nicht im entferntesten möglich sei, Gold zu
graben. Alle weiteren Bemühungen, das fabelhafte Goldfeld aufzufinden, gaben
wir daher noch an diesem Abend auf, denn in einer solchen Wüstenei ist es geradezu
unmöglich zu leben; und gesetzt auch, es hätten sich am Rande der Oase Gold=
lager gefunden, was bei dem Zutagetreten des Granits undenkbar erschien, so
wäre das wenige Wasser auf diesem kleinen Fleckchen von einer solchen Menschen=
menge in wenigen Tagen vollständig aufgebraucht worden, und an den Murray
zu gelangen war wegen des Skrub unmöglich.

Aus diesen gewichtigen Gründen entschlossen wir uns, am nächsten Morgen
den Rückweg anzutreten. Nach langen Wochen that uns eine Nachtruhe in einer
bequemen Hütte aus Baumrinde statt unserer gewöhnlichen Zeltwohnung doppelt
wohl, und so süß wie selten schliefen wir nach den ereignißreichen jüngst ver=
gangenen Tagen ein.

Die aufgehende Sonne des nächsten Tages fand uns bereits auf der Reise,
welche ähnlich verlief wie die vor einigen Tagen. Als wir etwa 15 Kilom.
von dem Platze entfernt waren, an dem wir unsere Kameraden verlassen, sollten
wir einen traurigen Beweis der schrecklichen Folgen erhalten, welche jener ge=
wissenlose Mensch Parker heraufbeschworen hatte. Eine Anzahl Raubvögel
umschwärmten drei menschliche Leichen, welche, auf dem Rücken liegend, ihr
starres Antlitz gen Himmel gerichtet hatten. Die Armen, noch Neulinge in der
Kolonie, hatten, wie wir später erfuhren, nicht glauben wollen, daß die vor ihnen
liegende Wüste für Fußgänger ohne mitgenommene Wasservorräthe nicht zu
passiren sei, und hatten es tollkühn gewagt, vorzudringen. Elendiglich mußten
die Aermsten in der brennenden Sonnenglut und während des heißen Windes
verschmachten. Wir nahmen diese Opfer gewissenlosen Eigennutzes auf und zogen
traurig und mißgestimmt unsres Weges weiter.

Von fern schon erblickten wir die schimmernden Zelte, und das frische Grün
der mit Gras bewachsenen Ebene lachte uns entgegen. Die Zurückgebliebenen
hatten uns bereits bemerkt. Eine Anzahl derselben kam auf uns zu und theilte
uns mit, daß im Lager die Aufregung aufs Höchste gestiegen sei. Wegen
Mangels an Fleisch und an sonstigen Nahrungsmitteln habe man, da Parker zu
überschwengliche Preise für seine Waaren gefordert habe, seit Tagen blos von
den in dem Serpentine reichlich vorgefundenen Krebsen gelebt. Da man jetzt
allgemein der Meinung sei, daß er uns um seines Vortheils willen hierher ge=
lockt habe, so werde er bis zu unserer Rückkehr streng bewacht, um danach weitere
Maßnahmen zu treffen.

Im Lager angekommen, mußten wir Bericht erstatten. Nach dessen Be=
endigung machte sich die Erbitterung in lauten Verwünschungen gegen den Ur=
heber unsers Unglücks Luft, und als wir gar auf die beklagenswerthen Opfer

aufmerksam machten, kannte die Wuth keine Grenzen mehr. Nur den größten Anstrengungen der Bessergesinnten gelang es, die aufgereizte Masse abzuhalten, sich an Parker sofort thätlich zu vergreifen. Als aber endlich der Vorschlag gemacht wurde, ein förmliches Lynchgericht über ihn abzuhalten, beruhigten sich die Gemüther einigermaßen, und man schritt sofort zur Ausführung des Planes. Durch Akklamation ward ein Goldgräber, der in England den Posten eines höhern Justizbeamten bekleidet hatte, zum Richter erwählt. Ein Anderer, der früher ein tüchtiger Rechtsanwalt gewesen, wurde zum öffentlichen Ankläger ernannt. Ein Geschwornengericht von zwölf Mann wurde nach allen Vorschriften des Gesetzes gebildet, und die Versammlung gruppirte sich im Kreise um den Gerichtshof, welcher auf herbeigerollten Baumstämmen Platz genommen hatte.

Der gefangene Parker wurde vorgeführt und aufgefordert, sich einen Vertheidiger zu wählen. Er war todtenbleich, zitterte am ganzen Körper und betheuerte fortwährend seine Unschuld. Einen Anwalt ernannte er nicht.

In die Mitte des Kreises wurde ein leeres Rumfäßchen gerollt und der Angeklagte auf dasselbe gestellt.

Der Richter eröffnete mit kurzer Ansprache die Versammlung und hob hervor, daß er zwar eigentlich dagegen sei, daß das Volk selbst sich Recht verschaffe und selbst die Ausführung des Gesetzes in die Hand nähme. Unter den obwaltenden Umständen aber, und weil die bestehende Obrigkeit nicht leicht von uns erreicht werden könne, seien wir genöthigt, uns selbst Hülfe und Recht zu suchen. Er machte auf den tiefen Ernst unseres Vorhabens aufmerksam und betonte die Verantwortlichkeit, welche auf uns falle. Frei von Vorurtheilen und Haß sollten die Geschworenen ihre Pflicht erfüllen, und die Zeugen müßten nur solche Aussagen machen, welche sie vor Gott und ihrem Gewissen zu verantworten im Stande seien. Er gab hierauf dem öffentlichen Ankläger das Wort, welcher in beredter Weise den Hergang der Sache schilderte, zu beweisen versprach, daß Parker selbst einen Brief geschrieben, in welchem er seinen Bruder ein reiches Goldfeld auffinden lasse, und ihn auffordere, mit Lebensmitteln dahin zu kommen, und daß dieses Schreiben in der Absicht verfaßt sei, uns zu seinem Vortheile auszubeuten. Der öffentliche Ankläger malte weiterhin in lebhaften Farben die Schrecknisse der vor uns liegenden Wüste aus und beschwor endlich das Strafgericht Gottes und der Menschen auf den gewissenlosen Mann herab, welcher das Unglück aller Anwesenden und den Tod dreier Menschen verschuldet hatte.

Zu Zeugen wurden zunächst wir Mitglieder der Expedition aufgerufen, und wir hatten nach auf die Bibel geleistetem Eide einen genauen Bericht über unsere Erlebnisse abzustatten, und unsere Ansicht zu begründen, weshalb wir die Auffindung und Bearbeitung eines Goldfeldes in jener Gegend für unmöglich hielten. Gleichfalls vereidete Zeugen bewiesen vollständig, daß Parker den Brief selbst geschrieben, und — daß er gar keinen in der Kolonie lebenden Bruder habe.

Der Angeklagte wurde aufgefordert, sich zu vertheidigen. Todtenblaß, mit kaltem Schweiß auf der Stirn, stand er, am ganzen Leibe zitternd, auf dem Fäßchen, das lebhaft hin und wieder wackelte, so daß er öfters das Gleichgewicht

verlor. Er konnte nur die Worte stammeln: „Es ist nicht wahr, ich bin un=
schuldig", vermochte aber keine Beweise für diese Behauptung beizubringen. Der
Richter legte hierauf den Geschwornen nochmals die Verantwortlichkeit ans Herz,
welche sie auf sich genommen; er zeigte ihnen, wie glaubwürdige Zeugen die
Schuld des Angeklagten anscheinend erwiesen hätten, gab ihnen aber zu bedenken,
daß, falls sie den geringsten Zweifel hätten, dieser sie zu einem Ausspruche zu
Gunsten des Angeklagten bestimmen müsse. Die Geschworenen zogen sich hinter
ein Gebüsch zur Berathung zurück, und auf die tiefe Stille folgte ein düsteres
Gemurmel. Keiner der Anwesenden verhehlte sich, was der Ausspruch der Ge=
schworenen und das richterliche Erkenntniß sein werde und müsse. Mir wurde
dabei so unheimlich, daß ich gern die bisher ausgestandenen Trübsale vergessen
hätte und mich weit weg von hier sehnte. Nach einer Viertelstunde endlich er=
schienen die Geschworenen wieder innerhalb des Kreises, und der Vormann der=
selben erklärte auf Befragen des Richters, daß sie einstimmig den Beklagten
für schuldig befunden hätten. Hierauf wurde an Parker die Frage gestellt, was
er noch vorzubringen habe, um das Urtheil des Gerichtshofes von sich abzu=
wenden. Der Unglückliche war indessen so getnickt, daß er keinen Laut vorzu=
bringen vermochte. Der Vorsitzende schloß mit einer herzergreifenden Rede an
den Gefangenen, worin er hervorhob, daß er von zwölf Geschworenen nach ge=
wissenhafter Erkenntniß für schuldig befunden worden sei, und er ihn deßhalb
dazu verurtheile, „am Halse aufgehängt zu werden, bis er todt, todt, todt sei,
und möge der Herr Gnade mit seiner Seele haben." Er gewähre ihm eine
Stunde, um sich auf sein Ende vorzubereiten, und könne ihm keine Aussicht auf
Begnadigung machen, da auch nicht ein Umstand zu Tage gebracht worden,
welcher zu seiner Entschuldigung spräche. Die Versammlung fordere er auf, vor
der Hand ruhig auseinander zu gehen, und niemals im Leben zu vergessen, an
welcher feierlichen Handlung sie heute Theil genommen.

Wir hatten kaum den Rücken gewendet, als wir durch lautes Geschrei zur
Umkehr veranlaßt wurden. Der aufgeregten Menge hatte man vor das Zelt, in
welchem Parker's Waarenlager sich befand, ein Faß Rum gerollt, den Boden
eingeschlagen, und Alles drängte sich vor, einen Becher des so beliebten Getränkes
zu erlangen. Bald war das Faß leer, und ein zweites, mit Wachholderbrannt=
wein gefüllt, theilte dasselbe Loos. Dann wurde das Waarenlager erstürmt, die
Zeltdecke zurückgeschlagen, und jeder verhalf sich zu solchen Gegenständen, welche
er in der Eile erlangen konnte. Hier trug Einer einen Sack Reis fort, dort hatte
ein Anderer einen Sack Zucker aufgenommen, ein Dritter ein Kistchen Thee:
Mehl, Butter, Schinken, Tabak waren beliebte Artikel. Dazu gab es auch höchst
komische Scenen. Auf einem umgefallenen Baumstamme saß ein rothköpfiger Ir=
länder, welcher zwei Schuhe erobert hatte und zu seinem größten Schrecken fand,
daß sie beide an den linken Fuß gehörten; ein Anderer hatte einige Flaschen
Ricinusöl gestohlen, schmierte sich damit die Schuhe ein, und benutzte das fette
Oel auch als Pomade, — wohin man blickte, lagen zerbrochene Flaschen, ent=
leerte Waarensäcke, aufgebrochene Kisten, Stroh u. s. w.

Wem von den vielen langentbehrten Dingen aus Parker's Waarenlager Etwas zu Theil geworden, der war beflissen, sich einen guten Tag damit zu machen: die Feuer wurden angeschürt und die Bratpfannen angesetzt. Schinken, Extraportionen Thee mit viel Zucker, sowie vergnügte Gesichter und Massen von Grog gab es überall. Keiner dachte für den Augenblick an den Delinquenten.

Als man es aber denn doch für nöthig hielt, den feierlichen Urtheilsspruch des Gerichtshofes auszuführen, da — war der Vogel ausgeflogen. Ein schlauer Landsmann des Verurtheilten hatte die Plünderung in Scene gesetzt und wohl= berechnend dadurch seinem Freunde zur Flucht verholfen. Ein allgemeiner Schrei der Wuth und Entrüstung erscholl, als man das Opfer über die weite Ebene auf flüchtigem Renner dahinjagen sah. Wir Bessergesinnten aber waren schließlich froh, daß wir aus der für unser Gewissen so heikeligen Angelegenheit auf so gute Art herausgekommen waren, wenngleich wir bekennen mußten, daß Parker den Strang reichlich verdient haben würde.

Ja, was war nun zu thun? Es blieb uns Nichts übrig, als unter Hunger und Durst den Rückweg nach unsern verlassenen und verschmähten Quartieren wieder anzutreten. Ich verschwor aber auf eine Zeit lang das Goldgraben und vermiethete mich unterwegs auf einer Station als „Hüter der weißwolligen Schafe".

So endete unsere Geniereise nach dem geträumten Dorado, und so ward unsere Lynchjustiz vereitelt.

Die Kolonie Vittoria ist die kleinste, aber bevölkertste und wichtigste englische Besitzung in Australien, in dessen südöstlicher Ecke sie zwischen dem 34 und 39⁰ südl. Br. und 141 bis 150⁰ östlicher Länge belegen ist.

Im Norden und Nordosten grenzt Viktoria an Neusüdwales, im Westen an Südaustralien, im Süden an den Stillen Ozean und die Baßstraße, durch welche letztere sie von der Inselkolonie Tasmanien getrennt wird.

Die größte Länge von Osten nach Westen beträgt ungefähr 1680 Kilom. die größte Breite von Norden nach Süden ungefähr 960 Kilom., die Küsten= linie dehnt sich ungefähr 2400 Kilom. aus. Der Flächeninhalt der Kolonie beträgt 229,062 Quadratkilom. oder 56,446,720 Acker, also ungefähr den vier= unddreißigsten Theil des Kontinents. Trotzdem, daß Viktoria wesentlich kleiner ist, als die Schwesterkolonien, betrug die Bevölkerung dennoch im Juli 1877 467,746 männliche und 393,046 weibliche, im Ganzen also 860,787 Seelen.

Der südlichste Punkt der Kolonie und zugleich der von Australien ist ein felsiges Vorgebirge Wilson's Promontory; durch die Thatsache indessen, daß Viktoria die am weitesten nach Süden zu liegende Kolonie ist, lasse man sich indessen nicht verleiten, das Land der Lage wegen mit dem mehr nach Nordwesten gelegenen Südaustralien zu verwechseln.

Das Gebirgs= und das Flußsystem ist uns schon hinreichend bekannt, auch vom Klima haben wir schon gesprochen, und können hier nur wiederholen, daß es der nahen Küste und der nach dem Innern zu liegenden Bergkette wegen, welche die Luft abkühlen, überaus gesund ist. Die mittlere Temperatur beträgt, nach vierzehnjährigen Beobachtungen, im Frühling 57°, im Sommer 65°, im Herbst 58°, im Winter 49° Fahrenheit. Die größte Sonnenhitze mag 80° F. im Schatten erreichen, indessen ist die Luft so rein, daß man davon nicht besonders unangenehm berührt wird. Man hat das Klima von Melbourne ungefähr mit dem von Lissabon verglichen. Der Sommer beginnt am 23. Dezember, dem längsten Tage. Der Dezember ist der nässeste, der Januar der heißeste Sommermonat, obschon auch noch im Februar die, allerdings bisweilen sehr unangenehmen, und verschrieenen heißen Winde wehen. Der Herbst, mit seinen zeitweiligen Regenfällen, die angenehmste Zeit des Jahres, beginnt am 20. März. Der Winter beginnt am 21. Juni, dem kürzesten Tage, und bringt in seinem Gefolge nasses, oft stürmisches, aber meist nicht gerade unangenehmes Wetter mit sich.

Die uns von früher her bekannte Dividing Range theilt das Land in zwei Theile, in eine nördliche und in eine südliche Hälfte. Die südliche ist vorzugsweise Weizenland, und das Land der Weinberge. In der nördlichen Hälfte wächst schon die Olive, Feige und Orange.

Im Ganzen ist die Kolonie Viktoria überaus fruchtbar. Viel ist bereits zur Ausnützung des Areals gethan worden, aber noch viel mehr könnte und sollte gethan werden, denn der fruchtbare Boden ist sehr dankbar und lohnt, mehr wie in vielen anderen Gegenden der Welt, die aufgewandte Mühe des fleißigen Ackerbauers. Ich will meine verehrten Leser nicht damit ermüden, ihnen die Bedingungen namhaft zu machen, unter denen die Regierung Ländereien verkauft, ebensowenig, wie viel Buschel Weizen, Gerste, Hafer u. s. w. vom Acker durchschnittlich erzielt werden, oder wie viel Wein man dort jährlich preßt: das sind Zahlen und Daten, die sich von Jahr zu Jahr ändern und die bald veralten. Nur erwähnen will ich, daß Ende März 1877 401,417 Acker mit Weizen, 115,209 Acker mit Hafer, 25,034 Acker mit Gerste, 40,450 Acker mit Kartoffeln, 147,408 Acker mit Heu und 362,554 Acker mit Grünfutter bestanden waren, von denen 5,279,730 Buschel Weizen, 2,294,225 Buschel Hafer, 530,323 Buschel Gerste, 134,082 Tonnen Kartoffeln, 180,560 Tonnen Heu geerntet wurden.

Im Jahre 1877 waren 4765 Acker mit Weinstöcken bepflanzt, von welchen 481,588 Gallonen Wein und 3725 Gallonen Cognac gepreßt wurden. Der Wein wird aus französischen und deutschen Traubensorten gewonnen.

Als ich von den ausgedehnten, fruchtbaren Weidedistrikten in den Flußgebieten des Murray und des Darling sprach, habe ich mich bereits des Weiteren über die für die Kolonie so wichtige Viehzucht verbreitet, und mich mit der Person des „Squatter" beschäftigt. Es wird meinen verehrten Lesern gleichgiltig sein können, unter welchen Bedingungen man sich einen, oft die Größe eines deutschen Fürstenthums erreichenden Weideplatz von der Regierung erpachten kann, jedenfalls ist das vergleichsweise sehr billig. Um wenigstens eine Idee zu geben, sei nur bemerkt, daß im Jahre 1877 26,772 Acker zu einem Pachtpreise von £ 152,664 zu diesem Zwecke vergeben waren, auf welchen 5608 Menschen Beschäftigung fanden.

Auswurf in Australien.

Der Viehstand betrug im Jahre 1877 203,168 Pferde, 2,174,598 Rinder (unter denen sich 295,137 Milchkühe befanden), 11,740,532 Schafe und 183,765 Schweine.

Kommen wir nochmals auf die Goldfelder in ihrem gegenwärtigen Zustande zurück, so haben wir zu bemerken, daß sich dieselben in 7 Distrikte unterordnen und zwar: Ballarat, Beechworth, Sandhurst, Maryborough, Castle=maine, Ararat und Gipps=Land.

Im Ganzen wurden 2800 Quadratkilom. Gold führenden Landes von 41,010 Goldgräbern bearbeitet. Von diesen waren 29,843 Europäer und 11,167 Chinesen, und es beschäftigten sich 14,446 mit Bearbeitung von Quarz=riffen, 26,558 Digger aber mit der Gewinnung des Goldes aus dem Alluvium. Im Jahre 1876 wurden in die Melbourner Münze 427,879 Unzen abgeliefert.

Das zu Bakery Hill in Ballarat gegrabene Nugget „Welcome" ist bis jetzt das größte Stück Gold, das man in der Kolonie gefunden hat. Es wog 2195 Unzen und ward in Melbourne für £ 9825 verkauft.

Bei Dunolly fand man den „Welcome Stranger", welcher, wenn geschmolzen, für £ 9534 Gold enthielt. Die „Blanche Barkly", in Kingower gefunden, hatte einen Werth von £ 6905 12 sh. 9 d. Ein Stück Gold, das keinen Namen erhielt, und das in Canadian Gully gefunden ward, hatte einen Werth von £ 5532 7 sh. 4 d. Der „Heron" vom Mount Alexander ward in Eng=land für £ 4080 verkauft. „Lady Hotham", gefunden in Canadian Gully, ward auf £ 3000 geschätzt; die „Viktoria" und „Dascombe" von Bendigo waren £ 1650 und 1500 werth; „Nil Desperandum" in Ballarat gefunden, ward für £ 1050 verkauft. „The Precious", in Berlin gefunden, wog 1621 Unzen, „Viscount Canterbury" und „Viscountess Canterbury", von ebendaher, wogen resp. 1105 und 884 Unzen.

Außer Gold enthält Viktoria noch andere Mineralien in zum Theil nicht unbedeutenden Mengen, z. B. Antimon, Kohlen, Steinkohlen, Blei, Silber, Kupfer, Eisen u. s. w. Besondere Beachtung verdienen aber die Edelsteine; so werden z. B. in Gembrook, 115 Kilom. ostwärts von Melbourne, in Glen Lyon u. s. w. Saphire gefunden, ebenso Amethyste, Topase und Rubinen. Auch Diamanten bis zu 4 Karat hat man in Beechworth gegraben: verschiedene andere Arten von Edelsteinen und Halbedelsteinen nicht zu erwähnen.

Bis vor Kurzem war die Industrie nur gering. Ich erinnere mich noch recht gut der Zeit, als es in der Kolonie, beinahe buchstäblich genommen, keinen Handwerker gab. Kleidungsstücke, Schuhwerk, Wäsche und alle Bedürfnisse des Lebens wurden importirt und so lange benutzt, bis sie weggeworfen werden mußten. Ein Lumpensammler hätte dort glänzende Geschäfte machen können. Und das war nur natürlich. Die Zufuhr war so massenhaft, daß Alles ver=gleichsweise billig verkauft ward, dagegen waren die Arbeitslöhne so hoch, daß in der Kolonie gearbeitete Sachen den Preis der eingeführten wesentlich überstiegen haben würden. Seit jener Zeit ist es aber auch hier anders geworden; man deckt nicht nur den eigenen Bedarf, sondern kann auch, weil das Rohmaterial (Leder,

Wolle u. s. w.) billig zu haben ist, mit anderen Märkten konkurriren. Namentlich sind es Schuh= und Stiefelfabriken, welche eine große Anzahl Leute beschäftigen, ebenso Kleidermacher, Hutmacher, Sattler u. s. w., Wagenbauer, Möbeltischler, Eisen= gießer, Fabrikanten von Werkzeug u. s. w., welche mit Erfolg dort arbeiten lassen.

Mit dem Wachsthum von Viehzucht, Ackerbau, Bergbau und Industrie ist auch der Handel rasch emporgeblüht, und hat sich außer Melbourne auch auf die Häfen Geelong, Portland, Port Fairy, Port Albert und Warrnambool und auf die Murrayhäfen Echuca, Swan Hill, Tocumval, Wahgunyah, Wodonga und Howlong ausgedehnt, an denen allen größere und kleinere Schiffe anlaufen.

Der Haupthafen ist natürlich Melbourne oder vielmehr die Landungsplätze in nächster Nähe der Stadt, in den Vorstädten Sandridge und Williamstown. In Melbourne allein wurden im Jahre 1877 für £ 13,015,552 eingeführte Waaren gelandet und £ 13,126,292 ausgeführt. Nächst Melbourne und Geelong ist Echuca der wichtigste Hafen, der Hauptstapelplatz für die Murrayfahrt und für den Verkehr mit Neusüdwales. Im Ganzen betrug im Jahre 1877 die Einfuhr der Kolonie £ 16,685,874, die Ausfuhr £ 15,766,974.

Die Einnahme im Jahre 1877 betrug £ 4,746,256 und die Ausgabe £ 4,423,835. Die Staatsschuld bezifferte sich auf 17,018,913.

Noch bis vor wenigen Jahren waren die Verkehrsmittel von einem Theile der Kolonie bis zum anderen sehr primitiver Art. Die Straßen waren meist nur staubige, im Winter morastige Buschwege, welche aller Beschreibung spotten. Nur der kann sich einen Begriff davon machen, welcher gesehen hat, wie sich im Sommer die armen Treiber mit ihren Ochsenfuhrwerken durch knietiefen Staub bei der glühenden Sonnenhitze abquälen mußten, während im Winter (ich über= treibe nicht) oft 1—1 1/2 m tiefer, lehmiger Brei zu passiren war. An Brücken über die oft reißenden, angeschwollenen Flüsse war natürlich nicht zu denken. Den Wegen entsprechend waren die zweirädrigen Wagen. Ein entschiedener Fort= schritt waren für die Passagierbeförderung „Cobbs Coaches", eine durch einen Spekulanten nach den Goldfeldern von Melbourne und umgekehrt eingerichtete Omnibuslinie, deren Führer rücksichtslos gegen Gefahr und gegen die gesunden Gliedmaßen der Pferde ihren Weg bald auf der sogenannten Straße, bald mitten durch den Busch hindurch, wie es eben gehen wollte, sich erzwangen. Aber der rastlose Kolonist wußte dem Uebelstand bald genug abzuhelfen, — er schaffte sich Eisenbahnen für den Güter= und Personenverkehr von der Metropole nach Nord und Süd, nach Ost und West. Selbst da wurden Schienenstränge hingelegt, wo die Endpunkte und Zwischenstationen noch nicht die aufgewandten Kosten lohnen wollten, aber in der sichern Voraussetzung, daß der Verkehr sich bald genug nach leichter erreichbaren Orten hinziehen würde, und daß der Viehzüchter und Acker= bauer sich in von End= und Zwischenstationen erreichbaren Strecken ansiedeln und somit neues Terrain für Handel und Wandel schneller gewonnen werden würde. Jetzt durchschneiden über 2000 Kilom. Schienenstranges die kleine Kolonie Viktoria und zwar die Melbourne=Sandhurst=Echuca=Linie (die Murray= Bahn) 370 Kilom.; die Melbourne=Williamstown= Bahn 15 Kilom., die Mel=

bourne-Geelong- und Ballarat-Bahn 250 Kilom.; die Ballarat- und Ararat-
Bahn 125 Kilom.; die Ararat- und Stawell-Bahn 45 Kilom.: von Ararat
nach Hamilton 160 Kilom.; von Hamilton nach Portland 125 Kilom.; die
Nordost-Bahn (von Melbourne nach) Albury (in Neusüdwales am Murray)
270 Kilom.; Ballarat-Maryborough 40 Kilom.; Castlemaine-Dunolly 75 Kilom.:
Wangaratta und Beechworth 65 Kilom.; Sandhurst-Inglewood 42 Kilom.:
Maryborough und Avoca 22 Kilom. und Geelong-Colac 75 Kilom.

Die öffentliche Bibliothek zu Melbourne.

Außer diesen, von der Regierung angelegten Bahnen, und der im Jahre 1880
zu eröffnenden, ebenfalls der Regierung gehörigen Melbourne- und Gippsland-
Bahn (180 Kilom.), der noch viele andere folgen sollen, gehören einer Privat-
gesellschaft, der Melbourne- und Hobsons-Bai-Eisenbahncompagnie,
die nach den Vorstädten führenden Linien von Melbourne nach St. Kilda
6 Kilom.; Melbourne-Sandridge 5 Kilom.; Melbourne-Windsor 6 Kilom.:
Windsor-Brighton 9 Kilom. und Richmond-Hawthorne 3 Kilom. Man sieht,
daß die Kolonie bereits ein ganz anständiges Eisenbahnnetz sich angeeignet hat,
so daß auf diese Weise und auf den jetzt meist trefflich chaussirten Wegen das
Reisen im großen Ganzen ebenso angenehm ist, wie bei uns in Europa. Sämmtliche
Linien haben mit Südaustralien eine gemeinsame Spurweite von 5 Fuß 3 Zoll
(englisch), während die anderen Kolonien eine geringere Spurweite angenommen
haben. Auf den Regierungsbahnen waren 121 Lokomotiven, 96 Salonwagen

und Wagen erster Klasse, 87 Wagen zweiter Klasse, 175 Viehwagen, 1678 Lowries und 149 Reservewagen u. s. w. in Thätigkeit.

In vortrefflichem Zustande befindet sich das Postwesen, nicht nur für den Binnenverkehr, sondern auch für das Ausland. Das Porto ist niedrig, die Postanstalten zahlreich und die Verbindung überaus schnell und pünktlich.

Mit dem Postwesen im engen Zusammenhange steht das Telegraphen= wesen. Nach selbst kleinen, unbedeutenden Orten führt ein Draht, und die Kolonie ist von einem Telegraphennetz überspannt.

Das Universitätsgebäude in Melbourne.

Direkte Verbindung ist hergestellt mit allen benachbarten Kolonien, und über Südaustralien auch mit den Inseln des ostasiatischen Archipels, mit Asien und mit Europa. Nach Tasmanien ist ein unterseeisches Kabel gelegt. In der Kolonie Viktoria selbst kommt auf 4490 Kilom. Telegraphen eine Drahtlänge von 7860 Kilom. Den Verkehr vermitteln über 160 Stationen, die Zahl der aufgegebenen Telegramme beträgt im Binnenverkehr allein 732,899. Für 10 Worte zahlt man 1 Mark und für jedes fernere Wort 10 Pfennige. Post= und Telegraphenwesen brachten der Regierung im Jahre 1877 ein Einkommen von £ 226,388 und erheischten eine Ausgabe von £ 321,945.

Der Religion und dem Unterrichtswesen werden seitens der Regierung vollste Aufmerksamkeit zugewandt. An der Spitze dieser Verwaltung steht ein Unterrichtsminister. Allen Bekenntnissen und Sekten ist freie Ausübung ihrer

Kulten gestattet, und Alle erhalten sie, je nach der Zahl ihrer Bekenner, ent=
sprechende Unterstützung vom Staate. Der Schulbesuch ist für Kinder von 6 bis
15 Jahren obligatorisch. Im Jahre 1877 zählte man 1320 Staatsschulen mit
3826 Lehrern und 220,553 Schülern, außerdem bestanden 565 Privatschulen
mit 1511 Lehrern und 27,481 Schülern.

Durch Regierungsakte vom Januar 1853 ward die im Oktober 1855 er=
öffnete Melbourner Universität gegründet. Dieselbe ist völlig nach englischem
Muster eingerichtet; die von ihr verliehenen Grade und Auszeichnungen haben
denselben Werth, als die irgend einer englischen Universität. Die Regierung
gewährt dem Institut einen jährlichen Zuschuß von £ 9000. Im Jahre 1877
waren 195 Studenten eingeschrieben, von denen 56 Kunstgeschichte, 60 Juris=
prudenz, 27 Technik und 52 Medizin studirten.

Während, wie leicht erklärlich, kurz nach Auffindung des Goldes, von den von
Nah und Fern herzuströmenden Abenteurern Verbrechen aller Art häufig ver=
übt worden, ist man nunmehr zu Gesetz und Ordnung zurückgekehrt und hat hier
treffliche Aufsicht und eine schnelle und gewissenhafte Rechtspflege geschaffen.

Die öffentlichen Wohlthätigkeitsanstalten sind zahlreich und meist gut dotirt.
Hospitäler, Blinden= und Taubstummeninstitute, Irrenhäuser, Waisenhäuser
u. s. w. sind fast in allen Städten anzutreffen.

Für die geistige Fortbildung der Kolonisten wird auch fernerweit reichlich
gesorgt. Der Stolz des Landes ist die öffentliche Bibliothek in Melbourne,
von der wir weiter unten sprechen werden; mit dieser ist eine National=Gallerie
verbunden, welche im Jahre 1875 73 Oelgemälde, 159 Werke der Plastik,
5687 Zeichnungen, Kupferstiche und Photographien enthielt. Zur National=
Gallerie gehört eine Maler= und Zeichenschule und ein Gewerbemuseum.
Mit der Universität ist auch ein Naturhistorisches Museum verbunden, welches
zahlreiche zum Theil werthvolle Gegenstände aus dem Mineral=, Pflanzen= und
Thierreich u. s. w. der Kolonie enthält.

Außerdem hat fast jede Stadt in der Kolonie eine, dem Publikum jederzeit
gratis geöffnete, Bibliothek, einen Gewerbeverein und einen Arbeiterbildungs=
verein, natürlich aber auch seine Theater und andere Vergnügungsorte.

Endlich dürfen wir nicht vergessen, daß nicht nur Melbourne seine Gewerbe=
und Kunstschulen für reifere Schüler besitzt, sondern auch die Orte Ballarat,
Brunswick, Clunes, Creswick, Collingwood, Fitzroy, Geelong, Northcote,
Prahran, Preston, Richmond, Sandhurst (hier existirt auch eine Bergakademie),
Sebastopol, Süd=Melbourne, Süd=Richmond und St. Kilda.

Nicht umsonst habe ich dies Alles aufgezählt: es galt den Beweis zu
liefern, daß das junge, noch nicht viel mehr als 40 Jahre alte Viktoria in
geistiger Beziehung den Vergleich aushalten kann, mit den Nachbarkolonien nicht
nur, sondern auch mit vielen unter günstigeren Bedingungen erwachsenen und
unter besseren Verhältnissen bestehenden Orten der Alten Welt. Was es aber
geschaffen hat, das hat es einzig und allein seiner eigenen Energie zu verdanken
und der Liberalität seiner Mitbürger.

Viktoria ist ein politisch freier Staat. Die Regierung liegt in der Hand eines von der englischen Krone ernannten Gouverneurs, der gewöhnlich auf 6 Jahre gewählt wird. Der Name des gegenwärtigen Gouverneurs ist Sir George Ferguson Bowen K. M. G. Dem Gouverneur zur Seite steht eine Exekutive und ein aus zwei Kammern bestehendes Parlament. Das Oberhaus (Legislative Council) besteht aus 30, die sechs Provinzen der Kolonie vertretenden Mitgliedern. Die sechs Provinzen, in denen zur Zeit 29,110 Wähler wohnen, sind nach den Himmelsgegenden getheilt (Centrum, Nordwest, Nordost, Süd, Ost und West. Wahlberechtigt ist Jeder, welcher Land bewirthschaftet, für welches er eine jährliche Pachtsumme von £ 50 bezahlt, oder wer Eigenthum in derselben Höhe besitzt. Wählbar sind Besitzer von Grundstücken im Werthe von £ 2500, sowie Personen mit einem Jahreseinkommen von £ 250.

Das Unterhaus (Legislative Assembly) besteht aus 86 Mitgliedern aus 55 Wahlbezirken. Wählbar und wahlberechtigt ist jeder unbescholtene Bürger der Kolonie, welcher das 21. Jahr zurückgelegt und mindestens 1 Jahr in derselben gewohnt hat. Die Abstimmung erfolgt mittels Ballotage. Die Abgeordneten beider Häuser erhalten ihre Auslagen mit £ 300 pro Jahr vergütet.

Die fünf ursprünglichen Distrikte der Kolonie Viktoria sind Gippsland, Murray, Wimmera, Lobdon und die angebauten Distrikte.

Gippsland, das seinen Namen nach Gouverneur Gipps, einem der ersten Gouverneure von Neusüdwales erhielt, umfaßt die südöstliche Ecke der Kolonie, und ist im Norden und Nordosten von hohen Bergen umgeben, im Westen aber von einem dicht mit Holz bestandenen, theils sumpfigen, theils hügeligen Landstriche. Es nimmt ungefähr ein Fünftel des Areals der ganzen Kolonie ein, dagegen ist wegen der hohen Berge im Norden und im Nordosten ein großer Theil des Landes nicht geeignet für den Ackerbau; im Süden und Südosten aber giebt es noch viel fruchtbares und für Viehzucht und Ackerbau verwendbares Land. Gippsland ist reich an Mineralien. Man findet daselbst Gold, Silber, Kupfer, Eisen, Zinn, Blei, Kohlen, Marmor und Kalkstein. In dem hügeligen nordwestlichen Theile werden goldhaltige Quarzrisse mit großem Erfolg bearbeitet. Das Klima und der Boden des südlicheren Theils eignet sich zum Anbau von Orangen, Hopfen, Tabak und Opium, und der Südwesten fast für alle Cerealien. Das Land ist reich bewässert durch die Flüsse Avon, Thompson, Tambo, Snowy, Latrobe, und viele andere; auch große fischreiche Seen, wie der Viktoria, Wellington und King und eine Anzahl Lagunen sind vorhanden. Die vornehmsten Städte sind Sale, Stratford, Bruthen, Alberton, Rosedale, Tarraville, Palmerston, Bairnsdale und Jericho. Die Bevölkerung beträgt zur Zeit zwar erst 20,000, doch wird die im Bau begriffene Eisenbahn von Melbourne nach Sale sicherlich bald diese Zahl vervierfachen.

Der Murray-Distrikt umfaßt die Nebendistrikte Omeo, Ovens und Goulbourn und ist ein großes Territorium im Nordosten der Kolonie, von Gippsland durch die Dividing Range getrennt. Der Distrikt ist meist bergig und besonders reich an Gold.

Verschiedene schöne Flüsse, der Kiewa, Ovens, Mitta-Mitta, Broken, Goul-
bourn und andere bewässern das Land, die Nordgrenze des Distrikts aber bildet
der Murray. Im Nordosten breiten sich grasreiche Ebenen aus und für den
Anbau von Wein, Oliven, Tabak und Weizen besonders geeigneter fruchtbarer
Boden ist reichlich vorhanden. Fast der beste Wein und der beste Tabak der
Kolonie Viktoria wächst in diesem Distrikt. Die Hauptorte sind Avenel, Euroa,
Benalla, Wangaratta, Chiltern, Beechworth, Belvoir (Wodonga) Yackandandah,
Tarrawingi (sämmtlich Stationen der Nordostbahn), Wahgunyah, Rutherglen,
Buckland, Bright, Mansfield, Jamieson und Woods Point.

Das Stadthaus in Melbourne.

Im Nordwesten der Kolonie liegt der Wimmera-Distrikt, dessen Grenze
nach Norden zu ebenfalls vom Murray gebildet wird. Bis vor Kurzem hielt
man alles zum Wimmera-Distrikte gehörige Land für sandige, dünn mit Gras
bestandene Ebenen, durchschnitten von Strecken Myall-Skrub, Eukalypten- und
Kasuarinenwäldern und nur zur Schafzucht geeignet. Neuerdings aber hat man
große Flächen guten Ackerlandes entdeckt und dasselbe auch schnellstens in Besitz
genommen. Die Hauptflüsse sind der Wimmera, Avon, Richardson und der
Yarriambiack Creek; dieselben haben aber meist die üble Eigenschaft australischer
Flüsse, im Sommer theilweise auszutrocknen und nur eine unterbrochene Kette von
Lagunen zu bilden. Die große Wassersnoth ist denn auch das große Hinderniß
für die Nutzbarmachung dieser Ebenen. Neuerdings hat man freilich auf einzelnen

beſonders dürren, waſſerarmen Stationen angefangen Brunnen zu graben, und
iſt in einer Tiefe von 25 bis 45 m auf gutes Trinkwaſſer gekommen.

Der Loddon-Diſtrikt iſt vorzugsweiſe treffliches Weideland an den
Flüſſen Murray, Loddon, Avoca und Campaspe und zwiſchen den Diſtrikten
Wimmera und Murray gelegen. Im Süden werden ſeit vielen Jahren reiche
Goldfelder mit theilweiſe großem Erfolg bearbeitet.

Die Hauptſtädte ſind Sandhurſt (früher das Goldfeld Bendigo), Echuca,
Ravenswood, Dunolly, Inglewood und Wedderburn.

Sandridge, der Hafenplatz von Melbourne, im Jahre 1875.

Der angebaute Diſtrikt (Settled Diſtrict) endlich nimmt den ganzen
ſüdlichen und ſüdweſtlichen Theil der Kolonie ein und umfaßt die Diſtrikte
Melbourne, Caſtlemaine, Geelong, Ballarat, Warrnambool, Hamilton, Stawell,
Ararat und alle die Städte, ſowie alles das Land, das ſüdlich von der Dividing
Range liegt, außer Gippsland. In dieſem Theile der Kolonie finden ſich die
meiſten Niederlaſſungen. Der Boden und das Klima iſt verſchieden, doch wächſt
hier meiſt alles, was man in den Boden pflanzt.

Viktoria zerfällt weiterhin in 37 Counties: Anglesey, Benambra, Bendigo,
Bogong, Borung, Bourke, Buln-Buln, Croajingolong, Dalhouſie, Dargo, Dela=
tite, Dundas, Evelyn, Follett, Gladſtone, Grant, Grenville, Gunbower, Hamp=
don, Heytesbury, Kara=Kara, Karkarooc, Lowan, Millewar, Moira, Morning=
ton, Normanby, Polwarth, Ripon, Rodney, Talbot, Tambo, Tanjil, Tatchera,

Villiers, Weeah und Wonnangatta. Das bevölkertste dieser Counties war nach dem letzten Census Bourke, in welchem die Hauptstadt Melbourne liegt. Bourke zählte 236,778 Einwohner oder über 136 Personen auf die (engl.) Quadratmeile; darauf folgte Talbot, in welchem die Goldfelder Clunes, Castlemaine, Creswick, Daylesford, Maryborough, Amherst, Maldon u. s. w. gelegen sind mit 84,762 Einwohnern oder 52 auf die Quadratmeile; sodann Grenville mit der Stadt und dem Goldfelde Ballarat mit 60,917 Einwohnern oder 41 auf die Quadratmeile; Grant mit 40; Dalhousie, ein Ackerbaubezirk mit 20, und so fort bis Weeah, ein Landstrich im Wimmera=Distrikt, dicht an der Grenze von Südaustralien, in welchem in der Nacht des Census kein Mensch sich aufhielt. Im Jahre 1861 entfielen in Viktoria etwa sechs Personen auf die Quadratmeile. Im Jahre 1871 bei der letzten offiziellen Zählung waren 8 Einwohner auf die Quadratmeile vorhanden; seitdem ist die Bevölkerung abermals im Verhältniß gestiegen.

Im Ganzen giebt es 59 Städte und Stadtbezirke in der Kolonie mit einer Bevölkerung von 398,117 Einwohner in 88,516 Wohnhäusern mit steuerbaren Eigenthum in der Höhe von £ 29,638,515 und mit einem Jahreswerth von £ 2,971,823. Nach dem Gesetze darf ein Stadtbezirk nicht mehr als neun Quadratmeilen umfassen, und darf nicht weniger als 300 Einwohner zählen. Einer Stadt steht ein Mayor und ein aus nicht weniger als sechs und nicht mehr als neun Räthen bestehendes Rathskollegium vor, welches Steuern erheben, lokale Verordnungen erlassen, Expropriationen vornehmen u. s. w. kann. Wenn in einem Bezirke die jährliche Einnahme £ 10,000 erreicht, so kann er für eine Stadt erklärt werden, erreicht die Einnahme £ 20,000, für eine Stadt ersten Ranges (City): auf diese Weise sind die Vorstädte Melbournes, Fitzroy, Prahran, Emerald Hill und Richmond Städte geworden, die Vorstädte Collingwood eine City und die im Innern belegenen Städte Ballarat und Sand=hurst ebenfalls Cities.

Die Metropole und größte City der Kolonie Viktoria ist Melbourne. Noch sind nicht fünfzig Jahre verflossen, seit ein einsames Boot mit Rudern die Mündung des Flusses Yarra suchte und fand, ihn hinauffuhr und an einer ge=eigneten Stelle die Ankerkette um den Baum eines von Europäern noch nie be=tretenen Urwaldes befestigte.

Gerade an dieser Stelle erhebt sich jetzt das stolze Melbourne, welches wie durch ein Mährchen aus Tausend und Einer Nacht hervorgezaubert ist, und wo über 200,000 Einwohner wohnen. In dieser jungen Stadt steigt Palast auf Palast aus der Erde empor; sie ist der leidenschaftlich bewegte politische und merkan=tilische Brennpunkt eines Staates, an Flächeninhalt Preußen wenig nachstehend, würdig des Namens der erlauchten Souverainin von Großbritannien — Viktoria.

Noch sind nicht fünfzig Jahre seit der ersten Ansiedlung verflossen und aus der Wohnstätte der Wilden ist eine der Hauptstädte der Welt geworden.

Die Stadt liegt in dem Bezirke Bourke, unter 37° 49' 28" südl. Br. und 144° 58' 35" östl. Länge, auf dem nördlichen Ufer des Flusses Yarra=Yarra, (Immer, immer, d. h. immer fließend); sie bildet mit ihren Vorstädten einen

Melbourne.

Australien. Zweite Auflage.

Leipzig: Verlag von Otto Spamer.

eigenen Polizeidiſtrikt und wird in drei Wahlbezirke, Oſt-Melbourne, Weſt-Melbourne und Nord-Melbourne eingetheilt, von denen jeder zwei Abgeordnete in die Legislatur entſendet. Melbourne theilt ſich in ſieben ſtädtiſche Bezirke (Lonsdale, Bourke, Gipps, Latrobe, Smith, Vittoria und Albert) von denen jeder einen Stadtrath und drei Stadtverordnete erwählt. Den Namen erhielt die Stadt nach Lord Melbourne, dem engliſchen Premierminiſter zur Zeit der Gründung.

Die Gebäude ſtellen ſich denen der älteren Hauptſtädte Europas an die Seite. Man baut dort aus Baſalt, alſo aus mindeſtens eben ſo ſolidem Material wie irgend wo anders. In keiner gleichgroßen Stadt giebt es vielleicht ſo viele und ſo ſchöne Kirchen, Banken, Waarenſpeicher, öffentliche und private Gebäude wie in Melbourne. Als beſonders erwähnenswerth erſcheinen das Finanz-miniſterium, die Parlamentshäuſer, die öffentliche Bibliothek (mit 90,000 Bän-den), die Poſt, die Staatsdruckerei, das Zollhaus, die Münze, die Univerſität (zu welcher ein reichhaltiges Muſeum gehört), das neue Rathhaus (welches eine der ſchönſten Orgeln der Welt beſitzt), die St. Patricks Kathedrale (römiſch-katho-liſche Kirche), die Kirchen der Wesleyaner, Independenten und Baptiſten in der Collinsſtraße; ebenſo gehören hierher einige Prachtbauten, welche Verſicherungs-anſtalten errichtet haben, ferner Banken, Theater und endlich weitläufige, trefflich eingerichtete Hotels. Dem Repräſentanten der Krone, dem Gouverneur, iſt auf einem in die Augen fallenden Platze in der Vorſtadt Toorak ein ſtattliches, mit Thürmen verſehenes, palaſtartiges Gebäude eingeräumt, das von einem weitläufigen, trefflich angelegten, und von den Bewohnern Melbournes häufig beſuchten Parke umgeben wird.

Die Häfen der Stadt befinden ſich in Sandridge, einem $2^1/_2$ km ent-fernten kleinen Städtchen von etwas über 7500 Einwohner an der Hobſons-Bai, das mit der Metropole durch eine Chauſſee und eine Eiſenbahn in Verbindung gebracht iſt, und in dem auf der andern Seite der Bai liegenden Städtchen Williamstown (über 7000 Einwohner), wohin ebenfalls eine Bahn führt.

Sandridge ſowol wie Williamstown haben je zwei große und bequeme Hafendämme, welche weit in die Bai hinausragen, an denen zahlreiche Schiffe jeder Größe ankern können. Dampfer und Schiffe von mäßigem Tiefgang könnten auf der Yarra-Yarra bis mitten in die Stadt Melbourne hineinlaufen.

Williamstown hat auch ſeine Schiffszimmerplätze und Docks, in denen Schiffe jeder Größe ausgebeſſert werden können.

In und bei Williamstown und Sandridge befinden ſich die Hafenbatterien, ein Zollhaus, eine Poſt u. ſ. w. Die Yarra iſt nur bis zur Stadt Melbourne ſchiffbar, hinter derſelben iſt ein Wehr errichtet, um das Salzwaſſer ſelbſt bei Hochflut nicht höher im ſüßen Waſſer aufſteigen zu laſſen. Unmittelbar vor dieſem, die „Fälle" genannten Wehre, liegen, in einer Ausdehnung von etwa einem Kilometer, auf dem nördlichen Ufer des Fluſſes die Queens-Docks, in denen nur Küſtenfahrer und kleine Dampfer Platz haben; in den Auſtraliſchen Docks liegen nur Kohlenſchiffe. Auf dem gegenüberliegenden Flußufer ſind Schiffszimmerplätze, Eiſengießereien und

andere große gewerbliche Etablissements, nicht minder ein massiver mit großen
Kosten neugebauter Dock, in welchem größere Schiffe ankern. Hier ist ein großer
Dampfkrahn, welcher 50 Tonnen und mehr aus den Schiffen heben kann. Die
Yarra bildet an dieser Stelle ein weites Bassin, in welchem die großen bis zur
Stadt kommenden Schiffe umdrehen können.

Melbourne besitzt zahlreiche Omnibusse, welche ähnlich eingerichtet sind wie
die in New-York, nicht minder reich ist es an Droschken, Fiakern und anderen
Gefährten zur Erleichterung der Verbindung zwischen der Stadt und den Vorstädten. Die Wagen sind durchschnittlich bequem und elegant und der Fahrpreis billig.

Die Post in Melbourne.

Die Stadt hat zwei Eisenbahnstationen. Die eine derselben, und zwar
die für die Staatsbahnen, liegt im Südwestende der Stadt, an der Spencer-
straße und ist das die Ausgangs- und Endstation für die landeinwärts laufenden
Eisenbahnlinien. Die andere Station, die der Melbourne- und Hobsons-Bai-
Eisenbahn-Gesellschaft, befindet sich in der Flindersstraße; von hier aus gehen
die Züge nach den Vorstädten Sandridge, St. Kilda, Hawthorne, Brighton
und anderen Plätzen ab.

Die Hauptstraßen der Stadt sind 1 km lang und 33 m breit; dieselben
stoßen in rechten Winkeln aufeinander und werden von kleineren Straßen unterbrochen, welche den Namen der größeren mit dem Vorsatz „Kleine" tragen.

Die Straßen führen meist die Namen von Männern, welche sich Verdienste um das Land erworben haben. Von Ost nach West laufen die Flinders=, Collins=, Bourke=, Lonsdale= und Latrobestraßen mit den dazwischen liegenden Kleinen Flinders=, Kleinen Collins= u. s. w. Straßen. Von Nord nach Süd begegnen wir den Spencer=, King=, William=, Queens=, Elisabeth=, Russel=, Swanston=, Stephen= und Springstraßen, mit denen gleichnamige kleinere Straßen parallel laufen.

Die Elisabethstraße zieht sich am Fuße der zwei Hügel hin, auf denen die Stadt erbaut ist, und theilt sie in eine östliche und eine westliche Hälfte.

Fitzroy Gardens in Melbourne.

Diese Straße liegt sehr tief und schwillt bei Regenwetter zum rauschenden Gießbach an, den dann Fußgänger schwer oder gar nicht überschreiten können.

An der Ecke von Swanston= und Collinsstreet im Mittelpunkte der Stadt befindet sich das bereits erwähnte prächtige Rathhaus.

Zahlreiche andere Straßen liegen außerhalb des Centrums der Stadt, während die wichtigen Vorstädte Emerald Hill, South Yarra, St. Kilda, Sandridge, Prahran, Windsor, Balaklava, Elsternwick, Richmond, Fitzroy, Collingwood, Carlton, Hotham, Flemmington, sowie Nord=, Ost= und West= Melbourne mit nicht minder schönen Straßen, prächtigen Geschäftshäusern und geschmackvoll gebauten Villen bis zur Stadt heranreichen.

Neuerdings hat ein Mayor, Namens Gatehouse, die Hauptstraßen mit Bäumen bepflanzen lassen. Es ist dies in einer Stadt, in welcher die Hitze so groß und der

Staub oft fast unerträglich ist, eine sehr große Wohlthat. So zieren jetzt schon 12 englische Ulmen von ziemlicher Größe die Collinsstraße vor dem Rathhause. Die Stadt ist durchaus gut beleuchtet und gepflastert und wird reichlich mit trefflichem Trinkwasser aus dem Yan-Yean-Reservoir versorgt.

Das Hospital ist ein weitläufiges Ziegelgebäude, anscheinend mehr für den Nutzen berechnet, als zur Zierde der Stadt dienend. Das Gefängniß ist ein langes düsteres Gebäude, das durch den dunklen Basalt, welcher zum Bauen verwendet worden, ein noch traurigeres Ansehen hat. Der Arbeiter-Bildungsverein oder das Athenäum, wie es jetzt genannt wird, besitzt eine Bibliothek von 16,000 Bänden und hat einen Saal, der über 1000 Personen faßt. Die umfangreichen Kasernen sind in gesunder Lage an der Straße nach St. Kilda erbaut.

Die aus Stein gebaute Princes-Brücke überspannt mit einem 50 m breiten Bogen die Yarra, mit einem Bogen, der also nur wenige Meter schmäler ist als der breiteste Bogen von London Bridge.

In der Vorstadt Carlton liegt der nach den verschiedenen Confessionen abgetheilte, mit schönen Anlagen versehene Friedhof.

Die Waarenspeicher und Geschäftshäuser der Stadt sind so groß und wohl gebaut, daß es dem Neuankommenden nicht scheint, als ob er sich tausende von Meilen von der Heimat entfernt in einem neuen Lande befände.

Unter den zahlreichen Hotels nehmen Scotts, Port Philip, Weißer Hirsch, Albion, Menzies, Rigbies, das Criterion und Tankards (letzteres ein Hotel der Mäßigkeitsvereinler) einen hervorragenden Rang ein. Sie sind mit allem Komfort der Neuzeit eingerichtet und stehen unter eben so guter Leitung wie die besten europäischen Hotels.

Der Ost-, der West-, der Fisch- und der Heumarkt sind mit geräumigen Markthallen, wahren Prachtgebäuden, versehen. In den drei erstgenannten werden alle erdenklichen Bedürfnisse selbst eines verwöhnten Gaumens verkauft.

Außer dem neuen, sogenannten Königlichen Theater und dem Opernhause besitzt Melbourne zahlreiche andere kleinere Vergnügungsorte.

Von Bedeutung sind die Wohlthätigkeitsanstalten; vor allen das oben erwähnte Hospital mit 400 Betten, ferner ein Asyl für Altersschwache und Kranke, ein Waisenhaus, ein Einwandererheim, ein Matrosenheim, ein Asyl für Dienstboten, ein Irrenhaus, ein Blindeninstitut, eine Gebäranstalt, ein Kinderspital u. s. w.

Seit dem Jahre 1848 ist Melbourne der Sitz eines römisch-katholischen Erzbischofs.

Für die Erholung der Einwohner ist durch zahlreiche Parks und öffentliche Plätze gesorgt, wir nennen den Studley-Park, den Royal-Park (mit einem zoologischen Garten), den Fawkner-Park, sodann die Fitzroy-, die Carlton-Gärten und den Botanischen Garten. Letzterer liegt auf der Südseite der Yarra ungefähr 1 km von der Stadt entfernt und ist nicht nur meisterhaft angelegt, sondern auch tadellos eingerichtet.

Bei Einrichtung und durch Erhaltung des Botanischen Gartens hat sich unser deutscher Landsmann Ferdinand v. Müller hervorragende Verdienste erworben.

Die Melbourner Sternwarte ist eine der besteingerichteten der Welt; das große Teleskop ist bekannt als eines der größten seiner Art.

Der in Flemmington dicht bei Melbourne gelegene Rennplatz und der Cricket-platz finden nach Anlage und Bequemlichkeit nirgends ihres Gleichen.

Man ist in Melbourne stolz auf seine Stadt und hat dazu, wie wir gesehen haben, alle Ursache.

Sturt Street in Ballarat.

Nach dem letzten Census des Jahres 1871 zählte Melbourne 194,254 Seelen, oder innerhalb der Bannmeile von 10 km 205,000 Seelen.

Am 31. März 1877 schätzte man die Einwohnerzahl (ohne Collingwood) auf 244,668. Im eigentlichen Melbourne wohnen 61,000 Menschen in 12,844 Häusern. Sie besitzen zusammen £ 8,568,100 steuerbares Eigenthum.

Wenige Städte endlich sind so reichlich mit Zeitungen und Journalen ge-segnet wie Melbourne. Täglich erscheinen die Blätter Argus, Age, Daily Tele-graph und Herald. Wöchentlich oder monatlich abonnirt man auf die Illustrated Australian News und den Illustrated Sketcher, den Australian, den Leader, die Weekly Times, Punch, Australian Medical Journal, Advocate, Australian Journal, Christian Review, Church of England Messenger, Viktoria, Independent, Tem-perance News, Australian Jurist, Spectator, Southern Croß, Australasian Trade Review, A B C Travellers Railway and Road Guide, Bradshaws Guide, Insurance Record und auf einige andere Blätter.

Die nächst Melbourne am meisten bevölkerten Städte sind der Reihe nach Ballarat, Sandhurst, die Vorstadt Collingwood, sodann Geelong, Castlemaine, Stawell, Eaglehawk, Clunes, Daylesford, Ararat, Williamstown, Warrnambool, Portland, Belfast, Echuca. Die Gesammtzahl der Städte ersten Ranges, der Städte und Stadtbezirke groß und klein in der Kolonie ist gegenwärtig ungefähr 600, indessen entstehen fortwährend neue in verschiedenen Theilen des Landes.

Die Stadt Ballarat längere Zeit eines der wichtigsten Goldfelder in Viktoria, liegt im County Grenville unter 37° 33′ südl. Br. und 143° 52′ östl. L., 154 Kilom. west-nordwestlich von Melbourne, 446 m über dem Meeresspiegel. Der Yarrowee Creek theilt die Stadt in zwei Theile, in Ost- und in Westballarat. Beides sind seit 1855 besondere Municipalitäten, jede unter einem Mayor und einem Rathskollegium. Ostballarat nimmt einen Flächenraum von 4320 Ackern ein, Westballarat einen solchen von 2880 Ackern. Ostballarat ist seit September 1870 eine City und schon seit mehreren Jahren durch Gas beleuchtet, wird aus dem benachbarten Bullarook Walde reichlich mit Trinkwasser versorgt, und erfreut sich überhaupt bereits aller der Verbesserungen viel älterer, selbst europäischer Städte. In den schönen breiten Straßen finden wir prächtige Wohngebäude und geschmackvoll ausgestattete Läden mit allerlei Waaren u. s. w. Von Melbourne führt eine Eisenbahn hierher; zwei andere Linien, die eine nach Ararat, und von da nach dem Goldfelde Stawell, und die andere von Ballarat nach Maryborough, vermitteln von hier den Verkehr landeinwärts.

Zu den öffentlichen Gebänden gehört ein geräumiges Hospital, ein Waisenhaus, ein Spital für Wöchnerinnen, ein öffentliches Bad, eine dem Publikum jederzeit bei freiem Eintritt geöffnete Bibliothek von 9059 Bänden, eine Gewerbevereinshalle mit einer Bibliothek von 11,500 Bänden, ein Stadthaus, drei Theater, ein großer Bahnhof, vierzig Kirchen u. s. w. Ballarat ist Sitz eines römisch-katholischen Bischofs und hat zwei Gymnasien, 4 Lyceen und 10 Staatsschulen aufzuweisen. Zwei Feuerwehrbrigaden mit 9 Feuermeldestellen, eine Bergschule, zwei geräumige Gerichtsgebäude, ein Post- und Telegraphenamt und eine Sparbank sind ebenfalls vertreten. Die Einwohnerzahl beträgt 47,150 Seelen, unter denen 1372 Chinesen. Außerdem finden sich in der Stadt zahlreiche Hotels und Wirthshäuser vor, 8 Eisengießereien, 13 Brauereien und Branntweinbrennereien, vier Dampfmühlen, mehrere Schuh- und Stiefelfabriken, eine Tuchfabrik und andere gewerbliche Etablissements.

Schon an anderer Stelle habe ich davon gesprochen, daß Ballarat eines der erstentdeckten und der ergiebigsten Goldfelder Australiens gewesen sei, auch von dem Aufstand der Goldgräber Anfang Dezember 1854 habe ich Kenntniß gegeben. Die Zeiten, in denen man in Ballarat das Gold auf der Erdoberfläche, oder höchstens 2—10 m unter derselben fand, sind vorbei, und hat bergmännischem Betrieb Platz gemacht. Am 31. Dezember 1877 waren an den Goldfeldern von Ballarat 115 Dampfmaschinen mit zusammen 3750 Pferdekraft, 118 Dampfwaschmaschinen, 120 Waschmaschinen mit Pferdebetrieb in Thätigkeit. Das Gold aus den Quarzriffs wurde gewonnen mittels 170 Dampfmaschinen mit zusammen

4066 Pferdekraft, 1188 Quarzmühlen u. s. w. Mit Goldwaschen waren beschäftigt 2584 Europäer und 1957 Chinesen: im Quarze arbeiteten 4041 Europäer und 80 Chinesen, im Ganzen 8662 Arbeiter. Außer seinem Werthe als Goldfeld, ist Ballarat der Mittelpunkt eines großen ackerbautreibenden Distrikts. Am 31. März 1878 waren 42,537 Acker unterm Pflug; davon waren bestanden 5828 Acker mit Weizen, 2126 mit Hafer, 405 mit Gerste, 2303 mit Kartoffeln, 11,040 mit Heu, 1,747 lagen brach. An Zeitungen u. s. w. erscheinen der Ballarat Star, Courier und Evening Post täglich, und der Miner wöchentlich.

Sandhurst besser bekannt unter dem alten Namen Bendigo, ist die Hauptstadt des County Bendigo und des Polizei-, Berg- und Wahlbezirks Sandhurst. Der Wahlbezirk umfaßt das eigentliche Sandhurst, und die Vorstädte Lockwood, Long-Gully und Spring Creek und ist im Parlament durch 2 Mitglieder vertreten. Die Stadt liegt unter 36° 46′ südl. Br. und 144° 17′ östl. L. am Bendigo Creek, und an der Bahnlinie von Melbourne nach Echuca, 150 Kilom. nord-nordwestlich von Melbourne und 96 Kilom. südlich von Echuca entfernt. Seit dem 18. Juni 1871 ist Sandhurst zu einer Stadt ersten Ranges (City) empor-gewachsen; die Stadt ist der Mittelpunkt eines ausgedehnten Goldfeldes, bestehend meist aus Quarzrissen, welche so reiche Ausbeute liefern, daß die Goldgräber voraussichtlich noch Jahre lang dort lohnende Beschäftigung finden werden.

Die City theilt sich in die drei Bezirke Sutton, Darling und Barkly.

Pall Mall nennt sich die mit massiven, zum Theil stylvollen Häusern besetzte Hauptstraße, die nach dem Rosalind Park führt. Hervorragende Gebäude sind außer einer größeren Anzahl Banken, mehreren Hospitälern, das Gewerbevereinshaus mit einer Bibliothek von 6000 Bänden, 2 Theater, eine Freimaurer- und eine Mäßigkeitsvereinsloge, verschiedene Kirchen und Schulen und Gebäude für die Behörden. Daß Sandhurst mit Gasbeleuchtung und reichlich mit bester Trink-wasserleitung versehen ist, versteht sich von selbst. Außer dem oben erwähnten Rosalind Park erfreut sich die Stadt noch zweier anderer Parkanlagen, der soge-nannten Camp Reserve und des Botanischen Gartens, welcher letzterer sich in den Kolonien eines gewissen Rufes erfreut, und mit dem ein Zoologischer Garten ver-bunden ist. Außer mit Goldgraben beschäftigt man sich viel mit der Fabrikation von Likören, mit Töpferei, Kutschenbau, Gerberei, mit Anfertigung von Ziegeln u. s. w. Auch einige Eisengießereien, Maschinenwerkstätten u. s. w. sind vertreten.

Ebenso wie Ballarat ist Sandhurst der Sitz eines römisch-katholischen Bischofs. An guten Hotels mit allen Erfordernissen der Neuzeit ist kein Mangel. Mit Ballarat stritt Bendigo-Sandhurst längere Zeit um die Ehre, das reichste Goldfeld Australiens zu sein. Im Sandhurst Distrikt arbeiten zur Zeit 6515 Goldgräber, unter denen 986 Chinesen. Aufgestellt waren 225 Dampfmaschinen mit zusammen 4130 Pferdekraft (von denen nur 10 für Gewinnung von Alluvial-Gold bestimmt waren), außerdem 60 durch Pferdekraft bewegte Waschmaschinen, 1360 Quarz-stampfmühlen u. s. w. Nicht minder ist die Stadt der Mittelpunkt nicht unbe-deutenden Acker- und Weinbaus. Die Presse ist vertreten durch Bendigo Advertiser (täglich und wöchentlich), Bendigo Independent und Bendigo Evening News.

Als dritte Stadt ersten Ranges (City) haben wir die Vorstadt Colling=
wood zu nennen, welche sich dicht an die Hauptstadt Melbourne anschließt. Sie
liegt ebenfalls am Yarraflusse und zählt 21,000 Einwohner, meist Fabrikanten
und Handwerker. Auch Villengrundstücke des Mittelstandes sind in großer Anzahl
hier zu finden, da Collingwood eine der gesündesten Vorstädte Melbournes ist.
Zwei hölzerne Brücken über die Yarra verbinden den Ort mit zwei anderen
Vorstädten von Melbourne, mit Kew und Hawthorne. Das Albert Institut
und die Bibliothek zählen 1952 Bände. Der Collingwood Advertiser und
Collingwood Mercury sind täglich hier erscheinende Zeitungen.

Das Gymnasium in Geelong.

Die nächst bedeutendste Stadt ist Geelong in County Grant, Hafenplatz an
der Corio (sp. Creio) Bai, einer Bucht der Port Philip Bai unter 38° 10' südl. Br.
und 144° 21' östl. L. Die Stadt ist schön angelegt und fällt nordwärts nach der
Bai, südwärts nach dem Flusse Barwon ab. In den breiten, schönen Straßen
sind zahlreiche Kaufläden zu finden, in denen alle Bedürfnisse eines verwöhnten
Europäers befriedigt werden können. Unter den öffentlichen Gebäuden zeichnet
sich das Stadthaus, mehrere Hospitäler, die Börse, das Gewerbevereinshaus mit
einer Bibliothek von 11,127 Bänden, zahlreichen Banken, ein Glockenthurm, das
Stationshaus der Feuerwehr, verschiedene Kirchen, ein Kloster barmherziger
Schwestern, eine Synagoge, das Gymnasium, eine reichliche Anzahl Schulen,
verschiedene Hotels, das Bahnhofsgebäude, die Regierungsgebäude u. s. w. aus.

An stylvollen Privatgebäuden und Villen ist kein Mangel. Mit der Stadt hängt ein umfangreicher Botanischer Garten und zwei Parks zusammen. Ein Skating Rink, eine Cricket Platz u. s. w. fehlen ebenfalls nicht. Die eigentliche Stadt zählt 16,000 Einwohner mit den angebauten Vorstädten Westgeelong, Süd-Barwon, New-town und Chilwell aber 23,000.

Vier Mole laufen weit in die Corio Bai hinaus, an denen große Schiffe anlegen können, seitdem die früher den Hafeneingang versperrende Sandbank weg-gebaggert ist. Mit Melbourne ist zu Wasser und zu Lande, mittels Eisenbahn, Dampfschiffen und Omnibussen lebhafte regelmäßige Verbindung.

Castlemaine.

Wir wissen bereits, daß nach der Hauptstadt eine Eisenbahn führt: zweimal täglich gehen aber auch nach dem landeinwärts gelegenen Orte Colac Züge von hier ab. Die Stadt hat das Verdienst die erste Kammgarnspinnerei im Lande gehabt zu haben, wofür ihr seitens der Regierung die ausgesetzte Belohnung von Pfund Sterling 1,500 zu Theil geworden ist. Jetzt sind deren mehrere in Thätigkeit, ebenso zahlreiche Webereien, Gerbereien, Wollwäschereien u. s. w. Geelong ist der Hauptstapelplatz für die im Distrikte gewonnene Wolle.

Der Geelong Advertiser ist ein altes, trefflich redigirtes, täglich erscheinen-des Blatt, ebenso The Geelong Evening Times. The News of the Week ist, wie der Name besagt, eine Wochenschrift.

In der Umgebung von Geelong, namentlich den Barabool Hills, wird viel Ackerbau getrieben; dort wurden auch die ersten Obstgärten und Weinberge an gelegt. Es wird die Leser freilich wenig interessiren, wenn ich hinzufüge, daß ich im Jahre 1849 einer der ersten Ansiedler daselbst war, und im Dorfe Ceres, 5 km von Geelong entfernt einen größeren Obstgarten und einen 5 Acker um= fassenden Weinberg angelegt habe, die ich lange Zeit mein eigen nannte.

Wir wenden uns nun nach Castlemaine in County Talbot, 37⁰ 4' südl. Br. und 144⁰ 14' östl. L. am Zusammenfluß von Barkers und Forrest Creek, 115 Kilom. nordnordwestlich von Melbourne belegen, und Hauptstation der Bahn von Melbourne nach Echuca. Von hier führt eine Zweigbahn über Mary- borough nach Ballarat und den westlichen Distrikten. Die Stadt ist in malerischer Gegend gelegen, gut angelegt; wie alle Städte der Kolonie mit Gas beleuchtet und reichlich mit gutem Trinkwasser durch die Malmsbury= und Expedition Paß- Reservoirs versorgt. Die Straßen sind mit Bäumen bepflanzt, überhaupt findet man auch hier alle Bequemlichkeiten und Annehmlichkeiten einer größeren älteren Stadt. Von öffentlichen Gebäuden erwähnen wir nur das Hospital, die Post= und Telegraphenämter, das Gerichtsgebäude,. das Gewerbevereinshaus mit einer Bibliothek von 4780 Bänden, verschiedenen Kirchen und Schulen sowie Banken u. s. w. Die Stadt zählt 10,500, der Distrikt 18,941 Einwohner. Die in und um Castlemaine belegenen, früher unter dem Namen Mt. Alexander gekannten Goldfelder zählen zu den ersten der Kolonie, gegenwärtig sind daselbst 156 Dampfmaschinen mit zusammen 3160 Pferdekraft in Thätigkeit, ferner 176 Waschmaschinen, 1038 Quarzstampfer, welche 5155 Goldgräber, unter denen 1676 Chinesen, beschäftigen. In der Nachbarschaft wird zwar viel Wein gebaut, doch hängt der Wohlstand meist von der Ausgiebigkeit der Goldfelder ab. Auch Kupfer, Zinn, Eisen u. s. w. werden gefunden, doch ist es noch nicht entschieden, ob in abbaulohnenden Massen.

Für die Bequemlichkeit der umliegenden Farmen, Obst= und Weingärten u. s. w. ist neuerdings eine große, geräumige Markthalle errichtet worden. An guten Hotels ist kein Mangel. Die Presse vertritt die täglich erscheinenden Mount Alexander Mail und ein anderes Blatt The Representative.

Im County Bogong, 270 Kilom. östlich von Melbourne liegt die blühende, wichtige Stadt Beechworth der vornehmste Ort im Murray=Distrikt und des schon längst bekannten, wichtigen Goldfeldes Ovens, 570 m über dem Meeres- spiegel mit 3170 Einwohnern. Ich übergehe die, in fast jedem Städtchen und jeder Stadt der Kolonie Viktoria zu findenden, meist trefflich gebauten öffentlichen An= stalten und will nur erwähnen, daß das Athenäum und das Burke=Museum eine Bibliothek von je ungefähr 3500 Bänden haben. Nach dem 22 Meilen entfernter Wangaratta an der Nordostbahn führt seit Kurzem eine Zweigbahn. Im Distrikte Beechworth befanden sich Ende März 1878 4893 Acker unter Kultur, die reich- lichen Ernteertrag abwarfen. Außerdem wurden noch 2085 Ctr. Tabak erbaut und 21,550 Gallonen Wein erpreßt. Ferner zählte man in dem Distrikte 2913 Pferde, 32,721 Rinder, 122,732 Schafe und 892 Schweine.

Chinesen haben sich mehrfach im Distrikte angesiedelt und treiben Hopfen- und Tabakbau. Namentlich aber wird hier noch viel Gold gefunden, früher im Alluvium, jetzt in den Quarzriffen. In der Stadt selbst arbeiten 32 Dampfmaschinen mit 385 Pferdekraft; im Distrikte sind thätig 111 Maschinen mit 1569 Pferdekraft. Die Bevölkerung des Distrikts beträgt 5176 Männer, unter denen 1969 Chinesen. Die Stadt wird von Lake Kerfort durch Wasserleitung mit gutem Trinkwasser versorgt. Die Presse vertritt der Ovens und Murray Advertiser und der Spectator.

Beechworth.

Berlin oder Rheola ist eine Bergstadt von 900 Einwohnern am Kang draraar Creek in der Nähe von Avoca im County Gladstone, 190 Kilom. nordwestlich von Melbourne. Hier ward im Mai 1870 das schon früher erwähnte größere Nugget Viscount Canterbury gefunden, später ebendaselbst das Nugget Blanche Barkly und dann noch 1871 The Precious (143 Unzen) und das Kum Tow im Gewichte von 33 Kilogr. Es wird überhaupt hier weniger nach Gold gegraben, vielmehr sucht man dasselbe in Stücken von der Oberfläche, oder höchstens bis 1 m unter derselben auf.

Der Merkwürdigkeit wegen erwähne ich noch zwei Städtchen mit deutschen Namen, wenngleich wol schwerlich viel Deutsche dort oder in der Umgegend wohnen dürften.

Carlsruhe im County Dalhousie im Distrikt Kyneton 75 Kilom. von Melbourne am Campaspe, 3 Kilom. von der Murraybahn entfernt inmitten eines ausgedehnten Weide= und fruchtbaren Ackerlandes zählt gegen 500 Einwohner und Heidelberg im County Bourke, ein hübsches Dorf an der Yarra, 8 Kilom. von Melbourne, wohin häufig Vergnügungspartien ziehen, um Picknifs abzuhalten. Auch Heidelberg hat, trotzdem es nur etwas über 600 Einwohner zählt, mehr Schulen und Kirchen, wie die meisten Ortschaften ähnlicher Größe in Deutschland, auch eine Bank, eine Polizeistation und eine Bibliothek befinden sich hier. Die Bewohner beschäftigen sich, soweit sie nicht Villeninhaber sind, die in Melbourne ihren täglichen Beschäftigungen nachgehen, und Abends zu ihren Familien heraus= kommen, mit der Marktgärtnerei, wie dies überhaupt in dem Bezirk Heidelberg Road (2492 Einwohner) meist der Fall ist.

Von Melbourne in nordwestlicher Richtung 270 Kilom. entfernt, liegt im County Borung unter 37⁰ 3′ südl. Br. 142⁰ 47′ östl. L. an der über Ballarat= Ararat hierher führenden Bahn die Minenstadt Stawell, früher Pleasant Creek genannt. Wie die meisten anderen Städte ist der Ort gut gebaut, mit Gas beleuchtet und mit Wasser versorgt; die hier gegründeten 2 Gewerbe= vereine haben Bibliotheken von resp. 2000 und 700 Bänden. Es erscheinen in Stawell zwei Zeitungen The Pleasant Creek Chronicle und The Pleasant Creek News. Die rasch emporwachsende Stadt zählt jetzt 7000 Einwohner.

Man nimmt an, daß Stawell gegenwärtig das wichtigste Goldfeld der Kolonie Victoria ist, namentlich werden Quarzrisse bis zu großen Tiefen bear= beitet. Die vier tiefsten Gruben sind hier zu finden. Am 30. Juni 1878 war die Grube „Magdala" 660 m tief, Prince Patrick 500 m, Newington 650 und South Scotchman 420 m. Die reichste Grube der Kolonie soll die der Pleasant Creek Croß Company sein, welche jetzt 410 m tief ist. Von Januar 1870 bis Juni 1875 sind aus derselben £ 467,242 sh. 9 d. Dividende auf die Aktie gezahlt worden. Auch die Grube „Oriental" hat reiche Ausbeute geliefert. Im Juni 1878 wurden aus 3 Centnern Quarz 343 Unzen Gold gewonnen. An den Minen des Distriktes arbeiten 1700 Menschen, welche den in der Stadt ansässigen Handwerkern und Kaufleuten und den Ackerbauern und Gärtnern der Nach= barschaft reichen Verdienst gewähren. In Thätigkeit sind 40 Dampfmaschinen mit 1635 Pferdekraft, 416 Quarzstampfern u. s. w.

Eaglehawk im County Bendigo, Polizeidistrikt Sandhurst, etwa 7 Kilom. von Sandhurst gelegen, von wo eine Zweigbahn dahin führt, war ehemals ein bedeutendes Goldfeld und beschäftigt noch jetzt eine Anzahl Digger. Die Bevölkerung wird auf 7750 angegeben. Die Stadt zählt mehrere Hotels, 2 Schulen, 9 Kirchen, Banken u. s. w. Der Gewerbeverein besitzt eine Bibliothek von 860 Bänden. Zum Orte gehört ein schöner, großer Park.

Eine wichtige Stadt mit etwa 7000 Einwohnern ist Clunes am Creswick Creek, County Talbot, 180 Kilom. nordwestlich von Melbourne an der Eisenbahn gelegen. Clunes ist eins der erstentdeckten Goldfelder der Kolonie, denn schon seit dem 1. Juli 1851 sucht man hier eifrig und erfolgreich nach Gold, namentlich im Quarz. Die Stadt liegt tief im Thale und ist häufigen Ueberschwemmungen aus= gesetzt. Die Stadt wird aus den Bullaroof=Waldungen, aus denen auch Ballarat seinen Bedarf bezieht; reichlich mit Wasser verjehen. Man nennt die Wasjerleitung von Clunes die bestangelegte im Lande. Die Grube der Port Philip Company wird jeit 21 Jahren bearbeitet, in dieser Zeit hat man aus 985,165 Tonnen Quarz 412,226 Unzen Gold gewonnen. Die im März 1878 bezahlte Dividende betrug £ 5135 19 *sh.* 3 *d.* auf die Aktie. Clunes rühmt sich eines Hospitals, einer öffentlichen Bibliothek von 1268 Bänden mit Lejekabinet, eines Gym= najiums, mehrerer Schulen u. j. w. Das Lokalblatt ist der Clunes Guardian.

Daylesford ein blühendes Städtchen von 5000 Einwohner im County Talbot, am Wombat Creek, unjern des Flusses Loddon 118 Kilom. nordwestlich von Melbourne belegen. Alle Erfordernisse einer gutangelegten Stadt finden sich hier vereinigt, der Gewerbeverein besitzt eine Bibliothek von 1035 Bänden, durch zahlreiche Kirchen und Schulen ist für die geistige Bildung hinlänglich gesorgt. Daylesford Mercury nennt sich die hier erscheinende Zeitung. In dem 18,526 Ein= wohner zählenden gleichnamigen Distrikte sind 1504 Acker Landes unter Kultur. Die hiesigen Goldfelder, welche zu den frühest entdeckten gehören, wurden meist im Alluvium und zwar in einer sehr geringen Tiefe bearbeitet. Jetzt dagegen sind verschiedene Gesellschaften mit werthvollen Maschinen beschäftigt die reichen Quarzriffs auszubeuten.

Ararat ist ein wichtiges freundliches Städtchen mit 4000 Einwohnern im äußersten Norden des County Ripon am Flusse Hopkins, zwischen Mt. Cole und Mt. Williams, den beiden höchsten Bergen der Pyrenäen belegen. Mit Ballarat ist es durch einen Schienenstrang verbunden. Außer seinen reichen Goldfeldern, ist die Stadt und der gleichnamige Distrikt als fruchtbares Ackerland, treffliche Viehweiden u. j. w. bekannt. Ararat ist der Stapelplatz für den Getreide= und Wollmarkt der Umgegend. Auch bedeutender Holzhandel wird hier getrieben. Die Stadt besitzt eine Irrenanstalt, eine Gefangenenanstalt, ein Hospital, einen Gewerbeverein mit einer Bibliothek von 2000 Bänden, mehrere Schulen, einen Gerichtshof, ein Bergamt, ein Stadthaus mit einem gut eingerichteten Theater und Konzertraum, viele Kirchen, Banken, Hotels u. j. w. Die benachbarten Wein= berge liefern einen als besonders trinkbar gerühmten Wein.

Die Wasjerwerke führen reichlichen Bedarf von Ollivers Gully und Mount Langi Ghiran nach dem Orte. Der gleichnamige Distrikt zählt 15,000 Einwohner. Die Presse ist vertreten durch den jeden Dienstag und Freitag erscheinenden Ararat= und Pleajant Creek=Advertijer.

Warrnambool eine im County Villiers belegene Hafenstadt mit 5000 Ein= wohnern, an den Ufern der gleichnamigen oder Lady=Bai 240 Kilom. jüdwestlich von der Hauptstadt. Der Hafen liegt geschützt gegen stürmisches Wetter und ein weit in die Bai sich erstreckender Damm ermöglicht Schiffen jeden Tiefgangs zum Ein= und Ausladen anzulegen. Mit Melbourne besteht regelmäßige tägliche Dampfer= und Omnibus=Verbindung, ebenjo wie mit Ararat und Ballarat und nach der Eisenbahnstation Colac.

An Kirchen und Schulen ist kein Mangel, ebenjo befindet sich hier ein Hospital und ein Damenstift. Für die Erholung und die Gesellgkeit der

Bewohner sorgen zwei Parks und ein Botanischer Garten, ein Rennplatz, Cricket=
plätze, Theater, ein Anglerklub u. s. w. Der Hafen führt namentlich Wolle,
Kartoffeln, Weizen, präservirtes Fleisch, Milch, Butter und Käse aus. Auch in
Schweinen und Speck wird viel gehandelt. Eine Meile von der Stadt fließt
der Hopkins. — Buninyong (11,000 Einw.) liegt 5 Kilom. von Ballarat ent=
fernt; in der Umgegend wird viel Acker= und Bergbau betrieben.

Stawell.

Portland ist die Hauptstadt des County Normanby und ein Hafenplatz
330 Kilom. südwestlich von Melbourne, vielleicht ebenso weit von Adelaide ent=
fernt. Ueber Hamilton und Ararat steht Portland in direkter Eisenbahnverbindung
mit der Metropole, wohin auch regelmäßige Dampfer gehen. Portland ward im
Jahre 1834 von E. Henty gegründet, es ist mithin die älteste Niederlassung in
Viktoria. Die Bai ist der natürliche Abzugskanal für ein ausgedehntes Hinter=
land des fruchtbarsten Weide= und Ackerbodens. In neuerer Zeit sind Dämme
gebaut und andere Verbesserungen am und im Hafen vorgenommen worden.
Die Einwohnerzahl beträgt 2364 Seelen. Seit dem Jahre 1842 erscheint der
Portland Guardian mithin eine der ältesten Zeitungen des Landes. Nordwestlich
von der Stadt liegt das fruchtbare Thal des Wannon, welches, wenn völlig mit
Getreide bestanden, die Kolonie mit genügender Nahrung versorgen könnte, und
noch weiter westlich, der leicht von der Bai aus erreichbare Mount Gambier=
Distrikt, den kein Theil des Landes an Fruchtbarkeit übertrifft.

Belfaſt oder Port Fairy, ein Hafenplatz im County Villiers, an der Mün=
dung des Moyne, 270 Kilom. weſtſüdweſtlich von Melbourne, iſt der Haupt=
ſtapelplatz für das fruchtbare Hinterland in den Penshurſt=, Hamilton= und
Coleraine=Diſtrikten, und treibt lebhaften Handel in Wolle, Getreide u. ſ. w. Im
Jahre 1877 betrug die Ausfuhr ₤ 36520 3 sh., beſtehend hauptſächlich aus
Wolle, Kartoffeln, Butter, Käſe u. ſ. w.

Portland.

In kurzer Entfernung von der Stadt erhebt ſich inmitten des Tower Lake
der von Vergnügungsreiſenden oft und gern beſuchte Tower Hill, ein merk=
würdig geſtalteter erloſchener Krater.

Ich ſchließe meinen Rundgang durch die wichtigeren Städte der Kolonie mit
Echuca, früher Hopwoods Ferry genannt, einer Grenzſtadt mit 10000 Ein=
wohnern, belegen auf einer vom Zuſammenfluß des Murray mit dem Campaſpe
gebildeten Halbinſel, 230 Kilom. nördlich von Melbourne. Echuca iſt die End=
ſtation der von der Hauptſtadt nach dem Murray führenden Bahn und der Mittel=
punkt des Binnen= und des Zwiſchenhandels mit der Kolonie Neuſüdwales. In dem
6000 Einwohner zählenden gleichnamigen Diſtrikte waren am 31. März 1878
unter Kultur 69,017 Acker mit Weizen, 2787 mit Hafer, 1109 mit Gerſte, 13,348
lagen brach. An Weizen ward erbaut 843,453 Buſchel, Hafer 43,050 Buſchel,
Gerſte 18,595 Buſchel, Wein 7800 Gallonen. An Vieh zählte man 866 Pferde,

8719 Rinder, 252,628 Schafe, 112 Schweine. Nicht minder wird hier lebhafter Holzhandel betrieben, zu welchem Ende 1877 auch 6 große Dampfschneide mühlen in Thätigkeit waren. Daneben zählt die Stadt Wagenbauereien, Seifensiedereien, Gerbereien, Brauereien, eine Gasanstalt u. s. w. Zu den Sehenswürdigkeiten gehört der 66 Acker umfassende Echuca-Weinberg. Außer der Verbindung mittels der Bahn, ist im Winter die Dampfschifffahrt auf dem Murray nach Alburn überhaupt nach Neusüdwales und den Häfen an den Flüssen Murrumbidschi und Darling einerseits und nach Adelaide andererseits eröffnet.

Sanguiniker versprechen sich viel von der Zukunft dieses Platzes und nennen es das Chicago von Australien. Der Riverina Herald und der Echuca Advertiser sind die hier erscheinenden täglichen Zeitungen. An dem Neusüdwales-Ufer des Murray liegt Moama, mit welcher Ortschaft Echuca durch eine große Brücke in Verbindung gebracht ist.

Es sei mir nun vergönnt, am Schlusse noch einige allgemeine Mittheilungen anzuhängen, welche zur Vervollständigung unseres Bildes von der Kolonie Viktoria nöthig sein dürften.

Die Staatsschuld der Kolonie beträgt £ 16,996,823, von denen £ 12,119,193 zum Bau der Eisenbahnen, und die Restsumme für Wasserversorgung, Küstenvertheidigung u. s. w. aufgenommen wurden.

Ein bezahltes Artilleriecorps und eine Marinebrigade in einer Gesammtstärke von 140 Mann, sowie verschiedene freiwillige Truppen sind zur Vertheidigung der Kolonie gebildet worden, nachdem England das früher hier stationirte Militär zurückgezogen hat. An Freiwilligen zählte man Ende 1877 Kavallerie 251 Mann, Artillerie 1447, Geniecorps 114, Torpedocorps 35, Schützen 1714, zusammen 3550 Mann.

Viktoria besitzt auch seine eigenen Kriegsschiffe, und zwar das Thurmschiff „Cerberus", und das hölzerne Kriegsschiff „Nelson". Der Militär-Etat betrug im Jahre 1877 £ 36,372 16 sh. und der Marine-Etat £ 17,104 12 sh. 2 d.: für Küstenvertheidigung wurden £ 2,073,874 ausgegeben.

Die letzte offizielle Zählung fand im Jahre 1871 statt, und ergab folgende interessante Resultate. In Viktoria waren bis dahin geboren worden 329,597. Aus anderen australischen Kolonien und aus Neuseeland waren anwesend 28,669. Ferner zählte man 164,287 Engländer, 6614 Walliser, 56,210 Schotten, 100,408 Irländer, 3870 aus anderen britischen Besitzungen: 1170 Franzosen, 8995 Deutsche, 269 Oesterreicher, 128 Belgier, 1014 Dänen, 341 Holländer, 772 Italiener, 395 Norweger, 214 Polen, 127 Portugiesen, 334 Russen, 146 Griechen, 135 Spanier, 845 Schweden, 1240 Schweizer, 10 Türken, 2423 Amerikaner, 17,857 Chinesen u. s. w. im Ganzen am 2. April 1871 751,528.

Im Dezember 1877 schätzte man die weiße Bevölkerung auf 860,787 Personen.

Auſtralien. Zweite Auflage.

King-Williams-Street in Adelaide.

Leipzig: Verlag von Otto Spamer.

Port Bifter an der Encounter Bai.

X.

Südaustralien und Nordaustralien.

Geschichte der Kolonie. — Südaustralische Landcompagnie. — Bodenbeschaffenheit. —
Eintheilung. — Klima. — Mineralreichthum. — Bevölkerung. — Unterrichtswesen. —
Produkte. — Ackerbaustatistik. — Telegraphen. — Der Ueberlandtelegraph. — Post= und
Eisenbahn=Verbindung. — Handel und Verkehr. — Industrie. — Verfassung u. s. w. —
Die wichtigsten Städte der Kolonie. — Nordaustralien. — Häfen. — Flüsse. — Berge. —
Klima. — Flora. — Fauna. — Handel und Verkehr u. s. w. — Städte.

„Ein Brief aus Sydney, der Hauptstadt Australiens, herausge=
geben von Robert Ganger", so lautet der Titel eines kleinen Buches, das im
Jahre 1829 erschien und eine ungeheure Sensation in London hervorrief. Der Ver=
fasser, mit seinem wahren Namen Edward Gibbon Wakefield, führt sich in dem=
selben als englischen Gentleman von großem Vermögen und seiner Bildung ein, der
in der Meinung ausgewandert war, daß eine Besitzung von 20,000 Acker in
Australien, die man für ein wahres Spottgeld haben konnte, dem Eigenthümer
dieselben Einkünfte und die gleiche Bedeutung verschaffe, wie in Alt=England. Er
erzählte sodann, wie er sich gänzlich getäuscht habe. „Wie sein Gut fast Nichts kostete,
so war es auch fast Nichts werth." Wenn die Bäume auf seinem Eigenthume in
Alt=England gestanden hätten, so wären £ 150,000 dafür gelöst worden,

so aber wäre das Beste gewesen, wenn er sie alle hätte vernichten können. Nur hätten die Kosten dafür mindestens £ 15,000 betragen. Weiter spricht der Verfasser von Eisen und Kohlen, die ihn in England zum „Peer" gemacht hätten, hier aber werthlos waren, weil es an Arbeitern und an Straßen fehlte. — Er hatte sich auf seiner Besitzung ein großes, bequem eingerichtetes Haus bauen, Lustgärten und Wildparks anlegen und den Rest des Landes verpachten wollen. „Aber", ruft er aus, „meine Häuser, Gärten, Parks und Pächter waren nur ein Traum! In diesem Lande, wo Jeder, der so viel Kapital hat, um eine Farm zu bearbeiten, eine solche zu eigen haben kann, giebt es keine Pächter."

Und nun kommt der schriftstellernde Auswanderer auf Grund und Ursache aller dieser Mißstände zu sprechen. Nach seiner Meinung ist die Wurzel aller dieser Uebel einzig und allein in dem zu billigen Lande zu suchen. „Dadurch), daß man hier für so wenig Geld Land erwerben kann, wird die Arbeit theuer, und diese theure Arbeit steht den Verbesserungen im Landbau, sowie der Her=stellung von Verkehrsmitteln (Bau von Landstraßen ꝛc.) hindernd im Wege und verursacht, daß Arbeiter Landeigenthümer werden, da sie nicht Pächter zu sein brauchen." Wo es aber keine Pächter und nur wenig Diener giebt, so kalkulirt der Briefschreiber weiter, kann die bemittelte, gebildete Klasse nicht existiren: Handwerker, Arbeiter und kleine Farmer machen vielmehr die ganze Bevölke=rung aus; — nothwendigerweise muß es also auch an „gebildeter" Gesellschaft in der Kolonie fehlen. Daß an die Pflege von Kunst und Wissenschaft überall in der Welt erst dann gedacht werden kann, wenn die Sorge für die materielle Wohlfahrt überwunden ist, scheint der Verfasser neben manchem Anderen ganz übersehen zu haben. Im Jahre 1829 war aber das ganze australische Staats=wesen noch viel zu jung und obendrein aus viel zu heterogenen Elementen zusammengesetzt, als daß man etwas Anderes, als die damals vorhandenen Ver=hältnisse, hätte erwarten dürfen.

Das Büchlein machte indessen großes Aufsehen in England, trotz der sonder=baren Voraussetzungen, die es enthielt, und die darin vorgeschlagenen Heilmittel, nämlich theures Land, sowie Einfuhr von jungen Arbeitern für das aus dem Landverkauf erlöste Geld, wurden jubelnd begrüßt. Die ganze Geschäftswelt Englands war mit einem Male der Ansicht des Briefschreibers aus Sydney, und es schien nur unbegreiflich, daß man nicht schon lange zuvor diese einfache Manier, werthvolle Güterkomplexe zu schaffen, eingesehen hatte.

Ohne Zeitverlust wollte man aus der neuen Lehre Nutzen ziehen. So wurden denn bereits im Jahre 1831 Unterhandlungen zwischen einer Gesell=schaft von Kaufleuten und Spekulanten und dem Kolonialamt geführt zu dem Zwecke, eine südaustralische Niederlassung zu gründen. Diese Verhandlungen scheiterten daran, daß die Compagnie Vollmachten beanspruchte, die dem Kolonial=minister als zu weitgehend erschienen. Im Jahre 1833 wurde eine neue Gesellschaft konstituirt, und nach verschiedenen Veränderungen in ihrem Programme faßte das Parlament im folgenden Jahre den Beschluß, dieser Gesellschaft welche den Namen Südaustralische Landcompagnie führte, die Verwaltung einer im

Wesentlichen nach dem von Wakefield entwickelten Plane neu zu gründenden Kolonie in Südaustralien zu übertragen. Oberst Torrens wurde zum Präsidenten des Komite's, Kapitän Hindmarsh zum Gouverneur und Wakefield zum Sekretär der Kolonie erwählt.

Die Gesellschaft fing ihr Unternehmen damit an, die öffentliche Meinung zu Gunsten der Auswanderung nach dem neuen Territorium zu bearbeiten. Nicht nur alle Zeitungen waren voll des Lobes von Südaustralien, auch in Büchern und Broschüren, in Wochenblättern, Reden und Vorlesungen wurde das Lied von der Musterkolonie in allen Tonarten variirt. Wagte es aber Jemand, gelinde Zweifel in die glänzenden Versprechungen zu setzen, die gemacht wurden, so konnte man sicher sein, daß alsbald eine solche — offenbar nur vom böswilligsten Neid eingegebene — Opposition mit dem Ausdrucke höchsten Zornes und tiefster Verachtung abgefertigt wurde.

Die südaustralische Landcompagnie begann ihre Spekulation damit, daß sie, noch ehe das Land nur vermessen war, Prioritätsscheine ausgab, welche den Käufer derselben berechtigten, 120 Acker Land im Binnenlande und einen Acker in der projektirten Hauptstadt der projektirten Kolonie in einer durchs Los bestimmten Reihenfolge auszuwählen. Dadurch wurde das erste Geld flüssig gemacht und auch alsbald eine vorläufige Expedition ausgerüstet. Als im August 1836 der Oberst Light mit einem Stabe von Landvermessern in der Nepeanbai eintraf, fand er bereits drei Schiffe jener Compagnie, welche die ersten Auswanderer auf der Känguru-Insel gelandet hatten. Alles ging merkwürdig schnell. Noch im November desselben Jahres kamen der Sekretär, eine Bankgesellschaft und eine Zeitung in der Kolonie an; im Dezember erschien der Gouverneur. —

Die Känguru-Insel, welche viel in Prospekten und Reden figurirt hatte, mußte — ihrer Unfruchtbarkeit wegen — bald wieder verlassen werden, nachdem Geld und Zeit mit Baumfällen und Landklären verschwendet worden war. Da der Oberst des Vermessungsbureaus die Mängel der Insel bald erkannt hatte, so landete er im Golf von St. Vincent und wählte den Platz der gegenwärtigen Stadt Adelaide zur Hauptstadt, das heutige Port Adelaide zum Hafen derselben aus. Damals war es eine schmale, seichte Bucht, die aus dem Vincentgolf hineinführte, und die Landung mußte in einem mit Mangrovebäumen bewachsenen Sumpfe, etwa drei Stunden Weges von der Hauptstadt entfernt, bewerkstelligt werden. Jetzt ist allerdings der Sumpf in einen Hafen verwandelt und eine Eisenbahn führt von Port Adelaide nach Adelaide.

Der Gouverneur war durch die Wahl des Platzes für die Hauptstadt des Landes sehr unbefriedigt und versuchte es, einen anderen ausfindig zu machen. Darüber kam es zu ernsten Differenzen zwischen ihm, dem Vermessungskommissär und den Mitgliedern des Exekutivkomite's, die mit der Abberufung des Gouverneurs Hindmarsh und der Ernennung des Oberst Gawler an seine Stelle endeten.

Nach beendigter Vermessung und nachdem die Inhaber der Prioritätsscheine ihre Plätze in der zukünftigen Stadt Adelaide ausgesucht hatten, wurden die übrigen Bauplätze unter alle Kolonisten öffentlich versteigert und durchschnittlich zu £ 2 per Acker gekauft. Durch diese Operation kam der Grund und Boden einer großen Stadt in die Hände von wenigen Personen, welche nunmehr nichts Besseres zu thun wußten, als ihre Bauplätze in Adelaide tüchtig heraus= zustreichen und sie — am liebsten in England — theuer zu verkaufen. Durch allerlei schlaue Mittel gelang es auch in erstaunlich kurzer Zeit, einen großen Theil derselben zu außerordentlich hohen Preisen loszuschlagen. Keine Ernte brachte so großen Gewinn, als das Land, das man im Naturzustande ließ und, nachdem es als eine Reihe von Bauplätzen an der und der Straße in Adelaide auspesannt war, verkaufte! —

Daß ein solcher Zustand die wirkliche Gründung der Stadt nur verzögern mußte, liegt auf der Hand. Damals schien dieser Umstand aber ohne Bedeutung zu sein — wenigstens so lange, als man hoffte, daß eine so massenhafte Ein= wanderung stattfinden müsse, daß der Raum der Stadt bald zu enge würde für alle die Vielen, welche da wohnen wollten.

Die Kommissäre der Compagnie verfolgten aber nur den einen Plan, in kurzer Zeit glänzende Geschäfte zu machen. Zu diesem Behufe ersannen sie ein weiteres Mittelchen: das sogenannte System der Spezialvermessungen. Nach diesem Systeme war ein Kapitalist berechtigt, 15,000 Acker Land in irgend einem Theile der Kolonie zu beanspruchen unter der Bedingung, daß er mindestens 4000 Acker davon zu £ 1 per Acker kaufte. — Nun ist in Südaustralien im All= gemeinen das Wasser spärlich vorhanden und sehr ungleich vertheilt, und gutes, anbaufähiges Land liegt nur, Oasen gleich, von anderem Lande umschlossen, das im günstigen Falle nur zur Weide brauchbar ist. Wenn es deßhalb ein Käufer klug anfing, so konnte er sich mit dem Kaufe von 4000 Ackern das Wasser und alle Vortheile der 15,000 Acker sichern, denn der Rest von 11,000 Ackern, der für jeden Anderen nutzlos war, kam später gegen den Durchschnittspreis von 5 Schilling 4 Pence in seinen Besitz. — Endlich wurde solchen Käufern auch das Recht zu= gesprochen, Städte untergeordneten Ranges zu gründen, während doch Adelaide für seine Bevölkerung noch mehr als zehnmal zu groß war! Infolge dieser Ein= richtungen dauerte es nicht lange, so war alles gute Land in der Nachbarschaft von Adelaide das Monopol abwesender Kapitalisten und Aktionäre der Südau= stralischen Landcompagnie geworden und der damit in die Kolonie eingezogene Geist des Wuchers, der bei dem anscheinend offenbaren Gewinn, den er brachte, auch bald die Nachbarkolonien ansteckte, führte die Kaufleute in England und das Kolonialamt irre. Man hielt für gesundes Gedeihen, was nur vorübergehendes Spekulationsfieber war. —

Der Hafen war mit Schiffen angefüllt, als Oberst Gawler am 13. Oktober 1838 in Adelaide landete. Oeffentliche Gebäude, Kaufläden und Wohnhäuser wurden errichtet und Ziergärten angelegt auf einem Grunde und Boden, auf dem vor vier Jahren noch Alles wüste gewesen war. Freilich fanden sich auch Hütten aus Lehm oder Holz, Scheunen mit Schindeln gedeckt und Zelte weit umher zerstreut in dem großen Parke, der den Namen Adelaide führte, und in den 30 Dörfern, die als Vorstädte angelegt worden waren, lange ehe die Stadt selbst stand, deren Straßen zum großen Theil nur kenntlich wurden durch Breter, die man an die Bäume festgenagelt hatte und auf welchen sehr gut klingende Straßennamen zu lesen waren.

Gawler hatte schon bei seiner Ankunft die Rechnungen über die allgemeinen Angelegenheiten in Verwirrung angetroffen. Zwölftausend Pfund Sterling (mehr als 240,000 Mark) waren in den ersten sechs Monaten ausgegeben worden, das heißt, 2000 Pfund mehr, als die von der Regierung für ein Jahr bewilligte Gesammtsumme, und dennoch fehlte es noch an Zollhäusern, Polizeistationen ꝛc. Alle Beamten waren mit ihren, im Vergleich mit den hohen Preisen der Lebensmittel viel zu niedrigen Gehalten unzufrieden, und mit gutem Grunde. War doch der Gouverneur selbst genöthigt, für eine enge, kleine Hütte, die ihm, seiner Familie, seinem Privatsekretär und seiner Dienerschaft zur Wohnung dienen mußte, eine Miethe von jährlich £ 1800 zu bezahlen, während er von der Regierung nicht mehr als £ 800 Gehalt pro Jahr bezog.

So unnatürliche Verhältnisse hätten die Regierung aufmerksam machen müssen; aber der Gouverneur wurde, wie die Anderen, durch den trügerischen Schluß verblendet, daß Alles unfehlbar gehen müsse, wenn nur eine tüchtige Verwaltung eingerichtet wäre, da es ja bisher, so lange dieselbe sehr mangelhaft war, immer gut gegangen sei. Und wirklich wurden durch allerlei in schönen Farben schillernde Berichte von unternommenen Bauwerken, von Bauplätzen zu 500 und 1000 Pfund Sterling, von Bällen, Festen, Ausstellungen von Gartenfrüchten ꝛc., die von Zeit zu Zeit in den englischen Tagesblättern zu lesen waren, viele bemittelte Leute veranlaßt, auszuwandern, Kapitalisten, ihr Geld anzulegen, und Kaufleute und Fabrikanten, Güter aller Art auf Kredit zu geben.

Die Kolonie schien, so viel sich von England aus beurtheilen ließ, ganz prächtig zu gedeihen, da der Verbrauch aller möglichen Gegenstände sich fortwährend steigerte. Man bedachte nicht, daß die erste Bedingung zum wirklichen Emporblühen einer Kolonie, wie zur Begründung des Reichthumes ihrer Bewohner, nicht in der Größe des Verbrauches, sondern vielmehr in der Höhe der Produktion gesucht werden muß, und die Kolonie Südaustralien produzirte — gar Nichts. Vier Jahre verstrichen, ohne daß für den Landbau oder die Viehzucht irgend Etwas geschehen wäre, obschon bereits im Jahre 1838 der Agent der Bank von Sydney in sehr scharfen Ausdrücken darauf hingewiesen hatte, daß die Kolonisten zur ernsten Arbeit schreiten müßten, wenn sie nicht die Existenz der ganzen Niederlassung auf's Spiel setzen wollten. Wie sehr dieser Mann Recht hatte, sollte die Geschichte der allernächsten Zukunft beweisen. Freilich, die gute Gesellschaft von Adelaide verlachte solche spießbürgerliche Ansichten von der Arbeit und verabscheute das rohe und ungeschlachte Leben im Busche eben so, wie die gemeinen Beschäftigungen, welche die Rindvieh- und Schafzucht in ihrem Gefolge hat. Für die feinen Herren in Adelaide schien es viel passender, zu Pferde oder zu Wagen im Lande umherzusuchen nach gutem Ackerboden und nach Plätzen zur Anlage von Dörfern, dieselben für 1 Pfund Sterling pro Acker zu kaufen, ihnen einen hübschen Namen zu geben und sie für 10 Pfund Sterling pro Acker wieder zu verkaufen. Die Bank disfontirte das dafür empfangene Papier, und ein großes Diner mit Ball, wozu alle Freunde eingeladen wurden, machte den Schluß des Geschäfts. Da aber für eine Zeit lang ähnliche Geschäfte sehr oft abgeschlossen wurden und auch der Gouverneur Geschmack an solchen Vergnügungen fand, so war der Aufenthalt in dieser jungen Kolonie eigentlich nichts, als eine ununter= brochene Kette von Festlichkeiten mit Champagner, Rheinwein und Lecferbissen aller Art. Für das schwere Werk des Anbaues des Landes hatten diese Kolo= nisten mit weißen Westen und seinen Lackstiefeln auch nicht das mindeste Verständ= niß, und wenn sie es gehabt hätten, so wäre es doch unmöglich für sie gewesen, die fabelhaften Arbeitslöhne zu bezahlen, welche die Arbeiter für ihre Dienst= leistungen verlangt hätten. Um eine Vorstellung von der Höhe derselben zu geben, sei mir erwähnt, daß man mit einem einzigen Paar Zugochsen, welches für den Transport von Waaren aus dem Hafen in die Stadt verwendet wurde, in einer Woche £ 60 (1200 Mark) verdienen konnte. Von Selbstangreifen aber konnte keine Rede sein bei Leuten, deren ganze Zeit vollständig in Anspruch genommen war von den feinen Zirkeln, in welchen die Künste gepflegt wurden, sowie von Bällen, Pifnicks und anderen gesellschaftlichen Nothwendigkeiten.

Der Ertrag aus den Landverfäusen hatte den eleganten Kolonisten in Süd= australien für eine unerschöpfliche Geldquelle gegolten. Ihre Bestürzung war deshalb nicht gering, als es sich zeigte, daß sie nicht mehr so reichlich floß, wie es zur Deckung ihrer gar nicht unbedeutenden Bedürfnisse erforderlich war. Auch die Kolonialregierung sah bald, daß sie nicht so viel Land verkaufte, als die ge= waltigen Ausgaben für Hafen= und Straßenbauten verschlangen. Man wendete sich nach England an das Ministerium, und die heimatliche Regierung half wirf= lich einige Zeit nach); als man indessen in London eine Ahnung von dem wahren Stande der Dinge befam, wurden die auf den englischen Schatz ausgestellten Wechsel protestirt, und fast unmittelbar darauf brach ein allgemeiner Bankerott in Südaustralien aus. Land war fast nicht mehr zu verkaufen. Die Arbeiter ver= ließen die Kolonie, in welcher sie nichts mehr zu verdienen fanden, da ihre Herren Nichts mehr besaßen. Die wenigen Kapitalisten, welche noch Etwas retten konnten, wanderten gleichfalls aus oder zogen in den Busch, um geräuschlos die Arbeit zu beginnen, die sie so hartnäcfig verschmäht hatten, und die Kaufleute in Adelaide, welche ihre alten Schulden nicht bezahlen konnten, setzten sich mit ihren Gläubigern vor dem Insolvenzgericht auseinander und büßten dabei natürlicherweise ihren Kredit für die Zukunft ein. In wenigen Monaten hatte sich die Bevölkerung der Haupt= stadt um beinahe die Hälfte vermindert und von dem Reste wären Viele noch gern fortgezogen, wenn sie nur gekonnt hätten. Der Preis aller Verkaufsartifel sank mehr und mehr und sicherlich wäre die Kolonie nicht vom vollständigen Untergang zu retten gewesen, wenn nicht — gerade zur rechten Zeit — die sogenannten Ueberländer mit ihren Herden in Adelaide eingetroffen wären.

Auf die Kunde von der großen Theuerung der Lebensmittel, welche sich in der letzten Zeit des Glanzes in Südaustralien eingestellt hatte, machte sich nämlich eine Anzahl führner Gesellen auf, um von Port Philip und von Neusüdwales aus durch unwirthbare Einöden und dichte Wälder, über Flüsse und Moräste sich für ihre Herden von Schafen, Rindern und Pferden einen Weg nach Südaustralien zu bahnen. Mit diesen rauhen Viehtreibern kam ein bis dahin ganz unbekanntes Element in die vornehme Gesellschaft von Adelaide, und wenn die Ersteren auch nach glücklich geschlossenem Handel ihre breitkrämpigen Filzhüte und zerrissenen Flanelljacken mit den feinsten und kostbarsten Anzügen vertauschten, so legten doch ihre sonnverbrannten Gesichter, ihre gewaltigen Bärte und viel mehr noch ihre rauhen Sitten Zeugniß dafür ab, daß sie viel besser in den Busch, als in die feinen Salons von Adelaide paßten.

Aber die Ueberländer waren die wirklichen Wohlthäter des Landes.

Am Schluß des Jahres 1841 weideten fast 50,000 Schafe in Südaustralien, und jetzt war eine solide Grundlage für die fernere Entwicklung der Kolonie vorhanden. Die Arbeitslöhne waren mäßig geworden, das Fleisch billig und Weizen und Mais gedieh. Für den Erlös aus der Wolle und dem Talg, die von jetzt an, wenn auch erst in geringen Quantitäten, ausgeführt wurden, konnte man sich allmählig auch die übrigen Lebensbedürfnisse verschaffen. Die Schulden der Regierung, 400,000 Pfund Sterling, wurden in Obligationen verwandelt, und nach einigen Jahren fingen die Schäden des unglücklichen Kolonisationssystemes an, zu verschwinden. Die verunglückten Kapitalisten, die etwa eben so viel einbüßten wie die Regierung, waren vergessen, die Kolonisten endlich führten in weit zerstreuten Farms ein genügsames Leben und erwarteten eine Vermehrung ihres Einkommens aus der Schafschur und die jährliche Zunahme ihres Reichthums durch die Vergrößerung ihrer Herden. — Oberst Gawler aber hatte seinem Experiment, eine Musterkolonie zu gründen, ein Vermögen zum Opfer gebracht und nahm in die Einsamkeit des australischen Busches den Undank der Kommissäre der Landcompagnie mit, die ihm die ganze Schuld für das Mißgeschick der Kolonie aufbürden wollten.

Bis sein Nachfolger, Kapitän Grey, ins Land kam, hatte die große Lehrmeisterin Noth schon aus einer Anzahl müßiggängerischer Herren arbeitsame Ansiedler gemacht. — Als der Landwucher sein Ende erreicht und der ausgeheckte Kolonisationsplan vollständig Fiasko gemacht hatte, enthüllte ein Zufall den Kolonisten die Existenz eines Schatzes, den die erfindungsreichen Gründer der Ansiedlung nicht geahnt hatten. Kohlen, Marmor, Schiefer und Edelsteine waren unter den wahrscheinlichen Exportartikeln aufgezählt; an Kupfer, Silber und Blei hatte Niemand gedacht. Im Jahre 1841 war schon ein Stückchen Bleierz gefunden und nach England geschickt worden, 1843 aber entdeckte ein Ansiedler Namens Dutton die erste große Kupfermine in Südaustralien, die Wheal Gawlermine, und als außer verschiedenen anderen Lagerstätten dieses Metalles im Jahre 1845 die große Burra-Burramine gefunden worden war, da erwachte wieder der alte Spekulationsgeist in den Südaustraliern. Wieder wurde viel Geld sehr rasch verdient und sehr rasch verloren, diesmal in den Bergwerksunternehmungen, von denen sich viele als ganz verfehlt erwiesen, während andere eine bescheidene Existenz fristeten. Auch dieser Schwindel legte sich mit der Zeit, und jetzt macht der Ertrag der

Minen in Südaustralien einen sehr wesentlichen Theil des Einkommens der Kolonie aus, denn bis zum Jahre 1860 waren bereits für mehr als 4 Millionen Pfund Sterling (83 Mill. Mark) Kupfer und Kupfererze nach England verschickt worden, und dieser Ertrag hat sich seit der im Jahre 1861 erfolgten Entdeckung der reichen Wallaaroominen (am Spencergolf, ganz dicht am Meere gelegen) noch sehr erheblich gesteigert. Unter allen Minen Südaustraliens hat sich die Burra-Burramine als die reichste herausgestellt; sie hat in den ersten fünfzehn Jahren ihres Bestehens einen Reinertrag von fast 21 Mill. Mark geliefert. — Kupfer ist übrigens nicht der einzige Ausfuhrartikel der Kolonie; auch Blei und Silber wird gewonnen und verschifft, außerdem noch Wolle, Talg, Weizen und Mehl, und die Handelsbewegung hat eine recht erhebliche Bedeutung gewonnen.

Betrachten wir uns nach diesen einleitenden, geschichtlichen Bemerkungen Land, Leute und Verhältnisse Südaustraliens etwas genauer.

Südaustralien (früher Flindersland) ist die mittlere der südlichen britischen Kolonien des Australkontinents. Dieselbe grenzt im Westen an Westaustralien, im Norden an Nordaustralien und Queensland, im Osten an Queensland, Neusüdwales und Viktoria, im Süden an den Judischen Ozean, zwischen 129—141° östl. Länge von Greenwich und 26—38° südl. Breite, umfaßt 26,000,000 Kilom., wovon 1200 Kilom. in Küsteninseln, und zählte März 1876: 213,271 Einwohnern, wovon 3369 gezählte Eingeborene. An der 300 Kilom. langen Küste befinden sich die Streaky-Bai, Venus-Bai, Anxious-Bai, Coffin-Bai, Spencers-Golf, Encounter-Bai, Lacepede-Bai, Guichen-Bai und Rivoli-Bai. Der Spencer-Golf ist eine tief einschneidende Wasserfläche zwischen den Halbinseln Yorke und Eyria. Auf der Ostseite der Yorke-Halbinsel liegt der St. Vincent-Golf auf dessen Ostufer sich die Stadt Adelaide befindet; zum St. Vincent-Golf führt vom Ozean, an der Yorke-Halbinsel vorbei, die Investigator-Straße, während vor dem Golfe die Känguru-Insel vorliegt. Den nach Osten zu belegene Eingang zum St. Vincent-Golf bildet die Backstairs-Passage.

Südaustralien ist im Südosten fruchtbares, reich bewässertes Land, in der Mitte und im Nordosten unfruchtbares, salziges Seengebiet, der bei weitem größte übrige Theil im Westen ist Skrub- und Salzbuschland.

Von Süden nach Norden zieht sich östlich von den Seen das höchste Gebirge, die Mt. Lofty- oder Flinders-Range, im Mt. Lofty bis fast 1000 m ansteigend. Die Flinderskette ist die Wasserscheide zwischen den ostwärts dem Murray und den Seen, und westwärts dem St. Vincent-Golf zuströmenden Gewässern. Die Gawler-Range auf der Port Lincoln-Halbinsel, ist eine sich bis zu 650 m erhebende rauhe Bergkette. Die Stuart-Range eine Reihe niedriger Hügel im Nordwesten vom Torrenssee.

Die nordöstlichen kleineren Seen sind der Lake Gregory und Lake Blanche, die drei großen Seen, Lake Eyre, Lake Torrens und Lake Gairdner, liegen zwischen 134 und 138° östl. Länge. Alle sind sie Salzseen, und auch im Westen giebt es deren eine Menge kleinere; ein Beweis, daß vor noch nicht zu ferner Zeit hier Meerwasser stand.

Noch heute hebt sich die Südküste. In diesem weitaus größten Theile der Provinz ist der Süßwassermangel ein unüberwindliches Hinderniß der Kultur, sie ist eine der trockensten und staubigsten Provinzen; zwischen den Seen und dem Skrub giebt es jedoch einige große Weidegebiete, auf denen namentlich Schaizucht getrieben wird. Um so gesegneter ist der Südosten, durch den Murray mit seinen unteren Nebenflüssen bewässert.

Kupferminen in Kapunda.

Zum Klima übergehend, ist die Hitze während der Monate Dezember, Januar, Februar und März gewöhnlich so groß, wie in Teutschland an wärmeren Sommertagen und es folgen oft 2 oder 3 Tage aufeinander, wo diese durch einen heißen, trockenen Nordwind verstärkt, sehr unangenehm wird. Solchen Tagen folgen aber fast ohne Ausnahme wenigstens eben so viele kühle Tage. Die höchste Temperatur während 8 Jahren war in Adelaide von 109—115° Fahrenheit im Schatten, die niedrigste von 33—39° Fahrenheit und die mittlere Jahrestemperatur etwa 64°. Da die Hitze meist eine trockene ist, so wird sie weit weniger lästig als eine weit geringere, aber feuchte. Der Durchschnitt des Regenfalles während 30 Jahren war 21¼ Zoll. Schnee und Eis sind nur selten in höher gelegenen Distrikten und verschwinden in den ersten Morgenstunden.

Der Mineralreichthum Südaustraliens besteht wie, schon erwähnt, aus ausgedehnten Lagern von Kupfer, Eisen und silberhaltigem Blei, nebst kleinen Quantitäten Gold, Wismuth und Zinn.

Ju und bei Echunga, einem Dorfe bei Adelaide hat man in der soge=
nannten „Biggs Flat" Gold gefunden, ferner in den Hügeln um Mount
Barker, bei Barossa, bei Lobethal und im Norden bei Wankaringa ebenfalls.
Die Aufregung darüber war anfänglich groß, das Resultat aber vergleichsweise
gering. Im Süden der Kolonie bei Kap Jervis liegen die Silberwerke Talisker,
Gorge, und Campbells Creek, auch bei Kapunda hat man Silber gefunden. Es
wurden im Jahre 1877 ausgeführt geschmolzenes Kupfer 102,871 Ctr. im Werthe
von £ 397,602, an Kupfererz 18,532 Tonnen im Werthe von £ 165,408.
Die Ausführung der übrigen Metalle u. s. w. hat fast ganz aufgehört.

Der Weizenbau, dem die Ackerbauer sich fast ausschließlich gewidmet haben,
ist offenbar hier noch einer viel größeren Ausdehnung fähig. Kein Urwald wie
in Amerika macht es dem neuen Ansiedler fast unmöglich, in den ersten Jahren
zu ernten: große Entfernungen vom Hafen drücken nicht, wie dort den Preis des
Getreides zu sehr herab. Noch viele Millionen Acker sind innerhalb 75 bis
150 Kilom. von der Seeküste Südaustraliens entfernt, passend für denselben. Im
Jahre 1863 wurden 320,000 Acker Weizen bestellt, 1872 schon 759,811 Acker,
gewiß das sicherste Zeichen, daß der Landmann dabei seine Rechnung findet. Der
Ausfall jeder Ernte ist indessen immer ein Ereigniß, dem mit großer Spannung
entgegen gesehen wird, da in den letzten 10 Jahren der Durchschnitt von 4⅓
Bushel bis 14⅓ Bushel für den Acker differirte. Etwa 10 Bushel ist der
Durchschnitt aller dieser Jahre. Es sind übrigens Boden und Klima nördlich
oder südlich von Adelaide sehr verschieden, so daß oft Ernten von 20 und mehr
Busheln für den Acker in der einen Gegend gemacht werden, während der
Durchschnitt in anderen weit niedriger ist.

Hiesige Ackerbauer benutzen auffallend viele landwirthschaftliche Geräthe
neuester Konstruktion: die besten eisernen Pflüge und Eggen, Walzen, Mähe=
maschinen, welche an 10 Acker Heu täglich schneiden u. s. w.

Im Jahre 1877 waren hier 8531 Ackerbauer und 244 Frauen, welche
entweder als Eigenthümer oder Pächter wirthschafteten, und diese, nebst
11,128 Knechten und 330 Mägden, außer der eigenen Familie, waren im Stande,
vermittelst noch einigen tausend Ernte=Arbeitern, fast 7 Millionen Bushel Weizen
einzuernten. Jeder oder jede der gedachten 8774 Pächter oder Eigenthümer
erntete also als Durchschnitt 793 Bushel Weizen, und da einige Tausende der=
selben nur wenige Acker bestellen, so kann daraus um so besser auf die Ausdehnung
der Weizenkultur auf anderen Gütern geschlossen werden. In den 5 Jahren von
1871—1876 war der Durchschnitt der Größe für alle Besitzungen, welche von
1 bis 500 Acker enthielten, von 122 auf 130 Acker gestiegen, während außerdem
im Jahre 1877 sich bereits 871 Eigenthümer mit Gütern von 500—1500 Ackern,
und 223 Eigenthümer mit Gütern von durchschnittlich 6793 Ackern fanden, auf
welchen letzteren natürlich auch viel Viehzucht getrieben wurde.

Es wird jedoch für gewiß versichert, daß einige der großen Gutsbesitzer,
wie Dr. Brown im Südosten und Mr. Fisher im Norden, weit über £ 10,000
jährlich dem Weizenbau entnehmen. Mr. Fisher ist Eigenthümer von 60,000

Ackern, von denen sich 10,000 für den Ackerbau besonders eignen. Bisher hat er 4000 Acker unter den Pflug gebracht. Er beschäftigt 60 Knechte, welche Morgens pünktlich um 5 Uhr aufstehen, die 150 Pferde besorgen, um 6 Uhr Frühstück haben und um halb 7 Uhr an die Arbeit gehen. Es gehen 21 Pflüge für Doppelfurchen, 4 einfache Pflüge, 10 Eggen. Es sind 27 Erntemaschinen, 6 Sämaschinen, 5 Mähemaschinen, 12 Kornreinigungsmaschinen, 8 Pferderechen und 26 Wagen auf der Farm. Es werden fortwährend 3 Schmiede, 3 Zimmerleute und 1 Sattler dort beschäftigt. Und doch steht eine bedeutende Ausdehnung aller Operationen in Aussicht, obschon jetzt 3000 Acker Weizen, 60 Acker Gerste, 30 Acker Erbsen u. s. w. einzuernten sind.

Die Ernte fällt, je nach den Distrikten, in die Zeit vom Dezember bis Februar. Glücklicherweise sind dann schwere oder andauernde Regen selten, so daß der Landmann den Vortheil hat, sein Korn mit der Spreu aus der Erntemaschine auf freiem Felde ausschütten können.

Die geringe Zahl der Erntearbeiter macht es oft nöthig, daß es dort wochenlang liegt, ehe es möglich ist, es zu reinigen und einzusacken. Der größte Theil des Korns wird dann sofort vom Felde zu Markte gebracht oder in einer Stadt gegen geringe Lagermiethe gespeichert, so daß der Landmann selbst, außer seiner Wohnung, nur wenig Bedarf für Scheunen hat und auch selten baut.

Im Jahre 1877 waren 759,811 Acker mit Weizen bestellt, wovon 8,735,912 Bushel geerntet wurden, fast 13,000 mit Gerste, 5000 mit Erbsen, 2200 mit Hafer, 427 mit Flachs, 3300 mit Kartoffeln und 115,000 mit Heu.

Der Ertrag von Kartoffeln ist, zumal auf den kürzlich auf Staatskosten entwässerten Ländereien beim Hafen Rivoli Bai, ein sehr bedeutender und der schwarze Boden dort ein unendlich reicher und tiefer, der von Jahr zu Jahr noch bessere Ernten verspricht. Man glaubt, daß wenigstens noch eine Million Acker, welche dort entwässert werden könnten, eventuell einen ebenso reichen Ertrag liefern würden.

Flachs endlich wird seit den letzten zwei Jahren in manchen Distritten allgemeiner gebaut, seitdem einige Maschinen für die Zurichtung desselben errichtet wurden. Sein Anbau scheint sehr lohnend und der Artikel ausgezeichnet.

Die Kolonie verdankt den Deutschen zum großen Theile, daß der Weinbau hier solche Fortschritte gemacht hat. Es sind jetzt 6131 Acker mit Reben bepflanzt, und 1872 wurden 852,315 Gallonen (jede etwa 6 Flaschen) Wein gepreßt. Diese Quantität Wein wird fast ausschließlich im Lande konsumirt, obschon der Wein auch in den Nachbarkolonien geschätzt wird. Auch für einen deutschen Gaumen ist er durchaus nicht zu verachten. Man hat den Rhein- und Bordeauxweinen ähnliche, leichtere Weine und wiederum Weine so feurig und schwer, wie nur ein warmes Klima sie erzeugt. Mit den Jahren mag Wein ein Hauptartikel für die Ausfuhr werden, aber augenblicklich ist die Quantität von einer und derselben Sorte nicht groß genug, um von Jahr zu Jahr dieselbe Qualität versenden zu können und aus diesem Grunde wurde nur wenig Wein nach Europa versandt. Es wurden indessen neuerdings mehrere südaustralischer Weinsorten in Europa sehr gut bezahlt.

Bis vor ganz kurzer Zeit sind Krankheiten des Weinstockes unbekannt gewesen, und es steht zu hoffen, daß die Krankheit (Oidium Tuckerii) ebenso wenig von großer Bedeutung sein wird, wie sie es in anderen Theilen Australiens zu sein scheint, wo sie seit Jahren bekannt ist. Frost hat nur ausnahms=weise hier und da einigen Schaden gethan, so daß der Winzer immer eine sichere und meistens reichliche Ernte gehabt hat. Der Preis der Tonne (2200 Pfd.) Weintrauben im Jahre 1877 war £ 4 10 *sh*. Leider fehlt es sehr an einem ver=ständig geleiteten, großartigeren Weingeschäft, das durch Ankauf, Lagerung und Ver=schneidung großen Profit erzielen und dem Winzer seinem Vorrath sofort und für bessere Preise abnehmen könnte. Unkenntniß der Behandlung im Keller und Mangel an guten Kellern ist die Ursache, daß viel guter Traubensaft schlechter Wein wird.

Oliven gedeihen ausgezeichnet; aber obschon das feinste Oel gewonnen wird, sind die Pflanzungen noch nicht groß oder nicht alt genug, um große Quantitäten in den Markt zu bringen. Dasselbe gilt von Mandeln, von denen ein Mr. Evers bei Moonta jetzt eine sehr große Pflanzung angelegt hat.

Fabriken und Manufakturen sind nicht ganz unbedeutend für eine so junge Kolonie. Es sind hier 81 Mehlmühlen, bis auf zwei alle Dampfmühlen, darunter eine mit 22 Gängen und von 140 Pferdekraft. Ackerbaugeräthe und Mauer=steine werden in je 66, irdene Töpfe in 6, Schiffszwieback in 6, Licht und Seife in 10, präservirtes Fleisch in 4, Leder in 34, Bier in 38, Essig in 2, Spiritus in 123, (mit wenigen Ausnahmen nur für Selbstbedarf) Etablissements verfertigt.

Als Destillateure zum Verkauf sind unsere deutschen Landsleute besonders bekannt geworden und haben auf Ausstellungen in Australien und Neu=Seeland Preise gewonnen. Zu Seppeltsfield stellt der energische Eigenthümer, vermittelst von Leipzig in großen Quantitäten importirter Chemikalien und Extrakten, fast alle bekannten guten Litöre her. Ein liberaleres Destillationsgesetz wird es hoffentlich erlauben, daß diese Geschäfte sich bedeutend erweitern.

Tabak, Schnupftabak und Cigarren werden meistens von importirten Tabaks=blättern fabricirt, weil die Tabakskultur, trotz der besten Aussichten, fast ganz vernachlässigt bleibt.

Kürzlich haben in Lobethal einige Deutsche eine Fabrik für Flanell und andere Wollenwaaren mit guten Aussichten begonnen. Für Stiefel und Schuhe, für Blechwaaren und für fertige Kleidungsstücke sind in den letzten Jahren mehrere großartige Fabriken ins Leben getreten. Eisengießereien und Maschinenfabriken sind zahlreich; Fabriken von Gold= und Silberarbeiten, sowie Schiffswerften, gewinnen mit jedem Jahre an Bedeutung. Vielleicht eigenthümlich für Südaustralien sind noch die Etablissements, in denen Häcksel im Großen, zu=weilen selbst mittelst Dampfmaschinen, geschnitten wird und in einem solchen zu Gilles Plains, welches ebenfalls einem Deutschen gehört und das wohl das größeste der Art ist, werden über 150 Arbeiter während der Heuernte beschäftigt.

Die Ausfuhr ist im steten Steigen begriffen, sowol was Zahl der Produkte, als auch), mit einigen Variationen, die Quantität der einzelnen Produkte an=langend. Der Total=Werth der Ausfuhr der drei Hauptartikel war wie folgt:

	1876.	1877.
Wolle . .	£ 1,890,885	£ 2,647,387
Korn	1,981,429	990,202
Metalle	648,569	986,364

Total-Ausfuhr
(allein von Produkten) £ 4,289,861 . £ 4,524,087
Total-Einfuhr . . . . . 3,158,022 . 3,801,571

Für das Jahr 1878 nimmt man an, daß etwa für £ 1,700,000 Korn und an Wolle und Metallen für ähnliche Summen wie im Jahre zuvor ausge= führt wurde.

Eingeschlossen in obige Total-Ausfuhr südaustralischer Produkte für das Jahr 1877 ist in runden Zahlen Gerberrinde mit fast £ 34,000; Butter £ 5000; Käse £ 55; Eier 8000; frische, eingemachte oder getrocknete Früchte £ 9000; Gummi £ 1000; Heu £ 2000; Wachs £ 273; Honig £ 56; Leder und Häute £ 26,000; Talg £ 55,000; Wein £ 11,000; Seife £ 1000; präservirtes Fleisch £ 31,000; Kartoffeln £ 900; Hopfen £ 8; Salz £ 330; Fische £ 651; Knochen £ 2600; Speck und Schinken £ 300; Bier £ 180.

Es ist selbstverständlich, daß bei der, für eine kleine Bevölkerung wirklich großen Menge von Produkten für den Export über See, die Zahl der Seeschiffe, welche ein= und auslaufen, jährlich zunimmt, zumal im Jahre 1878, wo es galt, die größte Kornernte zu verschiffen. In den drei ersten Quartalen von 1878 kamen z. B. allein in Port Adelaide 885 Schiffe mit einem Gesammtgehalt von 347,191 Tonnen an und versegelten 849 Schiffe von 332,354 Tonnen Gehalt.

Der gewöhnlich für 5 Jahre ernannte Gouverneur hat ein aus Mitgliedern des südaustralischen Parlamentes formirtes, verantwortliches Ministerium zur Seite. Das Oberhaus besteht aus 18 Mitgliedern, welche von den Grundbesitzern und größeren Pächtern der ganzen Kolonie für nominell 12 Jahre gewählt werden. Das Unterhaus wird nach der nächsten Wahl aus 46 Mitgliedern bestehen, die aus 22 Distrikten auf 3 Jahre gewählt werden und zwar durch alle im Distrikte als wohnhaft registrirten Kolonisten, welche über 21 Jahre alt und, wenn Aus= länder, naturalisirt sind. Zwei geborene Deutsche haben bisher die Ehre gehabt, ins Unterhaus gewählt zu werden und einer derselben für kurze Zeit den Posten eines Ministers zu bekleiden. Das deutsche Element könnte aber, bei der ge= schätzten Intelligenz mancher in Südaustralien ansässigen Deutschen, leicht einen entscheidenderen Einfluß auf die Politik ausüben, wenn es von ihnen selbst für nothwendig erachtet würde.

Die Einnahmen für das Jahr 1877 betrug im Ganzen £ 1,551,400, wovon £ 557,000 durch Zölle erhoben wurden, welche die einzige Abgabe sind (außer Kommunalsteuern) und etwa 27 Mark für den Kopf betragen. Es ist sehr frag= lich, ob es irgend einen anderen civilisirten Punkt auf der Erde giebt, wo die Steuern so niedrig sind als hier. Daß die Steuerfähigkeit der Bevölkerung weit größer ist wird klar dadurch, daß, trotz derselben Zölle, im laufenden Jahre die Einnahme davon fast um ein Drittel gestiegen scheint. Außer der gewöhnlichen

Revenue wurde im Jahre 1877 für Landverkäufe nur £ 146,000 gelöst, eine weit geringere Summe als in früheren Jahren, wofür die Erklärung in den zahl=reichen Landverkäufen auf Kredit zu suchen ist.

Die Einnahmen für verkaufte Ländereien muß in den nächsten Jahren rasch steigen, da, unabhängig von Käufen für Baar, das Kapital für die großen Landver=käufe auf Kredit, welche seit 1869 stattfanden, demnächst in die Schatzkammer fließen wird, so in 1876 £ 69,917, in 1877 £ 103,377, in 1878 £ 371,129 u. s. w.

Als natürliche Folge werden verhältnißmäßig große Summen für Eisenbahnen, und öffentliche Bauten in den nächsten Jahren verwandt werden müssen.

Die Ausgaben für 1877 betrugen £ 700,200, wovon £ 129,000 für öffentliche Bauten und Arbeiten veransgabt wurden.

Im Jahre 1877 wurden £ 41,790 als Kommunalsteuer bezahlt zur Ver=besserung der Straßen in den Städten und der Nebenwege in den Landdistrikten, oder etwa 4s. 3d. (etwas über 4 Mk.) für den Kopf der betheiligten Bevölkerung. Die einzigen weiteren Steuern sind eine allgemeine Hundesteuer und in einigen Städten eine solche für Wasserleitung in jedes Haus und für Gasbeleuchtung.

In den Städten werden jährlich ein Bürgermeister und mehrere Stadträthe von den Steuerzahlern gewählt; zu Stadträthen nicht selten Deutsche. Während der letzten 2 Jahre war ein Deutscher Bürgermeister der Hauptstadt Adelaide.

In den bewohnteren Landdistrikten werden jährlich je fünf Distriktsräthe von den Steuerzahlern gewählt, und es ist erfreulich zu sehen, wie zahlreich Deutsche zu diesen Ehrenämtern gewählt werden, oft in Distrikten, die fast allein von Engländern, Schotten und Irländern bewohnt werden. Ueberhaupt herrscht hier ein viel regeres Interesse für politische und kommunale Fragen, als es wenigstens noch vor wenigen Jahren in Deutschland der Fall war.

Die früher dort stationirte englische Garnison ist seit einigen Jahren nach England zurück beordert worden. Für den Nothfall kann eine Miliz, jedoch nur für den Dienst in der Kolonie, einberufen werden. Die Listen sind aber seit Jahren nicht aufgemacht, und es hat nicht den Anschein, als ob die lebende Generation je Militärdienste werde thun müssen.

Die Volkszählung im Jahre 1877 ergab, außer den Eingebornen, 236,871 Seelen für Südaustralien. Die Kinder deutscher Eltern sind als hier geboren nicht besonders aufgezählt; da sich aber 15,412 als Lutheraner bei der Volkszählung angaben und außerdem viele Deutsche Katholiken sind oder anderen Religionsverbänden angehören: so wird vielleicht 20,000 die wirkliche Zahl der Deutschen in Südaustralien sein.

Im Jahre 1877 wurden 8107 Kinder in der Kolonie geboren; es starben 1868 Personen und es wurden 1562 Heiraten geschlossen. Für die letzten 6 Jahre war der Prozentsatz der Geburten zur Bevölkerung durchschnittlich 3889; der Prozentsatz der Todesfälle 1385, gewiß ein so günstiges Verhältniß, wie es wenige andere Länder aufweisen können. -

Diese kleine Bevölkerung versandte vermittelst 414 Postanstalten im Jahre 1877 fast 7½ Millionen Briefe und 3,896,019 Zeitungen.

Da in den Städten die täglichen Zeitungen nicht durch die Poſt, ſondern durch Kolporteure ausgetragen werden, ſo ſteigert ſich die Zahl der im Lande geleſenen Zeitungen um ein Bedeutendes und liefert ein gutes Bild von dem allgemeinen Intereſſe an öffentlichen Angelegenheiten. Es giebt in Adelaide zwei tägliche Morgen= und zwei Abendzeitungen, und unter den anderen Blättern, welche einmal oder öfter in der Woche erſcheinen, befinden ſich zwei deutſche, die nicht nur in Südauſtralien ſelbſt, ſondern auch in allen übrigen auſtraliſchen Kolonien eifrig geleſen werden.

Am Bahnhof in Glenelg.

Dieſelben liefern nicht allein Leitartikel und auſtraliſche Neuigkeiten, ſondern drucken auch aus den beſſeren europäiſchen Zeitungen Auszüge ab, die von den hieſigen Deutſchen ſehr geliebt werden. Ferner beſtehen zwei deutſche Kirchen= blätter, welche monatlich erſcheinen.

Der Poſtverwaltung gebührt das höchſte Lob. Es gehen reitende oder Fahr= poſten bis in die entlegendſten Theile der Kolonie, ſoweit dieſelben bevölkert ſind. Dreizehn Male im Jahre gehen und kommen Dampfſchiffe, um Briefe, Zeitungen und Paſſagiere über Ceylon und Alexandria binnen 42 Tagen nach England oder umgekehrt zu ſpediren. Grade jetzt werden noch zwei weitere Dampfſchiffslinien nach Europa, die eine nach San Francisco und über Amerika, die andere über Singapur, für Briefe und Paſſagiere eröffnet.

Das nach allen bewohnten Theilen der ganzen Kolonie geſpannte Tele= graphennetz wird bei niedrigem Tarif viel benutzt. Die etwa 3000 Kilom.

lange Linie nach der Nordküste verbindet Südaustralien vermittelst unterseeischer Kabel mit der ganzen Welt. Der große Vortheil dieser allerdings mit großen Kosten bewerkstelligten raschen Verbindung bewährte sich sofort bei der letzten Ernte, da durch Telegramme allein es möglich wurde, eine hinreichende Zahl von Schiffen hierher zu beordern, um etwa 150,000 Tonnen (à 2200 Pfund) Mehl und Weizen nach England und anderen Plätzen zu verschiffen. Auch die Eisen= bahnen haben ihren Antheil an dem Ruhm, binnen wenigen Monaten diese Menge Korn zu den Häfen geschafft zu haben. Augenblicklich ist eine neue Bahn im Bau, und die Voranschläge für vier weitere Bahnen sind vom Parlamente angenommen. Der Vorschlag, welcher jetzt ernstlich berathen wird, eine Eisen= bahn von Adelaide nach der Nordküste (Palmerston) neben der Telegraphenlinie zu bauen, wird sicherlich in den nächsten 15 Jahren wirklich zur Ausführung gekommen sein und damit Südaustralien außerordentliche Vortheile bringen, um die andere Theile Australiens es wol beneiden möchten.

Im Betrieb befinden sich zur Zeit die sogenannte Port=Linie nach Port Adelaide und Semaphore 3 Kilom. mit Zweigbahn nach Dry Creek. Die Nordlinie (180 Kilom.) von Adelaide nach Hallett, mit Zweigbahnen nach Burra=Burra und Kapunda. Von Strathalbyn nach Port Viktor (41 Kilom.) und von Wallaroo nach Kadina führen Pferdebahnen. Die Adelaide= und Glenelg=Linie (26 Kilom.). Die Port=Pirie= und Jamestown=Bahn (75 Kilom.). Die Port=Wakefield= und Blyth=Linie (63 Kilom.). Im Süd= osten der Kolonie verbindet die Kingston= und Naracoorte=Bahn (75 Kilom.) letztere Stadt mit der Seeküste. Demnächst sollen dem Verkehr übergeben werden, die Bahn von Port=Augusta nach dem Government Gums (300 Kilom.) von Kapunda nach Nordwest=Bend (82 Kilom.), von Mt. Gambier nach Rivoli=Bai (75 Kilom.) von Kadina nach Barunga=Gap (38 Kilom.), von Port=Broughton nach Barunga=Range und von Port=Wakefield nach Kadina. Außerdem will man noch andere Theile der Kolonie in Kürze mit einander verbinden.

Die Kolonie theilt sich in Counties oder Wahlbezirke, Hundreds und Distrikte. Die 35 Counties heißen Ferguson (auf der Yorke=Halbinsel), Flinders (die Südspitze von Eyre's Halbinsel), Frome, Dalhousie, Viktoria und Daly (auf dem Südufer des Spencer=Golf), Carnarvon (Känguru=Insel), Stanley, Gawler, Adelaide und Hindmarsh (am St. Vincent=Golf), Burra, Young, Light, Eyre, Albert, Hamley, Kimberley, Alfred und Sturt (ostwärts von den angebauten Distrikten gelegen), und Russell, Cardwell, Macdonnell, Robe, Grey und Buckingham (im Südosten). Andere Counties sind Lytton, Derby, New=Castle, Glanville, Blackford, Hanson, Taunton, Mus= grave und Herbert. Unter Hundreds versteht man die für Ackerbau=Zwecke eröffneten Ländereien, von denen keine zur Viehzucht verpachtet werden können. Die wichtigsten Städte des Landes sind Adelaide mit Port=Adelaide, Gawler, Kapunda, Kooringa, Moonta, Mount Gambier, Glenelg, (Gambier= town) Naracoorte, Tanunda u. A.

Adelaide, die Hauptstadt der Kolonie liegt unter 34° 57′ südl. Länge und 138° 38′ östl. Br. am Flusse Torrens, etwa 9 Kilom. ostwärts vom Golf von St. Vincent, an welchem sich der Hafen (Port) Adelaide befindet. Die Stadt besteht aus zwei ziemlich gleich großen Theilen, aus Nord= und aus Süd= adelaide, welche durch ein, fast einen Kilometer breites Stück Land, das Park= land genannt, getrennt werden, in dessen Mitte sich der Torrensfluß hinzieht.

Das Rathhaus in Adelaide.

Ueber den Fluß führen von einem Stadttheil zum anderen zwei eiserne und zwei hölzerne Brücken. Nord=Adelaide liegt auf einem Plateau, dessen nach dem Parklande zu abfallende Seite mit hübschen Häusern gekrönt ist, so daß der An= blick ein recht freundlicher ist. Süd=Adelaide, die Geschäftsstadt, ist ein rechtwinkliges Viereck, in jeder Richtung etwa 6 Kilom. lang und hat von West nach Ost die sich in rechten Winkeln schneidenden von 30 bis 40 m breiten Haupt= und zahlreiche nicht so breite Nebenstraßen.

Der Torrens=Fluß, welcher — wie erwähnt — zwischen beiden Stadt= theilen sich hinzieht, hat ein über 60 m breites, 13 m tiefes Bett, wogegen die Wassermasse des Flusses im Sommer nur wenige Fuß breit und kaum ein paar Zoll tief ist. Wenn im Winter aber die Regenzeit eintritt, so rollt zuweilen eine ganz gewaltige Wassermenge von den nahen Bergen hinab, die das breite Bett des Flusses fast ganz ausfüllt. Es wird nun beabsichtigt, durch Anlegung eines Dammes am unteren Theile des Stadtgebiets den Fluß zu stauen und dadurch

einen künstlichen See herzustellen, der dem Parklande zur größten Zierde ge=
reichen würde.

Nord=Adelaide zieren vier große Parkanlagen: Wellington Square,
Brougham Place, Palmers Place und Roberts Place, während sich in Süd=
Adelaide die mit Bäumen und Strauchwerk bepflanzten Plätze oder Square,
Viktoria, Hindmarsh, Light, Whitmore und Hurtle vorfinden.

In Süd=Adelaide sind Rundle=, Hindley= und King=William=streets die
Hauptstraßen, und während in den beiden ersteren fast jedes Haus im Erdgeschoß
einen Laden oder sonstiges Geschäftslocal zeigt, befinden sich in der 40 m breiten
und einen halben Kilometer langen King=William=street das mit einem 50 m hohen
Thurme und großartigem Saale versehene Rathhaus, das in einem Quadrat
angelegte schöne Regierungs=Gebäude, in welchem sich die meisten öffentlichen
Bureaus befinden und diesem gegenüber die Post= und Telegraphen=Anstalt.
Letzteres ist ein prächtiges ebenfalls mit einem Thurme versehenes Eckgebäude,
wie es schöner kaum eine Stadt in Deutschland aufzuweisen haben möchte.
Dasselbe hat ca. 1 Mill. Mark gekostet. Endlich finden wir daselbst mehrere
Banken und eine große Zahl recht ansehnlicher Privathäuser, welche sämmtlich
dieser Straße ein großstädtisches Aussehen verleihen. In der Mitte der King=
William=street liegt das den Mittelpunkt der Stadt bildende Viktoria=square, an
dessen Ostseite sich die katholische Kathedralkirche — bis jetzt noch nicht dem
Plane gemäß ausgebaut — befindet, während an der Südseite zwei schöne und
geräumige Gerichtsgebäude den Platz begrenzen. Auch in allen anderen Straßen
sieht man neben vielen kleinen sog. Cottages (spr. Kottidsches) recht ansehnliche
Häuser, welche von der Wohlhabenheit der Besitzer Zeugniß ablegen. Dazu sind
namentlich die Hauptstraßen sehr belebt und vom Morgen bis spät Abends herrscht
in ihnen äußerst reger Verkehr. Die Menge der rasch fahrenden Privatequipagen,
Miethwagen, Bäcker= und Fleischerkarren sowie Frachtwagen ist so groß, daß es
oft gefährlich scheint, von der einen Seite der Straße auf die andere zu gehen.
Am 31. März 1878 war die Einwohnerzahl auf 33,250 geschätzt; die
Zahl der in der Bannmeile von 15 Kilom. lebenden Menschen auf über 60,000.

In der Kolonie Südaustralien sind etwa 10,000 Deutsche ansässig. Davon
leben in Adelaide ungefähr 1000.

Ein Umstand, welcher dem Fremden in der Hauptstadt Südaustraliens auf=
fällt, ist die große Zahl von zum Theil schönen Kirchen und Kapellen. Dies er=
klärt sich dadurch, daß jede der hier befindlichen Religionssekten ihre besonderen
gottesdienstlichen Gebäude hat.

Die Deutschen besitzen in Adelaide auch einige Kirchen, von denen besonders
die erst unlängst erbaute Bethlehem=Kirche in Flindersstreet nennenswerth ist.

An Zeitungen erscheinen: South Australian Register, South Australian
Advertiser, Evening Journal, Expreß und Telegraph täglich; Adelaide Observer,
South Australian Chronicle, Farmers' Messenger, Figaro, Australian Star,
Labour Advocate, Deutsche Südaustralische Zeitung, Protestant Advocate,
Methodist Journal, Lantern, Portonian und Comet wöchentlich.

Von den öffentlichen Vergnügungslokalen sei erwähnt ein sehr elegantes Theater, dann mehrere große Säle, unter denen der sehr schöne und geräumige Rath=hausfaal (Townhall) Erwähnung verdient, sowie auch viele Gasthäuser mit größeren Salons zum Abhalten von Bällen und Konzerten versehen sind. Ein Hauptvergnügungsort der Adelaider ist der am Nordostende der Stadt gelegene Botanische Garten, der schön angelegt ist, und vorzüglich im Stande gehalten wird, und in dem sich auch als Beginn eines zoologischen Gartens eine interessante Sammlung wilder und seltener Thiere befindet.

Das Regierungsgebäude in Adelaide.

Dicht bei Adelaide liegen eine Anzahl Vorstädte, in denen sich meistens hübsche mit Gärten umgebene Häuser und Villen befinden, die zum Theil von Geschäftsleuten bewohnt werden, welche am Tage in ihren Bureaus in der Stadt beschäftigt sind. Namentlich sind die an der Ostseite der Stadt gelegenen Vor=städte Kenttown, Norwood und Kensington zu erwähnen, die zusammen eine Munizipalität bilden und eine Bevölkerung von ca. 5000 Seelen haben. Da der Passagier=Verkehr zwischen diesen Orten und der Stadt sehr stark ist, so sind die Wege dahin stets mit Wagen, Reitern und Fußgängern belebt.

Eine gute Chaussee führt nach Glenelg, einem 9 Kilom. von Adelaide entfernten Seebadeorte, woselbst sich an schönen Sommerabenden Tausende von Städtern einfinden, um sich das Vergnügen eines Seebades gönnen.

Oestlich von der Stadt liegt eine, nach der höchsten ihrer Spitzen Mount
Lofty Range genannte Bergkette, von Adelaide etwa 6 Kilom. entfernt. Die
romantischen Thäler dieser Bergkette bieten den Städtern namentlich im Frühjahr
und Sommer Gelegenheit zu angenehmen Ausflügen und an Festtagen trifft man
dort zahlreiche Pitnik=Gesellschaften an. Ueber diese Bergkette führen mehrere
vorzüglich gebaute Kunststraßen, so die eine nach dem ca. 27 Kilom. östlich von
Adelaide gelegenen völlig deutschen Ort Hahndorf, einem ganz in deutschem Style
gebauten freundlichen Dorfe, von wo aus der Weg weiter östlich nach Mount
Barker, Nairne, Callington, Bremer u. s. w. geht, alles Orte, in denen
Deutsche wohnen.

Rechts von Hahndorf liegen die Dörfer Echunga und Macclesfield,
und in der Nähe des ersteren Ortes befinden sich Bergthäler, in denen seit 1853
mit wechselndem Erfolge Gold gefunden wird. Eine zweite Chaussee geht nord=
östlich von Adelaide nach dem ebenfalls deutschen Orte Blumberg (30 Kilom.
von Adelaide) und weiter nach Mount Pleasant, sowie nach Mannum am
Murray. Rechts und links von dieser Chaussee liegen mehrere größere Orte wie
Woodside, Mount Torrens, Eden Valley u. s. w. in denen man viele
deutsche Ansiedler, namentlich Farmer (Landbauer) antrifft.

Port Adelaide, die wichtigste Hafenstadt der Kolonie, welche schon circa
2900 Einwohner (Distrikt über 11,000 Einwohner) zählt, trägt durchaus das
Gepräge von Wohlhabenheit. Auf der Ostseite des Hafen=Bassins gelegen, welches
hier eine ansehnliche, nach Norden rasch zunehmende Breite von etwa 500 m hat,
besitzt der Platz Werftanlagen von $^1/_2$ Kilom. Länge, an denen die meistens großen
und massiv gebauten Waarenlager der Kaufleute Adelaides und des Hafens errichtet
sind und die größten Seeschiffe zum Aus= und Einladen anlegen können. Auch in
den anderen Straßen sieht man viele Privat= und öffentliche Gebäude, welche Zeug=
niß von der Blüte Port Adelaides ablegen, und kann man unter den letzteren das
mit einem Thurme versehene Rathhaus, das mit Bogengängen gezierte Gerichts=
gebäude, das in einer Art gothischen Styls gebaute Matrosen=Heim oder die
Seemanns=Herberge, den Bahnhof, die Post und eine Anzahl Kirchen hervor=
heben, während unter den Privatgebäuden außer den schon erwähnten Waaren=
lagern der Kaufleute zahlreiche Dampfmühlen, Holzhöfe, elegante Gast= und Wirths=
häuser, eine umfangreiche Kupferschmelze, reich versehene Läden aller Art u. a. m.
sich auszeichnen. Ziemlich am südlichen Ende der Stadt führt eine permanente
Brücke über den Hafen nach dessen anderm Ufer, der sog. Lefevre's Peninsula,
wo dem Wasser entlang hauptsächlich Schiffbau=Etablissements zu erwähnen sind,
unter denen der sog. Patent=Slip des Mr. Fletcher so eingerichtet ist, daß auf
ihm — einem geneigten Schienenwerke — große Seeschiffe mit voller Ausrüstung
hinauf und aufs Trockene gezogen werden können, um an den Fahrzeugen etwa
nothwendig gewordene Reparaturen vorzunehmen. Von der Hafen=Brücke aus
führt eine ca. $^1/_2$ Kilom. lange Chaussee quer über die Halbinsel weg nach der
Küste, woselbst ein an 1000 m langer Mole (Jetty), in die See hinausgebaut ist,
um das Anlegen von Schiffen und Booten zu erleichtern.

Adelaide aus der Bogelschau.

Dicht an dieser Jetty befindet sich nämlich eine Lootsenstation und da sich auch sonstige Personen hier angebaut haben, so entstand ein freundlicher Ort und führt derselbe den Namen Semaphore. Die ganze Strecke vom Hafen bis zu der Küste ist übrigens bewohnt und findet man heute auf dieser noch vor wenigen Jahren öden Sandfläche hübsche Häuser und Gartenanlagen. Zu den Vorstädten von Port Adelaide rechnet man die Ortschaften Alberttown, Queenstown, Portland Estate, Yatala, Rosewater, Kingston-on-the-Hill. Im County Adelaide waren am 31. März 1878 unter Kultur 153,218 Acker. Der Viehstand betrug 16,251 Pferde, 32,943 Rinder, 129,497 Schafe und 20,862 Schweine.

Gawler, 2800 Einwohner, am gleichnamigen Flusse und im gleichnamigen County, Hauptort des Barossa-Distrikts, in welchem viele Deutsche angesiedelt sind, liegt 36 Kilom. nordöstlich von Adelaide am Flusse der Barossa-Berge und an der von der Hauptstadt hierher führenden Eisenbahn.

Der Ort zählt mehrere Kirchen, große Dampfmühlen, eine Maschinenbauanstalt für landwirthschaftliche Geräthe, zahlreiche Läden und andere Geschäfte, große Kornniederlagen, ein Gewerbevereinshaus mit großer Bibliothek und naturhistorischem Museum u. s. w. Am Nordende von Murraystreet ist dem Erforscher J. McKinlay ein Denkmal errichtet. Das Lokalblatt wird „Bunyip" genannt. Im Gawler Distrikt waren im März 1878 215,699 Acker Landes unter Kultur, während auf den fetten Triften 8121 Pferde, 7031 Rinder, 86,276 Schafe und 7072 Schweine weideten. Ueber Lyndoch Valley, den ehemaligen BarossaGoldfeldern, gelangt man über Concordia, Rosenthal und Neu-Mecklenburg, am Fuße des Kaiserstuhl vorbei, nach dem fast ganz deutschen Ort Tanunda am North-Para-Fluß, 63 Kilom. von Adelaide. Die Bevölkerung beträgt etwa 800 Seelen, der Distrikt zählt etwas über 1000 Einwohner, die sich meist mit Acker- und Weinbau beschäftigen. In Tanunda erscheinen zwei deutsche Blätter, die „Australische Deutsche Zeitung" und das „Kirchen- und Missionsblatt", letzteres alle 14 Tage einmal. Rechts von Tanunda liegen Bethanien, Angaston, Freeling u. s. w. wo überall Deutsche wohnen.

Kapunda, eine 2300 Einwohner zählende Bergstadt, und Endstation der Nordbahn 75 Kilom. ordöstlich von der Hauptstadt im County Light gelegen. Von den Kupferminen Kapunda's haben wir bereits gesprochen. Der Ort ist hübsch gebaut und kommt hier eine englische Wochenzeitung, der „Herald", heraus. Unweit von Kapunda liegt das deutsche Dorf Bethel, sowie nach Osten hin verschiedene kleinere Ortschaften. Um Kapunda wird viel Ackerbau getrieben.

Kooringa liegt am Burra-Creek 150 Kilom. nördlich von Adelaide, 75 Kilom. von Kapunda mit dem es in direkter Bahnverbindung steht. Man schätzt die Bevölkerung auf mindestens 3500 Einwohner. Dicht bei Kooringa liegt die bereits an anderer Stelle erwähnte Burra-Burra-Kupfermine. In dem benachbartem Bezirk Clare wohnen viele Deutsche.

Ein anderer Theil der Kolonie, in welchem sich viele Deutsche niedergelassen haben, ist der südöstlich von Adelaide gelegene Bezirk Mount Gambier, der

auch wol der Garten Südaustraliens genannt wird und dessen Hauptstadt der
hübsche Ort Gambiertown ist. Hier hat in den letzten Jahren die Regierung
bedeutende Entwässerungsarbeiten vornehmen lassen und soll auch nächstens eine
Eisenbahn erbaut werden, um die Binnen=Bezirke mit der Seeküste in leichtere
Verbindung zu bringen. Die Bewohner dieses Bezirkes beschäftigen sich mit
Ackerbau oder Viehzucht und da hier das Klima etwas kühler als in den übrigen
Theilen der Kolonie ist, so werden auch meistens gute Ernteerträge erzielt.

Das Post= und Telegraphengebäude in Adelaide.

Zwei Zeitungen erscheinen hier The Border Watch und South Eastern Star.
Um zu Lande nach Mount Gambier zu gelangen, muß man über den Murray
hinüber. Die Entfernung beträgt 430 Kilom. von Adelaide. Die Stadt und der
Distrikt liegen im County Grey; der Hafenplatz Port Macdonnell, ist 27 Kilom.
entfernt; ein andrer Hafen ist Portland in der Kolonie Viktoria, etwa 100 Kilom.
Die hübsch gebaute Stadt zerfällt in das eigentliche Gambiertown und in die
daranstoßenden Städtchen Südgambier, Claraville, Rosaville und
Suttortown. Die Bevölkerung beträgt etwas über 2600, die des Distriktes
4800 Seelen. Unter den vielen Kirchen befindet sich auch eine deutsche.

Naracoorte liegt am alten Ueberlandweg nach Melbourne, 333 Kilom.
südöstlich von Adelaide, im County Robe, inmitten eines nicht unbedeutenden,
1164 Personen zählenden Weidedistrikts.

Moonta, endlich eine Bergstadt von 5000 Einwohnern, 150 Kilom. nord=
westlich von Adelaide, treibt viel Kupferbergbau und giebt 1300 Arbeitern dabei
Beschäftigung. Yorke's Peninsula Advertiser ist die hier erscheinende Zeitung.
Im Jahre 1878 wurden bis Ende März 10,272 Tonnen Kupfererz gefördert,
die durchschnittlich 19 Prozent reines Kupfer enthielten.

Nordaustralien (Northern Territory von Südaustralien), früher auch
Alexandraland genannt, grenzt im Norden an die Arafura See, im Süden
begrenzt es der 26° südl. Br. im Osten der 138° östl. L. und im Westen der
129° östl. L. Es hat einen Flächeninhalt von 129,000 Quadratkilometer oder
340,097,280 Acker. Der Haupthafen ist Port Darwin, nach Port Jackson, der
schönste Hafen Australiens. Wir kennen von früher her die Flüsse, Berge, sowie
die Entdeckungsgeschichte des Landes und tragen hier nur noch nach, daß das
Klima ein tropisches ist, und der Boden fast durchaus fruchtbar.

Port Darwin, die Hauptstadt der südaustralischen Niederlassung in Nord=
australien, liegt auf der Ostseite des gleichnamigen Hafens auf einer Halbinsel,
3000 Kilom. nordnordwestlich von Adelaide entfernt. Die Entfernungen von
Adelaide nach Port Darwin, entlang der Telegraphenlinie beziffern sich wie folgt:

Beltana	525 Kilom.	Powell's Creek	2200 Kilom.
Strangway Springs	315 „	Daly Waters	2408 „
Peake	526 „	Katharine	2657 „
Charlotte Waters	1206 „	Pine Creek	2738 „
Alice Springs	1810 „	Yam Creek	2780 „
Barrow Creek	1960 „	Southport	2924 „
Tenant's Creek	2031 „	Port Darwin	2960 „

Ein Präsident, der Kolonialregierung von Südaustralien unterstellt, leitet
die Regierungsgeschäfte. Die Bevölkerung von Nordaustralien wird auf 743 Seelen
angegeben, unter denen sich über 200 Kulis befinden. Seit Juli 1878 wandern
viele Chinesen in Nordaustralien ein.

Die Kolonie Südaustralien kann sich freilich an Reichthum seiner Bewohner
nicht mit Viktoria, dem Goldlande, messen, allein es befindet sich hier eine
mindestens ebenso fleißige und rührige Bevölkerung. Die Südaustralier haben
es von jeher verstanden, im Stillen auf ihren fruchtbaren Farmen zu wirth=
schaften, und ihre Viehherden zu vergrößern. Der in Südaustralien gebaute
Weizen kommt dem besten der Welt gleich und wenn auch der Bergbau die rapide
Entwickelung nicht so unterstützt wie in den Nachbarkolonien, so schreitet doch die
Kultur stetig vorwärts, und das Land hat alle Aussicht — die Kornkammer
Australiens zu werden, ein Ruhm, welcher mindestens ebensoviel werth ist.
Südaustralien ist heute eine der wohlhabendsten Kolonien der britischen Krone und
seine Bewohner sind auf solider Grundlage durch eisernen Fleiß und rühmens=
werthe Ausdauer zu Wohlstand und sogar theilweise zu Reichthum gelangt.

Eulalyptusstamm als Brücke über einen Fluß.

XI.

Westaustralien.

Geschichte. — Eintheilung. — Bodenbeschaffenheit. — Klima. — Produkte. — Bevölkerung. — Straßen. — Eisenbahnen. — Telegraphen. — Handel. — Verkehr. — Regierungsform. — Städte.

Die großen Reichthümer, die in Neusüdwales durch einzelne Kolonisten erworben worden, verleiteten eine Anzahl Londoner Kaufleute zu dem Glauben, in einer neuen Ansiedelung, die nicht von Sträflingen gegründet sei, müßten sich eben so glänzende Resultate, ja sogar noch bessere erzielen lassen. Erfüllt von diesem Gedanken, verbanden sie sich mit einem Manne, der den erforderlichen Einfluß bei der Regierung besaß (mit Sir Robert Peel), um in der Gegend des Schwanenflußes, an der Westküste Australiens, welche man sich dafür ausersehen hatte, eine Kolonie zu gründen. Seeleute, die jene Küsten besucht hatten, berichteten günstig darüber, wie Seeleute stets thun, wenn sie irgendwo einen sicheren Ankerplatz, Wasser und Holz finden. Die geographische Breite, unter welcher das Land liegt, ließ ein gemäßigtes Klima vermuthen; weitere Untersuchungen über die Bodenbeschaffenheit, die Ausdehnung der Weideplätze und den Charakter der Ureinwohner anzustellen, schien überflüssig; — solche Untersuchungen waren auch der Kolonisation von Neusüdwales nicht vorausgegangen, und dennoch war dort Alles gut gerathen.

Die englische Regierung ließ es an der kräftigsten Förderung des Unter=
nehmens nicht fehlen. Sie schenkte dem Gründer, Sir Robert Peel, eine
Million Acker Land, ebenso allen anderen Kolonisten große Strecken nach Ver=
hältniß des Vermögens, das in baarem Gelde, in Vieh oder in Geräthschaften auf=
gewiesen, oder nach der Zahl von Arbeitern, für welche das Ueberfahrtgeld bezahlt
wurde. — So war mit einem Schlage, gleichsam über Nacht, eine Gesellschaft
von großen Gutsbesitzern in Westaustralien entstanden, die sich jetzt anschickten,
ihre Güter am anderen Ende der Welt zu beziehen. Da man sich aber in dem neuen
Lande von vornherein behaglich einrichten wollte, so wurden die Schiffe mit allen
erdentlichen Gegenständen des häuslichen Komforts und mit noch allerlei pracht=
vollen Dingen befrachtet, als: schnellfüßigen Vollblutpferden und wohldressirten
Jagdhunden, eleganten Karossen, musikalischen Instrumenten 2c. Auch Rindvieh
mit kurzen Hörnern, Merinoschafe und Ackerbaugeräthe, die darauf berechnet
waren, den Ertrag eines seit Jahrhunderten in Kultur befindlichen Bodens auf das
höchste Maß zu steigern, wurden eingeladen, und endlich bestiegen die feinen
Herren und Damen, gefolgt von einer Schar gemietheter Arbeiter, die Schiffe
und machten die Reise in das unbekannte Wunderland am Schwanenfluß.

Wer nicht viel Geld hatte, benutzte seinen Kredit, um Waaren in Kommission
zu erhalten, was ihm auch schon Anspruch auf Ländereien gab, und Niemand von
der Gesellschaft zweifelte, daß das neue Land bald eben so werthvoll sein werde,
wie der Ackerbauboden in einer altenglischen Grafschaft.

Das erste Geschwader ankerte an den Gestaden von Westaustralien. An
einem schmalen Küstenstreifen, der von dichtem, dunklem Walde eingesäumt war,
stieg man ans Land. Doch kaum hatten die Europäer den Fuß auf australischen
Boden gesetzt, als sie von einem Hagel von Speeren empfangen wurden, ohne
daß jedoch nur ein einziger Eingeborener sichtbar gewesen wäre. Dieser Anfang
war nicht sehr erfreulich, doch zeigten sich später die Wilden den Ankömmlingen
weniger feindlich gesinnt, und nach einigen Jahren kamen sie leidlich gut mit
einander aus, ohne daß es zu solchen Grenelscenen gekommen wäre, wie in anderen
Theilen des Landes. Dafür gab es anderes Ungemach für die Kolonisten. Das
Land stellte sich als wenig ertragsfähig heraus; Wild gab es fast keines, und so
wurde das Vieh sehr schnell zur Ernährung der Menschen verbraucht, und viele
Pferde und Schafe kamen um, da die Gräser ihnen nicht zusagten. Die große
Entfernung von den anderen Kolonien und von Indien endlich machte Einfuhren
aller Art in hohem Grade theuer und unsicher. Um nur ein Beispiel anzuführen,
so kostete im Jahre 1838 ein Pfund Waschseife 4 sh., also 4 Mark! —

Den hochgespannten Erwartungen der Kolonisten folgte bittere Enttäuschung.
Ganze Ladungen der prachtvollsten Mobilien und die Ackerbaugeräthe, die sich
hier in der australischen Wildniß als völlig unnütz erwiesen, lagen unausgepackt
am Meeresstrande. Was aber das Schlimmste war, die mitgebrachten Arbeiter
hielten die eingegangenen Verbindlichkeiten nicht, sondern verlangten ungeheuren
Lohn. Außerdem fand sich's, daß man bei Weitem nicht genug Leute für die
schwierige Arbeit des Urbarmachens mitgebracht hatte, und was konnten die

großen Besitzungen helfen, wenn die Menschen fehlten, sie zu bebauen! Freie Leute wollten aber leicht erklärlicher Weise dahin gehen, wo sie eignen freien Land= besitz erwerben konnten, nicht dahin, wo sie blos Pächter waren und nach Ver= lauf von wenigen Jahren, wenn sie die schwerste Arbeit vollbracht hatten, aus dem Besitze vertrieben werden konnten.

Perth.

So fristete die Kolonie am Schwanenfluß ein elendes und sieches Dasein. In der Folge fanden sich zwar Kohlen (im Jahre 1846 am Arrowsmith=River) und Blei (im Jahre 1848 am Murchison=River); auch die Weidedistrikte wurden mit der Zeit durch neu entdeckte Strecken vermehrt und verschiedene Nutzhölzer, namentlich eine Art Santel= und eine Art Mahagoniholz (Jarrah) gefunden, von deren Ausfuhr nach China die Ansiedler sich große Versprechungen machten. Dennoch dauert die Abhängigkeit dieser Kolonie vom Mutterlande bis auf den heutigen Tag fort und die Bevölkerungsverhältnisse sind die ungünstigsten von allen englischen Besitzungen in Australien.

Ende der vierziger Jahre waren die Aussichten in diesem Lande in dem Grade hoffnungslos geworden, daß man schon an ein völliges Aufgeben der Kolonie gedacht hatte, als man zum letzten Rettungsmittel, nämlich zur Ein= fuhr der Deportirten griff. Das Interesse der Regierung ging damals Hand in Hand mit den Bedürfnissen des Landes, und die Art, wie nunmehr mit der

Uebersiedelung der Deportirten verfahren wurde, ist im Vergleich mit der ersten Expedition dieser Art unter Kapitän Philip merkwürdig genug.

Man schickte zuerst eine kleine Zahl von Gefangenen, die man wegen ihres besseren Betragens sorgfältig ausgesucht hatte, und mit ihnen eine militärische Wache, welche aus gedienten und pensionirten Soldaten, mehrere davon mit ihren Familien, bestand. Nebst diesen kam eine Compagnie Sapeure. Zunächst schritt man zum Häuserbau für die nachfolgenden Verbrecher, und als diese nach und nach ankamen, wurde der Hafen von Freemantle angelegt und alle Hülfsmittel geschaffen, welche die Kolonie emporbringen konnten. Der Zufluß von Menschen mußte den Absatz der Erzeugnisse der älteren Kolonisten erhöhen, und bald konnten die mit Urlaubsscheinen versehenen Verbrecher eine nützliche Arbeiterklasse liefern.

Die Kolonie lebte auf, die Herstellung der Straßen förderte den Verkehr, der Landverkauf ging besser, ein regelmäßiger Handel mit Indien wurde eröffnet und, was besonders hervorzuheben ist, es fielen so wenige Verbrechen vor, daß der Gouverneur in seinem Berichte über die ersten Jahre „es gar nicht nothwendig erachtete, irgend eine ungünstige Bemerkung zu machen."

Westaustralien (früher die Kolonie am Schwanenfluß) begreift alles das Land Australiens in sich, welches westlich vom 129° östl. L. zwischen dem 13° 44' und 35° südl. Br. liegt. Im Norden und Westen grenzt die Kolonie an den Indischen Ozean, im Süden an den Stillen Ozean und im Osten trennt sie eine in der Einbildung gezogene Linie von Südaustralien. Die größte Länge beträgt 1920 Kilom. von Norden nach Süden und 1200 Kilom. von Osten nach Westen, der Flächeninhalt wird auf 2,527,283 Quadratkilometer geschätzt. Westaustralien ist mithin die größte der Australischen Kolonien.

Drei verschiedene mit einander parallel laufende Bergketten lassen sich in Westaustralien unterscheiden; es sind dies die Blackwood-, die Viktoria- und die Darling- und die Rockette. Der höchste Berg in der Kolonie ist der zur Darling Kette gehörige etwa 1000 m hohe Mt. William.

Die vornehmsten Flüsse von Westaustralien sind der Schwanenfluß, mit seinem Nebenfluß, dem Canning, der Avon, der Fitzroy, der Glenelg, der de Grey, Harding, Fortescue, Ashburton, Lyons, Gascoyne, Murchison, Irwin, Moore, Murray, Preston Capel, Blackwood, Warren, Gordon und Collie. Wenige derselben führen während des ganzen Jahres Wasser, noch weniger sind auf weitere Strecken schiffbar, selbst für Boote nicht, aber an den meisten derselben sind Niederlassungen gegründet worden. Es giebt keinen See von irgend welcher Bedeutung, dagegen finden sich zahlreiche seichte Lagunen in verschiedenen Theilen des Landes, unter diesen Lake Moore, Great Salt Lake, Lake Brown, Lake Amadeus, Lake Mc Dermott, Lake Herdsman und Lake Manger.

Die nennenswerthesten Vorgebirge führen die Namen Nordwest Kap, ferner die Kaps Cuvier, Peron, Bonward, Naturaliste, Hamelin, Leeuwin (welches eigentlich Sturmkap heißen sollte), Point d'Entrecasteaux, Kap Chatham, Point Nuyts, Kap Howe, Bald Head, Point Hood und Kap Pasley.

Von Baien seien genannt Shark's-(Haifisch-)Bai, Gautheaume, Champion, Jurien, Breton-Bai, Peel Inlet, Geographen-Bai, Flinders-Bai, Tor-Bai, König Georgssund, Doubtful-, Island- und Esperance-Bai.

Das Klima gehört zu den besten und gesundesten der Welt. Seit der Gründung der Kolonie soll die Sterblichkeit nicht mehr als 1 Prozent betragen. Im Ganzen gleicht das Klima dem des südlichen Italien und Theilen Spaniens. Die Regenzeit beginnt im April und währt bis zum September. Auch während der im Allgemeinen trockenen Sommerszeit fallen Regenschauer. Die anhaltenden Dürren und heißen Winde der übrigen australischen Kolonie sind in Westaustralien unbekannt. Der mittlere Barometerstand ist 30 Zoll, der mittlere Thermometerstand beträgt 65° Fahrenheit.

Blumen und Früchte aus allen Theilen der Welt gedeihen in diesem Lande. Namentlich sind es unsere europäischen Pflanzen und Früchte, welche sich zu großer Vollkommenheit entwickeln; Orangen und Oliven wachsen an geschützten Stellen. Das Land eignet sich vorzüglich zum Weizenbau.

Die Bevölkerung schätzte man Ende 1877 auf 27,838; davon waren 16,326 männlichen, 11,512 weiblichen Geschlechts.

Angebaut werden namentlich Weizen, Gerste, Heu und Kartoffeln, auch wird ein recht trinkbarer Wein gezogen, der jährlich sich bessert. Im Jahre 1877 waren 50,591 Acker unter Kultur, davon 22,834 Weizen, 5948 Gerste, 1290 Hafer, 772 Roggen, 354 Kartoffeln, 46 Mais; 713 waren für Wein vorbereitet, 594 zu Gemüsegärten eingerichtet, 27 mit Bohnen und Erbsen bestanden und 18,013 mit Heu oder Grünfutter. Der Viehstand beziffert sich auf 30,691 Pferde, 52,057 Rinder, 797,156 Schafe, 18,942 Schweine und 5391 Ziegen.

Von besonderer Wichtigkeit erscheint die von dem früheren Kapitän, jetzt Sir George Grey, im Jahre 1836 entdeckte Provinz Viktoria. Hat sie auch die überschwänglichen Erwartungen desselben nicht erfüllt, so ist sie doch ihres Mineralreichthums u. s. w. wegen immerhin noch wichtig genug, um besondere Erwähnung zu rechtfertigen.

Sie erstreckt sich von der Geraldine (Blei) Mine am Murchisonfluß (27° 50' südl. Br.) bis 29° 40' südl. Br. am oberen Irwinfluß, und nimmt fast den ganzen Küstenstrich im Osten bis zu einer Tiefe landeinwärts von 60 Kilom. ein; der Flächeninhalt mag 9 — 10,000 Quadratkilometer betragen. Gefunden wird in der Provinz hauptsächlich Kupfer und Blei, Silber, Kohlen, Antimon, Eisen, auch nach Gold hat man gegraben und kleine Quantitäten gefunden. Die hauptsächlichsten Kupferminen sind die White Peak, Wanerenooka, Wheal Tortura, Yanganooka, in denen außer reichen Kupfererzen, auch Malachit gefunden wird.

An Metallen und Mineralien sind bis jetzt nur Kupfer und Blei in nennenswerthen Mengen gefunden worden. An Bleierz wurden im Jahre 1877 $3955\frac{1}{2}$ Tonnen exportirt. Kupfererz, 30°/₀ reinen Metalls enthaltend, steht an vielen Stellen zu Tage. Erst neuerdings hat man angefangen den Bergbau etwas schwunghafter und rationeller zu betreiben. Auch Gold ist an einigen Stellen gefunden worden, doch hat sich noch Niemand die schon vor einigen Jahren ausgesetzte Belohnung von £ 5000, für Entdeckung eines reichen Goldfeldes in der Nähe von Perth verdient. Dagegen ist die Perlenfischerei im Schwunge. Im Jahre 1874 waren damit 54 große und 135 kleinere Schiffe beschäftigt.

Die Ausfuhr an Perlen belief sich 1871 auf £ 12,895, 1872 auf 25,890, 1874 auf 72,162, 1875 auf 65,000, 1876 auf 74,143, 1877 auf 12,450.

Guildford.

Als Taucher wurden früher Eingeborene verwendet, da aber neuerdings die Regierung dies untersagt hat, sind Malayen von Koromandel und Java herangezogen worden. Die Unternehmer müssen der holländischen Regierung eine Kaution von £ 17 1 sh. 8 d. pro Kopf stellen, ehe sie die Malayen beschäftigen dürfen. Diese Leute, welche lange nicht so gut sind, als die Eingeborenen, erhalten £ 1 bis 2 Monatslohn bei freier Station.

Von Westaustralien wird nach den nahen Häfen Singapur und Batavia ein schwunghafter Pferdehandel getrieben. Nicht minder wird Gummi, Harz, Santelholz (Santalum persicarium) und Schildpatt ausgeführt. Daß auch so= genanntes Mahagonyholz, Jarrah oder Djara (Eucalytus marginata) genannt, in den Handel kommt, ist schon gelegentlich der verschiedene Nutzen der Eukalypten hervorgehoben worden. Man schätzt die noch im Lande vorhandenen Jarrah= waldungen auf 2500 Quadratkilometer. Vorzüglich für Tischler geeignet ist ein Akazienholz, das man seines Geruches wegen Rasperry Jam, (Himbeersaftholz) genannt hat.

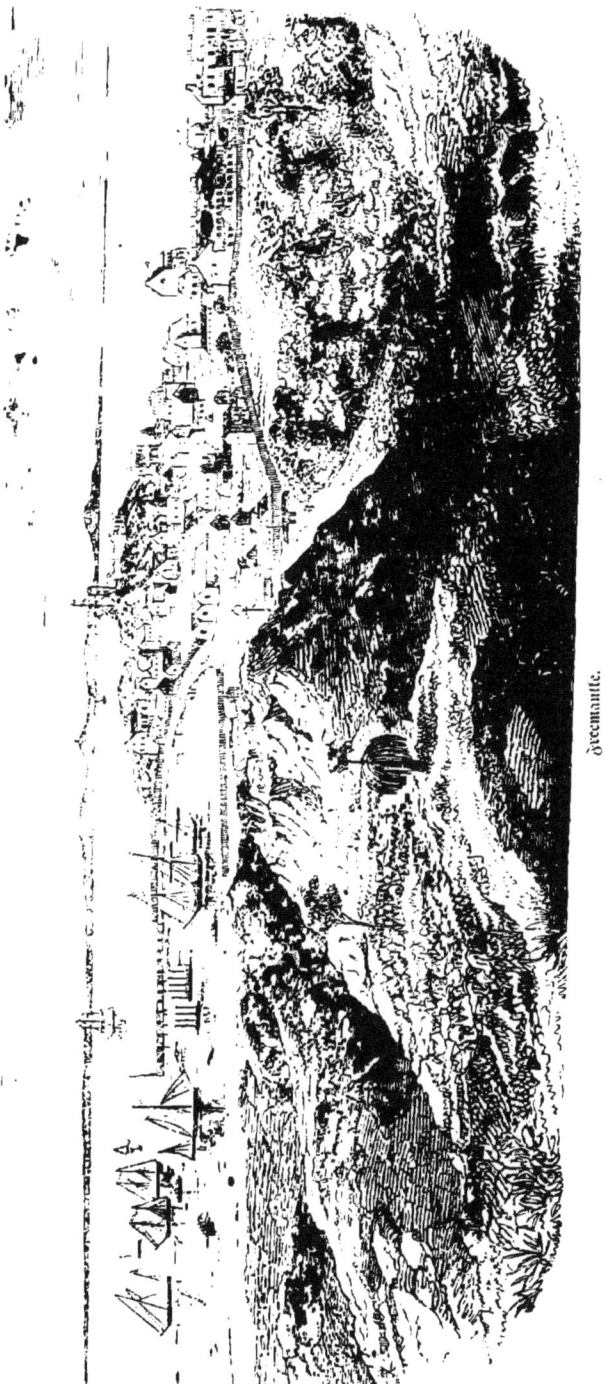

Freemantle.

Auf den Lacepede-Inseln (17° südl. Br. und 122° östl. L.) hat man reiche Guanolager aufgefunden, deren Ergiebigkeit man auf 40,000 Tonnen schätzt. Von Geraldton nach Northampton ist Ende des Jahres 1878 die erste, 16 Kilom. lange Bahnstrecke eröffnet worden.

Eine Sägemühlen-Aktiengesellschaft (Ballarat-Timber-Company) hat vom Hafen Lockville in der Geographenbai bis zu der Darling-Kette, in welcher der Jarrah wächst, eine 45 Kilom. lange Bahn angelegt. Auch die Western-Australian-Timber-Company und die Jarrahdale-Timber-Company haben ihre Privatbahnen vom Hafen nach ihren Waldungen. Alle drei Gesellschaften betreiben den Holz-handel in schwunghaftester Weise und beschäftigen in ihren zahlreichen Dampf-schneidemühlen eine große Anzahl von Menschen. Eine Bahnstrecke, die Ostbahn, von Freemantle nach Perth soll im Jahre 1880 dem Verkehr übergeben und bald darauf bis York fortgesetzt werden.

Jeder Ort von einiger Bedeutung ist in das Telegraphennetz der Kolonie hineingezogen. Die Drahtlänge beträgt von Norden nach Süden 2270 Kilom. An der südaustralischen Grenze schließt sich die Verbindung an den Ueberland-telegraphen an.

Man muß den Australiern zum Ruhme nachsagen, daß sie überall und so auch hier eine ausgezeichnete Postverbindung ins Leben gerufen haben.

Ende des Jahres 1877 betrug die Ausfuhr für das laufende Jahr £ 367,897 19 sh. 6 d. Die Summe der Einfuhr belief sich auf £ 362,706 10 sh. 9 d. Wie gewöhnlich war Wolle der Hauptartikel, es wurden davon im Werthe von £ 199,624 7 sh. verschifft. Dann folgten Santelholz und Perlen-muscheln, mit £ 44,300 12 sh. 6 d. und Jarrahholz mit £ 36,979 5 d.

Pferde, Schafe, Fische, Mehl, Gummi, Häute, Leder, Oel, Erz, Talg und Schildpatt werden auch unter den Ausfuhrartikeln angeführt.

Die Jahreseinnahme betrug 1877 £ 165,412 11 sh. 6 d. Die Jahres-ausgabe £ 182,959 4 sh. 7 d. Die Staatsschuld belief sich auf £ 135,000.

An industriellen Etablissements ist noch großer Mangel. Noch findet sich weiter nichts davon vor, als eine Seifensiederei, 5 Wasser- und 23 Dampfmahl-mühlen, 2 Wasser- und 8 Dampfsägemühlen, sowie 13 mit Pferdekraft getriebene Sägemühlen, 4 Gerbereien, 1 Kupferschmelze, 3 Brauereien, 1 Eisengießerei, 2 Wagenbauereien und 1 Knochenmühle.

Das Freiwilligenkorps besteht aus 1 Batterie Reitender Artillerie, 2 Schwadronen Kavallerie und 5 Kompagnien Jäger, im Ganzen 700 Mann. Nach 5jähriger Dienstzeit erhält jeder Volontär 50 Acker Land als freies Eigen-thum zugeschrieben.

Die Regierungsgeschäfte verwaltet ein von der englischen Krone ernannter Gouverneur, dem ein Ministerium zur Seite steht, bestehend aus dem ältesten Offizier der Truppen, aus dem Minister des Innern, dem obersten Landvermesser und dem General-Staatsanwalt. Ferner besteht ein Oberhaus, in welchem der Minister des Innern, der oberste Landvermesser und der General-Staatsanwalt Sitz und Stimme haben, ebenso wie 4 von der Regierung ernannte und 14 von den Kolonisten erwählte Mitglieder. Wahlberechtigt ist Jeder, welcher Eigenthum im jährlichen Zinswerthe von £ 10 besitzt. Wahlfähig ist derjenige, welcher Eigenthum in der Höhe von £ 1000 oder einen Jahresgehalt von £ 250 nachweisen kann. In das Parlament wählen je einen Abgeordneten die Distrikte York, Geraldton, Greenough, Wellington, Passe, Swan, Albany, Toodyay, Murray, Williams und der Norddistrikt. Je zwei Abgeordnete die Distrikte Perth und Freemantle.

Außerdem theilt sich die Kolonie in 26 Counties. Es sind dies an der Südküste: Kent, Plantagenet, Stirling, Lanark und Sussex; an der Westküste: Wellington, Murray, Perth, Twiß und Melbourne. Im Norden: Glenelg, Grey und Carnarvon. Im Osten, an die große Wüste anstoßend: Landsdown, Beaufort, Minto, Peel und Hay. Im Innern: Goderich, Nelson, Wicklow, Grantham, York, Howitt, Durham und Viktoria.

Perth, die Hauptstadt der Kolonie, zählt 6000 Einwohner, ist malerisch am Schwanenfluß belegen, 18 Kilom. von dessen Mündung, da, wo der Fluß eine seeartige Erweiterung, Mellville Waters genannt, bildet. Unter den hervorragenden öffentlichen Gebäuden befinden sich zwei Kirchen. Die fast 3 Kilom. lange Hauptstraße ist auf beiden Seiten mit blühenden Bäumen, namentlich Maulbeerbäumen bepflanzt. Die City Hall, von Deportirten geschmackvoll gebaut, enthält die Sitzungssäle für den gesetzgebenden Rath. Nach der Hafenstadt Freemantle führt eine ebenfalls von Sträflingen gebaute vorzügliche Chaussee. Die hier erscheinenden Zeitungen führen die Namen Perth Inquirer, West Australian Times, Government Gazette, Catholic Record, und Christian Herald. Vor wenigen Jahren ist eine geschmackvolle protestantische Kirche gebaut worden, meist auf Kosten Sir Luke Leake's des Präsidenten des Abgeordnetenhauses.

Freemantle ist die nächst wichtige Stadt. Sie zählt 4000 Einwohner und liegt 18 Kilom. von Perth, an der Mündung des Schwanenflusses. Der den Nordwinden ausgesetzte Hafen ist nicht viel werth, doch ist 18 Kilom. davon entfernt auf Garden-Island ein guter Zufluchtshafen. Auf Rottnest Island, einige Kilometer von der Mündung des Flusses ist eine Strafanstalt, eine Farm für die Eingeborenen, eine Salzraffinerie und eine Villa des Gouverneurs. Wöchentlich erscheint die Zeitung Freemantle Herald.

Albany oder König-Georgs-Sund ist ein kleines Städtchen von weniger als 1000 Einwohner, aber wichtig wegen seines guten Hafens (des Princeß-Royal-Hafens) und als Kohlendepot der Dampfer der Peninsular- und Oriental-Steam-Navigation Company. Der umliegende Distrikt ist wenig kultivirt, doch finden sich in demselben viele herrlich blühende Bäume und Gebüsche. Albany ist Hauptort des County Plantagenet, in welchem Ende 1877 allerdings nur 570 Acker unter Kultur waren, dafür aber 1242 Pferde, 1671 Rinder, 67,759 Schafe und 377 Schweine gezählt wurden.

Bunbury im Süden und Geraldton im Norden sind die andern guten Hafenplätze der Kolonie. Ersterer führt hauptsächlich Bauholz, Santelholz und Pferde aus; letzterer verschifft Wolle, Kupfer und Blei.

Weit im Norden (1800 Kilom. von Perth) liegt Roeburne, an der Mündung des Sherlockflusses, der Hauptplatz der Perlenfischerei; auch viel Wolle wird von hier direkt nach London verschifft. Der Ort ist heftigen Winden ausgesetzt. Im Jahre 1872 wurden gelegentlich eines solchen Sturmes fast alle Häuser in der Stadt umgeworfen.

Von Busselton (auch Vasse genannt) nahe der Südküste wird hauptsächlich Jarraholz exportirt.

Die einzigen sonst noch erwähnenswerthen Städte im Innern sind Guildford am Schwanenfluß, 1½ Kilom. oberhalb Perth; Greenough, 375 Kilom. nördlich von Perth, inmitten eines großen Ackerbau treibenden Distrikts, und York 90 Kilom. von Perth, in einem an Santelholz reichen Distrikte, woselbst auch viel Ackerbau getrieben wird. Ungefähr 450 Kilom. nordwestlich von Perth liegt Geraldton mit 1300 Einwohnern, die Hauptstadt der Provinz Viktoria. Daß der Ort einen guten Hafen besitzt und hauptsächlich Wolle, Kupfer und Blei ausführt, ist bereits erwähnt worden. Nach den Erhebungen im Jahre 1877 waren im Viktoria Distrikt 14,331 Acker unter Kultur, von denen 7170 unter Weizen standen. Von dem hier gezogenen Weine hegt man große Erwartungen für die Zukunft und will denselben über das in den anderen Kolonien gezogene Gewächs stellen.

Der Viehbestand im Distrikt betrug 5143 Pferde, 4578 Rinder, 197,848 Schafe und 2959 Schweine.

Daß die Kolonie Westaustralien mit der Zeit gedeihen wird, daran kann bei dem beharrlichen Sinne der Engländer und dem regen Streben der Kolonisten nicht gezweifelt werden. In einigen Jahrzehnten wird auch Westaustralien genugsam erstarkt sein, und diese Kolonie wird dann einen Ring mehr in der Kette der zahlreichen Besitzungen bilden, mit denen England den Erdball umgiebt.

Rockingham-Bai, Queensland.

XII.

Queensland.

Geschichte der Kolonie. — Klima. — Bevölkerung. — Produkte. — Handel. — Straßen, Eisenbahnen und Telegraphen. — Eintheilung. — Städte. — Regierungsform. — Erziehungswesen u. s. w.

Die Geschichte dieser neuesten, früher als Moreton-Bai-Distrikt zu Neusüdwales gehörigen, australischen Kolonie läßt sich in wenigen Worten zusammenfassen. Nach der Trennung derselben von Neusüdwales (im Jahre 1859), welche Trennung ihren Grund hauptsächlich in den verschiedenen Ansichten der Ansiedler über die Behandlung der Landfrage hatte, flossen die Tage des jungen Staates ziemlich ungetrübt dahin.

Der Viehstand nahm zu; die Stationen verbreiteten sich weiter und weiter landeinwärts und hatten schon 1866 den Golf von Carpentaria erreicht, wo an den Ufern des Norman-River Ansiedlungen angelegt worden sind.

Queensland nimmt den nordöstlichen Theil Australiens ein, von den Grenzen von Neusüdwales und Südaustralien bis zum Stillen Ozean und bis zum Golf von Carpentaria. Die Kolonie breitet sich aus zwischen dem 11. und dem 29.° südl. Br. und zwischen dem 138. und 154.° östl. Länge, bei einer größten Länge

30*

von 1950 Kilom. und einer Breite von fast 1500 Kilom. Sie hat einen Flächen=
inhalt von 1,730,721 Quadratkilometer und eine Küstenlänge von 3375 Kilom.

Das Bergland und das Flußsystem des Landes sind schon besprochen worden,
und wir verweisen deshalb auf jenen Abschnitt.

Das Klima ist naturgemäß im Ganzen heißer und ein mehr tropisches als
das der südlichen Provinzen. Doch ist die Hitze im Sommer nicht so drückend,
da die heißen Winde der südlicheren Kolonien fehlen. Während eines großen
Theils des Jahres ist das Wetter schön, der Himmel wolkenlos, die Luft trocken
und angenehm. Die drei Sommermonate, Dezember, Januar, Februar, sind heiß,
und da um diese Zeit viel Regen fällt, sind tropische Hitze und Feuchtigkeit ver=
eint. In allen Küstenbistrikten ist der Regenfall bedeutend, ungefähr 50 Zoll in
Rockhampton und Brisbane, in Rockinghambai sogar 90 Zoll. Nach dem Innern
zu nimmt er bedeutend ab. In Gympie, 45 Kilom. von der Küste, beträgt die
Regenmenge 44 Zoll, in Nebo (110 Kilom.) 21 Zoll, in Springsure (240 Kilom.)
nur 17 Zoll. Weiter landeinwärts ist sie noch viel geringer und völlig unbestimmt.
Die Alice Downs an den Flüssen Thompson und Barku haben nur 10 Zoll bei
bedeutender Verdunstung.

An der Nordküste herrschen die regelmäßigen tropischen Monsune vor,
welche 7 Monate trockenes und 5 Monate feuchtes Wetter bringen. Die mittlere
Temperatur in Brisbane beträgt 65° Fahrenheit und die Veränderungen des
Thermometers sind lange nicht so in Extreme übergehend als in Sydney und in
Melbourne, so daß, da das ganze Jahr hindurch die Südwinde vorherrschen, die
Hitze selten sehr drückend ist. Schnee und Eis sind im größten Theil der Kolonie
unbekannt; in Brisbane ist der Winter eine herrliche Jahreszeit mit kühlen Morgen
und Abenden, hellen, warmen Tagen, der Himmel ist fast stets blau und die Luft
rein und gesund. Die Kolonie ist fast gänzlich frei von Epidemien, und für
Europäer, namentlich für solche, die zur Schwindsucht neigen, sehr gesund. Ob=
schon fast sämmtliche Goldfelder in den Tropen liegen, so ist doch die Luft so
trocken und rein, daß Europäer der mühsamen Arbeit des Goldgrabens ebenso
ohne Beschwerden, wie in anderen kälteren Theilen Australiens obliegen können.

Eine Anzahl tropischer Formen unterscheiden die Produkte der Kolonie
von denen von Neusüdwales. Doch im Allgemeinen herrscht die eigenthümliche
australische Fauna und Flora vor.

Die Goldfelder Queenslands haben Angehörige von allen Farben und aus
allen Zonen des Erdballs angezogen: Schwarze, Weiße, Gelbe und Braune. Die
Weißen, die Europäer und Amerikaner, sind am zahlreichsten vertreten, sie bilden
etwa neun Zehntel des Ganzen. Dann folgen die Gelben, die Chinesen und
Japanesen, mit ungefähr zwei Dritteln des Restes. Von den Braunen, den
Polynesiern, gehört freilich wiederum ein Theil der melanesischen Rasse an, ist also
ziemlich dunkel. Die Schwarzen endlich sind die Landeseingeborenen. Ihre Zahl
ist unbekannt, sie sind jedenfalls aber zahlreicher als die Chinesen und Polynesier.

Die Bevölkerungszunahme ist eine überaus schnelle gewesen. Im Jahre
1860 betrug die Bevölkerung 28,056; im Jahre 1870 hatte sich dieselbe auf

115,567 vermehrt und 1877 hatte sie die Zahl 203,084 erreicht; davon waren 19,000 Nichteuropäer (14,000 Chinesen und Japanesen, 5000 Polynesier). Von den Europäern waren ungefähr 71,000 geborene Australier, 70,500 Briten, 900 Amerikaner, 10,000 Deutsche und 4000 Angehörige anderer Nationalitäten. Der Unterschied in der Zahl der Geschlechter ist noch immer sehr bedeutend. Die Chinesen haben fast keine Weiber mitgebracht, ebensowenig wie die Polynesier. Unter den Europäern giebt es 89,000 Männer auf 68,000 Frauen.

Queensland produzirt gleich den Nachbarkolonien Neusüdwales und Biktoria hauptsächlich Wolle und Gold, kann sich indessen in Bezug auf Quantität mit jenen nicht messen. Dagegen wächst hier mehr Zucker, Baumwolle und Mais. Selbst Weizen wird viel angebaut, im Jahre 1877 4478 Acker. Derselbe schüttet 20 bis 22 Bushel auf den Acker, also mehr als in anderen Theilen Australiens, ja selbst 40 Bushel sind geerntet worden. Mit Mais wurden bebaut 38,711 Acker, Baumwolle 1674 und Zuckerrohr 13,459 Acker. Arrowroot und Tabak wird häufig angepflanzt. Geerntet wurden in jenem Jahre von im Ganzen 105,040 Ackern unter Kultur, 95,045 Bushel Weizen, 1,136,829 Bushel Mais, 9120 Tonnen Kartoffeln, 6322 Tonnen Zucker und 77,400 Gallonen Wein. An Schafen waren über 7 Millionen vorhanden, und an Rindern über 2 Millionen. Jetzt fängt man an viel Bananen und Ananas zu bauen. Eingemachtes Fleisch und Liebig's Fleisch=extrakt wird ebenfalls vielfach angefertigt. Der Holzhandel steht in Blüte und die Ausbeute ist fast unbegrenzt. Im Jahre 1877 wurden für £ 26,884 verschifft.

Im Jahre 1857 ward im Canoona=Distrikt nahe bei Rockhampton das erste Gold entdeckt, aber erst 19 Jahre später die reichen Gympie=Minen am Mayflusse aufgeschlossen; seit jener Zeit sind noch viele, namentlich im Norden entdeckt worden. Im Norden sind die Goldfelder von Ravenswood, Gilbert und die am Palmer=River sowie die Cloncurry=Minen beachtenswerth. Vom Jahre 1860 bis 1875 sind für beinahe £ 7,000,000 Gold verschifft worden. Im Jahre 1877 waren 652 Quarzriffe und über 7000 Quadratkilom. goldführenden Landes unter Arbeit. 1877 wurden 373,266 Unzen im Werthe von £ 1,306,431 gewonnen. Der Durchschnittsertrag einer Tonne Quarz war 1 Unze 14 dwts. 12 gr. Auch auf Kupfer wird viel gegraben; 28 Schächte lieferten ungefähr £ 160,000 Werth dieses Metalls. Zinn ward für £ 114,000 gefunden, ebenso etwas Antimon und Zinnober.

Auf Kohle, wenngleich dieselbe in reichen Lagern vorhanden ist, wird nicht viel gegraben. Man nimmt an, daß Kohlenfelder in einer Ausdehnung von 55,000 Quadratkilom. vorhanden sind. Im Jahre 1875 waren neun Schächte erschlossen, welche 32,107 Tonnen im Werthe von £ 14,835 lieferten. Die Bevölkerung an den Goldfeldern ward 1877 auf 12,090 Europäer und 6560 Nicht=Europäer geschätzt.

An der Nordküste fängt die Perlenfischerei an in Schwung zu kommen und beschäftigt Eingeborene sowol wie Europäer. Letztere arbeiten mit Taucher=apparaten und mit Taucherkleidern. Im Jahre 1876 betrug die Summe der Ausfuhr an Perlen £ 3,740,259.

Unter den industriellen Etablissements sind zahlreiche Sägemühlen, Zucker=
mühlen, Seifensiedereien, Gerbereien, Maschinenwerkstätten von Ackergeräth=
schaften, Ziegeleien und Böttchereien im Betrieb.

Die Kolonie ist reich an guten Chausseen.

Bis jetzt sind erst 2 Eisenbahnstrecken in Betrieb. Die Südwestbahn läuft
von Brisbane über Ipswich nach Dalby, in den Darling=Downs, eine Entfernung
von 228 Kilom. Von da führt eine Zweigbahn nach den 248 Kilom. von Brisbane
entfernten Warwick an der Grenze von Neusüdwales. Die Nordbahn erstreckt sich
von Rockhampton nach Blackwater, eine Entfernung von 167 Kilom., und wird
von da weiter gebaut nach dem Golddistrikte Clermont, weitere 255 Kilom.
Eine andere Bahn wird von Maryborough nach Gympie gebaut. Die Südbahn
wird von Warwick nach Stanhope (60 Kilom.) verlängert, und von Dalby nach
Roma (270 Kilom.). Von der Betheiligung Queenlands an der Transkontinen=
talen Bahn haben wir schon ausführlich an anderer Stelle gesprochen.

An der ganzen Küste halten die Dampfer der Australian=Steam=Navi=
gation=Company lebhafte Verbindung aufrecht.

Nach jeder Stadt in den angebauten Distrikten führt ein Telegraphendraht,
auch mit den übrigen australischen Kolonien und mit Europa besteht Verbindung.
Eine Ueberlandlinie verbindet auch Brisbane mit Normanton am Golf von
Carpentaria (2137 Kilom.) und man geht damit um, dahin auch einen sub=
marinen Kabel zu legen, so daß eine doppelte Verbindung mit Europa her=
gestellt ist. Die Länge der Telegraphenlinien wird auf 7550 Kilom. angegeben.

Queensland theilt sich in zwölf große Distrikte, die sich durch Verschieden=
heiten des Landes charakterisiren. Die älteren Niederlassungen werden auch in
Counties abgetheilt, doch werden meist nur die Distrikte angezogen.

Der Moreton=Distrikt grenzt im Süden an Neusüdwales, im Westen an
die Dividing=Range, im Norden an den Wide=Bai=Distrikt. Er umfaßt einen
Flächeninhalt von 19,250 Quadratkilometer und begreift die Counties Ward,
Churchill, Stanley, Cavendish und Canning in sich. In ihm liegen die Haupt=
stadt Brisbane und die Stadt Ipswich. Seine Bevölkerung betrug im Jahre
1877 69,094 Seelen, d. h. bedeutend mehr als ein Drittel der Einwohnerschaft
der ganzen Kolonie.

Der Darling=Downs=Distrikt nimmt ein ausgedehntes hügeliges Ter=
rain im Westen des Moreton=Distrikts ein. Es ist dies das reichste Weide=
land der Kolonie, das auch viel schönes Ackerland besitzt. Weizen, Mais,
Gerste, Hafer, Arrowroot, Kartoffeln und alle Arten Gemüse werden kultivirt.
In ihm liegen die Counties Merivale, Anbigny, Bentinck, Marsh, Derry, Lytton,
Bulwer, Rogers, Elgin, Pring und Carnarvon. Die Städte sind Condamine,
Dalby, Bowenville, Logan, Leyburn, Goondiwindi, Warwick, Drayton und
Toowoomba. Einwohner im Jahre 1877 1582.

Der Burnett= und Wide=Bai=Distrikt liegt nördlich vom Moreton=
Distrikt und südlich von dem Port Curtis. Hauptsächlich ist es Weideland, doch
wird auch, namentlich in den Flußniederungen, viel Zucker und andere tropische

Erzeugniffe gebaut. In Gympie finden fich reiche Goldminen, am Mary=River find Kohlenlager. Er umfaßt die Counties Lennox, Fißroy, Mackenzie, New= Caftle, Wicklow, Bowen und Cook. Maryborough am Fluffe Mary ift die Hafenftadt. Andere Städte find Gympie, Gaynda und Nanango. Der weftliche und füdweftliche Theil ift bergig; der Flächeninhalt beträgt 17,625 Quadratkilom.

Nördlich von diefem und durch die Dawes=Kette von ihm getrennt liegt der Port=Curtis=Diftrikt. Er erstreckt fich weftwärts in's Innere und begreift 35,000 Quadratkilometer in fich.

Bowen an der Edgecombe Bai.

Zum Port Curtis Diftrikt gehören die Counties Flinders, Clinton, Pelham, Raglan, Deas, Thompfon, Packington, Livingfton, Liebig und Palmerfton. Hauptftädte find Rockhampton am Fißroyfluß, Gladftone, Yaamba, Marlborough und Gainsford. Im Nordweften erheben fich Berge bis zu 1000 m hoch. An den Flüffen Calliope, Boyne und Fißroy find wichtige Goldfelder aufgefunden worden und auch Kupfer wird gegraben. Bei Gladftone find Marmorbrüche.

Weftlich vom Port Curtis=Diftrikt liegt der große Weidediftrikt Leichhardt, reichlich bewäffert und mit Gras beftanden. Auch in ihm ift Gold und Kupfer gefunden worden. Die vornehmften Städte find Banana, Plainby und Taroom.

Der Maranoa=Diftrikt ift nur Weideland und liegt weftlich von den Darling=Downs und füdlich vom Leichhardt. Er befteht meift aus Tafelland und offenen Triften. Städte find Roma, Surat und St. George.

Nördlich von Port Curtis liegt der Kennedy-Distrikt. Er dehnt sich 475 Kilom. der Küste entlang vom Kap Palmerston nach Rockingham-Bai aus und landeinwärts bis Mt. Remarkable 245 Kilom. von der Mündung des Burdekinflusses. Der Distrikt ist reichlich mit Wasser versehen und hat ausgedehnte Triften; doch giebt es auch viel zum Anbau von Zucker, Mais und Baumwolle geeignetes Land. Hauptort ist die Hafenstadt Bowen an der Edgecombe-Bai. Andere Städte sind Cardwell, Townsville und Mackay.

Der Mitchell-Distrikt umfaßt nur Weideland. Er liegt im Innern, westwärts vom Leichhardt. Hier finden sich nur wenige Ansiedlungen, die Bevölkerung betrug 1876 nur 2390 Einwohner. Tambo, am oberen Lauf des Viktoria oder Barkuflusses ist die wichtigste Ortschaft.

Andere Weide-Distrikte, von denen sich nicht viel sagen läßt, sind der Warrego- und der Gregory-Distrikt. Ersterer ist südlich von dem Warrego, westlich von dem Maranoa belegen; die Hauptniederlassung ist Charleville am Warregofluß. Letzterer im tiefen Innern, grenzt an den Warrego und an den Mitchell. Der Cooper's Creek fließt durch den südlichen Theil desselben, und die Creeks Burke und Wills mehr im Innern. Dieser Distrikt hat eine traurige Berühmtheit durch den hier erfolgten Tod der Reisenden Burke und Wills erhalten.

Ein mächtiges Stück Weideland ist der Burke-Distrikt, der den ganzen nordwestlichen Theil der Kolonie bis zum Golf von Carpentaria in sich begreift. Zahlreiche Flüsse, unter denen der Norman, Gilbert, Staaten, Flinders, Albert und Nicholson, die sich alle in den Golf ergießen, durchströmen denselben. Nur wenig Land ist in den Händen der Herdenbesitzer, obschon sich das Land vorzüglich dazu eignet; die Bevölkerung betrug 1877 nur 381 Einwohner, während der Flächeninhalt sich auf mehr denn 300,000 Quadratkilometer beläuft. In diesem Distrikte befindet sich nicht nur das Goldfeld Cloncurry, sondern auch Kupferbergwerke, und die Niederlassung Normanton am Normanfluß, die gegenwärtige Endstation des Ueberlandtelegraphen; ferner liegen hier Burketown am Albertfluß, und Chandos am Leichhardtflusse.

Der Cook-Distrikt nimmt die Halbinsel Kap-York und den äußersten Norden der Kolonie ein. Ihn durchströmen die Flüsse Mitchell und Kennedy und mehrere kleinere Gewässer. Hauptniederlassungen sind Cooktown, an der Mündung des Endeavourflusses; Cairns, eine Hafenstadt an der Trinity-Bai mit einem trefflichen Hafen, von welchem eine gute Straße nach dem Goldfelde Hodgkinson führt; White-Island-Point, ein anderer guter Hafen, ungefähr 60 Kilom. nördlich von Cairns; und Somerset, die nördlichste Stadt in Australien, am Kap York, Hauptort der Missionaire für Neu-Guinea und die Inseln der Torresstraße. Neuerdings hat die Regierung eine Niederlassung auf der kleinen Insel Donnerstag (Thursday Island) angelegt, da sich es dort gesünder und vortheilhafter leben lassen soll, als in Somerset. Thursday Island liegt auf der Fahrbahn aller den innern Kanal passirender Schiffe, ist ein guter Zufluchtshafen und Hauptort der Perlenfischerei. Auf der Insel und an der nahen Küste sind ungefähr 120 Boote mit der Perlenfischerei beschäftigt.

Das Klima iſt ſehr geſund, während eines großen Theils des Jahres weht ein kühler Südoſtwind, und der Thermometer ſteigt ſelten über 90° Fahrenheit, was für Nordauſtralien wenig genug iſt.

Der Coot-Diſtrikt wird indeſſen hauptſächlich ſeiner Goldfelder wegen beſucht, von denen die wichtigſten die am Palmerſtonfluß und die Hodgkinſon-Minen ſind. Erſtere liegen im Mittelpunkte des Diſtrikts an dem oberen Lauf des Palmer, einem Nebenfluſſe des Mitchell.

Brisbane, Hauptſtadt von Queensland.

Zu erſteren gehören die Palmer-, Normanby- und Coot-Diggings, welche ſich zuſammen 105 Kilom. lang hinziehen. Der nächſte Hafenort iſt Cooktown, 68 Kilom. von Normanby. Außer Gold wurden auch Zinn und Kupfer an der Küſte gefunden. Nicht minder umfaßt den Diſtrikt vortreffliches Ackerland, ſo daß alle Bedingungen für den Unterhalt einer gedeihenden Bevölkerung gegeben ſind. In dieſen Goldminen leben viele Europäer und Chineſen; aber die Eingeborenen ſind auch läſtig und haben ſchon viele derſelben getödtet. Die Eingeborenen ſollen ein beſſerer und kulturfähigerer Schlag von Wilden ſein, als die weiter ſüdlich in Auſtralien wohnenden.

Ungefähr 90 Kilom. ſüdlich vom Palmer-Goldfeld und vielleicht ebenſo weit von der Küſte entfernt, liegen die erſt 1876 entdeckten Hodgkinſon-Minen. Schon aber ſind Straßen dahin angelegt, eine Stadt hat ſich gebildet, über

tausend Meilen Landes sind untersucht und goldhaltig befunden worden. Nament=
lich zahlreich und lohnend sind die Quarzriffe. Bis jetzt sind neun Quarzstampfen
in Arbeit und viele mehr werden aufgebaut. Acht Städte (Townships) mit 55
konzessionirten Hotels sind entstanden, und es finden sich alle Arten Verkaufs=
selbst Juwelierläden, sowie Zeitungshändler, Leihbibliotheken u. s. w. vor. Aerzte,
Apotheker, Advokaten und alle die verschiedenen Zugehörigkeiten einer Ansiedlung
haben sich in weniger als einem Jahre, angetrieben durch den Durst nach Gold
in dieser tropischen Wildniß zusammengefunden.

Die Bevölkerung des Distrikts schätzt man auf 17,000. Hier und am
Palmer River leben viele Chinesen.

Die Hauptstadt der Kolonie Queensland Brisbane, ein Bischofssitz, liegt
am gleichnamigen Flusse, 35 Kilom. von dessen Mündung in die Moreton=Bai, und
750 Kilom. von Sydney entfernt, unter 27° 80' südl. Br. und 153° 6' östl. L.
Im Jahre 1825 als Verbrecherstation angelegt, ward die Kolonie 1842 freien
Ansiedlern geöffnet, und von dieser Zeit an datirt das Wachsthum der Stadt.
Im Juni 1877 schätzte man die Bevölkerung der eigentlichen Stadt auf 28,000
Seelen. Die katholische Kathedrale ist ein schönes Gebäude; das noch nicht ganz voll=
endete Parlamentshaus hat eine Bausumme von £ 100,000 erfordert. Ueber den
Fluß führt eine mehr als 340 m lange, im edlen Styl gehaltene eiserne Brücke. Der
Botanische Garten ist geschmackvoll angelegt und wird in vortrefflichem Stande er=
halten. Das warme Klima gestattet, daß im Freien eine Menge Pflanzen gedeihen,
welche sonst in Kalt= und Warmhäusern untergebracht werden müssen. Hier kann
man Zuckerrohr, Thee= und Kaffeesträucher, den Paraguaythee (Ilex paraguayensis),
den Tolubalsambaum (Myroxylon toluifera), den Malayischen Kautschukbaum
(Urecola elastica) und manche andere interessante Pflanzen der tropischen Zone
neben einander sehen. Der Queens=Park, Viktoria=Park und Bowen=Park sind
für die Erholung der Bewohner von Brisbane angelegt. Vorzügliches Trink=
wasser wird der Stadt durch die Wasserwerke am Oberlaufe des Enoggera=Creek
(11 Kilom. entfernt) zugeführt.

An Zeitungen erscheinen in der Hauptstadt: Der Brisbane Courier, Daily
News und Telegraph (täglich), Queenslander, Brisbane Mail, Evangelical
Standard, Week und die Nordaustralische (deutsche) Zeitung, wöchentlich; sowie
eine Spezialausgabe des illustrirten Blattes Australasian Sketcher, monatlich.
Der Bahnhof ist einer der besteingerichteten und schönsten in den Kolonien, aber
etwas zu weit vom Mittelpunkte der Stadt entfernt. In Brisbane befindet sich ein
Gewerbeverein, welcher eine Bibliothek von über 1800 Bänden aufzuweisen hat.

Die Hauptstadt von Queensland ist freilich nicht so groß und bedeutend,
wie die Hauptstädte der Kolonien Neusüdwales und Viktoria, wie wir uns eben
überzeugt haben, dagegen hat Queensland mehr größere Städte von zwischen
fünf bis zehntausend Einwohnern.

Ipswich ist, obschon nach Brisbane nicht die bevölkertste, dennoch die
zweitwichtigste Stadt in der Kolonie. Sie liegt am Oberlaufe des Flusses Bremer,
37 Kilom. westwärts von Brisbane, durch Eisenbahn mit der Hauptstadt ver=

bunden und ist die Hauptstadt des Distrikts West-Moreton. Bevölkerung 7700 Einwohner. Die Stadt ist malerisch an den Abhängen von 3 Hügeln gebaut und sehr gesund. Früher unter dem Namen Limestone bekannt, war Ipswich bis zur Eröffnung der Eisenbahn fast eine ebenso bedeutende Handelsstadt als Brisbane. Unter den öffentlichen Gebäuden heben wir verschiedene Kirchen und Schulen, das Stadthaus, ein Hospital, das Post- und Telegraphenamt, das Gerichtsgebäude, ein Gymnasium, eine Kunstschule mit einer Bibliothek von 3000 Bänden, den Bahnhof u. s. w. hervor. Die Presse vertreten Queensland Times und Ipswich Observer, beide dreimal wöchentlich erscheinend.

Cardwell an der Rockingham Bai.

In der Umgegend wird viel Ackerbau getrieben, aber auch reiche, zu Tage tretende Kohlenflöze sind an den Flüssen Bremer und Brisbane gefunden. In der Stadt ist noch eine Wollenspinnerei und verschiedene andere gewerbliche Etablissements erwähnens- und beachtenswerth.

Maryborough zählt 8608 Einwohner, liegt am Flusse Mary, 37 Kilom. von dessen Mündung und 270 Kilom. nördlich von Brisbane. Die Stadt ist der Haupthafen für die Produkte des Wide-Bai und Burnett-Distrikts. An den fruchtbaren Flußufern wird Zucker gebaut, und neun Zuckerraffinerien sind daselbst in Thätigkeit neben großen Eisengießereien und Seifensiedereien. Auch wird viel Holzhandel betrieben.

Das in Gympie gewonnene Gold wird von Maryborough verschifft. The Maryborough Chronicle und Wide=Bay und Burnett News sind die hier er= scheinenden Zeitungen. Von öffentlichen Gebäuden verdienen das Hospital, eine Kunstschule mit einer Bibliothek von 5000 Bänden, verschiedene Banken, Kirchen, Schulen u. s. w. Erwähnung. Durch das Ululah=Reservoir wird die Stadt vom Tinona=Creek mit Trinkwasser versorgt. Der Viehstand der Umgegend belief sich am 1. Jan. 1877 auf 2697 Pferde, 29,974 Rinder, 756 Schafe und 2365 Schweine.

Rockhampton (Bevölkerung 8052) ist eine wichtige Stadt am Fitzroy= River, 58 Kilom. von dessen Mündung und 630 Kilom. nordwestlich von Bris= bane entfernt. Die Stadt entstand zur Zeit der Auffindung der Goldfelder am Port Curtis, und sie ist jetzt der Hafenplatz eines wichtigen, reichen, Ackerbau treibenden Distrikts und der Peak=Davis Kupfer= und Goldminen.

Rockhampton ist der Ausgangspunkt der großen Nordbahn, welche zur Zeit bis nach dem 167 Kilom. entfernten Blackwater in Betrieb ist. Die nächste Um= gegend ist reich an Kupfer, Gold und Silber. Eine bedeutende Fleischpräservirungs= anstalt, welche 100 Arbeiter beschäftigt, ist 6 Kilom. von der Stadt angelegt. Im Distrikte waren am 1. Januar 1877 822 Acker unter Kultur, hauptsächlich mit Mais bestanden, während man 9401 Pferde, 122,600 Stück Rindvieh, 19,257 Schafe und 4071 Schweine zählte.

Cooktown am nördlichen Ufer des Endeavourflusses, 1575 Kilom. nord= westlich von Brisbane, ward im Jahre 1873 gegründet und verspricht einer der wichtigsten Häfen der Kolonie zu werden. Es leben daselbst zur Zeit 3000 Weiße und 5000 Chinesen. Die Stadt besitzt ein Zollhaus und viele schöne Waaren= häuser und Lagerböden. Sie ist der Hafenplatz für die Goldfelder am Palmerfluß. An der Stelle, wo jetzt die Stadt steht, war es, wo Cook im Jahre 1770 sein Schiff „Endeavour" zur Reparatur an's Ufer zog (s. S. 25). Zeitungen sind der Cooktown Herald und Courier. — Die A. S. N. Dampfer legen einmal wöchentlich hier an, ebenso die Torres=Straits Postdampfer auf der Hinfahrt so= wol, wie auf der Rückfahrt. Die Zolleinnahme betrug 1876 £ 67,273 9 ₰; verschifft wurden 169,972 Unzen Gold. — Chinesische Kaufleute haben sehr schöne Läden hier errichtet.

Das Goldfeld Gympie am Flusse Mary, 174 Kilom. von Brisbane, ist jetzt eine große, zerstreute, fast 5 Kilom. lange Stadt, die aus 3 Theilen: Gym= pie, One Mile und Montland besteht. Nach dem 80 Kilom. südlich belegenen Maryborough wird eine Eisenbahn demnächst in Betrieb genommen werden, jetzt besteht gute Omnibusverbindung nach verschiedenen Seiten hin. Im Oktober 1867 ward das hiesige Goldfeld durch einen gewissen Nash entdeckt, nach welchem die Stadt anfänglich Nashville genannt ward und bald strömten aus allen Theilen Australiens zahlreiche Goldsucher herbei. Nicht lange darauf wurden reiche Quarzrisse aufgeschlossen. Im Jahre 1877 war der Ertrag 45,119 Unzen 6 dwts. 11 gr. Die Bevölkerung mag jetzt über 6000 betragen. Die Presse ist vertreten durch die Gympie Times und den Gympie Miner.

Am 1. Januar 1877 betrug der Viehstand in der Umgegend 2493 Pferde, 41,370 Rinder, 16,999 Schafe und 1240 Schweine. Unter Kultur befanden sich 1274 Acker.

Charters Towers ist eine Bergstadt mit etwas über 1000 Einwohner, 240 Kilom. nordwestlich von Sydney und 135 Kilom. landeinwärts von Townsville an der Cleveland-Bai belegen. Der monatliche Goldertrag beläuft sich zur Zeit auf etwa 8000 Unzen.

Copperfield zählt 1430 Einwohner, liegt 900 Kilom. nördlich von Brisbane und 180 Kilom. westlich von Rockhampton. In der Nachbarschaft wird Kupfer und Gold gewonnen. Der Ackerbau ist im Zunehmen.

Dalby in den fruchtbaren und reichen Darling-Downs, 400 m. über dem Meeresspiegel, ist die Endstation der Westbahn, und zählt 1800 Einwohner. Die Bahnstrecke von hier nach Condamine wird wol jetzt dem Verkehr übergeben sein. Im Jahre 1877 zählte man im Distrikt 3347 Pferde, 17,201 Rinder, 412,969 Schafe und 665 Schweine.

Kingston (früher Oakey-Creek) ist die Hauptstadt der Alluvialdiggings am Palmer-River mit 120 Europäern und 5000 Chinesen.

Mackay liegt am südlichen Ufer des Pioneerflusses, nördlich vom Broad-Sound, 938 Kilom. nordwestwärts von Brisbane. Es ist eine Hafenstadt von fast 2000 Einwohner. In der Umgegend wird viel Viehzucht und Ackerbau betrieben. Zucker, Tabak, Kaffee und andere tropische Produkte gedeihen hier. Am 1. Januar 1877 wurden 6939 Acker bebaut, davon waren 5568 mit Zuckerrohr und 571 Acker mit Mais bestanden. Neben verschiedenen Zuckermühlen sind 4 Rumdestillationen in Thätigkeit. Der Viehstand belief sich auf 2348 Pferde, 367,840 Rinder, 500 Schafe und 763 Schweine.

Millchester, eine Bergstadt mit 1250 Einwohner, nur 5 Kilom. von Charters Towers.

Ravenswood zählt 1100 Einwohner, meist Chinesen, liegt nahe den Quellen des Burdekin. Ist der Mittelpunkt ausgedehnter Goldfelder.

Roma, eine Stadt mit 1200 Einwohner, ist die in Aussicht genommene Endstation der Westbahn, und 330 Kilom. nordwestlich von Brisbane belegen. In der Umgegend wird viel Viehzucht betrieben, auch viel Wein wird gebaut, 2000 Gallonen im Jahre 1877.

Stanthorpe zählt 1100 Einwohner, liegt im County Bentinck, 276 Kilom. südlich von Brisbane und nur wenige Meilen von der Grenze von Neusüdwales entfernt. Die Bewohner beschäftigen sich hauptsächlich mit Zinnbergbau. Auch giebt es viel Weide- und Ackerland in der Nachbarschaft.

Toowoomba in den Darling-Downs mit 5000 Einwohnern liegt 650 m. über dem Meeresspiegel, 203 Kilom. westlich von Brisbane. Wolle, Weizen, Mais wird viel gebaut.

Die Regierung von Queensland liegt in den Händen eines Gouverneurs, dem ein aus zwei Kammern bestehendes Parlament (Legislative Council und Legislative Assembly) zur Seite steht. Für ersteres ernennt die Krone 28 Mitglieder auf Lebenszeit, während letzteres aus 43 Abgeordneten besteht, welche auf 5 Jahre von allen denen gewählt werden, welche Hauseigenthum im Miethwerthe von £ 10 haben. Selbst Chinesen, Eingeborene, Polynesier u. s. w. können mit= wählen, wenn sie den erforderlichen Nachweis liefern und naturalisirte britische Unterthanen sind. Die Parlamentsmitglieder werden nicht bezahlt.

Freie Religionsausübung ist Jedermann gestattet; seit 1860 wird keine Beihilfe seitens des Staates gewährt; aber die Geistlichen u. s. w. werden von Staatswegen kontrollirt, bevor sie gesetzliche Ehen schließen dürfen.

Das Erziehungs= und Schulwesen ist frei und weltlich; Religionsunterricht wird nur außerhalb der Schule ertheilt. Volksschulen werden entweder gänzlich vom Staate geleitet oder doch von demselben unterstützt. Ein Unterrichtsminister leitet das Ganze.

Im Jahre 1876 bestanden 400 Schulen, von 18,500 Kindern besucht. Nach den Censusangaben können zwei Drittel der Bevölkerung lesen und schreiben. Auch finden sich 18 Realschulen und 1 Bergakademie in Queensland vor, sowie 21 Hospitäler und 24 Waisenhäuser.

Der schwarze Schwan (Cygnus atratus).

Hobarttown vom Mt. Williams gesehen.

XIII.

Vandiemensland — Tasmanien.

Geschichte von Vandiemensland. — Bushranger. Gesetzlosigkeit und Verbrechen. — Aufhören der Deportation und Abänderung des Namens der Kolonie von Vandiemens= land in Tasmanien. — Abtrennung von Neusüdwales. — Die Eingeborenen. — Ent= setzliche Behandlung derselben seitens der Kolonisten. — Aussterben der Eingeborenen. — Die Kolonie Tasmanien. Flächeninhalt. — Bodenbeschaffenheit. — Flüsse u. s. w. — Klima. — Flora. — Fauna. — Produkte. — Handel. — Straßen. — Eisenbahnen und Telegraphen. — Eintheilung. — Städte. — Regierung. — Erziehungswesen. — Schluß.

Unter der Verwaltung des Gouverneurs King, wurde im Juni 1803 der Leutnant Bowen mit drei Soldaten, sowie zehn männlichen und sechs weiblichen Gefangenen von Neusüdwales nach Vandiemensland geschickt, um dort eine An= siedlung zu gründen. Der kleine Trupp landete an einem Derwent genannten Flusse, nicht weit von dem Platze, auf welchem jetzt die Stadt Hobarttown steht. Nach Verlauf von wenigen Monaten wurde aber die Ansiedlung bedeutend ver= größert durch die Ankunft von zwei Schiffen, welche von England ausgeschickt gewesen waren, um eine Strafkolonie zu Western Port an Port Philip zu etabliren. Infolge der Schwierigkeiten, die sich ihrem Vorhaben dort entgegen= stellten (sie konnten kein frisches Wasser auffinden), verließen sie das Festland und richteten ihren Lauf nach der Ansiedlung am Derwent. Die neuen Ankömmlinge waren: vierzig Seeleute, zwölf freie Ansiedler und deren Familien, sechs unverheirathete freie Frauen, vierhundert männliche Gefangene, sowie zwölf Frauen und Kinder, die Familien einiger Gefangenen.

Leutnant-Colonel Collins übernahm das Kommando über die Kolonie und Bowen ging zur Untersuchung des Port Dalrymple und des Tamarflusses nach dem Norden der Insel ab. Auf seinen Bericht wurden in der Folge auch dahin Gefangene von Sydney aus geschickt und Yorktown gegründet.

Um die Zahl der Ansiedler rasch zu vermehren, versuchte es Gouverneur King, die Emanzipirten der Norfolkinsel hierher zu versetzen. Es gelang ihm auch später, obgleich Anfangs die Leute, welche ihre neue Heimat lieb gewonnen hatten, zögerten, sie mit einer anderen zu vertauschen.

Die Kolonisten in Vandiemensland hatten schwere Prüfungen zu bestehen. Zunächst wurde die Insel gleichermaßen von Neusüdwales wie von England vernachläßigt; der Gouverneur von Neusüdwales hielt sie für eine von England unmittelbar abhängige Kolonie, und die englische Regierung betrachtete sie als zu Neusüdwales gehörig. Daraus folgte, daß die Zufuhren von Lebensmitteln von allen Seiten ausblieben und daß die Noth, welche entstand, noch viel furchtbarer wurde, als sie selbst in Neusüdwales oder auf der Norfolkinsel in dem verhängnißvollen Jahre 1790 gewesen war. Wenn damals nicht die Wälder der Insel noch von Tausenden von Emus und Kängurus bevölkert gewesen wären, so ist es sehr fraglich, ob überhaupt Jemand am Leben geblieben wäre, der hätte erzählen können, was sie Alle gelitten. Seegras und alle Arten von Pflanzenstoffen, die irgend gegessen werden konnten, wurden aufgesucht, und Brot war in der ganzen Ansiedlung schon viele Monate lang nicht mehr aufzutreiben.

Wol kam in jenen Zeiten der Hungersnoth von Zeit zu Zeit ein Schiff mit neuen Sträflingen auf Vandiemensland an und brachte auch einige Vorräthe für die darbenden Einwohner mit, das war aber jedesmal nur gerade genug, sie vor dem vollständigen Verhungern zu schützen. Jahre vergingen, bis diese traurigen Zeiten ein Ende hatten und bis die Regierung von Neusüdwales sich der Kolonie annahm, um — die schlimmsten Verbrecher dahin abzusetzen. —

Es war hier eben so wenig wie in Neusüdwales ausführbar, die Gefangenen derart zu überwachen, daß ein Entspringen derselben unmöglich geworden wäre, und so gab es auf Vandiemensland sehr bald nach der ersten Ankunft der Gefangenen Bushranger, welche sich mit der Zeit zu gemeinschaftlichen Unternehmungen unter einander vereinigten, bis etwa zehn Jahre später von entschlossenen Banden ganz erstaunliche Raubzüge ausgeführt wurden.

Michael Howe, der im Jahre 1812 als Gefangener auf Vandiemensland ankam und das Handwerk des Straßenraubes bereits in England getrieben hatte, wo er dem Galgen nur mit genauer Noth entgangen war, wurde damals der Held der Räuber und der Schrecken der Kolonisten. Gleich nach seiner Ankunft in der Kolonie „ging er in den Busch“ (wie man sich ausdrückte) und schloß sich einem Trupp von 28 verwegenen Gesellen an, — Alles entsprungenen Sträflingen.

Nachdem der Führer der Bande bei einem Kampfe mit den Soldaten erschossen worden war, übernahm Howe das Kommando und entfaltete in der That ein ungewöhnliches Talent. Alle Räuber wurden beritten gemacht, — man brauchte die Pferde ja nur einzufangen, wem sie eigentlich gehörten, war gleichgiltig.

Nachdem diese Verbesserung in der Organisation der Truppe durchgeführt war, konnten große Entfernungen mit Leichtigkeit in sehr kurzer Zeit zurückgelegt werden, so daß die Räuber oftmals 30 oder 40 Stunden von dem Orte entfernt auftauchten, wo sie ein paar Tage vorher geplündert hatten. Eben so schnell verschwanden sie wieder, wenn sie ihr auserfehenes Opfer beraubt hatten. Anfangs blieben alle Anstrengungen der Polizei und der Soldaten, die verwegenen Burschen einzufangen, erfolglos. Die Bande trieb jahrelang ihr Wesen, bis die Regierung sich entschloß, Jeden zu begnadigen und frei nach England zurückgehen zu lassen, der einen Bushranger ausliefern würde. Das wirkte. Die Strolche verloren das Vertrauen zu einander, denn Jeder wollte den Anderen an den Galgen bringen, um sein eigenes kostbares Leben dadurch zu sichern. Binnen wenigen Monaten war die ganze Bande zerstreut oder gefangen genommen.

Howe war fast verlassen; nur ein schwarzes Mädchen hielt noch bei ihm aus. Als er jedoch einst von den Soldaten hart verfolgt wurde und sah, daß die Schwarze ihm bei der Flucht hinderlich war, schoß er nach ihr und verwundete sie. Diese grausame That verwandelte seine treueste Freundin in seine grimmigste Feindin, die ihn von jetzt an hetzte wie ein Wild und von einem Schlupfwinkel in den anderen trieb, bis er sich — auf gewisse Bedingungen — der Behörde ergab.

Bei der ersten passenden Gelegenheit ging er jedoch auf's Neue in den Busch. Bald hatte er wieder eine Bande von 20 Mann beisammen, mit welchen er das Räuberhandwerk flotter als vorher betrieb. Es gab schwere Kämpfe mit den Soldaten, aber der „Gouverneur der Räuber" (governor of the rangers), wie sich Howe nannte, blieb unüberwunden. Nun setzte die Regierung hohe Prämien aus auf die Einbringung des Hauptmannes und einiger seiner Genossen — gleich viel ob lebend oder todt — und einer seiner besten Freunde, Watts, auf dessen Kopf selbst ein Preis gesetzt war, beschloß, in Gemeinschaft mit einem Schäfer, den Anführer der Räuberbande zu fangen. Es gelang ihnen auch wirklich, Howe zu überlisten, zu entwaffnen und zu binden. Schnell machten sie sich mit ihrem Gefangenen auf den Weg nach Hobarttown, aber unterwegs zerriß Howe die Stricke, mit denen er gebunden war, und stieß dem Watts, der vor ihm ging, ein versteckt gehaltenes Messer in den Rücken, so daß dieser niederstürzte. Dem Schäfer aber, der ihm folgte, jagte er aus Watts' Flinte, die er schnell ergriff, eine Kugel durch den Kopf. So wurde der Räuber wieder frei.

Der Preis auf seinen Kopf wurde verdoppelt, und Howe erging es von da an täglich schlechter. Seine Kleidung bestand nur noch aus rohen Känguru-fellen; Nahrung und Schießbedarf wagte er sich nur in einzeln liegenden Schäfer-hütten zu verschaffen. Dennoch dauerte es noch einige Zeit, bis drei Männer, Warburton, Worrell und Pugh, seine Gefangennehmung versuchten. Warburton hatte Howe in eine Hütte gelockt, in der die Anderen versteckt lagen, unter dem Versprechen, ihm Munition zu geben. Mit vorgehaltenem Gewehr und gespanntem Hahn betrat der Räuber die Schwelle. Als Pugh dies sah, feuerte er, ohne jedoch zu treffen, Howe erwiderte den Schuß gleichfalls ohne Erfolg und ergriff die Flucht. Auch eine Kugel, die Worrell ihm nachsandte, ging fehl. Howe versuchte im Laufen zu laden, aber seine Verfolger überholten ihn, und es ent= spann sich ein furchtbarer Kampf mit den Gewehrkolben, der damit endete, daß Howe mit zerschmettertem Schädel zusammenbrach. —

Mit Howe's Tode hatten die Kolonisten in Vandiemensland für eine Reihe von Jahren Ruhe vor den Bushrangern. Aber bald nach Ankunft des Gouver= neurs Arthur — im Jahre 1824 — brach diese Kalamität von Neuem aus. — Arthur bildete in vielen Beziehungen einen schroffen Gegensatz zu seinen Vor= gängern Collins (bis 1810), Davey (von 1813 bis 1817) und Sorrel, von denen besonders der Letztere bei allen Kolonisten mit Recht im besten Andenken stand. Der neue Gouverneur war ein rauher und strenger Soldat, er verschärfte die Behandlung der Gefangenen, so daß Viele in der Verzweiflung in den Busch entflohen und Andere — namentlich in der Strafanstalt am Macquarie=Harbour — Mordthaten begingen in der ausgesprochenen Absicht, dafür gehängt zu werden.

Gleich im Anfange von Arthur's Verwaltung entwischten aus dieser Straf= anstalt auf einmal vierzehn Gefangene in einem Boote und trieben sich längere Zeit plündernd im Lande umher; ja, sie gingen in ihrer Kühnheit so weit, daß sie ihre Diebesbesuche am hellen Tage abstatteten und sich sogar einmal auf 24 Stunden zu Herren des Gefängnisses in Pittwater machten. Der Zweck dieses Unternehmens war, die Sträflinge zu befreien. Da diese aber nichts von der ihnen angebotenen Freiheit wissen wollten, so zog die Bande wieder ab, nach= dem die Wachtmannschaft ihrer Waffen beraubt, gebunden und eingesperrt und ein Strohmann als Schildwache vor dem Gefängnißthore aufgestellt worden war, um Zeit zur Flucht zu gewinnen und nicht von den in der Nachbarschaft wohnenden Kolonisten verfolgt zu werden. Uebrigens wäre dieses Unternehmen nicht wohl ausführbar gewesen, wenn nicht die Soldaten an jenem Tage einen großen Marsch gemacht hätten, um dieselbe Bande einzufangen, welche sie des Abends überfiel, während die Mannschaft mit dem Putzen ihrer Gewehre beschäftigt war, so daß von einem ernstlichen Widerstande keine Rede sein konnte.

Einige Monate später (im Jahre 1825) entsprangen wiederum acht Mann aus Macquarie=Harbour. Diese Gesellschaft hat in der Wildniß Tasmaniens so furchtbare Erlebnisse durchgemacht, daß ihre Geschichte hier kurz berichtet zu werden verdient. Die Leute heißen: Pearce, Travers, Greenhill, Cornelius, Dalton, Matthews, Bodnam und Brown. Sie hatten zwei Boote mitgenommen, konnten aber von Nahrungsmitteln nur so viel erlangen, daß — wenn sie für eine Woche ausreichen wollten — Jeder täglich blos vier Loth erhalten durfte. Nachdem die erste Woche vergangen war, lebten sie acht oder neun Tage von der Brühe, welche sie sich durch Abkochen der jungen Blätter des sogenannten Theebaumes (Melaleuca lineariifolia) verschafften. Die Noth wuchs, und allmählig stellte sich die Verzweiflung des Hungers bei ihnen ein. Greenhill sagte, es müsse darum gewürfelt werden, wer von ihnen zu tödten sei, um die Uebrigen vor dem Verhungern zu retten. Darauf trennten sich drei, Brown, Dalton und Cornelius, von der Gesellschaft und gingen in die Strafanstalt zurück, wo sie bald — aus Entkräftung, wie es scheint — starben. Die Partie bestand also noch aus fünf Mann, welche noch zwei oder drei Tage von wilden Beeren und von ihren Känguruhjacken lebten, die sie am Feuer rösteten. In der Gegend, welche sie durchstreiften, war keinerlei Wild zu finden, und als sie am Gordonfluß angelangt waren, kamen vier von ihnen überein, daß, während Travers und Pearce Brennholz sammelten, Greenhill und Matthews den Bod=nam erschießen sollten, was auch geschah. Damit später sich Keiner von ihnen als an diesem Morde unschuldig halten und gegen die Anderen aussagen könnte, war noch ausgemacht worden, daß Jeder von Bodnam's Fleisch essen müsse. Zwei Tage später waren ihre Kräfte so weit wiedergekehrt, daß drei über den Fluß schwimmen konnten; dem vierten, Travers, mußten sie mit einem Pfahle, an welchem er sich halten konnte, hinüber helfen. Nachdem wieder einige Tage in Hunger und Verzweiflung zugebracht worden waren, machten Greenhill und Travers dem Pearce den Vorschlag, Matthews zu tödten. So wurde der zweite Mord begangen, und während die Menschenfresser von den kaum genießbaren Ueberresten ihres erschlagenen Gefährten lebten, brauchten sie drei oder vier Tage, um nur einige Stunden Weges vorwärts zu kommen, so schwach waren sie Alle, insbesondere aber Travers, der seiner geschwollenen Füße wegen fast gar nicht mehr fort konnte. Demnach wurde von den beiden Anderen der dritte Mord beschlossen, den Greenhill ausführte, während Pearce Holz suchte, um ein Feuer anzuzünden. Auch diesmal war das Fleisch des unglücklichen Schlachtopfers kaum genießbar und verdarb vollends nach wenigen Tagen, so daß es den zwei Verbrechern bald wieder an jeglicher Nahrung fehlte. Dabei traute natürlicher=weise jetzt Keiner dem Anderen; Jeder suchte vielmehr den Augenblick zu erhaschen, in welchem er seinen Genossen tödten könnte. Insbesondere fürchteten sich Beide, zu schlafen. So erlitten sie die furchtbaren Qualen des Hungers und der Er=schöpfung, bis Pearce eines Tages Greenhill schlafend unter einem Baume über=raschte. In wenigen Augenblicken war der vierte Mord vollbracht und Pearce lebte von diesem letzten Opfer noch vier Tage. Darauf war er wieder drei Tage ohne irgend eine Nahrung, bis er am Derwentfluß in einem von den Eingeborenen verlassenen Lager die spärlichen Ueberreste eines Opossum und einige geröstete Schalthiere antraf.

Später wurde Pearce mit mehreren Bushrangern ergriffen und nach Mac=quarie=Harbour zurückgebracht, um „im Kettengang" zu arbeiten. Hier traf er mit einem gewissen Cox zusammen, der öfter in ihn drang, mit ihm wegzulaufen. Pearce willigte erst ein, nachdem sich Cox, außer den erforderlichen Feilen zum Durchfeilen der Eisenringe an ihren Füßen, einige Fischhaken, ein Messer und einen Zunderkasten (d. h. einen Kasten mit einigen halbverkohlten Lumpen, welche durch die vom Feuerstein abspringenden Funken entzündet werden konnten) ver=

schafft hatte. Sie strichen mehrere Tage durch die Wälder, schwammen über die Bai*) und erreichten den Kingsfluß, wo sie sich im Walde versteckt hielten, um den Soldaten, welche jedenfalls nach ihnen ausgeschickt worden waren, nicht in die Hände zu fallen. Während dieser ganzen Zeit — neun Tage lang — hatten sie keinen Bissen Nahrung gefunden, einige Waldbeeren abgerechnet. Von Hunger gepeinigt, beschloß Pearce, dem Cox das Leben zu nehmen, und that es, indem er ihn während des Schlafes mit einem Stück Holz erschlug. Pearce lebte einige Tage von den Ueberbleibseln seines Gefährten und kehrte dann freiwillig in die Gefangenschaft zurück, wo er dem Kommandanten ein umfassendes Geständniß ablegte, „da er des Lebens müde und zu sterben gewillt sei wegen der vielen Laster und Verbrechen, in die er verfallen."

Pearce war aber nicht der Einzige, der solche furchtbare und haarsträubende Greuelthaten beging. Ganze Banden trieben sich draußen in den Wäldern umher, und wenn sie der Hunger quälte und sie sich nicht mehr zu helfen wußten, so wiederholten sich — mit geringfügigen Abänderungen — die eben geschilderten Scenen.

Endlich erreichte das Räuberwesen sein Ende, nachdem der Gouverneur wiederum volle Begnadigung für Diejenigen aussprach, welche Andere zur Bestrafung bringen würden. Die Banden zerstreuten sich, Keiner traute mehr dem Anderen und bald herrschte Ruhe für lange Zeit. Eigentlich ist nur noch eine Bande, in den vierziger Jahren, zu einiger Berühmtheit gelangt, diejenige von Cash, Cavendish und Jones. Diese drei Genossen begingen freilich keine Mordthaten, aber sie arbeiteten sonst im Styl von Schinderhannes, bestimmten oft Tag und Stunde im Voraus, zu welchen sie einen gewissen Platz besuchen wollten, drangen am hellen Tage in kleine Städte ein, beraubten zweimal die Postkutsche, obwol dieselbe von einer bewaffneten Wache begleitet war, und dergleichen mehr. Sie wurden schließlich gefangen, einer davon gehängt und die zwei Anderen in Eisen nach einer Strafstation geschickt. Diese beiden waren jetzt zum zweiten Male auf die Dauer ihres Lebens zur Strafarbeit im Kettengange verurtheilt!

Solche Fälle mehrmaliger Verurtheilung von Verbrechern waren übrigens nicht, wie man vielleicht denken möchte, etwas Außerordentliches in Vandiemensland. Im Gegentheil, es kam sehr oft vor, daß ein von den britischen Gerichten zu lebenslänglicher Deportation verurtheilter Taugenichts in Hobarttown wegen neu begangener Verbrechen wieder vor Gericht gestellt wurde und eine Zusatzstrafe erhielt, die unter Umständen auch zum zweiten Male auf lebenslängliche Deportation lautete.

Der Oberrichter hat oft erklärt, daß er nicht wisse, was er mit den Gefangenen vor den Schranken des Gerichts thun solle, über welche er, nach den Gesetzen von England, ein Urtheil sprechen sollte. „Ihr seid", sagte er, „durch drei verschiedene Sprüche zur Deportation auf Lebenszeit verurtheilt.

---

*) Macquarie-Harbour liegt nämlich an der Westküste von Vandiemensland auf einer Landzunge und am Anfange einer mehrere Kilometer langen und ziemlich breiten Meeresbucht, in welche der Gordon- und der Kingsfluß einmünden.

Ich kann in keiner Weise dieser Strafe Etwas hinzufügen, aber ich muß nichts-destoweniger meine Pflicht thun, die mir gebietet, eine Zusatzstrafe über Euch zu verhängen, diejenige nämlich, daß Ihr transportirt werden sollt zur See für die Dauer Eures Lebens."

In einem anderen Falle, der in öffentlicher Gerichtssitzung vor den Geschworenen zur Verhandlung kam, erfuhr man, daß der Angeklagte bereits unter nicht weniger als sieben verschiedenen Urtheilen des obersten Gerichtshofes der Kolonie im Kettengang arbeitete. Man fragt sich unwillkürlich, weshalb mit solch unverbesserlichen Taugenichtsen noch so viele Umstände gemacht wurden, daß man zur Aburtheilung einer neuen Unthat einen Schwurgerichtshof bildete, und die ganzen Gerichtsverhandlungen von Anfang bis zu Ende durchführte, wenn man sich doch im Voraus sagen mußte, daß es für den Verbrecher gleich-gültig blieb, ob er von Neuem verurtheilt wurde oder nicht. — Ob schuldig oder unschuldig, am anderen Tage kam er an Bord des Dampfers nach Port Arthur oder Macquarie-Harbour, um in seinem früheren Kettengang mit seinen alten Genossen arbeiten und dieselben Rationen wie vorher zu erhalten, ehe er zur Untersuchung nach Hobarttown abgeführt worden war.

In späterer Zeit trat allmählig eine Besserung in diesen Verhältnissen ein, namentlich dadurch, daß die schlimmsten Uebelthäter mit der Zeit wegstarben, sodann aber auch dadurch, daß das System, die Gefangenen in den sogenannten Strafstationen anzuhäufen, aufgegeben und dafür das auch in Neusüdwales befolgte Zuweisungssystem eingeführt wurde.

Jene Maßregel war nämlich ergriffen worden, als man, vom Jahre 1840 an, die englischen Sträflinge, — nicht blos die bisher nach Neusüdwales geschickten, sondern auch die von den Bermudasinseln, — alle auf einmal nach Vandiemensland warf, und dadurch im Laufe einiger Jahre einen Zustand in den Gefängnissen herbeiführte, der dem Fortschritte der Kolonie gefährlich zu werden drohte und dessen Weiterentwicklung um jeden Preis Einhalt geboten werden mußte. Die Strafstationen selbst waren in einsamer Wildniß gelegene Verbannungsorte mit Schanzen und Gräben, in denen die Verbrecher truppweise in zuchthausähn-licher Abgeschlossenheit lebten und wo sie mit Holzfällen und Steinbrechen, mit dem Bau von Booten und Landstraßen 2c. beschäftigt wurden. Daß die Sträf-linge kein Interesse an der Förderung ihrer Arbeit hatten, die dadurch unver-hältnißmäßig theuer wurde, ist sehr einleuchtend. Es kam zuletzt so weit, daß die Gefangenen aus wahrer Langeweile Verbrechen begingen.

Wenn ein Reisender damals das Land besucht hätte, so wäre kein Tag ver-gangen, ohne daß ihm an der Landstraße ein Trupp finster und boshaft drein-schauender Kettengefangener aufgestoßen wäre, in Grau oder in Grau und Gelb gekleidet, mit Nummer und Stationsnamen in großen Buchstaben auf den Kleidern und mit schweren, klirrenden Eisen an den Füßen. Lebten doch im Jahre 1842 neben nur 59,000 Freien, die Beamten und Soldaten mitgerechnet, nahe an 20,000 Sträflinge auf der Insel, so daß also jeder dritte Mann ein Gefangener war!

Eine fernere Einführung von Gefangenen war demnach beinahe zur absoluten Unmöglichkeit geworden, und so entschloß man sich in England, im Jahre 1845 die Zahl der nach Vandiemensland zu Deportirenden zu vermindern und, wie bereits oben erzählt, mit der Regierung von Neusüdwales wegen der Wiederaufnahme der Verbrecher in diese Kolonie zu unterhandeln. Auch schrieb im Jahre 1847 Graf Grey, der Kolonialminister, an den damaligen Gouverneur von Vandiemensland, Denison, daß es „nicht die Absicht der Regierung sei, die Transportation nach Vandiemensland nach einer Unterbrechung von zwei Jahren wieder aufzunehmen". Man würde nun allerdings irren, wenn man aus dieser Stelle den Schluß ziehen wollte, als sei in den letzten zwei Jahren (1845 bis 1847) die Deportation nach der Insel vollständig aufgehoben gewesen; im Gegentheil, es wurden auch in dieser Zeit — etwa 3000 — Sträflinge unter dem minder schwarz aussehenden Titel „Exilirte" in Hobarttown gelandet. Und eben so wenig hatte es in der Absicht des Ministers gelegen, die Deportation nach Vandiemensland für die Zukunft vollständig aufhören zu lassen; er wollte nur die schlimmsten Verbrecher nicht mehr dorthin absetzen.

In der Kolonie hatte man aber die Sache anders aufgefaßt. Der Gouverneur verkündete nach Empfang der erwähnten Depesche des Kolonialamtes die Abschaffung der Deportation unter dem Jubel der freien Kolonisten und machte dem Grafen Grey in seiner Antwort die Anzeige von der geschehenen Verkündigung. Der Graf bescheinigte den Empfang dieser Antwort, dankte auch dem Gouverneur für seine schätzbaren Mittheilungen, erwähnte aber mit keiner Silbe der falschen Auffassung des Gouverneurs, und zeigte weiter an, daß Sträflinge mit Entlassungsscheinen — eben jene sogenannten „Exilirten" — nach Vandiemensland abgeschickt werden sollten. Das erbitterte die Kolonisten auf der Insel ebenso, wie eine ähnliche Nichtachtung die Sydneyiten erbittert hatte. Es entwickelte sich von da an unter der freien Bevölkerung der Insel eine nachhaltige Agitation gegen die Deportation überhaupt, deren schließlicher Erfolg, wie in Neusüdwales, die Aufhebung des Deportationsgesetzes war. —

Mit dem Jahre 1854 trat Vandiemensland in die Reihe derjenigen Staaten des fünften Welttheiles, welche keine Sträflinge mehr erhielten und sich selbst regierten. Die Kolonisten hielten es damals für nützlich, gleichzeitig mit diesem Ereigniß eine Namensveränderung für ihre Insel eintreten zu lassen, nämlich statt Vandiemensland Tasmania oder, wie wir es ja deutsch nennen, Tasmanien zu sagen. Es geschah dies, um die unangenehme Erinnerung, welche sich an den ersteren Namen knüpfte, schneller zu verwischen. Heutzutage würde es ein Tasmanier sehr übel nehmen, wenn man ihn Vandiemensländer nennen wollte. Er würde dadurch nicht nur an den Ursprung seiner kleinen Nation, sondern auch an ein beleidigendes Wortspiel erinnert. Die Sträflinge mit Freikarten trugen nämlich seit lange schon den Spitznamen Vandemonians oder Teufelsländer, statt Vandiemenians, Vandiemensländer. Ihre Insel hieß gleichermaßen Van Demonsland, und solchen Anzüglichkeiten sollte durch die Namensveränderung für die Zukunft ein Ende gemacht werden. —

Aus der früheren Verwaltungsgeschichte der Insel sind nur wenige Notizen beizufügen. Bereits im Jahre 1825 unter Gouverneur Arthur war die Kolonie Vandiemensland von Neujüdwales getrennt worden. Ein besonderer Gerichtshof wurde damals in Hobarttown eingesetzt und ein gesetzgebender Rath stand von dieser Zeit an dem Gouverneur zur Seite. Im Jahre 1836 hatte der Gouverneur Arthur nach zwölfjähriger Amtsführung als reicher Mann die Kolonie verlassen; sein Nachfolger war Colonel Snodgraß, der aber schon am 6. Januar 1837 durch Sir John Franklin ersetzt wurde. Sieben Jahre später hatte sodann Sir Eadley Wilmot die Kolonialregierung übernommen, ein Mann von Thatkraft und gutem Willen, der zwar keine offenen, zu seinem Unglück aber ein paar geheime Feinde hatte. Ohne andere Veranlassung, als die, daß „ehrenrührige" Gerüchte über seinen Privatcharakter dem Kolonialminister Gladstone „zu Ohren gekommen" waren, hatte man Wilmot seines Amtes entsetzt. Der Exgouverneur bot Alles auf, um eine Untersuchung herbeizuführen, jedoch umsonst; er erhielt auf seine Briefe an den Minister und an die Königin nicht einmal Antwort und starb aus Kummer über seine Absetzung wenige Monate nachher. Auf ihn folgte im Jahre 1847 Sir William Denison, und unter dessen Verwaltung gelangte, wie erwähnt, die Kolonie zur vollständigen Selbstregierung.

Ehe wir zur Beschreibung der gegenwärtigen Verhältnisse der Insel übergehen, sei es uns noch vergönnt, einige Worte über die nunmehr ausgestorbenen Ureinwohner zu sagen.

Die Eingeborenen von Tasmanien waren, wenngleich in vieler Beziehung denen vom Festlande ähnlich, doch mehrfach von denselben verschieden und glichen mehr den Melanesiern. Sie waren kürzer und gedrungener, als die Australier, mit flachen Nasen; der Hauptunterschied bestand aber in den Haaren, welche, statt fein und seiden, rauh und wollig, wie bei den meisten Afrikanern und den Papuas waren. Noch etwas unterschied sie von ihren so nahen Nachbarn. Das war ihre Unkenntniß der beiden Hauptwaffen derselben, des Bumerang und des Wurfstocks. Sie besaßen nichts, als Handspeere und Keulen, selbst Schilde führten sie nicht. Ihre Hütten waren so roh, als die der Australier, nur Aeste und Zweige zum Schutz gegen den Wind aufgestellt. Sie trugen keine Kleidung, und was das Merkwürdigste ist, sie bauten keine Boote, trotzdem sie auf einer Insel wohnten. Zu ihrem Ruhme aber muß gesagt werden, daß sie keine Kannibalen waren, und daß die wenigen, jetzt nun auch heimgegangenen Ueberlebenden, sich wenigstens etwas Bildung schließlich aneigneten.

Zur Zeit der Besitznahme von Vandiemensland durch die Engländer hatte man die Zahl der Eingeborenen der Insel auf 200,000 geschätzt. Sie wollten sich ihren Gästen, den Kolonisten, gleich Anfangs freundlich nähern; unglücklicherweise hatte sich aber der Befehlshaber des Truppendetachements über die Natur ihrer Absichten geirrt und empfing sie mit Flintenschüssen, so daß mehrere der armen Geschöpfe auf der Stelle getödtet und viele andere verwundet wurden. Von diesem Augenblicke an herrschte unter den Eingeborenen der eingefleischteste Haß gegen die Engländer, und niemals hörten die Vandiemensländer auf, den

Europäern Proben davon zu geben, so oft sich Gelegenheit dazu bot. Es ist möglich, daß dieses Volk, nach dem europäischen Maaßstabe gemessen, in die unterste Klasse der Menschheit gehört; ihre überaus schmutzige Erscheinung und ihre unangenehmen, ja oft selbst ekelhaften Gewohnheiten (sie pflegten sich die Haut mit Fett und Erde einzureiben, Stückchen Thon, Fischgräten u. dergl. in die Haare zu befestigen, die in schrecklicher Unordnung um den Kopf herumhingen; sie betrachteten allerlei Gewürm, Raupen und Insekten als Leckerbissen und verzehrten überhaupt Alles, was nur irgend gegessen werden konnte) machten es auch ganz erklärlich, sie in den Augen der Europäer als die bedauernswürdigsten Geschöpfe erscheinen zu lassen; unmöglich aber konnte der hohe Grad von Unwüchsigkeit, in welcher diese Insulaner lebten, solche Grausamkeiten, wie bald nach der Gründung der Kolonie tagtäglich gegen dieselben begangen wurden, je rechtfertigen oder auch nur im Entferntesten entschuldigen. Welcher Art die Behandlung der Eingeborenen von Seiten der europäischen Einwanderer gewesen sein muß, geht am deutlichsten aus einer Proklamation des Gouverneurs Collins vom Jahre 1810 hervor, nach welcher ein Jeder, der ohne Grund auf die Eingeborenen jenere oder sie kalten Blutes ermorde, der höchsten Strafe des Gesetzes verfallen solle. Geringere Gewaltthaten aber wurden schon damals kaum bestraft. Einige Peitschenhiebe erschienen als genügende Sühne, wenn Jemand einen farbigen Knaben verstümmelte, also z. B. ihm Ohren und Nase abschnitt, oder einem Eingeborenen den kleinen Finger abhackte, um ihn als Pfeifenstopfer zu gebrauchen. — Im Jahre 1824 mußte Gouverneur Arthur eine neue Proklamation erlassen, in welcher er die Ansiedler erinnerte, daß die Eingeborenen als unter britischem Schutz stehend betrachtet werden müßten, daß es folglich den einzelnen Kolonisten fortan nicht mehr gestattet werden könne, ein von den Eingeborenen begangenes Unrecht selbst zu bestrafen. Ebenso sollte jede einem Schwarzen zugefügte Gewaltthat mit derselben Strafe belegt werden, als ob sie gegen die Person eines Ansiedlers begangen worden wäre.

Wer namentlich durch Schießen auf dieselben oder durch andere Gewaltthätigkeit gegen die Eingeborenen einen Akt der Rache ausüben würde, sollte der ganzen Strenge der englischen Gesetze verfallen.

Das wäre Alles sehr gut gewesen, wenn es nur ein Mittel gegeben hätte, diese gütigen Absichten der Regierung den feindlichen Stämmen bekannt zu machen, oder einen Weg, auf welchem jene armen Geschöpfe, die ja doch nicht einmal die Sprache der Engländer verstanden, ihre Klagen hätten vorbringen oder Genugthuung für die zahllosen Ungerechtigkeiten hätten erlangen können, die sie zu dulden hatten. Die Proklamation war in Wirklichkeit nichts, als eine Verschwendung von schönen Worten; das Uebel war schon viel zu tief eingewurzelt und der Ausrottungskrieg hatte schon begonnen. Kein bewaffneter Viehhüter (Stock-keeper) ließ sich die Gelegenheit entgehen, einen Eingeborenen niederzuschießen wie ein gefährliches Raubthier, wo sich ihm eine solche darbot, und wo immer einer der Schwarzen einen Ansiedler aus sicherem Versteck speeren konnte, that er es.

Einer der schlimmsten Feinde der Kolonisten war Muskito, ein Eingeborener von Neusüdwales, der wegen irgend eines Vergehens von Sydney nach Vandiemensland transportirt worden war. Hier hatte er der Regierung ausgezeichnete Dienste geleistet, indem er die Bushranger einfangen half, wozu ihn sein ganz besonderes Talent, die Spuren zu verfolgen, vorzüglich befähigte. Diese Dienste zogen ihm aber den Haß der Gefangenenbevölkerung zu, und da ihm die Zeichen von Verachtung, die er täglich von ihnen empfing, unerträglich wurden, so sammelte er eine Rotte der schlechtesten und verzweifeltsten Schwarzen um sich, mit denen er, erfüllt vom grimmigsten Haß gegen alle Europäer, ins Innere der Insel ging. Nicht lange, so kam es zu hartnäckigen Kämpfen zwischen den Viehhütern und der schwarzen Bande und es gab öfter Todte und Verwundete, bis, im Dezember 1824, Muskito und ein anderer Schwarzer mit dem Spitznamen Black Jack unter der Anklage des Mordes vor den Schranken des höchsten Gerichtshofes in Hobarttown erschienen.

Muskito hatte früher in Sydney einige englische Ausdrücke erlernt, die aber bei Weitem nicht hinreichten, sich Engländern verständlich zu machen; der andere Angeklagte verstand aber gar nur ein halbes Dutzend englische Wörter, und das waren die schrecklichsten Verwünschungen, die er beim gelegentlichen Verkehr mit Viehhütern und Bushrangern aufgefangen hatte. Diese Männer stellte man ohne Dolmetscher vor ein englisches Gericht, die Verhandlungen wurden vor ihnen abgespielt, ohne daß einer von ihnen nur im Entferntesten den Sinn derselben verstanden hätte, die Hauptzeugen gegen die Angeklagten waren Sträflinge, die als Viehhüter dienten, und zuletzt wurde Muskito des Mordes schuldig erkannt, Black Jack aber freigesprochen. Einige Monate später wurde aber auch Black Jack eines Mordes überführt, und Beide erlitten mit sechs Bushrangern am 24. Februar 1825 die Todesstrafe. Im folgenden Jahre kamen wieder zwei Schwarze unter der gleichen Anklage zur Verurtheilung; doch hatte man diesmal einen Dolmetscher herbeigezogen. Das Urtheil lautete wieder auf den Galgen, und auch diese zwei Schwarzen wurden hingerichtet.

Diese Art, die englischen Gesetze kennen zu lernen, hatte aber auf die Gemüther der Eingeborenen den allerverderblichsten Einfluß. In ihren Augen war es eine grausame Tortur, einen Menschen in Gegenwart von zahlreichem Volk auf ein Schaffot zu führen, ihm langsam und wohlbedächtig den Strick um den Hals zu legen und darnach das Bret unter den Füßen wegzuziehen. Wären diese Schwarzen im Kampfe von einer Flintenkugel getroffen worden, so wäre den Eingeborenen dies als das Schicksal des Krieges erschienen, — so aber fanden sie in dem ganzen Vorgange nichts Anderes, als einen grausamen und vorbedachten Mord.

Die Schrecknisse des Vernichtungskrieges nahmen denn auch auf beiden Seiten zu. Kein Ansiedler entfernte sich mehr ohne Waffen von seiner Wohnung; selbst zur Arbeit aufs Feld hinaus oder zum sonntäglichen Spazierritt zum „Nachbar" wurde die Flinte mitgenommen. Der Angriff konnte jederzeit erfolgen, denn die Eingeborenen von Australien besitzen ein ganz erstaunliches

Talent, sich in dem niedrigen Gestrüpp, das große Landflächen überdeckt, zu verbergen und erst im passenden Augenblick hervorzukommen. Die Kolonisten verbanden sich unter einander und unternahmen in der Nachbarschaft der Städte und der größeren Besitzungen Exkursionen in die Wälder, um die feindlichen Stämme „zurückzutreiben", wie sie sagten, in der That aber, um sie zu vernichten.

Die Grausamkeiten, die bei diesen Zügen vorkamen, sind geradezu haarsträubend. So wurde einst ein Trupp Schwarzer, Männer, Weiber und Kinder durch ihre Feuer entdeckt, und eine Anzahl Kolonisten bewaffneten sich alsbald, um sie zu „verjagen". Unbemerkt kamen sie bis dicht an das Lager, als die Hunde der Australier Lärm machten; die Eingeborenen sprangen auf, aber in demselben Augenblick stürzte auch schon ein Theil derselben, tödtlich getroffen, wieder zusammen, und Alle, welche sich nicht vor dem Scheine ihrer eignen Feuer verbergen konnten,

Die letzten Tasmanier: Mann und Frau. Nach einer Photographie aus dem Jahre 1865.

wurden geschlachtet. — Als die Schlacht gewonnen war, fand man noch ein kleines Kind, das am Boden dahinkroch. Einer der europäischen Unmenschen ergriff es bei den Füßen und — schleuderte es in das Feuer!

Inzwischen war (im April 1828) wieder eine Proklamation der Regierung erschienen, die sehr sonderbare Dinge enthielt. Darnach sollte durch auszustellende Wachtposten eine gewisse imaginäre Linie gebildet werden, über welche sich alle Eingeborenen nach dem Innern zurückzuziehen hätten, wenn sie nicht dem gleichzeitig mitverkündeten Kriegsgesetze verfallen wollten. Nur zu einer gewissen Jahreszeit dürften sie, wenn ihre „Führer" mit Erlaubnißscheinen des Gouverneurs versehen wären, ihre gewöhnlichen Wanderungen an die Seeküsten unternehmen. Es wird leider nicht in der Proklamation angegeben, auf welche Art man die „Führer" davon in Kenntniß setzen wollte, daß sie sich „Erlaubnißscheine" geben lassen müßten, ganz gewiß ist aber, daß ein Europäer ihnen diese Nachricht nicht hätte bringen können, es sei denn, daß er zuvor einen Regen von Speeren glücklich ausgehalten hätte. Man hat auch nie gehört, daß die Ausführung der in dieser Proklamation erwähnten Maßregeln je versucht worden wäre. — Die Eingeborenen hatten unterdessen zu einem anderen und sicherlich recht wirksamen Mittel gegriffen, sich ihrer Feinde zu erwehren: sie zündeten nämlich die Wohnungen und die Einfriedigungen

Die letzten Tasmanier: Zwei Frauen. Nach einer Photographie aus dem Jahre 1865.

der Felder, wie das reifende Korn an, und was von lebenden Wesen dem Feuer entging, das wurde nachher gespeert. Bewaffnete Abtheilungen durchzogen das Land, um die Thäter zu erwischen, aber selten gelang dies, und die zu diesem

Zweck ausgeschickten Soldaten hatten auch nicht viel Lust, mit den verzweifelten Wilden zusammenzutreffen.

Da beschloß im Jahre 1830 die Regierung, eine gemeinsame große An=
strengung zu machen und alle Eingeborenen auf einmal einzufangen, um auf solche
Art den mörderischen Guerillakrieg zu Ende zu führen. Die älteren Kolonisten
bildeten zu diesem Zwecke eine Miliz und bewachten die Strafanstalten und die
Magazine; das ganze Militär aber und was an Freiwilligen sich meldete, wurde
aufgeboten, an diesem großartigen Treibjagen — das ist der bezeichnendste Aus=
druck dafür — Theil zu nehmen. Im Oktober 1830 waren mehrere Tausend
Menschen im Felde, und das „Vorwärtsschreiten der Linie" begann. Der Plan
war nämlich, durch eine große Anzahl von Posten, welche durch fliegende Kolonnen
in steter Verbindung gehalten würden, einen wirklichen Cordon herzustellen, den=
selben enger und enger zu schließen und die Eingeborenen vor sich her an einen
im Voraus bestimmten Platz zu treiben, wo sie nachher gemächlich in Empfang
genommen werden konnten. Mit der vollen Wichtigkeit eines Kriegszuges in
großem Style wurde Alles ausgeführt, Ordonnanzen eilten täglich durch das Land
und überbrachten die Tagesbefehle an die einzelnen Kommandos und an die
Truppenabtheilungen, Berichte über Zusammenstöße mit den Eingeborenen füllten
die Zeitungen, nach denen es schon zu ganz verzweifelten Kämpfen gekommen
war, oder es wurde zu größerer Aufregung der Gemüther erzählt, daß ein Theil
Derer, welche den Cordon bildeten, zu dem Feinde übergegangen wäre, und
dergleichen schreckliche Dinge mehr.

Die Wahrheit war viel lustiger. Eines Abends wurde Alles alarmirt,
längs der ganzen Linie wurde ein tüchtiges Musketenfeuer unterhalten, weil ein
Soldat in der Dunkelheit einen Baumstamm für einen Eingeborenen gehalten
hatte. — Ein anderes Mal wurde die äußerste Verwirrung durch eine Gesell=
schaft von jungen Leuten herbeigeführt, welche in einer mondhellen Nacht sich
mit der Opossumjagd ergötzten. Die von ihnen abgefeuerten einzelnen Schüsse
waren als Nothzeichen gedeutet worden. — Fast jeder Tag brachte eine neue
Ergötzlichkeit, Eingeborene waren aber nirgends zu finden; — sie waren offenbar
weit hinweggeflohen von der herannahenden Gefahr.

Nach etwa dreiwöchentlichem Marsche erreichte die ganze Linie die Halbinsel,
auf welcher Alles gefangen werden sollte; da kam eine Generalordre, daß die
Linie aufgelöst sei und die Truppen abmarschiren sollten. Warum? Weil das
Unternehmen kläglich mißglückt war. Ein einziger Kriegsgefangener war gemacht
worden, ein Knabe, aber selbst dieser entwischte wieder. —

Da die „schwarze Linie", wie sie von jetzt an gewöhnlich hieß, sich so
vollständig nutzlos erwiesen hatte, so griff man wieder zu dem früheren Mittel
und schickte einzelne Partien aus, welche die Anführer der einzelnen Stämme
einfangen sollten. Doch muß dies vielen Ansiedlern zu langsam gegangen sein,
denn im Jahre 1831 wurde von einer Anzahl derselben eine Eingabe an die
Kolonialregierung gerichtet, worin diese geradezu aufgefordert wurde, daß sie mit
der Ausführung des Ausrottungsplanes gegen die Wilden fortfahren möge.

Wenn nun auch diesem Wunsche nicht willfahrtet wurde, so schmolz doch die Zahl der Eingeborenen mehr und mehr zusammen, viele kamen natürlicherweise bei dem Einfangen auch um und wenige Jahre später war die Insel von allen Eingeborenen gesäubert. Die Eingefangenen wurden im Jahre 1835 nach der Flindersinsel in der Furneauxgruppe gebracht; es waren im Ganzen noch 310. Auf dieser ziemlich geräumigen Insel wurden Hütten errichtet und so viel gethan, als sich für die unglücklichen Geschöpfe noch thun ließ. Ein edelmüthiger Mann, G. A. Robinson, machte sich zum Beschützer der Schwarzen und zu ihrem Lehrer. Aber seine Anstrengungen konnten eben so wenig, wie diejenigen des Arztes Dr. Walsh, verhindern, daß die Schützlinge in ihrem Inselexil mit einer fabelhaften Geschwindigkeit zusammenschmolzen. Man gab deshalb den Platz auf und siedelte die Ueberbleibsel der Stämme in der Nähe von Hobarttown an. Auch dies Mittel half nichts. Im Jahre 1848 ergaben die Ausweise noch 13 Männer, 22 Weiber, 5 Knaben und 5 Mädchen; 1854 waren es ihrer noch 16, und einige Jahre darnach brachte man die letzten sechs oder sieben Eingeborenen nach Hobarttown selbst. Im Jahre 1866 lebten noch vier Tasmanier, drei Frauen und ein Mann von 27 Jahren. Im Jahre 1876 endlich ist Lalla Rookh, die letzte Tasmanierin, 76 Jahre alt, zu ihren Vätern versammelt worden.

Die Insel Tasmanien ist in vieler Beziehung beachtenswerth, jedenfalls ist sie der schönste Theil Australiens.

An der Südspitze des Festlandes belegen, hat sie ein viel gleichmäßigeres und gemäßigteres Klima, als jenes.

Tasmanien breitet sich aus zwischen 40° 40' und 43° 38' südl. Br. und dem 141. und 148. Meridian. Die Insel ist ungefähr 300 Kilom. lang und beinahe ebenso breit. Sie ist von herzförmiger Gestalt, nach Süden zu schmaler verlaufend, im Norden etwas eingedrückt. Der äußerste Westen liegt ziemlich genau südlich von Geelong in Viktoria, von welchem Hafenplatze auf dem Festlande es 270 Kilom. entfernt ist. Der Flächeninhalt beträgt ungefähr 67,893 Quadratkilom. und die vielen dazu gehörigen Inseln nehmen zusammen vielleicht weitere 4500 Quadratkilom. ein.

An der Küstenlinie finden wir eine Reihe guter Häfen und Baien. So im Norden Port Frederik, Port Sorrel und Port Dalrymple, im Osten Great Swan Port; im Süden Port-Arthur, Norfolk-Bai, Cloudy-Bai, Port Davey und viele andere, und im Westen an der meist felsigen Küste nur eine wichtige Bucht, Macquarie Harbour.

Im Ganzen gehören zu Tasmanien 55 Inseln; die wichtigsten sind Flinders-Island und Barren-Island, am Osteingange zur Baßstraße; King Island im Westen. Ferner seien erwähnt die Inseln Robins, Hunter und Three Hummocks in der nordwestlichen Ecke, Schouten- und Maria-Insel im Osten, und Bruny-Insel im Süden.

Man kann Tasmanien die Schweiz der südlichen Hemisphäre nennen, und es ist auch vielleicht die bergigste Insel der Welt. Man kann nicht sagen, daß einzelne Bergketten es durchziehen, nein, — das Ganze besteht nur aus Berg und Thal. Die höchsten Berge sind nicht höher als 1700 m, aber es giebt viele, welche zwischen 1500 und 1600 m hoch sind und diese sind ziemlich gleichmäßig über die ganze Insel verbreitet. Nur der südöstliche Theil ist etwas niedriger, und doch ist derselbe ebenfalls durchaus bergig, indessen sind die Erhebungen nicht höher als 300 bis 1000 m. Die höchsten Berge sind Cradle Mountain im Westen 1700 m und Ben Lomond im Osten 1698 m.

Blick auf Hobarttown. Mt. William im Hintergrunde.

Tasmanien ist reich an Flüssen, welche malerische Ufer mit prachtvollen Waldungen haben, oft bedeutende Wasserfälle aufweisen, bisweilen sind sie an ihren Mündungen schiffbar. Der Hauptfluß ist der Derwent. Derselbe entspringt in der Mitte der Insel und mündet bei Hobarttown in die Bai. Der Tamar empfängt seine Hauptzuflüsse vom Nordosten, und bildet hinter Launceston ein fruchtbares Delta, das die vereinigten Gewässer des Macquarie und des Esk aufnimmt. Der Heron im Süden ist zwar ein kurzer, aber schiffbarer Fluß mit prächtiger Mündung; die Flüsse Gordon und King fließen auf der Westseite der Insel in den Macquarie=Hafen. Im Nordwesten treffen wir die Flüsse Pieman und Arthur an; im Norden giebt es eine große Anzahl Flüsse; der Forth, der Mersey und der Ringaroma sind die bedeutendsten. Im Osten ist die Wasserscheide meist dicht an der Küste, und es giebt keine Flüsse, außer dem Swan und dem Swanport, welche in die Oyster=Bai münden.

Seinen durchaus alpinen Charakter bestätigt Tasmanien durch die Anwesen= heit einer großen Anzahl Seen an den Quellen seiner Flüsse. Die größeren sind Great Lake und Lake St. Clair auf dem Mittelplateau, welche die Quellen des Derwent und seiner Nebenflüsse bilden. Ersterer ist 18 Kilom. lang, und bedeckt eine Oberfläche von 28,000 Ackern, letzterer ist etwas kleiner, nur 15 Kilom. lang und bedeckt etwa 10,000 Acker.

Launceston.

Die Seen Arthur und Echo sind fast ebenso groß und außerdem giebt es noch eine große Menge ähnlich großer Bergseen. Viele derselben sind sehr tief und liegen in Felsen= und Gebirgsspalten, denn sie haben den gleichen Ursprung wie die prächtigen europäischen Alpenseen, welche das Entzücken unserer Tou= risten ausmachen.

Die Scenerie ist überaus prächtig und malerisch. Die höheren Bergspitzen sind während eines großen Theils des Jahres mit Schnee bedeckt, während die Thäler und Abhänge im ewigen Grün prangen.

Schöne Bergspitzen, felsige Abhänge, rauschende Bergströme und schäumende Wasserfälle wechseln mit fruchtbaren Thälern und Ebenen ab. Im Hauptthal inmitten der Insel und in dessen Nebenthälern findet sich der fruchtbarste Theil vor wie man auch daselbst die am meisten kultivirten Strecken antrifft. Hier giebt es eingezäunte Felder, wohlangebaute Gärten, gute Straßen, schöne Häuser u. dergl. Die Dörfer und Ansiedlungen tragen u. A. die Namen Roß, Oatlands,

Green Ponds, Brighton, Bagdad, Jericho, Jerusalem, natürlich fehlt auch der Fluß Jordan nicht.

Das Klima dieser alpinen Insel ist hiernach naturgemäß viel gesünder, als das in irgend einem anderen Theile des sonst durchschnittlich so gesunden Australien. Zwar hat es die volle Sommerhitze des Festlandes aufzuweisen, und theilt mit diesem die heißen, über die schmale Baßstraße wehenden, von derselben nur wenig abgekühlten Winde; wie heiß aber auch die Tage sein mögen, die Abende und Nächte sind stets kühl, selbst frisch, infolge der nahen Berge und der Nähe des kühlen Antarktischen Meeres. Die mittlere Temperatur von Hobarttown ist 54½° Fahrenheit. Die mittlere Sommertemperatur ist 62°, mit einem seltenen Maximum von 100° Fahrenheit, während das Mittel des Winters 47° mit einem selten unter 29° fallenden Minimum ist. Freilich in den Hochlanden, in einer Erhebung von über 700 m sinkt das Thermometer häufig bis 18° unter dem Gefrierpunkt und erzeugt Eis von bedeutender Stärke. Der Regenfall ist in den verschiedenen Theilen der Kolonie verschieden. Hobarttown und die Ostküste haben wenig mehr als 20 Zoll, Launcester ungefähr 30 und Macquarie Harbour über 100 Zoll.

Freilich ist die Insel häufigen, selbst heftigen Winden und Stürmen ausgesetzt, doch sind Gewitter selten. Die Atmosphäre ist rein und ozonreich; Epidemien sind fast unbekannt. Das Klima von Tasmanien ist namentlich Kindern sehr zuträglich, von zehn Geborenen überleben neun das erste Jahr.

Als ganz besonders gesund aber wird es für diejenigen gerühmt, welche in einem heißen Klima ihre Gesundheit ruinirt haben.

Die Flora ist entschieden australisch und mit der von Viktoria fast identisch; die Wälder strotzen vom herrlichsten, werthvollsten Bauholz; der Blue Gum (Eucalyptus globulosa) erreicht eine Höhe von oft über 100 m und die nur hier anzutreffende, bekannte Huon=Fichte (Dacrydium Franklini) ist nicht nur als Material für Möbeltischler, sondern auch als Schiffsbauholz gesucht und geschätzt. Auch die heimische Thierwelt entspricht allenthalben der des benachbarten Australkontinents. Die beiden, einzig in Tasmanien vorkommenden Beutelraubthiere, den Tigerwolf (Thylacinus cynocephalus) und den Devil Devil (Diabolus ursinus) haben wir schon an anderer Stelle besprochen.

Die Bevölkerung, welche im Jahre 1818 3240 Seelen betrug, im Jahre 1841 aber bereits auf 57,420 angewachsen war, ist seitdem wesentlich gestiegen, wenngleich das benachbarte goldreiche Australien einen großen Abfluß herbeiführte.

Im Jahre 1877 schätzte man die Einwohnerzahl auf 107,633, wovon fast 6000 mehr männlichen als weiblichen Geschlechts waren. Mehr als die Hälfte der Einwohner sind im Lande geboren, und etwas mehr als ein Drittel sind Einwanderer aus Großbritannien und Irland, andere Nationalitäten sind weniger hier vertreten, als in den anderen Kolonien Australiens. Tasmanien ist thatsächlich durchaus englisch in jeder Beziehung.

Die Haupterzeugnisse Tasmaniens sind Früchte, für welche sich das Klima ganz vorzüglich eignet. Hätte man billigeren Zucker und öftere Märkte, so könnte die Insel ganz Australien mit Eingemachten versehen, aber die Zollverhältnisse gestatten dies auch nicht. Demungeachtet wurden im Jahre 1876 für £ 136,774 frische und eingemachte Früchte ausgeführt. Das hiesige Obst übertrifft unsere europäischen Früchte bei weitem, namentlich sind Kirschen, Reineclauden und Maulbeeren überaus gewürzreich und saftig; es wächst in solchen Massen, daß es oft an den Bäumen verfault, da es sich nicht des Abnehmens lohnt.

Campbelltown.

Unter Kultur waren im Jahre 1877 50,591 Acker; davon waren bestanden mit Weizen 46,719 Acker, mit Hafer 21,883, mit Gerste 4,283, mit Kartoffeln 8,336, mit Heu 29,440 Acker. Der Viehstand betrug 22,195 Pferde, 126,882 Rinder, 1,818,125 Schafe und 55,652 Schweine.

Auch Hopfen wird viel gebaut und Wein ward im Jahre 1876 für £ 46,235 ausgeführt. Der wichtigste Artikel ist indeß, wie überhaupt in Australien, die Wolle, der Werth der Ausfuhr betrug im angezogenen Jahre £ 439,603. Käse und Butter, Weizen, Häute, Pferde, Schafe und Bier sind ebenfalls Ausfuhrartikel.

An Mineralien wird hauptsächlich Gold und Zinn gewonnen. Zinn führte man im Jahre 1876 für £ 100,000 aus, Gold für £ 41,861. Kohle wird nur in für den Bedarf der Kolonie genügenden Menge gefunden.

Von dem vorzüglichen und reichlich vorhandenen Bauholz ist schon die Rede gewesen. Die Kolonie exportirte davon für £ 34,285.

Die Totalausfuhr aus dem Lande belief sich im Jahre 1877 auf £ 1,416,983, die Einfuhr auf £ 1,308,671.

Dank der längeren Anwesenheit der zum Straßenbau vielfach verwendeten Sträflinge sind die Chausseen im Lande vorzüglich zu nennen. Die Hauptstraße von Hobarttown nach Launceston (195 Kilom.) ist makadamisirt und mindestens so gut wie unsere beste europäische Chaussee; ebenso treffliche Wege durchschneiden das Land nach allen Richtungen der Windrose.

Es giebt zwei Eisenbahnlinien; die Hauptbahn von Hobarttown nach Launceston (195 Kilom.) und die Westbahn von Launceston nach Deloraine 68 Kilom. Eine Weiterführung der Letzteren von Deloraine nach Torquay an der Nordküste wird demnächst dem Verkehr übergeben werden.

Elektrische Telegraphen ziehen sich an den Schienenwegen hin und ver= binden die größeren Städte mit einander; alles in Allem beläuft sich die gegen= wärtige Drahtlänge der 1214 Kilom. Telegraphenlinien auf 1464 Kilom.; es wird indessen an Verlängerung der Linien stetig fortgearbeitet. Ein unter= seeisches Kabel verbindet die Insel mit Viktoria und auf diesem Wege mit der ganzen civilisirten Welt.

Die Insel wird in achtzehn Counties getheilt, von denen aber eine Anzahl völlig unbebaut und unbewohnt sind. Im Süden liegen: Kent, Arthur, Bucking= ham, Monmouth und Pembroke. Im Westen Montgomery, Franklin, Montagu und Russell. Im Norden Wellington, Devon und Dorset. Im Osten Cornwall und Glamorgan. Inmitten der Insel Westmoreland, Lincoln, Cumberland und Somerset. Wichtiger ist die Eintheilung der angebauten Distrikte im Land= bezirke, außer den Städten Hobarttown und Launceston neunzehn an der Zahl. Sie führen die Namen Bothwell, Brighton, Campbelltown, Clarence, Deloraine, Evandale, Fingal, Glamorchau, Glenorchy, Green Ponds, Hamilton, Longford, New Norfolk, Oatlands, Richmond, Roß, Sorell, Spring Bai und Westbury.

Hobarttown ist die Hauptstadt von Tasmanien, mit einer Bevölkerung von 20,000 Einwohnern. Dieselbe ist malerisch belegen an der Mündung des Flusses Derwent, der hier 3 Kilom. breit ist und einen guten Hafen bildet, und am Fuße des mehr als 1300 m hohen Mount Wellington, welcher oft, bis weit in den Sommer hinein mit Schnee bedeckt ist. Der gegen die Winde geschützte Hafen ist leicht zugänglich. Die eigentliche Stadt bildet ein Viereck und ist auf eine Reihe Hügel gebaut. Die Straßen sind breit, gut angelegt und durchschneiden einander in rechten Winkeln. Die bedeutendsten derselben führen die Namen Elisabeth=, Liverpool=, Collins=, Macquarie= und Murray Street. Unter den öffentlichen Gebäuden zeichnet sich der Palast des Gouverneurs, das Parlamentsgebäude, das Rathhaus, das Post= und Telegraphenamt, das Museum, die neue Freimaurerloge, (letztere in der Murraystreet), ein Theater und mehrere Banken aus. Man zählt außer zwei Kathedralen etliche dreißig Kirchen. Mit dem Rathhaus in Verbindung steht eine öffentliche ca. 8000 Bände zählende Bibliothek nebst Lesezimmer. In der Stadt befinden sich 5 Brauereien, unter denen zwei sehr große, 5 Dampfmahlmühlen, 6 Fruchtsaftkochereien, verschiedene Gerbereien und eine Wollenweberei. Die Queens=Domain ist ein 1000 Acker großer, schön angelegter und gut gehaltener Park. Im Mittelpunkt der Stadt steht ein

Denkmal zu Ehren Sir John Franklin's, des Nordpolfahrers, welcher früher, wie wir bereits wissen, Gouverneur von Tasmanien gewesen ist. Um das Denkmal ist ein schattiger Park angelegt, mit Ruhebänken u. s. w. Die Presse ist vertreten durch die täglich erscheinenden Zeitungen Mercury und Tasmanian Tribune; Tasmanian Mail erscheint wöchentlich; monatlich: Literary Intelligencer, Church News, Peoples Friend und Catholic Standard.

Kunst, und zwar Kunst in den Händen der Deportirten hat aus Hobarttown eine hübsche, reinliche, schön gebaute Stadt mit breiten Straßen und massiven Häusern gemacht. Der Palast des Gouverneurs wird für den besten gehalten, den irgend eine britische Kolonie aufzuweisen hat. Von Hobarttown aus lassen sich viele lohnende Ausflüge unternehmen, nach den Bergen, den Seen, nach dem Flusse Huon, nach mehreren mit baumartigen Farren bestandenen Thälern u. s. w., — überall ist die Landschaft reizend. Das gesellschaftliche Leben ist durchaus englisch und die Lebensmittel sind billig; durch gute Schulen ist bestens für die Erziehung der Kinder gesorgt, so daß es eigentlich für einen Engländer, der zurückgezogen, billig, gut und gesund von seinen Renten leben will, keinen besseren Aufenthalt geben kann.

Campbelltown ist ein kleines hübsches Städtchen, im County Somerset, belegen, an den Ufern des Elisabethflusses, 120 Kilom. von Hobarttown entfernt. Die Umgebung der Stadt zeichnet sich durch große Fruchtbarkeit aus.

Launceston ist die zweite Stadt der Insel, auf der Nordseite derselben belegen, am Vereinigungspunkte der Flüsse Esk und Tamar. Launceston liegt in einem Thalkessel und wird von dem 1550 m hohen Mt. Barrow überragt. Die Stadt hat breite Straßen, schöne öffentliche Gebäude, eine große öffentliche Bibliothek und einen neun Acker großen Stadtpark. Die Bevölkerung beträgt etwas über 11,000 Seelen, die Stadt ist aber, obschon vieler kleiner als die Hauptstadt in Bezug auf Handel und Verkehr wegen ihrer Nähe zum Festland mindestens ebenso bedeutend. Der Gewerbeverein besitzt eine Bibliothek von 7000 Bänden, auch eine öffentliche Bibliothek befindet sich in der Stadt. Tägliche Zeitungen sind der Launceston Examiner, und der Cornwall Advertiser. Tasmanian und Tasmanian Punch erscheinen wöchentlich.

Die einzige andere Stadt, welche eine Bevölkerung von über 1000 Seelen hat, ist Westbury, am Quamby's Creek im County Westmoreland; sie zählt 1550 Einwohner und liegt inmitten eines bedeutenden, Ackerbau treibenden Distrikts. Andere Städte sind Deloraine mit 800 Einwohnern, die Endstation der Westbahn; Franklin mit 600 Einwohnern am Flusse Huon, in dichtbewaldeter und reich mit Obstbäumen bestandener Gegend. Neu-Norfolk mit 870 Einwohnern, am Derwent, da, wo er aufhört schiffbar zu sein, hat viel Hopfenbau; und Stanley mit 600 Einwohnern, eine Hasenplatz an der Nordküste, im County Wellington, am Vorgebirge Circular Head, von wo viel Kartoffeln ausgeführt werden. Zu den übrigen zwar an Einwohnerzahl armen, aber durch ihren Wohlstand bedeutenderen Landstädten gehören: Glenorchy, Green Ponds und Oatlands im Süden; ferner Sorrell, Richmond, Hamilton, Bothwell, Springdale, Evandale, Longford und Fingal. Sie finden nur Erwähnung, weil in ihrer Nähe

32*

Ackerbau und Viehzucht betrieben wird, während die anderen Gegenden des Landes, meist noch nicht kultivirt sind.

Die Regierung ruht in den Händen eines, von England aus ernannten Gouverneurs dem ein aus zwei Kammern (Legislative Council und Legislative Assembly) bestehendes Parlament zur Seite steht. Ersteres besteht aus 16 Mitgliedern (welche über 30 Jahre alt sein müssen) und auf 6 Jahre aus den Angesessenen, aus den Offizieren und den Gelehrten gewählt werden. Letzteres besteht aus 32 Abgeordneten, welche auf 5 Jahre gewählt werden. Alle Wahlen geschehen mittels Ballotage. Die Minister müssen einen Sitz im Parlament haben.

Wir stehen am Schlusse unserer Wanderung. Allen Phasen australischen Lebens sind wir gefolgt. Mit der Entdeckungsgeschichte haben wir begonnen, wir haben der Mühen und Sorgen der jungen Kolonien Erwähnung gethan, und die Zeit ihrer Entwickelung anbrechen sehen, bis wir zu dem gegenwärtigen unleugbar blühenden Zustande gelangt sind.

Wir leben zwar in einer Zeit rapiden Fortschritts, aber wenige Länder haben sich mit ihrer politischen Entwickelung so in den Vordergrund gedrängt, wie Australien, das jetzt die Völker der Erde einladet zum friedlichen Wettstreit auf den Gebieten der Kultur, des Handels, der Industrie und der Kunst.

Das von den Söhnen der Wildniß geräumte Land wird Schritt für Schritt von den weißen Männern besetzt, und die europäische Kultur hält ihren Einzug in den Einöden Australiens. Eben so weicht die einheimische Thierwelt vor der aus Europa eingeführten mehr und mehr zurück, und der Boden des Landes verliert mit jedem Jahre mehr von dem fremdartigen Aussehen, das er den ersten Besuchern dieses Kontinentes darbot. Jetzt schon mag das Auge eines deutschen Landmannes mit demselben Wohlgefallen wie daheim auf den goldenen Weizenfeldern ruhen, und der Winzer vom Rhein kann der Trauben üppige Fülle bewundern. Mandeln, Pfirsiche und Orangen gedeihen neben der Baumwollenstaude, dem indischen Zuckerrohre und dem Maulbeerbaume in demselben Boden, in dem nicht nur die uralten, riesigen Eukalyptusarten, sondern auch die italienischen Pinien und die deutschen Eichen emporwachsen.

Wo die Wildniß des Urwaldes über das Land gelagert war, da erheben sich jetzt blühende, gewerbreiche Städte; wo sonst der Fußpfad des Schwarzen durch die Gebüsche zog, jagt jetzt das Dampfroß auf eisernen Schienen dahin; wo der arme Eingeborene seinen schwachen Rindenkahn mit dem Speere fortruderte, da zieht stolz das Dampfschiff seine Furche auf den schäumenden Wogen, und wo ein bedauernswürdiges Volk im harten Kampfe ums nackte Leben untergeht, da gründet ein anderes Menschengeschlecht mächtige und freie Staaten! Advance Australia!

Ende.

A. Abbildung. TB. Tonbild.